Ulrich Stitzinger | Stephan Sallat | Ulrike Lüdtke
(Hrsg.)

Sprache und Inklusion als Chance?!
Expertise und Innovation für Kita, Schule und Praxis

Sprachheilpädagogik aktuell
Beiträge für Schule, Kindergarten, therapeutische Praxis

Band 2

Herausgeber:
Deutsche Gesellschaft für Sprachheilpädagogik e. V.

Ulrich Stitzinger | Stephan Sallat | Ulrike Lüdtke
(Hrsg.)

Sprache und Inklusion als Chance?!

Expertise und Innovation für Kita,
Schule und Praxis

Bibliografische Information der Deutschen Nationalbibliothek
Die Deutsche Nationalbibliothek verzeichnet diese Publikation in der Deutschen Nationalbibliografie; detaillierte bibliografische Daten sind im Internet über http://dnb.d-nb.de abrufbar.

Besuchen Sie uns im Internet: www.schulz-kirchner.de

1. Auflage 2016
ISBN 978-3-8248-1200-4
eISBN 978-3-8248-9983-8
Alle Rechte vorbehalten
© Schulz-Kirchner Verlag GmbH, 2016
Mollweg 2, D-65510 Idstein
Vertretungsberechtigte Geschäftsführer:
Dr. Ullrich Schulz-Kirchner, Nicole Haberkamm
Umschlagfoto: © Wavebreak Media – Fotolia.com
Druck und Bindung: medienHaus Plump GmbH,
Rolandsecker Weg 33, 53619 Rheinbreitbach
Printed in Germany

Die Informationen in diesem Buch sind von den Herausgebern und dem Verlag sorgfältig erwogen und geprüft, dennoch kann eine Garantie nicht übernommen werden. Eine Haftung der Herausgeber bzw. des Verlages und seiner Beauftragten für Personen-, Sach- und Vermögensschäden ist ausgeschlossen.

Dieses Werk, einschließlich aller seiner Teile, ist urheberrechtlich geschützt. Jede Verwertung außerhalb der engen Grenzen des Urheberrechtsgesetzes (§ 53 UrhG) ist ohne Zustimmung des Verlages unzulässig und strafbar (§ 106 ff UrhG). Das gilt insbesondere für die Verbreitung, Vervielfältigungen, Übersetzungen, Verwendung von Abbildungen und Tabellen, Mikroverfilmungen und die Einspeicherung oder Verarbeitung in elektronischen Systemen. Eine Nutzung über den privaten Gebrauch hinaus ist grundsätzlich kostenpflichtig.
Anfrage über: info@schulz-kirchner.de

Editorial

Sehr geehrte Leserinnen und Leser,

„Sprache" und **„Inklusion"** ist für alle Beteiligten – Lehrerinnen und Lehrer, Therapeutinnen und Therapeuten, pädagogische Fachkräfte, Personen in der Bildungs- und Gesundheitspolitik und allen voran für Kinder verschiedenster Altersstufen und deren Eltern – eine herausfordernde Kombination, denn es besteht die durchgängige Aufgabe, sprachlich-kommunikative Lernbarrieren für alle Kinder und Jugendlichen abzubauen sowie entsprechende Fördermöglichkeiten in der Verknüpfung mit dem jeweiligen Bildungsgegenstand wirksam zu initiieren. Vor diesem Hintergrund werden neu angepasste Konzepte für die Sprachheilpädagogik und Sprachtherapie sowohl mit spezifischen Expertisen in allen Bereichen sprachlich-kommunikativer Beeinträchtigungen als auch im Rahmen interdisziplinärer und interprofessioneller Kooperation notwendig. Grund genug, sich diesem Thema auf dem 32. Bundeskongress der Deutschen Gesellschaft für Sprachheilpädagogik (dgs) im September 2016 zu widmen.

Lange wurde debattiert, gerungen und beraten, ob die zuweilen kontroversen Bereiche Sprache und Inklusion im Kongressthema mit einem **„und"**, einem **„oder"**, einem **„trotz"** oder einem **„durch"** verbunden werden sollten, und ob am Ende ein **„?"**, ein **„!"** oder ein **„."** stehen sollte. Ebenso waren wir uns zunächst uneinig, wie dieses Spannungsfeld zwischen Sprache und Inklusion zu bewerten sei – als **„Untergang"** der klassischen Sprachheilpädagogik, als unvermeidliches **„Übel"**, mit dem man sich arrangieren muss und kann, oder als moderne Variante höchster sprachpädagogischer und sprachdidaktischer **„Professionalität"**. Letzlich haben wir uns unisono für das Motto **„Sprache und Inklusion als Chance?!"** entschieden – eine offene, plurale, innovative und international anschlussfähige Kongressausrichtung, für die der kooperierende Lehrstuhl Sprach-Pädagogik und -Therapie an der Leibniz Universität Hannover seit Jahren steht.

Wir freuen uns deshalb, dass in diesem interdisziplinären Sammelband viele verschiedene Beiträge das Thema „Sprache und Inklusion als Chance?!" in unterschiedlichen Schwerpunkten aus theoretischen und praktischen Perspektiven beleuchten. So wird nach den einführenden und orientierenden Überblicksbeiträgen zur Thematik ‚Sprache und Inklusion' im anschließenden ersten Schwerpunkt ‚Interventionen bei sprachlichen und schriftsprachlichen Inhalten' der Frage nachgegangen, wie bei Kindern und Jugendlichen mit Beeinträchtigungen auf verschiedenen sprachlich-kommunikativen Produktions- und Verarbeitungsebenen die Ziele der (schrift-)sprachlichen Bildung in inklusiven pädagogischen und therapeutischen Kontexten erreicht werden können.

Im zweiten Schwerpunkt ‚Interventionen bei mathematischen Inhalten' werden Möglichkeiten vorgestellt, wie mathematische Einsichten Kindern und Jugendlichen mit expressiven und rezeptiven Beeinträchtigungen der Sprache und Kommunikation in inklusiven Settings erfolgreich vermittelt und Selbst-Lernmechanismen angeregt werden können. Ferner setzen sich die Beiträge im dritten Schwerpunkt ‚Interventionen im Kontext von Mehrsprachigkeit und Interkulturalität' eingehend mit den Bedingungen einer zunehmend sprachlich-kulturellen Heterogenität in Schule, Kita und sprachtherapeutischer Praxis auseinander. Überdies werden in einem weiteren Schwerpunkt aktuelle Antworten zur ‚Diagnostik sprachlich-kommunikativer Entwicklungsbereiche für inklusive Settings' gegeben und schließlich im letzten Teil des Bandes konkrete Umsetzungen ‚von der Praxis für die Praxis in der Perspektive sprachlicher und kultureller Vielfalt' aufgezeigt.

Als Herausgeberteam danken wir herzlich den Autorinnen und Autoren für ihre inspirierenden Beiträge und insbesondere Julia Wendel sowie der eventlab GmbH in Leipzig und dem Schulz-Kircher Verlag für die redaktionelle Unterstützung. Und wir hoffen, mit dieser gebündelten Expertise dazu beitragen zu können, dass Fachwissenschaft, Fachpersonal und Fachverband gemeinsam diese Herausforderung zum Wohle aller Beteiligten meistern und wir später einmal sagen können:

„**Wir haben diese Chance nicht vertan, sondern genutzt!**"

Ulrich Stitzinger
Stephan Sallat
Ulrike M. Lüdtke

Hannover, im August 2016

Inhalt

SPRACHE UND INKLUSION – ÜBERGREIFENDE PERSPEKTIVEN AUF CHANCEN UND HERAUSFORDERUNGEN

Ulrich Stitzinger, Stephan Sallat
Sprache und Inklusion als Chance?! – Herausforderungen für den Förderschwerpunkt Sprache 17

Marianne Nolte
Sprache und Sprachverstehen in mathematischen Lernprozessen aus einer mathematikdidaktischen Perspektive 37

Pascale Engel de Abreu
Herausforderung Mehrsprachigkeit und Sprachentwicklung 45

Manfred Grohnfeldt
Inklusion zwischen Anspruch und Wirklichkeit... 59

INTERVENTIONEN BEI SPRACHLICHEN UND SCHRIFTSPRACHLICHEN INHALTEN

FOKUS: ORGANISATION UND KOOPERATION IN INKLUSIVEN SPRACHLICHEN BILDUNGSKONTEXTEN

Ulrich Stitzinger, Kirsten Diehl, Annegret Gäbel, Ulrike Kopp
Sprachlich-kommunikative Unterstützung im inklusiven Unterricht – (Wie) kann das gelingen? 69

Christian W. Glück, Anja Theisel, Markus Spreer
Rahmenbedingungen inklusiver Beschulung: Ergebnisse aus dem Forschungsprojekt Ki.SSES-Proluba 83

Henrike Petzold, Anja Fengler
Praxis des Gemeinsamen Unterrichts von Schülerinnen und Schülern mit Förderschwerpunkt Sprache an sächsischen Grundschulen 87

Barbara Kohl, Stefanie Brors
Teamteaching konkret – Eine Sprachheilpädagogin und eine Grundschulpädagogin berichten von ihren Erfahrungen 95

Anselm Bajus, Susanne Witte, Ulrike Oberesch, Nicole Ehnert
„Sprachstörungen im Vorschulalter intensiv und interdisziplinär behandeln": Erfolge eines frühzeitigen interdisziplinären Förder- und Behandlungssettings als Voraussetzung für weitgehende Inklusion im Schulalter 99

Gudrun Hagge
Sprachförderung in der Kita: Organisation der vorschulischen Sprachförderung durch die Sternschule – Förderzentrum Sprache 113

INTERVENTIONEN BEI SPRACHLICHEN UND SCHRIFTSPRACHLICHEN INHALTEN
FOKUS: PRAGMATIK UND KOMMUNIKATION, NARRATION UND GANZHEITLICH MUSIKALISCHE ANSÄTZE

Stephan Sallat, Markus Spreer, Grit Franke, Franziska Schlamp-Diekmann
Pragmatisch-kommunikative Störungen – Herausforderungen für Sprachheilpädagogik und Sprachtherapie in Schule und Berufsbildung 119

Anja Schröder, Nitza-Katz-Bernstein, Anke Lengning, Uta Quasthoff, Laura Polke, Juliane Stude
Erfassung und Förderung der interaktiven Erzählfähigkeiten von Kindern mit sprachlichem Förderbedarf 131

Wilma Schönauer-Schneider, Karin Reber
Quietsch, Quatsch, Matsch: Prototypische Unterrichtskontexte zur Förderung von Sprachkompetenz 145

INTERVENTIONEN BEI SPRACHLICHEN UND SCHRIFTSPRACHLICHEN INHALTEN
FOKUS: SEMANTIK UND LEXIK

Kim Schick, Andreas Mayer, Martina Weitz
Unterrichtsintegrierte Förderung lexikalischer Fähigkeiten am Beispiel des Englischunterrichts 155

Ellen Bastians
„Wer weiß was? Wow! Wortschatz!" Fach/Wortschatz-Lernstrategie-Training (FWLT) – Ein Beispiel zur Adaption des Konzepts „Wortschatzsammler" für die Sekundarstufe I 169

Melanie Jester
„Hast Du Angst, Kind?" Mentale Begriffe im Symbolspiel von Vorschulkindern mit und ohne spezifische Sprachentwicklungsstörungen (SSES) 177

INTERVENTIONEN BEI SPRACHLICHEN UND SCHRIFTSPRACHLICHEN INHALTEN
FOKUS: MORPHOLOGIE UND SYNTAX

Tanja Ulrich
Grammatische Fähigkeiten deutschsprachiger Kinder zwischen vier und neun Jahren mit Fokus auf dem Kasuserwerb 185

Margit Berg, Hubertus Hatz, Bettina Janke
Produktive und rezeptive Grammatikentwicklung von Kindern mit SSES von der Einschulung bis zum Ende der 2. Klasse – Ergebnisse aus der Ki.SSES-Studie 193

INTERVENTIONEN BEI SPRACHLICHEN UND SCHRIFTSPRACHLICHEN INHALTEN

FOKUS: PHONETIK UND PHONOLOGIE, SCHRIFTSPRACHERWERB UND LITERACY

Reinhard Kargl, Christian Purgstaller
Morphematische Bewusstheit – Eine große Chance für die Förderung der Schriftsprache 201

Michael Kalmár
**Und täglich grüßt das Murmeltier: Phonotaktische Regeln der deutschen Sprache –
(seit 25 Jahren) im Erstschriftspracherwerb noch immer weitgehend unbeachtet** 209

Tanja Jungmann, Ulrike Morawiak, Julia Böhm
**Alltagsintegrierte Sprach- und Literacy-Förderung – Konzept und Wirksamkeitsforschung im
Rahmen des KOMPASS-Projektes** 215

Christiane Miosga
Zum Einfluss digitaler Medien auf das Lesen und die Literacy-Entwicklung 223

Anke Buschmann, Bettina Multhauf
**Heidelberger Elterntraining zum Umgang mit Lese- und Rechtschreibschwierigkeiten
(HET LRS): Konzept und Evaluation** 231

INTERVENTIONEN BEI MATHEMATISCHEN INHALTEN

Anja Schröder, Alexander Röhm, Monika London, Nadine Elstrodt
**Mathematisches Lernen unter besonderer Berücksichtigung der zentralen Einflussfaktoren
Sprache und Arbeitsgedächtnis** 241

Margit Berg, Stephan Sallat, Susanne Ullrich, Birgit Werner
**Inklusiver Mathematikunterricht als sprach- und kommunikationssensibler Fachunterricht.
Empirische Befunde und konzeptionelle Überlegungen** 255

Andreas Mayer
Sprachliche Lernbarrieren beim Erwerb mathematischer Kompetenzen 269

Heiko Seiffert
Lernbarrieren beim Fachwortlernen – zum Beispiel Mathematik 279

Rebecca Klose
Mathematische Begriffsbildung von bilingual unterrichteten Schülerinnen und Schülern 287

Tanja Jungmann, Andrea Schulz, Julia Böhm, Katja Koch
Alltagsintegrierte Förderung früher mathematischer Kompetenzen – Konzept und Ergebnisse des KOMPASS-Projektes 293

INTERVENTIONEN IM KONTEXT VON MEHRSPRACHIGKEIT UND INTERKULTURALITÄT

Solveig Chilla, Inge Holler-Zittlau, Carla Sack, Susanne van Minnen
Kinder mit Fluchterfahrung als sprachpädagogische Aufgabe 303

Ellen Bastians
Sprachförderung mit Qualitätsanspruch in der Inklusion!? –
Konzept und Umsetzung an der 11. Gesamtschule Köln-Mülheim im Rahmen von QuisS
(Qualität in sprachheterogenen Schulen) 317

Christina Haupt
Inklusion von Roma-Schülerinnen und Schülern: (Wie) Können Sprachtherapie und Sprachheilpädagogik unterstützen? 325

Yvonne Adler
Ergebnisse und Bedingungen früher Förderung des Zweitspracherwerbs nach dem KomMig-Modell 333

Katja Schmidt
Zweitspracherwerb im bilingualen Kindergarten: auch für Kinder mit sprachlichen Beeinträchtigungen? 341

Ulla Licandro
Die Analyse narrativer Fähigkeiten von ein- und mehrsprachigen Kindern 349

Anja Starke
Selektiver Mutismus bei mehrsprachigen Kindern – Welchen Einfluss haben Deutschkompetenzen, Ängstlichkeit und kulturelle Unterschiede auf die Entwicklung des Schweigens? 355

Anke Buschmann
Heidelberger Elterntraining zur Förderung von Mehrsprachigkeit: Alltagsintegrierte Sprachförderung zuhause 363

DIAGNOSTIK SPRACHLICH-KOMMUNIKATIVER ENTWICKLUNGSBEREICHE FÜR INKLUSIVE SETTINGS

Kathrin Mahlau
„Screening grammatischer Fähigkeiten für die 2. Klasse (SGF 2)" – ein Gruppenverfahren zur Feststellung der sprachlichen Fähigkeiten für Kinder zweiter Klassen 373

Hans-Joachim Motsch
ESGRAF 4-8: Grammatiktest für 4-8jährige Kinder. Diagnostik als unverzichtbare Voraussetzung vor Interventionen 381

Katja Johanssen, Jens Kramer, Julia Lukaschyk
Deutscher Mutismus Test (DMT-KoMut) – aus der Praxis, für die Praxis 387

Anja Starke, Katja Subellok
Schüchtern oder selektiv mutistisch? DortMuS-Schule – ein Fragebogen für Lehrkräfte im Primarbereich 395

Lilli Wagner

Sprachstandsdiagnostik bei ein- und mehrsprachigen Kindern im inklusiven Kontext mit dem Screening der kindlichen Sprachentwicklung – SCREENIKS 401

VON DER PRAXIS FÜR DIE PRAXIS IN DER PERSPEKTIVE SPRACHLICHER UND KULTURELLER VIELFALT

Sabine Hirler

„Tanz durch das Tor der Sinne" – Wahrnehmungs- und Sprachförderung durch Rhythmik und Musik 411

Michèle Lorang, Marc Schmidt

Kontrastoptimierung – Sprachtherapie mit mehrsprachigen Kindern 425

Marianne Wiedenmann

Ein Sprachprojekt für neu zugewanderte Jugendliche in dem ScienceCenter FrankfurtRheinMain EXPERIMINTA 435

Matthias Jöde

Akustische Optimierung im Klassenzimmer... 445

Index 455

Autorenverzeichnis.. 461

ns auf
Sprache und Inklusion – Übergreifende Perspektiven auf Chancen und Herausforderungen

Ulrich Stitzinger, Stephan Sallat

Sprache und Inklusion als Chance?! – Herausforderungen für den Förderschwerpunkt Sprache

1 Problemaufriss

Das Bildungssystem ist im Zuge der Umsetzung der UN-Behindertenrechtskonvention (Convention on the Rights of Persons with Disabilities, United Nations, 2006) aktuell großen Veränderungen unterworfen. Die Realisierung inklusiver Bildungsangebote ist dabei eine Herausforderung für die Handlungsakteure aus allgemeiner Pädagogik, Sonder- und Heilpädagogik und zunehmend aus dem medizinisch-therapeutischen Bereich. Es gilt, in regionaler interdisziplinärer Kooperation Angebote und Hilfen für alle Kinder und Jugendlichen bereitzustellen, die ihnen die besten Entwicklungsmöglichkeiten und damit Teilhabe und Partizipation bieten. Die Ausgestaltung der Kooperationen ist dabei wesentlich vom Förderbedarf der Kinder und Jugendlichen in Kita, Schule und Praxis abhängig.

Sprachlicher Förderbedarf ist grundsätzlich abzugrenzen von einem Förderbedarf im Bereich Lernen oder geistige Entwicklung. Schülerinnen und Schüler mit primärem sprachlichen Förderbedarf können bei geeigneter Unterstützung weitestgehend die gleichen Bildungsziele und Abschlüsse wie Lernende ohne sonderpädagogischen Förderbedarf verfolgen und erreichen (Sallat & Spreer, 2014). Allerdings können sprachliche Beeinträchtigungen auch bei anderen primären Förderbedarfen wie etwa Hören, Lern- und Leistungsverhalten, emotionale und soziale Entwicklung, geistige Entwicklung, körperliche und motorische Entwicklung auftreten, die ebenso besondere Fördermaßnahmen erfordern (Lüdtke & Stitzinger, 2015).

Die Sprachheilpädagogik muss deshalb in der Zusammenarbeit mit anderen Fachdisziplinen Konzepte für die inklusive Arbeit entwickeln, die sich am jeweiligen sprachlich-kommunikativen Förderbedarf der Kinder und Jugendlichen orientieren. Die hohe Bedeutung sprachlicher und kommunikativer Fähigkeiten für Bildungs- und Lernprozesse verlangt dabei nach Lösungen, die über punktuelle, stundenweise Unterstützungsangebote hinausgehen.

So werden in diesem Beitrag die Herausforderungen und Notwendigkeiten für die inklusive Arbeit mit Kindern und Jugendlichen mit Förderbedarf im Bereich der Sprache und Kommunikation in einem breiten Überblick dargestellt. Zunächst werden die Zusammenhänge von Sprache mit und in Bildungsprozessen erörtert und anschließend Perspektiven für die Analyse der individuellen Ressourcen und Problemlagen von Kindern Jugendlichen mit sprachlich-kommunikativem Förderbedarf diskutiert. Zum Abschluss des Beitrages werden daraus Rückschlüsse und Empfehlungen für die interdisziplinäre Zusammenarbeit als Einstieg in das Thema „Sprache und Inklusion" gezogen.

2 Bildungsrelevanz von Sprache – Begriffsklärungen

Die Teilhabe an Bildung ist eng mit sprachlich-kommunikativen Kompetenzen verknüpft. Kinder mit geringen Fähigkeiten im Bereich Sprache und Kommunikation zum Schuleintritt, egal ob infolge einer Sprachentwicklungsstörung oder mangelnder Deutschkenntnisse, tragen ein erhöhtes Risiko für Bildungsmisserfolg (Autorengruppe Bildungsberichterstattung, 2014; Hasselhorn & Sallat, 2014). Spätestens mit dem Übergang zur Schule werden sprachlich-kommunikative Kompetenzen für den Schriftspracherwerb, für den Erwerb mathematischer Einsichten sowie für weitere Lernprozesse vorausgesetzt. Sprache erfährt dabei eine besondere Bedeutung, da sie sowohl Lerngegenstand (Fachsprache, Schriftsprache, Fremdsprache) als auch Medium und Wissensträger ist. Die sprachlich-kommunikativen Anforderungen im schulischen Bereich sind daher sehr vielfältig und verändern sich im Schulverlauf. Infolge von Sprach- und Kommunikationsstörungen zeigen sich störungsspezifisch unterschiedliche Beeinträchtigungen bei der Bewältigung sprachlich-kommunikativer Anforderungen in Bildungskontexten (Sallat & Schönauer-Schneider, 2015).

Um die Bedeutung von Sprache in inklusiven Bildungskontexten darstellen und eine Einschätzung von Chancen vornehmen zu können, die dann als Grundlage für Ableitungen in Bezug auf die Expertise der in diesem Bereich arbeitenden Fachpersonen dienen können, ist eine einführende Begriffsklärung notwendig. Daher werden im Folgenden die Unterschiede von Sprache als Bildungssprache, Fachsprache, Schriftsprache und Fremdsprache mit dem jeweiligen Bezug zu Kindern und Jugendlichen mit sprachlich-kommunikativem Förder- und Unterstützungsbedarf beschrieben sowie die Relevanz von Sprache als Medium erörtert.

2.1 Bildungssprache
Wissen wird mit Hilfe von Sprache vermittelt. Die dabei verwendete Sprache wird als Bildungssprache bezeichnet. Bildungssprache ist als sprachliches Register zu verstehen, das in schulischen und weiterführenden Bildungseinrichtungen Anwendung findet bzw. erwartet wird und das sich meist von außerschulisch gebrauchten Soziolekten in Peergroup, Familie oder kultureller Gruppe unterscheidet (Gogolin & Lan-

ge, 2011). So differenziert Cummins (2000) die notwendigen Sprachkompetenzen in individuelle grundlegende kommunikative Basisfähigkeiten vergleichbar zur Alltagssprache (*basic interpersonal communicative skills – BICS*) und in bildungsbezogene sprachliche Kompetenzen (*cognitive academic language proficiency – CALP*).

Die Bildungssprache unterscheidet sich sowohl in Bezug auf die verwendeten Wörter (Lexikon) als auch in Bezug auf die Wort- und Satzgrammatik (Morphologie – Syntax) und in Bezug auf den Sprachgebrauch (Pragmatik) von der Umgangs- oder Alltagssprache. Häufige Verwendung finden dabei kohärenzbildende Redemittel, fach- und domänenspezifische Ausdifferenzierungen in Nominalisierungen und Komposita, Präfixverben, Passiv-Formulierungen, unpersönliche Ausdrücke und stilistische Konventionen. Ebenfalls ist Bildungssprache stärker situationsunabhängig und hat häufig sehr komplexe grammatische Strukturen (Gogolin & Lange, 2011; Glück & Spreer, 2015). Als weiteren Punkt fordern die Bildungs- und Lehrpläne für die Unterrichtsfächer, dass bestimmte Sprachhandlungen sowohl mündlich als auch schriftlich entwickelt und angewendet werden (z. B. beschreiben, begründen, formulieren, interpretieren, erläutern). Daher weist auch die gesprochene Bildungssprache viele formale Merkmale von Schriftlichkeit auf, da sie stark monologisch, themenfixiert, rational und nüchtern angelegt ist (Gellert, 2011).

Bereits im Kindergartenbereich sollten bildungssprachliche Fähigkeiten gezielt erfasst und gefördert werden (Tietze, Rank, & Wildemann, 2016), da Kinder mit nicht ausreichenden sprachlich-kommunikativen Fähigkeiten durch die besonderen Lernbedingungen im Bildungsbereich möglicherweise benachteiligt sind. Bei diesen Kindern können, trotz einer durch Prävention und Intervention weitestgehend unauffälligen Umgangssprache, Probleme in Bezug auf die schulische Biographie erwartet werden (Autorengruppe Bildungsberichterstattung, 2014; Hasselhorn & Sallat, 2014). Daher sind bildungssprachliche Perspektiven im inklusiven Unterricht durch sprachlich-kommunikative Unterstützung entsprechend mit zu berücksichtigen (Spreer, 2014; Glück & Spreer, 2015; Lüdtke & Stitzinger, 2015). Als Einflussfaktoren für den Erwerb bildungssprachlicher Kompetenzen werden neben den sprachstrukturellen Fähigkeiten der Kinder und Jugendlichen die kommunikativen Praktiken innerhalb der Familie, Mehrsprachigkeit und der sozioökonomische Status angenommen (Eckhardt, 2008; Gogolin, Dirim, Klinger, Lange, Lengyel, Michel, Neumann, Reich, Roth & Schwippert, 2011).

2.2 Fachsprache

Neben den bildungssprachlichen Anforderungen, die allgemein für Vorschule und Schule gelten, beinhalten die einzelnen Lernbereiche oder Unterrichtsfächer selbst sprachliche Anforderungen, die zu Lern- und Verstehensbarrieren führen können (Sallat & Schönauer-Schneider, 2015). Schon im frühkindlichen Bereich wird der

Wortschatz in Bezug auf bestimmte Themen (z. B. Jahreszeiten, Feste, Natur) gefördert. Entsprechende Förderkonzepte sollen bereits in der Kita Anwendung finden, um präventiv schulischen Problemen infolge eines geringen Wortschatzes zu begegnen (Ulrich & Schneggenburger, 2012). Im Verlauf der weiteren schulischen Bildung werden spezifische Begriffe und Bezeichnungen (Fachwortschatz) eingeführt und fortlaufend weiterentwickelt bzw. ausdifferenziert. Entsprechend werden auch Fachtexte immer komplexer. Fachsprachliches Lernen findet jedoch nicht nur im Deutschunterricht statt, sondern in allen Unterrichtsfächern. Beispiele für den Fachwortschatz in unterschiedlichen Unterrichtsfächern (Sallat & Schönauer-Schneider, 2015, S. 73) sind:
- *Deutsch:* Nominativ, Präposition, Subjekt, Prädikat, Präfix ...;
- *Mathematik:* Addition, Minus, Winkel, „größer als", ...;
- *Biologie:* Säugetier, Lurch, Osmose, Stoffwechsel, ...;
- *Physik:* Kraft, Masse, Teilchen, Ladung, Diffusion, Atom, ...;
- *Chemie:* Base, Säure, Koordinatensystem, Pipette, Element, ...

Vor allem stellt die Fachsprache im Mathematikunterricht eine besondere Herausforderung für Kinder und Jugendliche mit sprachlich-kommunikativen Beeinträchtigungen dar (s. auch Nolte in diesem Band), da diesen Schülerinnen und Schülern oft nicht die Übertragung ihrer alltagssprachlichen Bezüge auf die davon abweichende mathematische Fachsprache mit spezifischen Begriffen und Strukturen gelingt (Stitzinger, 2013b; Stitzinger & Bechstein, 2013). Um Kindern und Jugendlichen mit sprachlich-kommunikativem Förder- und Unterstützungsbedarf in Bezug auf die Fachsprache in allen Unterrichtsfächern erfolgreiches Lernen zu ermöglichen und um negative Auswirkungen auf den gesamten Bildungsprozess zu vermeiden, sollte der inklusiven Unterrichtsplanung die semantisch-lexikalische und morphologisch-syntaktische Analyse des Lerngegenstandes zugrunde liegen *(kompensatorischer und präventiver Aspekt)* (Glück & Spreer, 2015, S. 84) und in der Unterrichtsdurchführung geeignete sprachdidaktisch-methodische Aspekte realisiert werden (Lüdtke & Stitzinger, 2016a). Möglichkeiten der Unterstützung in Bezug auf gesprochene (Lehrersprache) und geschriebene Texte (Arbeitsblätter, Buchtexte) sind beispielsweise Visualisierungen, Strukturierungshilfen, Glossare, klare Kontextinformationen und Vermeidung von ablenkenden Nebeninformationen.

Außerdem sollte bei sprachlich-kommunikativem Unterstützungsbedarf im inklusiven Unterricht oder in der interdisziplinär kooperierenden Sprachtherapie durch eine psycholinguistisch orientierte Wortschatz- und Grammatikarbeit mit Elaborations-, Abruf- sowie Strategietraining intensiv an der semantisch-lexikalischen sowie morphologisch-syntaktischen Problematik gearbeitet werden *(rehabilitativer Aspekt)* (Glück & Spreer, 2015, S. 84). Ferner werden in der sprachtherapeutisch orientierten (Einzel-)Situation exemplarisch Vorgehensweisen erarbeitet, die anschließend in den weiteren Bildungs- und Lernsituationen zahlreiche Erprobungs- und Einsatzmöglichkeiten und damit Festigung und Transfer erfahren (Berg, 2011; Glück & Elsing, 2014; Motsch, Marks & Ulrich, 2016).

2.3 Schriftsprache

Eine Hauptaufgabe im Anfangsunterricht der Schule ist der Erwerb schriftsprachlicher Fähigkeiten, sie sollten bereits in vorschulischen early literacy Konzepten und Übungen zur phonologischen Bewusstheit vielfältig vorbereitet werden. Zum einen geht es dabei um den grundlegenden Erwerb eines Konzeptes von Schriftsprache und der Funktion von schriftsprachlichen Zeichen. Zum anderen setzt die graphemische Umsetzung von Lautsprache in Schriftsprache die Fähigkeit zur phonologischen Analyse des lautsprachlichen Inputs (phonologische Bewusstheit) voraus (Steinbrink & Lachmann, 2014). Kinder mit Sprachentwicklungsstörungen zeigen im phonologischen Bereich häufig Verarbeitungsauffälligkeiten und sind damit Risikokinder für Probleme im Schriftspracherwerb (Bishop & Snowling, 2004; Klicpera, Schabmann, Gasteiger-Klicpera & Schmidt, 2013). Schwierigkeiten können sich selbst noch bei einem überwundenen äußeren Störungsbild ergeben (Schnitzler, 2015).

Des Weiteren müssen die Bereiche Rechtschreiben, Lesen und Leseverständnis sowie schriftliche Textproduktion unterschieden werden. Neben dem Erkennen lautsprachlicher Einheiten werden der schriftsprachliche Regelerwerb sowie das Leseverständnis und die Fähigkeit zum Verfassen schriftsprachlicher Texte von den sprachstrukturellen Fähigkeiten der Kinder und Jugendlichen in den Bereichen der Semantik und Lexik, der Morphologie und Syntax sowie der Arbeitsgedächtnisleistungen beeinflusst (Glück, 2003; Ennemoser, Marx, Weber & Schneider, 2012). Daher sollte bereits vor dem Schuleintritt intensiv durch alltagsbasierte spezifische Sprachbildung und Sprachförderung oder durch interdisziplinär kooperierende Sprachtherapie an den sprachstrukturellen Fähigkeiten der Kinder gearbeitet werden. Ebenfalls müssen im schulischen Anfangsunterricht und hier vor allem im Schriftspracherwerb kompensatorische Maßnahmen wie Lautgebärden, Handzeichen, metasprachliche Reflexionen einbezogen werden (Mayer, 2013; Stitzinger, 2013d; Reber & Schönauer-Schneider, 2014; Lüdtke & Stitzinger, 2016a).

2.4 Fremdsprache, Erst- und Zweitsprache

Der Erwerb von mehreren Fremdsprachen ist eine Grundvoraussetzung für höhere Bildungsabschlüsse. Zusätzlich zur Deutschen Sprache müssen dafür weitere Sprachen als Laut- und Schriftsprache mit den dazugehörigen Regeln erlernt werden. Da sich Sprachentwicklungsstörungen auf das gesamte Sprachsystem der jeweiligen Person beziehen, zeigen sich entsprechende Sprachverarbeitungsprobleme oder Beeinträchtigungen in der Sprachproduktion ebenso in den zu erlernenden Fremdsprachen (Füssenich, 2005). Daher sind in der Fremdsprachdidaktik sprachheilpädagogische Methoden zu berücksichtigen (Appel, 2005).

Neben der Berücksichtigung sprachlich-kommunikativer Beeinträchtigungen bei der didaktischen Aufbereitung des Fremdsprachenlernens sind Aspekte des Mehrsprachigkeitserwerbs in ein inklusives Unterstützungsprofil im Bereich Sprache und Kommunikation einzubeziehen (Chilla, Rothweiler, & Babur, 2013; Chilla, 2015; Lüdtke & Stitzinger 2016a). Grundsätzlich stellt der simultane oder der sukzessive Erwerb mehrerer Sprachen nicht per se ein Risiko in der Sprachentwicklung dar (s. auch Engel de Abreu in diesem Band). Bei Problemlagen muss allerdings ein möglicher erschwerter Zweitspracherwerb im Deutschen von einer generellen Störung der gesamten Sprachentwicklung abgegrenzt werden (Chilla et al., 2013; Motsch, 2013). Ein erschwertes Erlernen der Zweitsprache Deutsch kann mit ungünstigen Bedingungen im Lebenskontext eines mehrsprachig aufwachsenden Kindes im Zusammenhang stehen (Kracht & Rothweiler, 2003) und erfordert eine präventive oder spezifische Förderung des Deutschen als Zweitsprache (DaZ) mit Kompensation hemmender Erwerbskontexte. Bei Jugendlichen mit einem späteren Deutscherwerb greifen Mechanismen des Deutscherwerbes als Fremdsprache (DaF). Dagegen zeichnet sich eine genuine Sprachentwicklungsstörung im Zusammenhang mit Erwerbsstörungen im gesamten Sprachsystem ab. Dabei sind meist die sprachlichen Fähigkeiten aller Sprachen des Kindes betroffen (Lengyel, 2005; Chilla et al., 2013; Motsch, 2013). Eine spezifische Sprachentwicklungsstörung (SSES) bei Mehrsprachigkeit bedarf im Gegensatz zu DaZ oder DaF einer sprachtherapeutischen Behandlung (Motsch, 2013; Chilla, 2015). Aktuell werfen die jüngsten Geschehnisse im Zuge der Flüchtlingsbewegung ein weiteres, völlig neues Konstrukt auf. Dabei bedürfen Kinder und Jugendliche mit Fluchterfahrung zusätzlicher Anpassungen in der didaktisch-methodischen Konzeption (Lüdtke & Stitzinger, 2016b).

Im Förderschwerpunkt Hören ist zudem zu berücksichtigen, dass für gehörlose Menschen, die mit der Deutschen Gebärdensprache aufwachsen, die deutsche Lautsprache aufgrund ihrer grammatischen Struktur und der zum Teil anderes gefassten semantisch-lexikalischen Konzepte bestimmter Wörter eine Fremdsprache darstellt.

2.5 Sprache als Medium und Wissensträger
Die zentrale Stellung und Funktion von Sprache in Unterrichts- und Lernprozessen erwächst aus der Tatsache, dass sie gleichzeitig Medium, Unterrichtsgegenstand und Wissensträger ist (Schmölzer-Eibinger, 2013; Sallat & Schönauer-Schneider, 2015). Im vorschulischen Bildungsbereich werden Themen und Inhalte vorrangig durch Bilder oder Piktogramme festgehalten. Für die weitere Verfügbarkeit und Speicherung des Wissens ist eine Versprachlichung der Kontexte durch die Kinder notwendig. Ab dem Übergang zur Schule erwerben Kinder zunächst die Strukturen der Schriftspra-

che, um darauf aufbauend mit zunehmend komplexeren schriftlichen und lautsprachlichen Texten arbeiten zu können. Dies wird mit ansteigenden Klassenstufen curricular in allen Unterrichtsfächern immer stärker gefordert. Texte müssen nicht nur gelesen und reproduziert werden können, vielmehr geht es zunehmend um den Transfer von Fähigkeiten und Erkenntnissen (z. B. erkennen, unterstreichen, zusammenfassen, diskutieren, interpretieren). Weitere Bereiche, in denen Sprache das Medium für Lernprozesse ist, beziehen sich auf Erklärungen der Lehrkraft, Unterrichtsgespräche, Diskussionen, Partner- und Gruppenarbeiten, Lesetexte in Büchern und auf Arbeitsblättern, Umgang mit digitalen Medien, verbale Anweisungen und Aufgaben, Schreibaufgaben (ebd.).

So verlangen sprachlich-kommunikative Beeinträchtigungen im produktiven wie im rezeptiven Bereich spezifische Anpassungen von Medien (Lehrersprache, Texte, Materialien), Inhalten und Sozialformen (Stitzinger 2013d; Lüdtke & Stitzinger, 2015, 2016a). Demzufolge müssen in der inklusiven Unterrichtsplanung sprachdidaktische, sprachheilpädagogische und sprachtherapeutische Überlegungen eine Berücksichtigung finden (Lüdtke, 2012; Reber & Schönauer-Schneider, 2014; Lüdtke & Stitzinger, 2015).

2.6 Folgerungen für inklusive Bildungsprozesse

Die Zusammenhänge zwischen sprachlich-kommunikativen Fähigkeiten mit Lernprozessen sowie mit Bildungserfolg und Teilhabe sind vielfältig. Die Berücksichtigung heterogener sprachlich-kommunikativer Ausgangslagen und Entwicklungsperspektiven von Kindern und Jugendlichen mit sprachlich-kommunikativem Förder- und Unterstützungsbedarf stellt damit eine besondere Herausforderung für die inklusive Bildung dar (Glück, Reber, Spreer & Theisel, 2014). Vorschulische und schulische Bildungseinrichtungen sind in der Kooperation mit weiteren Fachkräften aufgefordert, Kinder und Jugendliche präventiv oder durch gezielte Intervention im Lernprozess zu unterstützen. Dabei sind sowohl sprachlich-kommunikative Lernbarrieren abzubauen als auch entsprechende Fördermöglichkeiten in der Verknüpfung mit fachlichen Lerngegenständen effektiv zu initiieren (Stitzinger, 2013d; Lüdtke & Stitzinger 2015). Vor diesem Hintergrund sind spezifische Expertisen weiterhin in allen Bereichen sprachlich-kommunikativer Beeinträchtigungen zu sichern und neue institutionsunabhängige Konzeptbildungen für die Sprach(heil)pädagogik und Sprachtherapie zu entwickeln (Sallat, Spreer & Glück, 2014; Lüdtke & Stitzinger, 2015; Lüdtke, 2015; Sallat & Siegmüller, 2016).

3 Perspektiven der Gegenstandsorientierung bei sprachlich-kommunikativem Förderbedarf

Die Suche nach der besten Unterstützung und Förderung von Kindern und Jugendlichen mit sprachlich-kommunikativen Beeinträchtigungen wurde und wird durch die Vielzahl an Fachpersonen, Institutionen und Kostenträgern im Spannungsfeld zwischen Sprachbildung, Sprachförderung, sprachheilpädagogischer Förderung und Sprachtherapie erschwert (Sallat & de Langen-Müller, 2014). Im pädagogisch orientierten sprachheilpädagogischen Bereich sind ebenso wie im medizinisch orientierten sprachtherapeutischen Bereich über viele Jahre professionell gebündelte Experten-Strukturen entstanden (Grohnfeldt, 2014; Sallat & de Langen-Müller, 2014), die nun im Zuge der Umgestaltung zum inklusiven Bildungssystem in lokal sehr unterschiedlichen Konzepten erhalten, angepasst, verändert oder gar aufgelöst werden.

Selten hatte bislang ein fachwissenschaftlicher und fachpraktischer sowie ein bildungspolitischer und bildungsadministrativer Diskurs wie derzeit das beherrschende Thema Inklusion zu derart uneinheitlichen und variantenreichen Vorstellungen in der sprachheilpädagogischen bzw. sprachtherapeutischen Umsetzung geführt (Grohnfeldt, 2015). Dabei werden letztlich jedoch nicht die Grundwerte inklusiver Teilhabe und Bildungschancen von Fachleuten aus Regelpädagogik, Sprachheilpädagogik, Sprachtherapie, Politik und Administration sowie von der Elternschaft infrage gestellt. Vielmehr werden Entscheidungen kontrovers diskutiert, die sich auf die Bereitstellung konzeptioneller, personeller und materieller Ressourcen zur Erfüllung des Unterstützungsbedarfs im Bereich Sprache und Kommunikation beziehen. Aktuell werden hierzu Debatten in der Bandbreite pradigmatischer Einigkeiten bis zu tiefen Auseinandersetzungen hinsichtlich des Selbstverständnisses der beteiligten Fachdisziplinen geführt. Daneben stehen häufig noch Anspruch und Wirklichkeit einander widersprüchlich gegenüber (s. auch Grohnfeldt in diesem Band).

Diese Überlegungen sollen an dieser Stelle nicht weiterverfolgt werden, sondern der Fokus stärker auf den Gegenstand selbst gelegt werden, nämlich auf die sprachbeeinträchtigte Person mit ihren individuellen sprachlich-kommunikativen Kompetenzen und Bedürfnissen. Die spezifische und differenzierte Analyse unterschiedlicher Perspektiven der jeweiligen Problemlagen eines Kindes oder Jugendlichen mit sprachlich-kommunikativem Förderbedarf sollte handlungsleitend für die Förder- und Interventionsplanung sein (von Knebel, 2012; Sallat & Siegmüller, 2016). Die Facetten einer sprachlich-kommunikativen Beeinträchtigung im Zusammenhang mit bildungsbezogenen und gesellschaftlichen Barrieren können dabei von verschiedenen Professionen unterschiedlich gut eingeschätzt und gefördert werden und verlangen interdisziplinäre Kooperation und Zusammenarbeit.

In Anlehnung an von Knebel (2012) schlagen Sallat & Siegmüller (2016) unterschiedliche Perspektiven für die Analyse der individuellen Ausgangs- und Entwicklungslagen von Kindern mit Sprachentwicklungsstörungen und ihrem Umfeld vor. Diese Perspektiven sollten als Grundlage eines interdisziplinären Entscheidungsfindungsprozesses zur Ausgestaltung von Förderung, Therapie und weiteren Hilfen herangezogen werden. Damit wird die häufig vorherrschende *Institutionszentrierung* durch eine *Gegenstandszentrierung* abgelöst (Sallat & Siegmüller, 2016, S. 251).

3.1 Sprachphänomenologische Perspektive

Die Sprachphänomenologische Perspektive verlangt eine differenzierte Sprachdiagnostik als Grundlage weiterer Überlegungen in Bezug auf Förderung und Therapie. So müssen die phonetisch-phonologischen, semantisch-lexikalischen, morphologisch-syntaktischen und pragmatisch-kommunikativen Fähigkeiten überprüft und analysiert werden. In der Analyse sollten zudem sprachliche Arbeitsgedächtnisleistungen berücksichtigt sowie produktive und rezeptive Leistungen unterschieden werden. Aus den verschiedenen diagnostischen Informationen können jeweils unterschiedliche sprachheilpädagogische und sprachtherapeutische Maßnahmen mit spezifischen Unterrichtsmethoden, Förder- und Unterstützungsmaterialien sowie Therapieansätzen resultieren. Der theoretische Rahmen ist von neuro-, patho- und psycholinguistischen Erkenntnissen ebenso wie vom Wissen um evidenzbasierte Ansätze abhängig (Siegmüller, 2014). Im Idealfall sollten die sprach(heil)pädagogischen und sprachtherapeutischen Vorgehensweisen aufeinander abgestimmt sein und auf den gleichen Sprachverarbeitungs- und Erwerbsmodellen beruhen.

Allerdings reicht eine theoretisch fundierte und eine spezifisch funktional ausgerichtete Förderung und Therapie nicht aus, um der Komplexität im inklusiven Kontext gerecht zu werden. Folglich ist eine interdisziplinäre Verzahnung der *strukturellen* Eben mit der *partizipativen* Ebene notwendig (Sallat & Siegmüller, 2014, S. 252). Basierend auf der Theorie der Relationalen Didaktik nach Lüdtke (u. a. 2010, 2012) findet für sprach(heil)pädagogische und sprachtherapeutische Interventionen stets eine Trinagulierung der drei Konstituenten ‚Sprache und Kommunikation und ihre Beeinträchtigungen', ‚sprach(heil)pädagogische und sprachtherapeutische Fachkraft' sowie ‚Person mit sprachlich-kommunikativen Beeinträchtigungen' statt. Entsprechende Planungs- und Reflexionsmodelle sind für Unterricht und Therapie im inklusiven Kontext spezifisch anwendbar (Stitzinger, 2013d; Lüdtke, 2015; Lüdtke & Stitzinger, 2015). So sind die Überlegungen stets aufeinander zu beziehen, welche Förderung, Unterstützung und Therapie zu welcher Zeit, an welchem Ort und durch welche Fachkraft durchgeführt werden soll, wie dabei der Bezug zu bildungsorientierten Lernprozessen und die Teilhabe am gesellschaftlichen Leben hergestellt werden kann und wie sich die Lernenden selbst als Akteure ihrer eigenen Entwicklung und Lebensgestaltung beteiligen können.

3.2 Entwicklungsperspektive

Unter der Entwicklungsperspektive sind die sprachlichen und nichtsprachlichen Fähigkeiten in einen Enzwicklungszusammenhang zu stellen. Dabei muss analysiert werden, auf welchen Sprachebenen in welchem Ausmaß erwerbsgerechte oder nicht erwerbsgerechte Merkmale in Erscheinung treten. Die als abweichend eingestuften Erwerbsphänomene sind weiter zu differenzieren, ob diese der Entwicklungslogik entsprechen, also als Verzögerungen angesehen werden können, oder ob diese unphysiologische Anzeichen im Sinne einer Störung oder einer Stagnation aufweisen. Daher müssen unter dieser Perspektive auch psychologische und neurologische Besonderheiten Berücksichtigung finden.

Notwendig ist weiterhin ein Abgleich des theoretischen Verständnisses und der Vorgehensweise für Diagnostik, Förderung und Therapie (de Langen-Müller, Kauschke, Kiesel-Himmel, Neumann & Noterdaeme, 2011; Siegmüller, 2002, 2014). Die beteiligten Berufsgruppen müssen sich dafür auf Augenhöhe gleichberechtigt begegnen und absprechen, um in der interdisziplinären Absprache das weitere Vorgehen festzulegen (Teilziele für Sprachförderung und Sprachtherapie) und um Fortschritte in den sprachlich-kommunikativen Fähigkeiten des Kindes oder des Jugendlichen einheitlich bewerten zu können (Evaluation sprachfördernder und sprachtherapeutischer Maßnahmen). Ebenso ist es ein Teil dieser Absprachen, die einzelnen Aufgaben der mit dem Kind oder dem Jugendlichen arbeitenden Fachkräfte aufeinander abzustimmen. Eine Möglichkeit sind interdisziplinäre Leitlinien für Diagnostik, Beratung, Förderung und Therapie, welche die unterschiedlichen Ansatzpunkte und Therapieansätze miteinander verknüpfen und durch eine Vereinheitlichung der Nomenklatur die interdisziplinäre Verständigung vereinfachen (Sallat & de Langen-Müller, 2014; Sallat & Siegmüller, 2016).

3.3 Subjektperspektive

Bei der Subjektperspektive handelt es sich um die Bedeutung von Sprache und Kommunikation für den betroffenen Menschen und seine Familie. Interventionen und Hilfen sollten genau hier ansetzen. Auch ist das Störungsbewusstsein des Kindes oder des Jugendlichen in die Planungen mit aufzunehmen. Möglicherweise ergibt sich aus dieser Perspektive eine veränderte Vorgehensweise in der Förderplanung. So sind Handlungstheorien in die Analyse einzubeziehen, welche das erwerbsgerechte bzw. das beeinträchtigte sprachliche Handeln und die Sprachverarbeitung in der Auswirkung auf nichtsprachliche Bereiche als auch auf Lebenskontexte wie Familie, Freunde, Kindergarten, Schule etc. erklären (von Knebel, 2014; Sallat & Siegmüller, 2016).

Folglich muss die Subjektperspektive in der Förderdiagnostik sowie in der daraus abgeleiteten sprachheilpädagogischen und sprachtherapeutischen Interventionsplanung als grundlegendes Prinzip beachtet werden (Lüdtke, 2012; Stitzinger, 2013d; Reber & Schönauer-Schneider, 2014; Lüdtke & Stitzinger, 2015, 2016a). Die Analyse der Sprachfähigkeit und sprachlichen Wirksamkeit des Kindes oder des Jugendlichen kann daher nicht nur auf standardisierten Diagnostikverfahren beruhen, sondern muss neben mikrostrukturellen Merkmalen ebenso Sprachhandlungskompetenzen und die sprachbiographische Entwicklung der Person erfassen (Kracht, 2000). Außerdem bieten pädagogische Kontexte aufgrund ihrer sozialen, situativen und inhaltlichen Vielfältigkeit, im Gegensatz zur Einzelförderung und Einzelsprachtherapie vielfältige Ansatz- und Analysepunkte, die dem natürlichen Sprachhandeln entsprechen (Sallat & Spreer, 2014).

3.4 Lebensweltperspektive

Eine wesentliche Forderung in inklusiven Bildungssystemen, aber auch zunehmend in medizinisch-therapeutischen Bereichen, sind Teilhabe- und Partizipationsaspekte. So sollen sowohl die Interessen des Kindes oder des Jugendlichen als auch mögliche Ressourcen des engeren familiären und des weiteren gesellschaftlichen Umfeldes eingeplant werden (Lichtblau, 2014). Der Interessensbezug kann mit Blick auf besondere Kenntnisse im Alltagsbereich (z. B. Pflege eines Haustieres) oder auf spezifisches Fachwissen (z. B. aktuelle Musik) aber auch durch die Einbeziehung persönlicher Vorlieben und Hobbys (z. B. bestimmte Sportarten) hergestellt werden. Daneben können durch die Optimierung sprachlicher Handlungsfähigkeiten in der Familie der Spracherwerb und der Sprachgebrauch vorteilhaft unterstützt werden (z. B. sprach- und kommunikationsförderliches familiäres Verhalten und Freizeitgestaltung, Zugang zu Büchern, sensibler Medienkonsum). Ferner kann der Austausch und die Vernetzung innerhalb der Nachbarschaft und im Stadtteil helfen, sprachlich-kommunikatives Lernen voranzutreiben (z. B. Hausaufgabenhilfe, Sportvereine).

Gleichfalls müssen jedoch familienspezifische oder kulturelle Besonderheiten eine besondere Berücksichtigung erfahren, da ausschließliche normative Sichtweisen, die sich nur auf eine intellektuelle, bildungsbezogene Verwirklichung oder auf die durchschnittliche kulturelle deutsche Mehrheit beziehen, oft nur unzureichende Anschlüsse zur Lebenswirklichkeit der Kinder und Jugendlichen und ihrer Familien schaffen können. Deswegen sind Maßmahmen zur sprachlich-kommunikativen Untertützungen auch an die jeweiligen familiären Lebensumstände sensibel anzupassen oder im Kontext interkultureller Erfahrungen zu planen und durchzuführen (z. B. Anerkennung des individuellen Sprach- und Sprechverhaltens) (Lüdtke & Stitzinger, 2015, 2016a). Hierzu können sozialpädagogische Fachkräfte oder Familienhelfer unterstützend wirken. In den letzten Jahren wurden zudem eine Reihe an Elterntrainings sowie Unterstützung- und Beratungsangebote für Eltern und Familien als Möglichkeit der Intervention und Prävention im Bereich Sprache und Kommunikation entwickelt (Buschmann & Joos, 2007; Ritterfeld, 2007). Ebenso wird immer mehr das Potenzial mehrsprachiger pädagogischer Fachkräfte und Lehrkräfte mit Migrationshintergrund für vorteilhafte Identifikationsprozesse und sprachlich-kulturelle Passungen zwischen Kindern bzw. Jugendlichen und lehrenden bzw. erziehenden Bezugspersonen mit gleicher sprachlicher und kultureller Konstellation erkannt (Stitzinger, 2013a; 2014; Stitzinger & Lüdtke, 2014).

3.5 Bildungszielperspektive

Unter der Bildungszielperspektive wird analysiert, inwiefern sich sprachlich-kommunikative Beeinträchtigungen auf Lern-, Verstehens- und Bildungsprozesse auswirken. So sind zunächst das subjektive Bedingungsgefüge der Lernenden sowie der Kontext bzw. die Sache des Lerngegenstandes und die sprachlich-kommunikative Struktur im Lernprozess zu ermitteln und miteinander in Beziehung zu setzen (Stitzinger, 2013d). Aus dieser Analyse folgen Maßnahmen der Differenzierung und didaktischen-methodischen Aufbereitung von Lerninhalten (Reber & Schönauer-Schneider, 2014; Lüdtke, 2012). Besondere Beachtung sollen dabei eine sprach- und kommunikationsfördernde Lernumgebung (z. B. Fokussierung verschiedener Verarbeitungskanäle), ein kommunikationsförderndes Klima mit sprachlicher Kooperation in der Lerngruppe (z. B. kooperative Gesprächsformen), der spezifische Einsatz der Sprache der Lehrenden und Erziehenden (z. B. Modelliertechniken) sowie eine alltags- bzw. unterrichtsbasierte spezifische Sprachförderung (z. B. phonematische Handzeichen, Einprägehilfen für Fachbegriffe, Visualisierung grammatischer Strukturen) im Rahmen eines *inklusiven Unterstützungsprofils Sprache und Kommunikation* erfahren (Lüdtke & Stitzinger, 2015, 2016a).

Daneben ist zu überprüfen und abzuwägen, ob alltagsbasierte bzw. unterrichtlich integrierte sprachtherapeutische Maßnahmen das Lernen positiv unterstützen können (Lüdtke & Stitzinger, 2015; Lüdtke, 2015). Ebenso kann eine parallel flankierende Sprachtherapie innerhalb der Bildungseinrichtung sinnvoll sein oder sich eine separate sprachtherapeutische Behandlung in einer kooperierenden Praxis zur Sicherung von Bildungschancen erfolgreich erweisen. Darüber hinaus sind ggf. weitere heilpädagogische oder therapeutische Interventionen in die jeweilige individuelle Förderung einzubeziehen.

3.6 Erziehungsperspektive

Die Erziehungsperspektive bezieht sich schließlich auf die Analyse von Unterstützungsmöglichkeiten durch sprach(heil)pädagogisch bzw. sprachtherapeutisch tätigen Fachpersonen sowie für und durch die Eltern. Damit steht in dieser Perspektive nicht ausschließlich die Verbesserung sprachlich-kommunikativer Fähigkeiten im Fokus, sondern das Ermöglichen von lebensweltlichen Erfahrungen und selbstbestimmtem Lernen für die betroffenen Kinder und Jugendlichen sowie ihre Familien. Damit werden gerade unter diesem Punkt partizipative Zielsetzungen verfolgt. So sollen Kinder und Jugendliche ausreichende Möglichkeiten für selbstbestimmtes, selbstinitiiertes und selbstgestaltetes lebensweltliches Lernen und lebensweltliche Erfahrungen erhalten.

Vor dem Hintergrund der Erziehungsperspektive gilt es auch, die Beziehungsgestaltung zwischen Lernenden und Lehrenden zu optimieren. Gerade Kinder und Jugendliche mit sprachlich-kommunikativen Beeinträchtigungen benötigen förderliche intersubjektive Kontexte, um das sprachliche Lernen bestmöglich anzuregen (z. B. durch positiv empfundene, affektive Momente) (Stitzinger, 2013d; Lüdtke & Stitzinger, 2015, 2016a). Ebenfalls sind unter den Bedingungen von Beeinträchtigungen im Bereich der Sprache und Kommunikation emotionale Stärkungen für die Ausbildung eines sprachlich-kommunikativen Selbstbewusstseins und für das Erreichen sprachbezogener Bildungsziele hilfreich (z. B. durch Sicherheit gebende Safe Places) (ebd.). Auf dieser Grundlage sollen Eigenmotivation und Selbstwirksamkeit entwickelt werden.

4 Auf dem Weg zur interdisziplinären Kooperation

Die aktuellen Entwicklungen im Bildungsbereich hin zu einem inklusiven System mit wohnortnahen Unterstützungs- und Fördermöglichkeiten verlangen eine interdisziplinäre Zusammenarbeit und Kooperation mit dem Blick der unterschiedlichen Fachdisziplinen auf Kinder und Jugendliche mit sprachlich-kommunikativen Beeinträchtigungen in frühkindlichen, schulischen und beruflichen Bildungseinrichtungen. Allerdings sind durch die föderale Struktur Deutschlands sowie unterschiedliche Organisationsformen und Finanzierungssysteme des Bildungs- und Gesundheitswesens in Bezug auf sprachliche Bildung, Sprachförderung und Sprachtherapie keine einheitlichen Lösungen entstanden (Sallat et al., 2014). Das Ziel muss die Realisierung individuell auf den Bedarf des Kindes oder des Jugendlichen abgestimmter Bildungs- und Unterstützungsangebote in Form von Beratung, Förderung, Therapie, Unterricht, Diagnostik, Prävention, Innovation und Schulentwicklung sein (Glück, Reber, Spreer, & Theisel, 2014). In enger Abstimmung und Koordination müssen die Fachkräfte aus dem pädagogischen Bereich (Erzieherinnen und Erzieher, Regelschullehrkräfte, Sozialpädagoginnen und Sozialpädagogen) gemeinsam mit Fachkräften der Sonderpädagogik (Sprachheilpädagoginnen und Sprachheilpädagogen, Förderschullehrkräfte mit anderen Förderschwerpunkten, Einzelfallhelferinnen und Einzelfallhelfer) und Fachkräften aus dem medizinisch-therapeutischen Bereich (Sprachtherapeutinnen und Sprachtherapeuten, Logopädinnen und Logopäden, Ärztinnen und Ärzte verschiedener medizinischer Fachgebiete, Psychologinnen und Psychologen, weitere therapeutische Fachkräfte) die erforderlichen Interventionen am jeweiligen Lernort des Kindes oder des Jugendlichen anpassen.

Dazu weisen beispielsweise die drei, in der inklusiven Schule wesentlich beteiligten Professionen jeweils unterschiedliche komplementäre Kernkompetenzen auf, die in der inklusiven Arbeit synergetisch genutzt und weitervermittelt werden können (Lüdtke, 2015): Die Regelschullehrkraft kann das Team mit einem schul- und unterrichtsbezogenen pädagogischen und didaktisch-methodischen Verständnis für die gesamte Lerngruppe umfassend unterstützen. Demgegenüber vermag die sprachtherapeutisch tätigen Fachperson fundierte Kenntnisse über Spracherwerbsprozesse und deren Beeinträchtigungen sowie vertiefte sprachtherapeutische Handlungskompetenzen für das einzelne Kind bzw. den einzelnen Jugendlichen spezifisch einzubringen. Die Förderschullehrkraft im Förderschwerpunkt Sprache (Sprachheilpädagogin bzw. Sprachheilpädagoge) nimmt letztlich mit ihren Einsichten in die Auswirkungen sprachlich-kommunikativer Beeinträchtigung auf Lernprozesse und entstehender Lernbarrieren sowie mit dem Einsatz spezieller sprachheilpädagogischer Methoden und Materialien eine wichtige Vermittlungs- und Koordinationsfunktion innerhalb des interdisziplinären Teams ein (ebd.).

Die Arbeit im inklusiven Kontext muss sich hiermit von einer rein institutionellen Orientierung hin zu einer **gegenstandsorientierten, perspektivengeleiteten Intervention** weiterentwickeln (Sallat & Siegmüller, 2016). Dies verlangt eine unvoreingenommene **Kooperation und Zusammenarbeit** der beteiligten Fachkräfte. Ein wesentliches Element ist dabei die gegenseitige Anerkennung **spezifischer Expertisen** mit institutionalisierten Möglichkeiten des fachlichen Austausches und des Kompetenztransfers. Ein weiterer Faktor für eine gelingende Interdisziplinarität im inklusiven Kontext liegt im **professionellen Selbstverständnis** der Akteure hinsichtlich der eigenen Stärken und Schwächen (Stitzinger, 2013c). Sie sind in Bezug auf Pädagogik, Didaktik und Methodik, Diagnostik, Patholinguistik, Pädiatrie, Psychologie etc. unterschiedlich ausgeprägt (Sallat & Siegmüller, 2016). Außerdem muss eine **gemeinsame Sprache** (Fachtermini) entwickelt und verwendet werden. Ferner sind **verbindliche Abläufe** institutionell und netzwerkorientiert zu vereinbaren (Stitzinger, 2013c). Die im medizinischen Bereich vorhandenen interdisziplinären Leitlinien geben hier eine gute Orientierung (Sallat & de Langen-Müller, 2014), müssen jedoch noch weiter auf den inklusiven pädagogischen Kontext angepasst und ergänzt werden. Schließlich wird zunehmend die **Teilhabe** der betroffenen Kinder und Jugendlichen am eigenen Lernprozess und an der eigenen Lebensverwirklichung als bedeutsam erachtet. Dabei wird Verantwortung für das bildungsbezogene und gesellschaftliche Handeln an die Lernenden gewinnbringend übertragen (Empowerment) und Mitbestimmung im Förder- bzw. Therapieprozess zur Selbststärkung und erfolgreichen Sprachbewältigung ermöglicht (Partizipation).

Unter den aufgezeigten Bedingungen besteht die Zuversicht, in naher Zukunft die Formen der inklusiven Zusammenarbeit und Kooperation weiter ausbauen und optimieren zu können. Nach Goll (1996) erfolgt die Entwicklung dabei von der multidisziplinären Zusammenarbeit (nebeneinander planen, nebeneinander handeln) über die bereits in vielen Bereichen etablierte interdisziplinäre Zusammenarbeit (miteinander planen, nebeneinander handeln) hin zur transdisziplinären Zusammenarbeit (miteinander planen, miteinander handeln). Sie ist die Grundlage, damit Sprache und Inklusion eine Chance und kein Risiko für die betroffenen Kinder und Jugendlichen darstellen.

Literatur

Autorengruppe Bildungsberichterstattung (2014). *Bildung in Deutschland 2014. Ein indikatorengestützter Bericht mit einer Analyse zur Bildung von Menschen mit Behinderungen.* Bielefeld: Bertelsmann.

Appel, J. (2005). Frühes Fremdsprachenlernen oder Begegnung mit fremden Sprachen und Kulturen – Herausforderung oder Überforderung für Kinder mit Sprach- und Lernproblemen. *Die Sprachheilarbeit, 50 (3)*, 123-129.

Berg, M. (2011). *Kontextoptimierung im Unterricht. Praxisbausteine für die Förderung grammatischer Fähigkeiten.* (2. Aufl.). München & Basel: Reinhardt.

Bishop, D. V., & Snowling, M. J. (2004). Developmental dyslexia and specific language impairment. Same or different? *Psychological bulletin, 130 (6)*, 858-886.

Buschmann, A., & Jooss, B. (2007). Frühintervention bei verzögerter Sprachentwicklung. Heidelberger Elterntraining zur frühen Sprachförderung. *Forum Logopädie, 21 (5)*, 6-11.

Chilla, S. (2015). Sprachpädagogische Intervention bei mehrsprachigen Kindern und Jugendlichen. *Praxis Sprache, 60 (2)*, 95-101.

Chilla, S., Rothweiler, M., & Babur, E. (2013). *Kindliche Mehrsprachigkeit. Grundlagen – Störungen – Diagnostik* (2. Aufl.). München: Reinhardt.

Cummins, J. (2000). *Language, Power and Pedagogy. Bilingual Children in the Crossfire.* Bristol UK: Multilingual Matters.

de Langen-Müller, U., Kauschke, C., Kiesel-Himmel, C., Neumann, K., & Noterdaeme M. (Hrsg.). (2011). *Diagnostik von Sprachentwicklungsstörungen (SES), unter Berücksichtigung umschriebener Sprachentwicklungsstörungen (USES). Interdisziplinäre S2k-Leitlinie.* Arbeitsgemeinschaft der Wissenschaftlichen Medizinischen Fachgesellschaften e.V. (AWMF). Abgerufen von http://www.awmf.org/uploads/tx_szleitlinien/049-006l_S2k_Sprachentwicklungsstoerungen_Diagnostik_2013-06_01.pdf

Eckhardt, A. (2008). *Sprache als Barriere für den schulischen Erfolg. Potenzielle Schwierigkeiten beim Erwerb schulbezogener Sprache für Kinder mit Migrationshintergrund*. Münster: Waxmann.

Engel de Abreu, P. (2016). Herausforderung Mehrsprachigkeit und Sprachentwicklung. In U. Stitzinger, S. Sallat & U. Lüdtke (Hrsg.), *Sprache und Inklusion als Chance?! Expertise und Innovation für Kita, Schule und Praxis*. Idstein: Schulz-Kirchner.

Ennemoser, M., Marx, P., Weber, J., & Schneider, W. (2012). Spezifische Vorläuferfertigkeiten der Lesegeschwindigkeit, des Leseverständnisses und des Rechtschreibens. Evidenz aus zwei Längsschnittstudien vom Kindergarten bis zur 4. Klasse. *Zeitschrift für Entwicklungspsychologie und Pädagogische Psychologie, 44 (2)*, 53–67.

Füssenich, I. (2005). Frühes Fremdsprachenlernen oder Begegnung mit fremden Sprachen und Kulturen – Herausforderung oder Überforderung für Kinder mit Sprach- und Lernproblemen. *Die Sprachheilarbeit, 50 (3)*, 116-122.

Gellert, U. (2011). „Fünf mal fünf ist siebzehn" Zur Bedeutung von konzeptioneller Schriftlichkeit und dekontextualisierter Sprache beim Lernen von Mathematik im Grundschulalter. In P. Hüttes-Graff & Wieler, P. (Hrsg.), *Übergänge zwischen Mündlichkeit und Schriftlichkeit im Vor- und Grundschulalter* (S. 79-94). Freiburg: Villibach.

Glück, C. W. (2003). Semantisch-lexikalische Störungen bei Kindern und Jugendlichen. In M. Grohnfeld (Hrsg.), *Lehrbuch Sprachheilpädagogik und Logopädie. Bd. 4: Beratung, Therapie und Rehabilitation* (S. 178-184). Stuttgart: Kohlhammer.

Glück, C. W., & Elsing, C. (2014). Lexikontherapie. In A. Fox-Boyer, S. Ringmann & J. Siegmüller (Hrsg.), *Handbuch Spracherwerb und Sprachentwicklungsstörungen* (S. 173-188). München: Elsevier.

Glück, C. W., & Spreer, M. (2015). Zur Bildungsrelevanz semantisch-lexikalischer Störungen. *Sprache-Stimme-Gehör 39 (2)*, 81-85.

Glück, C. W., Reber, K., Spreer, M., & Theisel, A. (2014). Kinder und Jugendliche mit Förderschwerpunkt Sprache und Kommunikation in inklusiven Bildungskontexten. *Praxis Sprache, 59 (1)*, 5-7.

Gogolin, I., & Lange, I. (2011). Bildungssprache und Durchgängige Sprachbildung. In S. Fürstenau (Hrsg.). *Migration und schulischer Wandel. Mehrsprachigkeit* (S. 107-127). Wiesbaden: Verlag für Sozialwissenschaften.

Gogolin, I., Dirim, I., Klinger, T., Lange, I., Lengyel, D., Michel, U., Neumann, U., Reich, H.H., Roth, H-J., Schwippert, K. (2011). *Förderung von Kindern und Jugendlichen mit Migrationshintergrund FÖRMIG. Bilanz und Perspektiven eines Modellprogramms*. Münster & New York: Waxmann.

Goll, H. (1996). Transdisziplinarität. Realität in der Praxis, Vision in Forschung und Lehre – oder nur ein neuer Begriff? In G. Opp, A. Freytag & I. Budnik (Hrsg.), *Heilpädagogik in der Wendezeit. Brüche – Kontinuitäten – Perspektiven* (S. 164-174). Zürich: Edition SZH.

Grohnfeldt, M. (2016). Inklusion zwischen Anspruch und Wirklichkeit. In U. Stitzinger, S. Sallat & U. Lüdtke (Hrsg.), *Sprache und Inklusion als Chance?! Expertise und Innovation für Kita, Schule und Praxis*. Idstein: Schulz-Kirchner.

Grohnfeldt, M. (Hrsg.) (2015). *Inklusion im Förderschwerpunkt Sprache*. Stuttgart: Kohlhammer.

Grohnfeldt, M. (2014). Sprachheilpädagogik und Sprachtherapie: zusammen, getrennt oder komplementär? In M. Grohnfeldt (Hrsg.), *Grundwissen der Sprachheilpädagogik und Sprachtherapie* (S. 15-20). Stuttgart: Kohlhammer.

Hasselhorn, M., & Sallat, S. (2014). Sprachförderung zur Prävention von Bildungsmisserfolg. In S. Sallat, M. Spreer, C. W. Glück (Hrsg.), *Sprache professionell fördern. kompetent – vernetzt – innovativ* (S. 28-39). Idstein: Schulz-Kirchner.

Klicpera, C., Schabmann, A., Gasteiger-Klicpera, B., & Schmidt, B. (2013). *Legasthenie – LRS. Modelle, Diagnose, Therapie und Förderung*. München: Reinhardt.

Kracht, A. (2000). *Migration und kindliche Zweisprachigkeit*. Münster: Waxmann.

Kracht, A., & Rothweiler, M. (2003). Diagnostische Fragen zur kindlichen Grammatikentwicklung im Kontext von Mehrsprachigkeit. In B. Warzecha (Hrsg.), *Heterogenität macht Schule* (S. 189-204). Münster: Waxmann.

Lengyel, D. (2005). Sprachdiagnostik bei mehrsprachigen Kindern – Herausforderungen für Theorie und Praxis. In M. Grohnfeldt, V. Triarchi-Herrmann & L. Wagner (Hrsg.), *Mehrsprachigkeit als sprachheilpädagogische Aufgabenstellung* (S. 49-72). Würzburg: Edition von Freisleben.

Lichtblau, M. (2014). Familiäre Unterstützung der kindlichen Interessenentwicklung in der Transition vom Kindergarten zur Schule. *Frühe Bildung, 3 (2)*, 93-103.

Lüdtke, U. (2015). Unterrichtsintegrierte Sprachtherapie als Baustein eines multiprofessionellen Angebots in inklusiven schulischen Kontexten. In M. Grohnfeldt (Hrsg.), *Inklusion in Schule und Gesellschaft. Bd. 11: Inklusion im Förderschwerpunkt Sprache* (S. 37-75). Stuttgart: Kohlhammer.

Lüdtke, U. (2012). Sprachdidaktiktheorie. In O. Braun & U. Lüdtke (Hrsg.), *Behinderung, Bildung, Partizipation. Enzyklopädisches Handbuch der Behindertenpädagogik. Bd. 8: Sprache und Kommunikation* (S. 449-491). Stuttgart: Kohlhammer.

Lüdtke, U. (2010). Relationale Didaktik in Sprach-Pädagogik und Sprach-Therapie. Historische Einbettung und aktuelle Forschung. *MitSprache 42 (1)*, 21–46.

Lüdtke, U., & Stitzinger, U. (2016a). Meine Sprache, deine Sprache, unsere Sprache. Schulische Förderung im ‚Unterstützungsprofil Sprache und Kommunikation' bei spezifischer Sprachentwicklungsstörung im inklusiven Kontext sprachlich-kultureller Diversität. In C. Schiefele & M. Menz (Hrsg.), *Handlungsorientierte Perspektiven des Förderschwerpunkts Sprache. Ableitungen für die Praxis vom Kind aus gedacht* (S. 57-77). Baltmannsweiler: Schneider Verlag Hohengehren.

Lüdtke, U. M., & Stitzinger, U. (2016b). Wie bringen wir Sahar nur zum Sprechen? – „Bewältigungsorientierte Sprachlernunterstützung" von Kindern mit Fluchterfahrung unter besonderer Berücksichtigung der Potenziale mehrsprachiger und interkultureller Kita-Teams. In B. Lamm (Hrsg.), *Handbuch Interkulturelle Kompetenz. Kultursensitive Arbeit in der Kita.* Freiburg: Herder. (i. Druck)

Lüdtke, U., & Stitzinger, U. (2015). *Pädagogik bei Beeinträchtigungen der Sprache.* München: Reinhardt/UTB.

Mayer, A. (2013). *Gezielte Förderung bei Lese-und Rechtschreibstörungen.* München: Reinhardt.

Motsch, H.-J. (2013). Diagnostik und Therapie mehrsprachiger Kinder mit Spezifischer Sprachentwicklungsstörung. *L.O.G.O.S. Interdisziplinär 21 (4)*, 255-263.

Motsch, H. J., Marks, D. K., & Ulrich, T. (2016). *Wortschatzsammler. Evidenzbasierte Strategietherapie lexikalischer Störungen im Kindesalter.* (2. Aufl.). München: Reinhardt.

Nolte, M. (2016). Sprache und Sprachverstehen in mathematischen Lernprozessen aus einer mathematikdidaktischen Perspektive. In U. Stitzinger, S. Sallat & U. Lüdtke (Hrsg.), *Sprache und Inklusion als Chance?! Expertise und Innovation für Kita, Schule und Praxis.* Idstein: Schulz-Kirchner.

Reber, K., & Schönauer-Schneider, W. (2014). *Bausteine sprachheilpädagogischen Unterrichts* (3. Aufl.). München: Reinhardt.

Ritterfeld U. (2007). Elternpartizipation. In H. Schöler & A. Welling (Hrsg.), *Handbuch der Sonderpädagogik. Bd. 1: Sonderpädagogik der Sprache* (S.922-949). Göttingen: Hogrefe.

Sallat, S., & de Langen-Müller (2014). Interdisziplinäre Versorgung sprachauffälliger und sprachentwicklungsgestörter Kinder. *Zeitschrift für Kinder- und Jugendmedizin 14 (5)*, 319-330.

Sallat, S., & Schönauer-Schneider, W. (2015). Unterricht bei Kindern mit Sprach- und Kommunikationsstörungen. *Sprache Stimme Gehör 39 (2)*, 70-75.

Sallat, S., & Siegmüller, J. (2016). Interdisziplinäre Kooperation in verschiedenen Institutionen. In M. Grohnfeldt (Hrsg.), *Kompendium der akademischen Sprachtherapie und Logopädie. Bd 1: Sprachtherapeutische Handlungskompetenzen* (S. 243-261). Stuttgart: Kohlhammer.

Sallat, S., & Spreer, M. (2014). Förderung kommunikativ-pragmatischer Fähigkeiten in Unterricht und therapeutischer Praxis. *Sprachförderung und Sprachtherapie in Schule und Praxis, 3 (3)*, 156-166.

Sallat, S., Spreer, M., & Glück, C. W. (2014). Sprache professionell fördern. kompetent-vernetzt-innovativ. In: S. Sallat, M. Spreer, C.W. Glück (Hrsg.). *Sprache professionell fördern. kompetent – vernetzt – innovativ.* (S. 14-27). Idstein: Schulz-Kirchner.

Schmölzer-Eibinger, S. (2013). Sprache als Medium des Lernens im Fach. In M. Becker-Mrotzek, K. Schramm, E. Thürmann, H. Vollmer & J. Helmut (Hrsg.), *Sprache im Fach. Sprachlichkeit und fachliches Lernen* (S. 25-40). Münster & New York: Waxmann.

Schnitzler, C. D. (2015). Schriftsprache und phonologische Verarbeitung bei Grundschulkindern mit im Vorschulalter überwundenen phonologischen Aussprachestörungen. *Sprache – Stimme – Gehör, 39 (2)*, 24-30.

Siegmüller, J. (2014). Forschung und Praxis der Kindersprachtherapie in den letzten 30 Jahren: Annahmen zu Wirkmechanismen der therapeutischen Intervention. In S. Sallat, M. Spreer & C. W. Glück, (Hrsg.), *Sprache professionell fördern. kompetent – vernetzt – innovativ* (S. 40-53). Idstein: Schulz-Kirchner.

Spreer, M. (2014). „Schlage nach und ordne zu!" Bildungssprachlichen Anforderungen im (sprachheilpädagogischen) Unterricht kompetent begegnen. In S. Sallat, M. Spreer & C. W. Glück, (Hrsg.), *Sprache professionell fördern. kompetent – vernetzt – innovativ* (S. 83-90). Idstein: Schulz-Kirchner.

Spreer, M., & Sallat, S. (2014). Katamnestische Erhebungen zu ehemaligen Schülern von Sprachheilschulen. In M. Grohnfeldt (Hrsg.), *Grundwissen der Sprachheilpädagogik und Sprachtherapie* (S. 374-378). Stuttgart: Kohlhammer.

Steinbrink, C., & Lachmann, T. (2014). *Lese-Rechtschreibstörung. Grundlagen – Diagnostik – Intervention.* Heidelberg: Springer VS.

Stitzinger, U. (2014). Bilinguale pädagogische Fachkräfte als vorteilhafte Ressource in der Arbeit mit mehrsprachigen Kindern? In S. Sallat, M. Spreer & C. W. Glück (Hrsg.), *Sprache professionell fördern. kompetent – vernetzt – innovativ* (S. 311-317). Idstein: Schulz-Kirchner.

Stitzinger, U. (2013a). Bilinguale Ressourcen von Pädagoginnen und Pädagogen für die Sprachbeobachtung und Sprachdiagnostik bei mehrsprachigen Kindern. In K. Rosenberger (Hrsg.), *Sprachheilpädagogik: Wissenschaft und Praxis. Bd. 5: Sprache rechnet sich. Medium Sprache in allen Lernbereichen* (S. 115-126). Wien: Lernen mit Pfiff.

Stitzinger, U. (2013b). Mit Sprache ist zu rechnen – Sprachdidaktische Aspekte im Mathematikunterricht. In K. Rosenberger (Hrsg.), *Sprachheilpädagogik: Wissenschaft und Praxis. Bd. 5: Sprache rechnet sich. Medium Sprache in allen Lernbereichen* (S. 89-97). Wien: Lernen mit Pfiff.

Stitzinger, U. (2013c). Prävention und Inklusion durch netzwerkbezogene, fachberatende Mobile Dienste im schulischen Unterstützungsprofil Sprache und Kommunikation. *Zeitschrift für Heilpädagogik, 64 (8)*, 304-310.

Stitzinger, U. (2013d). Unterrichtsspezifische Sprachdidaktik im Förder- und Unterstützungsprofil Sprache und Kommunikation. *Praxis Sprache, 58 (3)*, 145-151.

Stitzinger, U., & Bechstein, A. (2013). Mit Sprache kann gerechnet werden. Unterrichtsspezifische Sprachdidaktik am Beispiel mathematischer Zusammenhänge. *Praxis Sprache, 58 (4)*, 218-226.

Stitzinger, U., & Lüdtke, U. (2014). *Mehrsprachigkeit als Potenzial in Kita-Teams. nifbe-Beiträge zur Professionalisierung Nr. 2.* Osnabrück: Niedersächsisches Institut für frühkindliche Bildung und Entwicklung.

Tietze, S., Rank, A., & Wildemann, A. (2016). *Erfassung bildungssprachlicher Kompetenzen von Kindern im Vorschulalter. Grundlagen und Entwicklung einer Ratingskala (RaBi).* URN: nbn:de:0111-pedocs-120766

Ulrich, T., & Schneggenburger, K. (2012). Lexikalische Strategietherapie für Vorschulkinder mit dem „Wortschatzsammler". *Sprachförderung und Sprachtherapie in Schule und Praxis, 2 (12),* 63-71.

United Nations (Ed.) (2006). *Convention on the Rights of Persons with Disabilities and Optional Protocol.* New York. Abgerufen von http://www.un.org/disabilities/documents/convention/convoptprot-e.pdf

Marianne Nolte

Sprache und Sprachverstehen in mathematischen Lernprozessen aus einer mathematikdidaktischen Perspektive

1 Sprache und mathematische Lernprozesse im Unterricht

Das Verständnis von Sprache (im weitesten Sinne als Hörer) ebenso wie die Sprachproduktion (im weitesten Sinne als Sprecher) spielt beim Erwerb mathematischer Inhalte eine entscheidende Rolle. Es beeinflusst den Begriffserwerb, das Denken und Lernprozesse (Austin & Howson, 1979). Das Verständnis von Sprache in Schulbüchern, in der mündlichen Kommunikation, im Bearbeiten von Aufgabenstellungen setzt sowohl aktives als auch passives Umgehen mit Sprache voraus.

Die folgenden Tabellen führen einige der Situationen auf, in denen im Unterricht Sprache verwendet wird (Nolte, 2013, S. 38). Sie zeigen, dass Sprache im Unterricht sehr unterschiedliche Funktionen hat, ausgehend von einfachen Verständnisfragen bis hin zum Argumentieren, vom Verstehen schriftlich oder bildlich vorgegebener Aufgaben hin zur eigenen Textproduktion.

Tab. 1: Beispiele für Sprachproduktion und Sprachrezeption im Mathematikunterricht – Lehrende – Lernende

Sprachproduktion/Sprecher/ Lehrperson/schriftliche Texte	Sprachrezeption/Hörer/Lernende
Inhalte einführen	Angemessenen Kontext aufrufen/Inhalte verarbeiten
Arbeitsanweisungen/Hinweise geben	Arbeitsanweisungen/Hinweise verstehen
Inhalte/Aufgaben erläutern	Inhalte/Aufgaben verarbeiten
Fragen stellen	Fragen verstehen
Texte wie Schulbuchseiten, Arbeitsblätter	Texte, Aufgabenformate verarbeiten

Tab. 2: Beispiele für Sprachproduktion und Sprachrezeption im Mathematikunterricht – Lernende – Lehrende

Sprachproduktion/Sprecher/Lernende	Sprachrezeption/Hörer/Lehrperson
Fragen stellen	Fragen verstehen
Lösungswege beschreiben	Lösungswege verstehen und bewerten
argumentieren	Argumente verstehen und bewerten
Texte und Darstellungen verfassen	Texte und Darstellungen deuten

Argumentieren, Kommunizieren sowie Darstellen von mathematischen Inhalten gehören zu den allgemeine Kompetenzen, die in den Bildungsstandards für den Mathematikunterricht beschrieben werden (Kultusministerkonferenz, 2005). Sie machen deutlich, dass neben individuellen Lernprozessen das Lernen von und mit anderen wichtig ist, denn in der Kommunikation mit anderen kann die Einsicht in einen Sachverhalt vertieft werden, kann eigenes Wissen erweitert und können eigene Gedanken angereichert werden. Folgendes Beispiel veranschaulicht das:

Abb. 1: Zahlenbuch (Wittmann und Müller 1994, S. 54)

Das Bild zeigt zwei Kinder, die an Rechendreiecken arbeiten. Das Aufgabenformat erfordert es, dass an den Seiten der Dreiecke die Summe der beiden Felder der jeweiligen Seite notiert wird. Im oberen Teil des Bildes machen das Kinder in Partnerarbeit, sie können darüber sprechen was sie tun und sich darüber austauschen, ob die Anzahl richtig ist und wie sie vorgegangen sind usw.

Das Beispiel veranschaulicht wie eine allgemeine Kompetenz wie Kommunizieren im Zusammenhang mit Inhalten, hier der Addition, geschult wird. Das gemeinsame Sprechen über die Aufgabe ist ebenfalls mit Darstellen und Argumentieren verbunden, denn die Kinder können sich darüber austauschen, ob das Ergebnis stimmt und das z. B. anhand der Plättchen überprüfen. Hier können ebenfalls Muster und Strukturen, die zu den inhaltlichen Kompetenzen gezählt werden, erkannt werden: Im linken Beispiel unterscheiden sich die Summanden 4 und 5 um jeweils 1. Deshalb muss sich die Summe der beiden anderen Seiten auch um 1 unterscheiden.

Die Entwicklung von mathematischen Kompetenzen „hängt nicht nur davon ab, welche Inhalte unterrichtet wurden, sondern in mindestens gleichem Maße davon, wie sie unterrichtet wurden, d. h. in welchem Maße den Kindern Gelegenheit gegeben wurde, selbst Probleme zu lösen, über Mathematik zu kommunizieren usw." (Kultusministerkonferenz, 2005, S. 6). Deshalb entwickeln sich allgemeine Kompetenzen nicht allein aus einem Aufgabenformat wie den Zahlendreiecken. Es liegt in der Hand der Lehrperson, die Kinder in diesem Prozess anzuleiten und zu begleiten. In einer Unterrichtssituation konnte ich beobachten, wie drei Kinder diese Aufgabe bearbeiteten, aber jeder für sich. Ein Kind hatte die Aufgabe die Plättchen wie im unteren Teil des Bildes zu legen, das andere die Summen an die Seiten zu legen und das dritte die jeweiligen Aufgaben in Gleichungen zu übersetzen: wie zum linken Bild passend 4+5 = 9, 5+ 12 = 17 und 12+4 = 15. Da sie noch nicht wussten, wie eine solche Zusammenarbeit geht, arbeitete jedes Kind für sich: das eine legte Plättchen, das andere rechnete und legte Zahlkarten und das dritte rechnete und notierte die Gleichungen – mit je unterschiedlichen Ergebnissen und ohne ein Störgefühl dabei zu entwickeln. Das Beispiel zeigt, dass kommunizieren und argumentieren eine Lehr- und Lernaufgabe für den Mathematikunterricht ist.

2 Alltagssprache, Fachsprache, Bildungssprache

Beim Sprechen über Aufgaben wie die Zahlendreiecke verwenden die Kinder Zahlwörter, die zur mathematischen Fachsprache gehören und Wörter, die zur Alltagssprache gehören wie dazu tun oder zusammen. Plättchen gehören hingegen zur Unterrichtssprache. Die im unterrichtlichen Kontext verwendete Sprache wird von Gogolin (2006) (s. auch Gogolin & Lange, 2011) als Bildungssprache bezeichnet. Die Bildungssprache umfasst dabei sowohl fachspezifische Begriffe als auch einen besonderen Wortschatz, der sich auf unterrichtstypische Aktivitäten bezieht wie darstellen, vervollständigen, bezeichnen (s. z. B. Heppt, Stanat et al., 2014). Im Mathematikunterricht erleben die Kinder auf diese Weise verschiedene Verwendungen von Sprache, Register, die unterschiedlichen Regeln folgen, die Alltagssprache, die Bildungs- und die Fachsprache. Der Sprachgebrauch innerhalb dieser verschiedenen Register ist unterschiedlich anspruchsvoll. Die Alltagssprache ist redundanter und wird häufig von Gesten begleitet. Die Information erschließt sich stärker über den Kontext als in der Fachsprache bzw. der Bildungssprache. Die Fachsprache wird hingegen als dicht bezeichnet, das bedeutet, dass sich in einem Satz das Verständnis oft nur dann erschließt, wenn ein Verständnis für fast alle der verwendeten Begriffe vorliegt. Grammatikalische Strukturen und die Art und Weise der Verwendung von Relationen und Präpositionen unterscheiden sich ebenfalls in den verschiedenen Registern (s. dazu z. B. Meyer und Prediger (2012), Gürsoy, Benholz et al., 2013, Heppt, Stanat et al., 2014). Da die im Unterricht verwendete Sprache nicht eine andere als die im Alltag ist, verweist Gogolin (2013) darauf, „dass die spezifischen Anforderungen schulischen Sprachgebrauchs auch in der Schule, im Unterricht vermittelt werden müssen, damit sie erworben werden können – sie kommen in anderen Lebensbereichen nicht systematisch vor" (Gogolin, 2013, S. 11).

Sprache hat auf diese Weise eine doppelte Funktion: sie ist Lerninhalt (Maier, 1975) und Lernmedium (Meyer & Prediger, 2012). Sprache als Lerninhalt bezieht sich darauf, dass die Worte und ihre Bedeutung gelernt werden muss ebenso wie der Kontext und die Art und Weise ihrer Verwendung. Sprache als Lernmedium beschreibt, dass mit Hilfe von Sprache Informationen ausgetauscht und weitergegeben werden.

3 Was macht mathematische Sprache anspruchsvoll?

Der mathematische Fachwortschatz enthält bereits in der Grundschule eine Fülle von neuen Bezeichnungen (bis zu 500), so dass einige Autoren sie als erste Fremdsprache bezeichnen (Garlichs & Hagstedt, 1991, Lorenz, 1991). Im Unterschied zum Erlernen einer Fremdsprache geht es im Mathematikunterricht jedoch nicht überwiegend darum, neue Wörter für bereits bekannt Inhalte zu erwerben. Einige Wörter sind dem Kind vertraut, viele müssen jedoch als Bezeichnungen für neue Begriffe bzw. Inhalte erworben werden (Nolte, 2000, Nolte, 2013). Wenn wir uns auf das Beispiel der Plusdreiecke beziehen, lernen die Kinder Wörter, die zur mathematischen Fachsprache gehören wie Summe und addieren und solche, die vorübergehend genutzt werden wie Plus rechnen. Was Addition bedeutet müssen die Kinder lernen ebenso wie sie Vernetzungen dieser Begriffe mit bereits erworbenen Wissen bilden müssen. Neben fachsprachlichen Bezeichnungen gibt es solche, die sowohl in der Alltagssprache als auch in der Fachsprache vorkommen wie z. B. teilen, allerdings stimmen die alltagssprachliche Verwendung und die mathematische nicht unbedingt überein. Als Beispiel für diese Interferenzen zeigt das Wort „Teilen" die daraus erwachsenden Probleme: Kinder teilen sich etwas, was durchaus bedeuten kann, dass ein Kind mehr als das andere erhält. Unter einer mathematischen Perspektive wäre das nicht zulässig. Dies kennzeichnet eine weitere Schwierigkeit der mathematischen Fachsprache: Alltagswörter und Fachwörter können gleich lauten, aber gleichzeitig andere Bedeutungen haben. Beispiele dafür sind Faktor und Produkt (s. hierzu Maier, 2004)[1].

Eine weitere Schwierigkeit erwächst daraus, dass mathematische Inhalte gleichsam zweimal verschriftlicht werden. Am Beispiel von Zahlen und Operationen lernen wir sowohl die symbolische Darstellung wie 3+4 = 7 als auch die sprachliche Darstellung drei plus vier gleich sieben. Die symbolischen Darstellungen folgen mathematischen Vorschriften, die auch den Umgang damit beschreiben: Ein Term wie der folgende erfordert das Verständnis aller Zeichen, die ebenfalls Hinweise auf die Art und Reihenfolge der Bearbeitung angeben $\frac{3(7-1)-5^2}{6}$. Für den Unterricht relevant sind auch die Darstellung und die Versprachlichung von Zahlen. Im Deutschen bereitet die Zifferninversion vielen Kindern zunächst Schwierigkeiten. Wir schreiben als Ziffernsymbole zuerst die Zehner und dann die Einer. Beim Sprechen ist es jedoch umgekehrt. Das ist für viele Kinder ein vorübergehendes Problem. Längerfristig davon betroffen können Kinder mit Migrationshintergrund und Sprachrezeptionsschwierigkeiten sein. Unregelmäßigkeiten wie z. B. die unterschiedliche Aussprache der Null in verschiedenen Zahlen (20, 205, 2051) müssen von den Kindern gelernt werden. Die Hörverarbeitung wird auch besonders gefordert bei ähnlich klingenden Zahlen wie 15 und 50 (Nolte, 2000).

4 Zum Umgang mit Sprache im Unterricht

Sprache kann dazu verwendet werden, das Wissen um den mathematischen Inhalt zu präzisieren. Da die Alltagssprache vielfach Deutungen vornimmt und sich viele Informationen und Präzisierungen aus dem Kontext ergeben, ist die Alltagssprache ohne diesen Kontext nicht immer genau. Es gehört zu unserer Art Sprache zu verarbeiten, dass wir Deutungen vornehmen (Nolte, 2000). Das kann im Unterricht zu Missverständnissen führen, wie das Beispiel zeigt:
N: Was bedeutet „das Doppelte"?
S: Was nach die 9 kommt. (Nolte, 2000, S. 77)

Das Kind verfügt nicht über die Bedeutung des Begriffs das Doppelte und erschließt sich aus dem Kontext eine andere Verwendung, hier die Verwendung als Nachfolger. Wenn solche Deutungen auch in der mathematischen Fachsprache oder in der Bildungssprache vorgenommen werden, sind Unsicherheiten in der begrifflichen Entwicklung eher zu erwarten als im Kontext der Alltagssprache. So scheint es nachvoll-

---

[1] Für eine ausführliche Analyse s. Maier, H. und F. Schweiger (1999/2008). Mathematik und Sprache. Zum Verstehen und Verwenden von Fachsprache im Mathematikunterricht. http://www.uni-salzburg.at/fileadmin/oracle_file_imports/561428.PDF öbv&hpt.

ziehbar, dass Sabrina in Unkenntnis dieser Bezeichnungen zu denen sie eine andere Vorstellung als andere Kinder entwickelt hat, im Umgang mit diesen Begriffen „Fehler" macht. Dies ist kein singuläres Phänomen: „Tatsächlich kann jedoch in der schulischen Praxis mehrfach entdeckt werden, dass die subjektiven Vorstellungen und Formulierungen des Kindes von den vermeintlich objektiven Fachbegriffen der Mathematik differieren. Für sprachbeeinträchtigte Kinder kann diese Tatsache folglich ein unüberwindbarer Stolperstein in der vorstellenden Handlung der Rechenoperation sein" (Stitzinger & Bechstein, 2013, S. 219).

5 Was kann man tun?

Probleme erwachsen für Kinder, deren Kenntnisse der Sprache nicht ausreichend sind. Kinder mit Sprachrezeptionsstörungen zeigen hier vergleichbare Auffälligkeiten wie Kinder mit Migrationshintergrund. Götze (2015) schlägt deshalb vor, systematisch einen Wortspeicher zu erarbeiten, der Kinder darin unterstützen soll, sich angemessen auszudrücken. Neben Nomen ist das Verständnis von Präpositionen entscheidend für die Erfassung von Bedeutung. Aus einer Studie von Knievel, Daseking et al. (2010) geht hervor, dass sich das Verständnis präpositionaler Beziehungen in der Vorschulzeit als wichtiger Prädiktor für schulische Leistungen in der zweiten Klasse erweisen und schließen, „dass vorschulische Sprachverständnisleistungen den Erwerbsprozess des Rechnens und der Rechtschreibung beeinflussen" (a.a.O., S. 23). Aus der Analyse von Prüfungsaufgaben für Mathematik wird deutlich, dass das Verständnis von Präpositionen auch in späteren Schuljahren bedeutsam ist (Gürsoy, Benholz et al., 2013). Ob etwas um 25 ergänzt, ob etwas auf 100 ergänzt wird bezeichnen unterschiedliche Vorgehensweisen, die ein genaues Verständnis von um und auf und vor allem auch den bewussten Umgang damit voraussetzen.

Prediger (2013) fordert deshalb einen sprachsensiblen Mathematikunterricht, d.h. einen Unterricht, der sich der unterschiedlichen sprachlichen Anforderungen im Unterricht bewusst ist und Schülerinnen und Schülern Hilfen anbietet, ihre sprachlichen Kompetenzen zu entwickeln. Für die Grundschule schlagen (Demirel, Deseniss et al., 2011) Satzbausteine vor, die sowohl den Wortspeicher der Kinder erweitern, sondern auch das Verwenden von Präpositionen sowie grammatikalischen Strukturen.

Satzbausteine geben somit Kindern ein Werkzeug, mit dem sie ihre Gedanken formulieren können. Damit können sie leichter an Kommunikationsprozessen partizipieren. Da in der Kommunikation mit anderen Vorstellungen zu einem Inhalt weiterentwickelt und Inhalte präzisiert werden, trägt die Partizipation zur begrifflichen

Entwicklung bei. Sprachsensibler Unterricht bedeutet deshalb auch, dass Lehrkräfte Kinder dazu ermutigen, ihre Gedanken zu formulieren und auf diese Weise mehr über deren Vorstellungen erfahren. Zwar kann damit ein fehlerhaftes Verwenden von Satzbausteinen nicht ausgeschlossen werden, aber ein echtes Bemühend und sorgfältiges Vermeiden von zu schnellen Deutungen der kindlichen Äußerungen ist ein wesentlicher Baustein für erfolgreiche Kommunikationsprozesse.

Literatur

Austin, J. L., & Howson, A. G. (1979). Language and Mathematical Education. *Educational Studies in Mathematics, 10,* 161-197.

Demirel, Ü., Deseniss, A., Drews, C., Grulich, C., Hohenstein, C., Schachner, A., Ullrich, S., & Winter, C. (2011). *eins zwei drei – Mathematik: 1. Schuljahr.* Berlin: Cornelsen.

Garlichs, A., & Hagstedt, H. (1991). *Mathematik als erste Fremdsprache? Mathematik lehren und lernen. Festschrift für Heinz Griesel.* Hannover: Schroedel.

Gogolin, I. (2006). Bilingualität und die Bildungssprache der Schule. In P. Mecheril & T. Quehl (Hrsg.), *Die Macht der Sprachen. Englische Perspektiven auf die mehrsprachige Schule* (S. 79-85). Münster: Waxmann.

Gogolin, I. (2013). Mehrsprachigkeit und bildungssprachliche Fähigkeiten. In I. Gogolin, I. Lange, U. Michel & H. H. Reich (Hrsg.), *Herausforderung Bildungssprache – und wie man sie meistert* (S. 7-18). Münster: Waxmann.

Gogolin, I., & Lange, I. (2011). Bildungssprache und Durchgängige Sprachbildung. In S. Fürstenau und M. Gomolla (Hrsg.), *Migration und schulischer Wandel: Mehrsprachigkeit* (S. 107-127). Wiesbaden: VS Verlag für Sozialwissenschaften Springer.

Götze, D. (2015). *Sprachförderung im Mathematikunterricht.* Berlin: Cornelsen.

Gürsoy, E., Benholz, C., Renk, N., Prediger, S., & Büchter, A. (2013). *Erlös = Erlösung? – Sprachliche und konzeptuelle Hürden in Prüfungsaufgaben zur Mathematik. Webversion eines Artikels in Deutsch als Zweitsprache.* Abgerufen von http://www.mathematik.uni-dortmund.de/~prediger/veroeff/13-MuM-ZP-DaZ_Guersoy-etal-Webversion.pdf

Heppt, B., Stanat, P., Dragon, N., Berendes, K., & Weinert, S. (2014). Bildungssprachliche Anforderungen und Hörverstehen bei Kindern mit deutscher und nichtdeutscher Familiensprache. *Zeitschrift für Pädagogische Psychologie, 28* (3), 139-149.

Knievel, J., Daseking, M., & Petermann, F. (2010). Kognitive Basiskompetenzen und ihr Einfluss auf die Rechtschreib- und Rechenleistung. *Zeitschrift für Entwicklungspsychologie und Pädagogische Psychologie, 42* (1), 15-25.

Kultusministerkonferenz. (2005). *Bildungsstandards im Fach Mathematik für den Primarbereich (Jahrgangsstufe 4). Beschluss vom 15.10.2004.* München: Luchterhand.

Lorenz, J. H. (1991). Rechenschwache Schüler in der Grundschule – Erklärungsversuche und Förderstrategien – Teil I. *Journal für Mathematikdidaktik, 12,* 3-34.

Maier, H. (1975). *Zum Problem der Sprache im Mathematikunterricht.* Beiträge zum Mathematikunterricht 1975, Vorträge auf der 9.Tagung für Didaktik der Mathematik in Saarbrücken. Saarbrücken, Deutschland.

Maier, H. (2004). Zu fachsprachlicher Hyper- und Hypotrophie im Fach Mathematik oder Wie viel Fachsprache brauchen Schüler im Mathematikunterricht. *Journal für Mathematik-Didaktik, 25* (2), 153-166.

Maier, H., & Schweiger, F. (1999/2008). *Mathematik und Sprache. Zum Verstehen und Verwenden von Fachsprache im Mathematikunterricht.* Abgerufen von http://www.uni-salzburg.at/fileadmin/oracle_file_imports/561428.PDF

Meyer, M., & Prediger, S. (2012). Sprachenvielfalt im Mathematikunterricht. *Praxis der Mathematik in der Schule, 54* (45), 2-9.

Nolte, M. (2000). *Rechenschwächen und gestörte Sprachrezeption. Beeinträchtigte Lernprozesse im Mathematikunterricht und in der Einzelbeobachtung.* Bad Heilbrunn: Julius Klinkhardt.

Nolte, M. (2013). Sprache, Sprachverständnis und Rechenschwäche. In K. Rosenberger (Hrsg.), *Sprache rechnet sich. Medium Sprache in allen Lernbereichen* (S. 29-50). Wien: Österreichische Gesellschaft für Sprachheilpädagogik 5.

Prediger, S. (2013). Darstellungen, Register und mentale Konstruktion von Bedeutungen und Bezeichnungen – mathematikspezifische sprachliche Herausforderungen identifizieren und bearbeiten. In M. Becker-Mrotzek, K. Schramm, E. Thürmann & H. J. Vollmer (Hrsg.), *Sprache im Fach. Sprachlichkeit und fachliches Lernen* (S. 167-183). Münster: Waxmann.

Stitzinger, U., & Bechstein, A. (2013). Mit Sprache kann gerechnet werden. Unterrichtsspezifische Sprachdidaktik am Beispiel mathematischer Zusammenhänge. *Praxis Sprache, 58* (4), 218-226.

Wittmann, E. C., & Müller, G. N. (1994). *Das Zahlenbuch 1.* Stuttgart: Klett Verlag.

Pascale Engel de Abreu

Herausforderung Mehrsprachigkeit und Sprachentwicklung

Dieser Beitrag behandelt die kognitiven Grundlagen vom einsprachigen und mehrsprachigen Spracherwerb mit einem besonderen Fokus auf der Sprachentwicklung mehrsprachiger Kinder sprachlicher Minderheiten sowie Kinder mit sprachlichen Beeinträchtigungen. Studien zur Sprachentwicklung basieren bislang zum Großteil auf der Erforschung des Erwerbs bei einsprachig (monolingual) aufwachsenden Kindern. In der zunehmend globalisierten Welt ist die Mehrsprachigkeit jedoch eher die Regel als die Ausnahme (Grosjean, 1982). Es besteht inzwischen allgemeiner Konsens darüber, dass alle Kinder, darunter auch Kinder mit spezifischen Spracherwerbsschwierigkeiten, die Fähigkeit besitzen, mehr als eine Sprache zu lernen. Darüber hinaus kommen Kinder mit Migrationshintergrund mit ihrer Erst- oder Muttersprache als kostbare Ressource in die Schule. Die Forschung und bildungspolitische Richtlinien haben die besondere Bedeutung der Erstsprache für die schulische Entwicklung mehrsprachiger Kinder erkannt; es gibt allerdings nur wenige wissenschaftlich fundierte Kenntnisse zur wirksamen und effizienten Unterstützung der Erstsprache bei Kindern sprachlicher Minderheiten.

In diesem Artikel werden Haupttheorien der Mehrsprachigkeitsforschung vorgestellt. Im Fokus steht die Frage, was aktuelle Forschungsergebnisse über die Fähigkeit von Kindern, mehr als eine Sprache zu lernen, aufzeigen und was die Folgen einer mehrsprachigen Erziehung für die kognitive Entwicklung sind. Es ist dabei wichtig zu differenzieren, ob die Kinder Mitglieder einer Minderheitensprache oder einer Mehrheitssprache sind, ebenso ob sie mehrere Sprachen von Geburt an lernen oder zusätzliche Sprachen erst im Verlauf der späteren Entwicklung erwerben.
Ein besonderer Schwerpunkt dieses Beitrages liegt auf Kindern sprachlicher Minderheiten: Kinder, die als Erstsprache eine Sprache lernen, die sich von der Sprache in ihrem sozialen Umfeld unterscheidet und oftmals ein geringes gesellschaftliches Prestige hat. Herausforderungen, mit denen Fachkräfte im Bereich der Sprache in der Arbeit mit diesen Kindern konfrontiert sind, werden diskutiert. Ebenfalls werden mögliche Lösungen vorgestellt, die auf der Grundlage von Forschungen mit mehrsprachigen Kindern aus Portugiesisch sprechenden Einwandererfamilien in Luxemburg beruhen. Abschließend wird das neue wissenschaftlich fundierte Erstsprachförderprogramm MOLLY (Mother-tongue Oral Language and Literacy for Young) vorgestellt, das auf die spezifischen Bedürfnisse von Kindern mit Migrationshintergrund zugeschnitten ist.

1 Einleitung

1.1 Ein Kind – mehrere Sprachen

Auf der ganzen Welt lernen kleine Kinder zuhause Sprachen, die sich von den dominierenden Sprachen in der alltäglichen Umgebung oder in der Schule unterscheiden (Kan & Kohnert, 2005). Diese Kinder sprachlicher Minderheiten kommen mit einer wertvollen Ressource in die Schule – ihrer Erst- oder Muttersprache. Wenn mehrsprachige Kinder aus sprachlichen Minderheiten die Schule beginnen, müssen sie jedoch zunächst die Umgebungssprache erwerben, um in Schule, Arbeit und Leben erfolgreich zu sein. Normalerweise werden diese Kinder ausschließlich in ihrer zweiten oder dritten Sprache unterrichtet und oftmals wird dabei nur wenig Wert auf die Entwicklung der Erstsprache gelegt. Die meisten Bildungsprogramme für Kinder sprachlicher Minderheiten zielen darauf ab, die Kinder an die gesellschaftlich dominante Sprache und an die kulturellen Normen anzupassen. Es wird dabei meist davon ausgegangen, dass die praktizierte und ausschließliche Förderung der Umgebungssprache die Kinder für die Schule anschlussfähig macht. Neueste Erkenntnisse zeigen jedoch, dass schwache schulische Leistungen und vorzeitiger Schulabbruch bei Kindern, die eine Minderheitensprache sprechen, zum Teil auf solchen monolingualen Sprachpraktiken beruhen, in denen die Erstsprache nicht berücksichtigt oder ausreichend wertgeschätzt wird (UNESCO, 2000). Immer mehr wissenschaftliche Studien zeigen, dass die kindliche Mehrsprachigkeit viele wichtige Vorteile mit sich bringt, vorausgesetzt sie wird angemessen unterstützt (Engel de Abreu, Cruz-Santos, Tourinho, Martin & Bialystok, 2012).

1.2 Was versteht man unter Mehrsprachigkeit?

Obwohl Mehrsprachigkeit häufig in einer einzigen Kategorie beschrieben wird, handelt es sich eher um ein multidimensionales Konstrukt, nach dem jedes Kind mehr oder weniger mehrsprachig aufwächst (Luk & Bialystok, 2013). Trotzdem werden in der Regel unterschiedliche kategorische Bezeichnungen verwendet um die Situation der Mehrsprachigkeit eines Kindes genauer zu beschreiben. Es gibt viele verschiedene Arten der Klassifizierung die sich nicht unbedingt gegenseitig ausschließen.

Oftmals wird zwischen ‚*simultaner*' und ‚*sukzessiver*' Mehrsprachigkeit unterschieden. Im Falle der simultanen Mehrsprachigkeit (auch doppelter Erstspracherwerb) lernen Kinder mehrere Sprachen von Geburt an, z. B. dann, wenn beide Elternteile unterschiedliche Erstsprachen sprechen. Von sukzessiver Mehrsprachigkeit (auch Zweitspracherwerb) spricht man in der Regel, wenn Kinder eine zweite oder dritte Sprache erst dann lernen, wenn sie bereits gewisse Kompetenzen in der ersten Sprache erworben haben, z. B. beim Eintritt in die Krippe oder in den Kindergarten. Es wird auch häufig zwischen mehrsprachigen Kindern unterschieden, deren Sprachen einen gesellschaftlich hohen Stellenwert genießen (z. B. Französisch in Luxemburg) und mehrsprachigen Kindern deren Sprachen ein geringeres Prestige haben (z. B. Portugiesisch bei Immigrantenkindern in Luxemburg). Hierbei handelt es sich oft um Kinder sprachlicher Minderheiten, bei denen sich die Familien/Herkunftssprache(n) von der/den Umgebungssprache(n) unterscheidet/unterscheiden.

Ab wann man Sprachen gelernt hat und wie gut man sie beherrscht, ist nicht ausschlaggebend dafür wie „mehrsprachig" man ist. Mehrsprachig ist im Prinzip jeder, der flexibel von einer Sprache in die andere wechseln kann. Frühes Lernen einer Sprache (z. B. simultane Mehrsprachigkeit) heißt auch nicht automatisch, dass Kinder ihre verschiedenen Sprachen perfekt beherrschen. Die Sprachentwicklung hängt von vielen Faktoren ab. So spielt die Häufigkeit und die Art, in der die Sprachen benutzt werden eine zentrale Rolle. Ebenso wird der Spracherwerb von der Motivation des Kindes und der Notwendigkeit, die Sprachen zu verwenden, beeinflusst. Empirische Untersuchungen zeigen, dass sich Kinder auch bei sukzessiver Mehrsprachigkeit meist problemlos eine zweite oder dritte Sprache aneignen können und dass auch ältere Kinder und Jugendliche (und sogar Erwachsene) unter den richtigen Voraussetzungen eine zusätzliche Sprache bis zu einem sehr hohen Niveau erwerben können (Lightbown, 2008). Auch emotionale Gründe können einen Einfluss auf die Sprachentwicklung haben. Wenn etwa die Familiensprache ein geringes gesellschaftliches Prestige hat und in der Schule wenig wertgeschätzt wird, kann dies dazu führen, dass ein Kind diese Sprache ablehnt, um von seinem Umfeld nicht abgewiesen zu werden.

2 Sprachentwicklung bei mehrsprachig aufwachsenden Kindern

2.1 Sprachentwicklung bei typisch entwickelten mehrsprachigen Kindern

Kinder, die mehrsprachig aufwachsen, erwerben ihre verschiedenen Sprachen etwa nach dem gleichen Zeitplan wie monolinguale Kinder. Die sogenannten Meilensteine der Sprachentwicklung sind demnach bei mehrsprachigen Kindern die gleichen wie bei einsprachigen Kindern. Im Unterschied zu monolingualen Kindern bilden mehrsprachige Kinder jedoch mehrere Sprachsysteme aus (Genesee, Paradis & Crago, 2011).

Sprache besteht für junge Kinder zunächst aus einer Anzahl von Klängen und Lauten. Die Kinder müssen lernen, diese zu verstehen und zu gebrauchen. Die Entdeckung der Regeln des Lautsystems einer Sprache ist eine anspruchsvolle Aufgabe, die die meisten Kinder jedoch problemlos bewältigen können. Säuglinge sind in der Lage, sämtliche in der Welt vorkommenden Sprachlaute zu erkennen und zu unterscheiden, während Erwachsene häufig Schwierigkeiten bei der genauen Differenzierung von Lauten einer Fremdsprache haben. Ab dem sechsten Lebensmonat fangen Säuglinge dann jedoch an, diese universelle Fähigkeit des Erkennens und Unterscheidens andere Sprachlaute wieder zu verlieren und reagieren bevorzugt auf die Laute ihrer Erstsprache(n). Ihr Sprachsystem spezialisiert sich so auf die Laute der Sprachen, die sie in ihrer Umgebung hören (Cheour, Ceponiene, Lehtokoski, Luuk, Allik, Alho & Näätänen, 1998). Mehrsprachig aufwachsende Kinder sind in der Lage, sich ganz natürlich das Lautsystem mehrerer Sprachen anzueignen und bereits sehr früh ihre verschiedenen Sprachen voneinander zu unterscheiden.

Mit etwa 12 Monaten beginnen mehrsprachige sowie monolinguale Kinder ihre ersten Wörter zu sprechen (typische Spanne liegt zwischen 10 und 14 Monaten). Auch die ersten Wortkombinationen und Drei-Wort-„Sätze" lernen mehrsprachige Kinder in der Regel im gleichen Alter wie monolinguale Kinder (typische Spanne liegt zwischen 18 und 26 Monaten). Der Spracherwerb von Kindern unterliegt einer großen Bandbreite. Jedes Kind hat demnach sein eigenes Tempo, in dem es die verschiedenen Phasen der Sprachentwicklung durchläuft. Wichtig ist hierbei insbesondere die Erkenntnis, dass die Sprachentwicklung bei mehrsprachigen Kindern nicht langsamer verläuft als die von Kindern, die nur eine Sprache sprechen (Pearson, Fernández, & Oller, 1993). Mehrsprachige Kinder fangen beispielsweise nicht später an zu sprechen und haben auch kein höheres Risiko für eine Sprachentwicklungsstörung.

Kinder, die mehrsprachig aufwachsen, vermischen die Sprachen oftmals – das sogenannte ‚code-switching' oder ‚code-mixing'. Sie benutzen zum Beispiel in einem Satz Wörter aus verschiedenen Sprachen („Ich bin fatigué") oder sprechen den Anfang eines Wortes in einer Sprache und die Endung in einer anderen („Wolkão"). Sprachmischungen sind völlig normal und bedeuten in keinster Weise, dass Kinder deswegen ihre Sprachen verwechseln oder dass sie von einer Sprachentwicklungsstörung betroffen sind. Im Gegenteil, die Forschung hat gezeigt, dass das code-switching eine äußerst versierte und anspruchsvolle Art des Sprachgebrauchs darstellt, zu dem gute sprachliche Kompetenzen in den verschiedenen Sprachen sowie ein tiefgründiges Verständnis der Struktur verschiedener Sprachsysteme nötig sind (Hughes, Shaunessy, Brice, Ratliff & McHatton, 2006). Es ist auch nicht ungewöhnlich, dass Kinder unterschiedliche Kompetenzen in ihren verfügbaren Sprachen bei verschiedenen Themengebieten aufweisen (Engel de Abreu, Baldassi, Puglisi, Befi-Lopes, 2013). Die meisten mehrsprachigen Kinder haben eine stärkere Sprache, die sogenannte dominante Sprache. Normalerweise ist dies die Sprache, welche sie öfters hören und in welcher sie am meisten sprechen. Die mehrsprachige Sprachentwicklung ist abhängig vom Kontext, in dem das Kind seine Sprachen benutzt, und kann sich über die Zeit verändern. Mehrsprachigkeit ist somit ein lebenslanger dynamischer Prozess. Bei mehrsprachigen Klein- und Vorschulkindern erscheint oftmals der ermittelte Wortschatz in den jeweiligen einzelnen Sprachen kleiner als der von monolingualen Kindern (Bialystok, Luk, Peets, & Yang, 2010). Werden jedoch die Wörter und Konzepte aller Sprachen des Kindes zusammen in Betracht gezogen, übertreffen die Leistungen mehrsprachiger Kinder häufig die von monolingualen Kindern.

Forschungsergebnisse zeigen demnach klar, dass der frühe Kontakt mit mehreren Sprachen in keinster Weise ein Hindernis für Kinder darstellt. Das Mischen der Sprachen oder unterschiedliche Kompetenzen in verschiedenen Sprachen sind normal und kein Zeichen dafür, dass mehrsprachig aufwachsende Kinder unter einer Desorganisation oder einer Sprachstörung aufgrund ihrer verschiedenen Sprachen leiden.

2.2 Sprachentwicklung bei mehrsprachigen Kindern mit sprachlichen Beeinträchtigungen

Wenn ein mehrsprachig aufwachsendes Kind, genau wie ein monolinguales Kind, bestimmte Meilensteine der Sprachentwicklung ab einem gewissen Alter nicht erreicht, besteht ein Verdacht auf eine Sprachentwicklungsstörung. Bei einem mehrsprachigen Kind ist es jedoch wichtig, dass alle seine Sprachen in Betracht gezogen werden. Hat ein Kind die Meilensteine der Entwicklung in wenigstens einer seiner Sprachen erreicht, besteht in der Regel kein Grund zur Sorge. Eine Sprachstörung betrifft nämlich alle Sprachen des Kindes. Entwicklungsstörungen sind neurokognitiv begründet und nicht zurückzuführen auf den sozialen Hintergrund oder eine mehrsprachige Erziehung (Hulme & Snowling, 2009). Es ist deshalb nicht möglich, dass ein Kind Symptome einer Sprachentwicklungsstörung in nur einer seiner Sprachen zeigt. Treten Symptome jedoch in allen Sprachen des Kindes auf, sollte eine Fachkraft mit Kenntnissen der betreffenden Sprachen hinzugezogen werden und das Kind genauer in diesen Sprachen überprüft werden. Auch Kinder mit Sprachstörungen sind in der Lage, mehrere Sprachen zu erlernen (Genesee, 2002). Sie weisen dann in all ihren Sprachen Störungsmerkmale auf – diese sind jedoch nicht ausgeprägter oder umfassender als die von monolingualen Kindern mit einer Sprachstörung. Die Mehrsprachigkeit stellt demnach weder die Ursache für eine Sprachentwicklungsstörung dar noch begünstigt sie diese.

Leider wird jedoch Eltern von mehrsprachig aufwachsenden Kindern mit einer Sprachentwicklungsstörung (oder einer anderen Entwicklungsstörung) immer noch häufig geraten, sich auf nur eine der Familiensprachen zu beschränken. Dieser Rat beruht auf der weit verbreiteten Annahme, dass der Erwerb mehrerer Sprachen Kinder mit einer Entwicklungsstörung überfordere und der Gebrauch mehrerer Sprachen ihre Sprachprobleme verschlimmere. Es gibt jedoch keinerlei Forschungsergebnisse, die diese Annahme belegen. Im Gegenteil, es existieren zahlreiche dokumentierte Fälle, in denen Kinder mit Sprachstörungen oder Lese-Rechtschreibstörungen bzw.

-schwächen (LRS) sich kompetent mehrsprachig entwickelten. Unsere eigene Forschung hat gezeigt, dass mehrsprachig aufwachsende Kinder mit einer spezifischen Sprachentwicklungstörung (SSES) monolinguale Kinder mit SSES in manchen kognitiven Aufgaben übertreffen. Wir gehen davon aus, dass mehrsprachige Erwerbsbedingungen vor möglichen, mit SSES einhergehenden kognitiven Einschränkungen schützen können (Engel de Abreu, Puglisi, Cruz-Santos, & Befi-Lopes, 2013).

Trotz dieser wissenschaftlichen Fortschritte bleiben noch viele Herausforderungen zu bewältigen, besonders im Zusammenhang mit der Diagnose mehrsprachiger Kinder mit SSES und LRS. Leider fehlen noch ausreichend geeignete Tests zur Sprachstandserhebung für Kinder, die mehrsprachig aufwachsen (Engel de Abreu, Cruz-Santos, & Puglisi, 2013). Besonders schwierig ist die Diagnose einer Sprachstörung bei Kindern sprachlicher Minderheiten, da sie oftmals aufgrund fehlender adäquater Sprachtests nicht in ihrer Erstsprache überprüft werden können. In der Praxis ist es deshalb äußerst schwer, bei diesen Kindern eine genuine Sprachstörung von einem erschwerten Zweitspracherwerb (wegen unzureichender Kenntnisse in der Testsprache) zu unterscheiden. Im mehrsprachigen Luxemburg sind beispielsweise Schülerinnen und Schüler sprachlicher Minderheiten mit sonderpädagogischem Förderbedarf überrepräsentiert. Dies deutet darauf hin, dass Fehldiagnosen weit verbreitet sind, was zu ungeeigneten Lehrmethoden für diese Kinder führen kann (Engel de Abreu, Hornung, & Martin, 2015).

Die Wissenschaft bemüht sich, die genauen kognitiven Ursachen von Sprachstörungen zu erforschen und darauf begründet kulturneutrale Testinstrumente zu entwickeln. Jüngste Forschungsergebnisse haben gezeigt, dass die meisten mehrsprachigen sowie monolingualen Kinder mit SSES in einem bestimmten kognitiven Bereich – den sogenannten ‚*exekutiven Funktionen*' – Defizite aufweisen (Engel de Abreu, Puglisi et al., 2013). Es fällt den Kindern beispielsweise schwer, Informationen in ihrem Arbeitsgedächtnis abzuspeichern und wieder abzurufen. Resultate zeigen ebenfalls, dass es möglich ist, diese exekutiven Funktionen relativ sprach- und kulturneutral bei jungen Kindern zu messen (Engel de Abreu, Baldassi et al., 2013). Die exekutiven Funktionen stellen also im kognitiven Bereich eine Möglichkeit für Fachkräfte dar, eine Sprachstörung von einem erschwerten Zweitspracherwerb bei einem mehrsprachigen Kind unterscheiden zu können.

3 Mehrsprachigkeit und das kindliche Gehirn: Neurowissenschaftliche Aspekte der mehrsprachigen Erziehung

3.1 Das Gehirn hat Platz für viele Sprachen

Das menschliche Gehirn ermöglicht jedem Kind, mehrere Sprachen zu erlernen. Die Forschung zeigt eindeutig, dass der Erwerb mehrerer Sprachen keine Überforderung für kleine Kinder darstellt (Bialystok, 2001). Das Gehirn funktioniert demnach nicht wie eine Festplatte bei einem Computer, auf dem – wenn er mit einer Sprache voll gefüllt ist – kein Platz mehr für eine zweite, dritte oder vierte Sprache ist. Das Sprachsystem ist hoch flexibel und unser Gehirn kann unter den richtigen Bedingungen ohne Probleme eine Mehrzahl an Sprachen aufnehmen und verarbeiten. Um mehrere Sprachen gut entwickeln zu können, sind Kinder jedoch auf einen entsprechenden Input in den jeweiligen Sprachen angewiesen. Es muss also mit ihnen genügend in den Sprachen gesprochen werden, z. B. im Rahmen sprachlicher Interaktionen in der Familie, Kita oder Schule. Wird eine Sprache wenig benutzt oder empfinden die Kinder die Sprache als nicht bedeutsam, kann sich diese teilweise oder sogar komplett zurückentwickeln.

Schon bei der Geburt verfügt das menschliche Gehirn über die nahezu vollständige Anzahl an Nervenzellen, die es benötigt, um Sprachen zu erwerben. Diese Nervenzellen sind über Synapsen miteinander verknüpft. Die Leistungsfähigkeit der Sprachareale wird durch die Reorganisation dieser informationsverarbeitenden synaptischen Netzwerke optimiert. Dies geschieht besonders in der Kindheit und ist stark vom Umfeld, in dem der Spracherwerb stattfindet, geprägt. Werden diese Netzwerke nicht ausreichend benutzt, verkümmern sie. Das Gehirn funktioniert demnach nach dem Prinzip „Use it or lose it". Dadurch kann es sich optimal an das Sprachumfeld, in dem das Kind aufwächst anpassen und effizienter arbeiten. Die ausgeprägte Veränderbarkeit des Gehirnes – die sogenannte ‚neuronale Plastizität' – ist besonders bei jungen Kindern sehr hoch und erklärt zum Teil, weshalb sich kleine Kinder scheinbar mühelos verschiedene Sprachen aneignen können. Die Forschung zeigt jedoch, dass sich das Gehirn auch noch später (bis ins hohe Alter) enorm verändern kann (Lillard & Erisir, 2011). Das Gehirn bleibt also das ganze Leben über fähig, neue Sprachen zu erlernen.

3.2 Wie die Mehrsprachigkeit das Gehirn verändert

Der aktuelle Forschungstand belegt, dass Mehrsprachigkeit die kognitive Entwicklung positiv beeinflusst (Adesope, Lavin, Thompson, & Ungerleider, 2010). Der sogenannte ‚kognitive Vorteil' der Mehrsprachigkeit besteht darin, dass mehrsprachige Kinder bei bestimmten kognitiven Aufgaben besser abschneiden als Kinder, die nur eine Sprache sprechen. Dies betrifft besonders den Bereich der ‚exekutiven Funktionen', eine Art „Kommandosystem" im Gehirn, das dem Menschen hilft, sein Verhalten und Denken zielgerecht zu steuern. Das Gehirn braucht die exekutiven Funktionen, um darauf „aufzupassen", was relevant ist und um unwichtige Informationen auszublenden. So können neue Probleme schneller und effizienter gelöst werden.

Wenn ein mehrsprachiges Kind sich in einer seiner Sprachen ausdrückt, wird seine zweite oder dritte Sprache automatisch mit aktiviert. Das Kind benötigt dann die exekutiven Funktionen, um diesen „Sprachkonflikt" zu lösen und die Sprachen, die in diesem Moment nicht benutzt werden, „auszuschalten". Ein mehrsprachiges Kind, das zwischen verschiedenen Sprachen wechseln muss, benutzt seine exekutiven Funktionen also mehr als ein monolinguales Kind. Durch die neuronale Plastizität kann das Gehirn sich auf diese mehrsprachigen Erfahrungen einstellen. Aufgrund der häufigen Benutzung entwickeln sich dadurch die exekutiven Funktionen bei mehrsprachigen Kindern ausgeprägter als bei monolingualen Kindern (Bialystok, 2001). Neuste Untersuchungen zeigen, dass nicht nur Kinder, die von Geburt an mit mehreren Sprachen konfrontiert sind, von diesem kognitiven Vorteil profitieren, sondern auch Kinder, die erst später eine zusätzliche Sprache erwerben (Engel de Abreu et al., 2012).

4 Mehrsprachigkeit bei Kindern sprachlicher Minderheiten

4.1 Sprachenvielfalt bei Kindern mit Migrationshintergrund – Chance oder Hinderniss?

Den Erkenntnissen der Forschung zum Trotz wird die Sprachenvielfalt bei Kindern sprachlicher Minderheiten allgemein eher als Problem bewertet als dass die damit verbundenen Chancen und Kompetenzen erkannt werden. Kinder und Jugendliche sprachlicher Minderheiten sind im Bildungssystem oft benachteiligt und Mehrsprachigkeit wird im Kontext von Migration häufig als ungünstige Ausgangslage wahrgenommen (Ball, 2011).

Der aktuelle Forschungstand spricht jedoch dagegen, dass die Mehrsprachigkeit bei Kindern sprachlicher Minderheiten die Ursache für Bildungsmisserfolge ist. In einer Forschungsstudie, in der wir 40 mehrsprachige Kinder aus Portugiesisch sprechenden Einwandererfamilien in Luxemburg mit gleichaltrigen monoligualen Kindern verglichen, haben wir klar zeigen können, dass auch Kinder sprachlicher Minderheiten aus einkommensschwachen Familien die wichtigen kognitiven Vorteile der Mehrsprachigkeit im Bereich der exekutiven Funktionen nutzen können (Engel de Abreu et al., 2012). Dieser kognitive Vorteil scheint jedoch bei diesen Kindern nicht so zu wirken, wie er eigentlich könnte, denn bei den Kindern mit Migrationshintergrund wurden in der Studie häufig schulische Misserfolge verzeichnet. Allgemein wird die Erstsprache dieser Kinder eher als Ballast statt als Ressource für den schulischen Erfolg gesehen.

4.2 Die Rolle der Erstsprache im Kontext von Migration

Internationale Forschungen zeigen, dass eine gut ausgebildete Erstsprache hilft, gute mehrsprachige Fähigkeiten zu entwickeln (Castro, Páez, Dickinson, & Frede, 2011). Demgegenüber können Schwächen in der Erstsprache den Erwerb neuer Sprachen erschweren. Studien aus den USA und Kanada zeigen beispielsweise, dass Einwandererkinder, die bilinguale Schulen besuchen, in Englischtests besser abschneiden als Kinder mit Migrationshintergrund aus rein englischsprachigen Schulen (Genesee, Lindolm-Leary, Saunders, & Christian, 2005). Forschungen mit Spanisch sprechenden Kindern in den USA haben erwiesen, dass gute Kenntnisse in der Erstsprache Spanisch zur positiven Entwicklung von Lesefertigkeiten in der zweiten Sprache Englisch beitragen (Rinaldi & Páez, 2008). Andere Studien haben gezeigt, dass der Erwerb einer zweiten Sprache die Entwicklung einer gut ausgebildeten Erstsprache nicht beeinträchtigt. Wenn allerdings die Erstsprache nur unzureichend gefestigt ist, erfolgt das Erlernen einer zweiten Sprache oft auf Kosten der Erstsprachentwicklung (Wright, Taylor, & MacArthur, 2000).

Über das Verhältnis der Entwicklung der Erst- und Zweitsprache hat die Forschung verschiedene Hypothesen hervorgebracht. Laut der sogenannten ‚Schwellenniveauhypothese' kann ein Kind eine zweite Sprache nur angemessen erwerben, wenn es ein gewisses Kompetenzniveau in der Erstsprache entwickelt hat. Ist dies nicht der Fall, kann es dazu kommen, dass sich der Erwerb einer zweiten Sprache negativ auf die Sprachentwicklung auswirkt (Skutnabb-Tangas & Toukomaa, 1976). Die darauf basierende ‚Interdependenzhypothese' geht davon aus, dass der Mensch über eine allgemeine Spracherwerbsfähigkeit verfügt, bei der Fähigkeit und Wissen aus einer Sprache in eine andere übertragen werden können (Cummins, 1984). Obwohl weit verbreitet sind beide Hypothesen wissenschaftlich noch nicht restlos gesichert. Es besteht jedoch in der Mehrsprachigkeitsforschung sowie in bildungspolitischen Leitlinien ein allgemeiner Konsens darüber, dass die Erstsprache eine wichtige Grundlage zum Erlernen weiterer Sprachen bildet und kontinuierlich unterstützt und gefördert werden sollte (Ball, 2011).

4.3 Erstsprache als Ressource stärken

Um die Entwicklung einer positiven Mehrsprachigkeit zu ermöglichen, ist es sinnvoll, Kinder bereits in Krippen und Kindertagesstätten auch in ihrer Erstsprache zu fördern. Leider existieren zur Zeit nur wenige Förderprogramme der Erstsprache von Kindern mit Migrationshintergrund, die wissenschaftlich überprüft wurden. In einem

Forschungsprojekt mit Kindern aus Portugiesisch sprechenden Einwandererfamilien in Luxemburg wurde ein entsprechendes wissenschaftlich fundiertes Interventionsprogramm in der Erstsprache Portugiesisch für Kinder entwickelt.

Das Interventionsprogramm MOLLY (Mothertongue Oral Language and Literacy for Young) erstreckt sich über 30 Wochen im Kindergarten und fördert hauptsächlich die Entwicklung des Wortschatzes, der narrativen und phonologischen Fähigkeiten sowie der Fähigkeit des Zuhörens und des Sprachverständnisses in der Erstsprache. Das Programm wird strukturiert viermal wöchentlich in 20 bis 30-minütigen Gruppenphasen mit 3 bis 4 Kindern durch muttersprachliche Personen durchgeführt. Die Wirksamkeit und Effizienz des Sprachförderprogrammes wird anhand eines randomisiert kontrollierten Studiendesign überprüft: 93 Kinder nehmen am MOLLY Programm teil (Experimentalgruppe) und 93 Kinder an einem aktiven Kontrollpogamm, in dem die rechnerischen Fähigkeiten gefördert werden (Kontrollgruppe). Erste Resultate lassen darauf schließen, dass mit dem Interventionsprogramm MOLLY die Erstsprache der Kinder erfolgreich gefördert werden konnte (Engel de Abreu, Nikaedo, Loff, Carvalhais, Tomás, Cornu & Martin, 2016). Wir werden zukünftig weiter untersuchen, ob die Sprachförderung in der Erstsprache Portugiesisch dazu führt, dass die Kinder in den Schulsprachen Luxemburgisch und Deutsch bessere Sprachkompetenzen erwerben.

Selbst wenn die Erstsprache in der Schule nicht direkt gefördert werden kann, ist es wichtig, dass Kinder keine negativen Einstellungen zur Erstsprache entwickeln. Lehr- und Erziehungspersonen müssen sich der Bedeutung der Herkunftssprachen sprachlicher Minderheiten bewusst sein und den entsprechenden Gebrauch wertschätzen. Die Erstsprachen der Kinder dürfen nie abgelehnt oder als Ursache für Misserfolg betrachtet werden. Wenn möglich sollen Erstsprachen in den Kita- und Schulalltag mit einfließen. Ebenso soll Kindern nicht unterbunden werden, sich in ihrer Erstsprache auszudrücken. Auch die Eltern müssen bei der Unterstützung der Erstsprache aktiv mit eingebunden werden. Eltern sollte empfohlen werden, viel mit ihren Kindern in der Sprache zu sprechen, welche sie am besten beherrschen, um somit zuhause weiterhin das Bedürfnis zu schaffen, die Erstsprache zu benutzen.

5 Fazit

Mehrsprachigkeit stellt ein wichtiges Potenzial von Kindern dar. Sie wirkt sich nicht nur positiv für die sprachliche und soziokulturelle Entwicklung aus, sondern schafft auch wichtige kognitive Vorteile in Gehirnfunktionen. Selbst wenn diese nicht direkt mit Sprache in Verbindung stehen, sind diese wichtig, um neue Dinge lernen zu können. Im Kontext von Migration ist es besonders wichtig, die Sprachenvielfalt in ihrer Bedeutung aufzuwerten und die Chance der Mehrsprachigkeit für Kinder nicht ungenutzt zu belassen. Eine sinnvolle Frühförderung sprachlicher Minderheiten baut auf einen positiven Umgang mit Mehrsprachigkeit mit einer wertschätzenden Integration der Erstsprachen. Kinder knüpfen nämlich in ihrer sprachlichen Entwicklung, gleich in welcher Sprache, an ihr verfügbares Vorwissen an. Die Unterstützung der Erstsprache steht deshalb in keinster Weise in Konkurrenz zum Erwerb einer zweiten oder dritten Sprache, sondern kann deren Entwicklung positiv beeinflussen. Obwohl sich die Mehrspracherwerbsforschung in den letzten Jahren stark entwickelt hat, bleiben letztlich noch viele offene Fragen besonders im Zusammenhang mit wissenschaftlich fundierten Kenntnissen zur wirksamen und effizienten Unterstützung der Erstsprache bei Kindern sprachlicher Minderheiten.

Literatur

Adesope, O. O., Lavin, T., Thompson, T., & Ungerleider, C. (2010). Systematic review and meta-analysis on the cognitive benefits of bilingualism. *Review of Educational Research, 80 (2)*, 207-245.

Ball J. (2011). *Enhancing learning of children from diverse language backgrounds: Mother tongue-based bilingual or multilingual education in the early years. Paper commissioned for UNESCO.* Paris: UNESCO.

Bialystok, E. (2001). *Bilingualism in Development: Language, Literacy, and Cognition.* New York, NY: Cambridge University Press.

Bialystok, E., Luk, G., Peets, K., & Yang, S., (2010). Receptive vocabulary differences in monolingual and bilingual children. *Bilingualism Language and Cognition, 13 (1)*, 525-531.

Castro, D. C., Páez, M. M., Dickinson, D. K., & Frede, E. (2011). Promoting language and literacy in young dual language learners: Research, practice, and policy. *Child Development Perspectives, 5 (1)*, 15-21.

Cheour, M., Ceponiene, R., Lehtokoski, A., Luuk, A., Allik, J., Alho, K., & Näätänen, R., (1998). Development of language-specific phoneme representations in the infant brain. *Nature Neuroscience, 1*, 351-353.

Cummins, J. (1984). *Bilingualism and special education: Issues in assessment and pedagogy.* Clevedon, UK: Multilingual Matters.

Engel de Abreu, P. M. J., Baldassi, M., Puglisi, M. L., & Befi-Lopes, D. M. (2013). Cross-linguistic and cross-cultural effects on verbal working memory and vocabulary: Testing language minority children with an immigrant background. *Journal of Speech, Language and Hearing Research, 56 (2)*, 630-642.

Engel de Abreu, P. M. J, Cruz-Santos, A., & Puglisi, L. M. (2014). Specific language impairment in language-minority children from low-income families. *International Journal of Language and Communication Disorders, 49 (6)*, 736-747.

Engel de Abreu, P. M. J, Cruz-Santos, A., Tourinho, C. J., Martin, R., & Bialystok, E. (2012). Bilingualism enriches the poor: Enhanced cognitive control in low income minority children. *Psychological Science, 23 (11)*, 1364-1371.

Engel de Abreu, P. M. J., Hornung C., & Martin, R. (2015). Language, literacy and the brain: Insights on learning from the frontier of cognitive science. In T. Lenz & J. Bertemes (Ed.), *Bildungsbericht 2015* (pp. 15-22). Luxembourg: MENJE & University of Luxembourg.

Engel de Abreu, P. M. J., Nikaedo, C., Loff, A., Carvalhais, L., Tomás, R., Cornu, V., & Martin, R. (2016). Mother-tongue based oral language intervention for language-minority children. Paper presented at the *23rd Annual Meeting of the Society for the Scientific Study of Reading*. Porto (Portugal).

Engel de Abreu, P. M. J., Puglisi, L. M., Cruz-Santos, A., & Befi-Lopes, D. M. (2013). Executive functions and Specific Language Impairment (SLI): A cross-cultural study with bi- and monolingual children from low income families in Luxembourg, Portugal and Brazil. Paper presented at the *13th International Congress for the Study of Child Language*. Amsterdam (Netherlands).

Genesee, F. (2002). Rethinking bilingual acquisition. In J. M. deWaele (Ed.), *Bilingualism: Challenges and directions for future research* (pp. 204-228). Clevedon, UK: Multilingual Matters.

Genesee, F., Lindolm-Leary, K., Saunders, W., & Christian, D. (2005). English language learners in U.S. schools: An overview of research. *Journal of Education for Students Placed at Risk, 10 (4)*, 363–385.

Genesee, F., Paradis, J., & Crago, M. (2011). *Dual language development and disorders: A handbook on bilingualism and second language learning*. Baltimore, MD: Brookes.

Grosjean, F. (1982). *Life with Two Languages: An Introduction to Bilingualism*. Cambridge, MA: Harvard University Press.

Hughes, C. E., Shaunessy, E. S., Brico, A. R., Ratliff, M. A., & McHatton, P. A. (2006). Code switching among bilingual and limited English proficient students: Possible indicators of giftedness. *Journal for the Education of the Gifted, 30 (1)*, 7-28.

Hulme, C., & Snowling, M. J., (2009). *Developmental Disorders of Language, Learning and Cognition*. Oxford, UK: Wiley-Blackwell.

Kan, P. F., & Kohnert, K. (2005). Preschoolers learning Hmong and English: Lexical-semantic skills in L1 and L2. *Journal of Speech, Language & Hearing Research, 48 (2)*, 372-383.

Lightbown, P. (2008). Easy as pie? Children learning languages. *Concordia Working Papers in Applied Linguistics, 1*, 1-25.

Lillard, A. S., & Erisir, A. (2011). Old dogs learning new tricks: Neuroplasticity beyond the juvenile period. *Developmental Review, 31 (4)*, 207-239.

Luk, G., & Bialystok, E. (2013). Bilingualism is not a categorical variable: Interaction between language proficiency and usage. *Journal of Cognitive Psychology, 25*, 605-621.

Pearson B., Fernandez, S. C., & Oller, D. (1993). Lexical development in bilingual infants and toddlers: Comparison to monolingual norms. *Language Learning, 43 (1)*, 93-120.

Rinaldi, C., & Páez, M. (2008). Preschool matters: Predicting reading difficulties for Spanish-speaking students in first grade. *Learning Disabilities: A Contemporary Journal, 6 (1)*, 71–84.

Skutnabb-Tangas, T., & Toukomaa, P. (1976). *Teaching migrant children's mother tongue and learning the language of the host country in the context of the sociocultural situation of the migrant family*. Helsinki: Tampere.

UNESCO (2000). *Education for All. Status and Trends 2000. Assessing learning achievement, International Consultative Forum on Education for All*. Paris, FR: UNESCO.

Wright, S. C., Taylor, D. M., & Macarthur J. (2000). Subtractive bilingualism and the survival of the Inuit language: Heritage versus second language education. *Journal of Educational Psychology, 92 (1)*, 63-84.

Manfred Grohnfeldt

Inklusion zwischen Anspruch und Wirklichkeit

1 Einleitung

Das neue Aufgabengebiet der Inklusion führt zu einer allmählichen Veränderung des Selbstverständnisses der Sprachheilpädagogik und zu einer weiteren Diversifikation in den einzelnen Bundesländern. Es ist zu erwarten, dass Inklusion zu einem dominierenden Thema für die Sprachheilpädagogik der nächsten Zeit sein wird. Doch was steht hinter dem Begriff der Inklusion? Welches Menschenbild ist damit verbunden? Ist eine vollständige Inklusion überhaupt erreichbar – und von der Bevölkerung erwünscht?

Im Folgenden wird derartigen Fragestellungen nachgegangen, indem

- zunächst der Anspruch formuliert wird, der sich aus der UN –Resolution 61/106 (hier: Artikel 24) ableitet. Vor diesem Hintergrund wird die Wirklichkeit
- der unterschiedlichen Umsetzung in den einzelnen Bundesländern aufgezeigt und mit dem vorgegebenen Anspruch verglichen. Es schließt sich
- eine Diskussion von Möglichkeiten an, wie mit dieser häufig ambivalenten Situation umzugehen ist.

Übergreifend soll durch weiterführende Fragen dazu angeregt werden, Grundsatzpositionen in einem sich verändernden inklusiven Bildungssystem zu reflektieren und konkrete Handlungsperspektiven aufzuzeigen.

2 Anspruch

Der von der UN-Behindertenrechtskonvention vom 13.12.2006 (hier: Artikel 24) vertretene Anspruch der *Inklusion* geht weit über das bisherige tradierte Verständnis von *Integration* hinaus. Er basiert auf dem *Menschenbild der Gleichwertigkeit* eines jeden Menschen. Während es bei der Integration (lateinisch: integrare – wiederherstellen) um die Eingliederung von „Andersartigen" in ein natürliches Ganzes geht, ist der Gedankengang der Inklusion (lateinisch: includere – einschließen) im strengen Sinne mit jeglicher Aussonderung (s. Segregation) unvereinbar (s. Abb. 1).

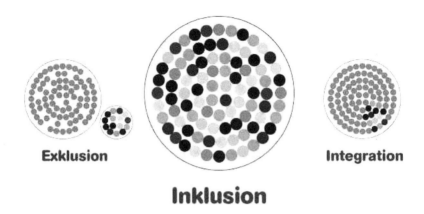

Abb. 1: Inklusion, Integration und Segregation

Zu fragen ist, ob ein derartiges Menschenbild (lateinisch: imago hominis – Bild des Menschen) realistisch ist oder letztlich nur einer „Sozialromantik" entspringt. Es findet sich bei revolutionären Umstürzen als Gegenbewegung zu Unterdrückung und Ausbeutung wie in der Französischen Revolution 1789 („Freiheit, Gleichheit, Brüderlichkeit"), wobei offenbleibt, ob es sich um das Wesen des Menschen oder ein anzustrebendes Idealbild handelt, das nie ganz erreicht werden kann.

Nun findet man bei der Frage nach dem „Wesen des Menschen" viele Antworten. Ebenso sind Menschenbilder nicht beweisbar im Sinne eines „richtig" oder „falsch". Sie sind Ausdruck fundamentaler Vorstellungen und Prinzipien des Menschseins, die zu grundsätzlichen Werthaltungen führen und für den Einzelnen eine hohe subjektive Gültigkeit erlangen (Grohnfeldt, 2014c) können. Im Extremfall werden derartige Einstellungen nicht mehr hinterfragt, bestimmen aber das konkrete Handeln und können zur „Glaubensgewissheit" und Intoleranz gegenüber Andersdenkenden führen. Bedenken sollte man jedoch ihre Relativität: Jeder finde seinen eigenen Weg, seine persönliche Antwort. Und zudem zeigt uns ein Blick in die Geschichte, dass Menschenbilder Ausdruck epochaler Sichtweisen und damit dem historischen Wandel unterworfen sind. Letztlich handelt es sich um grundlegende philosophische und ethische Fragen, die bereits Kant (2005, Original 1781) in seinem Hauptwerk „Kritik der reinen Vernunft" behandelte und die ihn zu der immer wiederkehrenden Frage führte: „Was ist der Mensch?"

Deutschland hat die UN-Behindertenrechtskonvention am 26.3.2009 ratifiziert. Folgerichtig wurde am 21.10.2011 der Beschluss der Kultusministerkonferenz zum

Thema „Inklusive Bildung von Kindern und Jugendlichen mit Behinderungen in Schulen" erlassen. Die einzelnen Bundesländer sind aufgerufen, vor dem Hintergrund dieser Leitlinie ein inklusives Bildungssystem zu entwickeln und umzusetzen.

3 Wirklichkeit

Vor dem Hintergrund der historischen Relativität und subjektiven Gültigkeit ist es nicht verwunderlich, dass die Umsetzung von Inklusion je nach Bundesland total unterschiedlich ist. Sie ist abhängig von

- der jeweiligen parteipolitischen Konstellation,
- den regionalen Bedingungen „vor Ort", den vorhandenen sonderpädagogischen Einrichtungen und Regelschulen sowie dem System sprachtherapeutischer Praxen und
- letztlich den betreffenden Menschen mit ihrer Bereitschaft und Fähigkeit zur Kooperation.

Man gewinnt dabei zuweilen den Eindruck, dass jeder etwas Anderes unter Inklusion versteht. Sicher ist, dass die bereits mit den Empfehlungen der Kultusministerkonferenz vom 6. Mai 1994 eingeleitete Diversifikation des sprachheilpädagogischen Bildungssystems weiter vertieft wird. Häufig sind dabei Mischformen von sonderpädagogischen und inklusiven Einrichtungen die Realität, was gerade in Übergangszeiten bei einer allmählichen Schwerpunktverlagerung durchaus zu begrüßen ist (Grohnfeldt, 2015a). Andererseits zeigen Erhebungen, dass das inklusive Angebot allmählich steigt, die sonderpädagogischen Einrichtungen dagegen kaum abnehmen (Klemm, 2016). Ist dies Ausdruck einer gewissen Ambivalenz von administrativer Verordnung und persönlicher Reaktion darauf?

Zu fragen ist weiter, wie der Einzelne mit dieser unübersichtlichen Situation als Ausdruck eines grundlegenden Richtungswechsels umgeht. Dazu soll auf Ergebnisse einer Online – Befragung eingegangen werden, bei der die Daten von n=336 ehemaliger Studentinnen und Studenten statistisch ausgewertet wurden (Grohnfeldt, 2014a). Neben einer Darstellung der Ergebnisse in einem Polaritätsprofil zur Verdeutlichung der unterschiedlichen Einstellung von Sprachheillehrerinnen und Sprachtherapeutinnen wurde auch eine faktorenanalytische Auswertung durchgeführt. Dazu erfolgte eine interdependenzanalytische Untersuchung, bei der zunächst der Punkt-Korrelationskoeffizient (Phi-Koeffizient) ermittelt wurde. Es folgte eine Rotation nach dem Varimax-Kriterium, die zu einer Vier-Komponenten-Lösung führte. In diesem Zusammenhang ist die Komponente 4, die mit dem übergreifenden

Merkmal „Verunsicherte Lehrerinnen" gekennzeichnet wurde (Grohnfeldt, 2014a, S. 296), von Bedeutung:

> **Komponente 4: Verunsicherte Lehrerinnen**
>
> - Nimmt der Bereich der Inklusion Einfluss auf Ihren Berufsalltag? .663
> - Bei Lehrerinnen: Arbeiten Sie mit Sprachtherapeutinnen zusammen?
>   Bei Therapeutinnen: Arbeiten Sie mit Lehrerinnen zusammen? .634
> - Steigt der Anteil der Organisationsaufgaben? .570
> - Sind Sie mit dem Einkommen zufrieden? .436
> - Kann sich unter Ihren Rahmenbedingungen eine therapeutische
> - Beziehung/ ein pädagogischer Bezug entwickeln? .426
> - Verändert die Technik/ das Internet Ihren Berufsalltag? .317
> - Ist der Beruf mit Zeitstress verbunden? .204
> - Bewerten Sie die Entwicklungen in Ihrem Berufsfeld als positiv? -.206

Ganz offensichtlich steht das neue Berufsfeld der Inklusion im Vordergrund, obwohl – oder gerade weil? – es sich zum Zeitpunkt der Untersuchung erst drei bis vier Jahre in der Erprobung befand. Es ist das derzeit beherrschende Thema in der Sprachheilpädagogik. Besonders hohe Werte von über 0.5 zeigen sich ebenfalls im Hinblick auf die Kooperation von Lehrkräften und Sprachtherapeutinnen / Logopädinnen sowie den steigenden Anteil an Organisationsaufgaben. Mit dem Einkommen ist man zufrieden – ganz im Gegensatz zu den Sprachtherapeutinnen. Die Rahmenbedingungen erlauben die Entwicklung eines pädagogisch-therapeutischen Bezugs. Die übergreifende Entwicklung innerhalb des Berufsfelds wird jedoch eher als negativ eingeschätzt.

Zu beachten ist dabei, dass die Ergebnisse sich überwiegend auf den bayerischen Raum beziehen, wobei sich die Situation in den anderen Bundesländern jedoch ähnlich zeigen dürfte. Eine besondere Relevanz liegt darin, dass es sich bei der untersuchten Stichprobe um ehemalige junge Studentinnen der letzten 15 Jahre handelte, die mit Elan und Aufbruchsfreude „unverbraucht" in den Beruf gegangen sind und jetzt Zweifel und Überforderung angeben. Eine parallel durchgeführte Studie mit Lehrkräften aller Altersgruppen zeigte, dass vor allem die Rahmenbedingungen von Inklusion beklagt wurden, indem Therapiezeiten fehlten, Förderung und Therapie nicht durch qualifizierte Kräfte durchgeführt wurden, die kultusministeriellen Verordnungen „zu rasch und unüberlegt" erfolgten und die Gefahr des „Sparmodells" genannt wurde (Grohnfeldt 2014b, S. 161). Noch sehr viel gravierender ist die Situation bei Lehrkräften älterer Jahrgänge, die teilweise jahrzehntelang in Sprachheilschulen tätig waren und nicht nur den Verfall eines funktionierenden Systems miterlebten, sondern sich auch fragten, ob ihr berufliches Wissen jetzt nichts mehr wert ist. In Tiefeninterviews wurden dazu bewegende Aussagen gemacht, die bis zur Resignation und dem Wunsch nach einer Frühpensionierung reichten.

Natürlich ist es nachvollziehbar, dass vor allem ältere Generationen häufig Schwierigkeiten mit dem Wandel haben und an dem Bestehenden festhalten wollen. Zu denken gibt es aber, dass auch bei jüngeren Altersgruppen teilweise erhebliche Zweifel geäußert wurden, die von einer generellen Ernüchterung bis zu Klagen bezüglich der organisatorischen Umsetzung reichen.

Was ist zu tun? Ein internationaler Vergleich zeigt, dass in anderen Ländern inklusive Einrichtungen seit Jahrzehnten der Normalfall sind. So verweist Licandro (2014, S. 151) darauf, dass in den USA 54 % der Speech-Language-Pathologists in Schulen tätig sind. Das sind mehr als 80000!

Handelt es sich in Deutschland vor allem um Probleme des Übergangs? Oder sind mit der Einführung eines inklusiven Bildungssystems prinzipielle Grenzen und Probleme verbunden? Im Folgenden sollen dazu Möglichkeiten einer konstruktiven Weiterentwicklung erörtert werden.

4 Was ist zu tun?

Die bisherigen Ausführungen haben deutlich gemacht, dass es nicht *die* eine allumfassend gültige Lösung, sondern nur verschiedene Antworten je nach dem regionalen Umfeld geben kann. Realistisch sind eigentlich nur Varianten einer Grundidee und keine einheitliche, administrativ verordnete Art des Vorgehens. In Anlehnung an Grohnfeldt (2015b) sollen dabei folgende Merkmale genannt werden, die auf einem langen Weg zur Inklusion zu beachten sind:

- Die organisatorischen und persönlichen Rahmenbedingungen müssen stimmen. Dabei sind die Erfolge in Modellversuchen nicht ohne weiteres auf den schulischen Alltag zu übertragen.
- Die Bereitstellung finanzieller Ressourcen muss langfristig erfolgen, nicht nur in der viel beachteten Anfangsphase.
- Realistisch sind Mischformen aus sonderpädagogischen Institutionen und inklusiver Beschulung je nach den regionalen Voraussetzungen. Dies ist teurer als das bisherige System, da Gelder für beide Richtungen anteilmäßig zur Verfügung gestellt werden müssen.
- Zwingend notwendig ist die Entwicklung didaktisch-methodischer Konzepte wie die einer „unterrichtsintegrierten Sprachtherapie" (Lüdtke, 2015). Dies betrifft

die Kooperation mit der Regelschullehrerin (Lütje-Klose & Mehlem, 2015), aber auch eine notwendige Zusammenarbeit von Sprachheillehrerinnen und akademischen Sprachtherapeutinnen/ Logopädinnen. Alle beteiligten Berufsgruppen sind auf dieses Aufgabenfeld bisher nicht hinreichend vorbereitet. Es ist zu erwarten, dass sie zusammen qualifizierter arbeiten können als alleine. Inklusion ist nur interdisziplinär zu realisieren.
- Die genannten Maßnahmen müssen durch eine veränderte Ausbildung von Regelschullehrerinnen, Sprachheillehrerinnen und Sprachtherapeutinnen begleitet werden. Sonst ist kein langfristiger Erfolg zu erwarten. Es versteht sich, dass dabei Fortbildungsmaßnahmen für das bereits tätige Fachpersonal flankierend hinzutreten müssen. Hier ergibt sich eine wichtige Aufgabe für die Verbände dgs, dbs und dbl.

Trotz dieser Merkmale und Voraussetzungen darf man sich nicht zu der Annahme verleiten lassen, dass Inklusion quasi „machbar" sei. Es ist nicht alles planbar. Vieles bleibt unvorhersehbar. Letztlich gilt es dabei, weiterführende Fragen zu stellen: Was wollen wir? Was können wir? Und: Was wollen wir wirklich? Sie sind Voraussetzung für die eingangs gestellte, letztlich immerwährende Beschäftigung mit der Frage „Was ist der Mensch?" (Kant, 2005, Original 1781).

5 Epilog

Zweifelsohne, wir leben in einer Epoche der Inklusion. Nichts währt ewig, und doch müssen wir uns den Anforderungen der Zeit stellen – verantwortungsbewusst, reflektiert und realitätsbezogen. Man ist dabei fortwährend „auf dem Weg", wobei es eigentlich immer so ist, dass zwischen Anspruch und Wirklichkeit ein gewisser Unterschied besteht. Und das ist auch gut so, weil man sonst nicht motiviert wird, diese Differenz zu verkleinern bzw. zu überwinden. Nur darf dieser Unterschied nicht zu groß sein, da man sich sonst gar nicht anstrengt. Es ist die persönliche Einschätzung, ob es sich um eine quantitativ zu überwindende Differenz handelt, die die Anstrengung lohnt, oder um einen qualitativen Sprung, der nicht zu überwinden ist.

Inklusion ist ein Thema, das polarisiert wie kaum ein anderes. Die persönliche Meinungsbildung hängt hier ganz besonders von dem persönlichen Menschenbild ab. Und da sollte man ehrlich zu sich und anderen sein. Wenn man sich auf den Weg zu einem inklusiven Bildungssystem macht, dann sollte man darüber im Klaren sein, dass dieser Weg lang und beschwerlich und nie ganz zu Ende sein wird. Und weiterhin sollte man wissen, dass man Verbündete in der Regelschulpädagogik und

Sprachtherapie braucht. Alleine ist der Weg nicht zu schaffen. Das liegt im Wesen von Inklusion. Zu Inklusion gehören immer mehrere.

Literatur

Kulturminister Konferenz. (2011). *Inklusive Bildung von Kindern und Jugendlichen in Schulen. Beschluss der Kultusministerkonferenz vom 20.11.2011.* Abgerufen von http://www.kmk.org/fileadmin/Dateien/veroeffentlichungen_beschluesse/2011/ 2011_10_20-Inklusive-Bildung.pdf

Kulturminister Konferenz. (1994). *Empfehlungen zur sonderpädagogischen Förderung in den Schulen in der Bundesrepublik Deutschland. Beschluß der Kultusministerkonferenz vom 6.5.1994.* Abgerufen von http://www.kmk.org/fileadmin/Dateien/veroeffentlichungen_beschluesse/1994/ 1994_05_06-Empfehlung-sonderpaed-Foerderung.pdf

Grohnfeldt, M. (2014a). Was ist aus ihnen geworden? Ergebnisse einer Online – Befragung. *Logos. Die Fachzeitschrift für akademische Sprachtherapie und Logopädie, 22,* 292-297.

Grohnfeldt, M. (2014b). Wie sich Inklusion, Ausbildung und Selbstverständnis der Sprachheilpädagogik gegenseitig bedingen. *Praxis Sprache, 59,* 161-163.

Grohnfeldt, M. (2014c). Zur Bedeutung von Menschenbildern – Unterschiede in der Sprachheilpädagogik und Sprachtherapie? In M. Grohnfeldt (Hrsg.), *Grundwissen der Sprachheilpädagogik und Sprachtherapie* (S. 49-54). Stuttgart: Kohlhammer.

Grohnfeldt, M. (2015a). Inklusion bei Sprachstörungen als kooperative Aufgabenstellung. In M. Grohnfeldt (Hrsg.), *Inklusion im Förderschwerpunkt Sprache* (S. 15-33). Stuttgart: Kohlhammer.

Grohnfeldt, M. (2015b). Inklusion als Prozess. In M. Grohnfeldt (Hrsg.), *Inklusion im Förderschwerpunkt Sprache* (S. 249-253). Stuttgart: Kohlhammer.

Kant, I. (2005). *Kritik der reinen Vernunft (Original: 1781).* Wiesbaden: Marx.

Klemm, K. (21. April 2016). „Warum sinkt die Zahl der Schüler an den Förderschulen kaum?" Wo Integration gelingt – und wie sie scheitert. *Zeit Online.* Abgerufen von http://www.zeit.de/2016/16/inklusion-foerderbedarf-statistik

Licandro, U. (2014). Zur Situation der sprachtherapeutischen Versorgung in den USA. In M. Grohnfeldt (Hrsg.), *Grundwissen der Sprachheilpädagogik und Sprachtherapie* (S. 151-156). Stuttgart: Kohlhammer.

Lüdtke, U. (2015). „Unterrichtsintegrierte Sprachtherapie" als Baustein eines multiprofessionellen Angebots in inklusiven schulischen Kontexten. In M. Grohnfeldt (Hrsg.), *Inklusion im Förderschwerpunkt Sprache* (S. 27-75). Stuttgart: Kohlhammer.

Lütje-Klose, B., & Mehlem, U. (2015). Inklusive Sprachförderung als professionelle Entwicklungsaufgabe – Was braucht die Grundschule von der Sonderpädagogik? In M. Grohnfeldt (Hrsg.), *Inklusion im Förderschwerpunkt Sprache* (S. 105-123). Stuttgart: Kohlhammer.

UN – Behindertenrechtskonvention. (2006). *Übereinkommen über die Rechte von Menschen mit Behinderungen. Inklusion.* Abgerufen von http://www.behindertenrechtskonvention.info/inklusion-3693/

Interventionen bei sprachlichen und schriftsprachlichen Inhalten

Fokus: Organisation und Kooperation in inklusiven sprachlichen Bildungskontexten

Ulrich Stitzinger, Kirsten Diehl, Annegret Gäbel, Ulrike Kopp

Sprachlich-kommunikative Unterstützung im inklusiven Unterricht – (Wie) kann das gelingen?

1 Konstellationen – Entwicklungen – Fragen

Im Schuljahr 2014/2015 wurden bundesweit 31,4 % der Schülerinnen und Schüler mit sonderpädagogischem Förderbedarf (SpF) inklusiv beschult, 68,6 % besuchten eine Sonderklasse bzw. Förderschule (Statistisches Bundesamt, 2015). Das sind rund 5,8 % aller schulpflichtigen Kinder und Jugendlichen (Statistisches Bundesamt, 2016). Die gemeinsame Beschulung nimmt insgesamt stetig zu, allerdings ist auch ein tendenzieller Anstieg der Schülerzahlen mit SpF zu verzeichnen. Dieser Anstieg bemisst sich im Verlauf der Jahre 2003 bis 2012 auf ca. 0,3 % (Statistisches Bundesamt, 2015). Bei Kindern und Jugendlichen mit dem Förderschwerpunkt Sprache ist der Zuwachs höher. Hier waren es 45484 Schülerinnen und Schüler im Schuljahr 2004/2005 (Statistisches Bundesamt, 2005). Dagegen liegt 2014/2015 die Schülerzahl bei 52698, mit einer Zunahme von ca. 16 % (Statistisches Bundesamt, 2015).

Sehr unterschiedlich gestalten sich dabei die Bemühungen der Umsetzung eines inklusiven Bildungssystems, wie es im Artikel 24 der UN-Behindertenrechtskonvention gefordert wird. Inklusion zielt auf soziale Teilhabe ohne Diskriminierung. Wie lässt sich dieses Ziel im schulischen Kontext für Kinder und Jugendliche mit sprachlich-kommunikativen Beeinträchtigungen umsetzen? Woran ist zu erkennen, dass in einem Schulgebäude alle Lernende, unabhängig von sprachlich-kommunikativen Kompetenzen, willkommen sind? Welche Anforderungen werden an die Schulleitung und die Lehrkräfte gestellt, damit Inklusion im Förderschwerpunkt Sprache gelingt?

Diese Fragen sind nicht pauschal zu beantworten. Im Fokus stehen Kinder und Jugendliche, die mit den unterschiedlichsten sprachlich-kommunikativen Voraussetzungen und Bedürfnissen in die Schule kommen, deren Entwicklungsbedingungen, familiären und kulturellen Hintergründe sich so verschieden zeigen, dass es ein umfassendes Lösungsmodell wohl nicht geben kann. Das Individuum – und hier im Spezifischen das Kind und der Jugendliche mit einer sprachlich-kommunikativen Beeinträchtigung – steht im Mittelpunkt, dennoch suchen wir nach handhabbaren Antworten, die über die Bedürfnisse eines einzelnen Individuums hinaus für eine soziale Gemeinschaft gelten. Im System Schule findet Lernen in sozialen Strukturen statt. In der Regel ist es eine Lehrperson, selten zwei oder mehr, die für eine Gruppe von 20 bis 30 Schülerinnen und Schülern Verantwortung trägt. Das wird sich vermutlich auch in absehbarer Zeit nicht verändern.

Insofern gilt es, genau für diese Konstellation von Individualität und Gruppe Bedingungen zu definieren, die ein Höchstmaß an sozialer Teilhabe ohne Diskriminierung ermöglichen. Nachfolgend wird ein solches Rahmenmodell vor dem Hintergrund des vorgenannten Ansatzes am Beispiel des Rügener Inklusionsmodells näher erläutert.

2   Das Rügener Inklusionsmodell (RIM)

Seit dem Schuljahr 2010/2011 lernen auf der Insel Rügen alle Grundschulkinder mit Entwicklungsschwierigkeiten im Lernen, in der Sprache sowie in der emotionalen und sozialen Entwicklung mit Kindern ohne Beeinträchtigungen gemeinsam unter dem Dach der Regelschule. Finanziert vom Ministerium für Bildung, Kultur und Wissenschaft des Landes Mecklenburg-Vorpommern wurde die Schulentwicklung hin zu einer präventiven und inklusiven Grundschule auf Rügen in Kooperation mit den betreffenden Schulleitungen und Lehrkräften, dem zuständigen Schulamt und dem Forscherteam der Universität Rostock, Institut für Sonderpädagogik, umgesetzt.

Das Rügener Inklusionsmodell basiert auf dem US-amerikanischen ‚Response-to-Intervention-Ansatz' (RTI). Mit den drei zentralen Elementen Mehrebenenprävention, Evidenzbasierung und Monitoring für datenbasierte Förderentscheidungen zielt RTI auf die Prävention von schulischen Schwierigkeiten sowie die Integration von Kindern mit bereits vorliegenden Entwicklungsproblematiken. Bei dem Rügener Inklusionsmodell (RIM) handelt es sich deutschlandweit um das erste an den RTI-Ansatz angelehnte Beschulungskonzept, welches flächendeckend in einer Region umgesetzt wird und auch auf seine Effektivität hin geprüft wurde. Im Folgenden werden die drei zentralen Elemente beschrieben; detaillierte Informationen finden sich u. a. bei (Mahlau, Diehl, Voß & Hartke, 2011; Voß, Blumenthal, Mahlau, Marten, Diehl, Sikora & Hartke, 2016a).

Mehrebenenprävention: Als Präventionskonzept mit mehreren Ebenen (mind. drei) zielt RTI darauf ab, den Lernerfolg der Kinder zu sichern, indem Lernlücken frühzeitig erkannt und mit Hilfe besonders bewährter Fördermaßnahmen geschlossen werden. Sowohl die leistungsstarken als auch die leistungsschwachen Kinder erhalten bereits bei ersten validen Anzeichen für besondere Begabungen, aber auch Entwicklungsstörungen oder Schulschwierigkeiten, eine gestufte Förderung.

Evidenzbasierung: Evidence based Practice (EBP), ursprünglich aus der Medizin kommend, bedeutet, dass ausschließlich Methoden und Verfahren eingesetzt werden, deren Wirksamkeit in Studien nachgewiesen wurde. Vor dem Hintergrund der Bemühungen um Qualitätssicherung pädagogisch-therapeutischer Interventionen wird EBP auch im (sonder-)pädagogischen Kontext immer bedeutsamer (Mahlau, Blumenthal & Hartke, 2016; Ahrbeck, Ellinger, Hechler, Koch & Schad, 2016). Auf Grund fehlender Studien kann in Deutschland nur bedingt dem Konzept der EBP in der Pädagogik gefolgt werden.

Monitoring: Um Lernverläufe valide einschätzen zu können, werden unterschiedliche Messverfahren für die Datengewinnung zu Lernentwicklungen der Schülerinnen und Schüler eingesetzt. Dazu zählen Screenings (ein bis zwei Mal pro Jahr) zur Identifizierung von Kindern mit Lern- und Entwicklungsrisiken, quantitative und teilweise qualitative Verfahren zur Einschätzung der Lernverläufe über einen längeren Zeitraum (zweimal im Jahr) sowie sog. curriculumbasierte Messverfahren, kurz CBM (Deno, 1985), Kurztests, die in bis zu wöchentlich wiederholten Messungen den Lernverlauf bestimmter curricularer Lerninhalte abbilden. Die Ergebnisse des hier stark verkürzt aufgezeigten Monitoringsystems bilden die Grundlage für pädagogische Entscheidungen, wie die Auswahl von Methoden, individualisierte Lernziele und die Förderebenenzuweisung (Mahlau et al., 2016).

Die Ergebnisse des RIMs werden im Folgenden nur in komprimierter Form abgebildet. Es liegen ein umfassender Evaluationsbericht (Voß et al., 2016a) sowie eine komprimierte Darstellung der Ergebnisse (Voß, Marten, Mahlau, Sikora, Blumenthal, Diehl & Hartke, 2016b) vor. Insgesamt fällt der Vergleich der Treatmentgruppe auf Rügen und der Kontrollgruppe in Stralsund mit Bezug auf die Schulleistungen als ein Indikator für die Bewertung eines Schulsystems (inklusives versus herkömmlich segregierendes System) bezogen auf die Gesamtgruppenergebnisse unentschieden aus.

Betrachtet man die innerhalb eines Schulsystems auftretenden Häufigkeiten eines formal festgestellten Förderbedarfs, fallen die Vergleichswerte zwischen der Treatment- und der Kontrollgruppe eindeutig zugunsten des Rügener Konzeptes aus. Bei fast gleichen Häufigkeiten von Klassenwiederholungen liegt die Gesamthäufigkeit eines festgestellten sonderpädagogischen Förderbedarfs in allen Förderschwerpunkten auf Rügen bei 3,8 % versus 12,3 % in der Kontrollgruppe Stralsund. Werden die Ergebnisse zu einzelnen Förderbereichen betrachtet, zeigen sich im Förderschwerpunkt Lernen für Kinder mit sehr ungünstigen Lernvoraussetzungen eindeutig Vorteile zugunsten der Treatmentgruppe auf Rügen. Auch für den Förderschwerpunkt emotionale-soziale Entwicklung fallen die Ergebnisse tendenziell zugunsten des Rügener Konzeptes aus. Im Förderschwerpunkt Sprache zeigen die Treatment- und die Kontrollgruppe keine Unterschiede auf (Voß et al., 2016a).

Es ist zu erkennen, dass sich sowohl in der Gesamtgruppe als auch in allen Subgruppen der Kinder mit durchschnittlichen, über- und unterdurchschnittlichen sprachlichen Leistungen zu Schulbeginn die sprachlichen Fähigkeiten vier Jahre später zwischen der Treatment- und der Kontrollgruppe nicht signifikant unterscheiden. Bezogen auf die Gruppen der Kinder mit spezifischen bzw. umschriebenen Sprachentwicklungsstörungen (SSES bzw. USES) lässt sich feststellen, dass die Effekte nach vier Schuljahren zwischen den drei Gruppen sehr ähnlich sind. In keinem Bereich liegt ein signifikanter Unterschied zwischen den Ergebnissen der untersuchten Beschulungsformen vor. Die Kinder mit SSES bzw. USES auf Rügen und in Stralsund erreichen unterdurchschnittliche Leistungen im Wortschatz. Grundsätzlich zeigt sich jedoch ein Aufholen bezogen auf die Sprachentwicklungsnormen bis zum Ende der vierten Klasse in beiden Gruppen.

Im Erwerb schulischer Fertigkeiten sind nur im Bereich der Leseleistungen in allen Gruppen durchschnittliche Werte erreicht worden. Hinsichtlich der Rechtschreibung sowie im Bereich Mathematik weisen alle drei untersuchten Kindergruppen unterdurchschnittliche Leistungen auf (ebd.). Diese Ergebnisse sprechen dafür, dass sprachliche Förderung enger an curriculare Inhalte gebunden sein sollte. Insgesamt ist festzuhalten, dass der RTI-Ansatz in der Umsetzung des Rügener Inklusionsmodells eine sehr praktikable Möglichkeit darstellt, ein wohnortnah zugängliches, angemessenes und anpassungsfähiges Bildungsangebot zu realisieren und damit der Forderung nach schulischer Inklusion nachzukommen.

3 Pilotprojekt ‚Doing Identity'

Um weitere Ableitungen für eine erfolgreiche inklusive Beschulung von Schülerinnen und Schülern mit sprachlich-kommunikativen Beeinträchtigungen einschätzen zu können, gilt es neben der Evaluation inklusionspädagogischer Gesamtkonzepte in der Makrostruktur, auch das Kommunikations- und Interaktionsverhalten von Schülerinnen und Schülern mit und ohne sprachlich-kommunikativen Unterstützungsbedarf in der Mikrostruktur zu untersuchen. Hierzu wird in der Perspektive inklusiver Konzepte besonders das Potenzial heterogener Gruppierungen durch das fortwährende soziale und interaktive Aushandeln mit Chancen für kooperatives Lernen hervorgehoben (u. a. Hinz, 2015). Im Kontext sprachlich-kultureller Diversität zeigen beispielsweise peer-gestützte Ansätze Erfolge bei der Förderung narrativer Fähigkeiten mehrsprachiger Kinder (Licandro, 2016). Durch sprachlich-kommunikative Kompetenzerfahrungen können also Kinder in ihrem Peer-Group-Erleben gestärkt werden, jedoch können mangelnde sprachlich-kommunikative Fähigkeiten im Diskurs mit Gleichaltrigen auch zu Störungen in der Peer-Interaktion führen (Albers, 2009).

Vor diesem Hintergrund stellt sich die Frage, ob sprachlich-kommunikative Strukturen in heterogenen Lerngruppen tatsächlich von Schülerinnen und Schülern konstruktiv aufgenommen und restrukturiert werden können?

Zunächst ergeben sich Hinweise zur Beantwortung dieser Frage auf der Basis theoretischer Positionen. So erfolgt interaktionistisch-konstruktivistisches Lernen in der individuellen Auseinandersetzung mit der Umwelt und Weiterentwicklung durch eigene Erkenntnistätigkeit und Gestaltung von Beziehungen nach einem selbst auszuhandelnden Muster (Reich, 2010). Darüber hinaus ist der Erwerb sprachlicher Bedeutungen im Zusammenhang mit inter- und intrapersonalen sozio-emotionalen Balancierungs- und Integrationsprozessen zu verstehen. Dabei werden sprach-, gesellschafts- und kulturspezifische Fremd- und Selbstbilder als Einheit in einer sprachlichen Identität verschiedener Varietäten aufgelöst (Lüdtke, 2012a).

Im Transfer der theoretischen Annahmen wurde in einem Pilotprojekt an der Leibniz Universität Hannover die kindliche Übernahme linguistischer Aspekte in einem quasi-experimentellen Versuchsplan (Hertel, Klug & Schmitz, 2010) überprüft und eine qualitative Analyse der entsprechenden Kommunikationsstrukturen vorgenommen.

Im Rahmen der Pilotstudie ‚Doing Identity'[2] (Lüdtke & Stitzinger, 2013; Stöter, 2013) wurden zwölf 15-minütige Dialogsequenzen mit jeweils zwei Kindern in unterschiedlichen Gruppierungen audiovisuell aufgezeichnet. Das Setting ist eine gleichbleibende spielerische Situation im Rahmen eines thematischen Materialfeldes (eine gemeinsame Planungs- und Konstruktionsaufgabe im kindgerechten Kontext einer Piratengeschichte). Nach der Transkription wurden ausgewählte linguistische und interaktionsrelevante Kriterien kodiert und in der Struktur von Turns (Schmitt, 2005) interpretiert. Die Stichprobe setzt sich aus Schülerinnen und Schülern des ersten Schuljahrganges einer Grundschule mit Regelklassen und einer Sprachförderklasse zusammen. Die insgesamt 24 Dialogpartner wurden nach mehreren Kriterien ausgewählt, vor allem nach der Dialogkonstellation: (1.) vier Kinder-Paare jeweils mit typischer altersgerechter Sprachentwicklung, (2.) vier Kinder-Paare jeweils mit SSES bzw. USES, (3.) vier Paare jeweils gemischt mit einem Kind mit altersgerechter Sprachentwicklung sowie mit einem Kind mit SSES bzw. USES.

Zusammengefasst offenbaren die Ergebnisse, dass in sprachlich heterogenen Gruppierungen konstruktive kommunikative Prozesse stattfinden, die das Lernen vorteilhaft steuern können. So können durch kommunikative Modelle und eigene positive sprachliche Lenkungen bessere Fokussierungen auf den Lerngegenstand erfolgen als

---

[2] Die Projekt-Konzeption erfolgte in der Kooperation der Abteilung Sprach-Pädagogik und -Therapie am Institut für Sonderpädagogik (Prof. Dr. Ulrike Lüdtke u. Ulrich Stitzinger) mit dem Deutschen Seminar (Prof. Dr. Gabriele Diewald).

in Partnergruppen mit beidseits sprachlich-kommunikativen Störungsbildern. Die Offenheit für das Verstehen des anderen Kindes kann als Motor für das Lernen und Handeln verstanden werden. Allerdings sind sprachlich heterogene Konstellationen anfällig für Missverständnisse und Fehlinterpretationen zwischen den Gesprächspartnern. In der Gesamtheit aller Zusammensetzungen zeigen sich in der Pilotstudie einzelne Übernahmen linguistischer Markierungen durch die Partner. Erstaunlicherweise handelt es sich jedoch vorwiegend um nicht zielsprachgerechte Sprachproduktionen.

Insofern muss für inklusive Settings beachtet werden, dass Kinder mit sprachlich-kommunikativen Modell-Potenzialen ihre Wirkungen auf andere erst verstehen lernen müssen, bevor diese sich gewinnbringend entfalten können. Genauso müssen Kinder mit sprachlich-kommunikativen Beeinträchtigungen zunächst ein Selbstvertrauen gewinnen, korrekte linguistische Vorlagen konstruktiv in den eigenen Spracherwerb und Sprachgebrauch aufzunehmen.

4 ‚Inklusives Unterstützungsprofil Sprache und Kommunikation'

Wie muss nun eine spezifische Unterstützung im inklusiven Unterricht gestaltet sein, die einerseits sprachlich-kommunikative Fähigkeiten der Kinder und Jugendlichen in der heterogenen Gruppe konstruktiv aufbaut und andererseits Barrieren des Lerngegenstandes im Zusammenhang mit Sprache und Kommunikation weitgehend reduziert? Dazu soll im Folgenden der Fokus auf ein sprachlich-kommunikatives Unterstützungsprofil im inklusiv unterrichtlichen Kontext gelegt werden. Dieses Unterstützungsprofil integriert verschiedene sprachdidaktische Ansätze von Theorien relationaler, subjektiver Konstruktionen bis hin zu Theorien des gemeinsamen Sprachhandelns oder des Input-Managements (u. a. Kauschke & Siegmüller, 2012; Lüdtke, 2012b; Motsch, 2010; Welling, 2004). Dabei wird eine konzeptionelle sprachdidaktische Strukturierung als ein Qualitätsmerkmal sprachpädagogischer Fachlichkeit verfolgt (Knebel, 2013). Außerdem werden Qualitätsmerkmale berücksichtigt, die im unterrichtlichen Lernprozess von Kindern und Jugendlichen mit sprachlich-kommunikativen Beeinträchtigungen wirksamen Bestand haben, wie der Einsatz sprachbegleitender Hilfen (Theisel & Glück, 2014).

Überdies ist das professionelle Selbstverständnis der Regelschullehrkräfte und der Förderschullehrkräfte konstruktiv zu überdenken (Stitzinger, 2013b). In der erweiterten Sichtweise eines multi- und interdisziplinären Konzeptes stellen auch die Partizipation der Erziehungsberechtigten, die Unterstützung durch zusätzliche pädagogisch Mitarbeitende und die Kooperation mit sprachtherapeutischen bzw. logopädischen Fachkräften (Lüdtke, 2015) wesentliche Gelingensbedingungen dar.

Für ein ‚inklusives Unterstützungsprofil Sprache und Kommunikation' sind fünf Markierungspunkte (Lüdtke & Stitzinger, 2015) relevant: (1) Im ersten Markierungspunkt handelt es sich um *Beziehungsgestaltung, emotionale Stärkung sowie förderliche intersubjektive Kontexte*. Dazu sollen u. a. subjektiv emotionale Zugänge zum Unterrichtsgegenstand hergestellt werden. In der Mathematik können z. B. provozierende Problemstellungen im Bereich der Wahrscheinlichkeit von Ergebnissen zur intensiven sprachlich-argumentativen Auseinandersetzung führen. Schülerinnen und Schüler werden hierzu emotional herausgefordert, sprachliche Mittel zur Verteidigung eigener Meinungen anzuwenden (Stitzinger, 2013a; Stitzinger & Bechstein, 2013).

(2) Der zweite Markierungspunkt bezieht sich auf die *Gestaltung sprach- und kommunikationsfördernder Lernumgebungen und Unterrichtsgegenstände*. Dazu sind Klassenräume und Ausstattungen so zu arrangieren, dass sprachliches und kommunikatives Lernen effektiv ermöglicht wird. Zudem müssen Unterrichtsmedien an die sprachlich-kommunikativen Verarbeitungs- und Umsetzungsmöglichkeiten der Schülerinnen und Schüler angepasst werden. Die inhaltliche und strukturelle Veränderung von Unterrichtstexten wird z. B. mit digitalen Medien (Starke, Mühlhaus & Ritterfeldt, 2016) erleichtert. Texte können individuell umstrukturiert und sprachlich geglättet sowie bestimmte Teile zur schnelleren Identifizierung hervorgehoben werden.

(3) Im dritten Markierungspunkt steht der *Aufbau eines kommunikationsfördernden Klimas und der sprachlichen Kooperation* in der Klasse im Zentrum. Bedeutsam ist hierzu das Schaffen echter Kommunikationssituationen mit schülerorientierten Sprechanlässen und funktionalem Sprachgebrauch. Innerhalb kooperativer Gesprächsformen, z. B. Partner-Murmelgespräche, Kugellager-Methode oder Schneeball-Methode, formulieren die Kinder und Jugendlichen möglichst häufig selbst ihre Aufgaben und präsentieren die Ergebnisse mit verschiedenen Ausdrucksmitteln (Lüdtke & Stitzinger, 2016). Zudem können durch Lernpatenschaften ebenfalls Peer-Prozesse zur sprachlich-kommunikativen Förderung bei Schülerinnen und Schülern mit mehrsprachigen, interkulturellen Hintergründen vorteilhaft beeinflusst werden (ebd.).

(4) Der *spezifische Einsatz der Sprache der Lehrkraft* stellt den vierten Markierungspunkt dar. Dabei sind Modifizierungen der Lehrersprache im verbalen, paraverbalen und nonverbalen Bereich anzustreben, um das Sprachverständnis der Lernenden durchgängig zu sichern. Ebenfalls gilt es, die verschiedenen Parameter, wie Betonung, Wiederholung, Mimik und Gestik (Westdörp, 2010), gezielt einzusetzen. Die

Verwendung von Modelliertechniken und Visualisierungen sind weitere Aspekte einer wirksam unterstützenden Sprache der Lehrenden.

(5) Der fünfte Markierungspunkt richtet sich an eine *unterrichtsbasierte spezifische Sprachförderung* sowie an *Besonderheiten im Schriftsprachlernen* bei sprachlich-kommunikativ beeinträchtigten Kindern und Jugendlichen. Hierbei sollen die Produktion und Rezeption linguistischer Merkmale unterstützt und gefördert werden. Ferner sollen Lernbarrieren durch visuell-schriftliche und akustisch-verbale Hilfen auf phonetisch-phonologischer, semantisch-lexikalischer und syntaktisch-morphologischer Ebene abgebaut werden. Beispielsweise kommen Piktogramme, phonematische Handzeichen, Markierungen von Graphem- und Silbenstrukturen sowie Wort- und Satzkarten zum sinnvollen Einsatz (Stitzinger, 2013c). Ebenso ergänzen mundmotorische Spiele, Lautmalereien, Minimalpaar-Angebote und Einpräghilfen für Fachbegriffe das Angebot (Lüdtke & Stitzinger, 2015).

5 Sprache und Kommunikation in der inklusiven Schulpraxis – ein Hoffnungsschimmer am Horizont!

Wenngleich die weltweit gültigen Leitgedanken zur Inklusion eine unumgängliche Richtung aufzeigen und die hier vorgestellten Forschungsergebnisse evidente Erkenntnisse liefern, erfolgt die Implementierung inklusiv schulischer Konzepte in der Praxis höchst unterschiedlich. In der Stadt Hannover findet eine inklusive Unterstützung von Schülerinnen und Schülern mit sprachlich-kommunikativen Beeinträchtigungen im Primarbereich zunehmend Berücksichtigung. In der Sekundarstufe I zeigen sich hingegen inklusiv unterrichtliche Bemühungen wesentlich zögerlicher.

Bezugnehmend auf das vorab skizzierte Konzept des ‚inklusiven Unterstützungsprofils Sprache und Kommunikation' (Lüdtke & Stitzinger, 2015) lassen sich in der praktischen Realisierung im Primarbereich bereits einige Aspekte der fünf genannten Markierungspunkte im sprachpädagogischen Handeln der Schulen wiederfinden.

(1) So wird einem *emotionalen und intersubjektiven Kontext* im Unterricht in der Regel durch die Anerkennung des individuellen Sprach- und Sprechverhaltens entsprochen. Dabei werden mögliche Sprachbarrieren durch gezielte Maßnahmen reduziert. Beispielsweise werden Kinder mit sprachlich-kommunikativen Beeinträchtigungen nicht in den Mittelpunkt gestellt. Öfters erleichtern auch ritualisierte Satzmusterangebote und stumme Impulse die sprachliche Beteiligung.

(2) Außerdem wird im Allgemeinen eine *sprachlich-kommunikative Lernumgebung* mit einer angemessenen Klassenraumgestaltung aufgebaut. Häufig werden auch Visualisierungs- und Orientierungshilfen bezüglich der Tagesabläufe angeboten.

(3) Ferner wird ein *sprachlich-kommunikatives Milieu* entwickelt, indem echte Kommunikationssituationen in Erzählkreisen sowie in Erarbeitungsphasen mit konkreten Materialien und Handlungsmöglichkeiten geschaffen werden. Zugleich wird das Problemlöseverhalten der Lernenden durch Evozieren von Vermutungen und Ideen gefördert und durch kooperative Lernformen, z. B. ‚Think-Pair-Share', unterstützt.

(4) Darüber hinaus wird von den Lehrkräften zunehmend die *eigene Sprache* bewusster beachtet. Sie verwenden dabei vereinzelt Techniken des Modellierens, z. B. das korrektive Feedback. Ebenso modifizieren die Lehrkräfte teilweise ihre Sprache durch Wiederholung, Betonung, Mimik und Gestik, reduzieren die Sprechgeschwindigkeit und steuern die Aufmerksamkeit durch Blickkontakt.

(5) Schließlich gewinnt im inklusiven Unterricht der Grundschule auch eine *spezifische Sprachförderung* allmählich Berücksichtigung. Beispielsweise werden bei der Einführung der Phonem-Graphem-Korrespondenz phonematische Handzeichen zur Lautdifferenzierung und -identifikation sowie Übungen zur phonologischen Bewusstheit eingesetzt. Weiter werden ritualisierte Sprechanlässe zum Unterrichtsbeginn initiiert sowie Erinnerungskarten zu Gesprächsregeln, Kopfhörer zur Reduzierung der Umgebungsgeräusche und „Wahlurnen" eingeführt. Überdies werden auch individuelle Vereinbarungen mit den Kindern getroffen.

Im Sekundarstufenbereich I der allgemeinbildenden Schulen findet der Förderschwerpunkt Sprache in seiner Vielfältigkeit hingegen noch sehr wenig Beachtung. Exemplarisch lässt sich hierzu die Optimierung von Texten und Aufgabenstellungen, z. B. durch Vorlesen, nennen. Zudem werden das korrektive Feedback, die Wiederholung und Visualisierung relevanter Begriffe und der Einsatz von Wortschatzkästen angewendet.

Vor dem Hintergrund der ermittelten praktischen Umsetzungen inklusiver Bemühungen im Unterstützungsschwerpunkt Sprache und Kommunikation drängt sich die Frage auf, warum der Veränderungsprozess in der Sekundarstufe deutlich langsamer voranschreitet als in der Grundschule. Eine Antwort dazu lässt sich in der unterschiedlichen Symptomatik sprachlich-kommunikativer Beeinträchtigungen der Kinder im Primarbereich und der Jugendlichen im Sekundarbereich finden. Während sich eine Sprachentwicklungsstörung bei jüngeren Kindern noch auf unterschiedlichen Sprachebenen nach außen offenbart, ist etwa die Artikulationsstörung als hörbares expressives Kriterium bis zum Eintritt in die Sekundarstufe meist behoben. Weiterhin bestehende Schwierigkeiten der Aufnahme, Verarbeitung und Speicherung phonetisch-phonologischer, semantisch-lexikalischer sowie syntaktisch-morphologischer Inhalte sind häufig nicht mehr hörbar und werden von Regelschullehrkräften nicht mehr als Problemfeld wahrgenommen. Zudem bleiben die Auswirkungen sprachlich-kommunikativer Beeinträchtigungen auf den Lese-Rechtschreib-Prozess, auf die mathematische Bearbeitungsfähigkeit sowie auf das gesamte Lernverhalten und die sozial-emotionale Entwicklung größtenteils unerkannt. Nicht zuletzt ist in der Grundschule die Heterogenität der Kinder per se gegeben, in der Sekundarstufe wird dagegen eher eine homogene Lerngruppe erwartet.

6 Was ist noch zu tun?

Zur weiteren Umsetzung inklusiver Beschulung von Kindern und Jugendlichen mit sprachlich-kommunikativen Beeinträchtigungen gilt es, verschiedene Aspekte im Hinblick auf die Lerngruppe, auf die Sprache der Lehrkraft, auf die didaktisch-methodische Aufbereitung sowie auf organisatorische Rahmenbedingungen zu optimieren. Zusammenfassend sollen einige Aspekte exemplarisch genannt werden.

Lerngruppe:
- Blick auf die sprachlich-kommunikative Heterogenität der gesamten Lerngruppe,
- Umsetzung des Prinzips ‚Fördern und Fordern' für alle.

Sprache der Lehrkraft:
- Nutzung vielfältiger, echter Sprechanlässe,
- Einsatz gezielter Modelliertechniken,
- bewusster Einsatz von Sprechpausen und Betonungen,
- Reduzierung der Komplexität sprachlicher Äußerungen,
- Erklären von Redewendungen und Vermeiden von Ironie.

Didaktisch-methodische Aufbereitung:
- Sammeln und Erklären unbekannter Wörter,
- Unterstützung der Wortspeicherung durch phonologische und semantische Informationen,
- Verwendung prägnanter Aktivsätze und dosierter komplexer Strukturen,
- Visualisierung von Wörtern, grammatischen Strukturen und Texten,
- Sicherung des Sprachverständnisses durch Fragen und Assoziationen,
- Konkretisierung von Arbeitsaufträgen und Sachinformationen.

Organisatorische Rahmenbedingungen:
- Förderschwerpunkt Sprache als Modul in Einführungsfortbildungen zur Inklusion,
- gezielte weitere Lehrerfortbildungen im Unterstützungsschwerpunkt Sprache,
- deutliche Aufstockung der Stundenzahl der Förderschullehrkraft pro Klasse,
- Berücksichtigung der für die konzeptionelle Vor- und Nachbereitung notwendigen Zeit in der Lehrverpflichtung der am gemeinsamen Unterricht beteiligten Lehrkräfte.

Es reicht nicht nur zu wollen, es bedarf auch eines Umdenkens und Umgestaltens – ein Hoffnungsschimmer am Horizont ist sichtbar!

Literatur

Ahrbeck, B., Ellinger, S., Hechler, O., Koch, K., & Schad, G. (Hrsg.) (2016). *Evidenzbasierte Pädagogik. Sonderpädagogische Einwände.* Kohlhammer: Stuttgart.

Albers, T. (2009). *Sprache und Interaktion im Kindergarten. Eine quantitativ-qualitative Analyse der sprachlichen und kommunikativen Kompetenzen von drei- bis sechsjährigen Kindern.* Bad Heilbrunn: Julius Klinkhardt.

Deno, S. L. (1985). Curriculum-based measurement: The emerging alternative. *Exceptional Children, 52*, 219-232.

Hertel, S., Klug, J., & Schmitz, B. (2010). Quasi-experimentelle Versuchspläne. In H. Holling & B. Schmitz (Hrsg.), *Handbuch Statistik, Methoden und Evaluation (S. 49-62).* Göttingen: Hogrefe.

Hinz, A. (2015). Inclusion as a ‚North Star' and prospects for everyday life, Considerations about concerns, transformations and necessities of inclusion in schools in Germany. *Interuniversity Electronic Journal for Teacher Training, 18* (1), 17-33. DOI: http://dx.doi.org/10.6018/reifop.18.1.214321

Kauschke, C., & Siegmüller, J. (Hrsg.) (2012). *Materialien zur Therapie nach dem Patholinguistischen Ansatz – Syntax und Morphologie.* München: Elsevier.

Knebel, U. v. (2013). 100 Jahre Sprachheilschule – Errungenschaften und Anforderungen an sprachbehindertenpädagogische Fachlichkeit in der Schule. *Praxis Sprache, 58* (4), 227-234.

Licandro, U. (2016). *Narrative Skills of Dual Language Learners. Acquisition and Peer-Assisted Support in Early Childhood Education and Care.* Heidelberg: Springer VS.

Lüdtke, U. (2015). Unterrichtsintegrierte Sprachtherapie als Baustein eines multiprofessionellen Angebots in inklusiven schulischen Kontexten. In M. Grohnfeldt (Hrsg.), *Inklusion in Schule und Gesellschaft. Bd. 11: Inklusion im Förderschwerpunkt Sprache* (S. 37-75). Stuttgart: Kohlhammer.

Lüdtke, U. (2012a). Person und Sprache. In O. Braun & U. Lüdtke (Hrsg.), *Behinderung, Bildung, Partizipation. Enzyklopädisches Handbuch der Behindertenpädagogik. Bd. 8: Sprache und Kommunikation (S. 60-81).* Stuttgart: Kohlhammer.

Lüdtke, U. (2012b). Sprachdidaktiktheorie. In O. Braun & U. Lüdtke (Hrsg.), *Behinderung, Bildung, Partizipation. Enzyklopädisches Handbuch der Behindertenpädagogik. Bd. 8: Sprache und Kommunikation (S. 449–491).* Stuttgart: Kohlhammer.

Lüdtke, U., & Stitzinger, U. (2016). Meine Sprache, deine Sprache, unsere Sprache. Schulische Förderung im ‚Unterstützungsprofil Sprache und Kommunikation' bei spezifischer Sprachentwicklungsstörung im inklusiven Kontext sprachlich-kultureller Diversität. In C. Schiefele & M. Menz (Hrsg.), *Förderschwerpunkt Sprache aus handlungsorientierter Perspektive – ein Blick in die Praxis vom Kind aus gedacht* (S. 57-77). Baltmannsweiler: Schneider Hohengehren.

Lüdtke, U., & Stitzinger, U. (2015). *Pädagogik bei Beeinträchtigungen der Sprache.* München: UTB/Reinhardt.

Lüdtke, U., & Stitzinger, U. (2013). *Doing Identity – Analyse von Schüler-Interaktionen in inklusiven Unterrichtskontexten. Skizze der Pilotstudie des Forschungsprojektes.* Leibniz Universität Hannover.

Mahlau, K., Blumenthal, Y., & Hartke, B. (2016). Prävention und Inklusion in den Förderschwerpunkten emotional-soziale Entwicklung, Lernen und Sprache im Rügener Inklusionsmodell (RIM). *Zeitschrift für Heilpädagogik, 67* (5), 104-118.

Mahlau, K., Diehl, K., Voß, S., & Hartke, B. (2011). Das Rügener Inklusionsmodell (RIM) – Konzeption einer inklusiven Grundschule. *Zeitschrift für Heilpädagogik, 11*, 464-472.

Motsch, H.-J. (2010). *Kontextoptimierung. Evidenzbasierte Intervention bei grammatischen Störungen in Therapie und Unterricht (3. Aufl.).* München: Reinhardt.

Reich, K. (2010). *Systemisch-konstruktivistische Pädagogik. Einführung in die Grundlagen einer interaktionistisch-konstruktivistischen Pädagogik (6. Aufl.).* Weinheim & Basel: Beltz.

Schmitt, R. (2005). Zur multimodalen Struktur von turn-taking. *Gesprächsforschung. Online-Zeitschrift zur verbalen Interaktion, 6*, 17-61. Abgerufen von http://www.gespraechsforschung-ozs.de/heft2005/ga-schmitt.pdf

Starke, A., Mühlhaus, J., & Ritterfeldt, U. (2016). Neue Medien in Therapie und Unterricht für Kinder mit dem Förderschwerpunkt Sprache. *Praxis Sprache, 61* (1), 28-32.

Statistisches Bundesamt. (2016). *Schulen auf einen Blick. Ausgabe 2016.* Wiesbaden. Abgerufen von https://www.destatis.de/DE/Publikationen/Thematisch/Bildung ForschungKultur/Schulen/BroschuereSchulenBlick0110018169004.pdf;jsessionid= 919331331CAE63C34FE1CD1F73AF190D.cae?__blob=publicationFile

Statistisches Bundesamt. (2015). *Bildung und Kultur. Allgemein bildende Schulen. Schuljahr 2014/15. Fachserie 11/Reihe 1.* Wiesbaden. Abgerufen von https://

www.destatis.de/DE/Publikationen/Thematisch/BildungForschungKultur/Schulen
/AllgemeinbildendeSchulen2110100157004.pdf?__blob=publicationFile
Statistisches Bundesamt. (2005). *Bildung und Kultur. Allgemein bildende Schulen. Schuljahr 2004/05. Fachserie 11/Reihe 1.* Wiesbaden. Abgerufen von https://www.destatis.de/GPStatistik/servlets/MCRFileNodeServlet/DEHeft_derivate_00006811/2110100057004.pdf.

Stitzinger, U. (2013a). Mit Sprache ist zu rechnen – Sprachdidaktische Aspekte im Mathematikunterricht. In K. Rosenberger (Hrsg.), *Sprachheilpädagogik: Wissenschaft und Praxis. Bd. 5: Sprache rechnet sich. Medium Sprache in allen Lernbereichen* (S. 89-97). Wien: Lernen mit Pfiff.

Stitzinger, U. (2013b). Prävention und Inklusion durch netzwerkbezogene, fachberatende Mobile Dienste im schulischen Unterstützungsprofil Sprache und Kommunikation. *Zeitschrift für Heilpädagogik, 64* (8), 304-310.

Stitzinger, U. (2013c). Unterrichtsspezifische Sprachdidaktik im Förder- und Unterstützungsprofil Sprache und Kommunikation. *Praxis Sprache, 58* (3), 145-151.

Stitzinger, U., & Bechstein, A. (2013). Mit Sprache kann gerechnet werden. Sprachdidaktische Aspekte in mathematischen Zusammenhängen. *Praxis Sprache, 58* (4), 218-226.

Stöter, R. (2013). *Linguistisch orientierte Dialoganalyse verbaler Kommunikationsanteile. Eine qualitative Untersuchung von Interaktionssituationen mit sprachlich beeinträchtigten und nicht beeinträchtigten Schülerinnen und Schülern.* (Nicht veröffentlichte Masterarbeit). Leibniz Universität Hannover.

Theisel, A., & Glück, C. W. (2014). Rahmenbedingungen der Beschulung sprachbeeinträchtigter Kinder in Deutschland. Ergebnisse einer Fragebogenerhebung. *Praxis Sprache, 59* (1), 19-26.

Voß, S., Blumenthal, Y., Mahlau, K., Marten, K., Diehl, K., Sikora, S., & Hartke, B. (2016a). *Der Response-to-Intervention-Ansatz in der Praxis. Evaluationsergebnisse zum Rügener Inklusionsmodell.* Münster: Waxmann.

Voß, S., Marten, K., Mahlau, K., Sikora, S., Blumenthal, Y., Diehl, K., & Hartke, B. (2016b). Evaluationsergebnisse des Projektes „Rügener Inklusionsmodell (RIM) – Präventive und Integrative Schule auf Rügen (PISaR)" nach vier Schuljahren. *Zeitschrift für Heilpädagogik, 67* (5), 133-149.

Welling, A. (2004). Kooperative Sprachdidaktik als Konzept sprachbehindertenpädagogischer Praxis. In M. Grohnfeldt (Hrsg.), *Lehrbuch der Sprachheilpädagogik und Logopädie. Bd. 5: Bildung, Erziehung und Unterricht* (S. 127-146). Stuttgart: Kohlhammer.

Westdörp, A. (2010). Möglichkeiten des gezielten Einsatzes der Lehrersprache in kontextoptimierten Lernsituationen zum sprachfördernden Unterricht. *Sprachheilarbeit, 55* (1), 2-8.

Christian W. Glück, Anja Theisel, Markus Spreer

Rahmenbedingungen inklusiver Beschulung: Ergebnisse aus dem Forschungsprojekt Ki.SSES-Proluba

1 Einleitung

Mit der Umsetzung der BRK Art. 24 werden in allen Bundesländern Anstrengungen unternommen, auch für Kinder und Jugendliche mit sprachlichen oder kommunikativen Beeinträchtigungen Bildungsangebote vorzuhalten, die auf eine separative Beschulung verzichten, auch wenn das bisherige System der Sprachheilschulen mit seinem Durchgangscharakter schon immer auf die Ermöglichung einer gleichberechtigten und chancengleichen Teilhabe ausgerichtet war. Bezogen auf diese Schülerinnen und Schüler bedeutet dies, dass die Ziele sprachlicher Rehabilitation zur chancengleichen Teilhabe am Bildungsprozess in der Gemeinschaft der näheren sozialen Umgebung umgesetzt werden sollen. Damit verändern sich die Anforderungen an die Gestaltung der Bildungsangebote, zu denen in erster Linie der Unterricht, aber auch weitere Förderangebote und ggf. außerschulische Angebote gehören.

2 Das Forschungsprojekt Ki.SSES-Proluba

Die Forschungsstudie Ki.SSES-Proluba (Kinder mit Spezifischer Sprachentwicklungsstörung – eine prospektive Längsschnittuntersuchung bei unterschiedlichen Bildungsangeboten – BMBF-Förderkennzeichen FKZ 01JC1102A und B) verfolgt die Entwicklung von Kindern mit Spezifischer Sprachentwicklungsstörung (Ki.SSES) in den ersten beiden Schuljahren. Dabei erfolgt die differenzierte Erfassung hinsichtlich der Sprachfähigkeit, der sozialen Entwicklung, des Selbstkonzepts und der Schulleistung dieser Kinder im Vergleich zur Kontrollgruppe der Kinder mit einer typischen Sprachentwicklung (Ki.TSE) (Glück & Janke, 2014; Forschungsgruppe KiSSES-ProLuba, 2014).
Neben diesen Entwicklungs- und Schulleistungsdaten wurden über eine Befragung der SonderpädagogInnen auch die Rahmenbedingungen der einzelnen Settings erhoben (Theisel, Glück & Spreer, im Druck; Theisel, Glück & Spreer, in Vorb.).

3 Rahmenbedingungen der inklusiven Bildungs- und Unterstützungsangebote

Für die Einschätzung der Vergleichbarkeit der erhobenen Daten beider Settings, interessierten verschiedene Kenngrößen, die das Lernsetting entscheidend bestimmen (können). Dies betrifft zunächst die Anzahl der Unterrichtsstunden der SchülerInnen pro Woche. Bereits hier zeigten sich signifikante Unterschiede zwischen den Sprachheilschulen und Grundschulen.

An den an der Studie beteiligten 12 Sprachheilschulen erhalten 44 % der SchülerInnen zwischen 26 und 30 Stunden Unterricht (lediglich 12 % der Ki.SSES an den 15 Grundschulen der Erhebung), 40 % sogar mehr als 30 Stunden. Hier wird deutlich, dass die Sprachheilschulen in Baden-Württemberg zum großen Teil als Ganztagsschulen organisiert sind und so schon mit Beginn der 1. Klasse mehr Unterrichtszeit zur Verfügung steht. Allerdings ist das Schulsystem derzeit auch im Bereich der allgemeinen Grundschulen im Umbruch, so dass hier eine Annäherung zu erwarten ist, die bei einzelnen Kindern an der Grundschule schon beobachtbar ist.

Weiterhin beeinflusst auch die Klassengröße die Unterstützungsangebote der Kinder (z. B. über die Möglichkeiten der Gestaltung von Kleingruppenangeboten). Hier zeigte sich, dass 92 % der Ki.SSES an Sprachheilschulen in Klassen mit weniger als 15 Schülerinnen und Schüler beschult werden, bei 8 % sind es zwischen 15 und 20 Schülerinnen und Schüler. An den Grundschulen sind immerhin 63 % der Kinder in Klassen mit 15-20 Schülerinnen und Schüler (Theisel, Glück & Spreer, im Druck). Zum größten Teil werden die Kinder mit sprachlichen Beeinträchtigungen auch in der Grundschule folglich in Klassen beschult, die weniger als 20 Schülerinnen und Schüler haben, was den Sprachheilschulen hinsichtlich der Klassengröße nahekommt.

Mit Blick auf die Ki.SSES-Kinder mit ihren sprachlichen Beeinträchtigungen ist insbesondere ein Vergleich der Vernetzung von Sprachtherapie und Unterricht interessant. Reber (2012) unterscheidet hierbei isolierte, additive, integrierte und immanente Therapieangebote. In der Praxis wird die Unterstützung der Kinder häufig durch ein Zusammenspiel der Formen bestimmt (Theisel & Glück, 2014).

Um die Förderung messbar zu machen, die tatsächlich „beim Kind ankommt", wurden die verschiedenen Unterstützungsmaßnahmen zusammenfassend betrachtet (für eine ausführliche Darstellung s. Theisel, Glück & Spreer, im Druck). Während in den Sprachheilschulen die Förderung vielfach in den Unterricht integriert wird (immanent), ist in inklusiven Settings der Prozentsatz an Einzel- und Kleingruppenförderung (additiv bzw. integriert) größer. Diese Form der Unterstützung parallel zum Unterricht (additive oder integrierte Formen) spielt für die inklusiv beschulten Kinder eine wichtige Rolle, um dem Förderbedarf jedes einzelnen Ki.SSES gerecht werden zu können. In den Sprachheilschulen sind die Ressourcen für diese Differenzierungsmöglichkeiten (Notwendigkeit der Doppelbesetzungen) geringer als an den

Grundschulen, dafür steht insgesamt aber ein höheres Maß an Unterrichtszeit zur Verfügung, das von den spezifisch ausgebildeten Sonderschullehrkräften für sprachheilpädagogisches Arbeiten genutzt werden kann (immanente Förderung).
Eine zusätzliche Sprachtherapie außerhalb der Schule wird bei den Ki.SSES an der Grundschule häufiger angegeben, in Relation zu den Ki.SSES an der Sprachheilschule (ebd.).
Setzt man die konkrete Umsetzung der Förderung eines Kindes in Beziehung zu seinem sprachlichen Profil wird deutlich, dass sich die konkrete Umsetzung der Unterstützung an selbigem orientiert. So werden beispielsweise Kinder mit phonetisch-phonologischen Störungen bevorzugt isoliert oder additiv im Einzelsetting unterstützt, während Wortschatzförderung vorwiegend im Unterrichtskontext stattfindet (für eine ausführliche Darstellung vgl. Theisel, Glück & Spreer, in Vorb.).

Mit diesen Angaben lassen sich zumindest für die in der Studie vorgefundenen Bedingungen orientierende Aussagen zu den Anforderungen an Rahmenbedingungen gelingender, inklusiver Beschulung machen, da neben den Angaben zu den Rahmenbedingungen auch Angaben zur sprachlichen und schulleistungsbezogenen Entwicklung von Kindern mit Spezifischer Sprachentwicklungsstörung vorliegen.

4 Wovon profitieren die Kinder bzw. was hindert ihre Entwicklung?

Die in den inklusiven Settings eingesetzten Sprachheilpädagoginnen wurden weiterhin befragt, inwiefern das Kind ihrer Einschätzung nach von dieser inklusiven, schulischen Situation profitiert oder was das Kind in seiner Entwicklung behindert hat. Im verwendeten offenen Antwortformat wurden ganz unterschiedliche Aspekte genannt, die sich jeweils etwa 12 positiven bzw. negativen Kategorien zuordnen lassen. Die Zuordnung erfolgte mit externen Ratern und zeigte eine sehr hohe Inter-Coder-Reliabilität ($\kappa = 0{,}90$). Die ausführliche Darstellung der Antwortkategorien findet sich bei Theisel, Glück & Spreer (im Druck). Auf die Frage, was für das jeweilige Kind am inklusiven Setting hilfreich war, antworteten die meisten Sprachheillehrerinnen mit Argumenten, die sich auf die „Wohnortnähe" beziehen (68,0 %). Die meisten Nennungen im Sinne eines Nachteils der integrativen Beschulung gegenüber der Beschulung an der Sprachheilschule ließen sich dem Argument „geringere Intensität der (sprachlichen) Förderung" zuschreiben (63,6 %, vgl. ebd.).
Die Daten zeigen darüber hinaus signifikante Zusammenhänge des zeitlichen Umfangs an Doppelbesetzung im Unterricht mit der Schulleistungsentwicklung. Damit ist sowohl beim Lesen als auch in Mathematik die Entwicklung der Kinder dann günstiger, wenn ein hohes Maß an Doppelbesetzung in der Klasse gegeben ist, wo-

bei dieser Zusammenhang nicht kausaler Natur sein muss (Theisel, Glück & Spreer, in Vorb.).

Fazit

Die vorliegenden Ergebnisse geben Hinweise darauf, dass die Rahmenbedingungen – in unterschiedlicher Weise gestaltet – im Sinne der Pluralität der Wege dem Förderbedarf der Kinder gerecht werden können. Allerdings bedarf es dazu zusätzlicher Ressourcen, die auch äußere Differenzierung ermöglichen und die, je nach Förderbedarf der Kinder, flexibel eingesetzt werden können.
„Es kann angenommen werden, dass die vergleichsweise günstigen Rahmenbedingungen, die durch die intensive Kooperation der Sprachheilschule mit den Grundschulstandorten gewährleistet werden konnte, nicht unwesentlich die positive Entwicklung der Kinder an den Grundschulen ermöglicht. Die fachspezifische Expertise bleibt erhalten, die Ressourcen können flexibel nach Absprache aller Beteiligten eingesetzt werden, je nachdem, wie sich der Bedarf der Kinder entwickelt" (Theisel, Glück & Spreer, im Druck).

Literatur

Glück, C. W., & Theisel, A. (2014). Allgemeiner Überblick zum System der sonderpädagogischen Förder- und Bildungsangebote für sprachbeeinträchtigte Kinder in Deutschland. In M. Grohnfeldt (Hrsg.), *Grundwissen der Sprachheilpädagogik und Sprachtherapie. Grundwissen der Gemeinsamkeiten und Unterschiede* (S. 367-373). Stuttgart: Kohlhammer.

Lütje-Klose, B., & Urban, M. (2014). Professionelle Kooperation als wesentliche Bedingung inklusiver Schul- und Unterrichtsentwicklung. Teil 1. *Vierteljahreszeitschrift für Heilpädagogik und ihre Nachbargebiete, 83* (2), 112-122.

Theisel, A., & Glück, C. W. (2014). Rahmenbedingungen der Beschulung sprachbeeinträchtigter Kinder in Deutschland. *Praxis Sprache, 59* (1), 19-26.

Theisel, A., Glück, C. W., & Spreer, M. (im Druck). Rahmenbedingungen der Beschulung sprachbeeinträchtigter Kinder in inklusiven und separierenden Settings. *Zeitschrift für Heilpädagogik.*

Theisel, A., Glück, C. W., & Spreer, M. (in Vorb.). *Kinder mit Förderbedarf Sprache in der Schule: Zusammenhänge zwischen ihrem konkreten (schrift-)sprachlichen Förderbedarf, ihrer Entwicklung sowie den schulischen Rahmenbedingungen.*

Henrike Petzold, Anja Fengler

Praxis des Gemeinsamen Unterrichts von Schülerinnen und Schülern mit Förderschwerpunkt Sprache an sächsischen Grundschulen

1 Theoretischer Hintergrund

1.1 Internationale Praxis

Im Rahmen der UN-Konvention über Rechte von Menschen mit Behinderung von 2008 wurde in Artikel 24 festgelegt, dass Menschen mit Behinderungen Zugang zu einem inklusiven Bildungssystem gewährleistet werden muss. Inklusive Schulsettings können nur ermöglicht werden, wenn Bedingungen in den Regelschulen flexibel an die Förderbedarfe der jeweiligen Kinder angepasst werden. Dazu ist im Rahmen des Gemeinsamen Unterrichts (GU) eine enge Zusammenarbeit von speziell ausgebildeten Fachkräften und Regelschullehrkräften erforderlich, die u. a. in Formen des Co-Teachings (Friend & Cook, 2012) umgesetzt werden. Erste Studien, die die Effektivität dieser Unterrichtsformen untersucht haben, deuten auf einen positiven Effekt hin (Murawski & Swanson, 2001). Für eine erfolgreiche Umsetzung dieser Methodik ist administrative Unterstützung, ausreichende Planungszeit, eine professionelle Anleitung, ein Mindestmaß an Basiskompetenzen von Seiten der Schülerinnen und Schüler und insbesondere die respektvolle und dialogfähige Zusammenarbeit der beiden Lehrpersonen, die auf Freiwilligkeit basiert, wesentlich (Scruggs, Mastropieri & McDuffie, 2007).

In den USA und in Neuseeland arbeiten Regelschullehrkräfte eng mit Sprachtherapeutinnen und Sprachtherapeuten innerhalb der Schule zusammen. Letztere werden dabei jedoch nur beratend tätig (Wilson, McNeill & Gillon, 2015) oder fördern die Kinder außerhalb des Klassenraums (Brandel & Loeb, 2011), da sie kaum über pädagogisches Wissen verfügen (z. B. McCartney, 1999). Zusätzlich fehlt es an Wissen der unterschiedlichen Professionen über die Expertise des anderen sowie an Wissen über Konzepte der Zusammenarbeit (Hartas, 2004).

1.2 Umsetzung des Gemeinsamen Unterrichts in Deutschland

In Deutschland reagierte die Kultusministerkonferenz 2011 auf die UN-Konvention mit der Verabschiedung einer Empfehlung für die Umsetzung des GUs, der durch die Einbindung der „allgemeinbildenden [...] Schulen in ein vernetztes System sonderpädagogischer Bildungs-, Beratungs- und Unterstützungsangebote" (Kultusministerkonferenz, 2011, p. 17) gestaltet werden soll. Als günstige Rahmenbedingungen dazu gelten u. a. eine gut geplante Schülerzusammensetzung innerhalb der integrativen Klassen, die Begrenzung der Klassengröße, ausreichend doppeltbesetzte Unterrichtszeit mit Sonderschullehrkräften (Co-Teaching) sowie die Vermeidung von Einzelintegration (Klemm & Preuss-Lausitz, 2011). Diese Empfehlungen werden organisatorisch äußerst heterogen in den Bundesländern umgesetzt (Theisel & Glück, 2014), wobei die sog. „Einzelintegration" in allen Bundesländern stattfindet (Gebhardt, Sälzer & Tretter, 2014). Methodisch wird der GU ähnlich variantenreich umgesetzt. Wie auch in anderen Ländern (Scruggs et al., 2007) findet die Form „one teach-one assist" im Co-Teaching am häufigsten statt (Lütje-Klose, 2014). Daneben können auch Maßnahmen der äußeren Differenzierung Elemente des GUs sein, da bestimmte Inhalte spezifisch in der Einzel- und/ oder Kleingruppenförderung erarbeitet werden können (Kultusministerkonferenz, 2011; Mußmann, 2012). Inhaltlich sind für beide Professionen der Unterricht, die Förderung und die Diagnostik Hauptaufgaben in der Zusammenarbeit. Die Beratung im Kernteam ist ein weiterer zentraler Auftrag beider Lehrkräfte (Werner & Quindt, 2014). Zusammengefasst erscheint die Ausgestaltung der Kooperation zwischen Regelschul- und Sonderschullehrkräfte zentral für den Erfolg integrativer Beschulung (z. B. Arndt & Gieschen, 2013; Lütje-Klose, 2008, 2014; Lütje-Klose & Urban, 2014; Mußmann, 2012).

1.3 Ausgangslage des Gemeinsamen Unterrichts in Sachsen

Sachsen erreicht im Förderschwerpunkt Sprache an Grundschulen im bundesweiten Vergleich eine ausgesprochen hohe Integrationsquote (s. Tab. 1). Verglichen mit anderen Förderschwerpunkten sind es hauptsächlich Kinder mit Förderbedarf Sprache, die in Sachsen im GU an Grundschulen beschult werden (s. Tab.2). Dafür sind 0,5 Stunden an Ressourcen (pro Integrationskind pro Woche) sonderpädagogischer Förderung in der Regelschule vorgesehen (Gebhardt et al., 2014), in denen die interprofessionelle Beratung eine übergeordnete Rolle spielt (Theisel & Glück, 2014). Erhebungen weisen darauf hin, dass „team-teaching" sehr selten umgesetzt wird (Gebhardt et. al., 2014).

Tab. 1: Bundesdeutscher Vergleich des GUs an Grundschulen 2014 (Kultusministerkonferenz, 2016)

	Deutschland	BW	BY	BE	NW	SN
SuS mit Förderbedarf an allgemeinen Schulen	76.823	13.994	12.355	4.598	19.252	4.284
davon Sprache	14.694	1.434	1.542	1.642	4.469	1.886
Verteilung in %	19,1	10,2	12,5	35,7	23,2	44,0

Tab. 2: Verteilung der Schülerinnen und Schüler mit Förderschwerpunkt Sprache 2014 an Förderschulen vs. allgemeinen Schulen (Kultusministerkonferenz, 2016)

	Deutschland	Sachsen
SuS mit Förderbedarf Sprache Gesamtanzahl	55.111	3.618
SuS mit Förderbedarf Sprache an Förderschulen	31.805	1.222
SuS mit Förderbedarf Sprache an allgemeinen Schulen	23.306	2.396
Anteil in allgemeinen Schulen in %	42,3	66,2

2 Fragestellung

Die Verteilungsdaten der Kultusministerkonferenz 2016 belegen, dass es in Sachsen eine breite Praxis des GUs gibt. Über deren organisatorische, methodische und inhaltliche Gestaltung sind jedoch bisher kaum Informationen vorhanden. Ziel der vorliegenden Studie ist es, Implikationen für die Ausbildung künftiger Lehrkräfte und für die alltägliche Praxis des GUs abzuleiten. Vor diesem Hintergrund ergeben sich folgende zugrundeliegende Fragestellungen:

- Welche strukturellen und organisatorischen Rahmenbedingungen liegen im GU in Sachsen vor?
- Wie gestaltet sich die inhaltlich-methodische Arbeit während der doppelt besetzten Unterrichtszeit pro Woche?
- Welche Co-Teaching-Formen können unter den gegebenen Rahmenbedingungen im GU umgesetzt werden?
- Wie ist die Kooperation zwischen Lehrkräften der Regelschule und Sonderschule gestaltet?
- Welche Wünsche und Bedarfe werden für den erfolgreichen GU gesehen?

3 Forschungsdesign

Das Forschungsziel wird durch eine Gesamterhebung der in Sachsen integrativ tätigen Regelschul- und Sonderschullehrkräfte (Förderschwerpunkt Sprache) untersucht. Die Online-Befragung ergab einen Rücklauf von N=63 bei den Förderschullehrkräften und N=128 bei den Grundschullehrkräften.

4 Ergebnisse

Ergebnisse der Pilotierung (Nov. 2015; N = 9 Sonderschullehrkräfte, N = 6 Regelschullehrkräfte) deuten darauf hin, dass in Sachsen die Einzelförderung am häufigsten umgesetzt wird (Median ($\tilde{x}$) = > 75 %), gefolgt von Formen der Kleingruppenförderung ($\tilde{x}$ = 25 – 75 %) und schließlich der Beratung und des Co-Teachings (jeweils $\tilde{x}$ = < 10 %). Obwohl die Anzahl der zur Verfügung stehenden Förderstunden als zu gering empfunden wird, ist die Zufriedenheit mit der Kooperation als hoch angegeben ($\tilde{x}$ für Sonderschullehrkräfte = 8,5; $\tilde{x}$ für Regelschullehrkräfte = 9; 1 = unzufrieden, 10 = sehr zufrieden, s. Abb. 1).

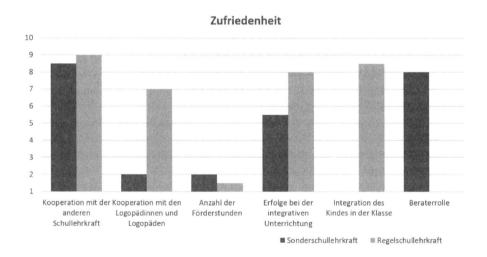

Abb. 1: Darstellung der Mediane zur Zufriedenheit beim GU (N=15); 1 = unzufrieden, 10 = sehr zufrieden.

Für die weitere erfolgreiche Umsetzung des GUs wünschen sich die Lehrkräfte insbesondere mehr Zeit für direkte Sprachförderung mit dem Kind (100 % der Sonderschullehrkräfte; 50 % der Regelschullehrkräfte), aber auch für Beratung (77,8 % bzw. 50 %), Förderplanerstellung (44,4 % bzw. 66,7 %) und gegenseitige Hospitationen (55,6 % bzw. 66,7 %; s. Abb. 2).

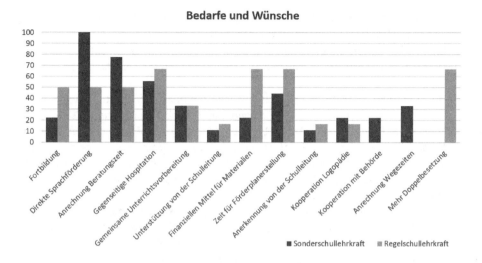

Abb. 2: Darstellung der Anzahl an Lehrkräften (in Prozent), die bestimmte Bedarfe und Wünsche für die weitere Gestaltung des GUs äußern (N=15)

5 Fazit

Erste Ergebnisse zeigen, dass die von Wertschätzung und Vertrauen geprägte Kooperation der Lehrkräfte als elementares Fundament für den erfolgreichen GU bereits etabliert ist, auf dessen Gerüst insbesondere organisatorische Rahmenbedingungen verbessert werden müssen. Ergebnisse der Gesamterhebung werden die Ansatzpunkte für die erfolgreiche Ausgestaltung der Rahmenbedingungen des GUs mit Kindern im Förderschwerpunkt Sprache spezifizieren.

Literatur

Arndt, A. K., & Gieschen, A. (2013). Kooperation von Regelschullehrkräften und Lehrkräften der Sonderpädagogik im gemeinsamen Unterricht. Perspektiven von Schülerinnen und Schülern. In R. Werning & A. K. Arndt (Hrsg.), *Inklusion: Kooperation und Unterricht entwickeln* (S. 41-62). Bad Heilbrunn: Klinkhardt.

Brandel, J., & Frome Loeb, D. (2011). Program Intensity and Service Delivery Models in the Schools. SLP Survey Results. *Language, Speech, and Hearing Services in Schools, 42* (4), 461-490.

Friend, M. P., & Cook, L. (2012). *Interactions: Collaboration skills for school professionals* (7. Aufl.). Upper Saddle River, N.J: Pearson Education.

Gebhardt, M., Sälzer, C., & Tretter, T. (2014). Die gegenwärtige Umsetzung des Gemeinsamen Unterrichts in Deutschland. *Heilpädagogische Forschung, 40* (1), 22-29.

Hartas, D. (2004). Teacher and speech-language therapist collaboration: Being equal and achieving a common goal? *Child Language Teaching and Therapy, 20,* 33-54.

Klemm, K., & Preuss-Lausitz, U. (2011). *Auf dem Weg zur schulischen Inklusion in Nordrhein-Westfalen.: Empfehlungen zur Umsetzung der UN-Behindertenrechtskonvention im Bereich der Schulen.* Abgerufen von http://www.bug-nrw.de/cms/upload/pdf/NRW_Inklusionskonzept_2011__-_neue_Version_08_07_11.pdf

Kultusministerkonferenz. (2011). *Inklusive Bildung von Kindern und Jugendlichen mit Behinderungen in Schulen.* Abgerufen von http://www.kmk.org/fileadmin/veroeffentlichungen_beschluesse/2011/2011_10_20-Inklusive-Bildung.pdf

Kultusministerkonferenz. (2016). *Sonderpädagogische Förderung in Schulen 2005 bis 2014.* Abgerufen von https://www.kmk.org/fileadmin/Dateien/pdf/Statistik/Dokumentationen/Dok_210_SoPae_2014.pdf

Lütje-Klose, B. (2008). Mobile sonderpädagogische Dienste im Förderschwerpunkt Sprache. *Zeitschrift für Heilpädagogik, 59* (8), 282-292.

Lütje-Klose, B. (2014). Kooperation in multiprofessionellen Teams: Fördern als gemeinsame Aufgabe in inklusiven Schulen. *Friedrich Jahresheft, 32,* 26-30.

Lütje-Klose, B., & Urban, M. (2014). Professionelle Kooperation als wesentliche Bedingung inklusiver Schul- und Unterrichtsentwicklung. Teil 1: Grundlagen und Modelle inklusiver Kooperation. *Vierteljahreszeitschrift für Heilpädagogik und ihre Nachbargebiete, 83* (2), 112-122.

McCartney, E. (1999). *Speech/language therapists and teachers working together: A systems approach to collaboration.* London: Whurr.

Mußmann, J. (2012). *Inklusive Sprachförderung in der Grundschule.* München: Ernst Reinhardt.

Murawski, W. W., & Swanson, H. L. (2001). A meta-analysis of co-teaching research: where are the data? *Remedial and Special Education, 22* (5), 258-267.

Scruggs, T. E., Mastropieri, M. A., & McDuffie, K. A. (2007). Co-teaching in inclusive classrooms: A meta-synthesis of qualitative research. *Exceptional Children, 73,* 392-416.

Theisel, A., & Glück, C. (2014). Rahmenbedingungen der Beschulung sprachbeeinträchtigter Kinder in Deutschland. *Praxis Sprache, 59* (1), 19-26.

Werner, B., & Quindt, F. (2014). Aufgabe von Lehrkräften in inklusiven Settings. *Zeitschrift für Heilpädagogik, 65* (12), 462-471.

Wilson, L., McNeill, B., & Gillon, G. T. (2015). The knowledge and perceptions of prospective teachers and speech language therapists in collaborative language and literacy instruction. *Child Language Teaching and Therapy, 31* (3), 347-362.

Barbara Kohl, Stefanie Brors

Teamteaching konkret – Eine Sprachheilpädagogin und eine Grundschulpädagogin berichten von ihren Erfahrungen

1 Rahmenbedingungen der Gemeinschaftsschule

Die Anne-Frank-Schule liegt im Westen der Stadt Karlsruhe, im Stadtteil Oberreut. Die vierzügige Grundschule wird von rund 350 Schülern besucht, davon nehmen 80 Erst- und Zweitklässler am Ganztagsangebot der Schule teil. Seit dem Schuljahr 2014/15 wird von der Werkrealschule ausgehend die Gemeinschaftsschule aufgebaut. Es besteht die Möglichkeit für Klasse 1 und 2 die Regelklasse oder eine jahrgangsgemischte Klasse zu wählen. Fünfzig Lehrkräfte unterrichten und arbeiten mit den SchülerInnen der Schule. Seit dem Schuljahr 2012/13 besteht eine Kooperation mit der Erich Kästner-Schule, Sonderpädagogisches Bildungs- und Beratungszentrum mit den Förderschwerpunkten Hören und Sprache (SBBZ). Mittlerweile arbeiten drei SonderpädagogInnen in vorwiegend gebündelten gruppenbezogenen inklusiven Lösungen in gemeinsamer Verantwortung der Gemeinschaftsschule und dem SBBZ mit den entsprechenden Bildungsplänen. Im Folgenden wird Teamteaching zwischen einer Grundschulpädagogin und einer Sprachheilpädagogin in einer jahrgangsgemischten Klasse 1/2 dargestellt.

2 Zwei Berufsgruppen – ein Team

2.1 Die Grundschulpädagogin
Die Grundschulpädagogin arbeitet mit vollem Deputat als Klassenlehrerin mit Blick auf alle Kinder und unterrichtet nahezu alle Fächer in der jahrgangsgemischten Klasse 1/2. Sie arbeitet mit der gesamten Lerngruppe mit Wochenplänen. Der Selbsteinschätzung der Schüler im Bereich Lernen folgen regelmäßig Rückmeldungen über Lernen, Arbeiten und Sozialverhalten. Intensiv gestaltet sie die Zusammenarbeit mit den Kindern, Eltern, mit Kollegen, der Schulleitung und außerschulischen Hilfesystemen und nutzt außerunterrichtliche Projekte wie z. B. „Wir machen einen Trickfilm" als produktives Lernfeld.

2.2 Die Sprachheilpädagogin

Die Sprachheilpädagogin arbeitet mit einem Teildeputat ausschließlich an der Anne-Frank-GMS. Schwerpunkte ihrer Arbeit sind ausgehend von der individuellen Lernausgangslage, der Eingangsdiagnostik und Verlaufsdiagnostik der insgesamt 8 Inklusionskinder stetig die individuelle Lernentwicklung über Förderpläne zu begleiten und zu dokumentieren (ILEB). Die Arbeit nach zwei Bildungsplänen, dem der Grundschule und dem des SBBZ Sprache, schafft Freiräume zur Gestaltung des Unterrichts. So bestimmen individuelle Fördernotwendigkeiten die Auswahl und Umsetzung allgemeiner Bildungsinhalte und Zielsetzungen. Sonderpädagogische Bildung, Förderung und Therapie setzt sie vor allem in den Fächern Deutsch, Mathematik und MNK (Fächerverbund Mensch, Natur und Kultur) mit Differenzierung auf mehreren Niveaustufen um. Zu den Erziehungs- und Beratungsaufgaben gehören eine erhöhte Anzahl an Elterngesprächen, runden Tischen oder Hilfeplangesprächen. Sie kooperiert mit insgesamt drei Klassenlehrerinnen, wobei im Folgenden die intensive Kooperation mit einer Klassenlehrerin, in der eine gruppenbezogene inklusive Lösung umgesetzt wird, im Mittelpunkt steht.

2.3 Ein Team

Vor vier Jahren starteten beide, Grundschul-und Sprachheilpädagogin, jeweils ohne Vorerfahrungen und Fortbildungsmöglichkeiten im Vorfeld mit Teamteaching. Gerade das Arbeiten in der sehr heterogenen Lerngruppe war von Anfang an verbunden mit einem erhöhten Kommunikations-und Kooperationsbedarf, dabei wurde das Arbeiten im Team von beiden immer mehr als Entlastung und Unterstützung erlebt. Mittlerweile sind sie 14 Unterrichtsstunden doppeltbesetzt und haben sich gemeinsame Organisationsformen, klare Zuständigkeiten und Arbeitsteilung, ausreichend (Zeit-)Räume und verlässliche Rituale zu eigen gemacht, in denen im Team Unterricht gemeinsam geplant, über soziale Strukturen in der Klasse reflektiert wird, Differenzierungsmaßnahmen umgesetzt und reflektiert werden. In kleinen Schritten passen sie immer wieder bisherige Arbeitsroutinen und -gewohnheiten an und nehmen dabei die Vorteile der Zusammenarbeit wahr. Sie sind im stetigen gemeinsamen Austausch miteinander, mit den SchülerInnen und Eltern, mit allen beteiligten LehrerInnen und ErzieherInnen der Klasse und der Parallelklasse sowie mit zwei Schulleitungen. Vor allem besteht bei beiden das Bedürfnis nach vertrauensvollem, respektvollem, offenem, flexiblem, konstruktivem und auch (selbst-)kritischem Umgang miteinander. Letztendlich profitieren besonders auch alle SchülerInnen der Klasse davon, zwei Lehrerinnen im Unterricht zu haben. Das gilt gleichermaßen für Kinder mit und ohne Förderbedarf im Bereich Sprache. Die erhöhte Zuwendung und differenzierte Förderung wird als sehr positiv erlebt.

3 Sprachheilpädagogisches Handeln im Team

Im Folgenden soll dargestellt werden, welche Umsetzungsmöglichkeiten der sprachlichen Bildung, Förderung und Therapie (Mußmann, 2012) im Gemeinsamen Unterricht bestehen. Außerdem wird deutlich, wie sich das Ziel, Kindern mit dem Förderbedarf Sprache die größtmögliche Teilhabe an (sprachlicher) Bildung zu ermöglichen hinsichtlich der Arbeit im Team umsetzen lässt. Der Unterricht wird geplant mit Hilfe von Stoffverteilungs- und Förderplänen. Für die Stoffverteilungspläne ist zunächst die Grundschulpädagogin verantwortlich, für die Förderpläne die Sprachheilpädagogin. Beide Vorlagen werden aber miteinander besprochen und aufeinander abgestimmt: Aufgabe für die Sprachheilpädagogin ist es, die Sprachförderziele in den Stoffverteilungsplan zu integrieren (daraus folgt therapieimmanenter Unterricht), bzw. den Stoffverteilungsplan auf mögliche Sprachfördereinheiten zu untersuchen (zur Unterrichtseinheit „Bauen und Konstruieren" bietet sich z. B. eine Sprachfördereinheit zu den Präpositionen an).

Eine weitere Aufgabe der Sprachheilpädagogin ist es, den von der Grundschulpädagogin geplanten Unterricht auf mögliche (sprachliche) Barrieren hin zu untersuchen und individuelle Lösungen und Differenzierungsangebote und Kompensationsmöglichkeiten für die jeweiligen Schülerinnen und Schüler zu finden. Hierzu zählen beispielsweise Wortschatzklärung im Vorfeld oder in der jeweiligen Situation, Vereinfachung von Texten, Ermöglichung verschiedener kommunikativer Handlungen, etc. Wichtig ist beiden Teampartnern, sowohl für die Planung von Sprachtherapie als auch für die Sprachförderung im Unterrichtskontext für größtmögliche Transparenz und Absprache zu sorgen.

Ein weiteres Handlungsfeld der Sprachheilpädagogin ist das der allgemeinen sprachlichen Bildung: Es richtet sich an alle Kinder der Klasse. Sie versucht im Unterricht methodische Rahmenbedingungen zu schaffen, die „eine erfolgreiche Kommunikation für alle Beteiligten ermöglichen und sprachliches Lernen begünstigen" (KMK, 1998, S. 12). Dies bedeutet zum Beispiel, dass sie kommunikative Phasen vorbereitet, initiiert und leitet und weiterhin Sprechanlässe, kleine Sprechaufgaben oder Sprachrituale einbringt. Auch die konzeptuelle Gestaltung des Deutschunterrichts (Abstimmung auf die Bedürfnisse sprachbehinderter Kinder, z. B. Einführung von Lautgebärden oder der Silbenmethode) oder die Übernahme von Stufenunterricht (z. B. Buchstabeneinführung oder Rechtschreibtraining) obliegt der Sprachheilpädagogin.

Ob die genannten Aufgaben in Form von Teamteaching, Alternativ- oder Parallelunterricht durchgeführt werden oder welcher Teampartner gerade unterrichtet, assis-

tiert oder beobachtet hängt von unterschiedlichen Bedingungen ab und wird flexibel gestaltet (vgl. hierzu Krämer-Kilic et al., 2014).
Zuletzt soll noch das große Feld der Beratung erwähnt werden. Im Kontext der Teamarbeit ist hier die kollegiale Beratung im gemeinsamen Unterricht zu betrachten. Während die Sprachheilpädagogin die Grundschulpädagogin zu sprachbehindertenspezifischen Fragen berät, erhält diese wiederum wertvolles Feedback zu allgemeinen pädagogischen Themen.

4 Schluss

Alle Beteiligten erleben Teamteaching als positiv. Grundlegend für eine gelungene Teamarbeit sind neben vielen anderen Faktoren genügend räumliche und zeitliche Ressourcen, vor allem zu Beginn der Teambildung. Kontinuität hinsichtlich der Teamzusammensetzung als auch der zu unterrichtenden Klassen(-stufen) erleichtert eine qualitätsvolle Zusammenarbeit.

Literatur

Krämer-Kilic, I., Albers, T., Kiehl-Will, A., & Lühmann, S. (2014). *Gemeinsam besser unterrichten – Teamteaching im inklusiven Klassenzimmer*. Mülheim an der Ruhr: Verlag an der Ruhr.
Kultusministerkonferenz. (1998). *Empfehlungen zum Förderschwerpunkt Sprache (Beschluss der Kultusministerkonferenz vom 26.06.1998)*. Abgerufen von http://www.kmk.org/fileadmin/Dateien/pdf/PresseUndAktuelles/2000/sprache.pdf, 04.06.2016
Mays, D. (2016). *Wir sind ein Team – Multiprofessionelle Kooperation in der inklusiven Schule*. München: Reinhardt Verlag.
Mußmann, J. (2012). *Inklusive Sprachförderung in der Grundschule*. München: Reinhardt Verlag.

Anselm Bajus, Susanne Witte, Ulrike Oberesch, Nicole Ehnert

„Sprachstörungen im Vorschulalter intensiv und interdisziplinär behandeln": Erfolge eines frühzeitigen interdisziplinären Förder- und Behandlungssettings als Voraussetzung für weitgehende Inklusion im Schulalter

Anselm Bajus

1 Die Arbeit der Hör- und Sprachheilberatung Niedersachsen

1.1 Die Fachberatung Hören und Sprache

Die Fachberatung ist ein pädagogischer Fachdienst mit landesärztlichem Auftrag, dessen Aufgaben im § 62 SGB IX beschrieben werden.

Das Team besteht zurzeit aus sechs Personen, nämlich einer Fachberaterin und vier Fachberatern sowie der Leiterin der Geschäftsstelle, die sich in der Außenstelle des Landessozialamtes in Oldenburg befindet. Zugangsvoraussetzung für die Tätigkeit in der Fachberatung Hören und Sprache ist ein Universitätsstudium der Fachrichtungen Hörgeschädigten- und Sprachheilpädagogik.

1.2 Die Aufgaben der Fachberatung
Es gibt im Wesentlichen drei Aufgabenbereiche:

- 1.2.1 Durchführung der Fachberatung Hören und Sprache
- 1.2.2 Mitwirken bei der Erstellung der Frühförderpläne in den Landesbildungszentren für Hörgeschädigte
- 1.2.3 Übergeordnete Aufgaben

1.2.1 Durchführung der Fachberatung für Menschen mit Hör- oder Sprachstörungen
Dieses stellt die Hauptaufgabe des Teams dar. 2015 wurden insgesamt 8089 Fälle bearbeitet, zumeist auf der Grundlage persönlicher Begutachtung. Davon waren 5419 Jungen und 2666 Mädchen. Bei 521 Kindern bestand gesichert eine periphere Hörschädigung. Die Begutachtung dient einer einzelfallbezogenen Hilfeplanung.
Die Gutachten, die nach einer Sprachstandsfeststellung erstellt werden, sollen Entscheidungen über Maßnahmen der Eingliederungshilfe fachlich absichern, deren Kosten von den Sozialhilfeträgern der Kommunen in Zusammenhang mit §§ 53/54 SGB XII ganz oder anteilig übernommen werden.

In diesem Jahr wurde die Fachberatung durch eine Sehgeschädigtenpädagogin personell verstärkt, so dass auch eine Fachberatung für Menschen mit einer Sehbehinderung erfolgen kann!

Die Hör- und Sprachheilberatung in den Gesundheitsämtern
Die Sprechtage finden regelmäßig in den Räumen der Gesundheitsämter der 46 niedersächsischen Kommunen statt.
Die Organisation der Sprechtage übernimmt das Personal der Gesundheitsämter. Vorgestellt werden pro Sprechtag 10 oder mehr Kinder. Die Meldungen an das Gesundheitsamt erfolgen u. a. durch die Facharztpraxen, Kindergärten, Frühförderstellen und Therapiepraxen nach Absprache mit den Eltern. Bedarfe werden am Sprechtag in einer Sprachstandsfeststellung ermittelt. Die Eltern werden dann beraten, Empfehlungen werden gegeben und Gutachten diktiert. Diese werden den Eltern übermittelt sowie nach Einverständnis der Eltern den Vertragsarztpraxen, Logopädiepraxen, Sozialämter etc.
In der Regel besuchen die Mitglieder des Fachberaterteams vier verschiedene Gesundheitsämter in der Woche, während administrative Tätigkeiten am Bürotag, meistens am Freitag, erfolgen. An diesen Bürotagen werden u. a. Nacharbeiten zu den Sprechtagen, Telefonate, Kontaktpflege i. S. einer Netzwerkarbeit und die Terminplanung und -organisation erledigt.

Begutachtung für SGB IX – Maßnahmen in teilstationären und stationären Einrichtungen
Das Fachberatungsteam ist speziell für die Feststellung von Bedarfen im Rahmen der Wiedereingliederungshilfe zuständig. In Niedersachsen gibt es dazu als spezifisches Angebot eine nahezu flächendeckende Versorgung mit ca. 82 Sprachheilkindergärten für Kinder ab dem vierten Lebensjahr mit schweren Entwicklungsstörungen. Für (Vor-)Schulkinder mit besonders schwerwiegenden Störungen bestehen außerdem drei Sprachheilzentren, in denen stationäre Behandlungen neben dem Schulbesuch erfolgen. Angeboten wird eine interdisziplinäre Komplexleistung, die intensive logopädische Therapie, psychomotorische, pädagogische, psychologische und ergotherapeutische Angebote im Rahmen einer Kleingruppenbetreuung mit acht Kindern umfasst.
Eine Aufnahme in diese Einrichtungen erfolgt zunächst für 12 Monate. Sollte bei schweren Störungen ein Verbleib über diesen Zeitraum hinaus notwendig sein, erfolgt eine erneute Begutachtung durch die Fachberatung mit anschließender Förderkonferenz in diesen Einrichtungen. Eine Verlängerung um sechs Monate (stationär) bzw. zweimal sechs Monate (teilstationär) ist möglich.
Daneben gibt es zehn Kindergärten für Hörgeschädigte, davon vier in Trägerschaft der Landesbildungszentren. Wie bei der Aufnahme in den Sprachheilkindergarten oder das Sprachheilzentrum dient das Gutachten aus der Hör- und Sprachheilbera-

tung auch hierbei als Grundlage für das Verfahren zur Erstellung eines Kostenanerkenntnisses beim zuständigen Sozialamt.
Für diese Leistungen gibt es ein Kostenteilungsabkommen der kommunalen Sozialhilfeträger mit den niedersächsischen gesetzlichen Krankenkassen sowie den Einrichtungsträgern. Die Angebote der Einrichtungen werden in den Regelleistungsbeschreibungen verpflichtend festgelegt.

1.2.2 Mitwirkung bei der Erstellung der Frühförderpläne in den Landesbildungszentren für Hörgeschädigte

Die Frühförderung hörgeschädigter Kinder als freiwillige Leistung des Landes Niedersachsen erfolgt durch die Mitarbeiterinnen und Mitarbeiter der Landesbildungszentren für Hörgeschädigte. Diese erstellen mit den Eltern einen Antrag auf Förderung, deren Umfang und Notwendigkeit durch das Fachberaterteam zu beurteilen ist. Eine begleitende allgemeine Frühförderung kann unabhängig davon ebenfalls erfolgen.

1.2.3 Übergeordnete Aufgaben

Hier sind eine Reihe von Aufgaben zu nennen:
- Dienstplanung einschließlich Regelung der Zuständigkeit für die einzelnen Kommunen auf der Grundlage der vier Bürostandorte der Teammitglieder,
- Regelmäßige Dienstbesprechungen an einem der vier Standorte,
- Entwicklung einheitlicher Standards für die Sprachstandsfeststellung und die Gutachtenerstellung,
- Fachliche Supervision im Team,
- Regelmäßige aktive und passive Teilnahme an Fachtagungen,
- Anbieten eigener Tagungsreihen wie Schulungstagungen für Mitarbeiter/innen der Sprachheilberatung der Gesundheitsämter, SpraKiKon (Sprachheilkindergartenkonferenz), Jahrestagung mit dem kinder- und jugendärztlichen Dienst der Gesundheitsämter in der Region Weser-Ems,
- Abstimmung mit den Dienststellen des Landes, mit Ärzten, Krankenkassen, Verbänden der Leistungserbringer, Therapiepraxen und Frühförderstellen im Sinne einer Netzwerkarbeit.

Bitte besuchen Sie uns im Internet:
www.hoer-undsprachheilberatung.niedersachsen.de

Literatur

Flöther, M., Schlüter, E., & Bruns, T. (2011). Interdisziplinäre Förderung und Behandlung bei Hör- und Sprachstörungen – Ergebnisse zur Wirksamkeit eines Konzeptes aus Niedersachsen. *L.O.G.O.S. interdisziplinär, 19 (4),* 282-292.

Susanne Witte

2 Sozialmedizinische Aspekte in der Hör- und Sprachberatung

Sprachentwicklungs- und Kommunikationsstörungen bei Kindern im Vorschulalter treten isoliert oder sekundär als Folge verschiedener Erkrankungen auf. Zu den Differentialdiagnosen gehören orofaziale Fehlbildungen, Störungen des Gehörs, neurologische Erkrankungen, Defizite der kognitiven Fähigkeiten und Beeinträchtigungen der sozial-emotionalen Entwicklung. Auch das familiäre und kulturelle Umfeld der Kinder spielt in der Pathogenese der Sprachentwicklungsverzögerung eine große Rolle.

Die Prävalenz von Sprachentwicklungsstörungen (SES) bei Kindern ist regional unterschiedlich und liegt etwa zwischen 6 und 8 % (AWMF Leitlinien 2010). Jungen sind bis zu drei Mal häufiger betroffen als Mädchen. In der Region Hannover hat die Anzahl sprachauffälliger Kinder innerhalb der letzten fünf Jahre zugenommen. Einschüler des Schuljahres 2010/11 hatten in 41,3 % der Fälle Sprachauffälligkeiten, zum Schuljahr 2014/15 waren es fast die Hälfte (49,6 %) aller Einschüler (Sozialbericht 2015). Entsprechend steigt auch die Anzahl der Kinder mit behandlungsbedürftiger SES.

In der Sozialmedizin werden die Wechselwirkungen zwischen den krankheitsbedingten Symptomen bzw. Sprachauffälligkeiten und dem sozialen Umfeld des Kindes untersucht. Ziel ist es, herauszufinden, ob und in welchem Ausmaß das betroffene Kind in seiner sozialen Integration beeinträchtigt ist, und welche Rahmenbedingungen geschaffen werden müssen, damit sich das Kind trotz der Beeinträchtigungen weiterentwickelt und seine sprachlichen und kommunikativen Kompetenzen verbessert.

2.1 Sozialmedizinische Untersuchung am Sprachtag
2.1.1 Ablauf der Untersuchung
In der Region Hannover werden Kinder mit Sprachstörungen von der Sprachbeauftragten des Landes Niedersachsen in enger Zusammenarbeit mit Ärztinnen des Teams Sozialmedizin und Behindertenberatung der Region Hannover beurteilt. Je-

des Kind wird dabei zunächst medizinisch untersucht. Dazu gehören die Erhebung der Anamnese, ein Hör- und Sehtest, eine körperliche Untersuchung und eine Entwicklungsdiagnostik mit Hilfe des Entwicklungstests ET 6-6. Die Ärztin bespricht ihren Befund mit der Sprachheilbeauftragten, die anschließend die sprachlichen Kompetenzen des Kindes begutachtet. Abschließend wird gemeinsam festgestellt, ob bei dem Kind eine rein sprachliche Entwicklungsverzögerung vorliegt oder andere Bereiche wie die Kognition, Motorik, auditive Wahrnehmung oder sozial-emotionale Entwicklung im Vordergrund stehen.

2.1.2 Maßnahmen der Eingliederungshilfe

Es werden individuelle Hilfsmaßnahmen eingeleitet, die auch mit dem familiären Umfeld des Kindes abgestimmt sind. Dazu gehören eine ambulante heilpädagogische Hausfrühförderung oder eine Aufnahme in einen integrativen, heilpädagogischen oder Sprachheilkindergarten. Aus der medizinischen Untersuchung ergibt sich in Einzelfällen der Verdacht einer Gefährdung des Kindeswohls. Die Ärztin stellt dann umgehend den Kontakt zum Jugendamt her.

Die ambulante Hausfrühförderung (HFF) ist besonders für die Kinder geeignet, die noch zu jung für die Aufnahme in einen Sprachheilkindergarten sind, die aber sichtbar unter der SES leiden und oft Verhaltensauffälligkeiten wie sozialen Rückzug oder vermehrte Aggressivität zeigen. Außerdem hat die HFF den Vorteil, dass die Eltern in der Kommunikation mit dem Kind durch die Fachkräfte angeleitet werden.

Alle Kinder, die bis zum Erreichen der Schulpflicht eine ambulante oder teilstationäre heilpädagogische Maßnahme erhalten, werden im Rahmen der Schuleingangsuntersuchung von derselben Ärztin wieder untersucht. Zuvor findet ein Informationsaustausch zwischen den involvierten Erzieherinnen und Heilpädagoginnen der Einrichtungen und der Ärztin statt, um die Schwerpunkte der schulischen Förderung und insbesondere die Möglichkeit der inklusiven Beschulung gegenüber einer Beschulung an der Förderschule Sprache abzuwägen.

2.2 Häufigkeit der verschiedenen Maßnahmen im Zeitraum zwischen Januar 2014 und Dezember 2015

Es wurden insgesamt 244 Kinder mit SES im Alter zwischen 2,7 und 6,1 Jahren in der Sprachheilberatung der Region Hannover untersucht (s. Tab. 1). 62 dieser Kinder hatten bereits im Vorfeld eine ambulante oder teilstationäre Maßnahme zur heilpädagogischen Förderung erhalten. Bei 24 von 244 Kindern wurde deren weitere Betreuung im Regelkindergarten mit gleichzeitiger Fortsetzung einer ambulanten logopädischen Behandlung empfohlen. Für 167 Kinder wurde die Aufnahme in einen Sprachheilkindergarten veranlasst, zehn kamen in den Kindergarten des Landesbildungszentrums für Hörgeschädigte. Acht Kinder erhielten ambulante Hausfrühförderung, 33 wurden in eine Integrationsgruppe oder in einen heilpädagogischen Kindergarten aufgenommen. Bei diesen Kindern war die SES als Komorbidität aufgetreten: drei Kinder waren schwerhörig oder taub und mit Cochlear-Implantaten versorgt, vier waren psychosozial belastet und benötigten Erziehungshilfen, bei 19 Kindern waren deren kognitiven Fähigkeiten unterdurchschnittlich. Bei sieben Kindern entschieden sich deren Eltern für die Integrationsgruppe, weil sie am Wohnort lag.

Tab. 1: Maßnahmen im Rahmen der Eingliederungshilfe bei Kindern mit SES

Gesamtzahl der Kinder mit SES	244
Regelkindergarten + Logopädie	24
Hausfrühförderung	8
Integrationsgruppe/heilpädagogischer Kindergarten	33
Sprachheilkindergarten	167
Kindergarten mit besonderen pädagogischen Aufgaben	4
Landesbildungszentrum für Hörgeschädigte	10

2.3 Ergebnisse der Schuleingangsuntersuchungen für das Schuljahr 2016/17 bei Kindern mit Sprachentwicklungsstörungen

Zum Schuljahr 2016/17 waren von 244 Kindern 127 schulpflichtig, davon wurden 85 in einem Sprachheilkindergarten gefördert und 80 von ihnen zur Schuleingangsuntersuchung im Team Sozialmedizin und Behindertenberatung vorgestellt (s. Tab. 2). Die Ärztinnen empfahlen für neun Kinder eine Beschulung an der Grundschule, für 48 die Überprüfung auf den Förderbedarf Sprache, für neun den Förderbedarf Lernen (n=7) oder geistige Entwicklung (n=2). 14 Kinder sollten zurückgestellt werden.

Tab. 2: Ergebnisse bzw. Empfehlungen der Schuleingangsuntersuchungen (zum Schuljahr 2016/17) bei Kindern, die in Sprachheilkindergärten der Region und Stadt Hannover gefördert wurden

Gesamtzahl der Kinder	80
Grundschulempfehlungen ohne Förderbedarf	9
Förderbedarf Sprache	48
Förderbedarf Lernen	7
Förderbedarf geistige Entwicklung	2
Zurückstellung	14

2.4 Konsequenzen der individuellen Hilfeplanung

Die Ergebnisse zeigen, dass an Sprachtagen unter der Berücksichtigung sozialmedizinischer Aspekte eine Differenzierung der Förderschwerpunkte bei Kindern mit SES erfolgt. Diese ist hilfreich, um für die Kinder bis zu ihrer Einschulung individuelle Maßnahmen einzuleiten.

Während der Förderung der Kinder in den Sprachheilkindergärten kristallisieren sich nochmals unterschiedliche Förderbedarfe heraus. Bei 21,2 % der Kinder wurde eine Zurückstellung vom Schulbesuch empfohlen, bei der Mehrzahl dieser Kinder (n=11) betrug der Förderzeitraum im Sprachheilkindergarten weniger als ein Jahr. Von 66 schulreifen Kindern können 15,1 % ohne sonderpädagogischen Förderbedarf die Grundschule besuchen. Acht von neun Kindern mit Grundschulempfehlung hatten den Sprachheilkindergarten länger als 18 Monate besucht. Die Einschüler mit dem Schwerpunkt Lernen (10,6 %) werden inklusiv beschult. In zwei Einzelfällen traten die kognitiven Defizite in den Vordergrund, nachdem sich deren kommunikativen Kompetenzen verbessert hatten. Bei der Mehrzahl der Kinder mit SES (72,7 %) bleibt die Notwendigkeit der pädagogischen Sprachförderung auch in der Schule bestehen.

Aus diesen Daten lässt sich ableiten, dass bei Kindern im Vorschulalter mit gravierenden SES ein ausreichender Zeitraum intensiver logopädischer und heilpädagogischer Förderung eingeplant werden muss, um ihnen den Anschluss an den Regelbereich in den Schulen zu ermöglichen. Die Förderung sollte so früh wie möglich beginnen und kann durch Maßnahmen der Eingliederungshilfe (Hausfrühförderung, Integrationsgruppe, heilpädagogischer Kindergarten) auch vor dem vierten Geburtstag einsetzen (Flöther et al., 2011). Hierzu ist eine sozialmedizinische Beurteilung der Kinder erforderlich. Bei den meisten Kindern erstreckt sich der Förderbedarf bis in die Grundschulzeit. Außerdem ist zu berücksichtigen, dass es sich bei den hier untersuchten Kindern nur um einen Bruchteil aller Einschüler mit Sprachauffälligkeiten in der Region Hannover handelt. Daraus folgt, dass auch in Zukunft trotz intensiver Sprachförderung im Vorschulalter der Bedarf an fachspezifischer Sonderpädagogik an Grund- und Sprachheilschulen bestehen bleibt und mit entsprechendem Fachpersonal gedeckt werden muss.

Literatur

AWMF (2010). *Leitlinien der Deutschen Gesellschaft für Phoniatrie und Pädaudiologie: Sprachentwicklungsstörungen bei Kindern.* Sozialbericht 2015 – Soziale Lagen in der Region Hannover. Dezernat für soziale Infrastruktur.
Flöther, M., Schlüter, E., & Bruns, T. (2011). Interdisziplinäre Förderung und Behandlung bei Hör- und Sprachstörungen – Ergebnisse zur Wirksamkeit eines Konzeptes aus Niedersachsen. *L.O.G.O.S. interdisziplinär, 19 (4),* 282-292.

Ulrike Oberesch, Nicole Ehnert

3 Förderkonzept des Sprachheilkindergartens – mehrdimensionale und interdisziplinäre Therapie und Förderung sprachgestörter Kinder im Vorschulalter

Kinder mit mehrdimensionalen Sprachentwicklungsstörungen benötigen ein ganzheitliches und multiprofessionelles Therapie- und Förderangebot, um sprachliche Fortschritte in dem Umfang zu erreichen, dass sie nachfolgend gleichberechtigt am inklusiven Lernen teilhaben können.
Hierfür besteht in Niedersachsen das Modell der Sprachheilkindergärten, die als Komplexleistung sowohl medizinisch-therapeutische Angebote der Sprach- und Ergotherapie sowie der Psychologie als auch die sprachheilpädagogische Arbeit in Kleingruppen vorhalten.
Auf den ersten Blick scheint eine „Sondereinrichtung", wie der Sprachheilkindergarten, dem Recht auf inklusive Bildung zu widersprechen. Doch der zweite Blick zeigt, dass es sich bei der *„Förderung"* in einem Sprachheilkindergarten nicht um Sprachförderung als Bildungsangebot handelt, worauf beispielsweise das Bundesprogramm „Sprachkitas" abzielt, sondern um ein therapeutisches Angebot im Rahmen der Gesundheitsvorsorge, also um eine intensive sprachtherapeutische Maßnahme. Unser vorrangiges Ziel ist, dass Kinder gemäß Artikel 25 der UN-Konventionen in „den Genuss des erreichbaren Höchstmaßes an Gesundheit" kommen und wir dadurch eine drohende, dauerhafte Beeinträchtigung möglichst verhindern. Dieses ist aus unserer Sicht die beste Voraussetzung für die Teilnahme an der inklusiven Bildung in der Schule.

Unsere Aufgabe ist es also, wesentliche Sprachbeeinträchtigungen und die damit im Zusammenhang bestehenden weiteren Auffälligkeiten in einem ganzheitlichen Prozess sowie einem begrenzten Zeitraum zu beheben, zu verbessern oder einer Stagnation bzw. Verschlechterung entgegenzuwirken. Unsere Förder- und Therapieziele basieren auf einem Grundverständnis, das sich an einem mehrdimensionalen Sprachentwicklungsmodell orientiert:

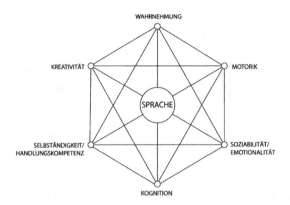

Abb. 1: mehrdimensionales Sprachentwicklungsmodell als Grundlage für ganzheitliche und multiprofessionelle Therapie und Förderung im Sprachheilkindergarten

In der folgenden Darstellung gehen wir kurz auf die pädagogischen und therapeutischen Inhalte der Komplexleistungen ein und stellen das ressourcen- und lösungsorientierte Modell der Förderplanung als deren Grundlage dar.

3.1 Das Förderkonzept im Sprachheilkindergarten Degersen

3.1.1 Die Komplexleistung

Die angebotene Komplexleistung setzt sich zusammen aus der pädagogischen Gruppenarbeit mit verschiedenen heilpädagogischen Leistungen, aus den sprach- und ergotherapeutischen Angeboten als therapeutisch-medizinische Leistung und dem psychologischen Angebot als diagnostisch-beratende Leistung. Dazu stehen uns bei einer Gruppengröße von acht Kindern jeweils zwei pädagogische Fachkräfte sowie eine akademische Sprachtherapeutin oder Logopädin und hausübergreifend eine Ergotherapeutin und Psychologin zur Verfügung.

Zu den Inhalten der pädagogischen Förderarbeit zählen u. a. die Stärkung im sozialemotionalen Bereich, die Erweiterung der Handlungskompetenz und der Selbstständigkeitsentwicklung, die Förderung der intellektuellen Fähigkeiten sowie der musisch-kreativen Fähigkeiten und die Förderung der Bewegungsentwicklung. Im Vordergrund steht dabei die Unterstützung der Eigenaktivität und der Selbstorganisation des Kindes, um Entwicklungsprozesse angemessen zu initiieren.

Aufgaben der medizinisch-therapeutisch ausgerichteten Einzelbehandlung in Sprach- und Ergotherapie liegen in der Verbesserung der kommunikativen und

sprachlichen Fähigkeiten sowie in der Förderung der verschiedenen Wahrnehmungsbereiche und der Motorik.
Die diagnostisch-beratenden Angebote durch die Psychologin beinhalten neben der Teambegleitung u. a. bei Bedarf die Überprüfung der Lern- und Leistungsfähigkeit der Kinder, die besondere Unterstützung sozial-emotional auffälliger Kinder oder Beratungsgespräche mit den Eltern.

Damit die Vielzahl an Maßnahmen und Förderangeboten aufeinander abgestimmt und an den jeweiligen Entwicklungsstand des Kindes angepasst sind, wird gemeinsam im multiprofessionellen Team für jedes Kind ein individueller Förderplan entwickelt. Die Entstehung dieses Förderplans mit seinen unterschiedlichen Bausteinen und der dazugehörigen Elternarbeit wird nachfolgend erläutert.

3.2 Elternarbeit – Anamnese, Aufnahme- und Förderplangespräch
Zentraler Baustein der Planung und Durchführung von Förderung und Therapie ist der Austausch und die Zusammenarbeit mit den Eltern und anderen, für die Kinder, bedeutsamen Personen. Das können Großeltern, Tagesmütter und Erzieherinnen, Sprachtherapeuten oder Geschwister sein. Sie sind für uns die „Experten", die vieles über das Kind berichten können und etliche Erfahrungen gemacht haben.

Für die Zusammenarbeit mit den Eltern haben wir einen *roten Faden* entwickelt. Schon vor der Aufnahme wenden wir uns mit einem Fragebogen an die Eltern. Mit einem so genannten *Kindersteckbrief* werden die Vorlieben, Stärken und Schwächen des Kindes sowie die Sorgen und Wünsche der Eltern erfragt. Darauf aufbauend führen wir ein ausführliches *Aufnahmegespräch,* in dem wir weitere Ressourcen des Kindes erfragen sowie einiges über seine Lebenswelt und die Erwartungen der Eltern erfahren. Beispielsweise bitten wir sie – mit Hilfe der *„Wunderfrage"*- einen Blick in die Zukunft zu werfen und uns zu sagen, was in einem Jahr bei ihrem Kind anders sein wird. Mit dieser Anamnese bekommen wir erste, wichtige Informationen für unsere individuelle auf das Kind abgestimmte Förderplanung, die unter Punkt 3.3. ausführlich beschrieben wird.

Ist der Förderplan fertig gestellt, wird gemeinsam mit den Eltern, der Pädagogin und der zuständigen Sprachtherapeutin in einem weiteren Gespräch der Förderplan vorgestellt und mit den Sichtweisen und Zielen der Eltern abgeglichen. Das Förderplangespräch erfolgt in der Regel nach einem klaren Schema, in dem zunächst nach beobachtbaren Veränderungen des Kindes seit der Eingliederung gefragt wird. Danach folgt eine Betrachtung der Stärken des Kindes, um im Anschluss daran nach dem Förderbedarf des Kindes zu fragen. Der Blick auf die Stärken und Schwächen des Kindes wird durch eine Visualisierungshilfe unterstützt, dem so genannten *Förderstern* (s. Abb. 2). In den Kreisen sammeln wir gemeinsam mit den Eltern die Stärken des Kindes, fragen danach, was sie an ihrem Kind schätzen, was es gut kann, worauf sie stolz sind. Zeigen die Eltern dabei zunächst Schwierigkeiten Stärken ihrer Kinder benennen zu können, setzen wir auch zirkuläre Fragen ein. Sind die Kreise ausreichend gefüllt, wenden wir uns den Bereichen zu, in denen das Kind noch Hilfe benötigt. Diese Punkte werden in die einzelnen Zacken des Sterns eingetragen. Häufig besteht eine große Übereinstimmung mit den vorab im Team entwickelten Förderzielen, trifft dies nicht zu, ergänzen wir die aus unserer Sicht wichtigsten Punkte. Im Anschluss daran tauschen wir uns häufig auch über den bisherigen Entwicklungsstand der einzelnen Förderbereiche aus. Auf einer Skala von 0-10 können dann die bisher entwickelten Kompetenzen in den Bereichen, die noch Förderung benötigen, im Vergleich zu altersgleichen Kindern eingeschätzt werden. Es besteht außerdem die Möglichkeit mit den Eltern festzulegen, welcher Zielpunkt des jeweiligen Entwicklungsbereiches im folgenden Kindergartenjahr erreicht werden soll. Die so festgelegten Punkte können nach Ablauf des Jahres abgeglichen werden. Hat das Kind über diesen Punkt hinaus seine Ziele erreichen können, ist dies für alle erfreulich, wurden die Zielpunkte nicht erreicht, können mögliche Ursachen dafür gemeinsam analysiert und reflektiert werden.

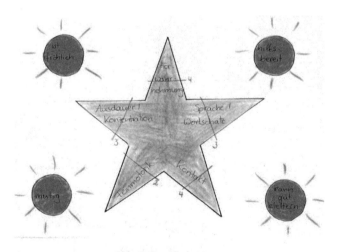

Abb. 2: Der Förderstern

Der Förderstern kann auch bei weiteren Gesprächen über das Kind und seine Fähigkeiten genutzt werden und dient außerdem als Grundlage für ein kurzes Förderplangesprächsprotokoll, in dem festgehalten wird, welche Vorgehensweisen Eltern und Mitarbeiter wählen, um den Zielen des Förderplans näher zu kommen.

3.3 Systemisch-ressourcenorientierte Förderplanung

Nach der Aufnahme des Kindes beginnt im Kindergarten eine ausführliche Beobachtungs- und Diagnosephase. Mittels Beobachtungsbögen und Testverfahren werden die Stärken und Schwächen von den pädagogischen und therapeutischen Fachkräften erfasst, dokumentiert und im *Entwicklungsprofil* visualisiert (s. Abb. 2). Unser Entwicklungsprofil ist ein auf unsere Belange adaptiertes Modell des „Kompetenzsterns" wie er bei Retzlaff beschrieben ist (Retzlaff 2009, S 93). Die verschiedenen Innenkreise in dem Kreis dienen der groben und subjektiven Zuordnung in die Bereiche: *Altersentsprechend* mit einem Wert zwischen 60 und 40 in grün gekennzeichnet, *Schwäche* mit einem Wert zwischen 40 und 30 in gelb gekennzeichnet oder *Störung* mit einem Wert <30 in rot gekennzeichnet. Die Farben verdeutlichen für uns zusätzlich mit einem so genannten „Ampelsystem" die Stärken und Schwächen des Kindes. Liegen für die aufgeführten Tortenstücke Testwerte vor, die mit standardisierten Tests ermittelt wurden, werden diese entsprechend in die Skala zwischen 20 und 60 eingetragen.

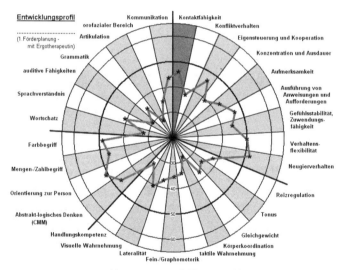

Abb. 3: Das Entwicklungsprofil

Die Informationen aus der Anamnese und unseren eigenen Erhebungen, die im Entwicklungsprofil visualisiert wurden, bilden die Grundlage für den Förderplan, den das interdisziplinäre Team gemeinsam für jedes Kind entwickelt. Zuerst tragen wir die Ressourcen des Kindes, seine Fähigkeiten, Fertigkeiten und sonstigen „Schätze" zusammen und visualisieren das Ergebnis im so genannten *„Zielefinder"* an den Ästen eines Baumes (s. Abb. 3). Dann überlegen wir, welche Blüten oder Früchte an dem Baum in sechs Monaten hängen werden. Das sind unsere smarten Ziele: klein, überprüfbar, realistisch, akzeptiert. Anschließend werden die *derzeitigen* Entwicklungsstände in den Blüten oder Früchten jeweils auf einer Skala von 0 bis 10 eingeschätzt, um diese nach einem halben Jahr überprüfbar zu machen. Die Wurzeln des Baumes sind dann die „Wege zum Ziel". Was haben wir für Ideen? Welche Methoden eigenen sich, um die Ziele zu erreichen? Welches Material bietet sich an?

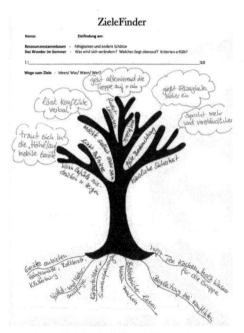

Abb. 4: „Zielefinder" für die Förderplanung

Anschließend werden noch die spezifisch sprach- und gegebenenfalls ergotherapeutischen Ziele ausgetauscht. Aus all diesen Beobachtungen und Zukunftsideen bildet sich das Entwicklungsthema des Kindes heraus, das wir das übergeordnete Förderziel nennen. Zudem schauen wir, welche Ziele sich aus den verschiedenen Bereichen übernehmen lassen. So kann es beispielsweise sein, dass die Förderung von Fein- und Mundmotorik sowohl in der Sprach- als auch in der Ergotherapie Berücksichtigung findet.

Nach der Fertigstellung des Förderplanes laden wir, wie unter Punkt 3.2 bereits beschrieben, die Eltern zu einem gemeinsamen Förderplangespräch ein, um die bestehenden Wünsche und Ziele mit denen von uns entwickelten Zielen abzugleichen und gemeinsam den bestmöglichen Weg für die Entwicklung des jeweiligen Kindes zu finden.

Literatur

Retzlaff, R. (2009). *Spielräume – Lehrbuch der systemischen Therapie mit Kindern und Jugendlichen (3. Aufl.).* Stuttgart: Klett Cotta.
Konzeption des Sprachheilkindergartens Degersen. (2016). (Nicht veröffentlichtes Manuskript)
Oberesch, U. (2015). *Interdisziplinäre Förderplanung in einem Sprachheilkindergarten – neue Perspektiven in Bezug auf defizitorientierte Symptombeschreibung und ressourcenorientierte Beobachtung. (Nicht veröffentlichte Hausarbeit).* Hochschule Hannover, Fakultät V, Zentrum für Weiterbildung, Deutschland.

Gudrun Hagge

Sprachförderung in der Kita: Organisation der vorschulischen Sprachförderung durch die Sternschule - Förderzentrum Sprache

1 Sprachförderkonzept SH

Das integrative Sprachförderkonzept und der Lehrplan „Sonderpädagogische Förderung" des Landes Schleswig-Holstein beinhalten 4 grundlegende Prinzipien:
1. Die Förderung sollte möglichst frühzeitig beginnen.
2. Es wird eine durchgängige Förderung bis in die Eingangsphase der Grundschule angestrebt.
3. Die schulische Förderung sollte in integrativen / inklusiven Settings stattfinden.
4. Sie sollte wohnortnah erfolgen.

Die vorschulische Sprachförderung hat 3 Schwerpunkte:
1. Allgemeine Sprachförderung in Kindertageseinrichtungen durch speziell dafür qualifizierte Erzieher/innen.
2. Beobachtungsverfahren zur Sprachstandseinschätzung
3. Spezielle Sprachförderung in der u. a. auch Sprachheillehrkräfte tätig werden
Zusätzlich werden zurzeit ein halbes Jahr vor der Einschulung SPRINT (Sprachintensivförderung)-Kurse vorrangig für Kinder mit Migrationshintergrund durchgeführt.
(s. auch: www.bildung.schleswig-holstein.de)

2 Sternschule: Förderzentrum Sprache im Kreis RD-ECK

Die Sternschule ist ein Förderzentrum Sprache in der Trägerschaft des Kreises Rendsburg-Eckernförde des Landes Schleswig-Holstein.
Sie arbeitet ausschließlich dezentral, das heißt: an 11 Grundschulen im Kreisgebiet sind sogenannte Kombiklassen eingerichtet, in denen eine Sprachheillehrkraft mit der Grundschullehrkraft gemeinsam den Deutsch-Erstlese- und Schreibunterricht gestaltet. Zusätzlich erhalten die Schülerinnen und Schüler mit Förderbedarf im Bereich Sprache eine Therapiestunde pro Woche in einer Kleingruppe.
In den letzten Jahren wurde die präventive vorschulische Arbeit konzeptionell weiterentwickelt und ausgebaut, um den zunehmenden Sprachstörungen im Kindesal-

ter zu begegnen und einen möglichst erfolgreichen Übergang von der Kita in die Schule zu gewährleisten. Sprachheilpädagogen und -pädagoginnen sind zunehmend in Kindertagesstätten ambulant tätig. Zusätzlich werden an 5 Standorten im Kreisgebiet sogenannte Intensiv-Präventions-Kurse (IPK) durchgeführt. Qualifizierung von Erzieher/innen sowie Beratung gehören ebenfalls zum Arbeitsfeld des Förderzentrums.
In diesem Schuljahr betreut die Sternschule 72 Schülerinnen und Schüler in 11 Kombiklassen an 11 Standorten, ca. 400 Vorschulkinder in 70 Kindertagesstätten (Kitas) und 76 Vorschulkinder in Intensiv-Präventions-Kursen (IPK). Darüber hinaus ist sie beratend tätig in 69 Kindertagesstätten. Alle zum nächsten Schuljahr einzuschulenden Kinder (ca. 1400) werden sprachlich überprüft.

(s. auch: www.sternschule.de)

3 Historische Umstrukturierung

Die Auflösung der bestehenden vorschulischen Präventionsklassen machte eine integrative Betreuung der sprachauffälligen Kinder im Vorschulalter nötig.
Die Lehrkräfte des Förderzentrums Sprache betreuen zunehmend Kinder in den Kindertagesstätten und gestalten den Übergang von der Kita in die Grundschulen mit.
Zusätzlich wurde ein Kurssystem (IPK) etabliert, in dem Kleingruppen wohnortnäher über einen begrenzten Zeitraum intensiv sprachlich gefördert werden.

4 Organisation und Struktur der Arbeit in den Kindertagesstätten

Zu Beginn des Schuljahres werden alle Kinder, die im folgenden Schuljahr eingeschult werden, in den Kitas sprachlich mit einem Screening überprüft.
Bei den Kindern mit einem vermuteten Förderbedarf im Bereich Sprache erfolgt dann eine detaillierte Überprüfung in den Bereichen Pragmatik/Kommunikation, Semantik, Phonetik/Phonologie, Morphologie/Syntax, Wahrnehmung und Motorik. Diese bildet die Entscheidungsgrundlage dafür, ob ein Kind in einer Kleingruppe in der Kita oder in einem Intensiv-Präventions-Kurs sprachlich gefördert wird.
Die diagnostischen Ergebnisse werden in einer schulinternen Dokumentation festgehalten. In dieser werden auch Elterngespräche, Therapiedauer, Gespräche mit anderen Fachdisziplinen sowie ein Abschlussbericht mit Empfehlungen zur weiteren Förderung dokumentiert.

Zusätzlich erfolgen Beratungsgespräche mit Erziehern und Erzieherinnen, Eltern und Informationsaustausch mit den anderen das jeweilige Kind betreffende Institutionen (s. Schaubild).
An sogenannten „runden Tischen" wird der Übergang von der Kita in die Grundschule für einzelne Kinder vorbereitet, begleitet und unterstützt. An diesen Gesprächen nehmen die Eltern und möglichst Vertreter/innen aller Fachdisziplinen teil, die bereits an der Förderung des Kindes beteiligt sind.

5 Interdisziplinäre Zusammenarbeit

Die interdisziplinäre Zusammenarbeit beinhaltet folgende Aspekte:
- Durchführung von „runden Tischen" vor der Einschulung zu einzelnen Kindern
- Erstellung und Aktualisierung einer Kita-Datei für das gesamte Kreisgebiet mit Adressen und Informationen,
- Regelmäßige regionalisierte Treffen mit Kita-Leitungen, Logopäden und Kinderärzten,
- Teilnahme an Einschulungsuntersuchungen an Standort-Grundschulen,
- Hospitation der Erzieher/innen am Intensiv-Präventions-Kurs,
- Teilnahme an Schulbesuchstagen der Kita-Kinder,
- Teilnahme an Elternabenden in der Kita,
- Fortbildungen und Arbeitskreise für Kita-Leitungen und Erzieher/innen,
- Fortbildungen für Ambulanz-Lehrkräfte,
- Konferenzen und Schulentwicklungstage speziell zur Arbeit in den Kitas.

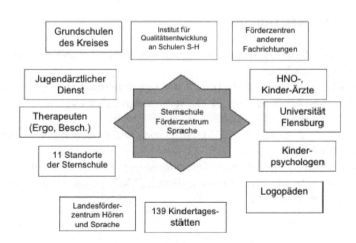

Abb. 1: Interdisziplinäre Zusammenarbeit Förderzentrum Sprache und andere Institutionen

6 Resümee und Ausblick

Durch die frühe kompensatorische Förderung gelingt es bei einem Großteil der Kinder den Übergang in die Schule deutlich zu erleichtern und die Anzahl der Kinder, die schulische Betreuung durch das Förderzentrum Sprache benötigen, zu reduzieren.
Eine wissenschaftliche Begleitung und Evaluation zur Überprüfung der Effektivität der vorschulischen Maßnahmen des Förderzentrums (Kita-Ambulanz, Intensiv-Präventions-Kurse) wäre wünschenswert.

7 Zusammenfassung für die Praxis

Sprache gilt gemeinhin als der Schlüssel zur Welt und spielt eine zentrale Rolle in der kindlichen Entwicklung. Die frühe Diagnostik und Förderung bei Störungen der Sprachentwicklung sind gerade im Hinblick auf die Einschulung und die weitere schulische Laufbahn von Kindern von entscheidender Bedeutung (s. a. Petermann & Rißling, 2011).
Ausgehend vom Sprachförderkonzept des Landes Schleswig-Holstein wird in dem vorliegenden Beitrag die Entwicklung und Organisation der vorschulischen sprachlichen Förderung durch ein Förderzentrum Sprache für einen großen Flächenkreis (140 Kitas, 49 Grundschulen) vorgestellt.
Abschließend werden gewonnene Erfahrungen und Beobachtungen aufgeführt.

Weiterführende Literatur

Baumgartner, S., & Füssenich, I. (Hrsg.). (2002). *Sprachtherapie mit Kindern* (5. Aufl.). München: Reinhardt.
Grohnfeldt, M. (Hrsg.). (2007). *Lexikon der Sprachtherapie.* Stuttgart: Kohlhammer.
Petermann, F., & Rißling, J.-K. (2011). Sprachdiagnostik im Vor- und Grundschulalter. *Sprachheilarbeit, 3.11,* 131-137.
Jungmann, T., & Albers, T. (2013). *Frühe sprachliche Bildung und Förderung.* München: Reinhardt.
Rodrian, B. (2009). *Elterntraining Sprachförderung.* München: Reinhardt.
Wiedenmann, M., & Holler-Zittlau, I. (Hrsg.). (2007). *Handbuch Sprachförderung* (3. Aufl.). Weinheim: Beltz.

Interventionen bei sprachlichen und schriftsprachlichen Inhalten

Fokus: Pragmatik und Kommunikation, Narration und ganzheitlich musikalische Ansätze

Stephan Sallat, Markus Spreer, Grit Franke, Franziska Schlamp-Diekmann

Pragmatisch-kommunikative Störungen – Herausforderungen für Sprachheilpädagogik und Sprachtherapie in Schule und Berufsbildung

Die Frage nach der Partizipation/Teilhabe von Kindern und Jugendlichen mit sprachlichen Beeinträchtigungen ist häufig auch mit ihren pragmatisch-kommunikativen Fähigkeiten verknüpft. Dabei beinhaltet ein kompetentes Sprachhandeln unterschiedliche Teilfähigkeiten und Kompetenzen, welche sprachliche, aber auch soziale, kognitive, kulturelle und emotionale Aspekte beinhalten. Dieses interdisziplinäre Themenfeld verlangt nach einer multiprofessionellen Unterstützung von Kindern und Jugendlichen mit eingeschränkten pragmatisch-kommunikativen Fähigkeiten.

1 Pragmatisch-kommunikative Fähigkeiten im Kindes- und Jugendalter

Pragmatisch-kommunikative Fähigkeiten werden im situations- und kontextangemessenen Sprachhandeln deutlich. Der kompetente Sprecher ist in der Lage, seine sprachlichen Äußerungen sowohl in Bezug auf den Wortschatz und die Wortwahl, als auch in Bezug auf den Satzbau und die inhaltliche Struktur des Redebeitrages der jeweiligen Kommunikationssituation und den Kommunikationspartnern anzupassen. Bei Kindern und Jugendlichen mit sprachlichem Förderbedarf gehören aufgrund der eingeschränkten phonetisch-phonologischen, semantisch-lexikalischen und/oder morphologisch-syntaktischen Fähigkeiten Auffälligkeiten oder Störungen auf der pragmatisch-kommunikativen Sprachebene zur Sekundärsymptomatik der jeweiligen Sprachstörung. Die pragmatisch-kommunikative Sprachebene kann aber auchprimär betroffen sein. In diesem Fall spricht man seit der DSM-V Klassifikation von *social communication pragmatic disorder*.

1.1 Diagnostische Erfassung pragmatisch-kommunikativer Fähigkeiten

Um Interventionsbedarfe zu erkennen und Ziele/Vorgehensweisen für eine Förderung oder Therapie der sprachlichen Fähigkeiten von Kindern und Jugendlichen ableiten zu können, müssen diese Fähigkeiten differenziert erfasst und analysiert werden. Die aktuelle Forschungslage zu pragmatisch-kommunikativen Störungen zeigt allerdings deutliche Desiderata bezüglich der Konzepte für Diagnostik, aber auch für Förderung und Therapie in der Sprachheilpädagogik (Sallat & Spreer, 2014).

Für die Diagnostik pragmatisch-kommunikativer Fähigkeiten im Kindes- und vor allem Jugendalter liegen im deutschsprachigen Raum kaum Verfahren vor. Im Erwachsenenbereich kann man zum Teil Verfahren aus der Diagnostik bei neurologischen Störungen für die Sprachdiagnostik heranziehen. Achhammer et al. (2016) schlagen für das diagnostische Vorgehen bei entwicklungsbedingten pragmatisch-kommunikativen Störungen ein mehrstufiges Verfahren vor: [1] Anamnese, [2] Überprüfung/Analyse der Basiskompetenzen (Mimik, Gestik, Sensorik, Gedächtnis, Aufmerksamkeit), [3] Überprüfung/Analyse der sprachstrukturellen Fähigkeiten (Aussprache, Phonologie, Wortschatz, Grammatik), [4] Überprüfung/Analyse der intrapersonellen und interpersonellen pragmatischen Fähigkeiten in den oben beschriebenen Bereichen Kommunikationsverhalten/Gesprächsführung; Textverarbeitung/Textproduktion; Situations- und Kontextverhalten. Nur durch die Erfassung von möglichen Beschränkungen in sprachlichen und nichtsprachlichen Entwicklungs- und Verarbeitungsbereichen (Elementen) ist eine Analyse von pragmatischen Störungen möglich (Perkins, 2010).

1.2 Förderung pragmatisch-kommunikativer Fähigkeiten

Die Förderung pragmatisch-kommunikativer Fähigkeiten ist altersabhängig unterschiedlich ausgerichtet. Im vorschulischen Bereich ist die Entwicklung dieser Fähigkeiten als Teil der körperlichen, motorischen, kognitiven und sprachlichen Entwicklung des Kindes zu verstehen. Im Schulalter und vor allem im Zuge der Berufsvorbereitung und Berufsorientierung findet sich dann der Auf- und Ausbau pragmatisch-kommunikative Fähigkeiten als explizite Aufgabe in den Lehr- und Bildungsplänen.

Vorrangig implizit lernen Kinder im vorschulischen Bereich kommunikative Intentionen auszudrücken sowie Berichte oder Geschichte inhaltlich zu strukturieren (Kohäsion, Kohärenz). Ebenfalls lernen sie Modelle und Rollen für das Sprachhandeln als Sender oder Empfänger von Nachrichten (Sprechakte, Implikaturen). Ein weiterer Punkt ist die zunehmende Berücksichtigung des Wissens des Kommunikationspartners (Präsupposition). Im Schulalter werden diese Aspekte vor allem im Deutschunterricht, aber zunehmend auch im Fachunterricht bewusst gemacht und damit explizit vermittelt. In den Formulierungen der Bildungsstandards für die Grundschule (KMK, 2004), die die Grundlage der Lehrpläne der Bundesländer bilden, wird die Bedeutung der pragmatisch-kommunikativen Kompetenzen in der schulischen Bildung bzw. für die schulische Bildung deutlich. Unter Betrachtung der Kompetenzen der Kinder, die sich beispielsweise den Lernbereichen des Deutschunterrichts zuordnen lassen, wird dies augenscheinlich. Ein großer Teil der hier formulierten Kompetenzen lassen sich entsprechend zuordnen, z. B.: „Sprechbeiträge und Gespräche situationsangemessen planen", „Wirkungen der Redeweise kennen und beachten", „Sich in eine Rolle hineinversetzen und sie gestalten" (KMK, 2004, S. 9-14; Sallat & Spreer, 2014).

Sowohl bei den skizzierten Unterstützungsmöglichkeiten beim Aufbau pragmatisch-kommunikativer Fähigkeiten als auch bei den anschließend formulierten therapeutischen Angeboten müssen die verschiedenen Dimensionen pragmatisch-kommunikativen Sprachhandelns berücksichtigt werden. Die bezieht sich auf die lautsprachliche Dimension genauso, wie auf die schriftsprachliche, die non- und paraverbale Dimension und die Betrachtung der Basiskompetenzen (Achhammer et al., 2016, S. 26ff)

1.3 Therapie pragmatisch-kommunikativer Störungen

Im sprachtherapeutischen Bereich ist die Ausrichtung für das frühe Kindesalter ebenfalls zunächst implizit orientiert (Child orientated, naturalistic). Die Kinder sollen pragmatisch-kommunikative Aspekte am Modell ohne Reflektion der Situation und ohne Reflektion des Sprachhandelns lernen. Mit zunehmendem Alter (Jugend- und Erwachsenenalter) werden pragmatisch-kommunikative Aspekte explizit therapiert und geübt. So werden kommunikative Situationen bewusst gemacht und Sprachhandeln reflektiert, ebenfalls wird situativ angemessenes Sprachhandeln erarbeitet und eingeübt. Wesentlich in der Therapieplanung ist zudem die Berücksichtigung eines unterschiedlichen Maßes an inhaltlicher, situativer personeller Komplexität und Flexibilität (Sallat & Spreer, 2014). So wird in der Sprachtherapie zum einen gezielt an Sprachstrukturen gearbeitet. Hierbei wird auf natürliches Sprachhandeln bewusst verzichtet. Mit zunehmenden Fähigkeiten des Kindes in Bezug auf die therapierte Sprachstruktur wird Wert auf einen sprachlichen Transfer in eine Übungssprache (Phrasen, Sätze) oder mit weiter steigender Komplexität in künstliche „Als-ob-Situationen" (Spiel/Übung mit begrenzter Anzahl an Akteuren) sowie in Realsituationen gelegt. In einem direkten Zusammenhang mit diesen Überlegungen steht die Reflektion der Bedeutung von Einzel- und Gruppentherapie. Bestimmte Aspekte pragmatisch-kommunikativen Sprachhandelns kann man nur in Gruppensituationen lernen, auf der anderen Seite ist für das Erkennen anderer Aspekte die Einzelsituation zu bevorzugen. Im Gegensatz zu therapeutischen Situationen in denen künstliche Einzelsituationen vorherrschen bieten pädagogische/schulische Kontexte sowohl in Bezug auf die Anzahl der verfügbaren Kommunikationspartner und möglicher Sozialformen als auch in Bezug auf die durch die Unterrichtsfächer vorgegebenen Inhalte vielfältige Ansatzpunkte für sprachliche Förderung und Therapie.

Strukturierung therapeutischer Maßnahmen
Für die inhaltliche Ausrichtung der therapeutischen Angebote sollten die Therapie- und Förderbereiche [1] Kommunikationsverhalten/Gesprächsführung, [2] Textverarbeitung/Textverständnis sowie [3] Situations- und Kontextverhalten (Achhammer et al., 2016, S. 87) berücksichtigt werden. In der Unterscheidung der intrapersonellen Ebene (Erkennen, Verstehen) und der interpersonellen Ebene (Produzieren, An-

wenden) stellen sie Anknüpfungspunkte für die sprachheilpädagogische und sprachtherapeutische Arbeit.

[1] Kommunikationsverhalten/Gesprächsführung
Intrapersonelle Ebene (Verstehen/Erkennen): Kennen von Gesprächs- und Diskursregeln, Erkennen von übergaberelevanten Stellen bei Gesprächen, Zuhörerverhalten, Erweitertes Monitoring des Sprachverstehen, Verstehen nichtwörtlicher Rede
Interpersonelle Ebene (Produzieren/Anwenden): Verbesserung und Erweiterung von Gesprächsführung/Diskursgestaltung, Verbesserung der Fähigkeiten zum Turn Taking, Umgang mit Themenwechsel und Abdrift, Reparaturen, Verwenden nichtwörtlicher Rede

[2] Textverarbeitung/Textverständnis
Intrapersonelle Ebene (Verstehen/Erkennen): Texte/Äußerungen verstehen
Verständnis für Präsuppositionen, Inferenzen erkennen, Sinnentnahme aus mündlichen und schriftlichen Texte (Kohärenz/Kohäsion)
Interpersonelle Ebene (Produzieren/Anwenden): Texte/Äußerungen produzieren
Informationsgehalt anpassen (Präsupposition), Einsatz von Kohärenz/Kohäsion beachten, Förderung mündlicher und schriftlicher Erzählfähigkeit

[3] Situations- und Kontextverhalten
Intrapersonelle Ebene (Verstehen/Erkennen): Soziale Interpretation
Verstehen nonverbaler Mittel, Verständnis für Kontexthinweise (sozialer Kontext z. B. sozialer Status, Erwartungen; Sachkontext z. B. Raum, Zeit, Thema), Verstehen von Gedanken und Intentionen anderer (Perspektivübernahme), Verstehen von sozialen Rollen und Beziehungen (z. B. Freundschaften, Gruppen)
Interpersonelle Ebene (Produzieren/Anwenden): Soziale Interaktion
Einsatz nonverbaler Mittel, Verbesserung der Flexibilität durch Strategien, Angemessene Wortschatzverwendung, Höflichkeit, Rücksichtnahme, Wertschätzung und Interaktion in Gruppen und Beziehungen

2 Auf- und Ausbau pragmatisch-kommunikativer Fähigkeiten: Methodisch-didaktische Möglichkeiten in der Sekundarstufe

Curriculare Vorgaben, die – auf Bildungsstandards basierend – Grundlage der unterrichtlichen Tätigkeit sind, enthalten eine Vielzahl von Kompetenzbeschreibungen, die pragmatisch-kommunikative Fähigkeiten in unterschiedlichen Modi und Settings fordern. Auch wird gerade in der Sekundarstufe das Anbahnen von Schlüsselqualifikationen, insbesondere von kommunikativen und kooperativen Fähigkeiten, im Hinblick auf die Berufsvorbereitung immer bedeutsamer. Aus diesen Gründen ist bei einer Beeinträchtigung im Bereich Kommunikation-Pragmatik eine Förderung bzw. Intervention unabdingbar. Gerade im schulischen Kontext kann diese aufgrund der kommunikationsfordernden und -fördernden Gruppensituation optimal gestaltet werden (Schlamp-Diekmann, 2014; Sallat & Spreer, 2014).

Vor diesem Hintergrund werden im Folgenden verschiedene kooperative Methoden zur Förderung kommunikativ-pragmatischer Fähigkeiten für den Unterricht in der Sekundarstufe vorgestellt (Schlamp-Diekmann, 2014). Zudem werden Möglichkeiten aufgezeigt, wie „echte" Kommunikation und Kooperation in der Gruppenarbeit erreicht werden kann (Ruppert-Guglhör, 2015).

2.1 Didaktische Grundlagen der Förderung kommunikativ-pragmatischer Fähigkeiten

Voraussetzung für die Förderung kommunikativ-pragmatischer Fähigkeiten von Jugendlichen sind u. a. geeignete Kommunikationsbedingungen (Schmitt & Weiß, 2004), v.a. ein förderliches Klima. Denn insbesondere im Jugendalter können negative Kommunikationserlebnisse, ein geringer sozialer Status oder auch reduzierte fachliche und sprachliche Kompetenzen (Ruppert-Guglhör, 2015) zu einer steigenden Unsicherheit führen, sich sprachlich vor anderen zu äußern. Um diese zu beheben, ist eine angstfreie Atmosphäre besonders wichtig, in der die Jugendlichen durch vielfältige Sprechanlässe zum Kommunizieren und Sprechen ermutigt werden. Ein weiteres didaktisches Prinzip ist das Herstellen und Nutzen von Klassenraumformaten, die insbesondere der Strukturierung sprachlicher Handlungszusammenhänge dienen (Lütje-Klose, 1997). Im Jugendalter eignen sich hier insbesondere kooperative Methoden als fest etablierte Kommunikationsrituale. Besonders förderlich ist dabei eine kontinuierliche Reflexion der Kommunikationsprozesse.

Zudem wird es im Unterricht der Sekundarstufe immer relevanter, in Partner- und Gruppenarbeit „echte" Kooperation und Kommunikation zu erreichen. Dies geschieht durch eine gezielte Planung und Vorbereitung der Zusammenarbeit und durch eine klare Rollenverteilung (Ruppert-Guglhör, 2015). In der Analyse der Gelingens- und Scheiternsbedingungen sollten die intrapersonellen und interpersonellen Aspekte des pragmatischen Sprachhandelns des Jugendlichen (s. o.) reflektiert werden und ggf. Grundlage für Fortführungen, Erweiterungen und Wiederholungen der Übungen sein.

2.2 Praktische Umsetzung

Im Folgenden werden verschiedene Beispiele zur praktischen Umsetzung der Förderung kommunikativ-pragmatischer Fähigkeiten aufgezeigt. Dabei liegt der Schwerpunkt auf dem Herstellen lebensnaher und motivierender Kommunikationskontexte (Schlamp-Diekmann, 2014).

2.2.1 Kooperative Methoden zur Förderung kommunikativ-pragmatischer Fähigkeiten

Kooperative Methoden (Aßmann, 2013) eignen sich besonders für den Einsatz im Unterricht der Sekundarstufe und führen zu einer hohen verbalen Aktivierung der Schüler sowie zu realen Kommunikationssituationen. Dadurch können kommunikativ-pragmatische Kompetenzen in diesen Formaten gezielt gefördert und im Anschluss jeweils reflektiert werden. Hier zwei Beispiele kooperativer Methoden:

Methode 1: Think-pair-share
Bei der Methode „Think-pair-share" (Kagan, 1990) erhalten die Schüler eine Frage oder eine Aufgabe, über die sie in Phase 1 (Think) vorerst alleine nachdenken und eine individuelle Lösung erarbeiten. Nach einem akustischen oder optischen Signal tauschen sie sich über ihre Lösungen mit einem Partner oder in ihrer „Murmelgruppe" aus (Phase 2: Pair). Beim nächsten Signal werden die Ergebnisse im Plenum gesammelt und damit allen verfügbar gemacht (Phase 3: Share).
Zur Unterstützung von Jugendlichen mit kommunikativ-pragmatischen Beeinträchtigungen können Strukturierungshilfen, wie z. B. Satzanfänge oder Dialogkarten eingesetzt werden:
- Austausch von Meinungen oder Vermutungen: „Ich glaube, dass..."; „Mir fällt auf, dass..."; „Ich weiß, dass..."; „Ich bin der Meinung, dass...";
- Aktivierung von Vorwissen: „Wir müssen Wasser sparen, weil..."; „Die Wasserqualität können wir untersuchen, indem wir..." (Schlamp-Diekmann, 2014).

Methode 2: Innen- und Außenkreis
Bei der Methode „Innen -und Außenkreis" (Weidner, 2008) tauschen sich die Jugendlichen zu einem bestimmten Thema oder einer Fragestellung aus. Auch hier kann die Kommunikationssituation strukturiert werden, z. B. durch Dialogkarten, Frage-Antwort-Karten oder Satzanfänge.
Vorgehen:
- Die Hälfte der Schüler steht in einem inneren Kreis und schaut nach außen. Die andere Hälfte steht in einem äußeren Kreis und schaut nach innen, so dass sich jeweils zwei Jugendliche gegenüberstehen.
- Die Lehrkraft stellt eine Frage oder Aufgabe und unterstützt mit entsprechenden Satzanfängen (z. B. Bericht aus dem Praktikum: „Mein Praktikum war gut/nicht gut, weil..."; Austausch von Stimmungen: „Mir geht's heute gut/nicht gut, weil..."; Wiederholung von Gelerntem: „Das Wort ´Transformator´ bedeutet, dass...").
- Die Schüler tauschen sich jeweils mit ihrem gegenüberstehenden Partner aus.
- Wenn ein Signal ertönt, wechselt der Außenkreis einen oder mehrere festgelegte Partner nach rechts, so dass jeder Schüler einen neuen Partner hat.
- Nun tauschen sich die neuen Partnergruppen zur gleichen Frage oder zu einer neuen Aufgabe aus.

2.2.2 Kommunikation und Kooperation in der Gruppenarbeit

Neben dem Einsatz spezifischer kooperativer Methoden können auch in der traditionellen Gruppenarbeit Kommunikation und Kooperation besonders gefördert werden. Dies geschieht durch eine klare Rollenverteilung. Voraussetzung ist dabei, dass jede Rolle intensiv erarbeitet und trainiert wird und dass jede Rolle zwingend eine kommunikative Auseinandersetzung mit den anderen Gruppenmitgliedern erfordert. Als geeignet erweisen sich nach Ruppert-Guglhör (2015) vier Rollen:

- Leser (Arbeitsaufträge lesen; die vollständige Bearbeitung kontrollieren),
- Schreiber/Reporter (Material holen; Ergebnisse notieren),
- Sprecher (Zeitwächter; Hilfe holen; Ergebnisse präsentieren),
- Team-Manager (Verantwortung, dass alle mitarbeiten; Gruppenmitglieder ermutigen, ihre Ideen einzubringen; auf Einhaltung der Gesprächslautstärke achten).

Zur Erarbeitung der Rollenaufgaben und zur Einführung in der Klasse erhalten die Schüler einen Informationstext über ihre jeweilige Rolle. Anschließend tauschen sie sich über ihre Rolle sowie die Notwendigkeit und Umsetzung ihrer Rolle in einer Expertengruppe aus (alle Leser/Schreiber/Sprecher/Team-Manager). Danach werden die Ergebnisse der Klasse vorgestellt.

Um die Rollenaufgaben zu erproben, stellen die Schüler ihre jeweilige Rolle in ihrer Lerngruppe (heterogene Zusammensetzung) vor („Meine Aufgabe ist ..."; „Meine Rolle ist wichtig, weil..."). Im Anschluss bearbeitet die Gruppe eine möglichst einfache Aufgabenstellung (z. B. Knobelaufgabe), bei der nun jeder seine Rolle erfüllt. Am Ende erfolgt eine ausführliche Reflexion der Rollenaufgaben sowie des Erfolgs der Gruppenarbeit. Dieses Vorgehen wird über mehrere Wochen hinweg vollzogen, so dass die Rollen trainiert und etabliert werden. Erst dann kann ein Tausch der Rollen erfolgen (Ruppert-Guglhör, 2015).

3 Pragmatische Fähigkeiten: Anforderungen an Jugendliche im Übergang zum Beruf

In der Übergangszeit zwischen Schule und Beruf kommen auf die Schüler und Schülerinnen neue, in der Regel ungewohnte Situationen und spachliche Herausforderungen zu (Sallat, 2014). Durch das Verlassen der Schule ändert sich die Lebenswelt der Schüler. Entscheidend ist dabei die Wahl des richtigen Berufes bzw. die Wahl des richtigen Berufsweges. Richtig heißt dabei: die zentralen Tätigkeiten und Inhalte des Berufs sollten den Neigungen und Interessen entsprechen, man sollte über die diejenigen (sprachlichen) Fähigkeiten verfügen, die zu den Anforderungen passen und idealerweise sollten auch gute Chancen auf dem Arbeitsmarkt bestehen. Um das richtige Berufsfeld herauszufinden, gilt es Erfahrungen über den Schul- und Freizeitkontext hinaus zu machen. Die Schülerinnen und Schüler sollen Berufe kennen lernen, in dem sie Praktika mit ggf. vorgeschalteten Vorstellungsgespräche absolvieren, Betriebsbesichtigungen machen, Informationsveranstaltungen besuchen, in Medien recherchieren und Personen aus ihrem Umfeld gezielt nach relevanten Informationen befragen. In all diesen Situationen kommt den pragmatisch-kommunikativen Fähigkeiten eine hohe Bedeutung zu. Situationsadäquat müssen beispielsweise Gespräche mit fremden Personen geführt, die eigene Person präsentiert, Informationen über eigene Kommunikationsbesonderheiten gegeben oder Absprachen in Gruppen getroffen werden. Ebenso muss auf Anweisungen oder in Konfliktsituationen reagiert werden.

3.1 Das Berufsbildungswerk als Übergangsbegleiter

Das Berufsbildungswerk Leipzig mit seinen Förderschwerpunkten Hören und Sprache bildet nicht nur in annähernd 30 anerkannten Ausbildungsberufen aus, sondern beginnt seine Arbeit bereits mit der Berufsvorbereitung. Zum einen haben die Schüler und Schülerinnen in eigenen berufsvorbereitenden Maßnahmen (Berufsvorbereitungsjahr, BVJ; Berufsvorbereitende Bildungsmaßnahme, BVB) die Möglichkeit, sich im schulischen oder praktischen Kontext beruflich zu orientieren (vgl. auch Franke et al., 2006). Gleichzeitig findet eine individuelle Förderung ihrer sprachlichen und kommunikativen Fähigkeiten statt. Dazu gibt es am Berufsbildungswerk verschiedene Fachdienste, z. B. Sozialpädagogen, Logopäden, Psychologen, Stütz- und Förderlehrer, Ärzte oder Gebärdensprachdolmetscher.

Zum anderen bestehen Kooperationen mit einschlägigen Förderschulen. Mitarbeiterinnen und Mitarbeiter sowie auch Teilnehmende des Berufsbildungswerkes besuchen Klassen während ihrer Berufsorientierung. Sogenannte Berufsorientierungsboxen (BOBs) bringen anhand von anschaulichen Aufgaben den Schülerinnen und Schülern die Inhalte einzelner Berufsfelder näher. Es werden damit Situationen geschaffen, in denen die Schülerinnen und Schüler in einem vertrauten Umfeld – ihrer eigenen Klasse – mit gleichaltrigen Personen ins Gespräch kommen können. Neben dem informativen Charakter wird gleichzeitig das Kommunikationsverhalten im Rahmen beruflicher Orientierung trainiert.

3.2 Pragmatisch-kommunikative Anforderungen in der Berufsorientierung

Höhere Anforderungen an das kommunikative Verhalten stellen die Klassenfahrten zur Berufsorientierung dar. Für eine Woche besteht für Klassen der Förderschulen die Möglichkeit, im Berufsbildungswerk Berufe und den Ausbildungsalltag kennen zu lernen. Die Schülerinnen und Schüler befinden sich in dieser Zeit nicht mehr im Klassenverband, sondern arbeiten in den verschiedenen Ausbildungsbereichen des BBW gemeinsam mit Auszubildenden des Berufsbildungswerkes. Teilweise befinden sie sich allein als fremde Person in einer Umgebung, die allen anderen vertraut ist. Hier gilt es, sich auch kommunikativ zurechtzufinden. Angefangen bei den intra- und interpersonellen sprachlichen Anforderungen des Arbeitsfeldes mit Fragen zu Arbeitsabläufen, Nachfragen bei Nichtverstehen, Antworten auf Fragen zu Vorerfahrungen bis hin zu organisatorischen Fragen wie z. B. nach dem Weg zur Toilette oder zu unstrukturierten Kommunikationssituationen in den Pausen. Auch hier müssen sich die Schüler und Schülerinnen in ihrer Rolle in der Gruppe beweisen und Situations- und kontextangemessenen Sprachgebrauch zeigen.

Der Vorteil dieser thematischen Klassenfahrt ist, dass diese Erfahrungen im geschützten Rahmen des Berufsbildungswerkes stattfinden, wo Teilnehmende mit ähnlichem Förderbedarf lernen und wo die Mitarbeiterinnen und Mitarbeiter mit Förderschülerinnen und -schülern vertraut sind.

3.3 Pragmatisch-kommunikative Anforderungen in Betriebspraktika

Eine große Steigerung bezüglich des kommunikativ-pragmatischen Anforderungsniveaus stellen Betriebspraktika dar. Die erworbenen oder geförderten Fähigkeiten müssen in Realsituationen angewendet werden. Möglicherweise ist zunächst ein Vorstellungsgespräch zu absolvieren, in welchem der Chef oder eine Mitarbeiterin prüft, ob sich der Schüler oder die Schülerin für dieses Praktikum eignet. Dieses Prüfen findet einzig im Gespräch statt. Der potenzielle Praktikant bzw. die potenzielle Praktikantin soll Auskunft über seine bzw. ihre Vorstellungen, seine bzw. ihre Motivation und seine bzw. ihre Ziele geben. Anhand seines bzw. ihres Gesprächsverhaltens wird er oder sie eingeschätzt. Es liegt auf der Hand, dass es hier nicht nur um Inhalte geht, sondern auch darum, wie diese Inhalte vermittelt werden. Mit anderen Worten: Wie kann sich der Schüler oder die Schülerin auf diese Situation einstellen und seine bzw. ihre sprachlichen Fähigkeiten in einer Weise einsetzen, dass Inhalte und Person in einem guten Licht stehen? Eine Fortsetzung der situations- und kontextangemessenen Sprachverwendung in Realsituationen findet im Praktikum in einer Firma statt. Diese haben in aller Regel wenig mit Förderschülern und -schülerinnen zu tun. Trotzdem muss der Praktikant Aufträge gut und schnell abarbeiten und wenigstens nicht stören und im besten Fall hilfreich sein soll. Vielfältige kommunikative Fähigkeiten sind hier zur Bewältigung dieser neuen Situation gefragt. Nicht unerwähnt soll bleiben, dass Erfolg oder Misserfolg von Vorstellungsgesprächen und Praktika mitunter über den gesamten Lebensweg entscheiden können. Vor diesem Hintergrund sind diese Situationen hoch bedeutsam und sollten bei Jugendlichen mit sprachlichem Förderbedarf besondere Aufmerksamkeit finden.

Die beiden Beispiele Vorstellungsgespräch und Praktikum sollen verdeutlichen, worauf die Schüler und Schülerinnen in den letzten Schuljahren bei der Förderung ihrer sprachlichen Fähigkeiten vorbereitet werden müssen. Sie müssen darin gefördert werden, dass sie ihre formal-sprachlichen Fähigkeiten – mit und ohne Einschränkungen – in unterschiedlichen Situationen angemessen einzusetzen können, damit Berufsorientierung, Berufsausbildung und Berufskarriere gelingen kann.

4 Zusammenfassung

Für Kinder und Jugendliche im Sekundarschulalter gilt: Die Förderung kommunikativ-pragmatischer Kompetenzen muss für bzw. in realen Situationen passieren. Gerade Unterricht und Schule bieten durch variierbare Sozialformen und vielfältige Sachkontexte in den Unterrichtsfächern und Themengebieten dafür strukturell gute Voraussetzungen und Möglichkeiten. Der vorgestellte Strukturierungsrahmen von Achhammer et al. (2016) bezüglich der Therapie- und Förderbereiche [1] Kommunikationsverhalten/Gesprächsführung, [2] Textverarbeitung/Textverständnis sowie [3] Situations- und Kontextverhalten mit der Unterscheidung in intrapersonelle Aspekte (verstehen/erkennen) und interpersonelle Aspekte (produzieren/anwenden) bietet zudem eine gute Grundlage um pragmatische Teilaspekte fokussiert fördern zu können.

Um gesellschaftliche Teilhabe sicherstellen zu können bedarf es gerade bei der Begleitung Jugendlicher im Übergang von der Schule in das Berufsleben entsprechender Netzwerke bzw. Kooperationen mit weiterführenden Bildungseinrichtungen einerseits sowie mit Betrieben und Praktikumsgebern andererseits.

Während Kooperationen mit weiterführenden Bildungseinrichtungen den Vorteil haben, dass kommunikative Situationen begleitet und individuell rückgekoppelt werden können, sind natürlich Betriebe und andere Praktikumsgeber bereits der reale Arbeitsmarkt, auf den sich die Schüler und Schülerinnen später beweisen müssen.

Um den Inklusionsgedanken zu stärken, sollten sämtliche (sonder-)pädagogisch, medizinisch-therapeutische und psychologische Fachkräfte ihre Kontakte zum Arbeitsmarkt dazu nutzen, um über besondere Bedarfe von Förderschülern und -schülerinnen aufzuklären und die Gesellschaft zu sensibilisieren. Letztendlich nutzt dies indirekt wieder den Schülern und Schülerinnen, wenn zukünftige Praktikumsgeber ihnen gegenüber aufgeschlossen sind.

Literatur

Achhammer, B., Büttner, J., Sallat, S., & Spreer, M. (2016). *Pragmatische Störungen im Kindes- und Erwachsenenalter. Reihe Forum Logopädie*. Stuttgart: Thieme.

Aßmann, K. (2013). *Kooperatives Lernen – Methodenbox Deutsch*. Oberursel: Finken Verlag.

Franke, G. et al. (2006). Hinweise für die Beratungspraxis. In Leipzig Berufsbildungswerk für Hör-und Sprachgeschädigte (Hrsg.), *Individuelle Berufswegplanung mit hör-und sprachbeeinträchtigten Menschen* (S. 228-254). Bad Heilbrunn: Klinkhardt.

Kagan, S. (1990). *Cooperative learning.* San Juan Capistrano/CA: Resources for Teachers, Inc.

KMK – Kultusministerkonferenz. (2004): *Bildungsstandards im Fach Deutsch für den Primarbereich.* Abgerufen von http://www.kmk.org/fileadmin/veroeffentlichungen_beschluesse/2004/2004_10_15-Bildungsstandards-Deutsch-Primar.pdf

Lütje-Klose, B. (1997). *Wege integrativer Sprach- und Kommunikationsförderung in der Schule.* St. Ingbert: Röhrig Universitätsverlag.

Ruppert-Guglhör, I. (2015). *Rollen in der Gruppenarbeit: Jeder kann etwas. Keiner kann alles. Zusammen können wir viel! Kooperatives Lernen erfolgreich ermöglichen. Praxis Sprache, 3,* 180.

Sallat, S. (2014). Einstieg ins Berufsleben bei Jugendlichen und jungen Erwachsenen mit Sprach(entwicklungs)störungen. In S. Ringmann & J. Siegmüller (Hrsg.), *Handbuch Spracherwerb und Sprachentwicklungsstörungen. Bd. 4: Jugend- und Erwachsenenalter* (S. 237-248). München: Elsevier.

Sallat, S., & Spreer, M. (2014). Förderung kommunikativ-pragmatischer Fähigkeiten in Unterricht und therapeutischer Praxis. *Sprachförderung und Sprachtherapie in Schule und Praxis, 3* (3), 156-166.

Schlamp-Diekmann, F. (2014). Kommunikativ-pragmatische Störungen bei Jugendlichen – Störungsbild und Möglichkeiten der Intervention. In S. Ringmann & J. Siegmüller (Hrsg.), *Handbuch Spracherwerb und Sprachentwicklungsstörungen. Bd. 4: Jugend- und Erwachsenenalter* (S. 173-188). München: Elsevier.

Schmitt, K., & Weiß, P. (2004). Sprach- und Kommunikationsverhalten der Lehrkraft als Mittel unterrichtsimmanenter Sprach- und Kommunikationsförderung. In M. Grohnfeldt (Hrsg.), *Lehrbuch der Sprachheilpädagogik und Logopädie. Bd. 5:* Stuttgart: Kohlhammer.

Weidner, M. (2008). *Kooperatives Lernen im Unterricht.* Seelze-Velber: Kallmeyer.

Anja Schröder, Nitza-Katz-Bernstein, Anke Lengning, Uta Quasthoff,
Laura Polke, Juliane Stude

Erfassung und Förderung der interaktiven Erzählfähigkeiten von Kindern mit sprachlichem Förderbedarf

Bereits zu Schulbeginn wird von Kindern erwartet, dass sie im Unterricht Erlebnisse erzählen und Erzählungen der Lehrperson verstehen können. Denn Erzählfähigkeiten hängen mit fachlichem Lernen wie Lesen, Schreiben und mathematischen Fähigkeiten zusammen und beeinflussen damit den Bildungserfolg.
Daher sollten die Erzählfähigkeiten der SchülerInnen frühzeitig überprüft und gefördert werden, insbesondere bei Kindern mit möglichen Beeinträchtigungen im Erzählerwerb, wie bei Kindern mit Spracherwerbsstörungen.

1 Erzählen und Erzählkompetenz: Sprachwissenschaftliche Grundlagen von DO-BINE und DO-FINE

1.1 Was ist Erzählen?

Erzählen im hier zugrunde gelegten linguistischen Sinne ist eine in Gesprächen situierte diskursive Praktik, die sich an einer entsprechenden kommunikativen Gattung (Bergmann & Luckmann 1995) orientiert. Das Erzählen hat häufiger als vergleichbare Gattungen (z. B. Erklären, Anleiten, Argumentieren, Beschreiben) das Interesse verschiedener Forschungsdisziplinen und Förderinitiativen erlangt. Die Bestimmung als *Praktik* (Quasthoff & Ohlhus, eingereicht) impliziert dabei eine Betrachtung sprachlicher Prozesse als grundsätzlich

- kontextualisiert,
- funktional gattungsbasiert
- interaktiv kokonstruiert und
- sequenziell geordnet.

Die Bestimmung als *diskursive* Praktik macht darüber hinaus deutlich, dass eine Erzählung (im Gespräch) eine äußerungsübergreifende Einheit darstellt, die ‚global' als ‚Äußerungspaket' (Morek, Heller & Quasthoff, eingereicht) organisiert ist (Quasthoff et al. 2011). Dies unterscheidet das Erzählen grundlegend von satzförmig – ‚lokal' – organisierten Sequenzen (bspw. Frage – Antwort).

Erzähler und Zuhörer leisten beide ihre Beiträge in der sequenziellen Zug-um-Zug-Realisierung einer Erzählung aus einer Gesprächsumgebung heraus: Erzählen ist also nie nur eine Sache des Erzählers. Die Zuhörer-‚Zugzwänge' ermöglichen / evozieren auf Grund der sequenziellen Verkettung und interaktiven Konstituierung aller Praktiken die erzählerischen Züge des (kindlichen) Erzählers (und umgekehrt). Dies ist der Grund, warum im Diagnoseinstrument DOBINE so großer Wert darauf gelegt wird, die Zuhörer-Impulse zu standardisieren: Nur so kann eine jeweilige Äußerung des Kindes in der Ko-Konstruktion auch wirklich dem ‚Konto' des Kindes ‚gutgeschrieben' werden (s. hierzu Schröder & Lengning in diesem Band).

Diskursive Praktiken greifen auf geteiltes *Gattungs*wissen darüber zurück, mit welchen Verfahren wiederkehrende kommunikative ‚Probleme' in der Gemeinschaft gelöst werden. Eine Erzählung ist als Erzählung erkennbar, weil die (erwachsenen, kompetenten) Mitglieder einer Sprach-/Kulturgemeinschaft *wissen*, wie, mit welchen sprachlichen Formen und Mitteln in ihrer Gemeinschaft erzählt wird. Gattungen liefern sprachliche Lösungen für kommunikative Standardaufgaben, für die nicht bei jedem Vorkommen eine eigene sprachliche und sequenzielle Bearbeitungsform entwickelt werden muss: Gattungen liefern so die ‚Baupläne' für die Praktiken. Im Fall des Erzählens lässt sich die wiederkehrende Aufgabe als ‚Teilen von Erlebnissen und seiner Deutungen' fassen (Quasthoff & Ohlhus, eingereicht).

Im engeren Sinn sind Erzählungen i.S.v. DO-BINE und DO-FINE (s. hierzu Katz-Bernstein & Polke in diesem Band) also in Gespräche eingebettete Äußerungspakete, die sich an den Gesprächskontext anpassen und ihn gleichzeitig bestimmen, sich auf Erlebnisse des Erzählers beziehen, deren Inhalt und Bedeutsamkeit mit dem Zuhörer geteilt werden sollen, die von Erzähler und Zuhörer in einem regelhaften sequenziellen Aufbau ko-konstruiert sind und deren sequenzielle Ordnung global organisiert und aus dem verfügbaren Gattungswissen abgeleitet ist.

Eine gelungene Erzählung muss also *kontextualisiert*, intern *entsprechend den Gattungserwartungen aufgebaut* und *sprachlich gestaltet* werden. Kinder unterschiedlicher Entwicklungsstufen und Kompetenzniveaus sind jedoch (noch) nicht voll sozialisierte Mitglieder einer Sprach-/Kulturgemeinschaft. Bei ihnen sind das Gattungswissen, die Kontextualisierungskompetenz und die Fähigkeiten zur sprachlichen Gestaltung einer Erzählung entsprechend (noch) nicht ausgeprägt. Wir haben es also mit unterschiedlichen Niveaus narrativer Kompetenz zu tun.

1.2 Wie fassen wir Erzählkompetenz?

Unser Konzept von Erzählkompetenz – und in der Folge seine Operationalisierung, Messung und Förderung – leiten sich aus unserem Konzept von Erzählen ab. Um erfolgreich im Gespräch erzählen zu können müssen Erzählende ihre Erzählung angemessen an den Gesprächskontext anschließen (*Kontextualisieren*), sie intern – orientiert an dem narrativen Muster der Gattung – global aufbauen (*Vertexten*) und die

Kontextualisierung sowie Vertextung mit gattungstypischen Formen sprachlich zum Ausdruck bringen und damit als Erzählung erkennbar machen (*Markieren*). Unser Konzept von Kompetenz gründet sich also funktional in den strukturellen und kommunikativen Aufgaben, die das Erzählen in Gesprächen erfüllen muss, um interaktiv erfolgreich zu sein.

Die Operationalisierung dieser drei Facetten von Erzählkompetenz (Quasthoff, 2011) im Diagnoseinstrument DOBINE-SUM muss den narrativen Entwicklungsstand der Kinder berücksichtigen (Hausendorf & Quasthoff, 1996; Boueke et al., 1995). Aus Erwerbsstudien zum Erzählen (s. Stude in diesem Band) wissen wir, dass (Vorschul-)Kinder grundsätzlich noch Probleme im Umgang mit der globalen Struktur des Erzählens haben. Im Bereich des Kontextualisierens (in Quasthoff et al., 2011: globalstrukturelle Dimension) müssen sie zunächst die basale Fähigkeit erwerben, *globale Zugzwänge* im Gespräch zu erkennen und zu bedienen: Sie müssen also erkennen, dass es Impulse im Gespräch gibt, auf die mit einem Äußerungspaket reagiert werden muss: Auf die Frage „Was habt ihr denn gestern so gemacht" ist es angemessen, lokal mit einem Satz (oder auch nur einem Wort) zu antworten: „Wir waren spazieren". Der konversationelle ‚Zugzwang' „Was ist denn bei EUCH da grad passiert? Da war ja ein RIESEN Krach" verlangt prinzipiell den Anschluss einer globalen Erzählung. Im Bereich der Vertextung (in Quasthoff et al, 2011: globalsemantische Dimension) wird in verschiedenen Items überprüft, in welchem Ausmaß die Erzählung des Kindes intern einen globalen Zusammenhang herstellt (statt lokal aus Einzeläußerungen zu bestehen), der zudem gattungsgemäß um den ‚Planbruch' als Kern der Episoden organisiert ist. Die Facette der Markierung (‚globalformale Dimension') ist gut operationalisierbar durch die Anzahl und Vielfalt der narrativen Diskursmarker (z. B. ‚plötzlich'), die den Planbruch (und andere globale Strukturelemente der Erzählung) sprachlich charakterisieren. Die Erweiterung auf sprachauffällige Kinder in DOBINE-SUM macht es notwendig, neben den globalen auch lokale Vorläuferkompetenzen abzufragen (s. Kap. 3.2).

2 Individuelle Aneignungsprozesse im Erzählerwerb

Bekanntermaßen ist der Erwerb von Erzählfähigkeiten zwischen Kindern ganz unterschiedlich ausgeprägt. Zusätzlich zu den enormen interindividuellen Unterschieden in den Erzählleistungen finden sich ebenso intraindividuelle Unterschiede in Bezug auf die Aneignung unterschiedlicher Erzählformen (Quasthoff, Ohlhus & Stude, 2009). Gemeint ist hiermit der Befund, dass die Erzählleistungen desselben Kindes je nach Erzählform mitunter stark variieren können, dass beispielsweise höhere Erzählleistungen beim Erzählen von Ausgedachtem, dagegen aber niedrigere beim Erzählen von Erlebtem und umgekehrt beobachtbar sind. In diesem Beitrag beschränken wir uns auf die konversationelle Erlebniserzählung und möchten an dieser illustrieren, wie sich die in Abschnitt 1 erwähnte sequenzielle Zug-um-Zug-Realisierung von Erzählungen im Rahmen von Erwachsenen-Kind-Interaktionen vollzieht. Ziel ist, aus Erwerbsperspektive der Frage nachzugehen, welchen Beitrag dialogische Unterstützungsprozesse für den Aufbau von Erzählkompetenzen leisten. Wichtig ist hierbei: In der narrativen Interaktion zwischen einem noch nicht kompetenten Kind und einem Erwachsenen als kompetenten Mitglied einer Kultur sorgt der Erwachsene i.S. des Gelingens der Kommunikation intuitiv für einen Ausgleich der eingeschränkten kommunikativen Mitarbeit des Kindes. Für die Aufrechterhaltung und den kommunikativen Erfolg ihrer Erzählung sind Kinder zu Beginn ihres Erzählerwerbs also noch ganz entscheidend von der dialogischen Unterstützung eines Erwachsenen abhängig. Beispiel 1 zeigt dies an einer Interaktion zwischen einer Erwachsenen und einem fünfjährigem Kind (entnommen aus Becker, 2005, S. 102).

Beispiel 1

01 E: dir is bestimmt AUCH schon mal so was passiert ne?(-)

02 K: Ja, an de Lippe deblu:tet;(--)

03 E: .hh und wie is des passiert?

04 K: da bin ich draußen auf die Steine geFALlen beim chri:stopher

sein ho:f-(2.0)

05 E: oh je: und wie genAU is des passiert?

06 K: da, da, [da wollt ich=n] FANgen

07 E: [beim spie:len?]

08 K: und dann auf einmal wollt ich um die ECke rennen,

09 da hh bin (-) ich (-) auf (-) die Lippe defallen.(--)

10 E: o je: und dann?

11 K: ha=hat dann die Lippe deBLUtet.(-)

12 E: und was habt ihr dann gemacht? Seid ihr zum ARZT?

13 K: `m`m (5.5)

14 E: is=es einfach so wieder geheilt?

15 K: war schon LANge he:r.

Auffällig auf der Ebene der Kontextualisierung (i. e. die globalstrukturelle Dimension) ist, dass das Kind die Eingangsfrage (Z. 01), mit welcher die Erwachsene globale Erwartungen an den Fortgang des Gesprächs – insbesondere die Übernahme der primären Sprecherrolle durch das Kind – stellt, lediglich lokal bearbeitet. So benötigt es zu Beginn eine zweifache Re-Etablierung des globalen Zugzwangs (Z. 03, 06), nachdem es zuvor jeweils nur im Umfang von einer Äußerung auf das Geschehen eingeht. Mit dieser interaktiven Unterstützung aber gelingt es dem Kind ab Zeile 07 in eine äußerungsübergreifende Einheit einzusteigen. Auf der Ebene der Vertextung (i. e. die globalsemantische Dimension) lässt sich bereits eine temporale Verkettung der Ereignisse erkennen. Zudem realisiert das Kind nun eigenständig eine Abfolge von Settingbeschreibung (Fangspiel mit einem Freund) und einem Planbruch (plötzliches Hinfallen). Es gelingt ihm jedoch noch nicht, den Planbruch selbständig aufzulösen. So verlässt sich das Kind an dieser Stelle noch ganz auf das unterstützende Zuhörerverhalten in Form einer Fortsetzungsfrage (Z. 10, o je: und dann?) sowie einem inhaltlichen Angebot (Z. 12, und was habt ihr dann gemacht? Seid ihr zum ARZT?). Auf der Ebene der Markierung (i. e. die globalformale Dimension) ist zu beobachten, dass das Kind den Planbruch durch ein Temporaladverb (Z. 08, dann auf einmal) vorbereitet. Zudem drückt die verwendete Innenschau (Z. 08, wollt ich um die ECke rennen) eine Gleichzeitigkeit der Geschehnisse aus und trägt somit in Ansätzen zu einer Dramatisierung bei. Dass diese Haltung gegenüber den Geschehnissen auch von der Erwachsenen übernommen wird, zeigt sich in ihrem evaluativen Kommentar (Z. 10, o je:). An dieser Stelle vergewissern sich die beiden Gesprächsbeteiligten nochmals darüber, dass ihr gemeinsames Tun auf das Erzählen als Darstellungsverfahren mit einer emotionalen Qualifizierung und eben nicht auf ein neutrales Berichten abzielt (s. auch 4.2.3).

Mit zunehmendem Alter lässt sich erwarten, dass die Kinder immer weniger auf die „Mehrarbeit" der Erwachsenen angewiesen sind. Der Teilhabe an Gesprächen, die durch ein solches interaktives Unterstützungssystem geprägt sind, liegt insofern ein erwerbsförderlicher Nebeneffekt inne, als dass der Vollzug des Erzählprozesses selbst zur Antriebskraft des Erzählerwerbs wird (Hausendorf & Quasthoff, 2005). Gemäß des in Abschnitt 1 vorgestellten Modells ist im Einzelnen zu erwarten, dass Kinder durch Interaktionserfahrungen wie der hier beschriebenen zunehmend in der Lage sind, ihre Erzählung a) intern stärker zu strukturieren und kohärent aufzubauen, b) sie als abgegrenzten Teil innerhalb des Gesprächszusammenhangs deutlicher kenntlich zu machen sowie in den sie umgebenden Gesprächskontext angemessen einzupassen und c) die Erzählstruktur sowie das Narrationsspezifische nicht nur stimmlich und gestisch, sondern immer stärker explizit sprachlich-formal zu markieren (vgl. auch Quasthoff, 2009, Stude, 2015, s. auch Kap. 3.2).

Hieran anknüpfend möchten wir ebenfalls die Frage stellen, welche diesbezüglichen Entwicklungstrends beim Übergang zum schriftlichen Erzählen zu erwarten sind. Beispiel 1 hat gezeigt, dass für Erlebniserzählungen im Vorschulalter typisch ist, dass Kinder, sofern sie einen Planbruch realisieren, ihre Geschichte im Anschluss an diesen nicht selten abrupt abbrechen („ending-at-the-highpoint", McCabe & Rollins, 1994) und erst eine Auflösung anbieten, nachdem der Erwachsene eine solche erfragt hat. Im Schriftlichen bereitet es Kindern mitunter noch bis in die dritte Klassenstufe hinein größere Schwierigkeiten, Erlebniserzählungen überhaupt um einen Planbruch herum zu strukturieren. So bleiben die meisten ihrer schriftlichen Produktionen linear strukturiert, neutral in der emotionalen Qualifizierung und vorrangig durch das Element der Aufzählung getragen, wie auch das nachfolgende Beispiel 2 einer Schreibaufgabe aus dem dritten Schuljahr zeigt. Bei der Erzählform der Erlebniserzählung macht sich der Wegfall interaktiver Unterstützung also deutlich und im Vergleich etwa zur Fantasieerzählung, bei der Kinder auch aus literarischen Rezeptionserfahrungen schöpfen können und entsprechend höhere Strukturierungsleistungen zeigen, stärker bemerkbar.

Beispiel 2 (entnommen aus: Quasthoff et al., in Vorb.)
1. Letzte Jahr war ich krank.
2. ich hatte Fieber zu Hause. da wollte ich
3. nur schlafen. Und am nechsten morg en
4. hatte meine Mama Fieber. Und
5. am nesten Tag hatte mein Papa Fi eber.
6. Und am nechsten Tag hatte mein
7. bruder Fieber. Und am nesten
8. Tag hatte meine schwester Fieb er.
9. am nesten Tag ging allen
10. gut.

3 Überprüfung der interaktiven Erzählfähigkeiten mit DO-BINE SUM

Das Dortmunder Beobachtungsinstrument zur Interaktions- und Narrationsentwicklung für Kinder mit Spracherwerbsstörungen (SES) und mehrsprachige Kinder, DO-BINE SUM, ist eine Weiterentwicklung der ursprünglichen Version, DO-BINE (Quasthoff et al., 2011).
Zielsetzung von DO-BINE SUM ist die Überprüfung der Erzählfähigkeiten von Kindern mit und ohne sprachliche Auffälligkeiten, um daran anschließend eine gezielte und systematische Erzählförderung planen und durchführen zu können (s. Kap. 4).
Die Durchführung der Überprüfung erfolgt zweischrittig:
1. Erzählanlass ist ein standardisiertes reales Stuhlkreisereignis, das die überprüfende Fachperson mit den zu überprüfenden Kindern durchführt und
2. eine standardisierte Erzählinteraktion, die eine weitere Fachperson mit jedem zu überprüfenden Kind einzeln durchführt.
Die Auswertung erfolgt auf der Grundlage des interaktionsorientierten Ansatzes nach Hausendorf & Quasthoff (1996) und des Kompetenzmodells von Quasthoff

(2006) entlang der drei Dimensionen: globalstrukturelle Dimension, globalsemantische Dimension und globalformale Dimension (s. Kap. 1).

3.1 Durchführung

Erzählanlass ist eine standardisierte Stuhlkreissituation, wie sie bereits bei DO-BINE eingesetzt wird (Quasthoff et al., 2011). Die überprüfende Fachperson inszeniert ein Spiel mit einer Schale mit Erbsen, in der ein Schatz versteckt ist. Sie demonstriert den Kindern, das Spiel und lässt dabei scheinbar versehentlich Erbsen aus der Schüssel fallen. Die Kinder werden aufgefordert, beim Aufsammeln der Erbsen zu helfen. Anschließend kommt eine zweite Fachperson in den Raum und stellt für die Kinder Kekse auf dem Stuhl der ersten Fachperson bereit. Als die erste Fachperson mit dem Spiel mit den Erbsen fortfahren möchte, setzt sie sich auf ihren Stuhl und damit versehentlich auf den Teller mit den Keksen. Da die Kekse mit Folie abgedeckt waren, können sie anschließend aber noch von allen gegessen werden.

Dieses selbsterlebte Ereignis ermöglicht es den Kindern im Gegensatz zu anderen Erzählanlässen einen emotionalen Bezug zu dem Geschehen herzustellen, Handlungsverläufe direkt zu beobachten und teilweise mitzugestalten und damit das Erlebnis als Teil ihrer eigenen Alltagswelt zu erfahren. Erzählform ist damit eine Erlebniserzählung als Teil des alltäglichen Erzählens wie es mit Kindern im schulischen und privaten Kontext tagtäglich gefordert und gemeinsam gestaltet wird (Erzählen in Morgenkreisen, Erzählen in der Familie oder mit Freunden beim Spielen).

Die Durchführung der Erzählinteraktion und die Auswertung wurden in der Weiterentwicklung in DO-BINE SUM unter Berücksichtigung der sprachlichen Barrieren von Kindern mit SES und mehrsprachigen Kindern verändert.

In der Erzählinteraktion wird diese Weiterentwicklung daran deutlich, dass die Zuhörerfragen und –Aufforderungen erweitert wurden, so dass noch differenzierter erfasst werden kann, auf welche Arten von Fragen die überprüften Kinder in welchem Umfang antworten können.

3.2 Auswertung

Die veränderten Bedingungen der Durchführung der Erzählinteraktion ziehen natürlich auch Veränderungen in der Auswertung nach sich. Je nachdem wie anspruchsvoll die Frage der zuhörenden Fachperson in der Beantwortung ist (s. Kap. 2), kann das Kind mehr oder weniger Punkte erreichen (globalstrukturelle Dimension).

Des Weiteren werden in der Auswertung die Anzahl der für das Verständnis über die beiden Vorfälle wesentlichen Informationen (globalsemantische Dimension) und sprachliche Mittel und Formen zur Gliederung der Erzählung und Verbindung der Informationen mitberücksichtigt (globalformale Dimension).

3.3 Testgüte

Wie bei der Ursprungsversion von DO-BINE sind wir auch bei DO-BINE SUM bemüht, die wissenschaftliche Qualität des Verfahrens nachzuweisen (für Hinweise auf die Qualität von DOBINE vgl. Quasthoff et al., 2011; Lengning, Katz-Bernstein, Schröder, Stude & Quasthoff, 2012). Die Durchführungsobjektivität wird durch genaue Anweisungen und festgelegte Regeln gewährleistet. Eine erste Überprüfung der Reliabilität und Validität fand anhand einer Stichrobe mit etwa 200 Grundschulkindern mit und ohne sonderpädagogischen Unterstützungsbedarf statt (Schröder in Vorb.). Bezüglich der Interrater-Reliabilität können erste Befunde als zufrieden stellend interpretiert werden. Ähnliches gilt für die ermittelte interne Konsistenz der Skalen. Darüber hinaus konnten bedeutsame Unterschiede zwischen Kindern mit und ohne SES in sprachrelevanten Leistungen auf den Skalen von DOBINE-SUM ermittelt werden, was als Hinweis auf die Validität des Verfahrens gewertet werden kann. Weitere Berechnungen und Untersuchungen zur Überprüfung der Gütekriterien von DO-BINE SUM sind jedoch notwendig (vgl. hierzu Schröder, in Vorb.). Fernziel unserer Untersuchungen ist eine Normierung für DO-BINE SUM.

4 Förderung der interaktiven Erzählfähigkeiten mit DO-FINE

4.1 Das Dortmunder Förderkonzept zur Interaktions- und Narrationsentwicklung (Do-FINE)

Das Dortmunder Förderkonzept zur Interaktions- und Narrationsentwicklung, DO-FINE, basiert auf der interaktiven Perspektive nach Quasthoff (s. Kap. 1) und damit den vorgestellten drei Facetten der Diskurskompetenz.

Das Vorgehen in der Förderung ist in allen Förderangeboten bestimmt durch einen interaktiven Austausch zwischen der Fachperson und den Kindern in der Fördergruppe. Die Fachperson bietet den Kindern durch Fragen und Impulse Unterstützungen, um deren Kompetenzen in den jeweiligen Förderangeboten approximal aufzubauen (s. Kap. 2). Während des Erzählprozesses (Förderangebot 7) sind Fragen und Impulse der Fachperson, in der Rolle des Zuhörenden, an den Kompetenzen des erzählenden Kindes orientiert und dienen der Sicherstellung des erfolgreichen Erzählablaufs (globalstrukturelle Kompetenzen), der Nennung der relevanten Informationen (globalsemantisch) sowie der Sicherung des Hörverständnisses, also mithilfe welcher sprachlicher Formen erzählt werden muss, damit der Zuhörer die Geschichte versteht (globalformal).

Die Ausgangsbasis für die Förderung ist eine gezielte systematische Beobachtung der interaktiven Erzählfähigkeiten mit DO-BINE (s. Schröder & Lengning in diesem Band).

Dieser Förderansatz verfolgt neuere Rollentheorien zur Symbol- und Sprachentwicklung, für die die Interaktion zwischen Erwachsenem und Kind, die aktive Mitgestaltung
der Kinder und der Selbstbezug des Kindes als Grundlage dienen (Wygotsky, Tomasello, Nelson, Pellegrini, Quasthoff et al.)

4.2 Förderangebote und praktische Umsetzung

DO-FINE umfasst insgesamt 9 Förderangebote, wobei Schwerpunkte für die Auswahl der Förderangebote je nach Förderziel der Fördergruppe gesetzt werden können (s. hierzu Schröder, Katz-Bernstein, & Quasthoff, 2014). Nachstehende Tabelle fasst die Förderangebote von DO-FINE und Vorschläge für die Schwerpunktsetzung in den verschiedenen Klassenstufen zusammen.

Tab. 1: Förderangebote und Schwerpunktsetzung in den Klassenstufen 1 bis 4

Förderangebote	Klassenstufen 1 und 2	Klassenstufe 3	Klassenstufe 4
1. Ko-Konstruktion eines Kontextes	X		
2. Entwicklung einer Handlung	X		
3. Etablierung von „Planbruch" und „Auflösung"	X		
4. Einführung des „Beobachters" (Erster Schritt zur Loslösung vom Kontext)	X	X	
5. Modellhaftes Erzählen der Fachperson	X	X	
6. Erarbeiten der Erzählstruktur (Einsatz von Erzählwichten)		X	X
7. Kinder erzählen – Kontextunabhängige Erzählinteraktion		X	X
8. Dokumentation	X	X	X
9. Metasprachliche Reflexion („Sprechen über die Geschichte")			X

Im Rahmen einer Abschlussarbeit wurde das Förderkonzept in einer Förderschule Sprache mit vier Schülerinnen und Schülern aus dem ersten Schulbesuchsjahr durchgeführt. Diese praktische Erprobung umfasste die Förderangebote 1-5 und das Förderangebot 8 (Dokumentation). Zur besseren Veranschaulichung aller Förderangebote wird das Thema „Bauernhof" aber auch auf die Förderangebote 6, 7 und 9 übertragen (s. hierzu Polke, 2014).

4.2.1 Ko-Konstruktion des Kontextes
Die Erarbeitung eines Kontextes dient der Erweiterung des Nomen-Wortschatzes. Beispiel „Bauernhof":

Tiere, Menschen und Gerätschaften des Bauernhofs werden gemeinsam erarbeitet (Playmobil). Außerdem wird der Stall aus einem Umzugskarton hergestellt.

4.2.2 Entwicklung einer Handlung
Der benötigte Verbwortschatz wird durch das Ausagieren von Handlungen in den Rollen der besprochenen Akteure (s. 1. Förderangebot) erarbeitet. Außerdem verhilft die Übernahme verschiedener Rollen zu einem Perspektivenwechsel.
Beispiel „Bauernhof":
Während des Spiels werden alltägliche Handlungen auf dem Bauernhof erarbeitet. *Der Bauer steht morgens auf, weckt die Tiere und füttert sie. Typische Handlungen der Tiere werden ausagiert.*

4.2.3 Etablierung von Planbruch und Auflösung
Durch die Entwicklung von Ideen zu „Planbruch" und der „Auflösung" werden die relevanten Strukturelemente einer Erzählung handelnd aufgebaut. Da der Planbruch durch die Abweichung von alltäglichen Abläufen kennzeichnet ist, lässt dieser eine Geschichte erst erzählenswert werden. Unterstützt wird diese Erkenntnis durch das Erarbeiten einer emotionalen Qualifizierung (Tiere sind traurig/ froh).
Beispiel „Bauernhof":
Es werden gemeinsam Ideen für Planbrüche gesammelt. Die Gruppe einigt sich auf einen Planbruch, welcher anschließend in verteilten Rollen gespielt wird:
Der Bauer möchte die Tiere füttern, doch der Strohbehälter ist leer ... Die Kuh kommt auf die Idee, dass alle Tiere stattdessen Gras fressen können.

4.2.4 Einführung des Beobachters
Die Lehrperson übernimmt die Rolle eines unbeteiligten Zuhörers. Das Spielgeschehen wird aus der Rolle eines Beobachters modellhaft versprachlicht. Durch drei Zäsuren nach Setting, Planbruch und Auflösung veranschaulicht die Fachperson die Struktur der Erzählung.
Beispiel „Bauernhof":
Der Hofhund gespielt durch die Fachperson beobachtet von seiner Hütte aus das Geschehen auf dem Bauernhof. Sobald er etwas sagen will, klingelt er mit seinem Halsband und das Geschehen auf dem Bauernhof „friert ein".

4.2.5 Modellhaftes Erzählen der Fachperson
Es wird ein uninformierter Zuhörer eingeführt. Dadurch wird die Notwendigkeit zur Erzählung einer kohärenten Geschichte geschaffen und modellhaft durch die Fachperson realisiert.
Beispiel „Bauernhof":
Die Katze des Bauern war beim Tierarzt und möchte nun vom Hofhund erfahren, was währenddessen Besonderes auf dem Bauernhof passiert ist.

Die Fachperson spielt wieder den Hofhund und erzählt der Katze modellhaft die Geschichte.

4.2.6 Erarbeiten der Erzählstruktur
Die Struktur einer Erzählung soll durch die Personifikation von drei „Erzählwichten" veranschaulicht werden. Die Wichte interessieren sich jeweils nur für einen Teil der Geschichte Setting, Planbruch, Auflösung. Jeder der Wichte stellt eine spezielle Frage, die seinen Geschichtenteil repräsentiert.
Beispiel „Bauernhof":
Ori (Setting), Bruni (Planbruch) und Alois (Auflösung) kommen aus dem Erzählland und wollen von der Bauernhof-Geschichte erfahren. Die Fachperson spielt die Wichte und stellt unterstützende Fragen. Die Kinder erzählen diesem den für ihn wichtigen Teil der Geschichte.

4.2.7 Kinder erzählen
Ohne die Unterstützung der Wichte erzählt immer ein Kind die komplette Geschichte möglichst selbständig einem uninformierten Zuhörer (Fachperson). Die Fachperson gibt bei Bedarf Hilfestellungen durch Fragen oder Impulse.
Beispiel „Bauernhof":
Die Bäuerin möchte abends von dem Bauern wissen, wie der Tag auf dem Bauernhof war. Die Kinder schlüpfen in die Rolle des Bauern und erzählen der Fachperson in der Rolle der Bäuerin von dem Erlebnis auf dem Bauernhof.

4.2.8 Dokumentation
Die Dokumentation der Förderung kann z. B. durch Fotos, Zeichnungen oder Wortkarten erstellt werden. Diese können dann mit nach Hause genommen werden und auch dort einen Erzählanlass bieten.
Beispiel „Bauernhof":
Gemeinsam werden die Fotos aus den Säckchen der Wichte in die persönlichen Erzählbücher eingeklebt. Zu dem Planbruch und der Auflösung wird eine Zeichnung angefertigt. Die Fachperson schreibt einzelne relevante Informationen der Geschichte für schwächere SchülerInnen auf. Allerdings bleibt es auch hierbei erforderlich, dass das Kind erzählt.
Der Weg in die Verschriftlichung ist kohärent angebahnt.

4.2.9 Metareflexion
Die Erzählstruktur wird durch Symbole veranschaulicht, damit im Folgenden eine metasprachliche Reflexion drüber stattfinden kann.
Beispiel „Bauernhof":

Gemeinsam wird ein Plakat erstellt. Das Plakat zeigt Symbole für die drei Erzählwichte und deren Fragestellungen. Zusätzlich werden z. B. die Fotos der Geschichte auf das Plakat geklebt.

5 Ausblick

Durch die gemeinsame linguistische und erwerbstheoretische Basis sind das Beobachtungsinstrument DO-BINE und der Förderansatz DO-FINE konsequent aufeinander bezogen.
Beide wurden bereits in mehreren Forschungsprojekten erprobt und sukzessive überarbeitet und erweitert.
Ein Therapie-Konzept zur sprachtherapeutischen Begleitung (DO-TINE), in dem die Vorläuferkompetenzen der Erzählkompetenz je nach Förderbedarf aufgebaut werden, befindet sich in der Erprobung.

Literatur

Becker, T. (2005). The role of narrative interaction in narrative development. In T. Becker & U. M. Quasthoff (Hrsg.), *Narrative Interaction* (S. 93-111). Amsterdam: John Benjamins.
Bergmann, J., & Luckmann, T. (1995). Reconstructive Genres of Everyday Communication. In U. M. Quasthoff (Hrsg.), *Aspects of Oral Communication* (S. 289-304). Berlin/New York: De Gruyter.
Boueke, D., Schülein, F., Büscher, H., Terhorst, E., & Wolf, D. (1995). *Wie Kinder erzählen. Untersuchungen zur Erzähltheorie und zur Entwicklung narrativer Fähigkeiten.* München: Wilhelm Fink.
Hausendorf, H., & Quasthoff, U. M. (1996). *Sprachentwicklung und Interaktion: Eine linguistische Studie zum Erwerb von Diskursfähigkeiten bei Kindern.* Wiesbaden: Westdeutscher Verlag. (Neuauflage: Verlag für Gesprächsforschung: http://www.verlag-gespraechsforschung.de/2005/quasthoff.htm)
Hausendorf, H., & Quasthoff, U. M. (2005). Konversations-/Diskursanalyse: (Sprach-)Entwicklung durch Interaktion. In G. Mey (Hrsg.), *Qualitative Forschung in der Entwicklungspsychologie* (S. 585–618). Köln: Kölner Studien Verlag.
Lengning, A., Katz-Bernstein, N., Schröder, A., Stude, J., & Quasthoff, U. M. (2012). Das Dortmunder Beobachtungsinstrument zur Interaktion und Narrationsentwicklung (DO-BINE). *Frühe Bildung, 1* (3), 131-136.
McCabe, A., & Rollins, P. R. (1994). Assessment of Preschool Narrative Skills. *American Journal of Speech-Language Pathology, 3,* 45-56.

Polke, L. (2014). *Förderung der interaktiven Erzählfähigkeit mit DO-FINE. Analyse des Rollenspiels im Hinblick auf den Aufbau eines Skriptwissens und den Zusammenhang mit globalsemantischen Fähigkeiten.* (Nicht veröffentlichte Bachelorarbeit). Technische Universität Dortmund, Deutschland.

Quasthoff, U. (2006). Erzählkompetenz zwischen Mündlichkeit und Schriftlichkeit. *Zeitschrift Grundschule, 12,* 32-33.

Quasthoff, U. M. (2009). Entwicklung der mündlichen Kommunikationskompetenz. In M. Becker-Mrotzek (Hrsg.), *Mündliche Kommunikation und Gesprächsdidaktik* (S. 84–101). Baltmannsweiler: Schneider.

Quasthoff, U. (2011). Diskurs- und Textfähigkeiten: Kulturelle Ressourcen ihres Erwerbs. In L. Hoffmann, K. Leimbrink & U. Quasthoff (Hrsg.), *Die Matrix der menschlichen Entwicklung* (S. 210-251). Berlin: De Gruyter.

Quasthoff, U. M., Ohlhus, S., & Stude, J. (2009). Der Erwerb von Textproduktionskompetenz im Grundschulalter: Ressourcen aus der Mündlichkeit und ihre unterschiedliche Nutzung. *Zeitschrift für Grundschulforschung. Bildung im Elementar- und Primarbereich (ZfG), 2,* 56-68.

Quasthoff, U., Fried, L., Katz-Bernstein, N., Lengning, A., Schröder, A., & Stude, J. (2011). *(Vor)Schulkinder erzählen im Gespräch: Kompetenzunterschiede systematisch erkennen und fördern. Das Dortmunder Beobachtungsinstrument zur Interaktions- und Narrationsentwicklung.* Hohengehren: Schneider.

Quasthoff, U., & Ohlhus, S. (eingereicht). Mündliches Erzählen. In M. Martínez (Hrsg.), *Handbuch Erzählen.* Stuttgart: Metzler.

Quasthoff, U. M., Kern, F., Ohlhus, S., & Stude, J. (in Vorb.). *Diskurserwerb und Textentwicklung: Praktiken – Fähigkeiten – Erwerbsmechanismen.*

Schröder, A., Katz-Bernstein, N., & Quasthoff, U. (2014). Erzählen: Ein „Spiel für Kinder" aber kein Kinderspiel. *Praxis Sprache, 4.14,* 229-238.

Stude, J. (2015). Kindlicher Erzählerwerb – Was wir schon wissen und was noch fehlt. *Mitteilungen des Deutschen Germanistenverbandes, 62* (3), 255-265.

Wilma Schönauer-Schneider, Karin Reber

Quietsch, Quatsch, Matsch: Prototypische Unterrichtskontexte zur Förderung von Sprachkompetenz

1 Prototypische Unterrichtskontexte

Kinder mit Lernbarrieren in den Bereichen Sprache, Kommunikation bzw. Schriftsprache benötigen im Unterricht spezifische Förder- und Interventionsmaßnahmen, um langfristig teilhaben zu können. Gerade ausgehend vom Fach Deutsch oder Sachunterricht bieten sich in vielen Kontexten sowohl produktiv als auch rezeptiv zahlreiche, oftmals fächerübergreifende Möglichkeiten, spezifische Sprachstrukturen zu erwerben und anzuwenden. Manche Unterrichtskontexte sind dabei besonders geeignet und somit *prototypisch*.

Ein in den 90er Jahren sehr intensiv bearbeiteter (Meixner, 1993, Holzacker, 1994), aber aktuell seltener thematisierter *prototypischer Unterrichtskontext* ist Musik. Neuere Ideen zur Umsetzung im Unterricht finden sich z. B. in Berg (2008) sowie vermehrt in der österreichischen Sprachheilpädagogik (vgl. Kongressbände der ÖGS der letzten Jahre). Dieser Kontext bietet vielfache Möglichkeiten, sprachheilpädagogische Fördermaßnahmen zu integrieren, und soll daher im vorliegenden Beitrag (ab Abschnitt 3) intensiver beleuchtet werden. Die *Motivation* für sprachheilpädagogischen Musikunterricht ist zweifach gegeben: Zum einen werden in Studien Einflüsse von Musik auf Sprache diskutiert (u. a. Sallat, 2006, 2011), zum anderen ist Musik Unterrichtsfach in allen Bildungsplänen und kann daher genauso wie andere Fächer, vielleicht sogar noch besser im Sinne eines sprachheilpädagogischen Unterrichts (Reber & Schönauer-Schneider, 2014) für die Einbettung sprachheilpädagogischer Fördermaßnahmen genutzt werden. Idealerweise sollte Unterricht dabei fächerübergreifend geplant werden (vgl. Abschnitt 2).

2 Fächerübergreifende Unterrichtsplanung

Werden prototypische Kontexte mit anderen Fächern verknüpft, so bieten sich differenzierte und spezifische Möglichkeiten, eine sprachliche Kompetenz vielfältig und hochfrequent zu fördern. Ausgangspunkt für die *fächerübergreifende Planung* sind meist Themen aus dem Bereich Deutsch (z. B. Laut/Buchstabe, Lektüre) oder Sachunterricht (z. B. Wald) (s. Tab. 1) bzw. unter sprachheilpädagogischen Gesichtspunkten die jeweiligen Förderbedarfe der Kinder, die musikalische Ansatzpunkte liefern.

Auch übergreifende Bildungsziele oder Kompetenzen können fächerübergreifend umgesetzt werden (z. B. Präsentieren vor der Gruppe im Sinne einer Aufführung, Medienkompetenz z. B. durch das Hören und Erstellen eigener Aufnahmen mit einem Tablet).

Tab. 1: Musikalische Anknüpfungspunkte für fächerübergreifenden Unterricht – Beispielideen

Leitfach (Bsp.)	Anknüpfungspunkte in Musik (Bsp.)	Förderaspekte (Bsp.)
Deutsch: Buchstabeneinführung „sch"	Stimmbildung: Klangimprovisationen zum Laut im Rahmen der Übungen zur Atmung Orff-Instrumente: Klangähnliche Instrumente einsetzen, z. B. Cabasa	Geräuschebene
	Sprechverse zum Laut, z. B. „So ein Matsch" Lieder, in denen der Laut besonders häufig vorkommt, z. B. „Sch, sch, sch, die Eisenbahn"	Sprechrhythmus Lautbildung
Sachunterricht: Wald	Waldgeräusche, Wald-Klangspiel mit Orff-Instrumenten: Klangimprovisation	Geräuschebene
	Musikinstrumente selbst bauen aus Wald-Materialien	Wortschatz Wald
	Musik hören: Peter und der Wolf (erzählende Musik)	Wortschatz Wald, Instrumente; Grammatik

3 Musik als prototypischer, sprachheilpädagogischer Unterrichtskontext

In vielen Bildungsplänen werden für den Musikunterricht u. a. folgende exemplarische Kompetenzen gefordert, die für Kinder mit sprachlich-kommunikativem Förderbedarf rezeptive und produktive Hürden bedeuten (u. a. Sallat, 2006, 2011):
- Differenziertes Hören und Verarbeiten musikalischer Parameter
- Verstehen und Anwenden eines differenzierten Fachwortschatzes
- Deutliche Artikulation und gezielter Stimmeinsatz
- Produzieren von Rhythmen
- Korrekte Wiedergabe von Liedern in Melodie, Kontur und Rhythmus
- Verstehen von Liedtexten und deren auswendige Wiedergabe
- Versprachlichen von musikalischen Eindrücken

Einerseits müssen diese Hürden gezielt abgebaut werden (u. a. Verständnissicherung bei Liedtexten, Wortschatzaufbau und -elaboration, Hilfen beim Versprachlichen), andererseits bietet der Musikunterricht die Möglichkeit einer gezielten Sprachförderung durch die Verbindung von Musik, Sprache und Bewegung (Sallat, 2011). Elemente der rhythmisch-musikalischen Förderung (vgl. z. B. „sprachheilpädagogische Rhythmik" u. a. Meixner, 1993) sind schon lange fester Bestandteil der schulischen Sprachheilpädagogik: Sie können die Sprachförderung unterstützen und zur Übungsvielfalt beitragen. Im Folgenden werden deshalb für die prototypischen Bereiche „Musik machen" und „Musik hören und verstehen" Möglichkeiten jeweils an einem Beispiel aufgezeigt.

4 Musik machen – Schwerpunkt Aussprache/Stimme

Im Bereich „Musik machen" sind v.a. die Bereiche *Singen* und *rhythmisches Musizieren* sprachheilpädagogisch prototypisch, da hier die Stimme zugleich Sprach- und Musikinstrument darstellt und Lieder bzw. Reime per se zum Wiederholen und Sichern einladen. Meist werden Lieder und Sprechverse passend zu einem Leitfach ausgewählt (s. oben). Haben die Kinder in einer Buchstabeneinführung z. B. „sch" als Graphem kennengelernt und den Laut gegebenenfalls auf Lautebene erworben, so bietet sich im Musikunterricht der rhythmische *Sprechvers „So ein Matsch"* (Gampe, 2000, s. Abb. 1) zur Sicherung des „sch" auf Silben- und Wortebene an. Ein kontinuierliches Ostinato mit „quietsch – quatsch" als Begleitung bzw. das häufige Wort „Matsch" im Refrain dienen der Sicherung des /sch/ auf Silben- und einfacher Wortebene. In den einzelnen Strophen sind zusätzlich komplexere Wörter mit /sch/ für die Stabilisierung vorhanden (z. B. Schlitten, Schneemann).

Abb. 1: So ein Matsch

© Cornelia Gampe (Abdruck mit freundlicher Genehmigung von Cornelia Gampe, veröffentlicht in: Gampe, 2000)

Allgemein gilt es bei der Erarbeitung eines Liedes oder eines Sprechverses darauf zu achten, Text, Melodie und Rhythmus nicht auf einmal zu erarbeiten (Maras & Ametsbichler, 2014), sondern erst einmal getrennt voneinander zu thematisieren. Aus sprachheilpädagogischer Sicht sollte man dabei folgende Aspekte im Blick haben:
- *Text*: Begriffe und schwierige Satzstrukturen klären, Text abschnittsweise üben und sprechen, Hilfen zum Abruf nutzen (z. B. Satzstarter, Piktogramme, Körpergesten, Bewegungen), schrittweise zusammensetzen, evtl. mit dem Refrain beginnen, neue Strophen erst, wenn alte beherrscht werden;
- *Melodie*: abschnittsweise üben, visualisieren durch Dirigiergesten (z. B. hohe Töne), zunächst auf einfache und verschiedene Silben singen (z. B. „la"), mit musikalischen Parametern spielen (laut – leise, langsam – schnell) etc.;
- *Rhythmus*: Rhythmen langsam und abschnittsweise auflösen, mit Körperpercussion untermalen, im Wechsel hören und anwenden etc.;
- *Playback*: nur bedingt einsetzbar, da für Kinder mit Lernbarrieren im Bereich Sprache meist ein langsames Sprech- und Singtempo erwünscht ist.

Für die *didaktisch-methodische Erarbeitung* des oben vorgestellten Sprechverses (bzw. auch von Liedern) sind u. a. folgende Aspekte bei Kindern mit sprachlichem Förderbedarf hilfreich, nach dem Grundsatz „Zeit lassen und gründlich arbeiten" (Ernst, 2009):
- Gezielte *Stimmbildung* (z. B. als spannende Stimmbildungsgeschichten wie „Spaziergang": Bienen summen (ssss – Randschwingung), Zug fährt vorbei (f-sch, f-sch), (u. a. Arnold-Joppich, 2015);
- Arbeit mit *Sprechspielen und Lautmalereien* (Sprechen wie eine Hexe, ein Zauberer, eine Fee, ein Akrobat, ein Clown als stimmliche Variation);
- Einsatz *visueller Hilfen* als Verständnis- und Gedächtnisstütze (Visualisierungen durch Bild- und Wortkarten, s. Abb. 1);
- Einsatz von *Bewegungen* (z. B. textbegleitende Gesten und Gebärden);
- *Rhythmische Untermalung und Körperbewegungen* zur Musik (z. B. Stapfen im Matsch zu „quietsch – quatsch").

Bei der Einführung des Sprechverses können die Kinder zunächst nur in den Grundrhythmus „quietsch quatsch" durch Imitation (Vor- und Nachmachen) einsteigen. Gekoppelt mit stapfenden Bewegungen versucht die Lehrkraft die Kinder auf das gemeinsame rhythmische Grundmuster einzuspielen und achtet vor allem auf die korrekte Produktion des „sch". Als zweiten Schritt erwerben die Kinder den Refrain, der vielfältig wiederholt gesprochen wird (s. oben Arbeit mit Sprechspielen) und wiederum mit besonderer Beachtung des „sch". Erst allmählich werden die kurzen Strophen anhand der Bilder erarbeitet und mit häufigem Vor- und Nachsprechen gesichert bzw. im Tempo gesteigert. Sind große Leistungsunterschiede in einer Klasse vorhanden, so können schwächere Kinder nur beim Grundmuster bleiben, etwas Stärkere den Refrain und nur die leistungsstarken die Strophen sprechen.

5 Musik hören und verstehen - Schwerpunkt Wortschatz/Grammatik

Der Bereich „Musik hören und verstehen" eignet sich sehr gut für Wortschatz- und Grammatikförderung. Um Musik zu verstehen, genügt es nicht, sie einfach anzuhören (Brunner, 2015). Vielmehr ist es wichtig, den musikalischen Verständnisprozess durch weiterführende Umsetzungen zu unterstützen und Kinder vom Hören zum Verstehen zu begleiten. Dazu sind folgende musikalische Verständniszugänge denkbar (s. Tab. 2; vgl. auch Brunner, 2015; Fuchs & Brunner, 2015):

Tab. 2: Überblick über nonverbale und verbale musikalische Verständniszugänge beim Hören und Verstehen von Musik (vgl. auch Brunner, 2015; Fuchs & Brunner, 2015)

Nonverbale musikalische Verständniszugänge	Verbale musikalische Verständniszugänge
Umsetzung in Emotion (Einfühlen in die Musik) Umsetzung in Mimik und Gestik Umsetzung in Pantomime Umsetzung in Bewegung bzw. Tanz Umsetzung in musikalische Produktion: Körperinstrumente oder sonstige Musikinstrumente Umsetzung in szenische Darstellung Umsetzung in künstlerische Produkte: Malen und plastisches Gestalten zur Musik	Freie oder gebundene Assoziationen zur Musik: über assoziierte Vorstellungsbilder, über assoziierte Emotionen, ... Phonatorische Äußerungen: z. B. lachen, stöhnen, pfeifen, ... Umsetzung in musikalische Produktion: Stimme (Sprechen oder Singen) Sprechen über Musik: Versprachlichen und Begründen von Höreindrücken

Prinzipiell ist es gerade für Kinder mit Lernbarrieren im Bereich Sprache von Vorteil, mehrere Verständniszugänge zu verknüpfen, wobei das Versprachlichen von Höreindrücken eine besondere Bedeutung hat. Zentrales Vorwissen zu jeglichem Musikhören ist es, die musikalischen *Klangqualitäten* (z. B. laut – leise, hoch – tief, d.h. sprachlich handelt es sich um Adjektiv-Gegensätze) erkennen und beschreiben zu können. Die Klangqualitäten gilt es vielfältig zu sichern (z. B. in Bewegungen, Klanggesten, Graphiken umsetzen).

Insgesamt sollten musikalische Fachbegriffe (z. B. Klangqualitäten, aber auch Begriffe wie Instrument, Komponist, Cabasa, Akkordeon) kontinuierlich angewendet und vielfältig elaboriert werden (z. B. Bedeutung klären, Silbenklatschen, Chorsprechen, vgl. Reber & Schönauer-Schneider, 2014). Wichtig für mehrsprachige Kinder ist es, Nomen stets mit Artikeln zu präsentieren sowie auf Lernplakaten als Wortschatzspeicher dauerhaft zur Verfügung zu stellen (s. Abb. 2).

Abb. 2: Lernplakat zum Wortschatz im musikalischen Märchen „Peter und der Wolf", umgesetzt mit Hilfe des Bilderbuchs nach Loriot & Müller, 2002

Derartige *Wortschatzspeicher-Lernplakate* eignen sich, um Instrumente zu wiederholen (z. B. Zielstrukturen Nominativ – Akkusativ: „Der Vogel ist die Flöte" oder „Die Flöte spielt den Vogel") oder die Handlung nachzuerzählen (z. B. Inversion bzw. Perfekt: „Zuerst hat Peter, dann ..."). Zu Beginn einer Musikstunde könnte man sich beim Anhören eines längeren Werkes wie „Peter und der Wolf" zudem anhand eines Tafelgemäldes überlegen, wer sich gerade wo befindet, d.h. die Kulisse und die Handlungsträger z. B. mit Präpositionalphrasen beschreiben (z. B. „Der Großvater ist im Haus. Peter ist am Baum.", s. Abb. 3).

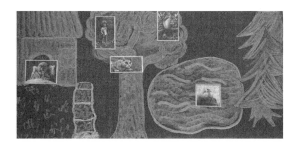

Abb. 3: Erzählsetting vor dem Weiterhören der Geschichte (Bilderbuch Loriot & Müller, 2002) wiederholen (Präpositionalphrasen mit Dativ): Der Großvater ist im Haus. Peter ist ...

Zentral im Bereich Werkhören ist der *Umgang mit Hörbeispielen*. Für die Auswahl, Präsentation und Bearbeitung sind folgende Gesichtspunkte zu beachten (s. Tab. 3):

Tab. 3: Kriterien zur Auswahl, Präsentation und Einbindung von Hörbeispielen im Unterricht

Auswahl	Präsentation	Bearbeitung
▪ Eher kurze Ausschnitte wählen ▪ Klar strukturierte Ausschnitte (Rhythmus, Melodieführung, ...) ▪ Prägnante Höreindrücke ermöglichen	▪ Präsentation in Kombination mit einem Hörauftrag ▪ Ritualisierung des Zuhörens ▪ L spricht nicht dazwischen ▪ Möglichst vollständiges Anhören des Beispiels, um den Höreindruck nicht zu verwischen ▪ Wiederholtes Anhören eines Beispiels ▪ Höraufträge bezüglich der Zielaspekte variieren (z. B. Klangfarbe, Tempo, Tonhöhe, ...)	▪ Kombination alternativer Verständniszugänge ▪ Subjektivität des Höreindrucks respektieren ▪ Zulassen von Emotionen

Die ausgewählten Hörbeispiele lassen sich dann grundsätzlich auf *zwei Arten einsetzen, wobei Wechsel Spannung in den Unterrichtsverlauf bringen*:
- *Nachfolgende Auseinandersetzung* mit dem Hörbeispiel: Zunächst wird die Musik gehört, idealerweise verbunden mit einem Hörauftrag, um sie dann auf eine der oben angesprochenen Weisen umzusetzen.
- *Antizipatorische Auseinandersetzung* mit dem Hörbeispiel: Zum anderen kann man das Hören vorbereiten, z. B. indem man mit Hilfe eines Bilderbuchs bereits die Handlung klärt und die Schüler daraufhin Klangerwartungen äußern. Nötige Vorerfahren sind dazu z. B. das Beschreiben von Klängen, Gefühlen und Stimmungen oder musikalischen Darstellungsmitteln.

Dabei helfen Impulse (Reber & Schönauer-Schneider 2014), Musik nicht nur passiv zu hören, sondern aktiv zu verarbeiten, zu beschreiben und zu verstehen:
- *Provokation mit mündlicher Präsentation der Zielstruktur*: falscher Inhalt mit richtiger Zielstruktur (z. B. „Peter ist im Teich").
- *Schriftliche Satzstarter*: z. B. als Sprechblase mit „Ich vermute, dass ..."
- *Nonverbaler Impuls*: Schulterzucken mit Hochhalten der Bildkarten als Motivation für „Peter ist am Baum".
- *Musikalischer Impuls*: Melodie von Peter (Geige von CD) als Motivation für „Die Geige spielt den Peter".

Ausblick

Anhand der Bereiche „Musik machen" bzw. „Musik hören und verstehen" wurde exemplarisch gezeigt, welch vielfältige Möglichkeiten sich im Fach Musik für Kinder mit Lernbarrieren im Bereich Sprache eröffnen. Plant man den Musikunterricht projektartig bzw. in kleinen Epochen, bietet sich zudem die Gelegenheit, an musikalische Inhalte in anderen Fächern wie Deutsch (z. B. einen Lesetext zu „Peter und der

Wolf") oder Kunst (z. B. ein Matsch-Gemälde, Umgang mit Brauntönen, Herbst) anzuknüpfen. Es bleibt zu hoffen, dass musikalische Kompetenzen und Inhalte im aktuellen Bildungsstress (Leistungsorientierung, Schulleistungsstudien etc.) wieder mehr Achtung erhalten und wieder gezielter genutzt und erforscht werden.

Literatur

Arnold-Joppich, H. (2015). Umgang mit der Kinderstimme – „Stimm-Bildung". In M. Fuchs (Hrsg.), *Musikdidaktik Grundschule. Theoretische Grundlagen und Praxisvorschläge* (S. 106-119). Innsbruck, Esslingen, Bern-Belp: Helbling.

Berg, M. (2011). *Kontextoptimierung im Unterricht. Praxisbausteine für die Förderung grammatischer Fähigkeiten* (2. Aufl.). München: Reinhardt.

Brunner, G. (2015). Musik hören: Wahrnehmen, gliedern und reflektieren. In M. Fuchs (Hrsg.), *Musikdidaktik Grundschule. Theoretische Grundlagen und Praxisvorschläge* (S. 200-217). Innsbruck, Esslingen, Bern-Belp: Helbling.

Ernst, M. (2008). *Praxis Singen mit Kindern. Lieder vermitteln, begleiten, dirigieren.* Rum/Innsbruck, Esslingen: Helbling.

Fuchs, M., & Brunner, G. (2015). Handeln und begreifen: Aufbau musikalischer Fähigkeiten. In M. Fuchs (Hrsg.), *Musikdidaktik Grundschule. Theoretische Grundlagen und Praxisvorschläge* (S. 218-253). Innsbruck, Esslingen, Bern-Belp: Helbling.

Gampe, C. (2000). *Lieder zu Winter, Advent und Weihnachten. 1.-4. Schuljahr. Buch mit CD.* München: Oldenbourg.

Holzacker, I. (1994). Sprachheilpädagogische Rhythmik bei Artikulationsstörungen. In I. Frühwirth & F. Meixner (Hrsg.), *Sprache und Kommunikation* (S. 152-157). Wien: J & V Schulbuchverlag.

Loriot, S. P., & Müller, J. (2002). *Peter und der Wolf. Ein musikalisches Märchen von Serge Prokofieff* (7. Aufl.). Düsseldorf: Sauerländer Verlag.

Maras, R., & Ametsbichler, J. (2014). *Unterrichtsgestaltung in der Grundschule – ein Handbuch. Pädagogische und didaktische Grundlagen, methodische und praktische Anregungen, Strukturmodelle* (3. Aufl.). Donauwörth: Auer-Verlag.

Meixner, F. (1993). Sprachheilpädagogische Rhythmik. *Der Sprachheilpädagoge, 25* (2), 1-23.

Reber, K., & Schönauer-Schneider, W. (2014). *Bausteine sprachheilpädagogischen Unterrichts* (3. Aufl.). München: Ernst Reinhardt.

Sallat, S. (2006). Sprachentwicklungsgestört = Unmusikalisch? Musikalisch = Sprachbegabt? Musikalische Fähigkeiten im Fokus der Sprachentwicklung. In R. Bahr & C. Iven (Hrsg.), *Sprache Emotion Bewusstheit* (S. 130-139). Idstein: Schulz-Kirchner.

Sallat, S. (2011). Hilft Musik sprachentwicklungsgestörten Kindern? *Die Sprachheilarbeit, 56* (4), 186-193.

Interventionen bei sprachlichen und schriftsprachlichen Inhalten

Fokus: Semantik und Lexik

Kim Schick, Andreas Mayer, Martina Weitz

Unterrichtsintegrierte Förderung lexikalischer Fähigkeiten am Beispiel des Englischunterrichts

1 Einleitung

Lexikalische Defizite stellen ein häufiges Phänomen im Kontext spezifischer Spracherwerbsstörungen (SSES) dar. Van Weerdenburg et al. (2006, zit. Glück, 2011) zufolge werden bei 60 % der Kinder mit Spracherwerbsstörungen semantisch-lexikalische Beeinträchtigungen offensichtlich. In einer Untersuchung von Motsch/Marks (2015) schnitten sogar mehr als 90 % der untersuchten Drittklässler einer Sprachheilschule bei einer normierten Überprüfung des aktiven Wortschatzes im unterdurchschnittlichen Bereich ab.
In vielen Bundesländern werden Kinder bereits in der Primarstufe mit der ersten Fremdsprache konfrontiert. Bspw. ist Englisch in NRW bereits ab dem zweiten Halbjahr der ersten Klasse verbindliches Unterrichtsfach. Um das curricular vorgegebene Ziel, erfolgreich kommunizieren zu können, erreichen zu können, müssen sich die Kinder einen verlässlichen Mindestwortschatz aneignen, der verständlich ausgesprochen und intoniert wird (Bayerisches Staatsministerium für Bildung und Kultus, Wissenschaft und Kunst, 2014).
Es ist zu erwarten, dass spracherwerbsgestörte Kinder im Englischunterricht bei der Speicherung, dem Abruf und dem Verstehen der Wörter im Englischunterricht vor vergleichbaren Problemen stehen wie beim Wortschatzerwerb in der Muttersprache. Aus diesem Grund sollten sprachheilpädagogische Prinzipien der unterrichtsintegrierten lexikalischen Förderung auch in den frühen Fremdsprachenunterricht integriert werden.

2 Begriffsklärung

Dem folgenden Beitrag wird der Begriff der „lexikalischen Störung" zugrunde gelegt um auszudrücken, dass auf Probleme mit dem Erwerb und dem Abruf von Bedeutungen und Formen auf *Wort*ebene referiert wird, während die Semantik allgemein als Lehre sprachlicher Bedeutungen auch die Satz- und Textebene umfasst. Zum anderen soll dadurch deutlich gemacht werden, dass auf dieser Ebene nicht nur die

Wortbedeutung, sondern auch Wortformen, der Wortabruf und die Struktur lexikalischer Einträge berücksichtigt werden müssen (Ulrich, 2012).
Lexikalische Störungen werden Rothweiler (2001) zufolge als Störungen im Lexikoninventar (Wortschatz und Komposition des Wortschatzes), im semantischen Lexikon (Bedeutungsaufbau und Bedeutungsbeziehungen) und im Wortformlexikon (phonologische Repräsentation) sowie als lexikalische Zugriffstörungen (Wortfindung, Wortabruf und Worterkennung) definiert. Entsprechend können bei lexikalischen Störungen unterschiedliche Störungsschwerpunkte differenziert werden.

3 Störungsschwerpunkte

Lexikalische Störungen lassen sich zunächst in quantitative und qualitative Defizite differenzieren (Rupp, 2008, Kauschke & Rothweiler, 2007, Ulrich, 2012). Bei einem quantitativen Defizit handelt es sich um den Zustand eines eingeschränkten Wortschatzes. Dem Kind ist es im Laufe seiner Entwicklung noch nicht gelungen, eine ausreichende Anzahl an Wörtern im mentalen Lexikon abzuspeichern (Wortschatzarmut). Bei einem qualitativen Defizit steht dem Kind zwar eine mehr oder weniger ausreichende Anzahl an Einträgen zur Verfügung, jedoch sind die mentalen Repräsentationen von nicht ausreichend hoher Qualität. Von der geringen Speicherqualität können sowohl die Bedeutungs- als auch die Wortformebene betroffen sein. Auf Lemmaebene lässt sich das qualitative Defizit durch unzureichend differenzierte Einträge oder zu wenige Bedeutungsmerkmale, die mit der Wortform abgespeichert sind, charakterisieren. Auf Lexemebene haben betroffene Kinder lediglich eine diffuse Repräsentation der Phonemfolge, der Silbenstruktur, des Akzents etc. abgespeichert.

Neben diesen Problematiken werden üblicherweise auch Abrufprobleme als eine mögliche Ausprägung lexikalischer Defizite angenommen. Diese Wortfindungsstörungen können als inkonstante Benennleistungen, einer auffälligen große Diskrepanz zwischen rezeptiven und produktiven Wortschatzfähigkeiten oder der Wirksamkeit semantischer oder phonologischer Hinweisreize beim Wortabruf offensichtlich werden.

Allerdings konnten Ulrich (2012) zufolge selektiv gestörte Abrufprozesse bei intakter Speicherqualität empirisch bislang nicht nachgewiesen werden. Aktuell herrscht eher dahingehend Konsens, dass lexikalisch gestörte Kinder Defizite im Bereich der Speicherung, Differenzierung und Elaboration der semantischen und der phonologischen Repräsentation lexikalischer Einträge haben (Speicherhypothese) und diese unzureichende Speicherqualität Schwierigkeiten beim Zugriff auf lexikalische Einträge hervorrufen.

4 Ziele und Prinzipien der unterrichtsintegrierten Förderung lexikalischer Fähigkeiten

So vielfältig wie die unterschiedlichen Störungsschwerpunkte auf lexikalischer Ebene sind, sind die verschiedenen Aufgaben und Ziele einer unterrichtsintegrierten Förderung. Aufgrund der potenziellen quantitativen lexikalischen Defizite stellt es ein Ziel der Wortschatzarbeit im schulischen Kontext dar, die Anzahl der Einträge im mentalen Lexikon zu erhöhen und damit den Wortschatz zu erweitern. Den Kindern werden Wörter für Dinge, Handlungen und Situationen zur Verfügung gestellt, die ihnen bekannt sind, für die ihnen aber noch keine Wörter zur Verfügung stehen. Zum anderen stellt es ein weiteres wesentliches Prinzip des Unterrichts dar, die Kinder mit neuen Dingen, Handlungen, Situationen und dem entsprechenden Wortschatz zu konfrontieren. Um die Speicherqualität auf semantisch-konzeptioneller Ebene zu erhöhen, müssen den Kindern möglichst viele Bedeutungsmerkmale zur Verfügung gestellt werden (semantische Elaboration). Je erfolgreicher dies gelingt, desto hochwertiger ist die Qualität der mentalen Repräsentation und desto besser vernetzt sind die Einträge untereinander. In diesem Zusammenhang darf aber nicht nur die Bedeutungsebene berücksichtigt werden, vielmehr müssen Maßnahmen integriert werden, die den Kindern helfen, eine möglichst hochwertige phonologische Form des Wortes abzuspeichern. Durch vielfältige akustische Durchgliederungen neuer Wörter kann die Aufmerksamkeit auf die Silbenstruktur, die phonemische Gliederung, die Morphembestandteile, aber auch die orthographische Wortform gelenkt werden (phonologische Elaboration). Aufgrund der Annahme, dass sich eine verbesserte Speicherqualität positiv auf den Wortabruf auswirkt, sollten die genannten Maßnahmen auch einen positiven Einfluss auf die Aktivierung lexikalischer Einträge haben. Darüber hinaus sollte aber auch bedacht werden, dass sich die hochfrequente Verwendung neuer Wörter durch die Kinder selbst am günstigsten auf den automatisierten Zugriff auswirken dürfte. Entsprechend müssen sich Lehrkräfte der anspruchsvollen Aufgabe stellen, Wörter nicht nur zu präsentieren, sondern auch die Kinder zu motivieren, neue Wörter hochfrequent zu produzieren.

Da es mit Hilfe der traditionellen semantischen und phonologischen Elaboration zwar möglich ist, lexikalisch gestörten Kindern einen eng umgrenzten exemplarischen Wortschatz zu vermitteln, diese Methode aber offensichtlich wenig geeignet ist, ein Generalisierungslernen anzustoßen, wurde in den letzten Jahren von Motsch et al. (2016) die Strategietherapie des „Wortschatzsammlers" entwickelt und evaluiert. Dabei steht die Vermittlung von Wortlernstrategien im Mittelpunkt, mit deren Hilfe die beeinträchtigten Selbstlernmechanismen deblockiert und die Kinder unterstützt werden sollen, ihren Wortschatz eigenaktiv zu erweitern, auszudifferenzieren und zu festigen. Kern der Methode ist es, den Kindern (Frage-)Strategien zur semantischen und phonologischen Elaboration, zur Kategorisierung neuer Einträge sowie zur Speicherung und dem Abruf von Wörtern zu vermitteln.

5 Lexikalische Störungen im Englischunterricht

Für den Englischunterricht in der Primarstufe scheinen die Startbedingungen aller Schülerinnen und Schüler auf den ersten Blick vergleichbar, da die Fremdsprache einen Neustart für alle darstellt und damit noch „unbelastet" ist. Die Sprachstörung wurde bislang ausschließlich in der Erstsprache wahrgenommen, was bei einigen Schülerinnen und Schülern zu einem Störungsbewusstsein geführt hat. Tatsächlich sind die Lernvoraussetzungen für den Erwerb einer Fremdsprache aber nicht vergleichbar, da bei Kindern mit Spracherwerbsstörungen grundlegende Spracherwerbsmechanismen beeinträchtigt sind, sodass bei betroffenen Kindern die sprachliche Problematik beim Erwerb aller Sprachen offensichtlich werden sollte.

Deshalb ist davon auszugehen, dass spracherwerbsgestörte Kinder im Englischunterricht vor ähnlichen Schwierigkeiten stehen wie beim Erstspracherwerb. Es besteht somit die Gefahr, dass sie beim Wortschatzerwerb in der Fremdsprache rasch hinter ihre Klassenkameraden zurückfallen und auch hier wieder eine Lücke entsteht, die lehrerinitiierte Maßnahmen alleine nicht auffangen können. Umso bedeutsamer ist es, dass sprachheilpädagogische Maßnahmen, wie die phonologische und semantische Elaboration und ein Abruftraining auch im Englischunterricht umgesetzt werden. Daneben sollte aber auch im Fremdsprachenunterricht die Förderung von Wortlernstrategien berücksichtigt werden, um das „Selbstmanagement" der Kinder zu unterstützen (Motsch et al., 2016, S. 72) und Generalisierungseffekte auf ungeübtes Wortmaterial zu erreichen.

Im Rahmen eines Dissertationsprojektes an der Universität zu Köln wurden unterschiedliche Maßnahmen der lexikalischen Förderung (semantische und phonologische Elaboration, Abruftraining, Strategietraining) für den Englischunterricht adaptiert und die praktische Umsetzung empirisch evaluiert (Schick, in Vorb.).

6 Förderung

6.1 Zwei Wege der Förderung

Grundsätzlich können also zwei Wege der Förderung unterschieden werden: Fördermaßnahmen, die primär von der Lehrkraft initiiert werden und Maßnahmen, die auf die Lernerautonomie durch die Vermittlung von Wortlernstrategien abzielen.

Fördermaßnahme von der Lehrkraft initiiert		Der Lerner handelt autonom	
Hörverstehensübung/ Maldiktat Dabei sollen die Kinder die neuen Wörter/Phrasen sprechen (murmur) z. B. The shirt is green! L: „While you are coloring, please say: - The shirt is green. - Green shirt, - Green, - Shirt." „Say it slowly." „Say it fast." „Say it loud ..."	Speicherhilfe durch Anleitung der Lehrkraft initiiert Zielwortschatz von der Lehrkraft festgelegt Art der Speicherhilfe von der Lehrkraft vorgegeben	Ein Schüler zeigt der Klasse, dass er heute eine Krawatte trägt, weil er später auf eine Kommunion eingeladen ist. S: „Was ist das bei Englisch?" L: „Oh, a necktie! You are wearing a necktie today." S: „Ist necktie Krawatte?" L: „Yes! This is your necktie" (zeigt auf seine Krawatte) S: „Ich bin heute bei Kommunion von mein Bruder." L: „I see, so you are wearing the necktie for a communion. Very fancy." S: „Ja, wie heißt ... neck ...? Kannst du noch mal sagen?" L: „Necktie" Der Schüler murmelt: „necktie, necktie, necktie ..."	individuell bedeutsames Wort Fragen gehen vom Schüler aus, Interesse! Der Schüler fordert Hilfe ein Der Schüler wendet eigenständig eine für ihn hilfreiche Speicherstrategie an

6.2 Unterstützende Maßnahmen durch die Lehrkraft
Hochfrequenter Input

Während der Phase des raschen Wortschatzwachstums erwerben Kinder eine beeindruckende Anzahl an Wörtern in sehr kurzer Zeit. Dies ist u. a. möglich, da sie eine (evtl. zunächst noch unvollständige) Wortform und ein vorläufiges Bedeutungskonzept bereits nach nur wenigen Hörerlebnissen abspeichern (Fast Mapping, Crais, 1992). Kinder mit Spracherwerbsstörungen benötigen bereits häufigere Hörerlebnisse eines Wortes, um diesen ersten vorläufigen Eintrag im mentalen Lexikon abzuspeichern (Leonard, 1998). Im Fremdsprachenerwerb dürfte dies für spracherwerbsgestörte Kinder eine noch herausforderndere Aufgabe sein, da selbst sprachnormale Kinder ein Wort in der Fremdsprache häufiger hören müssen, um sich dieses zu merken (Rohde/Tiefenthal, 2000). Ein möglicher Grund hierfür ist, dass bislang unbekannte Wörter in der Fremdsprache weniger hervorstechen, da sie von zahlreichen anderen unbekannten Wörtern der Fremdsprache umgeben sind.

Der Englischlehrkraft stellt sich daher die Aufgabe, neue englische Wörter oder Chunks (i.e. gängige Phrasen wie bspw. „How are you?", die von den Kindern anfänglich als Einheit wahrgenommen und abgespeichert werden) besonders häufig zu präsentieren und deutlich zu betonen. Wörter oder Chunks, die in einer Unterrichtsphase besonders fokussiert werden, können dabei durch eine spezifisch sprachheilpädagogische Akzentuierung der Lehrersprache (abwechslungsreiche Prosodie, Variation der Lautstärke, bewusste Pausen vor und nach dem fokussierten Element) besonders betont werden.

Beispiel: Bei der Demonstration eines Ratespiels bietet sich die Fokussierung des Chunks „Is it the ..." an. In einer Streichholzschachtel versteckt die Lehrkraft ein Bild eines Tieres. Ggf. hängen alle zur Auswahl stehenden Tiere noch mal als Bild- und Wortkarten an der Tafel. Die englischsprechende Handpuppe beginnt zu raten: „Is it the elefant? Is it the mouse? Is it the cat?" ... Nach und nach lässt die Lehrkraft einzelne Kinder raten, bevor das Spiel schließlich in Partnerarbeit weitergeführt wird. Der Chunk „Is it the" kann unterstützend an die Tafel geschrieben werden. Zu diesem Zeitpunkt sollte die Aussprache jedoch schon häufig präsentiert und entsprechend gefestigt worden sein.

Semantische Elaboration
Die vorläufigen Einträge im mentalen Lexikon, die beim Fast Mapping angelegt werden, müssen nun sukzessive erweitert und ausdifferenziert werden. Während sprachlich unauffällige Kinder gut in der Lage sind, auf weitere semantische Merkmale eines Wortes aufmerksam zu werden, benötigen spracherwerbsgestörte Kinder dabei gezielte Unterstützung.

Beim handlungsbegleitenden Sprechen kann die Lehrkraft die Bedeutungsmerkmale eines Wortes hervorheben und erläutern. Sie kann die Aufmerksamkeit der Kinder verbal oder durch Handlungen auf die Bedeutungsmerkmale lenken. Im frühen Englischunterricht sollten ausführliche verbale Erläuterungen zur Wortbedeutung dosiert eingesetzt werden, da dies schnell dazu führen kann, dass die Menge und Variation des Inputs für die Kinder nicht mehr zu verarbeiten ist. Umso mehr gewinnen Handlungen, Gestik, Mimik, Realia, Bildmaterial etc. an Bedeutung.

Beispiel: „It's teatime! Would you like milk or sugar? I prefer sugar. Look! This is sugar. This sugar is black...Yes? Or No? Die Lehrkraft schaut die Kinder fragend an und wartet auf eine Reaktion. Is the sugar black? No, the sugar is white! And it is sweet...taste it! Die Kinder dürfen den Zucker probieren. I will put sweet, white sugar in my tea."

Phonologische Elaboration
Auf Wortformebene haben Kinder mit SSES Probleme mit der vollständigen exakten Abspeicherung der korrekten Wortform: Häufig werden nur Anfangs- und Endsilbe eines Wortes erinnert (z. B. „si...ware" statt „silverware" [„Badewanneneffekt", Aitchinson, 1997, S. 175]). Es kommt aber auch zu Auslassungen von Endsilben, („swimmi" statt „swimming") sowie zur Ersetzung einzelner Laute („goak" statt „goat") und zur Veränderung der Lautfolge („aminal" statt „animal"). Um dies zu

vermeiden, kann die Aufmerksamkeit der Schüler und Schülerinnen durch unterschiedliche Sprechweisen aktiv auf die Wortform gelenkt werden. Wichtig erscheint jedoch, dass nach jeder segmentierten oder gedehnten Sprechweise unmittelbar anschließend die korrekte Aussprache realisiert wird. Ungewöhnliche Sprechweisen sind häufig schon aus dem Schriftspracherwerb bekannt und können kindgerecht als Roboter- oder Schneckensprache visualisiert werden.
Nach ausreichender Präsentation durch die Lehrkraft können die Kinder auch selbst versuchen, Wörter in Schnecken- oder Robotersprache zu realisieren. Es können Ratespiele entstehen, bei denen andere Schüler erraten sollen, wie das Wort richtig klingt (Synthese).

Beispiel: turtle
/t/ /ɜː/ /t/ /ə/ /l/ (Robotersprache, Segmentierung in Einzellaute)
/t/   /ɜːtəl/(Robotersprache, Segmentierung in Onset-Rime)
/tɜː/   /təl/   (Robotersprache, Segmentierung in Silben)
/tttɜːːtttəːːlːː/   (Schneckensprache, langsames und gedehntes Sprechen)

Schnellbenennung – automatisierter Wortabruf
Je häufiger ein Wort abgerufen wird, desto zuverlässiger und automatisierter gelingt der Zugriff in der Zukunft (Nation, 2001, zit. Kersten, 2010). Unterrichtsintegrierte Übungen und Spiele, die auf eine häufige Produktion des Zielwortschatzes abzielen, unterstützen somit insbesondere Kinder mit einer lexikalischen Abrufproblematik. Ein möglichst schneller Abruf der Zielwörter ist ein weiterer begünstigender Faktor im Abruftraining (Glück, 2003, Ulrich, 2012). Ein leicht umsetzbares Spiel, welches die Kinder zum häufigen und schnellen Benennen der Zielwörter motiviert, ist die Biltzbenennung. Die Lehrkraft hält dabei in willkürlicher Reihenfolge und mit steigendem Tempo eine Bildkarte nach der anderen hoch, welche von den Kindern schnellstmöglich benannt werden sollten. Das Spiel kann auch in Form von Power Point Präsentationen umgesetzt werden, bei der die Bilder nur sekundenweise aufblitzen.

7 Lernerautonomie

7.1 Wortlernstrategien
Strategiebasierte Therapieansätze für den Wortschatzerwerb finden im wissenschaftlichen Diskurs in den vergangenen Jahren in der Sprachheilpädagogik zunehmend Beachtung (German, 2005, Motsch et al., 2016). Ziel ist es, den Kindern Wort-

lernstrategien zu vermitteln, mit deren Hilfe sie ihren Wortschatz selbstständig auch außerhalb von Therapie und Unterricht erweitern können.

Es wird angenommen, dass diese Strategien bzw. Selbstlernmechanismen fester Bestandteil im normalen Spracherwerb sind, bei spracherwerbsgestörten Kindern aber deblockiert werden müssen. So begegnen Kinder im ungestörten Spracherwerb ihrer Umwelt mit einer natürlichen Neugierde, stellen Fragen, wenn sie etwas nicht kennen und äußern Vermutungen, um Reaktionen (bspw. Bestätigung, Erläuterungen) anderer Sprecher hervorzurufen. Auf diese Weise erschließen sie sich mit beeindruckender Geschwindigkeit den Wortschatz ihrer Umgebung (Motsch et al., 2016).

Eben diese Bedeutungsverhandlungen (Engl. Negotiation of Meaning) erachtet auch die Zweitsprachenerwerbsforschung als besonders förderlich und wichtig für den Erwerb einer L2 (Long, 1996). Bedeutungsverhandlungen finden in Interaktionen statt, in denen ein Kind und ein kompetenter L2 Sprecher (beispielsweise die Lehrkraft) die Bedeutung eines für das Kind in seiner Lebenswelt und in der konkreten Situation bedeutsamen Wortes gemeinsam aushandeln.

Beispiel:
Ein Kind soll an die Tafel kommen und den Lehrer spielen.
L: Who wants to be the teacher?
S: Was heißt teacher?
L: I am a teacher, Ms. Schick is a teacher, Ms. Keul is also a teacher.
S: Ah das heißt Frau!
L: No! I don't mean woman. Mr. Mayer is also a teacher!
S: Ach so, das sind ja alles Lehrer.

Anhand dieses Beispiels wird deutlich, dass das Kind Fragen stellt und Hypothesen äußert. Durch die Reaktionen der Lehrkraft erschließt sich das Kind nach und nach die Bedeutung der Äußerungen der Lehrkraft und einzelner darin enthaltener Wörter. Es ist anzunehmen, dass der Schüler das Wort teacher zumindest in seinen rezeptiven Wortschatz übernommen hat.

Spracherwerbsgestörte Kinder nutzen die o.g. Strategien nicht oder nicht in ausreichendem Maße. Als ein Grund hierfür werden ihr Störungsbewusstsein und ihre Erfahrungen mit den Reaktionen des Umfeldes auf fehlendes Sprachwissen genannt. Zu häufig haben diese Kinder negative Reaktionen erfahren, wenn sie ein Wort nicht kannten. In der Folge haben sie Kompensationsstrategien entwickelt, mithilfe derer sie versuchen, fehlendes Wortwissen zu verbergen (Motsch et al., 2016). So würden sie beispielsweise eher ein fehlendes Wort umschreiben, als nach diesem zu fragen. Bei fehlendem Frageverhalten können Interaktionen wie die oben beschriebene aber nicht entstehen und somit neue Wörter gar nicht erst entdeckt und folglich nicht gespeichert werden.

Die Wortschatzsammler-Therapie von Motsch et al. (2016) setzt genau hier an. Ziel ist es zunächst, den Kindern Mut zu machen, wenn sie auf unbekannte Wörter stoßen und nachzufragen, wenn sie ein Wort oder seine Bedeutung nicht kennen („Der neue Mut und der neue Blick"). In einem nächsten Schritt werden den Kindern Möglichkeiten aufgezeigt, was sie tun können, um ein Wort zu entdecken und es sich zu merken (Nachfragen, sich ein Wort mehrmals vorsagen, sich ein Reimwort überlegen usw.) („Das neue Know-How") (Motsch et al., 2016, S. 117ff).

Das deutschsprachige Strategietraining „Der Wortschatzsammler" wurde für das Vorschul- und Grundschulalter konzipiert und empirisch evaluiert. Transfereffekte auf ungeübtes Wortmaterial konnten erzielt werden. (Motsch et al., 2016) Der Wortschatzsammler ist ein Einzel- bzw. Kleingruppentherapieformat. Im Folgenden werden Überlegungen vorgestellt, wie das Therapiekonzept in den Englischunterricht integriert werden kann.

7.2 Unbekannte englische Wörter als Schätze im Englischunterricht

Im Mittelpunkt der Rahmenhandlung der Wortschatzsammler-Therapie steht die Handpuppe Tom: ein Pirat, der Schätze sammelt. Seine Schätze sind unbekannte Wörter und er hat Tricks entdeckt, die ihm beim Sammeln seiner Schätze helfen. Diese Rahmenhandlung wird im Englischunterricht fortgeführt. Als Pirat ist Tom auf Weltreise und möchte nun Englisch lernen. Dabei findet er Englisch noch recht schwer und ist damit die Identifikationsfigur für die Kinder, die in der gleichen Situation wie die Kinder steckt. Auf seinen Reisen hat er auch Tricks (Wortlernstrategien) entdeckt, die ihm beim Englischlernen helfen.

Für die Einführung der Wortlernstrategien sind jeweils die ersten 10-15 Minuten einer Englischstunde vorgesehen. Im Rahmen der Studie wurde je eine Strategie pro Stunde eingeführt, wobei in der schulischen Praxis auch ein „Trick des Monats" o. ä. denkbar wäre. Die Einführungsphasen der Strategien erfolgten in deutscher Sprache, was aber dennoch im Einklang mit Prinzipien der Englischdidaktik wie beispielsweise der funktionalen Einsprachigkeit (Butzkamm, 2003) steht, da das anschließende Lernen durch die Strategien erleichtert wird und die Anzahl der zu lernenden Strategien begrenzt ist. Außerdem ist es Tom, der Deutsch spricht, während die Lehrkraft und die englische Handpuppe im weiteren Unterrichtsverlauf konsequent Englisch sprechen. Nachdem Tom den „Trick des Tages" gemeinsam mit den Kindern auf Deutsch erarbeitet hat, beginnt offiziell die Englischstunde und der Trick wird im weiteren Verlauf der Stunde ausprobiert und geübt.

Beispielhaft sollen an dieser Stelle zwei „Tricks" vorgestellt werden. Bewusst wurde ein Trick ausgewählt, der aus der Wortschatzsammler-Therapie übernommen wurde, da so verdeutlicht wird, wie sich das vorhandene und an einigen Schulen vielleicht bereits praktizierte Konzept auf den Klassenverband übertragen lässt. Der andere Trick ist speziell für den Kontext des Englischunterrichts konzipiert worden. Die

Erläuterungen sollen beispielhaft darstellen, wie das Therapiekonzept an die spezifischen Bedingungen/Gegebenheiten bestimmter Fächer, hier des Englischunterrichts, abgestimmt/angepasst werden muss.

1. Fragetrick: Ich frage nach!
Tom: „Manchmal höre ich ein englisches Wort, aber ich weiß nicht, was das heißt. Ich muss nicht immer jedes Wort verstehen. Aber manchmal denke ich: Das ist jetzt ein wichtiges Wort! Was kann ich dann machen?
Genau, du kannst nachfragen: Was heißt das?/Was heißt „speak"? Dann erklärt die Lehrerin/die englische Handpuppe es noch mal auf Englisch und gibt dir dabei wichtige Tipps, z. B. zeigt sie dir Bilder oder Gegenstände, oder sie macht etwas vor.
Manchmal höre ich ein Wort und habe sogar schon eine Idee, was das Wort heißt. Aber dann bin ich mir nicht immer so sicher, ob meine Idee richtig ist. Was kann ich denn dann machen?
Ich kann nachfragen, ob meine Idee stimmt! Also zum Beispiel wenn die Lehrerin sagt „Take out your activity book." Dann habe ich eine Idee. Ich denke: „Book heißt Buch." Aber ich bin mir nicht so sicher, ob meine Idee richtig ist. Also melde ich mich und frage: „Ist book Buch?" Dabei ist es ganz egal, ob meine Idee richtig oder falsch ist. Jede Idee ist ein Schatz!
Wenn du nachfragen möchtest, dann nimm deine Piratenkarte und hänge sie dir um. „Melde dich!"

2. Merktrick – Spiegeltrick
Tom: „Ich erzähle euch heute mal, wie es mir im Englischunterricht manchmal geht. Bestimmt kennt ihr das auch. Manchmal möchte ich was auf Englisch sagen, aber dann kenn ich das englische Wort nicht. Oder ich wusste das englische Wort mal, aber ich habe es schon wieder vergessen. Dann möchte ich mir das englische Wort besser merken.
Ich probiere so viel ich kann auf Englisch. Aber es ist auch kein Problem, wenn ich das, was ich noch nicht weiß auf Deutsch sage. Ich habe aber etwas Besonderes gemerkt: Immer, wenn ich etwas auf Deutsch sage oder auf Englisch probiere, gibt die Lehrerin mir das Gesagte auf Englisch zurück. Wie ein Spiegel! Und dann höre ich ganz genau hin, denn dann kann ich mir das Wort besser merken. Ich sage das Wort noch mal und schon wieder: Die Lehrerin spiegelt das Wort und sagt es mir auf Englisch zurück.
Ich möchte, dass ihr das auch mal ausprobiert. Das ist mein Tipp an euch. Achtet mal darauf: Wenn ihr im Englischunterricht etwas sagt dann antwortet euch die Lehrerin auf Englisch. Du kannst dir auch von der Lehrerin wünschen, dass sie ein bestimmtes Wort spiegelt!"

Ziel: Ich höre auf die englische Antwort von der Lehrerin und bemerke, dass sie ganz viel von dem was ich auf Deutsch gesagt habe auf Englisch sagt. (Vielleicht entdecke ich das ein oder andere englische Wort.)
Tom: „Wenn du ein Wort entdeckt hast in der englischen Antwort der Lehrerin/von Sally, dann nimm deine Piratenkarte und hänge sie dir um! Dann sprechen wir darüber und kannst sagen, welches Wort du spiegeln möchtest!"
Wenn ein Kind ein Wort öfter hören wollte, wurde das Wort wie bei einem Ping-Pong Spiel zwischen Lehrkraft und Kind hin- und her gespiegelt. Wichtig dabei ist, dass die Lehrkraft immer das englische Wort sagt und nicht zur Übersetzerin ins Deutsche wird. Außerdem sollte das Kind, falls es das deutsche Wort sagt, nach einigen Hörerlebnissen dazu ermutigt werden, ebenfalls das englische Wort zu verwenden. Dies führt dazu, dass sich das Kind in seiner englischen Aussprache immer mehr dem Spiegel, d.h. dem zielsprachengerechten Sprachvorbild der Lehrkraft immer mehr annähern kann.
Die Tricks wurden in Anlehnung an die „Tipp-Tafel" von Motsch et al. (2016, S. 186) visualisiert und als Bildkarten in der Klasse aufgehängt.

Die Tricks im Englischunterricht
Nach der Einführungsphase der Tricks übernehmen die Lehrkraft und die englische Handpuppe im Sinne des „Eine-Person-Eine-Sprache Prinzips" und führen die Stunde in englischer Sprache fort. Die Kinder in der Studie hatten dieses Ritual im Stundenablauf schnell verstanden. Eine beidseitig bedruckte Karte an der Tafel zeigte die deutsche und die englische Flagge. Die Kinder erinnerten Tom und die Lehrkraft bereits nach wenigen Stunden von sich aus daran, die Flagge von Deutsch auf Englisch umzudrehen, sobald die Englischstunde offiziell begann.
Tom setzt sich in seinen Piratensessel und ist Zuschauer. Er meldet sich jedoch im Laufe der Stunde immer dann zu Wort, wenn er ein Kind zur Anwendung eines Tricks ermuntern kann. Langfristiges Ziel sollte jedoch die eigenständige Anwendung der Tricks sein, bei der die Initiative von den Kindern ausgeht.

Beispiel:
L: What is in the box? Is it the dog?
S: No!
L: Is it the turtle?
S schweigt
Tom: Verstehst du die Frage?
S schüttelt den Kopf.
Tom: Was kannst du denn dann machen? Frag doch mal nach!
S: Was heißt das?
L: Do you mean turtle?

S nickt.
L: Look this is a turtle (zeigt auf das Bild der Schildkröte an der Tafel).
S: Ach so, Schildkröte. No!
Tom: Du bist ein toller Pirat. Du hast einen Schatz gefunden! Turtle!
L: It is not a turtle...okay...Is it a cat?

Um die Anwendung von Strategien wahrnehmbarer zu machen lag in der Klasse eine Piratenkarte bereit. Wollte ein Kind eine Strategie eigenständig anwenden („Können wir das Wort spiegeln?" oder wurde hierzu von Tom oder den Mitschülern ermutigt („Oh Laura, ich glaube du bist eine Piratin und hast einen Schatz entdeckt. Welchen Trick hast du gemacht?" „Möchtest du einen Trick machen?"), durfte es sich die Piratenkarte umhängen und stand somit im Mittelpunkt der Aufmerksamkeit.

Die Klassen-Schatztruhe
Eine Klassen-Schatztruhe kann zum Einsatz kommen, um fehlendes Wortwissen einerseits weiter positiv wahrnehmbar zu machen und den Kindern andererseits zu verdeutlichen, wie viele Schätze sie in einer Stunde gefunden haben. Eine große leere Schatztruhe kann für diese Zwecke entweder an die Tafel gemalt oder als Plakat gedruckt werden. Im Verlauf der Englischstunde kann die Lehrkraft gefundene und/oder geübte Wörter unterschiedlicher Kinder in die Truhe schreiben. Am Ende der Stunde kann die Truhe gemeinsam angeschaut werden. Hierbei muss nicht jedes Kind all die Wörter in der Truhe gelernt haben; vielmehr steht die Gemeinschaftsleistung der Klasse im Mittelpunkt.

8   Ergebnisse der Studie

Im Rahmen eines Forschungsprojekts (Schick in Vorb.) wurden unterschiedliche Elemente der Wortschatztherapie in eine Unterrichtsreihe im Fach Englisch zum Thema „Animals" integriert und in vier ersten Klassen an einer Förderschule Sprache erprobt. Eine Experimentalklasse erhielt Fördermaßnahmen aus dem Bereich des Speicher- und Abruftrainings. Zwei weitere Experimentalklassen erhielten das zuvor beschriebene Wortlern-Strategietraining. Während der Zielwortschatz zum Thema Tiere in der Elaborations- und Abrufklasse primäres Lernziel war, diente derselbe Zielwortschatz in den Strategieklassen im Sinne des Wortschatzsammler-Konzeptes als „Transporter" oder „Vehikel" (Motsch et al., 2016, S. 137) für die Vermittlung von Wortlernstrategien. Das eigentliche Lernziel war hier also nicht der konkrete Zielwortschatz, sondern die Lernstrategien.
In der Studie wurden die deutsche und englische Wortschatzentwicklung der Kinder mit einem Prä-Posttest-Design zu drei Testzeitpunkten (vor der Unterrichtsreihe,

nach der Unterrichtsreihe, ein halbes Jahr später) gemessen und mit einer Kontrollgruppe verglichen, die dieselbe Unterrichtsreihe im Fach Englisch erhielt, jedoch ohne die explizit benannten Maßnahmen zur Wortschatzförderung. Um die Unterschiede im Unterricht zu dokumentieren, wurde während der Intervention regelmäßig von einer Mitarbeiterin der Universität zu Köln mithilfe eines Beobachtungsbogens im Englischunterricht aller vier Klassen hospitiert. Die Ergebnisse der Studie sind Mitte 2016 zu erwarten.

Unabhängig von den Ergebnissen der Studie ist für die Umsetzung in der Praxis sicher schon jetzt anzunehmen, dass es von Vorteil wäre, wenn die Wortlernstrategien bereits aus anderen Fächern bekannt wären. Bei der Einführung der Strategien sind die Kinder damit beschäftigt, das Know-How der Strategien oder der lehrerinitiierten Fördermaßnahmen zu Elaboration und Abruf zu erwerben, was zunächst von den sprachlichen Lernzielen ablenken kann, da es einen Großteil ihrer Aufmerksamkeit erfordert. Bei zunehmender Routine im Umgang mit den Strategien bzw. den Speicher- und Abrufmethoden ist mehr Kapazität für das Sprachenlernen vorhanden, was für einen fächerübergreifenden Einsatz aller Wortschatzfördermaßnahmen spricht. Viele der in diesem Beitrag vorgestellten Maßnahmen lassen sich ohne großen Aufwand auf andere Unterrichtsfächer übertragen oder für die spezifischen Bedürfnisse dieser Fächer erweitern.

Literatur

Butzkamm, W. (2003). We only learn language once: The role of the mother tongue in FL classrooms – death of a dogma. *Language Learning Journal, 28* (1), 29-39.

Crais, E. (1992). Fast mapping: a new look at word learning. In R. S. Chapman (Hrsg.), *Processes in language acquisition and disorders* (S. 159-185). St. Louis: Mosby Year Book.

German, D. (2005). *WFIP-2: Word-Finding Intervention Program* (2. Aufl.). Austin, Texas: Pro-Ed.

Glück, C. (2003a). Semantisch-lexikalische Störungen als Teilsymptomatik von Sprachentwicklungsstörungen. In M. Grohnfeldt (Hrsg.), *Lehrbuch der Sprachheilpädagogik und Logopädie. Erscheinungsformen und Störungsbilder. Bd. 2.* (S. 75-87). Stuttgart: Kohlhammer.

Glück, C. (2003b). Semantisch-lexikalische Störungen bei Kindern und Jugendlichen. Therapieformen und ihre Wirksamkeit. *Sprache-Stimme-Gehör, 27* (3), 125-134.

Glück, C. (2011). Wörter als Bausteine und semantisch-lexikalische Störungen. *Praxis Sprache, 2* (1), 3–8.

Kauschke, C., & Rothweiler, M. (2007). Lexikalisch-semantische Entwicklungsstörungen. In H. Schöler & A. Welling (Hrsg.), *Handbuch Sonderpädagogik. Bd. 1: Sonderpädagogik der Sprache* (S. 239-247). Göttingen: Hogrefe.

Kersten, S. (2010). *The Mental Lexicon and Vocabulary Learning. Implications for the foreign language classroom.* Tübingen: Narr Francke Attempto Verlag.

Kauschke, C. (2003). Entwicklung, Störungen und Diagnostik lexikalischer Prozesse – Wortverständnis und Wortproduktion. *Sprache, Stimme und Gehör, 27* (2), 110-118.

Bayerisches Staatsministerium für Bildung und Kultus, Wissenschaft und Kunst. (2014). *Lehrplan plus Bayern.* Abgerufen von https://www.lehrplanplus.bayern.de/schulart/grundschule

Leonard, L. B. (1998). *Children with Specific Language Impairment.* Cambridge, MA & London: MIT Press.

Long, M. H. (1996). The role of the linguistic environment in second language acquisition. In W. C. Ritchie & T. K. Bhatia (Hrsg.), *Handbook of Language Acquisition* (S. 413–468). San Diego: Academic Press.

Motsch, H.-J., & Marks, D. (2015). Efficacy of the Lexicon Pirate strategy therapy for improving lexical learning in school-age children: A randomized controlled trial. *Child Language Teaching and Therapy, 31* (2), 237-255.

Motsch, H. J., Marks, D., & Ulrich, T. (2016). *Wortschatzsammler. Evidenzbasierte Strategietherapie lexikalischer Störungen im Kindesalter* (2. Aufl.). München: Ernst Reinhardt.

Rohde, A., & Tiefenthal, C. (2000). Fast mapping in early L2 lexical acquisition. *Studia Linguistica, 54,* 167-174.

Rothweiler, M. (2001). *Wortschatz und Störungen des lexikalischen Erwerbs bei spezifisch sprachentwicklungsgestörten Kindern.* Heidelberg: Winter „Edition S".

Rupp, S. (2008). *Modellgeleitete Diagnostik bei kindlichen lexikalischen Störungen.* Idstein: Schulz-Kirchner.

Schick, K. (2016). English all inclusive? – Wortlernstrategien im inklusiven Englischunterricht. *Grundschulmagazin Englisch, 2,* 31-34.

Schick, K. (in Vorb.). Unterstützende Maßnahmen für den frühen Wortschatzerwerb im Englischunterricht von Schülerinnen und Schüler mit dem Förderschwerpunkt Sprache. Universität zu Köln.

Ulrich, T. (2012). *Effektivität lexikalischer Strategietherapie im Vorschulalter. Eine randomisierte und kontrollierte Interventionsstudie.* Aachen: Shaker Verlag.

Ellen Bastians

„Wer weiß was? Wow! Wortschatz!"
Fach-/Wortschatz – Lernstrategie – Training (FWLT) –
Ein Beispiel zur Adaption des Konzepts „Wortschatzsammler" für die Sekundarstufe I

Eine Möglichkeit der semantisch-lexikalischen Förderung im sprachsensiblen Fachunterricht in sprachheterogenen und inklusiven Settings

1 Theoretische Überlegungen

Defizite in der Bildungssprache Deutsch behindern nachgewiesenermaßen nachhaltig den Schulerfolg (Spreer, 2014). In den Kernlehrplänen der Fächer in NRW (2011) sind sowohl die individuelle Förderung als auch das Erlernen des jeweiligen Fachwortschatzes ausgewiesen. Kompetenzorientierung, Strategielernen und die Erreichung selbständigen Arbeitens sollten im Fokus stehen.

Besonders in der Sekundarstufe I werden zu jedem Thema in jedem Unterrichtsfach ein spezifischer, meist umfangreicher Fachwortschatz und fachtypische Phrasen verlangt. (Kernlehrpläne NRW, 2011). Im Zuge zunehmender Zahlen von Schüler(innen) (im Folgenden: SuS) mit mehrsprachiger Vita und vielen Jugendlichen mit besonderen familiären oder persönlichen Entwicklungsprozessen, insbesondere in ausgewiesenen Sozialräumen der Ballungsgebiete, lässt sich feststellen, dass die Bildungssprache Deutsch von vielen SuS nicht mehr ausreichend erworben wird.

Es braucht daher im Zuge der Inklusion und in sprachheterogenen Lerngruppen Konzepte und Umsetzungsideen für möglichst effiziente, individuelle Fördermöglichkeiten, um die Sprachkompetenzen der SuS und insbesondere auch den Fachworterwerb zur Bewältigung bildungssprachlicher Anforderungen zu unterstützen (Bastians, 2015a).

Für die Therapie lexikalischer Störungen im Primarbereich wurde mittlerweile ein strategieorientierter therapeutischer Ansatz entwickelt, der auch schon erfolgreich in der Grundschule erprobt worden ist: „Wortschatzsammler" von Motsch et al. (2015). Damit ist aufgezeigt worden, dass es mit evidenzbasierten, Strategie geleiteten Settings möglich ist, den Wortschatz individuell erfolgreich zu erweitern.

Für den Sekundarbereich ist das Konzept des Wortschatzsammlers als „Fach-/Wortschatz – Lernstrategie – Training (FWLT)" adaptiert worden (Bastians, 2015b). Dabei wurden vorgegebene Übungsformate und methodische Umsetzungsideen an die Bedingungen der Sekundarstufe I im Rahmen sprachheterogener Lerngruppen und inklusiver Settings angepasst sowie durch eigene Ideen ergänzt und erweitert.
Beim Fachwortlernen ist es für die SuS wichtig hervorzuheben, dass Nichtwissen einen Wert hat. Die Chance des Erlernens neuer Wörter sollte positiv erlebt und besetzt werden. Frage-, Erkundungs-, Einspeicher- und Abrufstrategien sowie Strategien zur Selbstinstruktion bei Abrufschwierigkeiten bieten nachhaltig und effektiv die Möglichkeit zur Erweiterung der semantisch – lexikalischen Kompetenzen.
Durch eine möglichst breite diagnostische Basis von Daten zur individuellen Sprachentwicklung ist man eher in der Lage, die Übungsformate und den zu lernenden Fach-/Wortschatz sinnvoll für die einzelnen SuS auszuwählen bzw. zu empfehlen, um so weit wie möglich spezifische Sprachförderangebote im schulischen Rahmen anbieten zu können. Dies sollte nicht nur im Sprachförderunterricht, sondern möglichst auch eingebettet in den Fachunterricht erfolgen.
Das „Fach-/Wortschatz – Lernstrategie – Training" (FWLT) (Bastians, 2015b) bietet die Möglichkeit, dass die Schüler/innen in inklusiven sowie sprachheterogenen Settings der Sekundarstufe I individuell differenziert in Quantität und Qualität mit selbstgesteuerter Lerndokumentation im Förder- wie auch Fachunterricht ihren Wortschatz im mündlichen und schriftlichen Sprachgebrauch weitgehend nachhaltig erweitern können.
Weiterführend und aufbauend auf die Erarbeitung der Wortebene ist es möglich, die neu erworbenen Fach-/Wörter in zunehmend komplexere Syntaxstrukturen einzubauen und mittels Kontextoptimierung (Motsch, 2010) in die Unterrichtssprache einzubetten. Letzterer Schwerpunkt soll jedoch hier nicht Gegenstand der Vorstellung sein.

2 Didaktisch-methodische Überlegungen

2.1 Rahmenbedingungen
Voraussetzungen für die Arbeit mit dem FWLT sind die Sensibilisierung für die spezifische Sprache im jeweiligen Fach sowie das linguistische Hintergrundwissen und Interesse der einzelnen Lehrpersonen für sprachliche Prozesse, insbesondere in ihrem eigenen Fach, wie es auch im Rahmen „sprachsensiblen Unterrichts" gefordert wird (Leisen, 2010).

Das FWLT ist für die Sekundarstufe I so konzipiert worden, dass zur Einführung im Förder- wie im Fachunterricht eine lehrerzentrierte Arbeitsweise empfohlen ist, um die Fokussierung der Aufmerksamkeit auf die in der Regel oft unbekannten metasprachlichen Prozesse anzuregen.

Die Lerndatei mit den bisher ausgewählten 33 Übungsformaten im DIN A 5-Format sowie der zugehörige Arbeitsplan zur Dokumentation erreichter Kompetenzen sollte sukzessive mit einer möglichst individuellen Lernberatung eingeführt werden. Für den Umgang mit der eigenen Zielsetzung, mit der Auswahl der Sozialform sowie mit der eigenen Leistungsfähigkeit hinsichtlich Selbsteinschätzung und Zielerreichung sollte Zeit im Förderunterricht eingeplant werden, da selbstgesteuerte Lernprozesse bei vielen SuS in heterogenen bzw. inklusiven Settings immer auch eine enge Begleitung notwendig haben.

Bei den Übungsformaten wurde in der Regel auf Spiel- und Arbeitsformen zurückgegriffen, die den SuS von der Organisationsform und vom Regelkanon her bekannt sein sollten bzw. die sie im Förderunterricht oder ggfs. auch Deutschunterricht kennengelernt haben.

2.2 FWLT im Fachunterricht

Prinzipiell lässt sich jederzeit in jeder Jahrgangsstufe in jedem Fach mit dem FWLT beginnen, wenn sich Wortschatz-, Verständnis- und/oder Ausdrucksdefizite bei den Lernenden feststellen lassen. Ziel sollte sein, den jeweiligen von der Fachkonferenz in der Sekundarstufe I thematisch festgelegten Mindest – Fachwortschatz zu trainieren, um ihn sowohl inhaltlich und formal als auch mündlich wie schriftlich im Langzeitgedächtnis möglichst jederzeit abrufbar zu verankern.

Die Einführung neuer Fachbegriffe zu einem Thema, das Kennenlernen bzw. die Identifikation individuell neuer Fach-/Begriffe, stellt für alle Lernenden einer Lerngruppe einen sinnvollen zeitlichen und inhaltlichen Anlass für den Einsatz des FWLT dar. Dabei wird das Wortmaterial zu Beginn der ersten Unterrichtsreihe, für alle in gleicher Weise vorgegeben, um die Strategien mit ihren typischen Spielformen und Bearbeitungsmöglichkeiten bei den Schülern bekannt zu machen. Neben der expliziten Vorgabe des Mindest – Fach-/Wortschatzes zum aktuellen Thema kann dieser auch aus einem speziell aufbereiteten, formal und inhaltlich optimierten Text selbständig herausgesucht werden.

Je nach Lerngruppe ist es eher angezeigt, einzelne Übungen gemeinsam im Klassenverband anzubieten oder auf dem Hintergrund verschiedener Formen des Teamteachings und der Binnendifferenzierung umzusetzen.

Bei den allerersten Einheiten zur Einspeicherung des neuen Wortschatzes sollte der metasprachlichen Beschäftigung mit demselben mehr Raum und Zeit eingeräumt werden. Inhalt und Wortform inklusive Bedeutungs- und Formvarianten stehen im Vordergrund und dies ist für viele Jugendliche erst mal ungewohnt. Hier empfiehlt es sich, anfangs im Fachunterricht jeweils 10 bis 15 Minuten pro Stunde in der Einstiegs-, Abschlussphase oder auch zwischendurch als Rhythmisierungsmöglichkeit in die Unterrichtsplanung einzubauen. Später reichen ca. 5 – 10 Minuten pro Stunde.

Das sechsstufige Kompetenzraster in Kombination mit dem Arbeitsplan kann darüber hinaus zur zeitlichen Orientierung dienen. In einigen Unterrichtsfächern wird üblicherweise in einem sechswöchigen Rhythmus bis zur nächsten Leistungsüberprüfung an einem Thema gearbeitet. So könnten Woche für Woche sukzessive je nach individueller Leistungsfähigkeit mehr oder weniger umfangreich Übungsformate eines Strategieschwerpunktes bearbeitet werden. Sowohl im Förder-, Fachunterricht oder den individuellen Lernzeiten hätte jeder SuS die Gelegenheit, vor jeder Leistungsüberprüfung auch den Status eines „Wortschatz-Kings" zu einem Thema auf seinem Niveau zu erreichen.

Tab. 1: FWLT – Grundstruktur

Übungsformat – Bereiche	Strategien	Schwerpunkte
1. „Hurra, neue Wörter sind da!"	Neuwort-Identifikation	Zielsetzung
2. „Wortaufbau? – Schau genau!"	Einspeicher-, Abrufstrategien	Wortstruktur
3. „Was heißt denn das? Ich merk' mir was!"	Einspeicher-, Abrufstrategien	Bedeutung
4. „Lies' genau, dann wirst du schlau!"	Einspeicher-, Abrufstrategien	Lesen
5. „Gewinner ist, wer nichts vergisst!"	Sicherungsstrategien	Zielüberprüfung
6. „Wortschatz – King, das ist mein Ding!"	Sicherungsstrategien	Zielerreichung

2.3 FWLT im Förderunterricht

Um dieses Training prinzipiell einzuführen und für alle Fächer zu öffnen und nutzen zu können, empfiehlt es sich, in den Förderstunden oder im Rahmen eines Methodentrainings in den Jahrgängen 5/6 wöchentlich zweimal ca. 30 Minuten über mindestens sechs Wochen einzuplanen.

Passende Strategieübungen zum neuen Wortschatz der aktuellen Unterrichtsreihen in den verschiedenen Fächern bieten sich zum Bearbeiten hier an. Grundlage können auch individuell als neu identifizierte Wörter sein, die die SuS aus dem Fachunterricht mitbringen.

2.4 Differenzierung

Individuelle Differenzierungsmöglichkeiten ergeben sich beim FWLT hinsichtlich mehrerer Aspekte:

- Die Menge der Wörter pro Übungseinheit für 5 – 10 Minuten sollte individuell mit der Richtlinie 7 plus/minus 2 Wörter ausgewählt werden plus X Wörter für die leistungsstärksten SuS.
- Die Menge der Wörter pro Thema und Unterrichtsreihe kann individuell angepasst werden. Als Mindestwortschatz haben sich die mit dem FWLT arbeitenden Fachkonferenzen der Gesamtschule in Köln, die dieses Konzept implementieren will, auf 20 neue Fachwörter pro Thema bzw. Unterrichtsreihe bei zielgleicher Beschulung geeinigt. Ungefähr 40 bis 60 Fachwörter werden im Durchschnitt pro Thema von den jeweiligen Fachkolleg(inn)en erwartet.
- Die SuS mit Nachteilsausgleichsansprüchen oder sonderpädagogischem Unterstützungsbedarf im Bereich Sprache können ein-/zwei-/mehrsilbige Fachwörter oder Wörter mit besonderen orthographischen oder morphematischen Anforderungen bewusst auswählen.
- Ausgewählt werden kann zwischen unterschiedlich anspruchsvollen Übungsformaten, die mit ein bis vier Sternchen gekennzeichnet sind.
- Die Strategie-Schwerpunkte können individuell schwerpunktmäßig ausgewählt werden. Der Bereich der phonetisch-phonologischen und/oder der semantischen Anforderungen oder auch der Bereich der Lesestrategien kann verstärkt im Fokus stehen.
- Die Bearbeitung kann bei vielen Formaten sowohl auf mündlicher und/oder schriftlicher Ebene erfolgen. Dabei kommt der schriftlichen Sprachkompetenz in der Sekundarstufe I eine besondere Bedeutung zu.
- Häufig kann auch die bevorzugte Sozialform individuell gewählt werden. Einzel-, Partner- und Kleingruppenarbeit sind meist möglich.
- Die Kontrollpersonen, d.h. das Lehrpersonal und/oder andere SuS, können individuell gewählt werden.
- Sofern das intellektuelle Persönlichkeitsprofil dies ermöglicht, können die Jugendlichen zum Teil auch selbst am PC das Wortmaterial für einzelne Übungsformate selbständig für sich oder auch für lernschwächere Mitschüler(innen) aufbereiten. Für diese vertiefende Bearbeitung sollten phonetische und semantische Ablenker, Synonyme, Homonyme, Rechtschreib – Fokusstellen usw. mit diesen Jugendlichen thematisiert worden sein.

3 Profits

Es lässt sich im Rahmen des regulären Unterrichts in einer ungefähr sechswöchigen Unterrichtsreihe in der Regel ein deutlicher individueller Lernzuwachs bei den Lernenden erreichen. Dies zeigt sich gewöhnlich im Mündlichen in der vermehrten Nutzung der neuen Fachbegriffe in Unterrichtsgesprächen oder bei gegenseitigen Hilfestellungen und gemeinsamen Gruppenlösungen.

Des Weiteren werden die neu erworbenen Begrifflichkeiten auch schriftlich häufiger korrekt erlesen, in adäquate sowie erwartete Handlungen umgesetzt und in geforderten Antworten produziert.

Die erzielten Erfolge lassen sich an den verbesserten spontansprachlichen Leistungen im Unterricht, dem erhöhten Fachwortgebrauch bei schriftlichen Leistungsüberprüfungen und dem erweiterten mündlichen wie schriftlichen Aufgabenverständnis ablesen. Das verbesserte Aufgabenverständnis beeinflusst die Selbständigkeit positiv. Individuelle zusätzliche Hilfestellungen durch das Lehrpersonal werden seltener angefordert und man gewinnt Zeit für die Unterstützung derjenigen, die darüber hinaus Hilfen brauchen.

Die Auseinandersetzung mit dem neuen Fach-/Vokabular bzw. den zu lernenden Zielbegriffen in der Peergroup bei den Gruppenspielen und die dabei aufkommende interaktive Kommunikation vertieft die Auseinandersetzung mit dem Wortmaterial noch und erhöht die Nachhaltigkeit.

Die Vermittlung von sprachlernwirksamen Strategien hat einen fächerübergreifenden Nutzen. Sie ist nicht nur auf einen Themenkomplex begrenzt, sondern übertragbar auf alle Unterrichtsfächer und deren Fachvokabular und kann darüber hinaus sukzessive individuell auf- und ausgebaut werden.

Die eingeführte Übungsformat-Kartei kann nach Einführung und Erarbeitung der Übungsformate in der Klasse zur Verfügung stehen, so dass bei Arbeitstempounterschieden selbständig am Wortschatz weitergearbeitet und die Lernzeit effektiv ausgenutzt werden könnte.

Diese Art der Lernkultur in einer Klasse, Neues und Unbekanntes willkommen zu heißen und die Wissenslücken bewusst füllen zu wollen, kann die gegenseitige Toleranz erhöhen und das Klassenklima positiv beeinflussen. Nach erfolgreicher Einführung des Trainings und der zugehörigen Übungen erlebt man in der Regel immer mehr Jugendliche, die den Mut finden, die intrapersonell in der Menge erstaunlich variierenden, unbekannten Begriffe kund zu tun. Prinzipiell sollte jedes mündlich oder schriftlich als neu identifizierte Wort willkommen sein und honoriert werden, da Neugier, Mut und Lernwillen damit sichtbar werden dürfen. Ein Reframing von „Das weiß ich nicht und gebe mir nicht die Blöße, dies zuzugeben!" zu der positiv besetzten und verstärkten Äußerung: „Das kenne ich nicht; ich will aber die Bedeutung und Verwendung lernen!", bietet ungeheure Motivationschancen.

Literatur

Bastians, E. (2015a). Sprachförderung mit Qualitätsanspruch in der Inklusion!? In A. Paier (Hrsg.), *Sprache – Ein Kinderspiel? Aktuelle Beiträge der Sprachheilpädagogik in einer inklusiven Bildungslandschaft* (S. 245-252). Wien: Lernen mit Pfiff.
Bastians, E. (2015b). „Wer weiß was? – Wow! Wortschatz!" Fach-/Wortschatz – Lernstrategie – Training (FWLT). Ein Beispiel zur Adaption des Konzepts „Wortschatzsammler" für die Sekundarstufe I im Rahmen inklusiver Beschulung. *Praxis Sprache, 2015* (3), 175-178.
Qualitäts- und UnterstützungsAgentur – Landesinstitut für Schule. (2011). *Kernlehrpläne*. Abgerufen von www.schulentwicklung.nrw.de/lehrplaene
Leisen, J. (2010). *Handbuch Sprachförderung im Fach. Sprachsensibler Fachunterricht in der Praxis*. Bonn: Varus.
Motsch, H.-J., Marks, D.-K., & Ulrich, T. (2015). *Wortschatzsammler. Evidenzbasierte Strategietherapie lexikalischer Störungen im Kindesalter*. München: Reinhardt.
Motsch, H.-J. (2010). *Kontextoptimierung. Evidenzbasierte Intervention bei grammatischen Störungen in Therapie und Unterricht* (3. Aufl.). München: Reinhardt.
Spreer, M. (2014). „Schlag nach und ordne zu!" Bildungssprachlichen Anforderungen im (sprachheilpädagogischen) Unterricht kompetent begegnen. In S. Sallat, M. Spreer & C. Glück (Hrsg.), *Sprache professionell fördern, kompetent, vernetzt, innovativ* (S. 83-90). Idstein: Schulz-Kirchner Verlag.

Melanie Jester

„Hast Du Angst, Kind?" Mentale Begriffe im Symbolspiel von Vorschulkindern mit und ohne spezifische Sprachentwicklungsstörungen (SSES)

1 ToM, mentale Begriffe und Symbolspiel bei Kindern mit normaler Sprachentwicklung (nSE)

In den ersten sechs Lebensjahren entwickelt sich das Verständnis wesentlicher sozial-kognitiver Kompetenzen, die sich u. a. wechselseitig bedingen (s. Tab. 1). Zum einen entwickelt sich die Fähigkeit, sich selber und anderen mentale Zustände (z. B. Wünsche, Überzeugungen) zuschreiben zu können und darauf basierend das Verhalten von anderen interpretieren zu können – auch Theory of Mind (ToM) genannt (Astington, 2000). ToM spielt in der Kommunikation eine zentrale Rolle, da sie es ermöglicht, adäquat in sozialen Situationen zu reagieren. Andererseits kommt das zunehmende ToM Verständnis nur durch die Entwicklung sprachlicher Kompetenzen zum Ausdruck. Mentale Zustände wie Überzeugungen (beliefs) und Wünsche (desires) sind Teil der subjektiven Erfahrung und entziehen sich der direkten Beobachtung. Daher braucht es Wörter wie „glauben, denken, wissen" oder „wollen, mögen, wünschen", um mentale Zustände anderen zugänglich machen zu können (Bartsch & Wellman, 1995). Ein besonderer Entwicklungssprung vollzieht sich im vierten Lebensjahr, weil Kinder nun sich selbst und anderen mentale Zustände zuschreiben können, die voneinander differieren. Kinder verstehen, dass eine Person gemäß ihrer Überzeugung handeln wird, auch wenn sie wissen, dass diese Überzeugung falsch ist und nicht mit der Realität übereinstimmt („Er dachte, in der Schachtel sind Smarties. Er wusste nicht, dass da in Wirklichkeit Stifte drin sind" (Jester, 2016, Wellman, Cross, & Watson, 2001).

Eine zunehmende Komplexität zeigt sich auch im Symbolspiel (s. Tab. 1). Zum einen im Spiel selber (z. B. Spielthemen, Handlungsabläufe) und zum anderen in der Interaktion mit den Spielpartnern. Zunächst spielen Kinder ‚nebeneinander her' (Parallelspiel), bevor sie in der Lage sind, andere Kinder ins Symbolspiel mit einzubeziehen und die Handlungen aufeinander abzustimmen (gemeinsames Symbolspiel) (Howes & Matheson, 1992, Stagnitti, 1998). Im gemeinsamen Symbol- und Rollenspiel sind wiederum ToM Fähigkeiten gefragt, denn das Kind muss wissen, welche Informationen der Spielpartner hat bzw. benötigt, damit im Spiel ein gemeinsamer Bezug hergestellt werden kann (Astington & Jenkins, 1995).

Tab. 1: Meilensteine in der kindlichen Entwicklung sozial-kognitiver Fähigkeiten

Alter (Monate)	Symbolspiel	Mentale Begriffe	Theory of Mind
24 – 36	- detailliertere und logische Symbolspielhandlungsabläufe - Spielthemen ergeben sich aus häuslichen oder persönlichen Erfahrungen - Parallelspiel	Gebrauch emotionaler Verben, wie „Ich will/mag (nicht)". Verwendung steigt bis zum 3. Lebensjahr stark an (desire)	Verständnis, dass Menschen unterschiedliche Vorlieben haben und diese abweichend von denen des Kindes sein können
37 – 48	- komplexe Symbolspielhandlungen - Rollenübernahme bekannter und fiktionaler Charaktere - Gemeinsames Symbolspiel - Beginnendes gemeinsames Rollenspiel	Erster Gebrauch kognitiver Begriffe, wie „Ich weiß (nicht), ich denke". Emotionale Begriffe dominieren die Spontansprache (desire-belief)	- Verständnis, was andere Menschen wissen bzw. nicht wissen. - Verhalten anderer wird aufgrund der eigenen Überzeugung erklärt
49 – 60	- Intensive Planung der Spielszene und -abläufe - Spielthemen gehen über persönliche Erfahrungen hinaus - Komplexe Spielhandlungen mit Nebenhandlungen - Elaboriertes gemeinsames Rollenspiel	Deutlicher Anstieg im Gebrauch kognitiver Begriffe. Diese dominieren die Spontansprache, um das Verhalten anderer zu erklären („Er macht das, weil er nicht weiß, dass ...") (belief-desire).	Verhalten anderer wird aufgrund ihrer Überzeugung erklärt, die diskrepant zum Wissen des Kindes ist

2 ToM, mentale Begriffe und Symbolspiel bei Kindern mit SSES

Kinder mit spezifischen Sprachentwicklungsstörungen (SSES) haben Probleme im Symbol- und Rollenspiel mit Gleichaltrigen (Leonard, 1998). Ihnen fällt es schwer, sich in Spielgruppen einzubringen, und sie verlassen sich im Spiel auf den Spielpartner, die Spielhandlungen zu strukturieren und diese um neue Ideen zu erweitern (DeKroon, Kyte, & Johnson, 2002). Obwohl Sprache wesentlich zur Strukturierung des gemeinsamen Symbolspiels beiträgt (Farver, 1992), lassen sich die Probleme im Spiel nicht allein durch die Sprachauffälligkeiten erklären (Leonard, 1998). Alternativ könnte das ToM Verständnis der Kinder im Symbolspiel eine zentrale Rolle spielen.

Kinder mit SSES scheinen in ihrer ToM Entwicklung verzögert zu sein, da sie schlechter bei ToM Aufgaben abschnitten als gleichaltrige Kinder (Farrant, Fletcher, & Maybery, 2006) und ihre Leistungen eher vergleichbar waren mit jüngeren Kindern mit nSE (Andrés-Roqueta, Adrian, Clemente, & Katsos, 2013, Miller, 2001). Erst mit etwa acht Jahren lösten Schulkinder mit SSES die ToM Aufgaben korrekt, die durchschnittlich von normalsprachigen 5-jährigen Kindern gelöst wurden (Perner, Frith, Leslie, & Leekam, 1989). Ebenso scheint der Erwerb mentaler Begriffe verzögert zu sein: 4-jährige Kinder mit SSES nutzten kognitive Verben seltener (Johnston, Miller, & Tallal, 2001) und bezogen sich häufiger auf physiologische Zustände (müde, hungrig) als gleichaltrige Kontrollkinder mit nSE (Carlson & Rescorla, 2002). Zudem war die begriffliche Vielfalt im Gebrauch mentaler Verben eingeschränkt (Johnston et al., 2001). Diese Gruppenunterschiede waren bei Schulkindern nicht mehr evident (Norbury & Bishop, 2003). Es ist jedoch fraglich, ob sich Probleme im ToM-Verständnis gänzlich auflösen. Erwachsene, die im Kindesalter mit einer Sprachentwicklungsstörung diagnostiziert wurden, hatten Schwierigkeiten, das Verhalten von Protagonisten einer Kurzgeschichte zu erklären und bezogen sich seltener auf mentale Zustände als die normalsprachige Kontrollgruppe (Clegg, Hollis, Mawhood, & Rutter, 2005).

Diese Studienergebnisse basieren überwiegend auf englischsprachigen Probanden und zum Gebrauch mentaler Begriffe bei deutschsprachigen Kindern mit SSES lassen sich keine publizierten Studien finden. Das Ziel dieser Studie war es, die Spontansprache im Symbolspiel von Vorschulkindern mit und ohne SSES auf ihre Verwendung von mentalen Begriffen zu analysieren und auf mögliche Zusammenhänge mit ihrem ToM Verständnis zu untersuchen.

3 Methode

3.1 Teilnehmer

Die Kinder waren zwischen 48 und 72 Monaten alt und jedem Kind mit SSES wurde ein Kontrollkind gleichen Geschlechts und Alters (+/- 2 Monate) zugeordnet. Insgesamt nahmen 44 Kinder an der Studie teil (22 mit SSES und 22 mit nSE, davon jeweils 13 Jungen), die durchschnittlich 59 Monate alt waren. Die Eltern der Kinder mit nSE hatten signifikant häufiger einen Universitätsabschluss (59 %) als die Eltern der Kinder mit SSES (10 %). Der Unterschied im sozio-ökonomischen Status (SÖS) wird in den statistischen Analysen berücksichtigt.

3.2 Studiendurchführung

Die Kinder lösten verschiedene ToM Aufgaben (Hofer & Aschersleben, 2004) und jedes Kind nahm an einer 15-minütigen Rollenspielaktivität (Kind-Testleiter-Dyade) teil, die videographiert und anschließend transkribiert wurde. Alle verständlichen und vollständigen kindlichen Äußerungen wurden auf ihren Gebrauch von mentalen Begriffen (Verben, Adjektive, Nomen) analysiert und in drei Kategorien eingeteilt: Emotion (mögen, Angst haben, lustig), Kognition (wissen, glauben, Ahnung haben) und Perzeption (sehen, fühlen, hören) (Kristen et al., 2012).

4 Ergebnisse

4.1 ToM

Kinder mit nSE beantworteten signifikant mehr ToM Aufgaben korrekt als Kinder mit SSES. Diese zeigten deutliche Schwierigkeiten vorherzusagen, dass eine andere Person gemäß ihrer Überzeugung handeln wird, von der die Kinder wussten, dass sie falsch ist. Interessanterweise beantworteten 20 Kinder mit SSES die Kontrollfragen zur falschen Überzeugung korrekt, aber nur 5 Kinder beantworteten die Testfrage richtig. Im Gegensatz beantworteten 20 Kinder mit nSE die Kontrollfragen und 15 die Testfrage korrekt. Im Gegensatz zur Kontrollgruppe scheinen Kinder mit SSES in ihrer ToM Entwicklung verzögert zu sein, da sie das Konzept zur falschen Überzeugung, was einen wesentlichen Schritt in der ToM Entwicklung darstellt, noch nicht erworben haben (Jester & Johnson, 2016, Wellman et al., 2001).

4.2 Mentale Begriffe

Kinder mit nSE verwendeten signifikant häufiger mentale Begriffe und diese qualitativ vielfältiger als Kinder mit SSES. Die drei Kategorien Emotion, Kognition und Perzeption wurden nach Sprachgruppen getrennt analysiert: Kinder mit SSES nutzten signifikant häufiger emotionale Begriffe als kognitive oder perzeptive Begriffe. Ein solches Muster zeigte sich für Kinder mit nSE nicht, die emotionale und kognitive Begriffe etwa gleich häufig gebrauchten. Dies weist auf eine verzögerte Entwicklung im Gebrauch mentaler Begriffe hin. Die Kinder mit SSES befinden sich noch in der Übergangsphase desire-belief, in der emotionale Erklärungen in der Spontansprache dominieren, wohingegen die Kinder mit nSE bereits das Verhalten anderer primär kognitiv begründen (Bartsch & Wellman, 1995).

4.3 Zusammenhänge zwischen ToM, mentalen Begriffen und Symbolspiel

Unabhängig von SÖS und den sprachlichen Fähigkeiten gab es einen signifikanten Zusammenhang zwischen Symbolspiel und dem Gebrauch mentaler Begriffe. Kinder, die stärker im Symbolspiel engagiert waren, bezogen sich häufiger auf mentale Zustände. Die Korrelation zeigt auch, dass der Kontext des Symbolspiels besonders förderlich für den Gebrauch mentaler Begriffe ist (Hughes & Dunn, 1997).

Bei den weiteren Analysen traten unterschiedliche Korrelationen für die beiden Sprachgruppen auf. Bei den Kindern mit nSE korrelierten die ToM Leistungen mit dem Gebrauch mentaler Begriffe – für Kinder mit SSES jedoch nicht. Kinder mit SSES bezogen sich eher auf emotionale Zustände, die nachempfunden werden können und weniger Fähigkeiten zur Repräsentation erfordern. Diese Kinder scheinen die mentalen Zustände des Gegenübers nicht zu repräsentieren, was sich in den schlechteren ToM Leistungen zeigt und die nicht vorhandene Korrelation erklären würde.

5 Fazit

Die Ergebnisse dieser Studie weisen auf eine verzögerte ToM Entwicklung bei Kindern mit SSES hin. Da die Entwicklung von ToM, mentalen Begriffen bzw. Sprache und Symbolspiel miteinander im Wechselspiel stehen, ist nicht auszuschließen, dass Verzögerungen in der ToM Entwicklung sich negativ auf die Gesamtentwicklung auswirken können. Kinder mit SSES, die sich sprachlich nicht adäquat ausdrücken können oder in sozialen (Spiel-)Situationen „auffällig" sind, können von Gleichaltrigen abgewiesen werden. Somit ergeben sich für sie weniger Möglichkeiten zur Interaktion und der Mangel an Erfahrung kann sich wiederum negativ auf die ToM Entwicklung auswirken.

Für die sprachtherapeutische Praxis bedeutet dies, dass Perspektivwechsel und unterschiedliche Meinungen und Gefühle für Kinder mit SSES erfahrbar und diese auch verbalisiert werden sollten. Dies kann z. B. durch explizite Rollenwechsel im Spiel oder das Herausarbeiten unterschiedlicher mentaler Zustände von Protagonisten in Bilder-bzw. Kinderbüchern geschehen (Jester, 2016).

Literatur

Andrés-Roqueta, C., Adrian, J. E., Clemente, R. A., & Katsos, N. (2013). Which are the best predictors of theory of mind delay in children with specific language impairment? *International Journal of Language and Communication Disorders, 48 (6)*, 726-737.

Astington, J. W. (2000). *Wie Kinder das Denken entdecken.* München: Ernst Reinhardt.

Astington, J. W., & Jenkins, J. M. (1995). Theory of mind development and social understanding. *Cogniton and Emotion, 9 (2-3)*, 151-165.

Bartsch, K., & Wellman, H. M. (1995). *Children talk about the mind.* New York: Oxford University Press.

Carlson Lee, E., & Rescorla, L. (2002). The use of psychological state terms by late talkers at age 3. *Applied Psycholinguistics, 29 (1)*, 623-641.

Clegg, J., Hollis, C., Mawhood, L., & Rutter, M. (2005). Developmental language disorders – a follow-up in later adult life. Cognitive, language and psychosocial outcomes. *Journal of Child Psychology and Psychiatry, 46 (2)*, 128-149.

DeKroon, D. M. A., Kyte, C. S., & Johnson, C. J. (2002). Partner influences on the social pretend play of children with language impairments. *Language, Speech, and Hearing Services in Schools, 33 (4)*, 253-267.

Farrant, B. M., Fletcher, J., & Maybery, M. T. (2006). Specific language impairment, theory of mind, and visual perspective taking: Evidence for simulation theory and the developmental role of language. *Child Development, 77 (6),* 1842-1853.

Farver, J. A. M. (1992). Communicating shared meaning in social pretend play. *Early Childhood Research Quarterly, 7 (4),* 501-516.

Hofer, T., & Aschersleben, G. (2004). „Theory of Mind"-Skala für 3- bis 5-jährige Kinder. München: Max Planck Institut für Kognitions- und Neurowissenschaften, Arbeitsbereich Psychologie.

Howes, C., & Matheson, C. C. (1992). Sequences in the development of competent play with peers: Social and social pretend play. *Developmental Psychology, 28 (5),* 961-974.

Hughes, C., & Dunn, J. (1997). „Pretend you didn't know": Preschoolers' talk about mental states in pretend play. *Cognitive Development, 12 (4),* 381-403.

Jester, M. (2016). Möglichkeiten der Förderung von Theory of Mind Konzepten bei Kindern mit Sprachentwicklungsstörungen. *Praxis Sprache, 61 (1),* 6-12.

Jester, M., & Johnson, C. J. (2016). Differences in theory of mind and pretend play associations in children with and without specific language impairment. *Infant and Child Development, 25 (1),* 24-42.

Johnston, J. R., Miller, J., & Tallal, P. (2001). Use of cognitive state predicates by language-impaired children. *International Journal of Communication Disorders, 36 (3),* 349-370.

Kristen, S., Sodian, B., Licata, M., Thoermer, C., & Poulin-Dubois, D. (2012). The development of internal state language during the third year of life: a longitudinal parent report study. *Infant and Child Development, 21 (6),* 634-645.

Leonard, L. B. (1998). *Children with specific language impairment.* Cambridge, MA: MIT.

Miller, C. A. (2001). False belief understanding in children with specific language impairment. *Journal of Communication Disorders, 34 (1),* 73-86.

Norbury, C. F., & Bishop, D. V. M. (2003). Narrative skills of children with communication impairments. *International Journal of Language and Communication Disorders, 38 (3),* 287-313.

Perner, J., Frith, U., Leslie, A. M., & Leekam, S. R. (1989). Exploration of the autistic child's theory of mind: Knowledge, belief, and communication. *Child Development, 60 (3),* 689-700.

Stagnitti, K. (1998). *Learn to play.* Melbourne, Australia: Co-ordinates Publications.

Wellman, H. M., Cross, D., & Watson, J. (2001). Meta-analysis of theory-of-mind development: The truth about false belief. *Child Development, 72 (3),* 655-684.

Interventionen bei sprachlichen und schriftsprachlichen Inhalten

Fokus: Morphologie und Syntax

Tanja Ulrich

Grammatische Fähigkeiten deutschsprachiger Kinder zwischen vier und neun Jahren mit Fokus auf dem Kasuserwerb

1 Theoretischer Hintergrund

1.1 Wissen über den ungestörten Grammatikerwerb

Differenziertes Wissen über den ungestörten Verlauf des Grammatikerwerbs stellt die Voraussetzung dar, um abweichende oder gestörte Erwerbsverläufe beurteilen zu können, diagnostische Entscheidungen zuverlässig und begründet treffen zu können sowie eine theoretisch fundierte, entwicklungsorientierte Therapie- und Förderplanung umzusetzen.

Der aktuelle Kenntnisstand zum ungestörten Grammatikerwerb im Deutschen basiert in erster Linie auf kasuistischen Untersuchungen der Spontansprache (Clahsen, 1982: N= 3, Tracy (1991): N= 4, Szagun (2013): N= 22). Während darüber hinaus weitere empirische Untersuchungen existieren, die sich jeweils mit einer spezifischen grammatischen Struktur und deren Erwerb beschäftigten, wurde in den drei oben genannten Untersuchungen die Darstellung der *gesamten* grammatischen Entwicklung unter Berücksichtigung verschiedener Teilbereiche angestrebt.

Auf der Grundlage dieser Daten wird in aktuellen Lehrwerken der Sprachheilpädagogik der weitgehende Abschluss des Grammatikerwerbs bis zu einem Alter von vier Jahren postuliert (Szagun, 2007, Siegmüller, 2013).

Für einige grammatische Strukturen, vor allem den Erwerb der Kasusmorphologie, wird jedoch ein deutlich längerer Erwerbszeitraum vermutet (Motsch, 2010, Kauschke, 2012, Siegmüller, 2013). Aufgrund des Mangels an empirischen Untersuchungen bleiben solche Annahmen jedoch auf spekulativer Basis. Ein Forschungsdesiderat stellt somit die Erhebung von aussagekräftigen Daten zum Grammatikerwerb jenseits des bislang untersuchten Zeitraums der ersten vier Lebensjahre dar.

Das Forschungsprojekt GED 4-9 verfolgt das Ziel, erstmals den ungestörten Grammatikerwerb deutschsprachiger Kinder zwischen vier und neun Jahren anhand einer umfassenden, repräsentativen Stichprobe zu dokumentieren und so verlässliches Grundlagenwissen für die sprachheilpädagogische Diagnostik, Therapie und Förderung zu generieren (Motsch & Becker, 2014).

Innerhalb des Gesamtprojekts wurden folgende syntaktische und morphologische Strukturen erfasst:

- die Verbzweitstellungsregel im Hauptsatz
- die Verbendstellungsregel im subordinierten Nebensatz
- die Fähigkeit, Passivkonstruktionen bilden zu können
- die Korrektheit der Genuszuordnung
- die Subjekt-Verb-Kontroll-Regel
- die Korrektheit der Pluralmarkierung
- die Kasusmarkierung für Akkusativ, Dativ und Genitiv.

Im Rahmen dieses Beitrags sollen ausgewählte Ergebnisse hinsichtlich des Erwerbs der Kasusmorphologie für Akkusativ und Dativ dargestellt werden (vgl. dazu auch Ulrich et al., 2016).

1.2 Aktueller Kenntnisstand zum Kasuserwerb im Deutschen

Um die Frage beantworten zu können, in welchem Alter spracherwerbende Kinder die Kasusmarkierungen des Deutschen beherrschen, ist es wichtig, zwischen dem Entdecken einer Formveränderung einerseits und dem Erwerb einer Regel andererseits zu unterscheiden. Bereits sehr früh im Spracherwerb gebrauchen kleine Kinder erste kasusmarkierte Formen in ihrer Spontansprache, die sie als Ganzheiten auswendig gelernt haben und die noch keine tatsächlichen Kompetenzen zur Kasusmarkierung anzeigen (z. B. „Gib mir das!"). Erst wenn Kinder eine ganze Vielzahl solcher Äußerungen gehört haben, können sie Gemeinsamkeiten und Unterschiede zwischen ihnen entdecken und so Regularitäten und Muster ableiten. So wird die ganzheitliche Produktion einzelner kasusmarkierter Formen allmählich abgelöst vom regelgeleitetem Gebrauch bestimmter Kasusmarkierungen (Tomasello, 2001, Szagun, 2013, Ulrich et al., 2016).

Der vollständige Erwerb einer grammatischen Regel oder Struktur wird – angelehnt an die von Brown (1973) erstmals vorgeschlagene Konvention – in der Regel über die Korrektheit dieser Struktur in mindestens 90 Prozent aller obligatorischen Kontexte bestimmt (Bittner, 2013, Szagun, 2013, Kannengieser, 2015).

Bezüglich der Frage, wann die ersten kasusmarkierten Formen in der Spontansprache von Kindern produziert werden, gibt es eine Reihe von empirischen Untersuchungen (z. B. Clahsen, 1982, 1984, Mills, 1985, Tracy, 1986, Szagun, 2004, 2013). Sie zeigen, dass erste kasusmarkierte Artikel sowie Pronomen bereits vor dem dritten Geburtstag der Kinder verwendet werden. Unklar ist hingegen der Zeitpunkt, an dem der *regelhafte* Erwerb der Kasusmarkierungen abgeschlossen ist. Untersuchungen von Szagun (2013) sowie Scherger (2015) deuten auf einen Abschluss des Akkusativerwerbs bis zum vierten Geburtstag der Kinder hin.

Hinsichtlich des Dativerwerbs gibt es allein die Vermutung, dass dieser erst im Laufe des Grundschulalters vollständig abgeschlossen sei (Motsch, 2010, Scherger, 2015). Insgesamt muss die empirische Basis für den Zeitpunkt des abgeschlossenen Kasus-

erwerbs – sowohl für den Akkusativ als auch für den Dativ – als äußerst dünn bezeichnet werden (Ulrich et al., 2016).
Die meisten empirischen Untersuchungen gehen von einer universellen Erwerbsequenz Akkusativ vor Dativ aus (Clahsen, 1982, Tracy, 1986, Bittner, 2013). Allein Szagun (2004, 2013) zweifelt auf der Grundlage ihrer Daten an, dass diese strikte Reihenfolge bei allen Kindern in allen Erwerbsphasen allgemein gültig sei (Ulrich et al., 2016).

1.3 Ausgewählte Forschungsfragen
Im Rahmen dieses Beitrags sollen zwei ausgewählte Fragestellungen aus dem Forschungsprojekt GED 4-9 in den Blick genommen werden.
1. Lässt sich der Zeitpunkt des *abgeschlossenen* Kasuserwerbs für Akkusativ und Dativ anhand der umfassenden Stichprobe von Kindern zwischen vier und neun Jahren eindeutig bestimmen?
2. Lässt sich die häufig postulierte Annahme einer universellen Erwerbssequenz Akkusativ vor Dativ im Rahmen der vorliegenden Untersuchung bestätigen?

2 Forschungsprojekt GED 4-9

2.1 Untersuchungsstichprobe
Das multizentrische Forschungsprojekt GED 4-9 stellt eine Kooperation der Universität zu Köln (verantwortlich: Prof. Dr. H.-J. Motsch), der Universität Hannover (verantwortlich: Prof. Dr. U. Lüdtke) und der PH Heidelberg (verantwortlich: Dr. M. Berg) unter Gesamtleitung von Prof. Dr. Motsch dar.
Im Zeitraum von 2013 bis 2014 wurden in NRW, Niedersachsen und Baden-Württemberg Daten zu den grammatischen Fähigkeiten von insgesamt 968 Kindern erhoben. Alle Kinder in der Untersuchungsstichprobe wuchsen monolingual deutsch auf. Für die Zusammensetzung der Stichprobe wurde darauf geachtet, dass sich in jeder Altersgruppe ein vergleichbar hoher Anteil von Kindern aus ländlichen und städtischen Regionen sowie von Mädchen und Jungen befand. Zudem war das elterliche Bildungsniveau über die Altersgruppen vergleichbar verteilt. Kinder mit Sprachauffälligkeiten wurden *nicht* aus der Untersuchungsstichprobe ausgeschlossen.

2.2 Erhebungsinstrument
Die grammatischen Fähigkeiten der Kinder wurden mit einer weiterentwickelten Version des Diagnostikverfahrens ESGRAF-R (Motsch, 2013) erfasst. Für die Erhebung im Forschungsprojekt wurden die Anzahl der evozierten Items, die Testdurchführung, -instruktion und -auswertung standardisiert. Zudem wurden einige Unter-

tests hinzugefügt (Motsch & Becker, 2014). Die Testgüte des Instruments wurde im Rahmen einer Voruntersuchung an N= 113 Kindern bestätigt (Rietz & Motsch, 2014). Sowohl für den Akkusativ als auch für den Dativ wurden jeweils 24 Kasusmarkierungen am bestimmten Artikel in Nominal- und Präpositionalphrasen evoziert (Ulrich et al., 2016).

3 Ergebnisse und Diskussion

Zur Beantwortung der ersten Forschungsfrage wurde sowohl die durchschnittliche Korrektheit der Kasusmarkierungen für alle Kinder einer Alterskohorte berechnet als auch für jedes einzelne Kind das Erreichen des 90 %-Korrektheitskriteriums bestimmt.

Die vierjährigen Kinder markierten im Durchschnitt 78 % der evozierten Akkusativkontexte korrekt, erst die achtjährigen Kinder erreichten einen Mittelwert von 90 % korrekten Kasusmarkierungen. Ein *abgeschlossener* Erwerb des Akkusativs, also mindestens neunzigprozentige Korrektheit in obligatorischen Kontexten, konnte nur für ein Viertel aller vierjährigen, die Hälfte aller sechsjährigen und zwei Drittel aller achtjährigen Kinder beobachtet werden (Ulrich et al., 2016).
Die vorliegenden Daten widerlegen somit die Annahme, dass *alle* Kinder mit ihrem 4. Geburtstag den Akkusativerwerb abgeschlossen hätten. Nach den vorliegenden Erhebungen gilt dies nur für die besten 25 % aller vierjährigen Kinder.

Hinsichtlich des Dativs zeigte sich eine noch größere Varianz der erreichten Werte als für den Akkusativ. So markierten die stärksten 25 % aller Vierjährigen bereits 83 % der Dativkontexte korrekt, während dies für die schwächsten 25 % nur in jedem vierten Fall zutraf. Ein *abgeschlossener* Dativerwerb wurde nur bei einem Viertel aller Vierjährigen, 45 % der Sechsjährigen und 69 % aller Achtjährigen beobachtet.
Die vorliegenden Daten belegen somit, dass sich der vollständige Erwerb des Dativs auch für viele sprachnormale Kinder bis weit hinein ins Grundschulalter zieht. Zudem zeigt sich durch die vorliegende Erhebung an einer umfangreichen Gruppe von Kindern erstmals die große Varianz dessen, was als normaler Kasuserwerb, vor allem im Bereich des Dativs bezeichnet werden kann (Ulrich et al., 2016).

Zusammenfassend lässt sich die erste Forschungsfrage dahingehend beantworten, dass ein Drittel der untersuchten Kinder im Alter von 8 Jahren das Erwerbskriterium für Akkusativ oder Dativ noch nicht erreicht hatte. Der Zeitpunkt, an dem *alle* Kinder den Kasuserwerb abgeschlossen haben, kann auf der Grundlage der vorliegenden

Daten – trotz Berücksichtigung von Kindern bis zum neunten Lebensjahr – somit nicht eindeutig bestimmt werden.

Hinsichtlich der Erwerbssequenz bestätigen die Daten für die jüngeren Kinder eine höhere Korrektheit im Akkusativ gegenüber dem Dativ. Grundsätzlich scheint der Akkusativ- somit dem Dativerwerb voran zu gehen. Der *Abschluss* des Erwerbs liegt aber offenbar zeitlich recht nah beieinander. Zudem hatte in jeder untersuchten Altersgruppe ein Teil der Kinder den Dativerwerb bereits abgeschlossen, den Akkusativerwerb jedoch noch nicht (Ulrich et al., 2016).

Für die sprachheilpädagogische Diagnostik, Therapie und Förderung ergeben sich aus den Daten folgende Implikationen:
Aufgrund der hohen Varianz des Kasuserwerbs ist eine diagnostische Differenzierung von normalen gegenüber auffälligen Kasusfähigkeiten nur über einen Vergleich mit einer entsprechend großen Normstichprobe in einem standardisierten Testverfahren möglich. Mit der ESGRAF 4-8 (Motsch & Rietz, 2016) steht demnächst ein solches Verfahren zur Verfügung. In der Therapie erscheint es sinnvoll, grundsätzlich erst mit der Arbeit am Akkusativ zu beginnen, um in das Kasussystem einzusteigen. Da einige Kinder aber offenbar zuerst den Dativ- und dann den Akkusativerwerb abschließen, ermöglicht dies den Praktikern eine größere Flexibilität bei der Auswahl der Förderziele (Ulrich & Mayer, 2016).

4 Ausblick

Im Rahmen der vorliegenden Untersuchung wurde für die Markierung des Akkusativs und des Dativs ein Erwerbsverlauf bis weit hinein ins Grundschulalter aufgezeigt. Darüber hinaus liefern die Ergebnisse des Forschungsprojekts auch neue Erkenntnisse hinsichtlich der grammatischen Strukturen, die traditionell als „früh erworben" bezeichnet werden, wie zum Beispiel der Verbzweitstellungsregel im Hauptsatz. So erreichen auch hier eine Reihe der sprachunauffälligen Kinder das Kriterium neunzigprozentiger Korrektheit erst im Grundschulalter. Die Annahme eines schnellen und mühelosen Grammatikerwerbs innerhalb der ersten vier Lebensjahre muss somit revidiert werden.

Literatur

Bittner, D. (2013). Grammatische Entwicklung. In S. Ringmann & J. Siegmüller (Hrsg.), *Handbuch Spracherwerb und Sprachentwicklungsstörungen. Schuleingangsphase (S. 51-76).* München: Elsevier.

Brown, R. (1973). *A first language.* Cambridge: Harvard University Press.

Clahsen, H. (1982). *Spracherwerb in der Kindheit. Eine Untersuchung zur Entwicklung der Syntax bei Kleinkindern.* Tübingen: Gunter Narr.

Clahsen, H. (1984). Der Erwerb von Kasusmarkierungen in der deutschen Kindersprache. *Linguistische Berichte, 89,* 1-31.

Kannengieser, S. (2015). *Sprachentwicklungsstörungen* (3. Aufl.). München: Elsevier.

Kauschke, C. (2012). *Kindlicher Spracherwerb im Deutschen. Verläufe, Forschungsmethoden, Erklärungsansätze.* Berlin: De Gruyter.

Mills, A. E. (1985). The Acquisition of German. In D. I. Slobin (Hrsg.), *The Crosslinguistic Study of Language Acquisition. Volume 1: The Data (S. 141-254).* Hillsdale, New Jersey: Lawrence Erlbaum Associates.

Motsch, H. J., & Becker, L.-M. (2014). Grammatikerwerb deutschsprachiger Kinder zwischen 4 und 9 Jahren (GED 4-9). *Vierteljahreszeitschrift für Heilpädagogik und ihre Nachbargebiete (VHN), 1,* 71-73.

Motsch, H. J., & Rietz, C. (2016). *ESGRAF 4-8.* München: E. Reinhardt.

Motsch, H.-J. (2010). *Kontextoptimierung. Evidenzbasierte Intervention bei grammatischen Störungen in Therapie und Unterricht* (3. Aufl.). München: Ernst Reinhardt.

Motsch, H.-J. (2013). *ESGRAF-R. Modularisierte Diagnostik grammatischer Störungen* (2. Aufl.). München: E. Reinhardt.

Rietz, C., & Motsch, H. J. (2014). Testtheoretische Absicherung der ESGRAF 4-9. *Empirische Sonderpädagogik, 4,* 300-312.

Scherger, A.-L. (2015). Kasus als klinischer Marker im Deutschen. *L.O.G.O.S. interdisziplinär, 23 (3),* 164-175.

Siegmüller, J. (2013). Entwicklung der Grammatik. In A. Fox-Boyer (Hrsg.), *Handbuch Spracherwerb und Sprachentwicklungsstörungen – Kindergartenphase (S. 15-23).* München: Elsevier.

Szagun, G. (2004). Learning by ear: on the acquisition of case and gender marking by German-speaking children with normal hearing and with cochlear implants. *Journal of Child Language, 31 (1),* 1–30.

Szagun, G. (2007). Grammatikentwicklung. In H. Schöler & A. Welling (Hrsg.), *Sonderpädagogik der Sprache (S. 29–42).* Göttingen: Hogrefe.

Szagun, G. (2013). *Sprachentwicklung beim Kind. Ein Lehrbuch* (5. Aufl.). Weinheim, Basel: Beltz.

Tomasello, M. (2001). The Items-Based Nature of Children's Early Syntactic Development. In E. Bates & M. Tomasello (Hrsg.), *Language development. The essential readings (S. 169-186)*. Malden, Mass, Oxford, UK: Blackwell Publishers.

Tracy, R. (1986). The acquisition of case morphology in German. *Linguistics, 24,* 47-78.

Tracy, R. (1991). *Sprachliche Strukturentwicklung. Linguistische und kognitionspsychologische Aspekte des Erstspracherwerbs.* Tübingen: Gunter Narr.

Ulrich, T., & Mayer, A. (2016). Wo haben sich die Bauernhoftiere versteckt? Eine Unterrichtsstunde zur Förderung der Dativmarkierung. *Sprachförderung und Sprachtherapie in Schule und Praxis, 5 (1),* 34-41.

Ulrich, T., Penke, M., Berg, M., Lüdtke, U., & Motsch, H. J. (im Druck). Der Dativerwerb – Forschungsergebnisse und ihre therapeutischen Konsequenzen. *L.O.G.O.S. interdisziplinär, 24.*

Margit Berg, Hubertus Hatz, Bettina Janke

Produktive und rezeptive Grammatikentwicklung von Kindern mit SSES von der Einschulung bis zum Ende der 2. Klasse – Ergebnisse aus der Ki.SSES-Studie

1 Die Ki.SSES-Studie

Der Beitrag beschäftigt sich mit einer Teilfragestellung aus der Ki.SSES-Proluba-Studie („Kinder mit Spezifischer Sprachentwicklungsstörung – eine prospektive Längsschnittstudie bei unterschiedlichen Bildungsangeboten"), die von 2011 bis 2015 als Verbundprojekt der Pädagogischen Hochschule Heidelberg (Leitung: B. Janke) und der Universität Leipzig (Leitung: C. W. Glück) durchgeführt wurde (Forschungsgruppe Ki.SSES-Proluba, 2014). Das Vorhaben wurde mit Mitteln des Bundesministeriums für Bildung und Forschung unter den Förderkennzeichen 01JC1102A und 01JC1102B gefördert.

Die zentrale Fragestellung der Ki.SSES-Studie ergab sich aus der aktuellen Ausweitung inklusiver Bildungsangebote auch für Kinder mit einem sonderpädagogischen Förderbedarf im Schwerpunkt Sprache: Während für andere Förderschwerpunkte bereits umfangreichere Ergebnisse in Bezug auf die inklusive Beschulung vorlagen, fehlten diese zu Beginn der Ki.SSES-Studie in Bezug auf Kinder mit spezifischer Sprachentwicklungsstörung (SSES) noch weitgehend. So war es ein zentrales Anliegen, zu differenzierteren Kenntnisse über den Entwicklungsverlauf von Kindern mit SSES zu gelangen und dabei unterschiedliche Bildungsangebote in den Blick zu nehmen. Neben der sprachlichen Entwicklung wurden die Schulleistungen in Deutsch und Mathematik sowie Aspekte der emotionalen und sozialen Entwicklung untersucht.

Die Ki.SSES-Proluba-Studie wurde in Baden-Württemberg als Längsschnittstudie von der Einschulung bis zum Ende der zweiten Klasse durchgeführt. In die Gesamtstichprobe wurden 94 Kinder mit SSES aufgenommen, von denen 69 eine Schule für Sprachbehinderte und 25 eine allgemeine Grundschule besuchten und dort sprachheilpädagogisch unterstützt wurden. Als Kontrollgruppe wurden 80 Kinder mit typischer Sprachentwicklung einbezogen. Bei allen beteiligten Schülerinnen und Schülern lagen ein monolingualer Erwerb der deutschen Sprache sowie ein mindestens durchschnittliches Ergebnis in der mit der Grundintelligenztest-Skala 1 (CFT-1; Cattell, Weiß & Osterland, 1991) erfassten nonverbalen Intelligenz (IQ $\geq$ 85) vor. Auf die sprachlichen Eingangsvoraussetzungen wird in Punkt 2.1. eingegangen.

2 Erfassung und Beschreibung der grammatischen Fähigkeiten im Rahmen der Ki.SSES-Studie

2.1 Fragestellungen im Bereich Grammatik

Bei Kindern mit spezifischer Sprachentwicklungsstörung bestehen in vielen Fällen grammatische Störungen bis in das Schulalter hinein fort (Motsch, 2010, Berg, 2011). Die Schwierigkeiten in der Grammatikproduktion werden häufig von Problemen im Dekodieren grammatischer Strukturen begleitet. So zählt die Unterstützung sprach-entwicklungsgestörter Kinder in der Weiterentwicklung produktiver und rezeptiver grammatischer Fähigkeiten – unabhängig von der Beschulungsform – zu den bedeutsamen sprachheilpädagogischen Aufgaben.

Daraus ergaben sich konkrete Anliegen für die Untersuchung der grammatischen Entwicklung innerhalb der Ki.SSES-Studie: Einerseits sollte der Stand der grammatischen Entwicklung der Kinder mit SSES mit dem Entwicklungsstand sprachunauffälliger Kinder verglichen werden, andererseits wurde ein Vergleich der Kinder mit SSES in unterschiedlichen Schulformen (allgemeine Grundschule mit sprachheilpädagogischer Unterstützung versus Schule für Sprachbehinderte) vorgenommen. Es wurden sowohl produktive als auch rezeptive grammatische Fähigkeiten erhoben.

2.2 Untersuchungsinstrumente und sprachliche Einschlusskriterien

Die erste Untersuchung des grammatischen Entwicklungsstandes erfolgte sowohl bei den Kindern mit SSES als auch bei der sprachunauffälligen Kontrollgruppe bereits bei der Feststellung der Einschlusskriterien in die Studie, also zum Zeitpunkt der Einschulung. Erfasst wurden dabei entweder mit Subtests aus dem Sprachentwicklungstest für drei- bis fünfjährige Kinder (SETK 3-5; Grimm, Aktas, & Frevert, 2001) oder aus dem Heidelberger Sprachentwicklungstest (HSET; Grimm & Schöler, 1991)

- die Fähigkeit zur morphologischen Regelbildung (SETK 3-5 Subtest „Morphologische Regelbildung" (MR) oder HSET Subtest „Plural-Singular" (PS)) und
- die Fähigkeit, vorgesprochene Sätze grammatikalisch korrekt nachzusprechen (SETK 3-5 Subtest „Satzgedächtnis" (SG) oder HSET Subtest „Imitation grammatischer Strukturformen" (IS)).

Zusätzlich wurden Maße der auditiven Speicherfähigkeit erhoben, und zwar entweder mit dem SETK 3-5-Subtest „Phonologisches Arbeitsgedächtnis für Nichtwörter" (PGN), in dem Kunstwörter vorgegeben und vom Kind nachgesprochen werden, oder mit dem Subtest „Zahlennachsprechen" (ZN) aus der Kaufman Assessment Battery for Children (K-ABC; Melchers & Preuß, 2006).
Als sprachliches Einschlusskriterium wurde festgelegt, dass

- Kinder mit unterdurchschnittlichen Ergebnissen (T-Wert < 40) in mindestens zwei der drei durchgeführten Tests als Kinder mit SSES und
- nur Kinder mit mindestens durchschnittlichen Ergebnissen (T-Wert ≥ 40) in mindestens zwei der drei durchgeführten Tests als „Kinder mit typischer Sprachentwicklung" (sprachunauffällig)

galten. Die genannten Verfahren zur Feststellung der Einschlusskriterien wurden am Ende der zweiten Klasse ein zweites Mal durchgeführt. Zu diesem Zeitpunkt kam allerdings in keinem Fall mehr der SETK 3-5 zum Einsatz, sondern durchgängig die jeweils vorgesehenen Subtests des HSET und der K-ABC.

In der Vorbereitung der Studie wurde das informelle Verfahren „Morphologische und syntaktische Entwicklung – Produktion" (MuSE-Pro; Berg, 2015) neu entwickelt. Dieses wurde zu drei Zeitpunkten (Einschulung, Ende der ersten und Ende der zweiten Klasse) ausschließlich mit den Kindern mit SSES durchgeführt. Mit diesem Verfahren konnte die Entwicklung der Grammatikproduktion auf der Ebene einzelner Zielstrukturen (Subjekt-Verb-Kongruenz, Verbzweitstellung, Akkusativ, Dativ, Nebensatz) beschrieben werden.

Bei den spezifisch sprachentwicklungsgestörten Kindern wurde zudem zu zwei Zeitpunkten (Einschulung und Ende der zweiten Klasse) das Verständnis grammatischer Strukturen mit dem „Test zur Überprüfung des Grammatikverständnisses" (TROG-D, Fox, 2011) erfasst.

2.3 Ergebnisse

Erwartungsgemäß lagen die Ergebnisse der sprachentwicklungsgestörten Kinder in den ausgewählten Grammatik-Subtests des HSET signifikant unter den entsprechenden Ergebnissen der Kinder mit typischer Sprachentwicklung. Auch im auditiven Gedächtnis zeigte sich ein signifikanter Leistungsunterschied. Besonders groß war der Abstand in der Bewältigung der komplexen Anforderung, vorgesprochene Sätze nachzusprechen: Hier lagen die Ergebnisse der Kinder mit SSES nahezu zwei Standardabweichungen unter dem Mittelwert und damit im weit unterdurchschnittlichen Bereich. Am Ende der zweiten Klasse hatten sie ihren Rückstand in den T-Werten der Grammatiktests überwiegend nicht aufgeholt.

Dieses auf den ersten Blick ernüchternde Ergebnis relativiert sich allerdings, wenn man die Rohwerte in die Betrachtung einbezieht: In den Rohwerten erreichten die sprachentwicklungsgestörten Kinder signifikante Fortschritte sowohl in der morphologischen Regelbildung (HSET-Subtest PS) als auch in der Imitation grammatischer Strukturen (HSET-Subtest IS) (Berg & Janke, angenommen).

Die grammatische Weiterentwicklung der Kinder mit SSES bildet sich auch im MuSE-Pro ab. In allen dort überprüften grammatischen Strukturen (Subjekt-Verb-Kongruenz, Verbzweitstellung, Akkusativ, Dativ, Nebensatz) ist der Anteil korrekt produzierter Formen in den ersten beiden Schuljahren signifikant angestiegen. Die Ergebnisse dokumentieren, dass die Mehrzahl der sprachentwicklungsgestörten Kinder am Ende der zweiten Klasse sowohl die Subjekt-Verb-Kontrollregel als auch die Verbzweitstellungsregel im Hauptsatz erworben hat. Anders verhält es sich mit dem Kasus: Trotz eines individuellen Anstiegs der korrekten Kasusmarkierungen besteht für die Mehrzahl der Kinder mit Sprachentwicklungsstörungen auch nach den ersten beiden Schuljahren noch ein Förderbedarf im Bereich des Akkusativs und in noch höherem Maße des Dativs.

Bei der Einschulung zeigte mehr als die Hälfte der Kinder mit SSES auch im TROG-D, also im Grammatikverständnis, unterdurchschnittliche Leistungen. Am Ende der zweiten Klasse liegt der T-Wert zwar signifikant höher als zwei Jahre zuvor, aber immer noch an der Grenze zum unterdurchschnittlichen Bereich.

Im Verlauf der ersten beiden Schuljahre sind für Kinder mit SSES also signifikante Fortschritte der Grammatikentwicklung auf produktiver und rezeptiver Ebene nachweisbar. Diese zeigen sich sowohl in der Schule für Sprachbehinderte als auch in allgemeinen Schulen. Dabei ist jedoch zu beachten, dass die Kinder mit SSES in den inklusiven bzw. integrativen Beschulungsformen eine spezifische sprachheilpädagogische Unterstützung erhalten haben.

Dennoch konnten in beiden Beschulungsformen viele Kinder nicht zum Entwicklungsstand sprachunauffälliger Gleichaltriger aufschließen und zeigen einen anhaltenden Förder- und Therapiebedarf.

3 Konsequenzen für die Praxis

3.1 Diagnostik

Die Ergebnisse zeigen, dass sich die grammatischen Fähigkeiten bei Kindern mit SSES im Laufe der ersten beiden Schuljahre weiterentwickeln. Da die Planung sprachtherapeutischer Interventionen auf die Kenntnis des individuellen Entwicklungsstands des Kindes angewiesen ist (Berg, 2011; Motsch 2010), ergibt sich aus diesem Befund die Notwendigkeit einer regelmäßigen Durchführung diagnostischer Verfahren. Nur so kann das jeweils relevante nächste Förderziel auf der Ebene konkreter grammatischer Zielstrukturen festgelegt werden.

Die Durchführung normierter Verfahren bietet die erforderlichen Informationen, um überhaupt einen sonderpädagogischen Förderbedarf festzustellen. Die konkrete Festlegung des Therapieziels ist darüber hinaus jedoch darauf angewiesen, einzelne grammatische Zielstrukturen zu erfassen. Hierfür sind informelle Verfahren, evozierte Sprachproben oder (allerdings sehr zeitaufwändige) Spontansprachproben ergänzend hinzuzuziehen (Berg, 2014).

Zudem macht der hohe Anteil der sprachentwicklungsgestörten Kinder, bei denen auch das Satzverständnis eingeschränkt ist, deutlich, dass die Sprachdiagnostik sich nicht auf produktive Verfahren beschränken darf. Auch das Sprachverständnis sollte einbezogen werden, zumal Sprachverständnisstörungen ein erhebliches Entwicklungsrisiko für die betroffenen Kinder darstellen und sowohl den Lernerfolg gefährden als auch Auswirkungen auf die soziale Entwicklung haben können (Hachul & Schönauer-Schneider, 2009).

3.2 Therapie und Unterricht

Es bestätigt sich, dass bei Kindern mit spezifischer Sprachentwicklungsstörung grammatische Störungen in das Schulalter hineinreichen und hier in vielen Fällen ein erheblicher Förderbedarf besteht.

Auf die festgestellten Satzverständnisschwierigkeiten muss die Schule durch einen sprachsensiblen Unterricht mit Merkmalen wie zum Beispiel „Vereinfachung der Lehrersprache" und „Textvereinfachungen", aber auch mit der gezielten Erarbeitung neuer sprachlicher Formen und einem damit einhergehenden Aufbau des Sprachverständnisses reagieren. Zudem kann das inhaltliche Lernen durch den Einsatz nicht-sprachlicher Hilfen und Veranschaulichungsmittel (z. B. Bilder, Modelle, Handlungen, Rollenspiele) erleichtert werden. Neben der Aufgabe, dies in selbst durchgeführten Unterrichtsstunden umzusetzen, stehen Sprachheilpädagoginnen und -pädagogen zunehmend auch vor der Aufgabe, die Kolleginnen und Kollegen im Regelschulbereich für diese Aufgabe zu sensibilisieren und sie bei der Umsetzung zu unterstützen.

Sprachtherapeutische Maßnahmen im Bereich der Grammatik zielen auf den jeweils nächsten Entwicklungsschritt und stellen konkrete grammatische Zielstrukturen in den Vordergrund. In der ersten Klasse erweist sich hier für viele Kinder noch der Erwerb der Subjekt-Verb-Kongruenz und der Verbzweitstellungsregel als Hauptaufgabe. Im weiteren Verlauf zeigt sich, dass der Kasusförderung besondere Bedeutung zukommt. Im Akkusativerwerb verlaufen die Fortschritte dabei schneller als im Dativerwerb. Für diesen ist daher mit einem länger andauernden Förderbedarf zu rechnen.

Zusammenfassend verweisen die Ergebnisse der Ki.SSES-Studie darauf, dass bei Kindern mit SSES, die eine spezifische sprachheilpädagogische Unterstützung erhalten haben, im Verlauf der ersten beiden Schuljahre auf grammatischer Ebene Fortschritte festzustellen sind. In vielen Fällen besteht allerdings weiterhin ein Förderbedarf.

Literatur

Berg, M. (2015). *MuSE-Pro – Überprüfung grammatischer Fähigkeiten bei 5 bis 8-jährigen Kindern. Manual.* München: Ernst Reinhardt.
Berg, M. (2014). Diagnostik. In M. Grohnfeldt (Hrsg.), *Grundwissen der Sprachheilpädagogik und Sprachtherapie (S. 342-346).* Stuttgart: Kohlhammer.
Berg, M. (2011). *Kontextoptimierung im Unterricht. Praxisbausteine für die Förderung grammatischer Fähigkeiten.* München: Ernst Reinhardt.
Berg, M., & Janke, B. (angenommen). Grammatikentwicklung von Kindern mit SSES in den ersten beiden Schuljahren. *L.O.G.O.S. interdisziplinär.*
Cattell, R. B., Weiß, R. H., & Osterland, J. (1991). *Grundintelligenztest Skala 1 (CFT-1).* Göttingen: Hogrefe.
Forschungsgruppe Ki.SSES-Proluba (2014). Die Ki.SSES-PROLUBA Längsschnittstudie: Entwicklungsstand zur Einschulung von Kindern mit sonderpädagogischem Förderbedarf „Sprache" bei separierender und inklusiver Beschulung. In S. Sallat, M. Spreer & C. W. Glück (Hrsg.), *Tagungsband des 31. Bundeskongresses der Deutschen Gesellschaft für Sprachheilpädagogik. Sprache professionell fördern (S. 402-415).* Idstein: Schulz-Kirchner.
Fox, A. V. (2011). *TROG-D. Test zur Überprüfung des Grammatikverständnisses.* Idstein: Schulz-Kirchner.
Grimm, H., & Schöler, H. (1991). *HSET – Heidelberger Sprachentwicklungstest.* Göttingen: Hogrefe.
Grimm, H., Aktas, M., & Frevert, S. (2001). *SETK 3-5. Sprachentwicklungstest für drei- bis fünfjährige Kinder.* Göttingen: Hogrefe.
Hachul, C., & Schönauer-Schneider, W. (2009). *Sprachverstehen bei Kindern: Grundlagen, Diagnostik und Therapie.* München: Elsevier.
Melchers, P., & Preuß, U. (2006). *Kaufman Assessment Battery for Children (K-ABC).* Amsterdam: Swets & Zeitlinger.
Motsch, H.-J. (2010). *Kontextoptimierung. Evidenzbasierte Intervention bei grammatischen Störungen in Therapie und Unterricht.* München: Ernst Reinhardt.

Interventionen bei sprachlichen und schriftsprachlichen Inhalten

Fokus: Phonetik und Phonologie, Schriftspracherwerb und Literacy

Reinhard Kargl, Christian Purgstaller

Morphematische Bewusstheit – Eine große Chance für die Förderung der Schriftsprache

1 Einleitung

Für alle jene, denen die Aneignung schriftsprachlicher Fähigkeiten Probleme bereitet (Stichwort: Lese-Rechtschreibstörung/LRS), ergeben sich in einer Wissensgesellschaft massive Beeinträchtigungen in vielerlei Hinsicht. Einen vielversprechenden Ansatz für die Förderung der Betroffenen stellt hier die morphematische Kompetenz dar. In zahlreichen Studien konnte der enge Zusammenhang zwischen morphematischen Fähigkeiten und dem Erwerb schriftsprachlicher Kompetenzen aufgezeigt werden (Carlisle, 1995; Casalis, Colé & Sopo, 2004; Nagy, Berninger, Abbott, Vaughan & Vermeulen, 2003). Brunner (2007) konnte an deutschsprachigen Schülerinnen und Schülern zeigen, dass morphematische Kenntnisse vor Schuleintritt eine gleich hohe Prädiktorfunktion im Schriftspracherwerb haben wie die phonologische Bewusstheit. Zusätzlich belegen mehrere Studien, dass morphematische Trainingsprogramme zu Kompetenzsteigerungen bei schriftsprachlichen Aufgaben führen (Carlisle, 2000; Scheerer-Neumann, 1979; Singson, Mahony & Mann, 2000).

2 Morphematische Bewusstheit und morphematische Rechtschreibstrategie

Morpheme werden meist als „kleinste Bedeutung tragende sprachliche Einheit" (Scheerer-Neumann, 1979, S. 121) definiert. Die Fähigkeit, diese Morpheme zu erkennen und mit ihnen umgehen zu können, wurde von Casalis et al. (2004) als morphematische Bewusstheit bezeichnet. Lernende müssen erkennen, dass alle zu schreibenden Wörter aus stets gleichbleibenden Wortbausteinen – Vorsilben, Nachsilben und Wortstämmen – bestehen (z. B. „fahren": Gefährte, Einfahrt usw.). Diese Strategie entlastet das Gedächtnis erheblich. Laut Scheerer-Neumann (1979) decken bereits „die 35 häufigsten Morpheme 50 % allen fließenden Textes ab" (S. 25).

Bislang existiert leider noch kein normiertes Testverfahren für das Konstrukt der morphematischen Bewusstheit. Lediglich in der Hamburger Schreibprobe (HSP) wird eine morphematische Rechtschreibstrategie ausgewiesen (May, Vieluf & Malitzky, 2000). Deshalb wurden in einer Studie von Fink, Pucher, Reicher, Purgstaller & Kargl

(2012) folgende vier Aufgabengruppen für ein solches Testinstrument konzipiert und getestet:

- In Satzergänzungstests (Carlisle, 1995; Casalis et al., 2004; Nagy et al., 2003) mussten Pseudowörter grammatikalisch so verändert werden, dass sie in eine Satzlücke passen (z. B. Georg kann gut bruben. Er ist ein guter ... [Lösung: Bruber]). Dies bietet den immensen Vorteil, dass die Wörter unbekannt sind und Merkstrategien eine geringere Rolle spielen.
- Um die Segmentierungsleistung zu erfassen, mussten Kinder bei morphematisch komplexen Wörtern den Wortstamm markieren (z. B. „Ein**trag**ung" [Lösung: Eintragung]).
- Bei einer Leseaufgabe mussten die Lesenden jeweils entscheiden, welcher von zwei Sätzen, die sich nur durch ein morphematisch komplexes Wort unterschieden, mehr Sinn ergibt (z. B. Satz a: „Er beherrscht die Rechtlosigkeit" oder Satz b: „Er beherrscht die Rechtschreibung" [Lösung b]).
- Unter dem Begriff morphematische Flüssigkeit (Casalis, 2004) mussten von einem Wortstamm möglichst viele stammverwandte Wörter abgeleitet werden (z. B. „stellen" [mögliche Lösungen: „Stelle", „Aufstellung", ...]).

Auf diese Weise wurde die morphematische Bewusstheit sowohl in produktiver als auch in rezeptiver sowie in expliziter und impliziter Hinsicht erfasst und bei insgesamt 291 Kindern mit den Rechtschreibleistungen der HSP verglichen (Fink et al., 2012).

Tab. 1: Aufgabengruppen zur morphematischen Bewusstheit

	implizit	explizit
rezeptiv	Sätze lesen	Wortstämme markieren
produktiv	Satzergänzung Pseudowörter	morphematische Flüssigkeit

Überraschenderweise weisen vor allem die Übungen zum impliziten morphematischen Verständnis vergleichsweise hohe Korrelationen mit den Rechtschreibkennwerten der HSP auf (Fink et al., 2012). Aus diesem Grund wurde nun in einer Folgestudie (Kargl et al., 2016) versucht, diese Ergebnisse mit einer erheblich größeren Stichprobe zu replizieren. Im Rahmen der Konzeption und Überprüfung eines förderdiagnostischen Rechtschreibtests wurden bei 970 Kindern der 4. – 7. Schulstufe die Leistungen in der morphematischen Bewusstheit erhoben und mit den Rechtschreibleistungen in der HSP und eines Lückendiktates verglichen. In beiden Fällen konnte eine signifikante Korrelation festgestellt werden.

3 Morphematisches Rechtschreibtraining

Abgeleitet von oben genannten Überlegungen und Ergebnissen wurde unter dem Namen „MORPHEUS" (Morphemunterstütztes Grundwortschatz-Segmentierungstraining) ein morphematisches Rechtschreibtrainingsprogramm konzipiert und evaluiert, das sich bewusst an Kinder in und an der Schwelle zur Sekundarstufe wendet.

3.1 Morphematische Rechtschreibbereiche

Bearbeitet werden im Programm zum einen Rechtschreibprobleme, die nur durch einen Rückgriff auf morphematische Regularitäten erschlossen werden können. Beispiele dafür wären Schreibungen mit „ä", die auf ein stammverwandtes Wort mit „a" (z. B. Bäcker von backen) zurückzuführen sind oder die Verschriftlichung der Vorsilben „ver" und „vor" (mit „v" statt „f"). Kinder, die sich in erster Linie der alphabetischen Strategie bedienen, schreiben hier oft fälschlich „fer" und das, obwohl im Duden rund 4000 Wörter mit den beiden Vorsilben existieren. Doppelkonsonanten an der Morphemgrenze (z. B. Fahr+Rad = Fahrrad) setzen ebenfalls die Fähigkeit voraus, Wörter in ihre einzelnen Bausteine zu zerlegen. Zusätzlich haben die Nachsilben natürlich erhebliche Implikationen im Hinblick auf die Groß- und Kleinschreibung. Werden an den Wortstamm „Kind" unterschiedliche Nachsilben angefügt, so ändert sich z. B. auch die Wortart (vgl. kindisch, kindlich, Kindheit, ...).

3.2 Orthografische Rechtschreibbereiche

Unter den orthografischen Rechtschreibbereichen werden meist jene Bereiche subsumiert, die unter den Begriff Rechtschreibregeln fallen. Diese erfordern entweder die Anwendung von explizitem Regelwissen oder eine korrekte Speicherung des Wortbildes. Konkret wären hier die Konsonantenverdopplung, das Dehnungs-h, die S-Schreibung sowie Schreibungen mit „ie" zu nennen.

3.3 Das Rechtschreibtrainingsprogramm MORPHEUS

Bei der Entwicklung des MORPHEUS-Programms wurden beide oben genannten Teilbereiche gleichermaßen berücksichtigt. Die Kinder lernen nach einem festgelegten Stufenaufbau einzelne Wortstämme, von denen dann die Einzelwörter abgeleitet werden (z. B. ziehen, erziehen, Erziehung). Auf diese Weise können auch schwache Schreiberinnen und Schreiber rasch eine große Menge an Wörtern richtig verschriftlichen. Die Erklärung der wichtigsten orthografischen Regeln des Deutschen und die dazugehörigen Wortstämme garantieren, dass ein umfassender orthografischer Schreibwortschatz aufgebaut wird.

Das Trainingsprogramm besteht aus einem PC-Programm, einem Übungsbuch, Memokärtchen sowie einem Wortbaukasten mit den wichtigsten Wortstämmen sowie Vor- und Nachsilben.

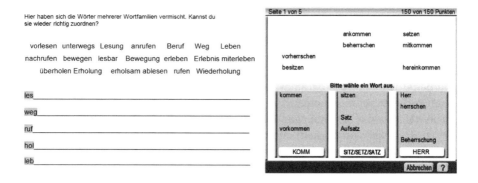

Abb. 1: Wortstammübungen aus dem Übungsbuch und dem PC-Programm

Die Wirkung des Trainingsprogramms auf die Rechtschreibleistung wurde sowohl behavioral als auch neurophysiologisch in mehreren Studien überprüft und es konnte immer ein positiver Trainingseffekt für die morphematische Bewusstheit und die Rechtschreibleistung belegt werden (Kargl, Purgstaller, Weiss & Fink, 2008; Schneeberger et al., 2011; Gebauer et al., 2012).

3.4 Morphematische Rechtschreibförderung in der Fremdsprache Englisch

Aufgrund der ausgesprochen positiven Ergebnisse wurde folglich auch eine Variante für die Fremdsprache Englisch konzipiert. MORPHEUS-E orientiert sich im Wortschatz am „Gemeinsamen Europäischen Referenzrahmen für Sprachen" (GERS) und bearbeitet die Stufen A1 und teilweise A2. Auf der Grundstufe werden zunächst das Morpheminventar des Englischen erarbeitet und Wörter mit schwierigen Konsonanten (th, sh, w, wh, …) eingeführt. Da in der tiefen Orthografie des Englischen vor allem die Phonem-Graphem-Relationen der Vokale Probleme bereiten, widmet sich die gesamte zweite Stufe des Programms diesem Thema. Hier werden die 29 häufigsten Laut-Buchstaben-Zuordnungen für englische Kurzvokale, Langvokale und Zwielaute trainiert. So kann ein Großteil des Lernwortschatzes bestimmten Lautmustern zugeordnet werden, wie das folgende Beispiel des Langvokals [i:] mit der Verschriftlichung /ee/ illustriert. Wörter wie see, bee, knee etc. weisen ein identes Verschriftlichungsmuster auf und werden andererseits mit demselben Langvokal gesprochen (Kargl & Purgstaller, 2016). Auf der dritten Stufe finden sich vor allem grammatikalische Übungen und solche, die den Umgang mit Prä- und Suffixen vertiefen.

Verbinde die Wortanfänge mit den richtigen Bedeutungen.

b	ee		das Knie		d	eep		die Schafe
s	ee		drei		k	eep		schlafen
tr	ee		der Grad		sl	eep		behalten
kn	ee		die Biene		sh	eep		tief
thr	ee		sehen					
degr	ee		der Baum					

Abb. 2: Phonem-Graphem-Relationen: [i:] als /ee/ geschrieben

Das Trainingsprogramm besteht aus einem Übungsbuch, einem PC-Programm, mehreren Kartensätzen und einem wissenschaftlichen Manual. Alle Teile sind von den Inhalten und Schwierigkeitsstufen her parallelisiert, so dass auf einer Stufe sowohl Papier-und-Bleistift-Übungen, Computerspiele sowie unterschiedlichste Lernspiele zur Verfügung stehen. Die Zielgruppe von MORPHEUS-E stellen Lernende ab dem zweiten Lernjahr in der Fremdsprache dar. Vor allem für schwächere Schülerinnen und Schüler kann das Programm aber problemlos bis in die 8. bzw. 9. Schulstufe eingesetzt werden.

Auch die Trainingsergebnisse von MORPHEUS-E wurden einer ersten Evaluation unterzogen. In einem größer angelegten Screening wurden die Englisch-Kompetenzen bei 182 Kindern der 6. Schulstufe mithilfe von 2 Subtests aus dem „The European Language Certificate" (telc GmbH, 2010) erhoben. 20 Kinder aus der Stichprobe mit schlechten bis durchschnittlichen Englischkenntnissen nahmen schließlich an der Evaluationsstudie teil und wurden zufällig in zwei Gruppen (Trainingsgruppe und Wartegruppe) aufgeteilt. Die Rechtschreibleistung wurde durch ein Lückendiktat erhoben, das unterschiedliche orthografische Problembereiche des Englischen beinhaltet. Der Lückentext wurde nun vor dem Training (Prätest), nach dem 6-wöchigen Training (Posttest) und 3 bis 4 Wochen nach Trainingsende (Follow-up-Test) vorgegeben. Im Rahmen der Untersuchung konnte sich die Trainingsgruppe in ihren Leistungen signifikant steigern, wobei das Leistungsniveau auch nach Trainingsende stabil blieb (Kargl & Purgstaller, 2016).

4 Fazit

Insgesamt ist der Einfluss morphematischer Kompetenzen auf die Lese- und Rechtschreibleistung inzwischen unbestritten. Die morphematische Bewusstheit bedingt im Idealfall eine ausgeprägte morphematische Rechtschreibstrategie, die es den Lernenden ermöglicht, auch Wörter über die alphabetische Strategie hinaus zu verschriftlichen. In einigen Studien konnte belegt werden, dass vor allem die implizite Form der morphematischen Bewusstheit einen engen Zusammenhang zur Rechtschreibleistung aufweist. Die Evaluationsergebnisse des MORPHEUS-Programms zeigen, dass es sich beim morphematischen Ansatz um ein ökonomisches Trainingsprinzip handelt, welches es auch schwachen Schülerinnen und Schülern ermöglicht, rasch einen Schreibwortschatz aufzubauen. In der Fremdsprache Englisch ist ebenfalls eine Vielzahl von Schreibungen morphematisch fundiert, allerdings sind die Wortfamilien im Englischen quantitativ viel kleiner. Dies und die tiefe englische Orthografie mit ihren vielen unregelmäßigeren Phonem-Graphem-Relationen machen es notwendig, dass die orthografischen Besonderheiten auch ihren Eingang in das Trainingsprogramm gefunden haben.

Literatur

Brunner, M. (2007). Gibt es Zusammenhänge zwischen den sprachanalytischen Leistungen im Heidelberger Vorschulscreening (HVS) und den Lese-Rechtschreibleistungen zwei Jahre später? In G. Schulte-Körne (Hrsg.), *Legasthenie und Dyskalkulie: Aktuelle Entwicklungen in Wissenschaft, Schule und Gesellschaft* (S. 13-21). Bochum: Winkler.

Carlisle, J. F. (1995). Morphological awareness and early reading achievement. In L. B. Feldman (Hrsg.), *Morphological aspects of language processing* (S. 189-209). Hillsdale, NJ: Erlbaum.

Carlisle, J. F. (2000). Awareness of the structure and meaning of morphologically complex words: Impact on reading. *Reading and Writing: An Interdisciplinary Journal, 12,* 169-190.

Casalis, S., Colé, P., & Sopo, D. (2004). Morphological awareness in developmental dyslexia. *Annals of Dyslexia, 54,* 114-138.

Fink, A., Pucher, S., Reicher, A., Purgstaller, C., & Kargl, R. (2012). Entwicklung eines Tests zur Erfassung der morphematischen Bewusstheit: Erste Daten. *Empirische Pädagogik, 26 (4),* 423-451.

Gebauer, D., Fink, A., Kargl, R., Reishofer, G., Koschutnig, K., Purgstaller, C., ... Enzinger, C. (2012). Differences in brain function and changes with intervention in children with poor spelling and reading abilities. *PLoS One, 7,* e38201. doi:10.1371/journal.pone.0038201

Kargl, R., & Purgstaller, C. (2010). *MORPHEUS – Morphemunterstütztes Grundwortschatz-Segmentierungstraining.* Göttingen: Hogrefe.

Kargl, R., & Purgstaller, C. (2016). *MORPHEUS-E – Morphemunterstütztes Grundwortschatz-Segmentierungstraining – Englisch als Fremdsprache.* Göttingen: Hogrefe.

Kargl, R., Purgstaller, C., Weiss, S., & Fink, A. (2008). Effektivitätsüberprüfung eines morphemorientierten Grundwortschatz-Segmentierungstrainings (MORPHEUS) bei Kindern und Jugendlichen. *Heilpädagogische Forschung, 31,* 147-156.

Kargl, R., Wendtner, A., & Fink, A. (in Vorb.). *Morphematische Bewusstheit und Rechtschreibleistung.*

May, P., Vieluf, U., & Malitzky, V. (2000). *Hamburger Schreibprobe: Diagnose orthographischer Kompetenz.* Hamburg: Verlag für pädagogische Medien.

Nagy, W., Berninger, V., Abbott, R., Vaughan, K., & Vermeulen, K. (2003). Relationship of morphology and other language skills to literacy skills in at-risk second-grade readers and at-risk fourth-grade writers. *Journal of Educational Psychology, 95,* 730-742.

Scheerer-Neumann, G. (1979). *Intervention bei Lese-Rechtschreibschwäche: Überblick über Theorien, Methoden und Ergebnisse.* Bochum: Winkler.

Schneeberger, B., Kargl, R., Purgstaller, C., Kozel, N., Gebauer, D., Vogl, J., ... Fink, A. (2011). Förderung von Kindern und Jugendlichen mit Problemen im Schriftspracherwerb. *Zeitschrift für Heilpädagogik, 12/11,* 476-483.

Singson, M., Mahony, D., & Mann, V. (2000). The relation between reading ability and morphological skills: Evidence from derivational suffixes. *Reading and Writing: An Interdisciplinary Journal, 12,* 219-252.

telc GmbH (2010). *The European language certificates English A2 School.* Frankfurt am Main: telc GmbH.

Michael Kalmár

Und täglich grüßt das Murmeltier: Phonotaktische Regeln der deutschen Sprache – (seit 25 Jahren) im Erstschriftspracherwerb noch immer weitgehend unbeachtet

1 Einleitung

Bemerkungen zu sprachdidaktisch unangemessenen Lehrmaßnahmen und -materialien im Deutschen (u. a. Kalmár, 1998, Kornmann & Biegert, 2006, Thomé, 2014) finden bisher wenig Widerhall in Didaktik, Unterricht und Intervention.

Dieser Beitrag beschränkt sich exemplarisch auf die Analyse einiger Formate von Lautschulungsangeboten (Umfassender Kalmár, 2016, S. 79-102).

Er zeigt u. a. die Außerachtlassung der phonemographischen Regularität, dass fast jedem Phonem neben dem Basis- ein bis zu fünf Orthographeme zugeordnet sind (etwa /ks/ vs. < chs, k, gs, x, cks> oder [f] vs. <f, ff, v, ph>) und dass uneindeutig reziprok viele Graphe unterschiedlich artikuliert werden sowie phonotaktisch ein unreflektiertes Verständnis von Silbenstrukturen.

2 Die phonotaktischen „Fallen"

2.1 [anlaʊtiːn̩siːaʊxvœɐ̯tə]?

„(An)Laut" (eigentlich Graphem)-Tabellen werden in Fibeln vermehrt angeboten. Zwar beschränken sich manche auf die Konversion des ersten Phonems einer bestimmten Lautkette in das zuerst zu schreibende Graphem (mit Hoppalas wie <y> für [j] u. ä.). Verlangt werden auch Verschriftungen von Phonemfolgen wie [gaːtn, toɐ, eːsl] mittels auditiver Strategie (mit dem Ergebnis *<Ga(a)tn, To(oo/oh)a, E(Eh)sl>):

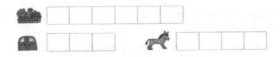

Abb. 1: „Sprich langsam und deutlich. Hör genau. Schau auf die Lautabelle und schreibe" (Eckl et al. 2012, 17)

2.2 Plosiv+Frikativ-Graphemkombinationen (Konsonantencluster)

Von Essen (1953, S. 68) und Bohr et al. (1969, S. 19; 84) weisen darauf hin, dass („weiche") Plosivgrapheme in der ersten Position eines Konsonantenclusters ihre orale („weiche") Qualität verlieren (etwa bei <Brille, Obst, Zebra; Drache, Dreirad, drehen; Glocke, groß>). Dies wird in einigen Werken nicht beachtet.

Abb. 2: „Bei welchem Wort hörst du b?" Nicht bei <Brille, Obst, Zwiebel > (Eibl et al. 2004, 60)

Wie bei der Auslautverhärtung versagen hier manche Handlungsanweisungen für die korrekte Verschriftung stimmhafter/stimmloser Laute (etwa Erfühlen der Stimmlippenvibration, Bestimmen der Stärke des Luftstroms bei der Öffnung des Verschlusses: „Ich halte mir die Hand vor dem Mund, so kann ich das gut unterscheiden" (Rieger & Schmitzer, 2011, S. 152) oder durch eine Papierkugel (Sindelar, 2003, Auditive Differenzierung 2, 1. Übung 3); s. auch [lØvə] vs. [lØfçən]).

2.3 Fünf Vokale sind genug! Oder doch nicht?

Thomé & Thomé (2010, S. 9) belegen für das Deutsche 19 Vokale. In Mangold (2005) finden sich fünf weitere (etwa [e] (<jedoch>); [i] (<Zitrone>); [o] (<desto>); [u] (<Musik>); [Ø] (<möblieren>); [y] (<Psychologe>).

Diese Vokalvielfalt wird in den untersuchten Materialien ignoriert, insbesondere das Oppositionsmerkmal offen/geschlossen. Unberücksichtigt bleibt zusätzlich, dass die Vokalquantität kein übergeordnetes phonologisches Prinzip versus der Qualität ist (s. Kalmár & Weiss, 2016, S. 112).

Vokalaufgaben gehen von der Vorgabe des geschlossenen langen Vokals aus („Wo hörst du ein U; I; O etc. {=[u:, i:, o:] etc.}?"): Es wird jedoch auch die Kennzeichnung von Bildern als „richtige" Lösung verlangt, deren lautliche Realisierung nicht dem vorgegebenen geschlossenen Vokal entspricht ([sʊpe, pʊpe; mʊrmln], s. Abb. 3):

Abb. 3: „Bilder benennen, den Laut U lokalisieren (Anlaut, Inlaut, Endlaut)" (Fürnstahl, 2012, S. 20) (s. auch u. a. [tʊrm/tʊɐ̯m, bʊs, hʊnd] bei Blumenschein & Gubo, 2014, S. 107)

Korrekte Lösungen der Kinder führen in der Folge nicht selten zu Fehldiagnosen (Etwa: „Wer bei [sɔnə] kein [o] hört, ist auditiv differenzierungsschwach!").

2.3.1 Die e-„Gruppe"
Innerhalb dieser „Gruppe" gestaltet sich das Phonem-Graphemverhältnis besonders kompliziert: ([eː, e, ɛː, ɛ, ə, Nulllaut, e̯] versus <e, ee, eh, äh, ä>, e-Graphkombinationen wie <ei, eu, ie, er>). Dies wird oft nicht berücksichtigt, ebenso wenig wie die häufige Synkopie des Schwa mit [l, m, n] (s. Fürnstahl, 2014, S. 11).

2.4 Unbekannte Realisierungsregeln des Phonems /r/
Die Unkenntnis, dass /r/ durch die konsonantischen [r, R, ʁ] und die vokalischen Varianten [ɐ] <Vater> und [ɐ̯] <Meer> sprechsprachlich realisiert wird, führt zu Übungen, innerhalb derer bei der Hälfte der Bilder kein [r, R, ʁ] verbalisiert wird (s. Abb. 4; oder auch gar keines wie bei Grünenfelder, 2008, S. 36).

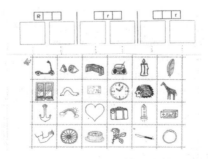

Abb. 4: „r hören (Anfang/Ende/Mitte des Wortes, Bilder ausschneiden, in die entsprechende Spalte einkleben" (Bosse et al. 2011)

2.5 *[kat.tsə], *[mʊʃ.ʃl], *[sɔm.mə̣.vət.tə̣] und *Co.

Silben sind sprechsprachliche Entitäten (Ernst, 2004, S. 98; Gadler, 2006, S. 53; Eisenberg, 2009, S. 37); „Sprechsilbe" ist daher ein Pleonasmus.

Rezente „Silben- (bzw. manche) lauttreue Methoden" basieren auf „Wortsilben" (als angebliche Antagone zu „{Sprech}Silben"). Es handelt sich dabei um Graphemcluster, die am Zeilenende trennbar sind.

„Abteilungschunks" wie <Wet=ter>, <Wid=der>, <Sup=pe>, < Eb=be > , ..., (sogar bei Affrikaten) <Kat=ze>, <Rut=sche>, <Ap=fel> sind geeignet, Kinder am Beginn ihrer Silbenbewusstheit zu verwirren (u. a. Wetter, 2012). Überschneidende „Silbenbögen" überhaupt:

Abb. 5: „In welcher Silbe hörst du ein Sch sch?" (Berg, 2012, S. 85). *[mʊʃ-ʃl], *[frœʃ-ʃə] etc. können (auch durch den vorgegebenen Konnex zur Schriftsprache „... Sch sch ...") zu Verschriftungen wie *<Muschsch(e)l, Fröschsche, Fischsche> führen.

Nach der kindlichen Erfahrung, das Gesprochenes keine diffuse Klang/Geräuschwolke ist, sondern aus einzelnen Elementen besteht (vorerst Silben, sodann onset-rime-Elemente und zuletzt Phoneme) ist ab der Beherrschung phonologischer Strategien eine silbenorientierte Stützung des Phonem-Graphemerwerbs unnotwendig und oft kontraproduktiv: Silbenschwingen, -schreiten, -kennzeichnen etc. nach vorgegebenen „Wortsilben", die nicht mit Silben ident sind, verstört/verwirrt Kinder, die am Beginn ihrer Erkenntnis über den Zusammenhang von Laut- und Schriftsprachelementen stehen, in ihrer anfänglichen, oft noch unsicheren Silbenbewusstheit.

3 Zusammenfassung und Ausblick

Eine Zusammenschau der phonotaktischen „Fallen" zeigt Übereinstimmung mit späteren orthographischen Fehlproduktionen (nicht nur) von LRSS-Kinder, sofern jene Fehlerkategorien ausgeblendet werden, die sich auf nicht voll ausgereifte basale

Leistungen – etwa Raumorientierung oder Serialität – oder andere Ursachen zurückführen lassen.

Vor diesem Hintergrund stellt sich gar nicht mehr die Frage, ob ein Konnex zwischen Beeinträchtigungen des Schriftspracherwerbs und auditiven Aufgaben, deren „korrekte" Lösung Orthographiekenntnisse voraussetzen, zufällig sei. Er ist evident.

Diesen und anderen phonotaktischen „Fallen" dürfen unsere „Sorgenkinder" auf ihrem Weg zum Schriftspracherwerb und -gebrauch nicht ausgesetzt werden.

Literatur

Berg, K., & Zoltan, G. (2012). *KARIBU 1. Arbeitsheft Teil B*. Wien: Dorner.
Blumenschein, C., & Gubo, M. (2014). *ABC-LICHTER. Lese- und Schreiblehrgang*. Linz: Veritas.
Bosse, B., Hönisch-Krieg, K., & Müller-Wagner, K. (2011). *Buchstabenwerkstatt – Materialband 1: Arbeits- und Übungsmaterialien zum Lese- und Schreiblehrgang* (4. Aufl.). Hamburg: Persen.
Eckl, G., Jung, C., & Kemper, M. (2012). *Frohes Lernen, Arbeitsheft D/D, Teil 1*. Wien: ÖBV.
Eibl, L., Kiesinger-Jehle, B., Knöbel, M., & Münstermann, S. (2004). *Mimi – die Lesemaus* (2. Aufl.). Linz: Veritas.
Eisenberg, P. (2009). Phonem und Graphem. In M. Wermke (Hrsg.), *Die Grammatik* (8. Aufl.) (S. 19-94). Mannheim: Duden.
Ernst, P. (2004). *Germanistische Sprachwissenschaft*. Wien: Facultas.
Fürnstahl, G. (2012). *Funkelsteine 1 – Arbeitsblätter* (9. Aufl.). Wien: Dorner.
Fürnstahl, G. (2014). *Mia und Mo. Übungen*. Wien: Dorner.
Gadler, H. (2006). *Praktische Linguistik* (4. Aufl.). Tübingen: A. Francke.
Grünenfelder, S. (2008). *Lautlabyrinthe durchs ABC* (2. Aufl.). Schaffhausen: SCHUBI.
Kalmár, M. (1998). Auditive Fallen im Lese-Rechtschreib-Lernprozess. In G. Anzengruber, G. Bisovsky, A. Hajek, N. Kutalek, H. Pirchner, S. Pirstinger, ... J. Zuber (Hrsg.), *Legasthenie verstehen – Lese-Rechtschreib-Rechen-Schwächen bewältigen. schulheft 91/1998* (S. 41-64). Wien: Verein der Förderer der schulhefte.
Kalmár, M. (2016). Phonotaktische Merkmale des Deutschen – unbekannt/ unbeachtet. In R. Hofmann & M. Kalmár (Hrsg.), *L-R-S – Lesen-Rechnen-Schreiben* (S. 79-102). Wien: Lernen mit Pfiff.
Kalmár, M., & Weiss, O. (2016). „Hör genau hin, dann weißt du, wie man's schreibt!" – „Wirklich?" – Das alphabetische System in der deutschen Schriftsprache. In R.

Hofmann & M. Kalmár (Hrsg.), *L-R-S – Lesen-Rechnen-Schreiben* (S. 117-126). Wien: Lernen mit Pfiff.

Kornmann, R., & Biegert, K. (2006). Auch beim Schriftspracherwerb: Lehrwerke als Lernbehinderungen! *Zeitschrift für Heilpädagogik, 57 (3)*, 82-87.

Mangold, M. (2005). *Duden Band 6 – Das Aussprachewörterbuch* (6. Aufl.). Mannheim: Duden.

Rieger, C., & Schmitzer, H. (2011). *Meine Fibel – Buchstabenheft 3* (5. Aufl.). Linz: Veritas.

Siekmann, K., & Thomé, G. (2012). *Der orthographische Fehler*. Oldenburg: isb.

Sindelar, B. (2003). *Schmunzelspiel Auditive Differenzierung*. CD-Rom. Wien: Austria Press.

Thomé, G. (2014). Warum man das Schriftsystem des Deutschen nicht als ein silbisches beschreiben sollte. In K. Siekmann (Hrsg.), *Theorie, Empirie und Praxis effektiver Rechtschreibdiagnostik* (S. 13-28). Tübingen: Stauffenburg.

Wetter, E. (2012). *Schlag auf, schlag nach!* Wien: Lemberger.

Tanja Jungmann, Ulrike Morawiak, Julia Böhm

Alltagsintegrierte Sprach- und Literacy-Förderung – Konzept und Wirksamkeitsforschung im Rahmen des KOMPASS-Projektes

1 Einleitung/Hintergrund

Sprachliche Kompetenzen sind nicht nur der Schlüssel zu schulischer Bildung und beruflichem Erfolg, wie die PISA- und IGLU-Studie zeigen, sondern auch ein entscheidendes Medium für die Integration und Inklusion (König & Friedrich, 2014). Entsprechend ist die frühe Sprachbildung und -förderung als Aufgabe frühkindlicher Bildungseinrichtungen in den Bildungsplänen aller Länder festgeschrieben worden. Pädagogische Fachkräfte werden als Teil des Inklusionsprozesses zu sprachförderlichen Begleitern aller Kinder in alltäglichen Situationen, schaffen Kommunikationsanlässe durch den Einsatz von Liedern, Reimen und Bilderbüchern und dienen als sprachliches Vorbild. Dies setzt bei den pädagogischen Fachkräften sowohl theoretisches als auch handlungsorientiertes Wissen und die durchgängige Anwendung sowie spontanes und flexibles Reagieren in der Alltagspraxis voraus, um Auffälligkeiten wahrzunehmen, sprachförderliche Situationen im Alltag identifizieren und diese effektiv zur Sprachförderung nutzen zu können. Nach internationaler Befundlage sind pädagogische Coachings geeignet, um einen Transfer von theoretischem Wissen in die Alltagspraxis der Kindertageseinrichtungen zu unterstützen (Neuman & Wright, 2010).

2 Professionalisierung von pädagogischen Fachkräften im KOMPASS-Projekt

Das Projekt *Komp*etenzen *a*lltagsintegriert *s*tärken und *s*chützen (KOMPASS, Jungmann & Koch, 2016), das an der Universität Rostock im Auftrag des Ministeriums für Bildung, Wissenschaft und Kultur des Landes Mecklenburg-Vorpommern von 2012 bis Ende 2015 in Kindertageseinrichtungen durchgeführt und evaluiert wurde, ist ein theoretisch im Kompetenzmodell von Fröhlich-Gildhoff, Nentwig-Gesemann und Pietsch (2011) fundiertes und wissenschaftlich begleitetes Professionalisierungskonzept.
Zu den Professionalisierungsmaßnahmen gehören elf Stunden Grundlagenfortbildung zu Themen, wie der Erzieher-Kind-Beziehung sowie Beobachtung und Doku-

mentation, 33 Stunden Fortbildung zu den Grundlagen der Sprachentwicklung, den Möglichkeiten der alltagsintegrierten Sprachförderung sowohl bei monolingualen, bilingualen als auch förderbedürftigen Kindern sowie zu den Grundlagen der Entwicklung und Förderung früher literaler Kompetenzen.

Daran schließen sich über einen Zeitraum von mehreren Monaten maximal sieben pädagogische Individualcoachings an, in deren Rahmen intensiv und reflexiv an Zielen zur Umsetzung alltagsintegrierter Sprach- und Literacyförderung gearbeitet wurde.

Im Fokus der Untersuchung steht die Frage, ob pädagogische Coachings als zusätzliche Intervention a) den Transfer theoretischer Inhalte von Fortbildungen auf die Handlungskompetenz der Fachkräfte ermöglicht und b) damit die sprachlichen und frühen literalen Fähigkeiten der Kinder positiv beeinflusst werden können.

3 Methoden

Um den additiven Effekt pädagogischer Individualcoachings zu überprüfen, wurde ein gestuftes Treatment mit zwei Interventionsgruppen und drei Messzeitpunkten realisiert, das Abbildung 1 zeigt.

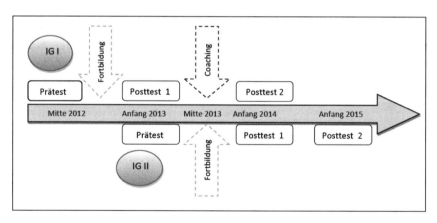

Abb. 1: Übersicht des Untersuchungsdesigns und der Messzeitpunkte im KOMPASS-Projekt

Das sprach- und literacyförderliche Verhalten von 16 pädagogischen Fachkräften wurde zu allen drei Messzeitpunkten beim gemeinsamen Bilderbuchlesen und in der Mittagssituation videografiert und nach Mayring (2010) ausgewertet. Weiterhin wurde das sprachbezogene Wissen der Fachkräfte mit einer adaptierten Version des FESKO-F (Hendler et al., 2011) erfasst.

Die kindlichen Sprach- und Literacykompetenzen aller Kinder wurden mit dem Sprachscreening für das Vorschulalter SSV (Grimm, Aktas & Kießig, 2003) bzw. mit dem Verfahren Erzähl- und Lesekompetenzen erfassen bei 3- bis 5-jährigen Kindern (EuLe 3-5, Meindl & Jungmann, in Vorb.) erhoben. Bei den Risikokindern für eine Sprachentwicklungsstörung wurde zusätzlich der Sprachentwicklungstest für drei- bis fünfjährige Kinder SETK 3-5 (Grimm, 2010) eingesetzt. Vollständige Datensätze liegen allerdings nur für 94 der 142 Kinder (n = 39 in IG I und n = 55 in IG II) im mittleren Alter von 45 Monaten (SD = 8,4) vor.

Um der Komplexität des Bedingungsgefüges gerecht zu werden, wurden zudem zahlreiche Einflussfaktoren auf der Ebene der Kindertageseinrichtung (z. B. Struktur- und Prozessqualität) bei den Fachkräften (z. B. Arbeitsbelastung) und den Kindern (nonverbale Intelligenz, sozioökonomischer Status) erhoben, um diese bei der Beantwortung der Frage, ob die Professionalisierungsmaßnahmen zu einer verbesserten kindlichen Entwicklung und Bildung führen, berücksichtigen zu können (Jungmann & Koch, 2016).

4 Ergebnisse

4.1 Kompetenz und Performanz der Fachkräfte

Das sprachbezogene Wissen der Fachkräfte nahm nach den Fortbildungen signifikant zu, allerdings profitierten nur Fachkräfte mit niedrigerem Ausgangswissen vom zusätzlichen Coaching. Während vor Beginn der Professionalisierungsmaßnahmen die Redeanteile der Fachkräfte in der Fachkraft-Kind-Interaktion in beiden Interventionsgruppen dominierten, war nach der Fortbildung eine deutliche Zunahme der kindlichen Redeanteile und eine deutliche Abnahme der Ruhezeiten beim gemeinsamen Bilderbuchlesen und in der Mittagssituation zu verzeichnen. Die Veränderungen der Redeanteile nach den Fortbildungen sind in beiden Interventionsgruppen statistisch signifikant (TG I: p = .002; TG II: p = .000). Durch die Individualcoachings konnten diese Effekte in der IG I konsolidiert werden, während in der IG II die Ruhezeiten wieder zunahmen. Die Abbildung 1 veranschaulicht exemplarisch die Befunde für die Bilderbuchsituation in den beiden Interventionsgruppen.

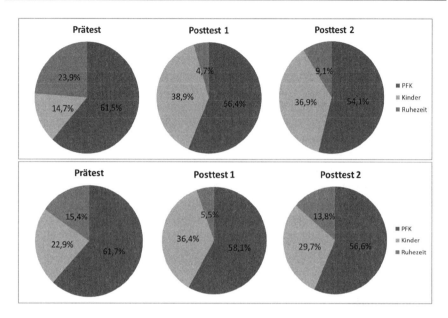

Abb. 2: Vergleichende Betrachtung der Redeanteile der pädagogischen Fachkräfte und der Kinder in der IG I (oben) und der IG II (unten) in der Bilderbuchsituation (nPFK IG I = 5, nPFK IG II = 6)

Beim gemeinsamen Betrachten des Bilderbuchs „Lieselotte lauert" nahmen die sprachförderlichen Verhaltensweisen der Fachkräfte nach der Fortbildung zu, während der Anteil sprachhemmender Verhaltensweisen leicht zurückging. Beide Interventionsgruppen unterschieden sich aber weder in den sprachförderlichen noch in den -hemmenden Verhaltensweisen über den Erhebungszeitraum signifikant.

Dagegen traten in der Mittagssituation in beiden Interventionsgruppen drei- bis fünfmal so häufig sprachförderliche wie -hemmende Verhaltensweisen auf. Der Anteil der sprachförderlichen Verhaltensweisen nahm nach der Fortbildung in der IG I numerisch deutlich zu, aber nach dem Coaching ebenso deutlich wieder ab. In der IG II schwankte das sprachliche Verhalten über die Zeit kaum, allerdings nahmen die sprachhemmenden Verhaltensweisen nach der Teilnahme an der fachspezifischen Fortbildung leicht ab.

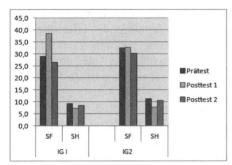
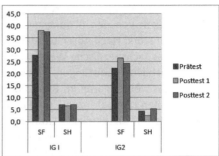

Abb. 3: Veränderungen des sprachförderlichen und –hemmenden Verhaltens in a) der Mittags- und b) der Bilderbuchsituation im Vergleich

4.2 Sprachliche und literale Kompetenzen der Kinder

Mit mittleren T-Werten von 45 bzw. 46 lagen die Kinder in beiden Interventionsgruppen über alle Untertests und Altersgruppen hinweg im unteren Normbereich. Nach der Fortbildung und den Coachings ihrer Bezugserzieherinnen zeigte sich ein signifikanter Anstieg der T-Werte auf 51 bzw. 50 Punkte im Posttest 2 (IG I: p = .002; IG II: p = .015). Auch für die frühen Erzähl- und Lesekompetenzen zeigte sich in beiden Untersuchungsgruppen ein positiver Entwicklungsverlauf über die Projektlaufzeit. Der prozentuale Anteil der Kinder, die im Prätest als Risikokinder für eine Sprachentwicklungsstörung identifiziert wurden, sank in der Gesamtstichprobe der Kinder (N = 465) von 27,7 % (n = 46) in der IG I und von 22,7 % (n = 36) in der IG II auf 12,3 % (n = 20) im Posttest 2 unabhängig vom Professionalisierungsschwerpunkt der Fachkraft (Sprache/Literacy, Mathe oder sozial-emotionale Entwicklung. Diese positive Veränderung zeigte sich auch sechs Monate nach den Fortbildungen in der IG II ohne zusätzliche Professionalisierungsmaßnahmen. Daher ist nicht von einer additiven Wirkung der Coachings auszugehen.

4.3 Bedeutung der Veränderungen auf Fachkraftebene für die kindliche Sprach- und Literacyentwicklung

Um Aufschluss darüber zu erhalten, ob die gefundenen Veränderungen über die Zeit bzw. die Varianz in den kindlichen Kompetenzen durch das veränderte Interaktionsverhalten der Fachkräfte ihnen gegenüber erklärt werden kann, wurden Mehrebenenanalysen gerechnet. Insgesamt ist der Anteil erklärter Varianz der individuellen Kompetenzentwicklung für die Kreuzeffekte mit den erfassten Prädiktoren Persönlichkeit, Belastungserleben und Fachwissen auf der Ebene der Fachkräfte, Qualität der Kindertageseinrichtungen sowie der Teilnahme an den Professionalisierungsmaßnahmen mit knapp 50 % für den Bereich Sprache und 70 % für den Bereich frühe literale Kompetenzen sehr hoch. Die Einflüsse dieser Prädiktoren sind aber in Abhängigkeit von den Bildungsbereichen und vom Zeitpunkt der Erfassung unterschiedlich stark: Nach Abschluss der Professionalisierungsmaßnamen zum Posttest 2 erklärt das fachspezifische Wissen der Fachkräfte den höchsten Anteil der Varianz in den sprachlichen Leistungen, gefolgt von der Qualität der Kindertageseinrichtung. Beide Faktoren erklären im Prä- und Posttest 1 substantielle Anteile der Varianz in den literalen Kompetenzen. Zum Posttest 1 wird auch der Einfluss der Fortbildungsteilnahme auf die kindliche Literacyentwicklung signifikant. Dagegen erklären zum Posttest 2 überraschenderweise nur noch strukturelle Aspekte, die mit dem Belastungserleben der Fachkräfte im Zusammenhang stehen, substantielle Varianzanteile in den literalen Kompetenzen.

5 Zusammenfassung und Diskussion

Effekte der Professionalisierungsmaßnahmen sind auf der Ebene der Kindertageseinrichtung, auf Fachkraft- und Kindebene nachweisbar. Allerdings variieren diese bei individueller Betrachtung der Fachkräfte stark. Die Individualcoachings entfalten allenfalls konsolidierende Effekte auf das fachspezifische Wissen, wirken sich aber nicht weitergehend positiv auf den Transfer der Fortbildungsinhalte in den Kindergartenalltag aus. Dies spiegelt sich auch in den Ergebnissen der Mehrebenenanalysen wider.

Limitationen der vorliegenden Studie sind die selektive Stichprobe von Fachkräften und der von ihnen betreuten Kinder sowie die fehlende Zufallszuweisung zu IG I und IG II, da die Professionalisierungsmaßnahmen um ein Jahr versetzt starteten. Möglicherweise war der Zeitraum von nur wenigen Wochen zwischen dem Ende der Coachings und dem Posttest II zu kurz, um sich in ihrer Wirkung auf der Ebene der Kinder niederzuschlagen. Hier wäre ein Follow-Up-Messzeitpunkt im Schulalter, der ursprünglich geplant war, sich aber aufgrund von Verzögerungen in der Akquise und dem Ausfall von pädagogischen Fachkräften nicht realisieren ließ, erhellend gewesen, um die Frage nach den längerfristigen Effekten der Professionalisierungsmaßnahme im Übergang zur Schule klären zu können.

Literatur

Fröhlich-Gildhoff, K., Nentwig-Gesemann, I., & Pietsch, S. (2011). *Kompetenzorientierung in der Qualifizierung frühpädagogischer Fachkräfte. Expertise für die Weiterbildungsinitiative.* Abgerufen von http://www.weiterbildungsinitiative.de/uploads/media/WiFF_Expertise_Nr_19_Froehlich_Gildhoff_ua_Internet__PDF.pdf

Grimm, H., Aktas, M., & Kießig, U. (2003). *Sprachscreening für das Vorschulalter (SSV)*. Göttingen: Hogrefe.

Grimm, H. (2010). *Sprachentwicklungstest für drei- bis fünfjährige Kinder (SETK 3-5)*. Göttingen: Hogrefe.

Hendler, J., Mischo, C., Strohmer, J., & Wahl, S. (2011). Das sprachbezogene Wissen angehender pädagogischer Fachkräfte im Wissenstest und in der Selbsteinschätzung. *Empirische Pädagogik, 25* (4), 518-542.

Jungmann, T., & Koch, K. (Hrsg.). (2016). *Professionalisierung pädagogischer Fachkräfte in Kindertageseinrichtungen – Konzept und Wirksamkeit des KOMPASS-Projektes*. München: Springer.

König, A., & Friederich, T. (2014). *Inklusion durch Sprachliche Bildung*. Weinheim: Beltz Verlag.

Mayring, P. (2010). *Qualitative Inhaltsanalyse. Grundlagen und Techniken*. Weinheim: Beltz.

Meindl, M., & Jungmann, T. (in Vorb.). *EuLe 3-5. Erzähl- und Lesefähigkeiten erfassen bei 3-5jährigen Kindern*. Göttingen: Hogrefe.

Neuman, S., & Wright, T. (2010). Promoting language and literacy development for early childhood educators. A mixed-methods study of coursework and coaching. *The Elementary School Journal, 111* (1), 63-86.

Christiane Miosga

Zum Einfluss digitaler Medien auf das Lesen und die Literacy-Entwicklung

1 Einleitung

Frühe Erfahrungen mit Büchern sind wichtig für den späteren Leseerfolg. Das „Dialogische Lesen", d.h. das interaktive gemeinsame Lesen, ist besonders vorteilhaft für die Entwicklung von Fähigkeiten der Literacy.
Für Kinder im Vorschul- und Kleinkindalter werden neben Büchern zunehmend auch elektronische Konsolen, CD-ROM Bücher und e-Book-Apps relevant, um Vorläuferfähigkeiten und Literacy-Fertigkeiten zu vermitteln. Allerdings sind die Auswirkungen auf die Qualität der Nutzung nicht systematisch erforscht. Die hier vorgestellte Studie soll diese Lücke schließen. Sie widmet sich dem dialogischen Lesestil und dem Geschichtenverständnis in Eltern-Kind- und Erzieherinnen-Kind-Dyaden mit jeweils elektronischen oder traditionellen Büchern. Die Ergebnisse zeigen, dass sowohl das dialogische Lesen als auch das Geschichtenverständnis durch das Vorhandensein von elektronischen Funktionen beeinflusst wird und zeigen auf, wie e-Books gestaltet sein müssten, um die Entwicklung von Fähigkeiten der Literacy zu fördern.

2 Förderung früher Literacy-Fähigkeiten durch das Dialogische Lesen

Mit dem Begriff der „Emergent Literacy" werden jene Fähigkeiten bezeichnet, die sich das Kind in der Zeit zwischen seiner Geburt und den ersten schulisch-konventionellen Lernerfahrungen zum Schreiben und Lesen aneignet. Er beinhaltet nicht nur die Fähigkeit, Buchstaben zu benennen und phonologische Bewusstheit zu entwickeln, sondern auch u. a. erste Kritzeleien anzufertigen, Lieblingsbücher und generell ein Interesse an schriftsprachlichen Medien zu haben (Kassow, 2006). Die Auseinandersetzung mit Bilderbüchern kann die Aneignung von Vorläuferfertigkeiten der Literacy unterstützen. Das ist auch über verschiedene Sprachen hinweg (Niklas et. al., 2015) und für den Zweitspracherwerb (Hünnekens & Xu, 2016) nachgewiesen.
Dialogisches Lesen ist eine Mischung aus freiem Erzählen und Vorlesen (Miosga & Fuchs, 2014). Insbesondere beim freien Erzählen findet sich eine besonders hohe Zuhörerorientierung, da es genau auf die emotionalen, kognitiven und kommunikativen Fähigkeiten der Zuhörenden abgestimmt werden kann. Beim direkten Vorlesen

tritt die Alltagssprache dagegen vermehrt zu Gunsten eines schriftsprachlichen Registers zurück. Redewendungen und Formulierungen, die der Schriftkultur entnommen sind, werden präsentiert und Schrift wird als Medium zur Speicherung von Wissen erkennbar. Die Kinder erfahren, dass der Text eines Bilderbuches sich nicht verändert, unabhängig davon, wer ihnen dieses Buch vorliest (Sassenroth, 2003). Während des Vorlesens eines Bilderbuches werden zudem schichtspezifische sprachliche und kommunikative Unterschiede ausgeglichen (Grimm, 1999). Ein Aspekt, der Bilderbücher besonders für die Sprachförderung und die Einbindung der Eltern bzw. Bezugspersonen in die Förderung interessant macht. Die Bilder erleichtern das Herstellen eines gemeinsamen Aufmerksamkeitsfokus und können das Sprachverstehen sichern helfen.

In einer modernen Industrie- und Mediengesellschaft kann das nicht oder nur partielle Verfügen über schriftsprachliche Kompetenzen zu einer erheblichen Einschränkung von Bildungschancen führen. Besonders Kinder aus Familien die von sozioökonomischen Unsicherheiten und einer relativen Bildungsferne betroffen sind, haben seltener die literalen Vorerfahrungen, die Grundschule heute häufig erwartet (Korat & Shamir, 2007; Nickel, 2007). Umso bedeutsamer wird die Frage von Qualität und Quantität der vorschulischen Literacy-Erfahrungen, die ein Kind macht (Kassow, 2006). Es stellt sich die Frage, wie genau Eltern mit ihren Kindern sprechen, wenn sie gemeinsam Bilderbücher anschauen, damit die Fähigkeiten der Literacy wie z. B. Geschichtenverständnis bei Kindern im Kleinkindalter gefördert werden.

Whitehurst et al. (1988) haben Sprachlehrstrategien, die im Rahmen der natürlichen Eltern-Kind-Interaktion im sog. „Motherese" (vgl. u. a. Grimm, 1999) intuitiv zur Anwendung kommen, für die bewusste Anwendung beim „dialogic reading" in Sprachfördersituationen zusammengefasst: So stellen Eltern bzw. pädagogische Fachkräfte Ergänzungsfragen und offene Fragen sowie vertiefende Nachfragen auf Antworten des Kindes, um das Kind zum Denken und Sprechen anzuregen („kognitives Modellieren"). Sie veranlassen die Kinder dazu, die Inhalte in ihren Worten zu beschreiben und mit ihren Erfahrungen und Fragen in Verbindung zu bringen. Sie involvieren die Kinder in die Geschichte, in die Protagonisten, sie strukturieren die Handlung und den zeitlichen Verlauf und sie aktivieren zum Problemlösen.

Diese „intuitive elterliche Didaktik" (Papousek & Papousek, 1987) gilt in der Forschung zu elterlichen Sprachlehrstrategien als besonders geeignet, um Kindern implizite Kenntnisse über die Funktion und Struktur der Sprache zu vermitteln. Die interpersonelle Vermittlung und Abstimmung durch eine feinfühlig reagierende Bezugsperson findet nicht nur sprachlich statt, sondern auch prosodisch, mimisch, gestisch und gesamtkörperlich, wobei die Redundanz, der auf den unterschiedlichen Ebenen vermittelten Information, gerade für junge Kinder eine wichtige Voraussetzung ist. In diesem Sinne kann von einem „Multimodalen Motherese" gesprochen werden (Jungmann et al., 2009). Als übergeordnete Kategorie kann das „Emotionese", also die emotionale Abstimmung, angenommen werden (ebd.). Sie

schafft die motivationale Grundlage für den sprachlichen Lehr-Lern-Prozess. Gerade Kinder unter drei Jahren unterscheiden häufig noch nicht zwischen Inhalts- und Beziehungsaspekt in der Kommunikation. Daher ist die Kongruenz bei kommunikativen Prozessen für sie besonders bedeutsam.
Besonders entscheidend für eine entwicklungsförderliche Interaktion ist daher eine involvierte/ involvierende, inhaltsstrukturierende und auf das Kind abgestimmte Sprechgestaltung. Die Gestaltungsmittel reichen von einer variablen Kontur bis hin zu einer Pausengestaltung, die Sinn- und Handlungsschritte gliedert (Miosga, 2006).

3 Digitale Medien im Klein- und Vorschulalter

Hinsichtlich der Quantität und des Beginns der Nutzung findet sich in der Forschung ein geteiltes Bild. Jedes siebte Kleinkind nutzt mobile Geräte bereits mehr als eine Stunde am Tag, so zeigt es eine US-amerikanische Studie (Kabali, 2015). Die Forschung zu den Chancen dieser sehr frühen Nutzung hat gerade erst begonnen (vgl. z. B. das TABLET Projekt (2015), das den Einfluss digitaler Medien auf die kognitive Entwicklung bei 6-36 Monate alten Kleinkindern untersucht). Im Gegensatz dazu stehen die Ergebnisse neurobiologischer Forschung, wonach der frühe Umgang mit Tablets die Lernentwicklung bei Kleinkindern sogar verlangsamt, da wichtige Lernaspekte, wie z. B. die Emotion fehlen (Hüther in „Die Welt", 2012). Auch die Bundeszentrale für gesundheitliche Aufklärung (BZgA) empfiehlt vor dem 3. Lebensjahr keine digitalen Medien und ab dem 3. Lebensjahr nur in limitierter Form.
Neben der kontroversen Diskussion gegen und für die frühe Nutzung von digitalen Medien zeigen aktuelle Studien auch für den deutschsprachigen Raum, dass die Nutzung digitaler Medien im Kleinkindalter rasant zunimmt (miniKim, mpfs 2012, 2014/ U9-Studie „Kinder in der digitalen Welt", DIVSI 2015). Die Gruppe der 1-3-jährigen ist daher erstmals 2012 in die KIM-Studie im Sonderteil „mini-KIM" aufgenommen wurden. Danach nutzen inzwischen 12 % der 2-3-jährigen und 25 % der 4-5 jährigen das Tablet alleine (miniKIM, 2014, S. 24) – Tendenz steigend.

3.1 Lesen mit digitalen Medien

Die Ergebnisse einiger Studien zeigen aber auch, dass die neue Technik das Buch beim Vorlesen nicht ablöst, sondern ergänzend genutzt wird: So wird die Bilderbuch-App eher unterwegs auf Reisen genutzt, und das traditionelle Buch zum Kuscheln zu Hause (Tausch, 2013). Viele Eltern sehen in Apps ein zusätzliches Motivationspotenzial und eine spannende Erweiterung zum Buch – aber viele Eltern sind (noch) zurückhaltend (Miosga & Fuchs, 2014). Die Vorlesestudie verweist auf neue Chancen der digitalen Technik, bildungsferne Schichten und auch Väter, die bisher deutlich

seltener vorlesen als Mütter, mit Vorleseangeboten zu erreichen und zu motivieren (Stiftung Lesen, 2012).
Darüber hinaus finden sich auch zur Qualität der Nutzung in Studien zum Leseverhalten mit e-Books kontroverse Forschungsergebnisse (Barnett & Crowe, 2008).

3.2 Förderung früher Literacy-Fähigkeiten durch e-Books oder traditionelle Bilderbücher?

Die Frage, ob e-Books Fähigkeiten der Literacy wie Geschichtenverständnis bei Kindern im Vorschulalter gleichermaßen fördern wie das gemeinsame Lesen traditioneller Bücher, kann noch nicht hinreichend beantwortet werden. Je nach Qualität der verwendeten e-Books und des Leseverhalten sind kontroverse Ergebnisse zu erwarten, so dass die multimodale Abstimmung der Eltern-Kind-Interaktionen genauer betrachtet werden muss.

In einer Studie des SpeechLabs der Leibniz Universität Hannover wurde daher in einer Video-Interaktionsanalyse untersucht, ob es Unterschiede im Leseverhalten, in der Sprechgestaltung und in den Auswirkungen auf das Geschichtenverständnis beim gemeinsamen Lesen eines traditionellen Bilderbuchs bzw. eines e-Books mit Kindern im Kleinkindalter und ihren Bezugspersonen (Eltern, Tagesmütter, Erzieherinnen) gibt. Die multimodale Interaktion der interpersonellen Abstimmung wurde dafür mit dem Buch und der digitalen App-Variante des gleichen Buchs mit interaktiven Funktionen („enhanced e-Book") analysiert.

Erste Ergebnisse zeigen, dass die Interaktionsdauer beim e-Book um 38,3 % länger ist. Allerdings äußern sich die Bezugsperson und Kind bei der Interaktion mit dem traditionellen Bilderbuch um 49,1 % mehr. Die Bezugsperson verwendet doppelt so viele lange Äußerungen, welche überwiegend inhaltsbezogen sind (52,7 %). Beim e-Book nehmen kürzere Äußerungen, welche handlungsbezogen (in Bezug auf das Medium) sind, um 70,2 % zu: „Drück mal hier drauf", „Warte, noch nicht drücken", (beim Auftauchen von Hotspots). Diese Technikfokussierung der Äußerungen ist auch in weiteren bestehenden Studien (Muratovic, 2014, Chiong et al., 2012) bestätigt. Auch das Kind hält sich beim e-Book mit (inhaltsbezogenen) Äußerungen stark zurück, beim Bilderbuch entstehen wesentlich mehr Dialoge und Sprecherwechsel.

Durch auftauchende Hotspots wird das Vorlesen häufig unterbrochen, so dass die Bezugspersonen schneller lesen und versuchen, immer wieder die Aufmerksamkeit auf die Geschichte zu lenken. Das führt dazu, dass ein Verständnis der gesamten Geschichte bei den Kindern erschwert wird und dass das gemeinsame Lesen gegenüber der Aufmerksamkeit auf Ablenker verloren geht (vgl. auch Ergebnisse De Jong & Bus, 2003).

Die kognitive und sprachliche Modellierung, die als erfolgreiche Sprachlehrstrategien beim Dialogischen Lesen fungieren, sind entsprechend häufiger beim traditionellen Bilderbuchlesen zu beobachten: Dazu gehören Fragen nach den Protagonisten, Referenzbezügen, Fragen zur räumlich-zeitlichen Orientierung, Nachfragen nach

eigenen Erfahrungen: „Es kletterte hinauf und schlief gleich ein, so wie du", „Hast du das auch gemacht?"
Insgesamt werden inhaltlich mehr Bezüge zur Lebenswelt des Kindes hergestellt. So verwundert es nicht, dass in der Kategorie „Joint Attention" die größten Unterschiede auszumachen sind: Die Versuche der Bezugsperson, einen gemeinsamen Aufmerksamkeitsfokus mit dem Kind herzustellen, sind in der Interaktion mit dem traditionellen Bilderbuch am stärksten. Die multimodale Gestaltung kann beim traditionellen Bilderbuch als involvierter, kindorientierter und inhaltsstrukturierender bezeichnet werden. Die Gegensätze variable vs. isotone Intonationskontur sowie inhaltsbezogene vs. handlungsbezogene Äußerungen sind besonders prägnante Unterschiede bei der vergleichenden Betrachtung der Mediennutzung.
Die Analysen zeigen aber auch eine hohe interindividuelle Variation in Bezug auf den Vorlesestil. So bleibt ein flexibler, variationsreicher Vorlesestil ebenso wie ein eher starrer, isotoner Stil unabhängig vom Medium tendenziell erhalten.

4 Fazit und Diskussion

Im Vergleich zum e-Book sind die Merkmale des multimodalen Motherese beim Dialogischen Lesen mit dem traditionellen Bilderbuch durch eine involvierte, kindorientierte und inhaltsstrukturierende Gestaltung deutlicher zu finden, was möglicherweise auch zu einem besseren Geschichtenverständnis beiträgt.
Zu bedenken gilt, dass bestehende Studien nur eine kleine Stichprobe aus einem ähnlichen sozialen Milieu und einen Ist-Zustand erfassen. Es bedarf weiterer Studien zum Verlauf des Umgangs mit dem e-Book. Es bleibt offen, ob Eltern im Laufe der Zeit nicht auch lernen könnten, entwicklungsförderlich mit dem e-Book umzugehen. Desweiteren sind Milieuunterschiede stärker einzubeziehen.

Neben den hier erfassten Nachteilen des e-Books, bietet es aber auch Potenziale, wie die o.g. Studien zum Nutzungsverhalten von e-Books aufzeigen: Väter sowie Eltern und Kinder aus bildungsfernem Milieu, die bisher erst wenig literale Erfahrungen gemacht haben, könnten mit dem elektronischen Lesen erreicht werden. Elektronische Leseangebote bieten zudem eine große Chance für die Leseförderung im Kontext von Mehrsprachigkeit (DaF/DaZ), da viele e-Books mit Schrift- und Aussprache Features in vielen Sprachen zur Verfügung stehen.

Vor dem Hintergrund der zunehmenden Mediatisierung der Gesellschaft und der ansteigenden Nutzung digitaler Medien, stellt sich die Frage, wie entwicklungsförderliche Lesestrategien auch für e-Books nutzbar gemacht werden können. Bei der App-Entwicklung und der Auswahl der e-Books ist darauf zu achten, dass die zusätzlichen Aktivitäten nicht zu sehr von der eigentlichen Geschichte ablenken und dass es die Möglichkeit gibt, diese nach Wunsch auch zu deaktivieren. Die Gestaltung durch besondere Features z. B. eine farbige Hinterlegung des gelesenen Textes kann zudem die Entwicklung von Fähigkeiten der „emergent Literacy" unterstützen (Korat & Shamir, 2007).

In den USA wurden in einem „Sesameworkshop" (2012) bereits Richtlinien für die Entwickler von e-Books erstellt. Diese reichen von Hinweisen zur Gestaltung des interaktiven Designs bis hin zur Sprach- und Tongestaltung. Auf einen eigenen Unterpunkt, der notwendige Tipps für die Eltern zur Handhabung des multimedialen Mediums enthält wird besonderer Wert gelegt.

Weiterführende Untersuchungen, wie sich das elterliche bzw. professionelle Kommunikationsverhalten bei der Verwendung von e-Books verändert, sind nach dem jetzigen Forschungsstand zwingend notwendig.

Literatur

Barnett, R., & Crowe, L.K. (2008). Traditional versus electronic storybooks during adult-toddler interaction. *Undergraduate Research Journal for the Human Science, 7*. Abgerufen von http://www.kon.org/urc/v7/barnett.html

Bundeszentrale für gesundheitliche Aufklärung (BZgA). (o. J.). *Umgang mit Medien: 0-3 Jahre*. Abgerufen von http://www.kindergesundheitinfo.de/themen/medien/alltagstipps/medienwahrnehmung/medienumgang-0-3-jahre/

Chiong, C., Ree, J., Takeuchi, L., & Erickson, I. (2012). *Print books versus e-books: Comparing parent-child co-reading on print, basic and enhanced e-book platforms*. Abgerufen von http://www.joanganzcooneycenter.org/publication/quickreport-print-books-vs-e-books/

De Jong, M. T., & Bus, A. G. (2003). How well suited are electronic books to supporting literacy? *Journal of Early Childhood Literacy, 3* (2), 147-164.

Deutsches Institut für Vertrauen und Sicherheit im Internet. (2015). *DIVSI U9-Studie: Kinder in der digitalen Welt*. Abgerufen von https://www.divsi.de/wp-content/uploads/2015/06/U9-Studie-DIVSI-web.pdf

Grimm, H. (1999). *Störungen der Sprachentwicklung*. Göttingen, Bern, Toronto, Seatlle: Hogrefe.

Huennekens, M. E., & Xu, Y. (2016). Using dialogic reading to enhance emergent literacy skills of young dual language learners. *Early Child Development and Care, 186* (2), 324-340.

Hüther, G. (2012). Bücher für Kinder besser als Tablet-Computer. *Die Welt.* Abgerufen von http://www.welt.de/wissenschaft/article110795090/Buecher-fuer-Kinder-besser-als-Tablet-Computer.html

Jungmann, T., Miosga, C., Fuchs, A., & Rohlfing, K. J. (2009). Konzeption eines Elterntrainings auf der Grundlage der Befunde der multimodalen Motherese-Forschung. In U. Langen-Müller, M. Hielscher-Fastabend & B. Kleissendorf (Hrsg.), *Sprachtherapie lohnt sich?! Zum aktuellen Stand der Evaluations- und Effektivitätsforschung in der Sprachtherapie.* Köln: ProLog.

Kabali, H. K., Irigoyen, M. M., Nunez-Davis, R., Budacki, J. G., Mohanty, S. H., Leister, K. P., & Bonner, R. L. (2015). Exposure and Use of Mobile Media Devices by Young Children. *Pediatrics, 136* (6), 1044-50.

Kassow, D. Z. (2006). Parent-child shared book reading: Quality versus quantity of reading between parents and young children. *Talaris Research Institute, 1* (1), 1-9.

Korat, O., & Shamir, A. (2007). Electronic books versus adult readers: effects on children´s emergent literacy as a function of social class. *Journal of Computer Assisted Learning 23,* 248-259.

miniKIM. (2012/2014). *Kleinkinder und Medien. Basisuntersuchung zum Medienumgang 2- bis 5-Jähriger in Deutschland.* Stuttgart: Medienpädagogischer Forschungsverbund Südwest.

Miosga, C. (2006). *Habitus der Prosodie – Die Bedeutung der Rekonstruktion von personalen Sprechstilen in pädagogischen Handlungsfeldern.* Frankfurt am Main et al.: Peter Lang.

Miosga, C., & Fuchs, A. (2014). Eltern-Kind-Interaktionen mit Bilderbüchern und/oder Tablet PC? In S. Sallat, M. Spreer & C. W. Glück (Hrsg.), *Sprache professionell fördern: kompetent-vernetzt-innovativ* (S. 66-73). Idstein: Schulz-Kirchner Verlag.

Muratovic, B. (2014). *Vorlesen digital: Interaktionsstrukturierung beim Vorlesen gedruckter und digitaler Bilderbücher.* Berlin/Boston: Walter de Gruyter GmbH & Co KG.

Nickel, S. (2007). Familienorientierte Grundbildung im Sozialraum als Schlüsselstrategie zur breiten Teilhabe an Literalität. In A. Gortlütsch & A. Linde (Hrsg.), *Literalität. Grundbildung und Lesekompetenz? Beiträge zu einer Theorie-Praxis-Diskussion* (S. 182-192). Münster: Waxmann.

Niklas, F., Tayler, C., & Schneider, W. (2015). Home-based literacy activities and children's cognitive outcomes: A comparison between Australia and Germany. *International Journal of Educational Research, 71,* 75-85.

Papousek, H., & Papousek, M. (1987). Intuitive parenting: A dialectic counterpart to the infant's integrative competence. In J. D. Osofsky (Hrsg.), *Handbook of infant development* (2. Aufl.) (S. 669-720). New York: Wiley.

Sassenroth, M. (2003). *Schriftspracherwerb* (5. Aufl.). Bern, Stuttgart, Wien: Haupt.

Sesameworkshop. (2012). *Best Practices: Designing Touch Tablet Experience for Preeschoolers.* Abgerufen von http://www.sesameworkshop.org/assets/1191/src/Best%20Ptactice%20Document%2011-26-12.pdf

Stiftung Lesen. (2012). *Vorlesestudie 2012: Vorlesen mit Bilder- und Kinderbuch-Apps. Repräsentative Befragung von 250 Vätern und 250 Müttern.* Mainz. Abgerufen von http://www.stiftunglesen.de/download.php? type = documentpdf&id= 752

TABLET project. (2015). *A scientific study of the early use of touchscreen devices.* Abgerufen von http://www.bbk.ac.uk/tablet_project/aboutus

Tausch, C. (20. Februar 2013). *Parents' Perceptions of Digital Media.* Abgerufen von https://digitalmediaprojectforchildren.wordpress.com/2013/02/20/parents-perceptions-of-digital-media/

Whitehurst, G. J., Falco, F. L., Lonigan, C., Fischel, J. E., DeBaryshe, B. D., & Va-ldez-Menchaca, M. C. (1988). Accelerating language development through picture book reading. *Developmental Psychology, 24,* 552-559.

Anke Buschmann, Bettina Multhauf

Heidelberger Elterntraining zum Umgang mit Lese- und Rechtschreibschwierigkeiten (HET LRS): Konzept und Evaluation

1 Heidelberger Elterntraining zum Umgang mit LRS

1.1 Entstehungsgeschichte

Lese- und Rechtschreibstörungen (LRS) gehören zu den häufigsten Entwicklungsstörungen im Grundschulalter (6-8 %, Hasselhorn & Schuchardt, 2006). Eine LRS gefährdet die schulische (Kohn, Wyschkon, Ballaschk, Ihle & Esser, 2013) und die psychische Entwicklung eines Kindes. Kinder mit LRS verfügen über ein geringeres Selbstwertgefühl (Schulz, Dertmann & Jagla, 2003) und zeigen weniger Anstrengungsbereitschaft für schulbezogene Aufgaben als gleichaltrige Kinder (Kohn, Wyschkon, Esser, 2013). Sie weisen häufiger als diese Angstsymptome auf bzw. zeigen externalisierende Verhaltensweisen (Bäcker, Neuhäuser, 2003; Morgan, Farkas, Tufis & Sperling, 2008).

Im klinischen Alltag lässt sich in Familien mit einem Kind mit LRS häufig eine große Belastung der Eltern beobachten. Dies verwundert nicht, denn Lesen und Schreiben sind Kernkompetenzen, die Kinder normalerweise mühelos in den ersten Schuljahren erlernen und die eine hohe Relevanz für einen allgemeinen Schulerfolg und die damit verbundenen Berufsaussichten haben. Zudem ist es für Personen, die problemlos das Lesen und Schreiben gelernt haben, nur sehr schwer nachvollziehbar, wieso ein Kind damit so große Schwierigkeiten haben kann. Die Gefahr, dem Kind Unlust oder fehlende Motivation zu unterstellen, ist groß. In Studien zeigt sich dementsprechend auch eine erhöhte Belastung der Eltern von Kindern mit LRS und ein vermehrtes Auftreten von depressiven Symptomen als bei Kindern ohne LRS (Antshel & Joseph, 2006; Bonifacci, Storti, Tobia & Suardi, 2015; Snowling, Muter & Carroll, 2007). Quellen elterlicher Belastung bestehen u. a. in folgenden zwei Komponenten: Probleme des Kindes beim Lesen- und Schreibenlernen, evtl. verbunden mit psychischen Auffälligkeiten und Einschränkungen elterlicher Funktionen wie Zweifel an der eigenen Kompetenz oder soziale Isolation. Häufig wird von einer hohen zeitlichen Belastung mit wenig Freizeit berichtet sowie von der Anwendung physischer oder verbaler Gewalt gegenüber den betroffenen Kindern mit daraus resultierenden Schuldgefühlen (Padeliadou & Chideridou, 2013).

Diese Aspekte legen nahe, dass es nicht nur wichtig ist, das Kind mittels einer spezifischen Therapie beim Lese- und Rechtschreiberwerb zu unterstützen, sondern den

Eltern die Möglichkeit einer Beratung und Begleitung zu geben. Allerdings zeigte eine deutschlandweite Befragung von LRS-TherapeutInnen, dass die Zusammenarbeit mit den Eltern im Rahmen der LRS-Förderung/Therapie bisher nur eine sehr geringe Rolle spielt und sich vor allem auf die Durchführung von Erst- und Anamnesegesprächen bzw. das Erklären häuslicher Übungen bezieht (Multhauf & Buschmann, 2014). Eine Stärkung der elterlichen Kompetenzen im Umgang mit den Lernschwierigkeiten des Kindes und mit den damit einhergehenden Belastungssituationen (z. B. Hausaufgaben) scheint üblicherweise nicht stattzufinden. Dies ist erstaunlich, denn die mit der LRS-Förderung bzw. Therapie betrauten Personen gaben mehrheitlich eine positive Einstellung zur Zusammenarbeit mit Eltern an. Ein Desinteresse der Eltern und eigener Zeitmangel wurden bei dieser und ähnlichen Befragungen (Knopf & Swick, 2007; Dehnhardt & Ritterfeld, 1998) am häufigsten als Hinderungsgründe für Elternbeteiligung angegeben. Die üblicherweise praktizierte Zusammenarbeit mit Eltern besteht darin, die Eltern in den letzten Minuten einer Therapiestunde zu informieren und anzuleiten. Aufgrund des Mangels an systematischen Konzepten zur Anleitung, Beratung und Unterstützung der Eltern von Kindern mit LRS wurde das HET LRS „Heidelberger Elterntraining zum Umgang mit LRS. Mein Kind mit Lese-Rechtschreibschwierigkeiten verstehen, stärken und unterstützen" entwickelt (Buschmann & Multhauf, www.heidelberger-elterntraining.eu).

1.2 Konzeption und Ziele

Das HET LRS ist ein kognitiv-behaviorales Gruppenprogramm. In einer Metaanalyse zeigte sich, dass kombinierte Ansätze rein kognitiven bzw. behavioralen Ansätzen überlegen sind (Singer, Ethridge & Aldana, 2007). Das Arbeiten in der Gruppe kommt dem Wunsch der Eltern nach Austausch und emotionaler Unterstützung entgegen (Bull, 2003). Das HET LRS ist als Ergänzung zur schulischen LRS-Förderung oder LRS-Therapie des Kindes bzw. auch zur Unterstützung dieser gedacht.

Ziel des Trainings ist eine Stärkung der elterlichen Kompetenzen im täglichen Umgang mit den Lese- und Rechtschreibschwierigkeiten des Kindes sowie eine Reduktion des Belastungserlebens der Eltern. Zudem werden die Eltern befähigt, ihr Kind in seiner emotionalen, sozialen und schulischen Entwicklung zu unterstützen.

Zur Erreichung dieser Ziele enthält das HET LRS verschiedene inhaltliche Komponenten, die im Überblick in Abbildung 1 dargestellt sind. Die thematischen Schwerpunkte basieren auf dem Informationsbedürfnis der Eltern (z. B. Bull, 2003; Padeliadou & Chideridou, 2013; Terras et al., 2009) sowie den für eine Belastungsreduktion und Kompetenzsteigerung relevanten Komponenten eines Elterntrainings (z. B. Brock & Shute, 2001; Kaminski, Valle, Filene & Boyle, 2008).

Im Rahmen psychoeduktiver Elemente lernen die Eltern, die Schriftsprachprobleme ihres Kindes zu verstehen und dadurch sensibler auf dessen Verhaltensschwierigkeiten einzugehen.

Ein Schwerpunkt des HET LRS liegt auf der Anleitung der Eltern zur Strukturierung der Hausaufgaben- und Übungssituation. Sie werden angeregt, gemeinsam mit dem Kind die passende Zeit, den richtigen Ort und ein für das Kind sinnvolles Vorgehen zu finden. Die Eltern lernen beschreibendes Lob als eine Möglichkeit zur direkten positiven Verstärkung kennen und üben es im Training. Verbunden ist damit das Ziel, unerwünschtes Verhalten des Kindes wie das Hinauszögern oder Unterbrechen der Hausaufgaben zu reduzieren (Sanders, 2008). Dadurch werden dem Kind mehr Erfolgserlebnisse ermöglicht und die Entwicklung seines Selbstwertgefühls positiv unterstützt sowie das Erleben von Selbstwirksamkeit gefördert.

Des Weiteren werden die Eltern im HET LRS sensibilisiert, Gelegenheiten für gemeinsame freudvolle und vom Lernen unabhängige Aktivitäten zu nutzen, um die aufgrund der erhöhten Belastung gefährdete Eltern-Kind-Beziehung positiv zu stärken.

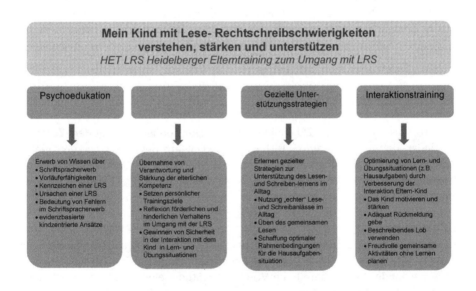

Abb. 1: Thematische Schwerpunkte der Sitzungen des HET LRS

1.3 Organisation

Das HET LRS enthält fünf Sitzungen zu je zwei Stunden und ist für eine Elterngruppe von maximal 10 Personen konzipiert. Besonders empfehlenswert ist die Teilnahme von beiden Elternteilen.

Im Vorfeld findet eine Abklärung der Lese- und Rechtschreibfähigkeiten und eventuell begleitender Verhaltensprobleme statt.

Zu jeder Trainingseinheit erhalten die TeilnehmerInnen eine schriftliche Zusammenfassung der Inhalte.

1.4 Aufbau und methodisch-didaktische Elemente

Die Sitzungen des HET LRS sind in ihrer Struktur und in ihrem Aufbau angelehnt an etablierte Elterntrainingsprogramme wie Triple P (Sanders, 2008) oder Heidelberger Elterntraining zur frühen Sprachförderung (Buschmann, 2011). Jede Sitzung enthält: Rückblick und Reflexion, Impuls, Erarbeitung/Diskutieren von Themen und Hausaufgaben.

Es kommen zahlreiche didaktische Methoden aus der Erwachsenenbildung zum Einsatz, u. a. das gemeinsame ressourcenorientierte Erarbeiten wichtiger Inhalte, kurze Powerpoint-Präsentationen, Fallbeispiele, geleitete Gruppendiskussionen, Üben in Kleingruppen, Anregung zur Selbstreflexion und Supervision. Die Eltern werden motiviert, die gelernten Strategien zu Hause im Alltag mit dem Kind umzusetzen. Jede Sitzung beginnt mit einer gemeinsamen Reflexion. Dadurch erhalten die Eltern die Möglichkeit zum intensiven Austausch untereinander und zum Lernen voneinander.

2 Wirksamkeit des HET LRS

Von 2012 bis 2015 fand im ZEL–Heidelberg in enger Kooperation mit dem Zentrum für Kinder- und Jugendmedizin des Universitätsklinikums Heidelberg und der Günter Reimann-Dubbers Stiftung eine randomisierte, kontrollierte Evaluationsstudie im Trainings-/Wartegruppen-Design mit drei Messzeitpunkten (Prä-, Posttest, Follow-up) statt.

2.1 Stichprobe

39 Drittklässler mit unterdurchschnittlichen Lese- und/oder Rechtschreibleistungen (T-Wert <40) ohne deutliche kognitive Beeinträchtigungen (IQ > 70) nahmen teil. 82 % der Kinder hatten bereits im Vorfeld der Studie eine spezifische Förderung, zumeist in der Schule, erhalten.

2.2 Instrumente

Die Erfassung demografischer und belastungsbezogener Daten erfolgte mittels verschiedener Fragbogenverfahren (z. B. Eltern-Belastungs-Inventar). Zudem kamen standardisierte testpsychologische Verfahren zum Einsatz wie zum Beispiel der WISC-IV zur Erfassung kognitiver Fähigkeiten, der WRT 2+ für die Überprüfung der Rechtschreibleistungen, der SLRT-II zur Erhebung der Leseleistung (ausführlich bei Multhauf & Buschmann, 2016).

2.3 Ablauf

Nach abgeschlossener Eingangsdiagnostik zu Beginn des dritten Schuljahres erfolgte die randomisierte Zuweisung zu Trainings- und Wartegruppe. Die Mütter der Trainingsgruppe (TG) nahmen über einen Zeitraum von drei Monaten am HET LRS teil. Die Mütter der Wartegruppe (WG) erhielten nach Abschluss der Follow-up Untersuchung die Möglichkeit zur Teilnahme. Aufgrund des mehrheitlich größeren Interesses der Mütter, wurde aus Gründen der Vergleichbarkeit entschieden, dass nur diese am Training teilnehmen durften.

Der Posttest wurde ca. sechs Monate und die Follow-up Untersuchung neun Monate nach der Eingangsdiagnostik zum Ende des dritten Schuljahres von verblindeten Untersucherinnen durchgeführt.

2.4 Ergebnisse

2.4.1 Akzeptanz und Zufriedenheit

Buschmann und Multhauf (2015) haben 25 Mütter anonymisiert befragt. Fast die Hälfte der Mütter hatte an allen fünf Sitzungen teilgenommen. Die nach jeder Elterntrainingseinheit vergebenen häuslichen Transferaufgaben waren von 96 % immer oder oft erledigt worden. Dies spricht für eine hohe Motivation und Partizipationsbereitschaft der TeilnehmerInnen sowie für die große persönliche Relevanz der Inhalte des HET LRS.

Die Rahmenbedingungen, erfasst über die Gruppengröße, die Anzahl der Sitzungen und deren zeitlichen Umfang sowie über die verschiedenen didaktischen Methoden, die Arbeitsblätter und die schriftlichen Begleitmaterialien wurden auf einer fünfstufigen Likertskala als ideal beurteilt.

Ebenso wurden die inhaltlichen Schwerpunkte von den Müttern durchweg als hoch relevant eingeschätzt. Besonders wichtig fanden sie die Themen „Umgang mit der LRS", „Elterliches Verhalten in der Hausaufgabensituation" und „Förderung des Lesens und Schreibens im Alltag", gefolgt von den Themen „Rahmenbedingungen in der Hausaufgabensituation" und „Hinweise zum Loben und Rückmeldung".

Insgesamt gaben die Mütter eine hohe bis sehr hohe Zufriedenheit an (vierstufige Skala). Die Möglichkeit zum Austausch untereinander wurde sehr geschätzt. Die Mütter würden das Training anderen betroffenen Eltern insgesamt weiterempfehlen.

2.4.2 Erreichen individueller Ziele und subjektive Kompetenzsteigerung

Buschmann und Multhauf (2015) befragten die 25 Mütter zusätzlich dazu, inwiefern sie die Informationen aus dem Training im Alltag anwenden konnten. Dies bejahten die Mütter mehrheitlich und nahmen zudem eine Veränderung ihres eigenen Verhaltens gegenüber dem Kind wahr. Sie zeigten nach dem Training ihrer Angabe nach ein höheres Maß an Geduld, mehr Verständnis für die Probleme ihres Kindes, einen gelasseneren Umgang mit den LRS-Schwierigkeiten, eine Änderung ihres Verhaltens in der Hausaufgabensituation sowie vermehrtes Loben. Die Mütter hatten sich vorab persönliche Ziele aus den Bereichen „Einfühlen und Verstehen", „Bewältigung von Hausaufgaben- und Übungssituationen", „Unterstützung der psychosozialen Entwicklung" und „Lese-Rechtschreibförderung" gesetzt und diese zu 55 bis 86 % erreicht. Das heißt, die Mütter haben eine deutliche persönliche Kompetenzsteigerung im Umgang mit der LRS ihres Kindes erlebt. Zudem schätzten sie ein, dass sich dies positiv auf ihre Beziehung zum Kind auswirkte.

2.4.3 Wahrnehmung von Verhaltensauffälligkeiten
Mittels des Verhaltensfragebogens SDQ wurde von Multhauf und Buschmann (2016) untersucht, ob sich die subjektiv verbesserte Mutter-Kind-Interaktion auch positiv auf das erlebte Verhalten der Kinder auswirkt. Hinsichtlich der Frage, ob sich die Verhaltensprobleme des Kindes vom Prä- zum Posttest verbessert oder verschlechtert haben, gab es einen signifikanten Unterschied zwischen der Trainings- und der Wartegruppe. Die Mütter der TG berichteten global gesehen von einer größeren Reduktion der Verhaltensprobleme ihres Kindes. Zudem nahmen die Mütter der TG im Vergleich zu den Müttern der WG in den SDQ-Skalen „Emotionale Probleme", „Prosoziales Verhalten" und „Schwierigkeiten im Umgang mit Gleichaltrigen" signifikante und positive Veränderungen wahr (mittlere bis starke Effekte).

2.4.4 Belastungsreduktion seitens der Eltern
Multhauf, Buschmann und Soellner (2016) untersuchten unter Einsatz des Eltern-Belastungs-Inventars und eines weiteren Fragebogens die Effektivität des Programmes hinsichtlich der Belastungsreduktion, der Verbesserung von Mutter-Kind-Interaktionen während der Hausaufgaben sowie der Kompetenzstärkung im Umgang mit der LRS. Die multivariate Varianzanalyse (Vergleich TG und WG von Prätest zu Follow-up) ergab eine mittlere bis starke Gesamteffektivität des Trainings, die insbesondere auf die Belastungsreduktion und die Steigerung elterlicher Kompetenzen der TG-Mütter zurückzuführen ist. Die Effekte zeigten sich nicht direkt nach dem Training, sondern zeitlich verzögert zur Follow-up Untersuchung.

2.5 Limitationen
Einschränkend ist zu erwähnen, dass die Akzeptanz und Effektivität des Trainings bisher ausschließlich von teilnehmenden Müttern, nicht jedoch von Vätern, überprüft wurde. Zudem konnte mit dem genutzten Trainings-/Wartegruppen-Design nicht untersucht werden, welcher Anteil an der Gesamteffektivität durch Zuwendungseffekte zu erklären ist. Dazu wäre ein Vergleich mit einer alternativ behandelten Gruppe notwendig. Letztlich basierte die bisherige Evaluation auf subjektiven Einschätzungen der Mütter. Objektive Maße wie z. B. Interaktionsanalysen wurden bisher nicht einbezogen. Hinsichtlich der Belastung von Eltern scheinen jedoch Selbsteinschätzungen von primärer Bedeutung zu sein.

3 Fazit und Zusammenfassung

Mit der Entwicklung und Evaluation des HET LRS wird eine Lücke in der Versorgung von Familien mit Kindern mit LRS geschlossen. Denn das HET LRS bietet die Möglichkeit zu einer systematischen Zusammenarbeit mit den Eltern, während das Kind an einer spezifischen Lese- und/oder Rechtschreibförderung bzw. -therapie teilnimmt.

Literatur

Antshel, K. M., & Joseph, G. (2006). Maternal stress in nonverbal learning disorder: A comparison with reading disorder. *Journal of Learning Disabilities, 39*, 194-205.
Bäcker, A., & Neuhäuser, G. (2003). Internalisierende und Externalisierende Syndrome bei Lese- und Rechtschreibstörungen. *Praxis der Kinderpsychologie und Kinderpsychiatrie, 52*, 329-337.
Bonifacci, P., Storti, M., Tobia, V., & Suardi, A. (2015). Specific learning disorder: A look inside children's and parent's psychological well-being and relationships. *Journal of Learning Disabilities.* Advance online publication. doi: 10.1177/0022219414566681
Brock, A., & Shute, R. (2001). Group coping skills program for parents of children with dyslexia and other learning disabilities. *Australian Journal of Learning Disabilities, 4*, 15-25.
Bull, L. (2003). The use of support groups by parents of children with dyslexia. *Early Child Development and Care, 173*, 341-347.
Buschmann, A. (2011). *Heidelberger Elterntraining zur frühen Sprachförderung. Trainermanual.* München: Elsevier Urban & Fischer.
Buschmann, A., & Multhauf, B. (2015). LRS-Elterngruppenprogramm: Teilnehmerzufriedenheit und subjektive Effektivität. *Lernen und Lernstörungen, 3, 1-15.*
Buschmann, A., & Multhauf, B. (in Vorb.). *Mein Kind mit LRS verstehen, stärken und unterstützen – Heidelberger Elterntraining zum Umgang mit LRS. Trainermanual.* München: Elsevier.
Dehnhardt, C., & Ritterfeld, U. (1998). Modelle der Elternarbeit in der sprachtherapeutischen Intervention. *Die Sprachheilarbeit, 43* (3), 128-136.
Hasselhorn, M., & Schuchardt, K. (2006). Lernstörungen. *Kindheit und Entwicklung, 15*, 208-215.
Kaminski, J. W., Valle, L. A., Filene, J. H., & Boyle, C. L. (2008). A Meta-Analytic Review of Components Associated with Parent Training Program Effectiveness. *Journal of Abnormal Child Psychology, 36*, 567-589.

Knopf, H. T., & Swick, K. J. (2007). How parents feel about their child's teacher/school: Implications for early childhood professionals. *Early Childhood Education Journal, 34* (4), 291-296. doi: 10.1007/s10643-006-0119-6

Kohn, J., Wyschkon, A., & Esser, G. (2013). Psychische Auffälligkeiten bei umschriebenen Entwicklungsstörungen: Gibt es Unterschiede zwischen Lese-Rechtschreib- und Rechenstörungen? *Lernen und Lernstörungen, 2*, 7-20.

Kohn, J., Wyschkon, A., Ballaschk, K., Ihle, W., & Esser, G. (2013). Verlauf von Umschriebenen Entwicklungsstörungen: Eine 30-Monats-Follow-up-Studie. *Lernen und Lernstörungen, 2*, 77-89.

Morgan, P. L., Farkas, G., Tufis, P. A., & Sperling, R. A. (2008). Are reading and behavior problems risk factors for each other? *Journal of Learning Disabilities, 41*, 417-436.

Multhauf, B., Buschmann, A., & Soellner, R. (2016). Effectiveness of a group-based program for parents of children with dyslexia. *Reading and Writing, 29* (6), 1203-1223. doi: 10.1007/s11145-016-9632-1

Multhauf, B., & Buschmann, A. (2016). Elterntraining zum Umgang mit LRS – wahrgenommene Änderung des kindlichen Verhaltens. *L.O.G.O.S. interdisziplinär, 1*, 4-14.

Multhauf, B., & Buschmann, A. (2014). Elternpartizipation in der Therapie leserechtschreibschwacher Kinder: Ergebnisse einer Fragebogenerhebung. *Zeitschrift für Kinder- und Jugendpsychiatrie und Psychotherapie, 42*, 233-241.

Padeliadou, S., & Chideridou, A. (2013). Being a parent and not a teacher: The case of specific learning disability. *International Journal about Parents in Education, 7*, 91-99.

Sanders, M. R. (2008). Triple P-Positive Parenting Program as a public health approach to strengthening parenting. *Journal of Family Psychology, 22*, 506-517.

Schulz, W., Dertmann, J., & Jagla, A. (2003). Kinder mit Lese- und Rechtschreibstörungen: Selbstwertgefühl und Integrative Lerntherapie. *Kindheit und Entwicklung, 12*, 231-242.

Singer, G. H. S., Ethridge, B. L., & Aldana, S. I. (2007). Primary and secondary effects of parenting and stress management Interventions for Parents of Children with Developmental Disabilities: A meta-analysis. *Mental Retardation and Developmental Disabilities, 13*, 357-369.

Snowling, M. J., Muter, V., & Carroll, J. (2007). Children at Family Risk of Dyslexia: A Follow-up in Early Adolescence. *The Journal of Child Psychology and Psychiatry, 48*, 609-618.

Terras, M. M., Thompson, L. C., & Minnis, H. (2009). Dyslexia and psycho-social functioning: An exploratory study of the role of self-esteem and understanding. *Dyslexia, 15*, 304-327.

Interventionen bei mathematischen Inhalten

Anja Schröder, Alexander Röhm, Monika London, Nadine Elstrodt

Mathematisches Lernen unter besonderer Berücksichtigung der zentralen Einflussfaktoren Sprache und Arbeitsgedächtnis

1 Einleitung

Aus interdisziplinärer Perspektive werden die Bedeutung von sprachlichen Interaktionen einerseits und Arbeitsgedächtnisleistung andererseits für mathematisches Lernen von Kindern mit und ohne sprachliche Auffälligkeiten fokussiert.

Verschiedene Studien zeigen nämlich, dass Lernende mit Schwierigkeiten im mathematischen Lernen Defizite in Leistungen verschiedener Instanzen des Arbeitsgedächtnisses zeigen. Ebenso gibt es Studien, die herausstellen, dass sprachliche Kompetenzen einen Einfluss auf mathematische Kompetenzbereiche haben können. Folglich ist die Einflussnahme auf mathematisches Lernen komplex und noch nicht eindeutig geklärt. Besonders relevant sind diese möglichen Einflussfaktoren für die Betrachtung des mathematischen Lernens von Kindern mit sprachlichen Auffälligkeiten. Dementsprechend stellen Ritterfeld et al. (2013) zwei Hypothesen über Einflussfaktoren auf: die Epiphänomen Hypothese besagt, dass sprachliche Kompetenzen mathematisches Lernen beeinflussen; mit der Drittfaktor-Hypothese hingegen gehen Ritterfeld et al. (2013) davon aus, dass sprachliches und mathematisches Lernen von einem weiteren Faktor, nämliche dem Arbeitsgedächtnis beeinflusst werden.

In den folgenden Beiträgen sollen beide Einflussfaktoren differenzierter betrachtet und auf mathematische Lerngegenstände bezogen werden. Didaktische Überlegungen werden dafür unterschiedlich gewichtet.

Literatur

Ritterfeld, U., Starke, A., Röhm, A., Latschinske, S., Wittich, C., & Moser Opitz, E. (2013). Über welche Strategien verfügen Erstklässler mit Sprachstörungen beim Lösen mathematischer Aufgaben? *Zeitschrift für Heilpädagogik, 64 (4)*, 136–143.

Alexander Röhm

2 Mathematisches und sprachliches Lernen unter Berücksichtigung des Arbeitsgedächtnisses bei Kindern mit und ohne Spracherwerbsstörung

Zum Zusammenhang des Arbeitsgedächtnisses mit sowohl sprachlichen als auch mathematischen Kompetenzen liegen vielzählige Studien vor, die sich auf das Mehrspeichermodell von Baddeley (1986) beziehen. Allgemein wird zwischen dem Arbeitsgedächtnis (*working memory*) bzw. Kurzzeitgedächtnis (*short-term memory*) als Ort der kurzzeitigen Informationsverarbeitung und dem separaten Langzeitgedächtnis (*long-term memory*) als langfristiger Speicher unterschieden (Baddeley, 2003). Das Arbeitsgedächtnis unterteilt sich weiter in die drei Subsysteme zentrale Exekutive (*central executive*), phonologische Schleife (*phonological loop*) und visuellräumlicher Notizblock (*visual-spatial scratchpad*) (Baddeley, 1986, 2012). Die zentrale Exekutive gilt als die wichtigste Komponente im Mehrspeichermodell mit der Aufgabe einer „übergeordneten Steuer- und Kontrolleinheit" (Seitz-Stein et al., 2012, S. 5) mit vier Grundfunktionen: Koordination simultaner oder sukzessiver Aufgaben in den beiden temporären Speichern (phonologische Schleife und visuell-räumlicher Notizblock), Steuerung des Abrufs und Verarbeitung von Informationen aus dem Langzeitgedächtnis sowie Lenkung der Aufmerksamkeit zur Ausblendung irrelevanter und Fokussierung relevanter Informationen (Seitz-Stein et al., 2012). Der phonologischen Schleife kommen entscheidende Funktionen bei der Erledigung alltäglicher Aufgaben, dem Erlernen von Kulturtechniken wie Lesen und Rechnen sowie dem Sprachverständnis und Wortschatzerwerb zu (Seitz-Stein et al., 2012). Sie unterteilt sich in zwei Komponenten: Der phonologische Speicher (*phonological store*) kann Informationseinheiten für ein paar Sekunden halten. Der subvokale Wiederholungsprozess (*subvocal rehearsal*) ermöglicht es Informationseinheiten durch eine Art innere, wiederholte Artikulation aufrecht und damit länger als im phonologischen Speicher verfügbar zu halten (Baddeley, 2003). Für den visuell-räumlichen Notizblock legen Befunde der letzten Jahre (im Überblick: Baddeley, 2012) eine ähnliche Aufteilung wie bei der phonologischen Schleife nahe: Ein visueller Speicher (*visual cache*) zur kurzzeitigen Speicherung visueller Informationen und ein Wiederholungsprozess (*inner scribe*) zur Re-Aktualisierung und längeren Verfügbarkeit räumlicher Informationen (Logie, 2011). Der visuell-räumliche Notizblock hat die Aufgabe der Wahrnehmung und Verarbeitung von Objekten und deren Form, Farbe und Lage, wobei die Kapazität auf maximal vier Objekte limitiert ist (Baddeley, 2003).

2.1 Arbeitsgedächtnis und sprachliche Kompetenzen

Kinder mit Spracherwerbsstörungen zeigen häufig Auffälligkeiten bei phonologischen Prozessen und in der auditiven Informationsverarbeitung (Bishop & Snowling, 2004). So liegen Kinder mit umschriebenen Sprachentwicklungsstörungen (USES) in Aufgaben zur Messung der phonologischen Schleife sowie der phonologischen Bewusstheit hinter ihren Alterspeers zurück (Schuchardt, Worgt, & Hasselhorn, 2012). Vor allem in der Leistungsfähigkeit des phonologischen Speichers zeigen sie deutliche Defizite, die für eine Beeinträchtigung dieser Subkomponente sprechen. Graf Estes, Evans und Else-Quest (2007) werteten in einer Meta-Analyse 23 Studien aus, die verschiedene Pseudowortlisten zur Messung der Kapazität des phonologischen Speichers angewandt hatten. Sie konnten nachweisen, dass Kinder mit USES schon beim Nachsprechen kurzer Kunstwörter Schwierigkeiten hatten, die mit zunehmender Länge der Wörter zunahmen. Mittlerweile deuten solide Befunde auf einen Kausalbezug zwischen Sprachstörungen und einer Beeinträchtigung der phonologischen Schleife hin (Leonard et al., 2007). Darüber hinaus konnten in einer Studie mit 30 Kindern, bei denen im Alter von 24 Monaten eine Sprachentwicklungsverzögerung diagnostiziert worden war, Auffälligkeiten in den morphologisch-syntaktischen Kompetenzen sowie dem Satzverständnis beim gleichzeitigen Auftreten von Defiziten in der phonologischen Schleife und der zentralen Exekutive festgestellt werden (Schuchardt et al., 2012).

2.2 Arbeitsgedächtnis und mathematische Kompetenzen

Hinsichtlich der mathematischen Kompetenzen von Kindern legen viele Studien eine Involvierung aller drei Arbeitsgedächtniskomponenten nahe (im Überblick: Friso-van den Bos, van der Ven, Kroesbergen, & van Luit, 2013). Exemplarisch für den allgemeinen Zusammenhang des Arbeitsgedächtnisses mit mathematischen Vorläuferfertigkeiten konnten Kroesbergen, van 't Noordende und Kolkman (2012) in einer Interventionsstudie mit 51 Kindergartenkindern im Alter von fünf Jahren zeigen, dass sich die Gruppen der Kinder, die ein spezifisches Training zum phonologischen und visuell-räumlichen Arbeitsgedächtnis erhielten, im Gegensatz zu den Kindern ohne Training, schon nach vier Wochen in ihren Mengen- und Zahlen-Kompetenzen verbesserten. Krajewski, Schneider und Nieding (2008) sowie Krajewski und Schneider (2009) kamen in einer Längsschnittstudie, die Kinder von der Vorschule bis zum Ende der ersten bzw. dritten Klasse begleitete, zu dem Ergebnis, dass der visuell-räumliche Notizblock die Varianz in vorschulischen Mengen-Zahlen-Kompetenzen aufklären konnte. Die phonologische Schleife und zentrale Exekutive erklärten außerdem Varianz in der phonologischen Bewusstheit, der eine gewisse Bedeutung beim Erwerb der Zahlwortfolge und Zählfertigkeiten sowie anderen numerischen Kompetenzen zugeschrieben werden kann (Krajewski & Schneider, 2009; Krajewski et al., 2008).

2.3 Zusammenhänge zwischen Sprache und Mathematik vor dem Hintergrund des Arbeitsgedächtnisses

Die oben dargestellten Befunde zu gemeinsam auftretenden sprachlichen und mathematischen Problemen auf der einen Seite und die Zusammenhänge zwischen sprachlichen bzw. mathematischen Kompetenzen und einzelnen Arbeitsgedächtniskomponenten auf der anderen Seite weisen auf grundlegende Verbindungen zwischen alle drei Bereichen hin. Weitestgehend ungeklärt ist bislang wie genau sich diese Verbindungen vollziehen (Durkin, Mok, & Conti-Ramsden, 2013). Röhm, Starke und Ritterfeld (2016) untersuchten bei 30 sprachlich unauffälligen Vorschulkindern den Zusammenhang zwischen den sprachlichen Fähigkeiten, den einzelnen Arbeitsgedächtniskomponenten sowie den, für den späteren schulischen Erfolg wichtigen, mathematischen Vorläuferfertigkeiten. Es zeigte sich, dass sich die sprachlichen Fähigkeiten der Kinder über die phonologische Schleife bzw. die zentrale Exekutive auf die Leistung in den mathematischen Kompetenzen auswirken.

2.4 Mögliche Implikationen

Die beschriebenen Prozesse machen für die Gestaltung (vor-)schulischen Lernens ein Bewusstsein für die aufgezeigten komplexen Zusammenhangsmuster erforderlich. Individuelle Arbeitsgedächtnisprofile der Kinder können, neben unterschiedlichen sprachlichen Kompetenzen, mathematische Erwerbs- und Abrufprozesse verschieden beeinflussen. Daraus lassen sich Überlegungen für Arbeitsgedächtnis-Entlastungen für Kinder mit SES, z. B. zur Visualisierung und Repräsentation mathematischer Prozesse, ableiten. Nys, Content und Leybaert (2013) schlagen beispielsweise vor, dass Kinder mit SES bei der Bearbeitung konkreter Rechenoperationen Zahl-Mengen-Schätzungen als Gerüst (*scaffold*) für ihre Berechnungen nutzen können. Auch können allgemeine Merkspiele wie „Ich packe meinen Koffer" oder Bilder-Memory sowie Sprach- und Mathematik-spezifische Adaptionen, z. B. Reim- oder Anzahl-Memory, zum Training der Arbeitsgedächtniskapazitäten, besonders des phonologischen Speichers, genutzt werden (Kroesbergen et al., 2012).

Literatur

Baddeley, A. D. (1986). *Working memory*. Oxford: University Press.
Baddeley, A. D. (2003). Working memory: looking back and looking forward. Nature Reviews. *Neuroscience, 4 (10),* 829–839.
Baddeley, A. D. (2012). Working memory. Theories, models, and controversies. *Annual Review of Psychology, 63 (1),* 1–29.
Bishop, D. V. M., & Snowling, M. J. (2004). Developmental dyslexia and specific language impairment. Same or different? *Psychological Bulletin, 130 (6),* 858–886.

Durkin, K., Mok, P. L. H., & Conti-Ramsden, G. (2013). Severity of specific language impairment predicts delayed development in number skills. *Frontiers in Psychology, 4*, 1–10.

Friso-van den Bos, I., van der Ven, S. H. G., Kroesbergen, E. H., & van Luit, J. E. H. (2013). Working memory and mathematics in primary school children: A meta-analysis. *Educational Research Review, 10*, 29–44.

Graf Estes, K., Evans, J. L., & Else-Quest, N. M. (2007). Differences in the nonword repetition performance of children with and without specific language impairment: A meta-analysis. *Journal of Speech, Language, and Hearing Research, 50 (1)*, 177–195.

Krajewski, K., & Schneider, W. (2009). Exploring the impact of phonological awareness, visual-spatial working memory, and preschool quantity-number competencies on mathematics achievement in elementary school: findings from a 3-year longitudinal study. *Journal of Experimental Child Psychology, 103 (4)*, 516–531.

Krajewski, K., Schneider, W., & Nieding, G. (2008). Zur Bedeutung von Arbeitsgedächtnis, Intelligenz, phonologischer Bewusstheit und früher Mengen-Zahlen-Kompetenz beim Übergang vom Kindergarten in die Grundschule. *Psychologie in Erziehung und Unterricht, 55 (2)*, 100–113.

Kroesbergen, E. H., van 't Noordende, J. E., & Kolkman, M. E. (2012). Training working memory in kindergarten children: Effects on working memory and early numeracy. *Child Neuropsychology*, 1–15.

Leonard, L. B., Ellis Weismer, S., Miller, C. A., Francis, D. J., Tomblin, J. B., & Kail, R. V. (2007). Speed of processing, working memory, and language impairment in children. *Journal of Speech Language and Hearing Research, 50 (2)*, 408–428.

Logie, R. H. (2011). The functional organization and capacity limits of working memory. *Current Directions in Psychological Science, 20 (4)*, 240–245.

Nys, J., Content, A., & Leybaert, J. (2013). Impact of language abilities on exact and approximate number skills development. Evidence from children with specific language impairment. *Journal of Speech, Language, and Hearing Research, 56 (3)*, 956–970.

Röhm, A., Starke, A., & Ritterfeld, U. (eingereicht). *Die Rolle von Arbeitsgedächtnis und Sprachkompetenz für den Erwerb mathematischer Basiskompetenzen im Vorschulalter.*

Schuchardt, K., Worgt, M., & Hasselhorn, M. (2012). Besonderheiten im Arbeitsgedächtnis bei Kindern mit Sprachauffälligkeiten. In M. Hasselhorn & C. Zoelch (Hrsg.), *Funktionsdiagnostik des Arbeitsgedächtnisses. Tests und Trends. N.F. Bd. 10* (S. 77–93). Göttingen: Hogrefe.

Seitz-Stein, K., Schumann-Hengsteler, R., Zoelch, C., Grube, D., Mähler, C., & Hasselhorn, M. (2012). Diagnostik der Funktionstüchtigkeit des Arbeitsgedächtnisses bei Kindern zwischen 5 und 12 Jahren: Die Arbeitsgedächtnistestbatterie

AGTB 5-12. In M. Hasselhorn & C. Zoelch (Hrsg.), *Funktionsdiagnostik des Arbeitsgedächtnisses. Tests und Trends. N.F. Bd. 10* (S. 1–22). Göttingen: Hogrefe.

Monika London, Anja Schröder

3 Mathematisches Lernen und sprachliche Förderung – wechselseitige Bereicherung oder gegenseitige Hemmung?

3.1 Mathematische oder sprachliche Förderung?

Man stelle sich folgende Situation im Anfangsunterricht vor: *Die Kinder sitzen im Kreis, in der Mitte liegen einige Spielfiguren und die Lehrerin fragt nach deren Anzahl. Sogleich zeigen einige Kinder auf, weitere Finger folgen und schnell ist die richtige Zahl genannt. Aber die Lehrerin möchte noch mehr wissen und fragt die Kinder, wie sie das herausgefunden haben. Gegenstand des weiteren Gesprächs sind die verschiedenen Zählstrategien: sie werden vorgestellt, verglichen und schließlich daraufhin untersucht, welche Strategien besonders geschickt sind und warum. Die meisten Kinder beteiligen sich rege, nicht so Lisa: sie sitzt still dabei. In der anschließenden Arbeitsphase stellt die Lehrerin fest, dass Lisa weitere Anzahlen durch Abzählen der Objekte langsam, aber meistens richtig bestimmen kann. Da sie mit dem Zählen offenbar noch genug gefordert ist, stellt die Lehrerin ihr keine weiteren Fragen mehr, um sie nicht zu überfordern.*

Diese Situation ist ebenso typisch wie problematisch: Der Versuch, eine sprachliche Überforderung zu vermeiden, führt zugleich zu einer inhaltlichen Verflachung der Lernsituation, da die Interaktion auf die Struktur Frage – Antwort – Bewertung reduziert wird. Dabei wird übersehen, dass für verständnisorientiertes mathematisches Lernen gerade solche Aufgaben wichtig sind, die zur Erkundung mathematischer Beziehungen anregen und im Austausch miteinander zur Einsicht in Zusammenhänge beitragen (Nührenbörger & Schwarzkopf 2010). So kann ein Vergleich der Zählstrategien deutlich machen, dass eine übersichtliche Strukturierung der Spielfiguren die Bestimmung der Anzahl erleichtert. Gerade solche Aktivitäten sind jedoch auch verbunden mit komplexeren Diskursformen im Verlauf mathematischer Gespräche, v.a. Beschreibungen, Erklärungen oder Begründungen. Deren Bedeutung spiegelt sich dementsprechend auch im Mathematiklehrplan in den prozessbezogenen Kompetenzen des Kommunizierens und Argumentierens wieder (Ministerium für Schule und Weiterbildung NRW, 2008).
Mit der Teilnahme an solchen Gesprächen sind pragmatisch-kommunikative und diskursive Fähigkeiten verbunden, etwa auf fachspezifische Fragen zu antworten („Wie hast du das herausgefunden?"), aber z. B. auch die (selbstständige) Mitgestal-

tung von bzw. Beteiligung an Argumentationen, die in besonderer Weise als Motor für mathematisches Lernen fungieren (Schwarzkopf, 2000).

Hier zeigt sich exemplarisch die hohe Bedeutung sprachlicher Fähigkeiten für das Mathematiklernen. Die vielfältigen Zusammenhänge werden in unterschiedlichen fachlichen Perspektiven untersucht (z. B. Nührenbörger & Schwarzkopf, 2010; Prediger & Wessel, 2011). Gleichwohl zeigt sich auch, dass Erkenntnisse zu diesen Zusammenhängen beim mathematischen Lernen längst nicht Teil schulischer Alltagspraxis sind (z. B. Schröder & Ritterfeld, 2014). Überlegungen zur sprachlichen Förderung beschränken sich zudem oftmals auf die Wort- und Satzebene.

Was jedoch selbst in sprachsensiblem Mathematikunterricht bislang kaum Berücksichtigung findet, ist die Tatsache, dass auf der Prozessebene auch die Kommunikation selber Anforderungen an die Lernenden stellt (Erath, 2016). Eine Ursache mag darin liegen, dass der Diskurserwerb bei den meisten Kindern implizit erfolgt, also recht unauffällig im Vollzug geschieht. Bei sprachauffälligen Kindern ist das jedoch nicht unbedingt der Fall. So zeigen Kinder mit Spracherwerbsstörungen z. B. deutlich niedrigere Leistungen in Diskursen als altersgleiche Kinder mit unauffälligem Spracherwerb (Schröder, 2010). Infolgedessen können sie gerade an jener Interaktion nicht teilhaben, die für mathematisches Lernen besonders bedeutsam ist. Werden Gespräche dann – nicht selten in bester Absicht – bei aufkommenden Schwierigkeiten eingeschränkt und zunehmend eng und kleinschrittig geführt, wird zugleich auch das mathematische Lernen weitgehend reduziert auf den Abruf von Faktenwissen (zur Analyse mathematischer Interaktionen mit Kindern mit Spracherwerbsstörungen s. Schröder & Ritterfeld, 2015). Daraus ergibt sich für Kinder mit sprachlichen Auffälligkeiten ein doppeltes Risiko, nämlich sowohl sprachliche als auch mathematische Defizite aufzubauen.

3.2 Mathematische und sprachliche Förderung!

Alternativ zur sprachlichen Beschränkung in Diskursen kann ein erster Schritt darin bestehen, bei der Gestaltung und Begleitung von Lernprozessen von vorneherein zu beachten, dass jedes mathematische Gespräch eine mathematische *und* eine sprachliche Lernsituation mit je eigenen Anforderungen und Zielen ist. Gerade am Schulanfang bzw. in der sensiblen Phase des Übergangs vom Kindergarten in die Grundschule ist dies zentral, um den Kindern von Anfang an eine Beteiligung an mathematischen Gesprächen zu ermöglichen. Dazu können im Übergang zunächst die folgenden zentrale inhalts- und prozessbezogenen Anforderungen mathematischer Gespräche unterschieden werden, die später noch weiter ausdifferenziert werden (London, i.V.):

Tab. 1: Inhalts- und prozessbezogene Anforderungen mathematischer Gespräche

Inhaltsbezogene Anforderungen		Prozessbezogene Anforderungen	
Geometrische Anforderungen	Arithmetische Anforderungen	Pragmatisch-kommunikative Anforderungen	Formalsprachliche Anforderungen

Damit auch sprachauffällige Kinder an den Gesprächen teilnehmen können, besteht ein zweiter Schritt darin – gerade in der Schuleingangsphase – mathematische Gespräche so zu gestalten, dass Diskursstrukturen erkennbar sind und von allen Kindern erworben werden können, besonders bei komplexeren Diskursformen. Zum Abruf von Faktenwissen genügt oftmals die Struktur des klassischen lehrergelenkten Gesprächs: Frage – Antwort – Bewertung. Sind jedoch verschiedene Lösungswege denkbar, so erfordert ein reichhaltiges mathematisches Gespräch deutlich komplexere Diskursformen.

Es reicht also nicht aus zu ermöglichen, *dass* Kinder kommunizieren. Es gilt auch in den Blick zu nehmen, *wie* sie es tun und ob auch auf dieser Ebene ggf. noch Lernhürden zu bewältigen sind, die der Unterstützung bedürfen, damit sie nicht zur wechselseitigen Hemmung des mathematischen und sprachlichen Lernens einzelner Kinder führen. Gleichzeitig ermöglicht eine solche bewusste Akzentuierung interaktiver Strukturen auch den anderen Kindern über diese Strukturen zu reflektieren und ihre Kompetenzen in deren Anwendung zu erweitern. So kann die Arbeit an Diskursstrukturen zur Bereicherung für das Mathematiklernen aller werden.

Stellt sich ein impliziter Erwerb dennoch / weiterhin als schwierig für einzelne Kinder heraus, so kann ein dritter Schritt zur gezielten Förderung sinnvoll sein, indem neue mathematische und sprachliche Anforderungen phasenweise getrennt werden. Konzentriert sich die Arbeit bspw. vorübergehend – in vorbereitender Weise und an vertrauten Inhalten – auf den Erwerb diskursiver Strukturen (z. B. auf die Frage nach der Strategie), dann können diese später im gemeinsamen Gespräch erkannt und bewältigt werden. Dazu müssen interaktive Strukturen explizit werden, damit sie den Kindern für die metasprachliche Reflexion zugänglich sind. In einem aktuellen Förderkonzept von Schröder (i.V.) werden dazu bspw. Figuren zur Verdeutlichung eingesetzt. So kann die Gefahr einer mathematischen Verflachung aufgrund einer Reduzierung kommunikativer Anforderungen verringert werden.

Abb. 1: Inhalts- und prozessbezogene Fragestellungen beim Einstiegsbeispiel

Und so könnte Lisa vielleicht bald ihre eigene Zählstrategie vorstellen, sie mit anderen vergleichen und mitteilen, dass ihr dabei etwas aufgefallen ist. Vielleicht traut sie sich sogar nachzufragen, weil sie Toms Strategie noch nicht verstanden hat. Und beim nächsten Mal wird die Lehrerin fragen, warum eigentlich bei allen das Gleiche herauskommt.

Literatur

Erath, K. (2016). *Mathematisch diskursive Praktiken des Erklärens in unterschiedlichen Mikrokulturen.* (Dissertation). Technische Universität Dortmund, Deutschland.

London, M. (in Vorb.). *Mathematisches Erzählen im Übergang vom Kindergarten in die Grundschule.* (Dissertation). Technische Universität Dortmund, Deutschland.

Nührenbörger, M., & Schwarzkopf, R. (2010). Diskurse über mathematische Zusammenhänge. In C. Böttinger, K. Bräuning, M. Nührenbörger, R. Schwarzkopf & E. Söbbeke (Hrsg.), *Mathematik im Denken der Kinder. Anregungen zur mathematikdidaktischen Reflexion* (S. 169-215). Seelze: Kallmeyer.

Prediger, S., & Wessel, L. (2011). Darstellen – Deuten – Darstellungen vernetzen. Einfach- und sprachintegrierter Förderansatz für mehrsprachige Lernende im Mathematikunterricht. In S. Prediger & E. Özdil (Hrsg.), *Mathematiklernen unter Bedingungen der Mehrsprachigkeit. Stand und Perspektiven der Forschung und Entwicklung in Deutschland* (S. 163-184). Münster: Waxmann.

Schröder, A. (2010). *Interaktive Erzählfähigkeiten sprachentwicklungsgestörter Kinder. Eine vergleichende Analyse.* Saarbrücken: Südwestdeutscher Verlag für Hochschulschriften.

Schröder, A., & Ritterfeld, U. (2015). Children with specific language impairment (SLI) need qualitatively enriched interactions to successfully partake in mathematics education. *International Journal of Technology and Inclusive Education (IJTIE), 1*, 583-591.

Schröder, A. (in Vorb.). *Interaktive Förderung mathematischen Lernens mit Kindern mit Spracherwerbsstörungen.*

Schwarzkopf, R. (2000). *Argumentationsprozesse im Mathematikunterricht. Theoretische Grundlagen und Fallstudien.* Hildesheim: Franzbecker.

Nadine Elstrodt

4 Scaffolding: Fachintegrierte Sprachförderung im Mathematikunterricht

In den vergangenen Jahrzehnten wurde eine Vielzahl pädagogischer Konzepte zur fachintegrierten Sprachförderung, die sich zumeist an der soziokulturellen Lerntheorie orientieren, in Deutschlands Schullandschaft implementiert (z. B. Förmig; Gogolin, 2011). Das Ziel dieser Fördermethoden ist häufig die Verbesserung der bildungssprachlichen Kompetenzen der Schüler und Schülerinnen (SuS). Im Vergleich zur Alltagssprache unterscheidet sich Bildungssprache sowohl im Schriftlichen wie auch im Mündlichen typischerweise durch eine kontextunabhängige Interaktion, bei der komplexe und abstrakte Sachverhalte sprachlich vermittelt werden. Insbesondere Kinder mit Migrationshintergrund erfahren, selbst wenn die Geschwister zuhause miteinander auch Deutsch sprechen, keinen oder zu wenig bildungs-sprachlichen Input. Der Erwerb der Bildungssprache soll im Rahmen der fachintegrierten Sprachförderung durch eine systematische Planung von Sprachhandlungen und Strukturen realisiert werden. Dies stellt die Lehrkräfte vor die Herausforderung, die Schüler und Schülerinnen (SuS) in ihrer Autonomie zu stimulieren und ihre aktive Wissenskonstruktion, im sprachlichen wie im fachlichen Bereich, zu fördern.
Scaffolding stellt eine Lehrmethode dar, die den Lehrkräften helfen kann dieser Herausforderung zu begegnen (Lin, Hsu, Lin, Changlai, Yang, & Lai, 2012). Die Lehrkraft bietet dem Schüler ein an seine Bedürfnisse angepasstes Gerüst an Hilfestellungen an. Die SuS werden dabei unterstützt, sich neue sprachliche und fachliche Inhalte, Konzepte und Fähigkeiten zu erschließen. Der ursprünglichen Definition zu Folge wird Scaffolding mit drei Hauptcharakteristika beschrieben: 1. Kontingenz, 2. Ausschleifen (Fading) und 3. Übertragung der Verantwortung. Fading und Übertragung der Verantwortung sind eng damit verbunden, dass Unterstützung beim Scaffolding gesenkt werden soll und dem Schüler die Verantwortung für das eigene Lernen übertragen wird. Deshalb sehen Spracherwerbstheoretiker Kontingenz als das wichtigste Merkmal von Scaffolding an (van de Pol, 2012).

Mit Kontingenz wird die Anpassung des Hilfegerüsts der Lehrkraft an das Verständnis des Schülers bezeichnet. Wenn ein Kind beispielsweise eine Aufgabe richtig löst und die Lehrkraft daraufhin weniger Hilfestellung leistet, kann die Interaktion als kontingent bezeichnet werden. Untersuchungen haben gezeigt, dass die Anpassung der Hilfestellung ausschlaggebend für den Erfolg der Methode des Scaffolding ist (Chiu, 2004).
In der heutigen Unterrichtspraxis wird der Begriff Scaffolding häufig als Synonym für jegliche Art von Unterstützung im Unterricht verwendet. Es hat sich allerdings ge-

zeigt, dass es sich nur in den wenigsten Fällen (ca. 5-10 %) tatsächlich um Scaffolding handelt. Die Ursache dafür liegt in der fehlenden Anpassung der Hilfestellung an den Grad des Verständnisses der SuS. Die Anpassung ist in vielen Fällen auch gar nicht möglich, da keine Diagnose gestellt wird (van de Pol, 2012). Empfehlenswert ist es, die sprachlichen Kompetenzen der SuS mit Hilfe von standardisierten und normierten Instrumenten zu überprüfen. In der Unterrichtsvorbereitung können Fachinhalte, Sprachhandlungen und Sprachstrukturen dann, unter Berücksichtigung des Kompetenzniveaus der SuS, geplant werden. Da sich das Kompetenzniveau der Schüler im Verlauf des Unterrichts verändern kann, sollte es außerdem kontinuierlich im Rahmen der Lehrer-Schüler-Interaktion überprüft werden. Verschiedene Autoren (z. B. Quehl & Trapp, 2013) betonen, dass dies nur geschehen kann, wenn die typische Lehrer-Schüler-Interaktion nach dem Schema Frage-Antwort-Bewertung aufgebrochen wird.

Das Modell von kontingentem Unterrichten (s. Abb. 1) (Van de Pol, Volman, & Beishuizen, 2011) beschreibt, welche Schritte in der Lehrer-Schüler- Interaktion durchlaufen werden müssen, damit eine kontinuierliche Überprüfung der Schülerkompetenzen und somit eine Anpassung der Hilfestellung gewährleistet werden kann.

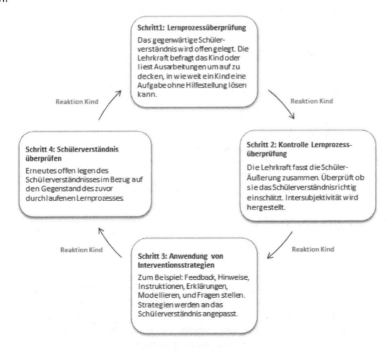

Abb. 2: Modell von Kontingentem Unterrichten

Die Schritte des Modells können sich innerhalb einer Interaktion mehrfach wiederholen und sind nicht statisch, sondern können in unterschiedlicher Reihenfolge durchlaufen werden. Anhand der Beispielinteraktion (s. Tab. 1) aus dem Mathematikunterricht wird die Einbettung der einzelnen Schritte in die Unterrichtsinteraktion verdeutlicht.

Tab. 2: Das Modell von Kontingentem Unterrichten, ein Beispiel für die Einbettung in den Mathematikunterricht

Sprecher	Äußerung	Schritt
Lehrkraft	„So jetzt brauchen wir natürlich noch unsere Aufgabe. Unsere Aufgabe habe ich hier. Kopien für deine Klasse. Dieses Papier reicht für die Kopien deiner Klasse in einer Woche. Der ist ganz schön schwer. Wie viele Blätter sind dadrin? Wer kann mal gucken? Niklas?"	-
Niklas	„500 Blatt."	
Lehrkraft	„500 Blatt. Ganz genau. Das ist son ganzer Stapel. Die Frage: Reicht das für euch ... für eine Woche?"	Schritt 3: Interventionsstrategie, Feedback
Kai	„Dann müssten wir auf ein Tag ... weil wir bekommen ja nicht nur Arbeitsblätter?"	
Lehrkraft	„Man müsste jetzt erst ... genau Kai ... erstmal überlegen, wofür wir Kopien brauchen. Was müssen wir noch alles mit bedenken?"	Schritt 3: Interventionsstrategie, Feedback Schritt1: Lernprozessüberprüfung
Julius	„Es gibt ja auch noch Kinder die gerne malen. Sollen wir die auch dazurechnen?"	
Lehrkraft	„Kopien sind also das, was wir Lehrer für euch als Arbeitsblätter euch austeilen. Ne manchmal bekommt ihr in Mathe Arbeitsblätter oder in Kunst oder in Reli. Das muss man jetzt überlegen, wie man rausfinden kann, wie viel ihr bei den verschiedenen Stunden braucht."	Schritt 3: Interventionsstrategie, Erklärung Schritt 1: Lernprozessüberprüfung
Kai	„Ok, dann müssen wir gucken wo wir überall Kopien bekommen ... aufm Stundenplan."	
Lehrkraft	„OK, du meinst also ihr guckt pro Stunde, wie viele Blätter ihr da bekommt? Damit ihr keine Stunde vergesst, guckt ihr auf den Stundenplan?"	Schritt 2: Kontrolle Lernprozessüberprüfung
Kai	„Ja, geanau."	
Lehrkraft	„Sehr gute Idee Kai. Überlegt das mal mit eurem Nachbarn und überlegt, wie wir das machen können damit wir das nicht vergessen."	Schritt 3: Interventionsstrategie, Feedback, Instruktionen
Lehrkraft	(5 min später: Kinder haben Überlegungen angestellt und die Ergebnisse wurden zusammen-getragen. Die Kinder haben die Berechnung durchgeführt.) „Also	Schritt 4: Schülerverständnis überprüfen

	unser Ergebnis ist 276 zusammen. Also reicht dieser Stapel hier für eine Woche. Wer kann nochmal erklären, wie wir darauf gekommen sind?"	
Samira	„Wir haben erst überlegt, wieviel wir immer bekommen. Dabei haben wir auf den Stundenplan geguckt."	
Lehrkraft	„Ja, stimmt. Aber wofür haben wir auf den Stundenplan geguckt?"	Schritt 3: Interventionsstrategie, Feedback, Fragen stellen
Lehrkraft	„So jetzt brauchen wir natürlich noch unsere Aufgabe. Unsere Aufgabe habe ich hier. Kopien für deine Klasse. Dieses Papier reicht für die Kopien deiner Klasse in einer Woche. Der ist ganz schön schwer. Wie viele Blätter sind dadrin? Wer kann mal gucken? Niklas?"	-
Niklas	„500 Blatt."	

Literatur

Chiu, M. M. (2004). Adapting teacher interventions to student needs during cooperative learning: How to improve student problem solving and time on-task. *American Educational Research Journal, 41 (2),* 365-399.

Gogolin, I., & Klinger, T. (2011). *Förderung von Kindern und Jugendlichen mit Migrationshintergrund FÖRMIG. Bilanz und Perspektiven eines Modellprogramms.* Münster: Waxmann.

Gibbons, P. (2002). *Scaffolding language. Scaffolding learning. Teaching second language learners in the mainstream classroom.* Portsmouth: Heinemann.

Hammond, P., & Gibbons, P. (2005). Putting scaffolding to work: The contribution of scaffolding in articulating ESL education. Prospect. *An Australian Journal of TESOL, 20 (1),* 6-30.

Lin, T., Hsu, Y., Lin, S., Changlai, M., Yang, K., & Lai, T. (2012). A review of empirical evidence on scaffolding for science education. *International Journal of Science and Mathematics Education, 10 (2),* 437-455.

van de Pol, J. (2012). *Scaffolding in teacher-student interaction: exploring, measuring, promoting and evaluating scaffolding.* (Dissertation). University of Amsterdam.

van de Pol, J., Volman, M., & Beishuizen, J. (2011). Patterns of contingent teaching in teacher–student interaction. *Learning and Instruction, 21 (1),* 46-57.

Wood, D., Bruner, J. S., & Ross, G. (1976). The role of tutoring in problem solving. *Journal of child psychology and psychiatry, 17 (2),* 89-100.

Quehl, T., & Trapp, U. (2013). *Sprachbildung im Sachunterricht der Grundschule.* Münster: Waxmann.

Margit Berg, Stephan Sallat, Susanne Ullrich, Birgit Werner

Inklusiver Mathematikunterricht als sprach- und kommunikationssensibler Fachunterricht. Empirische Befunde und konzeptionelle Überlegungen

1 Zielsetzung

Der Mathematikunterricht sollte als vollumfänglicher Sprachunterricht mit hohen fachwissenschaftlichen, fachsprachlichen und umgangssprachlichen Anteilen verstanden werden. Ein sprachsensibler und kommunikationsfördernder Mathematikunterricht sucht daher die Verbindung zwischen Alltags-, Fach- und Bildungssprache. In diesem Beitrag erfolgt die Annäherung an dieses Thema über verschiedene Zugänge: Einerseits wurde die Fähigkeit, mathematische Denkprozesse und Lösungswege zu verbalisieren, bei Kindern in den Förderschwerpunkten Sprache und Lernen untersucht und mit den Fähigkeiten von Kindern ohne sonderpädagogischen Förderbedarf verglichen. Ein weiterer Zugang betrifft Auswirkungen der sprachlichen Vereinfachung von Aufgaben in einem Mathematik-Schulleistungstest nach den Prinzipien der Textoptimierung. Daraus leiten sich Prinzipien eines inklusiven Mathematikunterrichts ab.

2 Hintergrund

Inklusiver Unterricht ist mit Blick auf Kinder in den Förderschwerpunkten Sprache und Lernen sowie auf Grund von Mehrsprachigkeit so zu gestalten, dass kommunikations- und sprachbedingte Barrieren abgebaut werden. Diese Prämisse begründet den Kern eines inklusiven Mathematikunterrichts als kommunikationsfördernden und sprachsensiblen Fachunterricht mit folgenden Merkmalen:
- uneingeschränktes Interesse an der Kommunikations- und Dialogfähigkeit aller Beteiligten,
- Kompetenzorientierung im Sinne der Bildungsstandards als inhaltliche, fachdidaktische Rahmung,
- sprachlich-kommunikative Barrierefreiheit zur Sicherung der Teilhabe am Unterricht,
- Berücksichtigung von (ausbildungs- und berufsbezogener) Teilhabe (Werner, im Druck).

Die Bildungsstandards Mathematik (KMK, 2004) als normatives Kompetenzstrukturmodell bilden die verbindliche fachdidaktische Grundlage. Mathematische Kompetenzen werden hier über drei Kategorien ausdifferenziert:
Die Kategorie ‚Leitidee' umfasst die bekannten zentralen mathematischen Inhalte als eine eher formal-schematisch geprägte Facette der Mathematik mit den Themen: Zahlen und Operationen, Raum und Form, Muster und Strukturen, Größen und Messen sowie Daten, Häufigkeit und Wahrscheinlichkeit. Diese sind unmittelbar verbunden mit der Kategorie der allgemeinen mathematischen Kompetenzen, die eher sozial-kommunikative Facetten widerspiegeln (Ufer, Reiss & Mehringer, 2013) und in besonderer Weise die hohen sprachlich-kommunikativen Anforderungen dokumentieren. Aufträge im Bereich „Kommunizieren" wie: eigene Vorgehensweisen beschreiben, Lösungswege anderer verstehen und gemeinsam darüber reflektieren, mathematische Fachbegriffe und Zeichen sachgerecht verwenden, Aufgaben gemeinsam bearbeiten, dabei Verabredungen treffen und einhalten, unterstreichen dies. Im Teilbereich „Argumentieren" sollen die Schüler z. B. mathematische Aussagen hinterfragen, auf ihre Korrektheit prüfen, mathematische Zusammenhänge erkennen, Vermutungen entwickeln sowie Begründungen suchen und nachvollziehen (KMK 2004).
Mathematische Kompetenzen werden zudem über drei Niveaus bzw. Anforderungsbereiche ausdifferenziert:
- Anforderungsniveau I: Verfahren ausführen – reproduzieren
- Anforderungsniveau II: Verbindungen und Zusammenhänge herstellen – anwenden, transferieren
- Anforderungsniveau III: Mathematisches Denken und Verallgemeinern – reflektieren.

Neben der unabdingbaren fachdidaktischen Grundlegung zeigt auch der sprachheilpädagogische Diskurs die hohe Relevanz sprachlich-kommunikativer Aspekte im Kontext von Bildung und Unterricht (Sallat & Schönauer-Schneider, 2015). Gerade zur Realisierung barrierefreier (Bildungs-) Angebote wird der Fokus auf die Modellierung eines kommunikationsfördernden und sprachsensiblen Unterrichts gelegt.

3   Sprache im Mathematikunterricht

Sprache erfüllt im Mathematikunterricht eine Doppelfunktion: Sie ist sowohl Lerngegenstand als auch Unterrichtsmedium. Die hier verwendete Sprache kann in Bildungs-, Fach- und Unterrichtssprache unterschieden werden.

Die „Bildungssprache" bestimmt sowohl die sozialen und kulturellen Praktiken der Sprachverwendung als auch die Formen der Vermittlung und des Erwerbs von Wissen in einer Gesellschaft (Gogolin, 2004; Schmölzer-Eibinger, 2013). Sie enthält Elemente der alltäglichen Umgangssprache sowie der disziplinären Fachsprache und zielt auf Wissensvermittlung. Obwohl sie medial im Mündlichen verortet ist, weist die Bildungssprache Merkmale von Schriftlichkeit auf. Sie stellt eine Distanz zur gesprochenen Sprache her, ist tendenziell monologisch, themenfixiert, rational und nüchtern angelegt (Gellert, 2011). Zudem ist sie stärker situationsunabhängig, arbeitet mit stark symbolischen und kohärenzbildenden Redemitteln, z. B. Funktionswörtern wie Artikeln und Pronomen und hat häufig sehr komplexe Strukturen (Gogolin, 2004).

Die mathematische (Fach-)Sprache ist – im Gegensatz zur Alltags- oder Umgangssprache – äußerst präzise, dicht bzw. hoch komprimiert und abstrakt. Sie ist durch einen fachgebundenen Wortschatz und eine spezifische Grammatik gekennzeichnet. Dieser Fachwortschatz ist z. B. durch Polysemien (gerade, Scheitel usw.) und zusammengesetzte Nomen (z. B. Geodreieck, Stellenwerttafel, Nachbarzehner) geprägt. Eine besondere Rolle nehmen zudem die Präpositionen ein, die häufig die mathematische Aussage entscheidend bestimmen (z. B. „Erhöhe auf/um 10."). Zeitliche und topologische Begriffe wie zuerst, dann, danach, davor bestimmen ebenfalls – ohne selbst typisch mathematisch zu sein – den mathematischen Gehalt einer Aussage. Auch die jeweiligen Vorsilben verändern den mathematischen Gehalt eines Wortes: (zer-, zurück-)legen; (aus)schneiden, (zer-, auf-, ver-)teilen.
Die hohen fachsprachlichen Anforderungen im Mathematikunterricht betreffen neben der Wort- auch die Satzebene. Exemplarisch dafür ist folgende Satz: „Schreibe die drei größten Zahlen auf, die mit zwei Plättchen in dieser Stellenwerttafel gelegt werden können." (KMK, 2004, S. 14) Hier werden die Abstraktionsebenen vermischt („Plättchen", „Zahl" und abgebildete Punkte). Den Kindern wird eine konkrete Aufforderung gegeben (Zahlen mit Plättchen legen), die jedoch nur gedanklich vorgenommen werden kann. Es handelt sich um einen sehr langen Satz (16 Wörter), der das Arbeitsgedächtnis vieler Kinder überlastet und zudem syntaktisch sehr komplex ist (Relativsatz, Passivkonstruktion).

4 Ausgewählte empirische Befunde zum Zusammenhang zwischen Sprache und mathematische Kompetenzen

Mathematische Kompetenzen stehen im engen Zusammenhang zu sprachlichen Fähigkeiten. So konnten Zusammenhänge der mathematischen Fähigkeiten mit der phonologischen Verarbeitung und Arbeitsgedächtnisfunktionen gezeigt werden

(Michalczyk et al., 2013; Krajewski, Schneider & Nieding, 2008). Kinder mit Sprachentwicklungsstörungen zeigen geringere mathematische Leistungen als sprachunauffällige Kinder (Donlan et al., 2007; Fazio, 1996; Berg, 2015) und es zeigen sich tendenziell enge Zusammenhänge zwischen Verbalisierungsfähigkeiten und mathematischen Kompetenzen bei Schulkindern (Fuchs, 2015; Müller, 2015). Auf einige dieser Befunde soll in der Folge näher eingegangen werden.

Ein wichtiger Einflussfaktor auf den Erfolg im Mathematikunterricht ist das Sprachverständnis (Krummheuer, 1994; Berg, 2015). In der Studie PRIMA®Sprache (Werner & Berg, 2015) wurde das Sprachverständnis von mono- und bilingualen Schülern verglichen, die eine dritte oder vierte Klasse an einer allgemeinen Grundschule, einer Förderschule im Schwerpunkt Lernen und einer Sprachheilschule (n = 124) besuchten. Die Schüler mit dem Förderbedarf ‚Lernen' zeigten in allen überprüften Teilbereichen des Sprachverstehens deutliche Einschränkungen; bei den Sprachheilschülern galt dies ebenfalls für einige Bereiche. Somit besteht für diese Schülergruppen das Risiko sprachlich (mit)bedingter Lernschwierigkeiten. Zusätzlich zeigten sich bei vielen Schülern auditive Speicherschwächen und bei den bilingualen Kindern ein geringerer rezeptiver Wortschatz. Alle Grundschüler erreichten hingegen mindestens durchschnittliche Mittelwerte.

Die Berliner Längsschnittstudie zur Lesekompetenzentwicklung von Grundschulkindern (BeLesen, 2007) zum Einfluss personeller Eingangsvoraussetzungen auf die Schulleistungen im Verlauf der Grundschulzeit (1.- 4. Klasse) bei 1250 Schülern zeigte, dass das sprachliche Eingangsniveau (die allgemeine mündliche Sprachfähigkeit) einen signifikanten Einfluss auf die Mathematikleistung hat.

Der Zusammenhang zwischen Verbalisierungsfähigkeiten und mathematischen Kompetenzen wurde in einer explorativen Pilotstudie an der Pädagogischen Hochschule Heidelberg mit Schülern an Grund-, Förder- und Sprachheilschulen (je n = 10/15/11) analysiert (Fuchs, 2015; Müller, 2015). Das Verbalisieren – in Anlehnung an das Sprachmodell von Barett (1999) – stellt einen Sprechakt dar, der im Kontext mit einem Gesprächspartner unter Verwendung verschiedener sprachlicher Mittel stattfindet. Diese kann neben einer rein verbalen Versprachlichung auch durch nonverbale und handlungsbegleitende Aspekte angereichert sein.

Für die Studie wurden die mathematischen Kompetenzen mit einem normierten Testverfahren (IQB, 2008) für die Jahrgangsstufen 3 und 4 der Grundschule erhoben, dem das Kompetenzstufenmodell der Bildungsstandards zu Grunde liegt. Mit 31 Aufgaben werden alle mathematischen Leitideen abgeprüft. Zusätzlich wurde die Verbalisierungsfähigkeit der Kinder mit ausgewählten Subtests einer Sprachstandserhebung (SET 5-10, Petermann, 2010) eingeschätzt.

Des Weiteren wurden im Einzelsetting Interviews zur Beschreibung des eigenen Lösungsweges mit den Schülern durchgeführt. Für die Analyse wurden drei Kategorien herangezogen, um die Verbalisierungsfähigkeit zu charakterisieren:

Kategorie I: Art der Sprache: Umgangs- bzw. Alltagssprache, Fachsprache und Polysemien.

Kategorie II: inhaltlicher Bezug der sprachlichen Äußerung: Nullantworten („weiß nicht", „keine Ahnung"), Aufgabenunabhängige Antwort (Umweltbezug, aber kein mathematischer Bezug), Aufgabenabhängige Antwort (mathematischer Bezug).

Kategorie III: Art der Äußerung: Verbale Aspekte, handlungsbegleitende Aspekte, nonverbale Aspekte.

Sowohl Probanden mit Förderbedarf „Lernen" (Müller, 2015) als auch mit Förderbedarf „Sprache" (Fuchs, 2015) erreichten bei durchschnittlicher Verbalisierungsfähigkeit häufiger eine höhere mathematische Kompetenzstufe als Probanden mit unterdurchschnittlicher Verbalisierungsfähigkeit. Ebenso zeigen in beiden Teilgruppen Probanden mit mathematischen Leistungen auf einer höheren Kompetenzstufe tendenziell häufiger durchschnittliche Verbalisierungsfähigkeiten. Darüber hinaus zeigt sich, dass im Förderschwerpunkt Lernen Probanden mit höherer mathematischer Kompetenz und durchschnittlicher Verbalisierungsfähigkeit mehr nonverbale Elemente und mehr Fachbegriffe bei der Verbalisierung mathematischer Inhalte verwenden. Die Probanden mit niedrigerer mathematischer Kompetenz verwenden hingegen häufiger handlungsbegleitende Aspekte und Polysemien zur Verbalisierung mathematischer Inhalte (Müller, 2015). Auch im Förderschwerpunkt Sprache werden bei Schülern mit durchschnittlicher Verbalisierungsfähigkeit tendenziell mehr nonverbale Elemente genutzt. Die Schüler mit unterdurchschnittlichen Verbalisierungskompetenzen nutzen zur Unterstützung ihrer verbalen Äußerungen mehr handlungsbegleitende Elemente. Sprachheilschüler auf höheren mathematischen Kompetenzstufen nutzen mehr nonverbale Elemente. Schüler auf niedrigeren Kompetenzstufen nutzen hingegen tendenziell mehr handlungsbegleitende Elemente zur Verbalisierung (Fuchs, 2015).

Auch wenn die Befunde dieser Studie nicht repräsentativ sind, können sie dennoch im Zusammenhang mit den anderen Befunden als Indiz gewertet werden, dass der Förderung sprachlicher Kompetenzen im Kontext mathematischer Förderung eine hohe Bedeutung zukommt.

5 Fördermöglichkeiten

5.1 Förderung auf der Wort- und Satzebene

Um sprachliche Hürden im Mathematikunterricht zu verringern, muss gezielte Wortschatzarbeit in den Unterricht integriert werden. Insbesondere ist dabei ein fachspezifischer Mindestwortschatz zu erarbeiten. Hilfreich ist hierfür beispielsweise die Erstellung eines eigenen Glossars („Mein Mathewörterbuch"). Dabei ist auch der Umgang mit Polysemien relevant: Wörter, die den Kindern aus ihrem Alltag bereits bekannt sind, in der Mathematik jedoch eine andere oder spezifischere Bedeutung haben, werden sonst möglicherweise missverstanden und so zu Lernhemmnissen.

Bei der Einführung neuer Wörter ist es sinnvoll, einen Bezug zum Alltags- und Weltwissen der Kinder herzustellen, um die Vernetzung der Wörter zu erleichtern. Hierbei bietet sich vor allem eine sozial-kooperative Erarbeitung an. Wenn die Lehrkraft als Sprachmodell fungiert, indem sie die Fachwörter in ihrer eigenen Sprache mehrfach und mit prägnanter Betonung anbietet, erleichtert sie das Lernen für Kinder mit eingeschränkten Sprachverarbeitungsfähigkeiten. Wirksam unterstützt werden kann das Wortlernen der Schüler auch durch die Reduktion des Sprechtempos in der Lehrersprache. Hilfreich ist zudem das gezielte Setzen von Pausen im Sprachfluss, da diese die Äußerungen in Sinneinheiten untergliedern und so mehr Zeit für die Sprachverarbeitung geben. Auch der Einsatz von Schrift, z. B. in Form von Wortkarten, kann die Aufnahme neuer Wörter unterstützen und stellt ein sinnvolles Speichermedium dar. Eine Entlastung erfahren die Kinder durch den Einsatz von Visualisierungshilfen in Form von Realgegenständen, Bildern oder Symbolen.

Diese Maßnahmen sind darüber hinaus als Verständnishilfe auf der Satzebene anzusehen. An die Stelle von Bildern einzelner Gegenstände können hier Situationsbilder treten, die das Verständnis des Zusammenhangs erleichtern. Gemeinsam können Hypothesen zum mathematischen Inhalt und Vorgehen entwickelt und versprachlicht werden. Zur Sicherstellung des Aufgaben- und Anweisungsverständnisses ist es sinnvoll, die Aufgaben- bzw. Problemstellung durch die Schüler wiederholen zu lassen (Werner & Berg, 2016). Ein handlungsbegleitendes Sprechen („lautes Denken") und die Verschriftlichung (Rechengeschichten,-tagebücher) unterstützen die Sprachverwendung im Mathematikunterricht. Dabei können Strukturierungshilfen (z. B. Vorgabe von Satzanfängen) hilfreich sein. Verständniserleichterungen auf der Satzebene bietet die Lehrersprache durch das Vermeiden von Satzabbrüchen und Umformulierungen, durch die Reduktion der Äußerungslänge und durch syntaktische Vereinfachungen (z. B. Verwendung von Hauptsätzen, Vermeiden von Passivstrukturen).

5.2 Förderung auf der Textebene

Eine weitere Möglichkeit der gezielten sprachlichen Differenzierung ist der Einsatz des Prinzips der Textoptimierung. Dieses Prinzip wurde zunächst für den berufsbildenden Bereich sowie für die sprachliche Vereinfachung von berufsbezogenen Prüfungen (z. B. Handwerkskammer) bei Hörgeschädigten eingesetzt. Nach vorgegebenen Prinzipien werden die Prüfungstexte in Bezug auf mögliche Verstehensprobleme auf der Wort-, Satz- und Textebene untersucht und optimiert. Insofern erfolgt eine sprachliche, aber keine inhaltliche Vereinfachung. Schlenker-Schulte und Kollegen konnten zeigen, dass hörgeschädigte Schüler bei textoptimierten Aufgaben bessere Ergebnisse erzielen und ihre Arbeitsgeschwindigkeit an die von normalhörenden angeglichen werden kann. Somit entspricht die Textoptimierung den Anforderungen des Nachteilsausgleichs (Schlenker-Schulte & Wagner, 2006; Wagner, Günther & Schlenker-Schulte, 2006; Wagner & Schlenker-Schulte, 2006 2007).

Folgende Aspekte werden in der Textoptimierung auf Wort-, Satz- und Textebene berücksichtigt (Wagner & Schlenker-Schulte, 2014):

1. Sprachbarrieren auf Wortebene:
Unbekannte Fachwörter bzw. Fachterminologie; Fremdwörter aus dem Bereich der Standardsprache; Formulierungen der gehobenen Standardsprache (kommen im Alltag selten oder nicht vor); Komposita; Wortklassenwechsel (z. B. das Schreiben, die Vereinbarkeit); Funktionsverbgefüge (z. B. einer Änderung unterliegen); unfeste Verbkomposita (z. B. Tragen Sie die Teile ein!); Wortklassenwechsel & Zusammensetzung
(Endlosformulardruckmaschine); Genitiv-Ketten (z. B. im Haus des Leiters des Kurses); doppelte Verneinungen (z. B. nicht ungewöhnlich); Konstruktionen mit zu (z. B. Die Aufgabe ist zu lösen.); Konstruktionen mit „lassen" (z. B. Das Dokument lässt sich nach dem Öffnen bearbeiten.); uneinheitliche Formulierungen (z. B. die Temperatur steigt ... die Temperatur erhöht sich ... die Temperatur wird höher)

2. Sprachbarrieren auf Satzebene:
Lange Schachtelsätze; Passivstrukturen (gehören aber teilweise zu Fachsprache); Aneinanderreihung von Substantiv-Phrasen mit Präpositionen (z. B. zum Zwecke der Weboptimierung im Bildbearbeitungsprogramm mit Hilfe der Slice-Funktion); ungewohnte Wortstellung im Satz (z. B. Den Mann beißt der Hund.); Satzklammern; Wörter in verschiedenen grammatischen Funktionen (z. B. „damit" als Konjunktion oder Pronominaladverb: Man arbeitet, damit man Geld verdient. Das ist ein PC. Man arbeitet damit.); uneindeutige Satzzeichen.

3. Sprachbarrieren auf Textebene:
Fließtexte ohne Gliederungssignale; unklare Aufgabenstellung bei Fragen und Aufforderungen (z. B. Prüfen Sie die folgenden Aussagen (...), welche Angaben korrekt sind?); unübersichtliche Antwort-Strukturen (z. B. in Multiple-Choice-Aufgaben); Pronominalisierung (z. B. Die statische Aufladung stört die Verdruckbarkeit.); unlogischer Aufbau der Informationsstruktur (z. B. Die Verarbeitung ist gestört, wenn Bedingung A nicht erfüllt ist.).

Auch wenn die Textoptimierung für hörgeschädigte oder gehörlose Menschen entwickelt wurde, sind viele der möglichen sprachlichen Beschränkungen von Kindern mit Sprachstörungen berücksichtigt. Folglich besteht die Hoffnung, dass die Möglichkeiten der Textoptimierung auch für Kinder mit sprachlichem Förderbedarf für schulische Lernsituationen und -aufgaben als sprachliche Differenzierungs- und Unterstützungsmethode genutzt werden können. Die Methode der Textoptimierung bietet ebenfalls viele Möglichkeiten, mathematische Texte / Aufgabenstellungen (gesprochen und geschrieben) auf ihre Komplexität hin zu prüfen und systematisch zu vereinfachen.

In einem laufenden Forschungsprojekt werden an der Universität Erfurt die Leistungen von Kindern der 4. und 6. Klasse mit und ohne sprachlichen Förderbedarf in den Originalformen der Mathematik-Schulleistungstests DEMAT 3+ (Roick, Gölitz & Hasselhorn, 2004), DEMAT 5+ (Götz, Lingel & Schneider, 2013) mit den Leistungen in nach den Prinzipien der Textoptimierung bearbeiteten Formen DEMAT-TO miteinander verglichen. Dabei können nach jetzigem Stand der Auswertung signifikant bessere Ergebnisse bei Kindern der 4. Klasse mit sprachlichem Förderbedarf (n=14) in der textoptimierten Version gezeigt werden. Für die Viertklässler ohne Sprachstörungen (n=35) gab es keine Unterschiede zwischen den Versionen. Im Gegensatz dazu zeigten die Kinder mit sprachlichem Förderbedarf in der 6. Klasse (n=21) ebenso wie die Kontrollgruppe (n=35) keine signifikante Verbesserung im DEMAT-TO. Jedoch konnten in dieser Gruppe auch Hinweise für den Nutzen der Textoptimierung gezeigt werden, da für die Kinder mit sprachlichem Förderbedarf die Ergebnisse im DEMAT-TO nicht mit den Leistungen im Grammatiktest (TROG-D; Fox, 2013) korrelierten. Sie stehen damit nicht in einem direkten Zusammenhang. Im Gegensatz dazu korrelieren die TROG-D-Leistungen mit den Ergebnissen in der DEMAT 5+ Originalversion.

6 Didaktisch-methodische Skizzen

6.1 Von der Unterrichts- zur Fachsprache

In jedem Klassenraum sind Plakate zu finden, auf denen die zentralen „Mathe-Fachwörter" zu lesen sind. In der Regel handelt es sich um isolierte Nomen (z. B. Hunderter, Geodreieck, Überschlag) oder Verben (z. B. addieren). Ein Beispiel aus der Leitidee aus den Bildungsstandards „Zufall/ Wahrscheinlichkeit" illustriert, wie mit den Adjektiven „sicher, möglich, unmöglich" mathematisch korrekt gearbeitet werden kann. Zunächst werden Momente im Alltag untersucht und beschrieben, ob ein Ereignis sicher eintreffen wird oder ob es möglich oder gar unmöglich ist. (z. B. Es klopft an der Klassentür. Ist es der Hausmeister?) Die Schüler erhalten entsprechende Wortkarten, die sie zur Begründung ihrer Antwort einsetzen. Eine andere themenaffine Variante ist das Kugelziehen aus einem blickdichten Beutel. Es werden viele Kugeln in drei Farben zur Verfügung gestellt, von denen insgesamt vier Kugeln in einen kleinen Beutel gefüllt werden. Es wird jeweils eine Kugel gezogen und sofort wieder zurückgelegt. Die Schüler sollen beurteilen und exakt beschreiben, wie wahrscheinlich es ist z. B. eine rote Kugel zu ziehen. Anregend ist es auch, nach einer vorgegebenen Aussage zur Wahrscheinlichkeit einen Beutel passend mit Kugeln zu füllen. Passen zu den einzelnen Aussagen mehrere Möglichkeiten, sind diese zu entdecken und zu analysieren. Gelingt den Schülern dies nicht nur zufällig, erfüllen sie damit das Anforderungsniveau III der Bildungsstandards (Mathelehrwerk, 2012, S. 46f.).

6.2 Sprachhandlungskompetenz

Handlungsbegleitendes Sprechen bietet den Schülern die Möglichkeit ihre Sprachhandlungskompetenz zu erweitern. Mathematische Rechenverfahren müssen in Sätzen beschrieben werden. So können beispielsweise zum Addieren verschiedene Satzmuster angeboten werden:

1. „Ich rechne erst die _____ (Hunderter, Zehner, Einer) dazu. Dann rechne ich die _____ dazu und dann die _____."

Die Begriffe Hunderter, Zehner, Einer sind in die entsprechenden Leerstellen einzusetzen. Je nachdem, ob der Schüler mit den Hundertern oder andersherum mit den Einern beginnt, können bereits zwei Möglichkeiten beschrieben werden.

2. „Ich rechne erst die ____ (Hunderter) plus, dann die _____ und dann die ____. Dann rechne ich alles zusammen."

Die kurzen Sätze können als Lückentexte gestaltet werden. Erstes Ziel ist, dass jeder Schüler einen Lückentext auswählt, mit dem sein eigener Lösungsweg beschrieben wird. Eine Erweiterung ist, dass Schüler ein weiteres Verfahren beschreiben. Ebenso ist eine Zuordnung von verschiedenen Rechnungen zu den Lückentexten möglich. Schüler, die nur ihren eigenen Rechenweg beschreiben können, sollen aus verschiedenen Rechnungen diejenigen herausfinden, die mit ihrem Rechenweg gerechnet wurden. Identifizieren und beschreiben Schüler Fehler in Rechnungen, erfüllen sie den Anforderungsbereich III.

Auch in der Geometrie finden sich vielfältige Möglichkeiten durch handlungsbegleitendes Sprechen die Sprachhandlungskompetenz zu erweitern. Soll aus einem quadratischen Papier z. B. eine Blüte gefaltet werden, können die einzelnen Faltschritte durch Skizzen oder Fotos veranschaulicht und mit kurzen Sätzen sprachlich begleitet werden. Sobald die Schüler lesen können, sollte der entsprechende Satz unter jedem Arbeits-, Faltschritt notiert sein. Später können die Schüler die Sätze den Schritten zuordnen. Bekannte Faltanweisungen zu variieren, stellt eine besondere Herausforderung dar. Die Schüler können diese nur umsetzen, indem sie genau und sinnentnehmend lesen und mit dem Bekannten vergleichen (Anforderungsbereich III).

6.3 Mathematisch argumentieren durch Verneinungen und Konjunktionen („weil"-Sätze)

Mathematischen Begriff (z. B. Würfel, Quader) werden u. a. darüber erworben, dass die Schüler Körper über typische Merkmale identifizieren und beschreiben. Bewusst eingesetzte Verneinungen bieten interessante Anregungen: „Ein Bleistift ist kein Zylinder. Er hat eine Spitze." oder „Ein Bleistift ist kein Zylinder, weil er eine Spitze hat." Satzmuster wie „Ein _____ ist kein _____, weil ..." stellen besonders anspruchsvolle Varianten des Argumentierens dar und vermitteln Einsichten in grundlegende Satzstrukturen (Haupt- und Nebensatz) dar.

Eine weitere Idee das Argumentieren anzuregen ist es, bewusst einen Fehler einzubauen. Eine Aufgabenstellung könnte sein, in einer Zahlenreihe eine nicht dazugehörige Zahl zu finden, z. B. „4 ,7, 8, 2, 10. Eine Zahl passt nicht." – „Die 7 passt nicht, weil die 7 keine gerade Zahl ist."

‚Stolperstein' Sachaufgaben
Die vermeintlich einfache Sachrechenaufgabe „Ein Fußballverein fährt mit 14 Jungen in die Jugendherberge. Dort gibt es nur Zweibettzimmer und Vierbettzimmer. Wie können die Jungen übernachten? Schreibe oder male deine Lösung." (Quelle unbekannt) ruft offensichtlich bei vielen Schülern Verwirrung hervor. So wurde beispielsweise als Lösung vorgeschlagen, dass zu wenig Zimmer vorhanden seien und deshalb eben mehrere Kinder jeweils zu zweit in einem Bett übernachten müssten. Welche Stolpersteine lassen sich ausmachen? Die Begriffe „Zweibettzimmer" und „Vierbettzimmer" waren zwar vorab erklärt worden, jedoch das Wort „nur" führte zu der Vorstellung, dass es nur ein einziges Zweibettzimmer und auch nur ein einziges Vierbettzimmer gab.

Die Sachaufgabe wurde anschließend sprachlich optimiert: „Dort gibt es viele Zweibettzimmer und viele Vierbettzimmer. a) Zeichne eine Skizze. b) Wie können die Jungen übernachten. Zeichne."
Es kam zu vielen Lösungen, die angeregt diskutiert wurden. Die anschließenden Forscherfragen „Wie viele Zimmer brauchen sie mindestens? Wie viele Zimmer brauchen sie höchstens?" wurden mit Skizzen und sogar mit einer Tabelle gelöst (Anforderungsbereich III).

Zusammenfassung

Im Beitrag wurde die Bedeutung sprachlicher Kompetenzen und Fähigkeiten für das mathematische Lernen herausgestellt. Ein inklusiver Mathematikunterricht muss daher als sprachsensibler und kommunikationsfördernder Fachunterricht verstanden werden, der neben fachdidaktischen Dimensionen die sprachlichen Fähigkeiten der Schüler grundlegend mitberücksichtigt und deren Förderung als Aufgabe versteht. Die Berücksichtigung der skizzierten Zusammenhänge zwischen Sprache und Mathematik vermag auch die Umsetzung eines inklusiven Unterrichts zu unterstützen, so dass kommunikations- resp. sprachbedingte Barrieren vermindert bzw. ausgeglichen werden.

Literatur

Barrett, M. (1999). *The Development of Language. Studies in Developmental Psychology*. East Sussex: Psychology Press Ltd.
BeLesen. (2007). *Berliner Längsschnittstudie zur Lesekompetenzentwicklung von Grundschulkindern*. Abgerufen von http://www.unipotdam.de/fileadmin/projects/grundschulpaedagogik/assets/Poster_DGfE_Grundschultagung_290906.pdf
Berg, M. (2015). Grammatikverständnis und mathematische Fähigkeiten sprachbehinderter Kinder. *Sprache Stimme Gehör, 39 (2),* 76-80.
Roick, T., Gölitz, D., & Hasselhorn, M. (2004). *DEMAT 3+. Deutscher Mathematiktest für dritte Klassen*. Göttingen: Hogrefe.
Götz, L., Lingel, K., & Schneider, W. (2013). *DEMAT 5+. Deutscher Mathematiktest für fünfte Klassen*. Göttingen: Hogrefe.
Donlan, C., Cowan, R., Newton, E. J., & Lloyd, D. (2007). The role of language in mathematical development: Evidence from children with specific language impairments. *Cognition, 103,* 23-33.
Fazio, B. B. (1996). Mathematical Abilities of Children with Specific Language Impairment: A 2-Year Follow-Up. *JSHR, 39,* 839-849.

Fuchs, A. (2015). *Mathematische Kompetenz und Verbalisierungsfähigkeit. Eine explorative Studie zum Zusammenhang zwischen Sprache und Mathematik bei Schülern der Sprachheilschule.* (Nicht veröffentlichte wissenschaftliche Hausarbeit). Heidelberg.

Gellert, U. (2011). „Fünf mal fünf ist siebzehn" Zur Bedeutung von konzeptioneller Schriftlichkeit und dekontextualisierter Sprache beim Lernen von Mathematik im Grundschulalter. In P. Hüttes-Graff & P. Wieler (Hrsg.), *Übergänge zwischen Mündlichkeit und Schriftlichkeit im Vor- und Grundschulalter* (S. 79-94). Freiburg: Villibach.

Gogolin, I. (2004). Zum Problem der Entwicklung von „Literalität" durch Schule: Eine Skizze interkultureller Bildungsforschung im Anschluss an PISA. *Zeitschrift für Erziehungswissenschaft, 3*, 101-111.

Granzer, D., Walther, G., Winkelmann, H., Robitzsch, A., Köller, O., & Walther, G. (2008). *Bildungsstandards: Kompetenzen überprüfen. Mathematik Grundschule. Klasse 3/4. Heft 1 und 2.* Berlin: Cornelsen.

KMK (2004). *Ständige Konferenz der Kultusminister der Länder. Bildungsstandards im Fach Mathematik für den Primarbereich.* Abgerufen von http://www.kmk.org/fileadmin/Dateien/veroeffentlichungen_beschluesse/2004/2004_10_15-Bildungsstandards-Mathe-Primar.pdf

Krajewski, K., Schneider, W., & Nieding, G. (2008). Zur Bedeutung von Arbeitsgedächtnis, Intelligenz, phonologischer Bewusstheit und früher Mengen-Zahlen-Kompetenz beim Übergang vom Kindergarten in die Grundschule. *Psychologie in Erziehung und Unterricht, 55*, 118-131.

Krummheuer, G. (1994). *Der mathematische Anfangsunterricht: Anregungen für ein neues Verstehen früher mathematischer Lehr-Lern-Prozesse.* Weinheim: Dt. Studien-Verlag.

Mathelehrwerk „eins zwei drei". (2012). Schülerbuch 2-4. Berlin: Cornelsen.

Michalczyk, K., Krajewski, K., Preßler, A., & Hasselhorn, M. (2013). The relationships among quantity-number competencies, working memory, and phonological awareness in 5- and 6-year-olds. *British Journal of Developmental Psychology, 31*, 408-424.

Müller, R. (2015). *Mathematische Kompetenz und Verbalisierungsfähigkeit. Eine explorative Studie zum Zusammenhang zwischen Sprache und Mathematik bei Schülern im Förderschwerpunkt Lernen.* (Nicht veröffentlichte wissenschaftliche Hausarbeit). Heidelberg.

Petermann, F. (2010). *SET 5-10. Sprachstandserhebungstest für Kinder im Alter zwischen 5 und 10 Jahren. Manual.* Göttingen: Hogrefe.

Sallat, S., & Schönauer-Schneider, W. (2015). Unterricht bei Kindern mit Sprach- und Kommunikationsstörungen. *Sprache Stimme Gehör, 2*, 70-75.

Schlenker-Schule, C., & Wagner, S. (2006). Prüfungsaufgaben im Spannungsfeld von Fachkompetenz und Sprachkompetenz. In C. Efing & N. Janich (Hrsg.), *Förderung der berufsbezogenen Sprachkompetenz – Befunde und Perspektiven* (S. 189-213). Paderborn: Eusl-Verlagsgesellschaft.

Schmölzer-Eibinger, S. (2013). Sprache als Medium des Lernens im Fach. In M. Becker-Mrotzek, K. Schramm, E. Thürmann & J. Vollmer (Hrsg.), *Sprache im Fach* (S. 25-40). Wiesbaden: Waxmann.

Fox, A. (2013). *TROG-D. Test zur Überprüfung des Grammatikverständnisses* (6. Aufl.). Idstein: Schulz-Kirchner.

Ufer, S., Reiss, K., & Mehringer, V. (2013). Sprachstand, soziale Herkunft und Bilingualität. Effekte auf Facetten mathematischer Kompetenz. In M. Becker-Mrotzek, K. Schramm, E. Thürmann & J. Vollmer (Hrsg.), *Sprache im Fach* (S. 185-202). Wiesbaden: Waxmann.

Wagner, S., & Schlenker-Schulte, C. (2006). Textoptimierung von Prüfungsaufgaben. *Mitteilungen des Deutschen Germanistenverbandes, 53 (4)*, 402-423.

Wagner, S., & Schlenker-Schulte, C. (2007). Chancengleichheit durch Nachteilsausgleich –Textoptimierung bei schriftlichen Prüfungen. *forum – Jahresschrift des Deutschen Fachverbandes für Gehörlosen- und Schwerhörigenpädagogik 2007*, 94-105.

Wagner, S., Günther, C., & Schlenker-Schulte, C. (2006). Zur Textoptimierung von Prüfungsaufgaben. *Mitteilungen des Deutschen Germanistenverbandes, 53 (4)*, 402-423.

Wagner, S., & Schlenker-Schulte, C. (2014). *Textoptimierung von Prüfungsaufgaben. Handreichung zur Erstellung leicht verständlicher Prüfungsaufgaben*. Halle (Saale): FST/IFTO.

Werner, B. (im Druck). Inklusiver Mathematikunterricht aus sonderpädagogischer Perspektive – Konsequenzen für die Lehrerbildung. In L. Leuders, M. Lehn, T. Leuders, S. Ruwisch & S. Prediger (Hrsg.), *Mit Heterogenität im Mathematikunterricht umgehen lernen – Konzepte und Perspektiven für eine zentrale Anforderung an die Lehrerbildung. Reihe „Konzepte und Studien zur Hochschuldidaktik und Lehrerbildung Mathematik"*. Wiesbaden: Springer.

Werner, B., & Berg, M. (2015). PRIMA®Sprache – Studie zum Sprachverständnis bei Schülern der Klasse 3/4 an Grund-, Sprachheil- und Förderschulen. *Zeitschrift für Heilpädagogik, 66 (9)*, 432-447.

Werner, B., & Berg, M. (im Druck). Sprache im Mathematikunterricht – Stolpersteine oder Ressource? In J. Roth & J. Ames (Hrsg.), *Beiträge zum Mathematikunterricht 2016*. Münster: WTM-Verlag.

Andreas Mayer

Sprachliche Lernbarrieren beim Erwerb mathematischer Kompetenzen

1 Einleitung

In der wissenschaftlichen Literatur zu Spracherwerbsstörungen im schulischen Kontext werden im deutschsprachigen Raum v.a. die Schwierigkeiten betroffener Kinder mit dem Schriftspracherwerb oder allgemein mit sprachlich vermitteltem Lernen betont. Potenzielle Probleme im Fach Mathematik werden aus schulpraktischer Perspektive häufig im Zusammenhang mit Textaufgaben vorgebracht. Erst seit wenigen Jahren machen Forschungsarbeiten insbesondere aus dem angloamerikanischen Raum deutlich, dass spracherwerbsgestörte Kinder häufig auch beim Erwerb basisnumerischer Kompetenzen benachteiligt sind. Aufgrund der Vielfalt und Komplexität der in diesem Kontext im Primarbereich erworbenen Fähigkeiten, erscheint es in einem ersten Schritt sinnvoll, numerische Basiskompetenzen begrifflich zu klären, bevor Zusammenhänge zwischen sprachlichen Beeinträchtigungen und mathematischen Lernschwierigkeiten spezifiziert werden.

2 Ein neurokognitives Modell der numerischen Kognition

Neurokognitive Modelle der numerischen Kognition (z. B. Dehaene, 1992, vgl. auch Landerl & Kaufmann, 2008) unterscheiden im Bereich mathematischer Kompetenzen üblicherweise zwischen der Zahlverarbeitung (basisnumerische Verarbeitung) und der Rechenfertigkeit (Arithmetik). Der Zahlverarbeitung werden dabei folgende Teilfähigkeiten zugeordnet:
- Verständnis für das dekadische Zahlensystem
- Ausbildung einer ungefähren Vorstellung zur Zahlsemantik und der Mächtigkeit von Mengen
- die Fähigkeit zum Transkodieren: Umwandlung eines Zahlworts (z. B. „siebzehn") in eine visuell-arabische Form (z. B. „17") und umgekehrt

Im Zusammenhang mit Rechenfertigkeiten werden folgende Kompetenzen unterschieden:

- „konzeptuelles Wissens": Verständnis für das einer Rechenoperation zugrundeliegende Konzept;
- „prozedurales Wissen": Kenntnis von Lösungsalgorithmen, also Wissen über das konkrete Vorgehen beim Lösen von Rechenoperationen (z. B. beim schriftlichen Multiplizieren);
- „deklaratives Wissen" (mathematisches Faktenwissen): Aufgaben, deren Lösungen im Langzeitgedächtnis abgespeichert und automatisiert abgerufen werden können (z. B. Einmaleinssätze).

Das Triple Code Modell (Dehaene, 1992) nimmt für die Zahlverarbeitung und das Rechnen drei Module an, die im Normalfall interagieren, aber auch spezifisch gestört sein können (s. Abb. 1). Diese Funktionseinheiten sind für unterschiedliche Aspekte der Zahlverarbeitung und des Rechnens verantwortlich. In ihnen sind Zahlen in unterschiedlicher Kodierung repräsentiert.

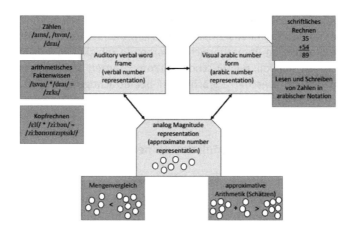

Abb. 1: Triple Code Modell nach Dehaene (1992)

Das Modul, in dem basisnumerisches Wissen in verbal-phonologischer Form gespeichert ist („auditory-verbal word frame"), ist zuständig für die Verarbeitung sprachlich präsentierter Aufgabenstellungen, deren Lösungen sprachlich wiedergegeben werden („drei mal fünf gleich fünfzehn"). Entsprechend ist es sowohl für das Kopfrechnen, das Speichern und Abrufen mathematischen Faktenwissens als auch für Zählprozesse verantwortlich.

Im Modul für die Verarbeitung visuell-arabischer Zahlformen („visual arabic number form") sind Zahlen in visuell-symbolischer Form repräsentiert (z. B. „13"). Es wird benötigt für alle Aufgabenstellungen, in denen Zahlen in arabischer Notation involviert sind (z. B. schriftliches Lösen arithmetischer Aufgabenstellungen). Beide Module unterstützen Rechenfähigkeiten je nachdem in welchem Code (verbal vs. visuell) sie präsentiert werden. Sie beinhalten aber nicht zwingend Informationen über die eigentliche Zahlsemantik. Das Ausführen von Rechenoperationen sowie die Speicherung und der Abruf mathematischer Fakten sind letztendlich möglich, ohne dass zwingend ein Verständnis dafür notwendig ist.

Informationen über die Semantik der Zahlen, also das Wissen um die numerische Größe einer Zahl und die Mächtigkeit einer Menge ist im dritten Modul der analogen Größenrepräsentation („analog magnitude representation") repräsentiert. Es ist zuständig für die ganzheitlich simultane Erfassung kleiner Mengen (= „subitizing") und approximative Rechenprozesse (Mengenvergleiche, Schätzen). Da sich diese Kompetenzen bereits präverbal und auch bei Tieren nachweisen lassen (Xu & Ariaga, 2007), wird angenommen, dass sich dieses Modul unabhängig von sprachlichen Kompetenzen entwickelt und genetisch prädisponiert ist. Lorenz (2004) betont jedoch, dass diese bereits im vorsprachlichen Stadium nachgewiesene Fähigkeit eher als Wahrnehmungsvorgang im visuellen System und nicht als vorsprachliche mathematische Fähigkeit interpretiert werden sollte. Davon zu unterscheiden sei die Fähigkeit, Mengen durch Zahlwörter und Zahlzeichen zu symbolisieren und linguistisches Zahlwortwissen in Verbindung mit der visuellen Darbietung der betreffenden Anzahl an Objekten aufzubauen, was letztendlich wiederum von sprachlichen Kompetenzen abhängig ist.

3 Zusammenhänge zwischen sprachlichen und basisnumerischen Kompetenzen

3.1 Methode

Am Lehrstuhl für Sprachbehindertenpädagogik der Universität zu Köln (Prof. Motsch) wurde 2015 ein Projekt durchgeführt, das die Zusammenhänge zwischen dem produktiven Wortschatz und mathematischen Kompetenzen sowie die Schwierigkeiten lexikalisch gestörter Kinder spezifizieren sollte (Steffens, 2015). An der Studie nahmen 50 Schülerinnen und Schüler mit einem Durchschnittsalter von 8;9 Jahren (SD = 0;7) der zweiten Klasse einer Regelgrundschule (n=23) sowie von zwei Sprachheilschulen (n=27) teil, deren nonverbale Intelligenz, Kapazität des phonologischen Arbeitsgedächtnisses, expressive semantisch-lexikalische Fähigkeiten sowie mathematische Fähigkeiten überprüft wurden. Die Gesamtgruppe wurde auf der Grundlage der expressiven Wortschatzleistung in zwei Gruppen eingeteilt, wobei eine Leistung von einer SD unter dem Mittelwert als Grenzwert definiert wurde. Der Gruppe lexikalisch gestörter Kinder (= Gruppe 1) wurden auf dieser Basis

28 Kinder, der Gruppe mit durchschnittlichen lexikalischen Fähigkeiten (= Gruppe 2) 22 Kinder zugeordnet.
Als Parameter für die nonverbale Intelligenz kam der Subtest „Dreiecke" aus der K-ABC (Melchers/Preuß 2003) zum Einsatz, bei dem zwei bis neun identische blaugelbe Dreiecke so zusammengelegt werden, dass die auf einer Vorlage dargestellte Figur nachgebildet wird.
Zur Erfassung der Kapazität der phonologischen Schleife wurde aus der K-ABC der Subtest „Zahlen nachsprechen" gewählt. Die Kinder haben dabei die Aufgabe zwei bis sechs vorgesprochene Zahlen reihenfolgerichtig zu wiederholen.
Die produktiven lexikalischen Fähigkeiten wurden mit Hilfe des Subtests WWTexpressiv aus dem WWT 6-10 (Glück, 2011) bestimmt. Zum Einsatz kamen die altersspezifischen Kurzformen, bei denen Nomen (n=10), Verben (n=10), Adjektive (n=10) und kategoriale Oberbegriffe (n=10) benannt werden müssen, die mittels Farbfotografien präsentiert werden.
Zur Erfassung mathematischer Kompetenzen kam TEDI-Math (Kaufmann et al., 2009), eine umfassende Testbatterie zur Erfassung numerisch rechnerischer Fähigkeiten zum Einsatz, der auf aktuellen neurokognitiven Modellen der numerischen Kognition (s. Kap. 1) basiert und zwischen der Zahlverarbeitung und dem Rechnen differenziert.
Die Überprüfungen im Bereich der Zahlverarbeitung erfassen
- das Verständnis für das dekadische Stellenwertsystem
- die Fähigkeit, Zahlwörter bzw. Zahlen in arabischer Notation hinsichtlich ihrer Größe zu unterscheiden
- die Fähigkeit zum Transkodieren (mündliche vorgegebene Zahlen in arabischer Form notieren sowie in visuell-arabischer Form präsentierte Zahlen vorlesen)

Die Überprüfungen des Rechnens erfassen die Fähigkeit
- Subtraktions- und Multiplikationsaufgaben zu lösen
- Zahlen zu zerlegen
- Textaufgaben zu lösen
- sowie das Verständnis für mathematische Konzepte

3.2 Ergebnisse

T-Tests für unabhängige Stichproben, mittels derer die Fähigkeiten der beiden Gruppen in den erfassten Prädiktoren verglichen wurden, machten deutlich, dass statistisch signifikante Unterschiede nicht nur im Bereich des expressiven Wortschatzes ($T(38,58) = 11,32$, $p < .001$), sondern auch in allen anderen erfassten Prädiktoren nachgewiesen werden konnten (nonverbale Intelligenz: $T(48) = 2,86$, $p < .03$; Arbeitsgedächtnis: $T(48) = 2,96$, $p < .005$).

Von besonderem Interesse ist aber der Vergleich zwischen den beiden Gruppen im Bereich der mathematischen Kompetenzen. Die Ergebnisse für alle erhobenen Daten können Tabelle 1 entnommen werden.

Tab. 1: Mittelwerte und Standardabweichungen sowie Ergebnisse der T-Tests für unabhängige Stichproben für die beiden Untersuchungsgruppen

	MW (T-Wert, SD)		T-Wert	Sign.	mittl. Differenz
	Gruppe 1 (n=28)	Gruppe 2 (n=22)			
WWTexpressiv	15,1 (16,9)	55,5 (7,3)	-10,4	.001	40,4
nonverbale Intelligenz	43,4 (7,7)	50,8 (10,6)	-2,9	.01	7,4
Zahlen nachsprechen	39,9 (9,8)	48,0 (9,40)	-3,0	.01	8,01
Zahlverarbeitung	42.2 (7,1)	48.6 (11,5)	-2.3	.03	6.4
Rechenfertigkeit	33.9 (7,6)	46.6 (11,6)	-4.5	.001	12.7
TEDI-Math Gesamt	37.5 (7,0)	47.4 (12,5)	-3.3	.002	9,8

Die Ergebnisse belegen eindrucksvoll die Schwierigkeiten lexikalisch gestörter Kinder beim Erwerb mathematischer Kompetenzen. Gruppe 1 schneidet in allen drei Skalen des TEDI-Math signifikant schlechter ab als die Gruppe lexikalisch unauffälliger Kinder, wobei die Unterschiede im Bereich des Rechnens am deutlichsten ausfallen. Hier liegen die Leistungen der Gruppe 1 eindeutig im unterdurchschnittlichen Bereich. Obwohl die Werte für die Zahlverarbeitung gerade noch im durchschnittlichen Bereich liegen, fallen die Unterschiede zur Gruppe 2 statistisch signifikant aus. Im Vergleich mit der Normierungsstichprobe liegen die Werte für die Gruppe lexikalisch gestörter Kinder zwischen 0.78 und 1.61 Standardabweichungen unter dem Mittelwert. Eine Berechnung des Effektstärkenmaßes cohen's d macht deutlich, dass die Unterschiede zwischen den beiden hier fokussierten Gruppen im mittleren bis hohen Bereich liegen (Zahlverarbeitung: d= .67, Rechnen: d= 1.15, Gesamtwert: d= .94).

Da sich die beiden Gruppen nicht nur hinsichtlich des sprachlichen Entwicklungsstandes, sondern auch im Bereich der anderen erfassten Prädiktoren voneinander unterschieden, wurden ergänzend Korrelations- und Regressionsanalysen durchgeführt, um die Zusammenhänge und Einflüsse auf mathematische Kompetenzen spezifizieren zu können. Die Ergebnisse der Korrelationsanalysen für die Gesamtgruppe (N=50) können Tabelle 2 entnommen werden.

Tab. 2: Korrelationen (Pearson's Korrelationskoeffizient) zwischen Prädiktoren und mathematischen Kompetenzen

	Zahlverarbeitung	Rechenfertigkeit	TEDI Math Gesamt
nonverbale Intelligenz	.38**	.43**	.43**
Arbeitsgedächtnis	.32*	.37**	.36*
Wortschatz expressiv	.49**	.64**	.58**

Es wird deutlich, dass alle im Rahmen der Studie erhobenen Prädiktoren signifikant mit den mathematischen Kompetenzen korrelieren, die Wortschatzleistung aber sowohl mit der Zahlverarbeitung als auch mit der Rechenfertigkeit am engsten assoziiert ist.

Die Ergebnisse der Korrelationsanalysen werden durch multiple lineare Regressionsanalysen bestätigt. Werden die drei Prädiktoren gleichzeitig berücksichtigt, können diese gemeinsam 32 % der Unterschiede im Bereich der Zahlverarbeitung (p=.001), 49,7 % im Bereich der Rechenfertigkeit (p=.001) und 43,2 % im TEDI-Math Gesamtwert (p=.001) erklären. Zusätzlich durchgeführte hierarchische Regressionsanalysen machen deutlich, dass der expressive Wortschatz nach Berücksichtigung der beiden anderen Prädiktoren noch immer 24 % der Unterschiede in der Rechenfertigkeit (p=.001) (Zahlverarbeitung: 12 % (p=.007); TEDI-Gesamt: 18,2 % (p=.001)) erklären kann. Für alle Teilbereiche mathematischer Kompetenz stellt der expressive Wortschatz damit die Variable dar, die den größten Beitrag zur Varianzaufklärung liefert.

4 Einordnung und Diskussion

Die Ergebnisse der hier dokumentierten Studie bestätigen die Resultate zahlreicher Forschungsarbeiten aus dem angloamerikanischen und europäischen Raum (Durkin et al., 2013, Donlan et al., 2007, Fazio, 1994, 1996, 1999, Harrison et al., 2009, Koponen et al., 2006, Nys et al., 2013) und ergänzen diese insbesondere durch Belege zum spezifischen Einfluss des expressiven Wortschatzes auf basisnumerische Kompetenzen. So lieferten Durkin et al. (2013) Belege für die Schwierigkeiten spracherwerbsgestörter Kinder beim Erwerb mathematischer Kompetenzen, die den hier dokumentierten Ergebnissen vergleichbar sind. Die Ergebnisse spracherwerbsgestörter Kinder lagen bei normierten Überprüfungen basisnumerischer Kompetenzen mehr als eine Standardabweichung unter dem Mittelwert der Normierungsstichprobe. Dass die Ergebnisse der Überprüfungen im Alter von acht Jahren im Vergleich zu den Überprüfungen ein Jahr vorher statistisch signifikant niedriger ausfielen, könnte auf sukzessive wachsende Schwierigkeiten spracherwerbsgestörter Kinder mit dem Erwerb mathematischer Kompetenzen hinweisen. Ein Gesamtscore für

expressive und rezeptive sprachliche Kompetenzen konnte selbst nach Kontrolle der nonverbalen Fähigkeiten noch knapp 20 % der Unterschiede im rechnerischen Bereich erklären.
Untersuchungen mit spracherwerbsgestörten Vorschulkindern legen nahe, dass die Schwierigkeiten beim Erwerb deklarativen mathematischen Wissens bereits vor Schuleintritt offensichtlich werden. Fazio (1994) konnte bspw. zeigen, dass sprachlich beeinträchtigte Kinder im Vorschulalter spezifische Schwierigkeiten beim Erwerb der Zahlwortreihe haben, weniger weit zählen können und dabei mehr Fehler begehen als sprachlich unauffällige Kinder, während gleichzeitig das konzeptuelle Wissen über die Zählprinzipien durchaus vorhanden ist. Sowohl Donlan et al. (2007), Koponen et al. (2006) als auch Fazio (1996, 1999) belegten die spezifischen Schwierigkeiten spracherwerbsgestörter Schulkinder beim Rechnen sowie komplexer Zählaufgaben (z. B. in Dreierschritten zählen, rückwärts zählen), wobei insbesondere die Speicherung von und/oder der Zugriff auf mathematisches Faktenwissen erschwert ist, während ein Verständnis für arithmetische Prinzipien vermutlich aufgrund der nicht beeinträchtigten nonverbalen kognitiven Fähigkeiten durchaus vorhanden ist. Fazio (1999) spricht in diesem Zusammenhang von einer Diskrepanz zwischen der verbalen und konzeptuellen Entwicklung im mathematischen Bereich.
Die besondere Bedeutung des Zählens wird dabei insbesondere in der Untersuchung von Donlan et al. (2007) deutlich, da die Unterschiede zwischen spracherwerbsgestörten und sprachlich unauffälligen Kindern im Bereich des Rechnens vollständig durch die unterschiedlichen Zählfertigkeiten erklärt werden konnten. Anzunehmen ist, dass spracherwerbsgestörte Kinder im arithmetischen Bereich bereits recht früh besondere Schwierigkeiten haben, was die Speicherung, Verarbeitung und Produktion von Zahlwörtern angeht. Der Erwerb der Zahlwörter und der syntaktischen Regeln, nach denen die begrenzte Anzahl an Zahlen kombiniert werden können, stellt eine sprachliche Leistung vergleichbar dem Wortschatzerwerb und dem Erwerb morphologischen Regelwissens dar. So dürfte es sich bei der Aneignung der Zahlwörter um einen lexikalischen Entwicklungsprozess handeln, während dessen eine bereits existierende ungefähre Vorstellung von einer Menge mit dem Zahlwort assoziativ verknüpft und im Laufe des Spracherwerbs sukzessive ausdifferenziert und präzisiert wird (Nys et al., 2013).
Aufgrund der speziellen morphologischen Zusammensetzung der Zahlwörter im Deutschen, in der additive und multiplikative Zusammenhänge kombiniert sind (hundertdrei = 100+3 vs. dreihundert = 3x100), sowie der Sprachinversion, die von der Schreibweise der Zahlen abweicht (24 vs. vierundzwanzig), sollten spracherwerbsgestörte Kinder bereits beim Erwerb der Zahlwörter in besonderem Maße vor Schwierigkeiten stehen (Lorenz, 2004).
Auch bei der Problematik mit der Speicherung und/oder dem Abruf mathematischen Faktenwissens könnte es sich um Schwierigkeiten handeln, die Parallelen zu den im Schulalter besonders imponierenden semantisch-lexikalischen Defiziten

spracherwerbsgestörter Kinder aufweisen, da anzunehmen ist, dass mathematische Fakten als verbale Repräsentationen, als „Sprachketten" (Lorenz, 2003, S. 41) im Langzeitgedächtnis abgespeichert werden (z. B. „acht plus sieben gleich fünfzehn"). Vergleichbar gehen Dehaene/Cohen (1995, zit. Koponen et al., 2006) davon aus, dass mathematische Fakten im Langzeitgedächtnis sprachlich gespeichert werden. Während Lorenz (2004) aber davon ausgeht, dass die Probleme sprachschwacher Schüler nicht offensichtlich werden, wenn Aufgaben in schriftlicher Form präsentiert werden, sind Dehaene/Cohen der Überzeugung, dass auch Aufgaben in visuell-arabischer Notation gelöst werden, indem sie zunächst in eine sprachliche Form umkodiert werden. Es ist davon auszugehen, dass verbale Repräsentationen die mentale Verarbeitung von Zahlen und die Speicherung mathematischer Fakten im Langzeitgedächtnis unterstützen, auch wenn diese in visuell-arabischer Notation präsentiert werden. Dadurch ließen sich auch die Schwierigkeiten spracherwerbsgestörter Kinder im Bereich des Größenvergleichs von Zahlen in visuell arabischer Notation erklären.

Schlusswort

Unzweifelhaft haben spracherwerbgestörte Kinder im schulischen Bereich massive Schwierigkeiten beim Erwerb basisnumerischer Kompetenzen. Für die Zukunft sind Forschungsarbeiten notwendig, die auf der Grundlage publizierter Forschungsergebnisse Fördermaßnahmen und Interventionsprogramme evaluieren, die spracherwerbsgestörten Schülerinnen und Schülern eine erfolgreiche Aneignung mathematischer Kompetenzen ermöglichen.

Literatur

Kaufmann, L., Nuerk, H.-C, Graf, M., Krinzinger, H., Delazer, M., & Willmes, K. (2009). *TEDI-MATH. Test zur Erfassung numerisch-rechnerischer Fertigkeiten vom Kindergarten bis zur 3. Klasse.* Bern: Verlag Hans Huber.
Petermann, F., Metz, D., & Fröhlich, L. (2010). *SET 5-10. Sprachstandserhebungstest für Kinder im Alter zwischen 5 und 10 Jahren.* Göttingen: Hogrefe Verlag.
Melchers, P., & Preuss, U. (2003): *Kaufman Assessment Battery for Children.* Frankfurt: Swets & Zeitlinger.
Dehaene, S. (1992). Varieties of numerical abilities. *Cognition, 44* (1), 1-42.

Donlan, C., Cowan, R., Newton, E., & Lloyd, D. (2007). The role of language in mathematical development: Evidence from children with specific language impairments. *Cognition, 103* (1), 23-33.

Durkin, K., Mok, P., & Conti-Ramsden, G. (2013). Severity of specific language impairment predicts delayed development in number skills. *Frontiers in Psychology, 4* (1), 1-10.

Fazio, B. B. (1994). The counting abilities of children with specific language impairment – a comparison of oral and gestural tasks. *Journal of Speech and Hearing Research, 37* (2), 358–368.

Fazio, B. B. (1996). Mathematical abilities of children with specific language impairment: A 2-year follow-up. *Journal of Speech and Hearing Research, 39* (4), 839–849.

Fazio, B. B. (1999). Arithmetic calculation, short-term memory, and language performance in children with specific language impairment: A 5-year follow-up. *Journal of Speech, Language, and Hearing Research, 42* (2), 420–431.

Glück, C. (2011). *Wortschatz- und Wortfindungstest für sechs- bis zehnjährige (WWT 6-10)*. München: Elsevier Verlag.

Koponen, T., Mononen, R., Räsänen, P., & Ahonen, T. (2006). Basic Numeracy in Children with Specific Language Impairment: Heterogeneity and Connections to Language. *Journal of Speech, Language, and Hearing Research, 49* (1), 58-73.

Landerl, K., & Kaufmann, L. (2008). *Dyskalkulie: Modelle, Diagnose, Therapie und Förderung*. München: Ernst Reinhardt.

Lorenz, J. H. (2003). Kognitive Faktoren, deren Störung den Erwerb mathematischer Inhalte erschwert. In F. Lenart, N. Holzer, & H. Schaupp (Hrsg.), *Rechenschwäche, Rechenstörung, Dyskalkulie. Erkennung, Prävention, Förderung* (S. 39-47). Graz: Leykam Buchverlag.

Lorenz, J. H. (2004). Mathematikverstehen und Sprachrezeptionsstörungen in den Eingangsklassen. In P. Arnoldy, & B. Traub (Hrsg.), *Sprachentwicklungsstörungen – Früh erkennen und behandeln. XXVI Kongress „Werkstatt Sprachheilpädagogik" der Deutschen Gesellschaft für Sprachheilpädagogik* (S. 184-195). Karlsruhe: von Loeper Literaturverlag.

Nys, J., Content, A., & Leybaert, J. (2013). Impact of language abilities on exact and approximate number skills development: evidence from children with specific language impairment. *Journal of Speech, Language, and Hearing Research, 56* (3), 956–970.

Steffens, L. (2015). *Zum Einfluss expressiver lexikalischer Fähigkeiten auf mathematische Leistungen*. (Nicht veröffentlichte Dissertation). Universität zu Köln, Deutschland.

Xu, F., & Arriaga, R. (2007). Number discrimination in 10-month old infants. *British Journal of Developmental Psychology, 25* (1), 103–108.

Heiko Seiffert

Lernbarrieren beim Fachwortlernen – zum Beispiel Mathematik

1 Einleitung

„Der Konflikt zwischen Sprache und Mathematik wird im Unterricht ausgetragen" (Lorenz, 2004, S. 194).

Und er fördert sowohl die sprachlichen als auch die kognitiven Fähigkeiten der Lernenden.

Forschungsergebnisse der strukturgenetischen Soziologie (Oesterdiekhoff, 2008, s. auch Romanath, 2001) legen nahe, dass ein großer Teil der höheren kognitiven Fähigkeiten, die Menschen in modernen und postmodernen Gesellschaften auszeichnen, dem Schulunterricht und den darin gestellten sprachlichen und kognitiven Anforderungen zu verdanken ist.
Im Umkehrschluss heißt dies, dass sich innere Lernbarrieren – zum Beispiel Störungen des Wortschatzerwerbs – negativ auf die kognitive Entwicklung auswirken müssten.

Konkret mehren sich die Hinweise darauf, dass insbesondere der Taxonomie Constraint (Rothweiler, 2001) – also der Fähigkeit, Ober- und Unterbegriffe zu gebrauchen und Inhalte verbal zu klassifizieren – in der kognitiven Entwicklung von Kindern und Jugendlichen eine Schlüsselrolle zuzukommen scheint (s. hierzu Abschnitt 3).

Nicht umsonst schreibt Grzesik (1992, S. 8): „Niemand bezweifelt ernsthaft", dass „im Unterricht Begriffe gelernt werden sollen, und niemand", dass „im Alltag des Unterrichts auch tatsächlich Begriffe gelernt werden." Begriffe im Sinne Grzesiks setzen aber die Fähigkeit der Abstraktion vulgo des Operierens mit Ober- und Unterbegriffen und damit das Taxonomie Constraint voraus.
Dies alles gilt in einem besonderen Maße für das Fach Mathematik, das als eine der wichtigsten Produktionsstätten von Intelligenz im modernen Sinne betrachtet werden kann.

Neben dem Gebrauch der Aussagenlogik sowie der komplexen Syntax steht im Fach Mathematik die Nutzung abstrakter, semantisch und phonologisch komplexer Fachbegriffe im Vordergrund.

2 Innere Lernbarrieren beim Lernen von Fachwörtern im Mathematikunterricht

Seiffert (2014) führt auf einer Literaturrecherche beruhende Zusammenstellung der folgenden inneren (durch eine Sprachentwicklungsstörung verursachte) Lernbarrieren im Unterricht an:

- Geringe Fast-Mapping-Leistungen bei komplexen Wörtern,
- grammatische Störungen und geringe Fähigkeiten im Bereich des syntaktischen Bootsstrappings,
- Festhalten an frühen lexikalischen Erwerbsstrategien (Mutual-Exclusivity-Assumption) statt des Gebrauchs altersgemäßer Strategien (Taxonomie-Constraint),
- Wortfindungsstörungen und eine geringe Automatisierung sprachlichen Wissens und Könnens,
- geringe Wortbildungs- und Dekompositionsfähigkeiten,
- mangelndes Verständnis von Funktionswörtern,
- Selbstmanagement und semantische Lernstrategien,
- geringe Fähigkeiten im Monitoring des Sprachverstehens.

3 Fachwortlernen im Mathematikunterricht

3.1 Begriffe im Mathematikunterricht

Das Fachwortlernen im Mathematikunterricht vollzieht sich in den gleichen Stufen, die auch jeder andere Lernprozess durchschreitet. Anders als in vielen anderen Fächern sind im Fach Mathematik allerdings die Anforderungen an die Tiefe und Qualität der Begriffe höher.

Nach Piaget (2000) erwirbt das Kind erst im Alter von etwa 11 bis 12 Jahren die Fähigkeit, Begriffe unabhängig von der konkreten Anschauung zu verwenden.

Maier und Schweiger (1999) unterscheiden drei Arten mathematischer Fachausdrücke:

- Die Verwendung von Wörtern, die in der Alltagssprache nicht vorkommen (wie zum Beispiel Primzahl, Divisor, Dezimalbereich, Hypotenuse, Parallelogramm, Vektor, Sinus, addieren, orthogonal usw.).
- Die Verwendung von Wörtern, die auch in der Alltagssprache in gleicher oder ähnlicher Weise vorkommen (wie zum Beispiel Gerade, Dreieck, Quadrat).
- Es werden aber auch Lexeme der Alltagssprache verwendet, deren Bedeutung von der in der Alltagssprache üblichen abweicht (Produkt, rational, Wurzel und Ring – als algebraische Struktur). Gerade bei Fachbegriffen aus dieser Gruppe sind die Konflikte mit der Mutual-Exclusivity Assumption (Rothweiler, 2001) vorprogrammiert.

3.2 Erwerb

Der Erwerb eines neuen Lerninhaltes wird von Grzesik (2002) als Akquisitionsprozess des Lernens bezeichnet. Lernen wird dabei als Selbstveränderung des Prozessierens im operational geschlossenen psychischen System aufgefasst. Eine neue Operation wird dabei im Prozessieren des gesamten neuropsychologischen Systems erstmalig vollzogen (Grzesik, 2002, S. 253 und 435). Gruber et al. (2006, 119) bezeichnen die Erwerbsphase innerhalb des Lernprozesses im Anschluss an Ackermanns Theorie der „Ability Determinations of Skilled Performance" (Ackermann, 1990) als „kognitive Phase". Sie ist gekennzeichnet durch eine hohe kognitive Belastung des Schülers. Um den Erwerb eines neuen, komplexen Lerninhaltes erfolgreich zu bewältigen ist entweder ein „konsistentes prozedurales Wissen" (also ein automatisiertes Vorwissen) oder aber ein hohes Maß an anlagebedingten kognitiven Voraussetzungen vorliegen. In diesem Zusammenhang ist besonders das Arbeitsgedächtnis zu nennen, das nach Grzesik (2002, 281) innerhalb des Lernprozesses Operationen als Prozesseinheiten aktiviert, aus denen sich jede Handlung zusammensetzt.

Innerhalb des Fachwortlernprozesses spielt in dieser Phase das Fast-Mapping (Rice et al., 1994; Rothweiler, 2001) eine prominente Rolle. Bevor ein neues Fachwort im Unterricht inhaltlich verstanden werden kann, muss es zunächst den phonologischen Flaschenhals passieren. Bereits beim Fast-Mapping scheitert der Lernprozess der sprachentwicklungsgestörten Lernenden bereits häufig, weil es oftmals nicht gelingt, eine ausreichende phonologische Spur aufzubauen, die es ermöglicht, das Fachwort im Verlauf des weiteren Lernprozesses (Speichern, Automatisierung) wiederzuerkennen und auf dieser Grundlage eine immer genauere phonologische Repräsentation des Fachwortes aufzubauen. Gerade mathematische Fachbegriffe sind aber durch eine hohe phonologische und semantische Komplexität gekennzeichnet (Seiffert, 2012). Rothweiler (2001) weist darauf hin, dass bei sprachentwicklungsge-

störten Lernenden die Fast-Mapping-Leistungen bei komplexen Wörtern deutlich schwächer als bei Normalsprechenden sind.
Zudem gelingt das Fast-Mapping in der Regel nur, wenn die Lernenden im Unterricht dem neuen Fachwort die entsprechende Aufmerksamkeit entgegenbringen. Hierfür ist aber die Einsicht nötig, dass das neue Wort erstens relevant ist und zweitens im bisherigen Wortschatz fehlt. Diesem Monitoring des Sprachverstehens kommt deshalb in der Erwerbsphase eines neuen Fachwortes eine überaus wichtige Rolle zu (Seiffert, 2012, Reber & Schönauer-Schneider, 2009).

Therapiedidaktisch kann diese Phase im Rahmen einer evidenzbasierten Strategietherapie lexikalischer Störungen im Kindesalter (Motsch et al., 2015, Bastians, 2015) der Strategiestufe der Neuwortidentifikation zugeordnet werden.

Seiffert (2012) schlägt zur Förderung des Monitorings des Sprachverstehens im Unterricht das Format „Begriffe jagen" vor. Beim „Begriffe jagen" handelt es sich um ein Spiel, das ohne jegliche didaktische Reduktion in der Regel mit der Doppelbuchseite eines Schülerbuches gespielt wird. Zu den genauen Regeln s. Seiffert (2011).

Bastians (2015) nennt für diese Phase des Lernprozesses die Formate Fachwort-Kommissar („finde in x Minuten mindestens y unbekannte Wörter im Text"), Reframing („Such' und schau' so wirst Du schlau!"), Fach-/Vokabel-Vorgabe (Silbenrätsel, im Raum versteckte Wortkarten, Briefpost für die Tischgruppen mit Silbenpuzzleteilen, Bild-Wort-Domino-Puzzlekarten).

3.3 Speicherung
Die Speicherung eines neuen Lerninhaltes wird von Grzesik als Behaltensprozess des Lernens bezeichnet. Er besteht aus einem besonderen Zyklus, die wiederholte Aktivierung einer neuen Operation wird dadurch zunehmend erleichtert (Grzesik, 2002, S. 458).

Gruber et al. bezeichnen die Phase der Speicherung im Anschluss an Ackermann (1990) als assoziative Phase. Sie dient der Verdichtung des Wissens und einer Prozedualisierung von Strategien. In dieser Phase sind besonders Fähigkeiten aus dem Bereich der Wahrnehmungsgeschwindigkeit notwendig (Gruber et al., 2006, S. 119).

Im semantischen Lernprozess stehen bei der Speicherung Prozesse der phonologischen und semantischen Elaboration (Glück, 2000) im Vordergrund.

Therapiedidaktisch kann diese Phase im Rahmen einer evidenzbasierten Strategietherapie lexikalischer Störungen im Kindesalter (Bastians, 2015, Motsch et al., 2015) der Strategiestufen der Einspeicherungsstrategien und der Abrufstrategien zugeordnet werden.

Seiffert (2012) schlägt zur Förderung der Speicherung von Fachbegriffen im Unterricht die Formate Power-Learning, Rhythmicals, Wauschtörter (phonologische Elaboration) und Kuckuckseier (semantische Elaboration) vor. Zu den genauen Regeln s. Seiffert (2012).

Bastians nennt als Übungen zur Einspeicherstrategien unter anderem Chorsprechen, Artikel, Ober- und Unterbegriffe sortieren, Visualisierung, Bild-Wort-Dominokarten, Reim/Wortspiel und Modellieren.

Als Übungen für Abrufstrategien nennt Bastians unter anderem Pantomime, Blitz-Lesen, Blitz-Hören, Tabu, Teekesselchen und Kim-Spiele.

3.4 Automatisierung

Die Automatisierung eines Lerninhaltes wird von Grzesik (2002) als Reaktivierungsprozess des Lernens bezeichnet. Er besteht aus einem Zyklus von spezifischen Teilprozessen im gesamten Prozessieren des neuropsychischen Systems.

Gruber et al. bezeichnen die Phase der Automatisierung im Anschluss an Ackermann (1990, S. 119) als autonome Phase. In ihr werden Fertigkeiten automatisiert, die Tätigkeiten benötigen nur noch wenig oder überhaupt keine Aufmerksamkeit, sie werden schnell und präzise.

Dies bedeutet aber auch, dass das phonologische Arbeitsgedächntnis, ist diese Stufe des Lernprozesses einmal erreicht, maximal entlastet wird. Wie wir im Abschnitt 2 gesehen haben, ist aber genau die Tatsache, dass sich sprachentwicklungsgestörte Lernende mit der Automatisierung von sprachbezogenen Lerninhalten besonders schwertun, eine wichtige innere Lernbarriere.

Im sprachlichen Lernprozess wird der Prozess der Automatisierung oft als Übergang in die Spontansprache bezeichnet.

Therapiedidaktisch kann diese Phase im Rahmen einer evidenzbasierten Strategietherapie lexikalischer Störungen im Kindesalter (Bastians, 2015, Motsch et al., 2015) der Strategiestufen der Sicherungsstrategien zugeordnet werden.

Seiffert (2014) schlägt zur Förderung der Automatisierung von Fachbegriffen eine regelmäßige Anwendung des fachwortbezogenen Minimalwortschatzes im grammatischen und sachlichen Kontext mit einer Wiederholung und Weiterführung der Formate aus den vorausgegangen Phasen vor.

Bastians (2015) führt als Arbeitsformate die Mindmap-Arbeit, „Stadt-Land-Fluss" mit Fachwörtern, „Bingo", „Drei in der Reih" und „Six bag pack" an.

4 Minimalwortschätze Mathematik

Im Internet finden sich eine Reihe von Vorschlägen für Minimalwortschätze im Fach Mathematik. Eine exemplarische Auswahl soll an dieser Stelle genügen:

- http://pikas.dzlm.de/upload/Material/Haus_4_-_Sprachfoerderung_im_ Mathematikunterricht/IM/Informationstexte/IM_Redemittel_erstes_ Schuljahr.pdf
- http://mathewortschatz.schule.at/woerterbuecher/mathe.wortschatz_de.pdf

5 Schluss

Im Unterricht mit sprachentwicklungsgestörten Lernenden ist es außerordentlich wichtig, dass beim Erwerb, bei der Speicherung und Automatisierung neuer Fachwörter Hilfestellungen im Unterricht installiert werden. Der Beitrag hat aufgezeigt, welche Methoden innerhalb der verschiedenen Phasen des Lernprozesses unterstützend wirksam sein können.

Literatur

Ackermann, P. I. (1990). A corrational analysis of skill specificity: Learning, abilities, and individual differences. *Journal of Experimental Psychology: Learning, Memory, and Cognition, 16,* 883-900.

Bastians, E. (2015). „Wer weiß was? – Wow! Wortschatz!" – Fach-/Wortschatz – Lernstrategie – Training (FWLT). Ein Beispiel zur Adaption des Konzepts „Wortschatzsammler" für die Sekundarstufe I im Rahmen inklusiver Beschulung. *Praxis Sprache, 3,* 175-177.

Glück, C. W. (2000). *Kindliche Wortfindungsstörungen. Ein Bericht des aktuellen Erkenntnisstandes zu Grundlagen, Diagnostik und Therapie* (2. Aufl.). Frankfurt am Main: Lang.

Gruber, H., Prenzel, M., & Schiefele, H. (2006). Spielräume für Veränderung durch Erziehung. In A. Krapp & B. Weidenmann (Hrsg.), Pädagogische Psychologie. Ein Lehrbuch (5. Aufl.) (S. 99-136). Weinheim: BeltzPVU.

Grzesik, J. (2002). *Operative Lerntheorie. Neurobiologie und Psychologie der Entwicklung des Menschen durch Selbstveränderung.* Bad Heilbrunn: Julius Klinkhardt.

Lorenz, J. H. (2004). Mathematikverstehen und Sprachrezeptionsstörungen in den Eingangsklassen. In P. Arnoldy & B. Traub (Hrsg.), *Sprachentwicklungsstörungen – Früh erkennen und behandeln. XXVI. Kongress „Werkstatt Sprachheilpädagogik" der Deutschen Gesellschaft für Sprachheilpädagogik* (S. 184-195). Karlsruhe: von Loeper.

Maier, H., & Schweiger, F. (1999). Mathematik und Sprache. Zum Verstehen und Verwenden von Fachsprache im Mathematikunterricht. In H. Reichel (Hrsg.), *Mathematik für Schule und Praxis.* Abgerufen von www.math.uni-muenster.de/reine/u/mollerh/data/MaierSchweig11.pdf

Motsch, H. J., Marks, D. H., & Ulrich, T. (2015). *Wortschatzsammler. Evidenzbasierte Strategietherapie lexikalischer Störungen im Kindesalter.* München/Basel: Ernst Reinhardt Verlag.

Oesterdiekhoff, G. (2008). Kulturgeschichte der Menschheit und kognitive Entwicklung. In G. W. Oesterdiekhoff & H. Rindermann (Hrsg.), *Kultur und Kognition. Die Beiträge der Psychometrie und Piaget-Psychologie zum Verständnis kultureller Unterschiede* (S. 19-56). Münster: LIT Verlag.

Piaget, J. (2000). *Psychologie der Intelligenz. Mit einem Vorwort von Hans Aebli.* Stuttgart: Klett-Cotta.

Reber, K., & Schönauer-Schneider, W. (2009). *Bausteine sprachheilpädagogischen Unterrichts.* München: Reinhard.

Rice, M. L., Buhr, J., & Marquis, J. (1994). Frequency of input effects on word comprehension of children with specific language impairment. *Journal of Speech and Hearing Research, 37,* 106-122.

Romonath, R. (2001). Schule als Sprachlernort – Sprachstörungen als Lernschwierigkeiten. *Die Sprachheilarbeit, 46,* 155-163.

Rothweiler, M. (2001). *Wortschatz und Störungen des lexikalischen Erwerbs bei spezifisch sprachentwicklungsgestörten Kindern.* Heidelberg: Winter (Edition S).

Seiffert, H. (2012). Sprachassistenz im Mathematikunterricht. *Praxis der Sprachförderung und Sprachtherapie, 1* (2), 72-80.

Seiffert, H. (2014). Spezifische Förderung im Unterricht bei Jugendlichen mit Sprachentwicklungsstörungen. In S. Ringmann & J. Siegmüller (Hrsg.), *Handbuch Spracherwerb und Sprachentwicklungsstörungen. Bd. 5: Jugendliche und Erwachsenenalter* (S. 153-172). München: Urban & Fischer.

Rebecca Klose

Mathematische Begriffsbildung von bilingual unterrichteten Schülerinnen und Schülern

1 Zur Bedeutung von Sprache beim Mathematiklernen

1.1 Sprache als Bestandteil mathematischer Kompetenz

Mathematik wurde lange Zeit als sprach- und kommunikationsarmes Fach angesehen. Nach heutigen Erkenntnissen nimmt Sprache beim Mathematiklernen eine bedeutende Rolle ein. Dies wird vornehmlich durch die Bildungsstandards zum Fach Mathematik verdeutlicht (KMK, 2005; HKM, 2011). Sprache wird in den Standards als ein „integrierter Bestandteil mathematischer Kompetenz im Sinne der *mathematical literacy*" (Linneweber-Lammerskitten, 2013, S. 151) angesehen. Mathematische Bildung umfasst demnach neben der Anwendung von Wissen und Können sowohl stets den sprachlichen Austausch über Mathematik als auch eine diskursive Auseinandersetzung mit der Weltsicht anderer (ebd., S. 154).

Die mündliche und schriftliche Auseinandersetzung mit mathematischen Sachverhalten stellt dabei eine besondere sprachliche Anforderung an Schülerinnen und Schüler unabhängig von der Schulform dar (Ruberg & Rothweiler, 2015). Für sie ergibt sich der Erwerb des Deutschen als Alltagssprache als auch zusätzlich der Erwerb der Bildungssprache Deutsch sowie der mathematischen Fachsprache. Im Sinne der Bildungsstandards sollen bereits Grundschulkinder ihre „fachbezogenen-kommunikativen Kompetenzen" (Verboom, 2011, S. 41) durch vielfältige Sprachhandlungen wie Beschreiben, Erklären, Begründen, Vergleichen entwickeln (vgl. dazu auch KMK, 2005; HKM, 2011). Dazu werden verschiedene prozessbezogene Kompetenzbereiche wie das *Kommunizieren* und *Darstellen* mit diversen inhaltsbezogenen Kompetenzbereichen (z. B. *Raum und Form, Zahlen und Operationen*) in Verbindung gebracht. Das *Kommunizieren* im Sinne der Bildungsstandards sieht die sachgerechte Verwendung von Fachbegriffen, das Beschreiben von Vorgängen sowie das gemeinsame Reflektieren beim Mathematiklernen vor (KMK, 2005, S. 8+10). Beim *Darstellen* sollen die Lernenden eigene Denkprozesse und Vorgehensweisen nachvollziehbar darlegen. Dies kann schriftlich, verbal oder handelnd erfolgen (HKM, 2011, S. 12). Auf diese Weise dient Sprache beim Mathematiklernen der Strukturierung mathematischer Erfahrungen und trägt zum Aufbau eines grundlegenden mathematischen Verständnisses bei (Verboom, 2011, S. 40). Sprache ist „entscheidend für den Aufbau mathematischer Begriffe und für den verständigen Erwerb mathematischen Wissens und mathematischer Verfahren" (ebd., S. 40).

1.2 Sprache zur Bildung mathematischer Begriffe

Maier und Schweiger (1999) verstehen mathematische Begriffe als „vernetztes Wissen über mathematische Objekte, Beziehungen, Operationen und Strukturen" (S. 58). Der Aufbau mathematischer Begriffe findet in der Grundschule noch vorwiegend handelnd, modellhaft und materialgebunden statt. Aktivitäten sollten von den Schülerinnen und Schülern stets sprachlich-beschreibend ausgeführt werden. Mathematische Begriffe bilden sich im sprachlichen und kooperativen Austausch mit Anderen aus, d.h. im Aushandeln von Sichtweisen, Vorstellungen und Lösungswegen (Verboom, 2011, S. 40). Eine inhaltlich-konzeptionelle Begriffsbildung erfolgt demzufolge im aktiven Umgang mit Objekten in Verbindung mit Sprache (vgl. dazu auch Franke & Reinhold, 2016, S. 118).

Neben den Varietäten *Alltagssprache* und *Bildungssprache* wird vor allem der *Fachsprache* eine besondere Bedeutung hinsichtlich der Bildung mathematischer Begriffe beigemessen. Die Fachsprache, in sozio-linguistischer Sicht zu verstehen als „fachspezifische Kommunikation im Unterricht" (Jörissen & Schmidt-Thieme, 2015, S. 394), ermöglicht einen Bezug zu den fachlichen Gegenständen und Sachverhalten und bietet demnach eine Grundlage zum Erwerb des mathematischen Fachwissens.

Da die Fachsprache der Mathematik eine fachspezifische Terminologie aus Fachwörtern, mathematischen Symbolen und bestimmten syntaktischen Konstruktionen aufweist, sollte sie auch explizit zum Gegenstand von Lehr- und Lernprozessen gemacht werden. Hierfür ist es erforderlich, dass eine Aneignung fachsprachlicher Formulierungen nicht einfach in Form von Wörtern und Definitionen stattfindet. Sie sollte sich vielmehr in Verbindung mit einer konzeptionellen Vorstellung der Begriffe entwickeln (ebd.).

In einem Forschungsprojekt der Universität Gießen wird die mathematische Begriffsbildung von bilingual unterrichteten Grundschulkindern untersucht. Es wird der Frage nachgegangen, inwieweit Schülerinnen und Schüler einer vierten bilingualen Klasse mathematische Fachsprache in den Unterrichtssprachen Deutsch und Englisch nutzen (s. Kap. 3).

2 Bilingualer Mathematikunterricht

Content Language Integrated Learning (CLIL) wird auf europäischer Ebene als Oberbegriff für verschiedene bilinguale Modelle verwendet (Eurydice, 2006). Bei CLIL handelt es sich um ein Konzept, welches gezielt Fach- und Sprachlernen verbindet. Es wird mittlerweile als eine sehr effektive Methode angesehen, um eine Fremdsprache an authentischen Inhalten zu erwerben. Im Gegensatz zum traditionellen Fremdsprachenunterricht geht es somit nicht primär um das *Erlernen* einer Fremdsprache. Es findet vielmehr ein *Erwerb* natürlicher Sprachen an authentischen Fachinhalten statt. In fachlicher Hinsicht und speziell aus mathematikdidaktischer Perspektive mangelt es jedoch diesbezüglich an Untersuchungen und empirischer Fundierung. Obwohl das Fach Mathematik schon seit Ende der 1990er Jahren in den bilingualen Fächerkanon aufgenommen wurde (KMK, 2006, S. 17), liegt für den Mathematikunterricht in der Grundschule noch kein theoretisch fundiertes Konzept in Form einer „eigenständigen Sachfachdidaktik" (Küppers, 2013, S. 308) vor. Dennoch wird bilinguales Mathematiklernen an Grundschulen derzeit in verschiedenen Bundesländern praktiziert.

3 Zur Untersuchung mathematischer Begriffsbildungsprozesse

Das Erkenntnisinteresse richtet sich insbesondere auf die mathematischen Begriffsbildungsprozesse von bilingual unterrichteten Grundschulkindern eines vierten Schuljahres. Als Forschungsinstrument kommt die Methode zur Erstellung mathematischer Audio-Podcasts zum Einsatz (s. Kap. 3.1). Durch den Erstellungsprozess von deutschen und englischen Audio-Podcasts zu mathematischen Begriffen wird untersucht, inwieweit bilingual unterrichtete Schülerinnen und Schüler in ihren Erklärungen mathematische Fachsprache in beiden Zielsprachen verwenden. In Anbetracht dessen, dass die Aneignung einer Fachterminologie im Mathematikunterricht parallel zu einer inhaltlich-konzeptionellen Begriffsbildung verläuft (s. Kap. 1.2), wird ferner untersucht, auf welche Konzepte bzw. auf welches Begriffsverständnis die Erklärungen der Schülerinnen und Schüler hindeuten und welche sprachlichen Mittel sie diesbezüglich in ihren Äußerungen nutzen. In diesem Zusammenhang ist im Sinne der Bildungsstandards eine sachgerechte Verwendung von Fachbegriffen in beiden Sprachen von großem Interesse.

3.1 Mathematische Audio-Podcasts
Die Methode der mathematischen Audio-Podcasts stellt ein besonderes Kommunikationstool zur Reflektion und Vertiefung bereits im Unterricht thematisierter mathematischer Begriffe dar (Schreiber & Klose, 2014). Entwickelt von Schreiber (2012), wurde die Methode bislang in verschiedenen unterrichtspraktischen und forschungsorientierten Lernarrangements in Schule und Lehrerbildung eingesetzt. Indem Kinder mathematische Begriffe erklären, können sie ihr bisheriges Verständnis abrufen bzw. überprüfen, Abgrenzungen zu anderen Begriffen vornehmen und auf diese Weise ein vertieftes Begriffsverständnis aufbauen (vgl. dazu auch Wagner & Wörn, 2011, S. 45). Während Lernende bei der Aufnahme auf Audio mathematische Begriffe *mündlich* darstellen, ist eine intensive Auseinandersetzung auf fachlicher und sprachlicher Ebene unumgänglich. Die Verwendung schriftlich-grafischer

und gestischer Mittel ist zwar während des Erstellungsprozesses möglich, jedoch nicht bei der Aufnahme eines Audio-Podcasts. Erklärungen sollten dementsprechend verständlich, präzise und zugleich ansprechend für die Zuhörer übermittelt werden. Dazu durchlaufen die Lernenden einen mehrstufigen Erstellungsprozess, in welchem verschiedene Darstellungsmodi Berücksichtigung finden: Schriftlichkeit und Mündlichkeit stehen in einer engen Verbindung und zugleich können verschiedene Arbeitsmittel und Materialien zum Einsatz kommen (s. Schreiber & Klose, 2015). Produktive Fähigkeiten des Sprechens und Schreibens sowie rezeptive Fähigkeiten des Lesens und Zuhörens finden in mehreren Schritten Anwendung. Durch die Auswahl eines interaktiven Settings fördert die Methode insbesondere die Kompetenzentwicklung des Kommunizierens und Darstellens im Sinne der Bildungsstandards (s. Kap. 1.1).

3.2 Erstellungsprozess

1) Spontanaufnahme: Zwei Lernende setzen sich gemeinsam mit einem mathematischen Begriff auseinander, indem sie eine damit zusammenhängende Frage spontan beantworten. Die Frage könnte zum Beispiel lauten: „Was ist Symmetrie?". Durch die spontanen Äußerungen zur Thematik werden erste Denk- und Reflexionsprozesse angestoßen. Die Antworten der Kinder werden als Audio-Datei mithilfe eines Aufnahmegerätes festgehalten.

2) Drehbuch I: Im nächsten Schritt folgt die Planung für eine Audio-Podcast Aufnahme unter der gleichen Fragestellung. Das Thema für den Audio-Podcast soll von den Lernenden nun derart gemeinsam aufbereitet werden, dass es von anderen unabhängig von der Entstehungssituation verstanden wird und auf einem Blog im Internet veröffentlicht werden kann. Als Zwischenprodukt soll hierfür eine Art Drehbuch erstellt werden, welches als Grundlage für die Aufnahme einer ersten Fassung (Rohfassung) dient. Die Möglichkeit der Verwendung von eigenem oder zur Verfügung gestelltem Material (z. B. didaktische Arbeitsmittel, Arbeitsblätter oder Schulbuchseiten) bzw. eine Recherche im Internet sind gegeben. Das Drehbuch entsteht in einem kooperativen Prozess.

3) Rohfassung: Auf Grundlage des schriftlich basierten Drehbuches wird eine Aufnahme gemacht. Bei dem Sprachprodukt handelt sich um einen dialogischen bzw. gesprochenen Text. Die Rohfassung wird in einem nächsten Schritt, in einer Redaktionssitzung, an der eine weitere Lerngruppe sowie eine Lehrkraft teilnehmen, präsentiert.

4) Redaktionssitzung: In einer gemeinsamen Redaktionssitzung hört die Lerngruppe mit einer weiteren Gruppe und der Lehrperson die entstandene Rohfassung an. Die Lerngruppe erhält Hinweise, indem gelungene Aspekte hervorgehoben, Änderungen vorgeschlagen oder gegebenenfalls auch fehlende Aspekte benannt werden. Nach der Rückmeldung der Mitschülerinnen und -schüler gibt auch die Lehrkraft im Sinne der Optimierung des Podcasts Hinweise zum Inhalt und zur Gestaltung, lobt Gelungenes und regt Ergänzungen an.

5) Drehbuch II: Mit den Anregungen aus der Redaktionssitzung überarbeitet die Lerngruppe im nächsten Schritt ihr Drehbuch. Mithilfe des oben dargestellten Reflexionsprozesses können Teile gestrichen, Erläuterungen ergänzt oder Umstrukturierungen vorgenommen werden, bis hin zur Möglichkeit, ein neues Drehbuch anzufertigen. Die Schülerinnen und Schüler überlegen nun gezielt, wie sie die Fachinhalte angemessen, ansprechend und verständlich darstellen können.

6) Audio-Podcast: Auf Grundlage des schriftlich basierten Textes wird der Audio-Podcast aufgenommen. Hierbei handelt es sich um einen dialogischen bzw. gesprochenen Text. Diese Endaufnahme ist eine asynchrone Kommunikationsform, die auf einem Blog im Internet veröffentlicht wird.

Ein von Grundschulkindern erstellter und im Internet veröffentlichter mathematischer Audio-Podcast wird in den meisten Fällen weder fachinhaltlich vollständig noch formal korrekt sein. Bei der Auseinandersetzung mit dem mathematischen Begriff durch die Erstellung geht es um Erklärungsansätze, die in Verbindung mit unterrichtlichen und außerschulischen Erfahrungen stehen. In diesem Kontext können die Schülerinnen und Schüler beispielsweise charakteristische Merkmale und Eigenschaften eines Begriffs benennen, den Begriff mit anderen Begriffen sachgemäß in Verbindung setzen sowie begründet Beispiele geben. Im Sinne der Bildung mathematischer Begriffe vollzieht sich dies in einem sprachlich-kreativen Prozess.

Literatur

Euridyce European Unit. (2006). *Content and language integrated learning (CLIL) at school in Europe*. Abgerufen von http://www.eurydice.org

Franke, M., & Reinhold, S. (2016). *Didaktik der Geometrie in der Grundschule.* Berlin, Heidelberg: Springer Spektrum.

HKM (Hessisches Kultusministerium). (2011). *Bildungsstandards und Inhaltsfelder. Das neue Kerncurriculum für Hessen, Primarstufe, Mathematik*. Abgerufen von https://kultusministerium.hessen.de/sites/default/files/media/kc_mathematik_p rst_2011.pdf

Jörissen, S., & Schmidt-Thieme, B. (2015). Darstellen und Kommunizieren. In R. Bruder, L. Hefedehl-Hebeker, B. Schmidt-Thieme & H.-G. Weigand (Hrsg.), *Handbuch der Mathematikdidaktik* (S. 385-410). Berlin: Springer Spektrum.

KMK (Sekretariat der Ständigen Konferenz der Kultusminister der Länder in der Bundesrepublik Deutschland). (2006). *Konzepte für den bilingualen Unterricht – Erfahrungsberichte und Vorschläge zur Weiterentwicklung*. Abgerufen von http://www.kmk.org/fileadmin/veroeffentlichungen_beschluesse/2006/2006_04_10-Konzepte-bilingualer-Unterricht.pdf

KMK (Sekretariat der Ständigen Konferenz der Kultusminister der Länder in der Bundesrepublik Deutschland). (2005). *Bildungsstandards im Fach Mathematik für den Primarbereich*. München: Luchterhand.

Küppers, A. (2013). Mathematik. In W. Hallet & F. G. König (Hrsg), *Handbuch bilingualer Unterricht. Content and Language Integrated Learning* (S. 208-314). Seelze: Kallmeyer.

Linneweber-Lammerskitten, H. (2013). Sprachkompetenz als integrierter Bestandteil der *mathematical literacy?* In M. Becker-Mrotzek, K. Schramm, E. Thürmann & H. J. Vollmann (Hrsg.), *Sprache im Fach und fachliches Lernen. Fachdidaktische Forschungen. Bd. 3* (S. 151-166). Münster et al.: Waxmann Verlag.

Maier, H., & Schweiger, F. (1999). *Mathematik und Sprache. Zum Verstehen und Verwenden von Fachsprache im Mathematikunterricht.* Wien. Abgerufen von http://wwwu.uni-klu.ac.at/kadunz/semiotik/sprache%20und%20mathematik.pdf

Ruberg, T., & Rothweiler, M. (2015). Gezielte alltagsintegrierte Sprachbildung im Kontext naturwissenschaftlicher Bildung – das Beispiel Versuch macht klug und gesprächig. *Praxis Sprache, 2015* (4), 237-244.

Schreiber, C., & Klose, R. (2015). Mathematische Audio-Podcasts für Lehrerbildung und Schule. In T. Knaus & O. Engel (Hrsg.), *framediale 2014* (S. 101-111). München: kopaed.

Schreiber, C., & Klose, R. (2014). Audio-Podcasts zu mathematischen Themen – Begriffsbildung mit digitalen Medien. In S. Ladel & C. Schreiber (Hrsg.), *Von Audiopodcast bis Zahlensinn. Lernen, Lehren und Forschen in der Primarstufe. Bd. 2* (S. 31-60). Münster: WTM-Verlag.

Verboom, L. (2011). Sprachfreien Mathematikunterricht darf es nicht geben! *Grundschule Mathematik, 2011* (31), 40-43.

Wagner, A., & Wörn, Claudia (2011). *Erklären lernen – Mathematik verstehen. Ein Praxisbuch mit Lernangeboten.* Seelze: Friedrich Verlag.

Weis, I. (2013). *Wie viel Sprache hat Mathematik in der Grundschule?* Abgerufen von https://www.uni-due.de/imperia/md/content/prodaz/wie_viel_sprache_mathematik_grundschule.pdf

Tanja Jungmann, Andrea Schulz, Julia Böhm, Katja Koch

Alltagsintegrierte Förderung früher mathematischer Kompetenzen – Konzept und Ergebnisse des KOMPASS-Projektes

1 Hintergrund

Mathematische Fähigkeiten im Grundschulalter hängen eng mit den pränumerischen Fähigkeiten (z. B. Klassifikation, Seriation), den frühen Zählfertigkeiten und dem Zahlwissen von Kindern im Vorschulalter zusammen. Weiterhin ist der Einfluss des phonologischen Arbeitsgedächtnisses auf das mathematische Lernen gut belegt. Da bei vielen Kindern mit Spezifischer Sprachentwicklungsstörung (SSES) Leistungseinschränkungen des phonologischen Arbeitsgedächtnisses vorliegen, ist das Risiko für die Entstehung mathematischer Lernschwierigkeiten erhöht. Die mathematische Sprache ist durch Präzision, Abstraktheit und hohe Informationsdichte geprägt. Folglich sind Probleme mit dem Aufbau des erforderlichen Fachwortschatzes bei Kindern mit lexikalisch-semantischen Auffälligkeiten zu vermuten. Hinzu kommt, dass Erklärungen und Arbeitsanweisungen sprachlich vermittelt werden, was vor allem für Kinder mit Sprachverständnisstörungen mit hohen Anforderungen verbunden ist. Nach einer Studie von Berg (2015) weisen sprachauffällige Kinder bereits vor der Einschulung geringer ausgeprägte mathematische Fertigkeiten auf als sprachunauffällige Kinder. Nach der Vorstellung des Ko-Konstruktivismus (z. B. Lorenz, 2012) bauen Kinder ihr Wissen in der Interaktion mit den pädagogischen Fachkräften und den Peers auf und erweitern dieses sukzessive. In mathematikförderlichen Alltagssituationen erfolgt die Fachkraft-Kind-Interaktion oder der Austausch zwischen Peers sowohl verbal, z. B. durch Aufforderungen oder das gemeinsame Sprechen über ein Problem, als auch nonverbal, z. B. durch das Ausführen von Handlungen. In der vorschulischen mathematischen Bildung müssen „Erfahrungsräume" geschaffen und erfahrbare Inhalte von den Kindern „zunehmend in das eigene Wissensnetz integriert [...] und [...] von den Kindern aktiv ‚kommuniziert' werden" (Steinweg, 2007). Um das mathematische Potenzial von Alltagssituationen erkennen und nutzen zu können, müssen pädagogische Fachkräfte über Wissen zum Bildungsbereich Mathematik und die kindliche Entwicklung mathematischer Kompetenzen verfügen. Dabei stellt die Entwicklung und Sicherung einer hohen Interaktionsqualität eine Kernkompetenz pädagogischer Fachkräfte in der alltagsintegrierten Förderung dar.

2 Professionalisierung pädagogischer Fachkräfte im KOMPASS-Projekt

Im Rahmen des von der Universität Rostock im Auftrag des Ministeriums für Bildung, Wissenschaft und Kultur Mecklenburg-Vorpommern durchgeführten Projektes *Komp*etenzen *a*lltagsintegriert *s*chützen und *s*tärken (KOMPASS, Jungmann & Koch, 2016) wurden 15 pädagogische Fachkräfte fortgebildet, um mathematische Bildungspotenziale in Alltagssituationen zu erkennen, verbal und nonverbal aufzugreifen und an die Bedürfnisse der Kinder anzupassen. Davon erhielten 9 Fachkräfte zusätzlich Individualcoachings zur Verbesserung des Theorie-Praxis-Transfers.

Sowohl der Intervention als auch der Erfassung der Kompetenzen der pädagogischen Fachkräfte liegt das Kompetenzmodell von Fröhlich-Gildhoff, Nentwig-Gesemann und Pietsch (2011) zugrunde, wonach die pädagogische Handlungskompetenz in Handlungsgrundlagen (= Dispositionen, wie Wissen, Motivation und Einstellung), Handlungsbereitschaft und Handlungsvollzug (Performanz) unterteilt wird. In der Fortbildung werden im Bereich der frühen mathematischen Bildung die inhaltlichen und allgemeinen mathematischen Standards vermittelt und konkrete Fördermöglichkeiten in Alltagssituationen diskutiert. Darüber hinaus werden Möglichkeiten der Beobachtung und Dokumentation, das Anwenden mathematisch-didaktischer Prinzipien, die Nutzung von Methoden der Vermittlung mathematischer Inhalte, insbesondere die Förderung lernmethodischer Kompetenzen durch Metakognition und Scaffolding sowie der Umgang der Fachkräfte mit Fehlern der Kinder thematisiert. Besondere Beachtung findet die Entwicklung professioneller Responsivität als Qualitätsmerkmal pädagogischen Handelns (Sarimski, 2012).

Die zentrale Forschungsfrage bezieht sich auf die additive Effektivität der Coachings im Vergleich zur reinen Fortbildung a) auf die professionelle Kompetenz und Responsivität der pädagogischen Fachkräfte und b) auf die kindlichen mathematischen Kompetenzen unter Berücksichtigung ihrer sprachlichen Fähigkeiten.

3 Methoden

Zur Evaluation der Effekte der Professionalisierungsmaßnahmen auf der Ebene der Fachkräfte wurde das mathematikspezifische Wissen über einen selbstentwickelten Fragebogen erhoben. Zur Erfassung des kognitiven Aktivierungsniveaus der von den Fachkräften gegebenen Anregungen wurde ihr Handeln in mathematikrelevanten Alltagssituationen zu drei Messzeitpunkten videografiert und sowohl qualitativ als auch quantitativ nach den 12 Kategorien von Kucharz et al. (2014) ausgewertet. Die Effekte der Professionalisierungsmaßnahmen auf Fachkraftebene werden in Bezug zu Veränderungen der mathematischen Kompetenzen von 161 Kindern (mittleres

Alter: 45,9 Monate, SD = 8,5) gesetzt. Der kindliche Entwicklungsstand wurde ebenfalls zu drei Messzeitpunkten mit standardisierten Tests (Sprache: SSV, Grimm, Aktas & Kießig, 2003 und SETK 3-5, Grimm, 2010; mathematische Basiskompetenzen: Forschungsversion des Kieler Kindergartentests (KiKi, Grüßing et al., 2013) erfasst. Im KiKi wird die Kompetenz der Kinder auf Basis der Item-Response-Theory für die Messzeitpunkte geschätzt. Die Personenfähigkeiten (Weighted Likelihood Estimates, WLE) zu den jeweiligen Erhebungszeitpunkten liegen auf einer gemeinsamen Logit-Skala und sind direkt miteinander vergleichbar. Eine Übersicht des Untersuchungsdesigns und der Messzeitpunkte gibt Abbildung 1.

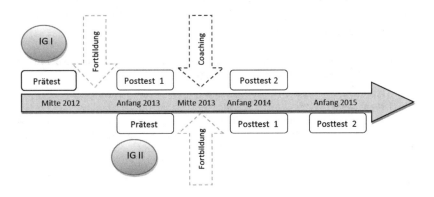

Abb. 1: Übersicht des Untersuchungsdesigns und der Messzeitpunkte im KOMPASS-Projekt

Um der Komplexität des Bedingungsgefüges gerecht zu werden, wurden zudem zahlreiche Einflussfaktoren auf der Ebene der Kindertageseinrichtung (z. B. Struktur- und Prozessqualität) bei den Fachkräften (z. B. Arbeitsbelastung) und den Kindern (nonverbale Intelligenz, sozioökonomischer Status) erhoben, um diese bei der Beantwortung der Frage, ob die Professionalisierungsmaßnahmen zu einer verbesserten kindlichen Entwicklung und Bildung führen, mit berücksichtigen zu können (Jungmann & Koch, 2016).

4 Ergebnisse

4.1 Kompetenz und Performanz der Fachkräfte

Das *mathematikspezifische Wissen* der Fachkräfte unterscheidet sich in den beiden Untersuchungsgruppen nicht signifikant, allerdings numerisch zugunsten der IG II (nur Fortbildung) mit einer Lösungshäufigkeit von 46 % in der IG I und 53 % in IG II. Die Fachkräfte der IG II profitierten zudem in größerem Ausmaß von den Fortbildungen, dennoch sind die Wissenszuwächse im Posttest 1 in beiden Gruppen signifikant (Lösungshäufigkeit: 61,4 % in IG I vs. 86 % in IG II, p = 0,04). Nach den Coachings hat sich das Wissensniveau in der IG I konsolidiert, in der IG II dagegen ist ein Abfall der Werte zu verzeichnen. Allerdings liegt die Lösungshäufigkeit im Posttest II mit 71,4 % immer noch über jener in der IG I von 57 %. Keiner der gefundenen Unterschiede zwischen den Gruppen wird statistisch signifikant. Die moderateren Wissensveränderungen in der IG I sind tendenziell signifikant (p = 0,065), jene in der IG II hoch signifikant (p = 0,001).

Zu allen drei Messzeitpunkten sind in beiden Interventionsgruppen deutlich mehr *Handlungsweisen* von geringer kognitiver Komplexität und geringem Aktivierungsgrad zu beobachten (s. Tab. 1).

Tab. 1: Relative mittlere Häufigkeit kognitiver Aktivierung durch die Fachkräfte in der IG I und der IG II (absolute Häufigkeit/10 Min. Mittagssituation)

	Prätest		Posttest 1		Posttest 2	
	Niedrige Aktivierung	Hohe Aktivierung	Niedrige Aktivierung	Hohe Aktivierung	Niedrige Aktivierung	Hohe Aktivierung
IG I (n = 5)	M = 26,6 (SD =20,3)	M = 0 (SD = 0)	M = 32,6 (SD = 8,1)	M = 0,5 (SD = 0,8)	M = 28,7 (SD = 6,7)	M = 0 (SD = 0)
IG II (n = 5)	M = 37,4 (SD = 4,9)	M = 1,0 (SD = 1,2)	M = 35,3 (SD = 13,8)	M = 0,5 (SD = 0,9)	M = 45,1 (SD = 16,2)	M = 2,3 (SD = 4,0)

Nach der Fortbildung setzen die Fachkräfte in der IG I mehr Impulse zur kognitiven Aktivierung der Kinder. Dieser Wert geht aber im Posttest 2 trotz Individualcoaching fast wieder auf das Ausgangsniveau zurück, während in der IG II eine Zunahme zum Posttest 2 zu verzeichnen ist. Veränderungen über die drei Messzeitpunkte werden in beiden Gruppen aufgrund der geringen Stichprobengröße statistisch nicht signifikant.

4.2 Frühe mathematische Kompetenzen der Kinder

Im Prätest liegen die mittleren T-Werte der Kinder in allen Untertests des SSV im unteren Normbereich. Der mittlere WLE von -1,5 weist die mathematischen Kompetenzen in der Gesamtstichprobe sogar als deutlich unterdurchschnittlich aus. Es bestehen signifikante Zusammenhänge in mittlerer Höhe zwischen den mathematischen Kompetenzen und den Ergebnissen der Untertests Morphologische Regelbildung ($r = .35$, $p = .000$), Phonologisches Arbeitsgedächtnis für Nichtwörter ($r = .36$, $p = .000$) und Satzgedächtnis ($r = .32$, $p = .000$).

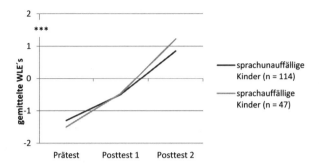

Abb. 2: Gemittelte WLE`s des Kieler Kindergartentests (KiKi) für sprachlich auffällige und unauffällige Kinder

Nach den Fortbildungen ihrer Bezugserzieherinnen erreichen die Kinder beider Interventionsgruppen einen deutlich besseren Durchschnittswert von -0,5. Im Posttest 2 liegen die Werte sogar im oberen Normbereich. Somit sind die Zuwächse über die Zeit hoch signifikant ($p = .000$). Dies gilt unabhängig vom Professionalisierungsschwerpunkt und dem Sprachentwicklungsstand, wie Abbildung 2 zeigt. Nach den Professionalisierungsmaßnahmen wird der Zusammenhang zwischen den sprachlichen Leistungen und den mathematischen Kompetenzen nicht mehr signifikant.

4.3 Bedeutung der Veränderungen auf Fachkraftebene für die kindliche Entwicklung

Um Aufschluss darüber zu erhalten, ob die gefundenen Veränderungen bzw. die Varianz in den kindlichen Kompetenzen durch das veränderte Interaktionsverhalten der Fachkräfte erklärt werden kann, wurden Mehrebenenanalysen gerechnet. Der Anteil ist für die Kreuzeffekte mit den erfassten Prädiktoren Belastungserleben und Fachwissen auf der Ebene der Fachkräfte, Qualität der Kindertageseinrichtungen sowie der Teilnahme an den Professionalisierungsmaßnahmen mit knapp 50 % für den Bereich Sprache und über 60 % für den Bereich frühe mathematische Kompetenzen sehr hoch. Die Einflüsse dieser Prädiktoren sind aber in Abhängigkeit von den Bildungsbereichen und vom Zeitpunkt der Erfassung unterschiedlich stark: So erklärt nach Abschluss der Professionalisierungsmaßnamen zum Posttest 2 das fachspezifische Wissen der Fachkräfte den höchsten Anteil der Varianz in den sprachlichen Leistungen, gefolgt von der Qualität der Kindertageseinrichtung. Dieser starke Einfluss des Fachwissens zeigt sich auch auf die frühen mathematischen Kompetenzen im Posttest 2, während der Qualität der Kindertageseinrichtung kein Erklärungswert zukommt.

5 Zusammenfassung und Diskussion

Effekte der Professionalisierungsmaßnahmen variieren bei individueller Betrachtung der Fachkräfte stark. Die Individualcoachings entfalten allenfalls konsolidierende Wirkung auf das fachspezifische Wissen, beeinflussen aber den Transfer der Fortbildungsinhalte in den Kindergartenalltag nicht zusätzlich. Dies spiegelt sich auch in den Ergebnissen der Mehrebenenanalysen wider.

Limitationen der vorliegenden Studie sind die anfallende und somit selektive Stichprobe von Fachkräften und der von ihnen betreuten Kinder sowie die fehlende Zufallszuweisung zu IG I und IG II, da die Professionalisierungsmaßnahmen um ein Jahr versetzt starteten. Möglicherweise war der Zeitraum von nur wenigen Wochen zwischen dem Ende der Coachings und dem Posttest II zu kurz, um sich in ihrer Wirkung auf der Ebene der Kinder niederzuschlagen. Obwohl sowohl die Fortbildungsreihen als auch die Individualcoachings praxisnah auf die alltägliche Arbeit der Fachkräfte abgestimmt waren, um eine möglichst schnelle Implementierung der Professionalisierungsmaßnahmen zu gewährleisten, wäre selbst dann, wenn ein rascher und reibungsloser Transfer auf alle Alltagssituationen erfolgt wäre, die Zeitspanne zwischen Prä- und Posttest II zu kurz, um die Entwicklung der kindlichen Kompetenzen nachhaltig und umfassend beeinflussen zu können. Bemerkenswert ist aber, dass die erwarteten Zusammenhänge zwischen sprachlichen und mathematischen Kompetenzen im Prätest replizierbar waren, aber nicht mehr nach den Professionalisierungsmaßnahmen. Ein Follow-Up-Messzeitpunkt im Schulalter, der ursprünglich geplant war, sich aber aufgrund von Verzögerungen in der Akquise und dem Ausfall von pädagogischen Fachkräften nicht realisieren ließ, wäre erhellend gewesen, um die Frage nach den längerfristigen Effekten der Professionalisierungsmaßnahme im Übergang zur Schule zu beantworten.

Literatur

Berg, M. (2015). Grammatikverständnis und mathematische Fähigkeiten sprachbehinderter Kinder. *Sprache – Stimme – Gehör, 39,* 76-80.
Weiterbildungsinitiative Frühpädagogische Fachkräfte. (2011). *Kompetenzorientierung in der Qualifizierung frühpädagogischer Fachkräfte.* Abgerufen von http://www.weiterbildungsinitiative.de/uploads/media/WiFF_Expertise_Nr_19_Froehlich_Gildhoff_ua_Internet__PDF.pdf
Grimm, H., Aktas, M., & Kießig, U. (2003). *Sprachscreening für das Vorschulalter (SSV).* Göttingen: Hogrefe.
Grimm, H. (2010). *Sprachentwicklungstest für drei- bis fünfjährige Kinder (SETK 3-5).* Göttingen: Hogrefe.

Grüßing, M., Heinze, A., Duchhardt, C., Ehmke, T., Knopp, E., & Neumann, I. (2013). *KiKi – Kieler Kindergartentest Mathematik zur Erfassung mathematischer Kompetenz von vier- bis sechsjährigen Kindern im Vorschulalter.* (Forschungsversion)

Jungmann, T., & Koch, K. (2016). *Professionalisierung pädagogischer Fachkräfte in Kindertageseinrichtungen. Konzept und Wirksamkeit des KOMPASS-Projektes.* München: Springer.

Kucharz, D., Mackowiak, K., Ziroli, S., Kauertz, A., Rathgeb-Schnierer, E., & Dieck, M. (2014). *Professionelles Handeln im Elementarbereich (PRIMEL). Eine deutschschweizerische Videostudie.* Münster: Waxmann.

Lorenz, J. H. (2012). *Kinder begreifen Mathematik.* Stuttgart: Kohlhammer.

Sarimski, K. (2012). *Behinderte Kinder in inklusiven Kindertagesstätten.* Stuttgart: Kohlhammer.

Steinweg, A. S. (2007). *Entwicklung mathematischer Sprache.* Abgerufen am 08. Juni 2016 von http://www.wl-lang.de/Lernbereich%20Mathematik/Lernbereich%20Ma%20Entwicklung%20mathem.%20Sprache.pdf

Interventionen im Kontext von Mehrsprachigkeit und Interkulturalität

Solveig Chilla, Inge Holler-Zittlau, Carla Sack, Susanne van Minnen

Kinder mit Fluchterfahrung als sprachpädagogische Aufgabe

Gegenwärtig treten Kinder und (unbegleitete) Jugendliche mit Fluchterfahrungen in den Fokus der Akteure im deutschen Bildungswesen. Wie die Ergebnisse der OECD-Studien zeigen, wird der individuelle Bildungserfolg maßgeblich vom familiären sozioökonomischen Status und dem so genannten Migrationshintergrund beeinflusst (Diefenbach, 2010, Ramirez-Rodriguez & Dohmen, 2010, Autorengruppe Bildungsberichterstattung, 2016). Erfahrungen mit der Integration und Beschulung der in den 1960er Jahren nach Deutschland eingewanderten Menschen haben gezeigt, dass gesellschaftliche Teilhabe und Bildung einer frühen gezielten Unterstützung der Lernenden in allen öffentlichen Bildungseinrichtungen bedürfen. Als eine Schlüsselvariable der individuellen Bildungschancen wird stets der erfolgreiche Erwerb des Deutschen genannt, da sich die Institution Schule und die Akteure im Bildungswesen vor dem Hintergrund des „monolingualen Habitus einer multilingualen Schule" (Gogolin, 2008) nach wie vor dem Anspruch einer mehrsprachigen Bildung für alle Kinder und Jugendlichen verschließen. Die Sicherung und Förderung des Deutscherwerbs als wichtigste Aufgabe für pädagogische Fachkräfte wird jedoch oft als Überforderung erlebt und es fehlt nicht nur an Fachexpertise, sondern auch an geeigneten Konzepten und Materialien (Egert & Hopf, 2016).

Ausgehend von Fallbeispielen wird in diesem Beitrag begründet, dass Sonderpädagog*innen mit der Fachexpertise im Förderschwerpunkt Sprache einen wichtigen Beitrag für die individuelle (mehr-)sprachige Bildung für Kinder und Jugendliche mit Fluchterfahrungen leisten können. Es wird gezeigt, dass für den (sprach)pädagogischen Alltag die Verbindung von sprach-(behinderten-)pädagogischer Professionalität und Mehrsprachigkeitsdidaktik geeignet ist, um Gefährdungen in der mehrsprachigen Entwicklung erkennen und minimieren zu können. Intra-und interprofessionelle Zusammenarbeit erlauben es, den sprachpädagogischen Alltag mittels präventiv orientierter Konzepte mit einer ganzheitlichen, systemischen Perspektive so zu gestalten, dass die Bildungschancen von Kindern und Jugendlichen mit Fluchterfahrungen in Deutschland gesichert werden.

1 Mehrsprachige Kinder im deutschen Bildungssystem: zwei Fallbeispiele

Faktoren wie der sozioökonomischer Status und Bildungsgrad der Eltern, sprachförderliches Umfeld und Literalität sowie individuelle Voraussetzungen haben einen Einfluss auf den Spracherwerb bei allen Kindern und Jugendlichen. Im Kontext von Mehrsprachigkeit kommen die Erwerbsbedingen einer Minderheitensprache in Mehrheitsgesellschaft, die Mehrheiten-/Minderheiten-Konstellation bei Migrationssprachen, die kulturelle Eingebundenheit, individuelle und familiäre Einstellungen zum Erwerb der Erst- und Zweitsprache(n) sowie heterogene sprachliche Konstellationen innerhalb der Familie und innerhalb einer sprachlichen Gemeinschaft hinzu (vgl. zus. Armon-Lotem et al., 2015).

Die folgenden Fallbeispiele verdeutlichen die Heterogenität in der Gruppe mehrsprachiger Kinder. Es handelt sich um Kinder ohne Fluchterfahrungen, die jeweils unterschiedliche Erfahrungen mit den Institutionen machen. Es zeigt sich, dass die familiären Bedingungen und die Fachkompetenzen des pädagogischen Personals gleichermaßen zum Abbau von Bildungsbenachteiligungen beitragen. Kinder, deren Erstsprache nicht Deutsch ist, die ihren Sprachenerwerb und ihre Identitätsentwicklung in einer Minderheiten-Mehrheitenkonstellation vollziehen, und die in einer Mehrheitsgesellschaft aufwachsen, die stark auf das persönliche und finanzielle Engagement von Eltern setzt, sehen sich in ihrer frühkindlichen und vorschulischen Entwicklungsphase mit vielen Faktoren konfrontiert, die einer pädagogisch professionellen Unterstützung bedürfen.

Fallbeispiel 1:
S., erste Tochter von Eltern mit akademischen Abschlüssen aus russischsprachigen Herkunftsländern, kommt mit 2;9 Jahren mit altersangemessenen Russischkenntnissen in die Kita, wo die Erstsprachen (L1) der Kinder überwiegend Russisch oder arabische Dialekte sind. S. ist mit fünf russischsprachigen Mädchen befreundet. Auch nach längerer Zeit in der Kita produziert sie kaum Deutsch, sondern verstummt, wenn sie von Erwachsenen auf Deutsch angesprochen wird. Die Kita bietet eine Vielzahl an Sprachfördermaßnahmen an (u. a. eine Sprachfördergruppe, studentische Einzelförderung). In der Realität kann die Förderung jedoch nicht so konsequent umgesetzt werden wie geplant (z. B. ungünstige Teamsituation, Überlastung der Fachkräfte). Die Zusammenarbeit zwischen pädagogischen Fachkräften und Eltern ist schwierig. Die Eltern nehmen kaum Fortschritte wahr („die machen nichts") und die Fachkräfte beschreiben die Eltern als „beratungsresistent". S. nimmt diese Konflikte und die ihr gegenüber geäußerten Erwartungen sehr sensibel auf, was zu einem ausgeprägten Störungsbewusstsein führt, welches sie durch Sprechverweige-

rung kompensiert. Ein Jahr vor Schulbeginn (5;5) melden die Eltern ihre Tochter in einer anderen Kita ohne russischsprachige Kinder an und begründen dies mit den geringen Fortschritten in der L2. S. schließt dort schnell Freundschaften und lernt zügig Deutsch.

Fallbeispiel 2
A., drittes von vier Kindern einer kurdischen Familie, besucht nach Beratung der Frühförderstelle ab dem Alter von drei Jahren einen integrativen Kindergarten, da er kaum Sprache produziert. Eine bereits früh diagnostizierte Sprachentwicklungsstörung (SSES) wird bis heute intensiv therapiert. Auch nach dem Umzug in eine neue Stadt gewährleistet die Mutter den regelmäßigen Besuch der Therapie. Die Mutter selbst hat nie eine Schule besucht und große Schwierigkeiten mit dem Lesen und Schreiben, doch besucht sie mit ihren Kindern regelmäßig die Bücherei.
In der neuen Kita wird ein Elterngespräch initiiert, weil A. täglich spät und nicht gern in die Kita kommt. A. wird offenbar von anderen Kindern geschlagen und vermisst seine alte Kita. Mit neuen Freundschaften verändert sich dies. Die pädagogischen Fachkräfte suchen von Anfang an den interprofessionellen Austausch mit der Logopädin. Unter ihrer Anleitung können Bezugserzieherinnen den Wortschatzerwerb in Realsituationen gezielt fördern. Für das letzte Kindergartenjahr wird gemeinsam von allen Beteiligten ein Integrationsplatz beantragt. Heute bevorzugt A. Deutsch. Seine SSES zeigt sich noch auf allen Ebenen, er kann sich jedoch in vielen Alltagssituationen gut verständigen.

2 Situation von Kindern mit Fluchterfahrungen: aktueller Stand

Nach aktuellen Berichten der UNHCR sind weltweit derzeit mehr als 65 Mio. Menschen auf der Flucht, mehr als die Hälfte sind Kinder und Jugendliche unter 18 Jahre (UNHCR-2016-06-20). Die Zahl der Flüchtlinge, die in Deutschland Schutz suchen, ist stark angestiegen, allein 2015 über 1,1 Mio. Menschen. Das BAMF geht von rund 800.000 Asylanträgen (1) für 2015 aus, darunter sind ca. 110.000 Kinder unter sechs Jahren (2). Hinzu kommen Flüchtlingskinder und -jugendliche, die noch nicht behördlich erfasst wurden.

Kinder mit Fluchterfahrungen
Für die unbegleiteten minderjährigen Flüchtlinge (UMF) besteht ein besonderer Schutz (3), wobei die rechtliche Grundlage sehr komplex ist. In Deutschland müssen Kinder- und Jugendhilferecht, Ausländerrecht und landesrechtliche Vorschriften berücksichtigt werden. Das wichtigste Gesetz für den Umgang mit UMF ist das Sozialgesetzbuch (SGB VIII), in dem das Recht aller jungen Menschen auf Förderung ihrer

Entwicklung und auf Erziehung zu einer eigenverantwortlichen und gemeinschaftsfähigen Persönlichkeit verankert ist. Es regelt den Zugang zu sozialpädagogischen Leistungen auf der Grundlage individueller Bedarfe und struktureller Notwendigkeiten und gilt für alle (auch nur geduldeten) ausländischen Minderjährigen. International ist vor allem die UN-Kinderrechtskonvention bedeutsam.

Im Jahr 2015 beantragten 14.439 junge Flüchtlinge Asyl, ein Drittel davon unter 16 Jahren. Da die Terminvergabe teilweise erst Monate nach Einreise erfolgt, konnten viele noch keinen Asylantrag stellen; 14.439 neuen Anträgen stehen nur 2.922 Entscheidungen gegenüber.

Viele UMF haben keinen festen Aufenthaltsstatus, sind nur geduldet, ihre „Aussetzung der Abschiebung" kann jederzeit fristlos widerrufen werden. Duldung bedeutet also ein Leben in ständiger Angst vor der Abschiebung.

Seelische Wunden und Traumatisierung

Kinder erleben auf der Flucht Verfolgung, Misshandlungen, Verletzungen, Krankheit und Tod eines Angehörigen. Sie verlieren ihre Eltern, Geschwister oder andere Angehörige auf dem Fluchtweg über das Land oder das Meer. Über Monate und Jahre haben sie sich immer wieder neu auf unwägbare Situationen einlassen müssen, ohne diese selbst beeinflussen zu können.

Diese Erfahrungen und Erlebnisse hinterlassen tiefe seelische Verletzungen. Steinhausen (2006, S. 523f) benennt mögliche Verhaltensmerkmale bei Kindern einschließlich des Grundschulalters: Angst, Weinerlichkeit, Gereiztheit, Verstimmung, Unruhe, Wutausbrüche, Weglaufen, gesteigerte Geräuschempfindlichkeit, Fragen nach Tod und Sterben, Schlaf- und Appetitstörungen, Kopfschmerzen, Bauchschmerzen. Es können zeitweilig Rückschritte im Verhalten auftreten (Babysprache, Bettnässen).

Traumastörungen lassen sich definieren als körperliche und seelische Reaktionen auf enormen Stress, der die aktuellen Bewältigungsmechanismen eines Menschen überfordert und in ihnen Gefühle der Ohnmacht, der Hilflosigkeit und Orientierungslosigkeit hervorrufen (Korittko & Pleyer, 2011, S. 19) und sind als psychische Erkrankung in der ICD-10 definiert. Grundlegende Mechanismen und Strategien, um diese Erlebnisse zu verarbeiten, sind vielfach beschrieben (u. a. Endres & Biermann, 1998). Die Folgen sind nachhaltig, können sich auf die weitere Entwicklung des Kindes auswirken und ungünstige Lernbedingungen darstellen.

In Kita und Schule kann es also nicht nur darum gehen, dass das Kind Deutsch lernt. Vielmehr muss es in seiner Persönlichkeit gestärkt werden, damit es genügend Kraft und Kapazitäten gewinnt, seine Identität und seine mehrsprachige Bildung mitzugestalten. Dazu gehört es, Familiensprache(n) und die Zweitsprache zu fördern.

Bildung: Besuch von Kindertageseinrichtungen und Schulen (Schulpflicht)
Kinder mit Fluchterfahrungen haben mit Aufenthaltsgenehmigung oder Duldung einen Rechtsanspruch auf Kindertagesbetreuung ab dem vollendeten ersten Lebensjahr (2).
Entsprechend besteht für UMF mit dem Zeitpunkt des Asylantrages bzw. der Duldung Schulpflicht, die in den Bundesländern unterschiedlich umgesetzt wird. So erhalten in Hessen die schulpflichtigen Flüchtlinge in „Intensiv-" oder „Willkommensklassen" für zwei bis vier Stunden täglich Deutschunterricht (HKM, 2015). Kinder und Jugendlichen mit Fluchterfahrungen benötigen neben der raschen rechtlichen Klärung eine Bildungschance, sprachliche Bildung inbegriffen. Hierzu müssen die pädagogischen Fachkräfte für diese besonderen Lern- und Entwicklungsanforderungen sensibilisiert werden und fähig sein, diese im Unterricht mit ihren heterogenen Lerngruppen zu reflektieren.

Fallbeispiel 3: H. und S.
H. (5) und seine Schwester S. (3) mussten vor zwei Jahren mit ihren Eltern aus Aleppo (Syrien) vor dem Krieg auf dem Landweg in die Türkei fliehen. Von dort flohen sie mit einem überfüllten Boot über das Meer nach Griechenland, zu Fuß weiter nach Mazedonien, Serbien und über Ungarn und Österreich nach Deutschland. Sie schliefen auf der Straße und lebten in Flüchtlingslagern. Sie waren einem dauernden Gefühl von Unsicherheit ausgesetzt. Sie hatten Hunger und Durst, verloren Freunde, wussten nicht wohin.
In Deutschland lebten sie über sechs Monate in einer Erstaufnahmeeinrichtung, jetzt in einem Asylbewerberheim. Seit kurzem sind beide Kinder in der Kita und sprechen noch kein Deutsch. In dem Erstausnahmelager sprachen nur Erwachsene Betreuer Deutsch, die aber keine Zeit für die Kinder hatten. In der Kita spricht S. bisher nicht, H. hat heute zum ersten Mal „Hallo" gesagt. Die Eltern sprechen Arabisch und etwas Englisch. Die Verständigung mit den Fachkräften der Kita gelingt mit Hilfe von Bildern und Zahlzeichen.

Bildungsbiografie und Fluchterfahrungen
Kinder mit Fluchterfahrungen kommen aus einem anderen Kulturkreis mit eigenen sozialen Regeln und Normen. So kann es z. B. sein, dass Kinder in ihrer Familie gelernt haben, nur zu sprechen, wenn sie dazu von Erwachsenen aufgefordert werden oder den Erwachsenen beim Reden nicht anzuschauen.
Die neue Umgebung beinhaltet viele Lernaufgaben: Gegenstände, Personen und soziale Regeln. Um ihre Fluchterfahrungen zu bearbeiten und zu überwinden und Neues aufzunehmen, benötigen sie zuverlässige Bezugspersonen und einen geregelten Tagesablauf, der ihnen Sicherheit und Struktur zurückgibt. Soll dies gelingen, muss den Kindern mit Verständnis für die Verluste und Respekt vor den Versuchen der Neuorientierung des Kindes begegnet werden.

Kinder benötigen Kommunikations- und Spielpartner*innen, damit sie in der Gemeinschaft Neues lernen, ihre Würde und Identität wahren und sich als selbstwirksam erleben können. Für die pädagogischen Fachkräfte bedeutet das, den Kindern Raum und Zeit für Entwicklungsmöglichkeiten und neue Erfahrungen zu geben. Dabei kommt es -oft aus Unwissenheit oder aufgrund eigener Stereotypien- zu entwicklungsbedeutsamen Erfahrungen mit der Institution der Mehrheitsgesellschaft, die sich negativ auf die individuelle (Sprach-)Entwicklung auswirken können (vgl. auch Gombos et al., 2015).

Wenn Kinder mit Fluchterfahrungen in die Kita aufgenommen werden, ist häufig folgende Szene zu beobachten:

- Die Eltern oder ein Erwachsener bringt das Kind in die Kita.
- Die Erzieherin begrüßt den Erwachsenen, spricht mit diesem i.d.R. über Regularien.
- Die Erzieherin geht mit dem Erwachsenen in die zugeordnete Gruppe – das Kind läuft hinterher.
- In der Gruppe stehen die drei in der Tür, bis die Erzieherin sagt, dass das die Gruppe sei, in die das Kind jetzt aufgenommen sei.
- Dann geht sie weiteren Aufgaben nach.
- Das Kind und der Erwachsene bleiben zurück.

Es könnte anders sein:

- Die Erzieherin begrüßt zuerst das Kind, nennt seinen -korrekt ausgesprochenen- Namen und macht eine freundliche Bemerkung z. B. zur Kleidung.
- Dann spricht sie mit dem Erwachsenen. Sie hat einen Zettel vorbereitet, auf dem ihr Name auf Deutsch und in der Familiensprache des Kindes (mindestens aber auf Englisch) stehen.
- Sie fordert das Kind und den Erwachsenen auf, mit in die Gruppe zu gehen.
- Dort zeigt sie dem Kind seinen Kleiderhaken mit dem zugehörigen Bild, benennt dies und fordert das Kind auf, seine Jacke dort hinzuhängen. Die Handbewegungen sind so eindeutig, dass Kind oder Erwachsene erkennen, was das Kind tun soll; das Kind hängt seine Jacke auf.
- Die Erzieherin fordert beide auf, mit in die Gruppe zu gehen.
- Die Erzieherin begleitet sie, zeigt ihnen den Raum und die Spielmaterialien und stellt sie einigen peers namentlich vor.
- Am folgenden Tag wird das Kind in gleicher Weise begrüßt.

Das Kind erkennt die Erzieherin wieder, auch den Weg zum Kleiderhaken und zur Gruppe. Selbst wenn dem Kind die Sprache ganz neu ist, hat es die Chance, wenige

bedeutsame Wörter und Phrasen wiederzuhören, wiederzuerkennen, nachzusprechen und in der Folgezeit selbst produktiv zu benutzen.
So bekommt das Kind durch die Erzieherin eine personale Orientierung und Sicherheit. Es erkennt eine zuverlässige Ansprechpartnerin, die seine Bedürfnisse erkennt und versteht, die ihm Orientierung gibt, zu der es Vertrauen aufbauen kann, und Sprache entwickeln kann. Als sprachliches Vorbild und sichere Bezugsperson werden alle sprachlichen Äußerungen des Kindes (in L1, L2 oder Ln) wertgeschätzt und verstärkt. Sie stellt aktiv Beziehungen zu peers her. So wird produktives Spielen und Kommunizieren in der Gruppe leichter möglich.

3 Früherkennung von Gefährdungen der mehrsprachigen Entwicklung

Prävention von Entwicklungsrisiken soll behindernde Bedingungen erkennen und daraus resultierende Entwicklungshürden möglichst frühzeitig abbauen. Zudem bedarf mehrsprachige Bildung und die Unterstützung des Deutscherwerbs von Kindern und Jugendlichen mit Zuwanderungsgeschichte einer spezifischen Sprachstandserhebung und -förderung (u. a. Becker-Mrotzek et al., 2012). Im sprachpädagogischen Kontext, und gerade in der aktuellen Debatte um evidenzbasierte sprachliche Förderung (vgl. unten), wird betont, dass die Unterstützung individueller sprachlicher Entwicklung durch pädagogischer Fachkräfte einer Orientierung an wissenschaftlich fundierten Modellen folgen sollte. Doch tritt die Relevanz mehrsprachiger Bildung dabei oft in den Hintergrund (Chilla & Niebuhr-Siebert, i. Dr.) und in den sprachwissenschaftlichen Studien wird vernachlässigt, dass Kinder ihre Sprachen „mono- und translingual handelnd" erwerben (Panagiotopoulou, 2016, S. 6).
Für den mehrsprachigen Erwerb besteht intensiver Forschungsbedarf, z. B. fehlen Studien zur Interaktion im mehrsprachigen Erwerb und dem Erwerb von Minderheitensprachen im Mehrheitenkontext. Übergreifend werden jedoch das Alter zu Beginn des Erwerbs in Erst- und Zweitsprache(n) (age of onset, AoO) sowie die Inputbedingungen für den Erwerbsverlauf, den Sprachstand zu einem bestimmten Zeitpunkt und den Endzustand des Erwerbs diskutiert (Armon-Lotem et al., 2015). Der Transfer dieser Erkenntnisse auf die Erwerbsrealitäten von Kindern und Jugendlichen, die im Schulalter durch Flucht und Migration mit einer anderen Familiensprache als der Sprache der Majorität aufwachsen, ist jedoch noch ungeklärt.
In Bezug auf Sprachauffälligkeiten und Sprachstörungen des mehrsprachigen Erwerbs liegen weitaus weniger Forschungsergebnisse vor, die meist mit simultanbilingualen Proband*innen entstanden sind (internationaler Überblick in: Armon-Lotem et al. 2015). Es sollen 20 % aller monolingualen Kinder sprachlich auffällig

sein, bei ca. 10 % liegt eine SES mit primärer Ursache vor und 5-7 % aller Kinder sollen eine SSES zeigen (4). Die Zahlen, welche für mehrsprachige Kinder genannt werden, weichen davon zum Teil erheblich ab. So werden, je nach Definition von Auffälligkeiten und Probandengruppe bis zu 70 % aller mehrsprachigen Erstklässler (Tollkühn, 2001) als sprachauffällig eingestuft. Solche „Sprachauffälligkeiten bei Mehrsprachigkeit" sind zunächst einmal Abweichungen in der Zweitsprache Deutsch, und zwar im Vergleich zu monolingual deutschsprachigen Kindern zu einem bestimmten Testzeitpunkt. Diese können, wie bei monolingualen Kindern, ursächlich in externen Bedingungen des mehrsprachigen Erwerbs begründet sein wie z. B. in der Quantität und Qualität des Inputs in der Zweitsprache oder in z. B. soziökonomischen Faktoren (Duarte et al., 2014). Zweitens können Sprachauffälligkeiten -wie bei monolingualen Kindern- durch Primärbeeinträchtigungen verursacht werden (SES) oder als genuine SSES vorliegen. Die Prävalenzrate für SSES ist bei mehrsprachigen Kindern nicht größer als bei monolingualen Kindern (ca. 5-7 %) und sie wirkt sich in allen Sprachen eines mehrsprachigen Kindes sprachspezifisch und spezifisch sprachlich aus (Genesee et al., 2004). Je nach Einzelsprache können unterschiedliche Bereiche von der SSES betroffen sein, wobei die Charakteristika der SSES leicht mit Übergangsphänomenen des typischen Erwerbs verwechselt werden können (Chilla, 2008). Wenn die sprachlichen Leistungen in L1 und L2 allein an monolingualen Standards und Normen gemessen werden, besteht bei mehrsprachigen Kindern das Risiko der „missed identity", d.h. dass mehrsprachige Kinder mit SSES nicht als solche erkannt werden, weil ihre sprachlichen Auffälligkeiten als typisch für den Zweitspracherwerb missinterpretiert werden. Diesen Kindern wird u.U. eine störungsspezifische Therapie vorenthalten, was negative Folgen für die Bildungsbiografie hat. Umgekehrt werden viele mehrsprachige Kinder durch die Verwendung monolingualer Standards als Kinder mit SSES fehldiagnostiziert („mistaken identity"; Genesee et al., 2004). Viele mehrsprachige Schüler*innen mit fehlerhafter Diagnose werden später zu Schüler*innen im Förderschwerpunkt Lernen und erhalten sonderpädagogische Förderung statt rechtzeitiger passgenauer Sprachförderung (z. B. Zurer-Pearson, 2010).

4 Mehrsprachige Kinder im Erwerb des Deutschen begleiten – Möglichkeiten und Herausforderungen in der Praxis

Grundsätzlich soll der mehrsprachigen Bildung Vorrang vor dem Primat des Deutschen als Zweitsprache gegeben werden. Doch liegen zu wenige derartige Konzeptionen vor (Panagiotopoulou, 2016). Programme für Therapie im Allgemeinen und für die Sprachtherapie und -förderung im Besonderen werden von Kostenträgern und Nutzern deutlich bevorzugt, wenn sich ihre Wirksamkeit über Studien nachweisen lassen. Diese evidenzbasierte Orientierung ist auch verstärkt in pädagogisch-institutionellen Handlungsfeldern, welche von der Kita bis zur Schule reichen, zu beobachten. Allerdings werden die Sprach- und Kommunikationshandlungen im institutionellen Kontext von Faktoren beeinflusst, die sich nur sehr schwer operationalisieren lassen. Hattie (2008) stellt in einer Metastudie 138 Einflussfaktoren mit ihren Effektstärken vor, wobei sich schwer zu messende Faktoren wie Lehrkraft-Schüler-Beziehung und Persönlichkeit der Lehrkraft als einflussreich identifizieren lassen. Das multifaktorielle Bedingungsgefüge und die kaum zu fassenden Persönlichkeitsmerkmale (sowohl im Lernenden als auch in der Lehrperson liegend) erklären somit konsequenterweise die Unmöglichkeit, Erfolg oder Nichterfolg in der spezifischen Einzelsituation im pädagogischen Alltag bis ins letzte Detail evidenzbasiert begründen und steuern zu können (für eine weitere Diskussion vgl. Koch, 2016).

Gleichzeitig wird in der Inklusionsdebatte das Vorgehen entlang der Ressourcen des Kindes mit Blick auf die größtmögliche individuelle gesellschaftliche Teilhabe und Mündigkeit betont (vgl. neben der UN-BRK stellvertretend Grohnfeldt (Hrsg., 2015).

Diese Überlegungen führen zu der Forderung, pädagogische Konzepte zu entwickeln, welche die genannten Argumentationslinien berücksichtigen, indem sie hinreichend flexibel pädagogisches Handeln mit erprobten, spezifisch zielführenden pädagogischen Leitlinien verknüpfen. Wie die Metaanalyse von Egert & Hopf (2016) belegt, sind alltagsintegrierte Sprachförderangebote, welche von geschulten Pädagog*innen getragen werden, das erfolgversprechendste Modell. Ein Konzept muss also inklusiv sein, die ICF berücksichtigen und u. a. die pädagogischen Fachkräfte in die Lage versetzen, das einzelne Kind kompetent im Sprachenerwerb zu unterstützen. Pädagogische Fachkräfte sind aufgefordert, alle Kinder, und ganz besonders diejenigen mit Extremerfahrungen, wie sie auf der Flucht vor Krieg und Gewalt gemacht wurden, sprachlich und kommunikativ zu fördern.

Ein solches systemisch und inklusiv angelegtes Konzept wird mit ,Sprachförderung in Alltag und Spiel' (SAuS, van Minnen, 2014a, b) vorgelegt. Pädagogische Fachkräfte in Kitas und Eltern erhalten Informationen zum Deutschenerwerb, wobei auch Mehrsprachigkeit und erschwerte Bedingungen berücksichtigt werden. Mit einer Schulung für pädagogische Fachkräfte und einem Infoabend für Eltern wird der Nutzen von Sprache und Kommunikation sowie Möglichkeiten zur Unterstützung auch im familiären Rahmen informiert. Kinder erhalten ein Portfolio, das mitwächst. Die Basisausstattung besteht aus verschiedenen Materialien mit hohem Aufforderungscharakter zum Mit- und Weitermachen. Damit ist die gezielte Gestaltung vielfältiger Kommunikationssituationen mit und über Sprache daheim und in der Kita auch in Verbindung mit Spiel- und Fördermaterialien wie z. B. dem Spiele-Fundus (Holler-Zittlau, 2014) möglich. Eine Machbarkeits- und Wirksamkeitsstudie zeigt, dass gerade mehrsprachige Kinder sehr von diesem alltagsintegrierten Sprachförderangebot profitierten. Auch Kinder mit Fluchterfahrung können mit diesem inklusiven Sprachförderkonzept so unterstützt werden, dass ein kindzugewandtes, Extremerfahrungen berücksichtigendes Ankommen auch in der Umgebungssprache Deutsch möglich wird (s. auch Kap. 2).

5 Sprache und Inklusion als Chance: Kinder mit Fluchterfahrungen benötigen sprachpädagogische Expertise

Am Beispiel der Kinder mit Fluchterfahrungen wird deutlich, dass eine gelingende Inklusion auf die Expertisen unterschiedlicher Professionen angewiesen ist. Eine räumliche oder zeitliche Exklusion von Kindern und Jugendlichen in Vorbereitungs- oder Deutschlernklassen ist aus der Perspektive ganzheitlicher Bildung und Erziehung sowie des frühen Kontaktes als auch der Bedeutung des Peer-Learnings (für sowohl deutsch monolinguale Kinder als auch Kinder mit Fluchterfahrungen) abzulehnen. Ein multiprofessionelles Inklusionsteam mit professionsspezifischen Kompetenzschwerpunkten in allen Stufen des Bildungssystems trägt dazu bei, jedes Kind entsprechend seiner individuellen Bedürfnisse in ihrer Entwicklung zu unterstützen (u. a. Amrhein & Reich, 2014; Gogolin et al., 2013, Heimlich & Kahlert, 2014, Reich, 2014). Der Beitrag von Sonderpädagog*innen mit dem Förderschwerpunkt Sprache besteht darin, gerade für Kinder mit Fluchterfahrungen aus ganzheitlicher und systemischer Perspektive heraus a) den mehrsprachigen Erwerb zu unterstützen, b) Behinderungen der individuellen (Sprach-)Entwicklung frühzeitig zu erkennen, c) den Erwerb des Deutschen als Alltagssprache, als Bildungssprache und als Fachsprache so zu begleiten, dass präventive Maßnahmen die Gefährdung des Deutscherwerbs verhindern, d) Kinder mit Sprachentwicklungsauffälligkeiten als solche zu erkennen und spezifisch zu fördern und e) Beratung, Anleitung und Begleitung der spezifischen Fördermaßnahmen im Team zu gewährleisten. Dies erfordert Rahmenbedingungen, welche die Fachlichkeit der Akteure erhalten und deren Einsatz ermöglichen. Dazu zählen z. B. in der Kita räumliche, sächliche und personelle Bedingungen sowie ein pädagogisches Leitbild, welches Erziehung und Bildung flexibel mit pädagogischer Erfahrung und Inklusiver Didaktik (Prengel, 1995) sowie mit etablierten, durchaus auch evidenzorientierten Konzepten und Methoden ermöglicht. Bezogen auf Schule und Unterricht zählt hierzu z. B. die durchgängige Doppelbesetzung und gleichberechtigte Aufgabenteilung von Regelschullehrkräften und Sonderpädagog*innen. Heterogenität in einer Schulklasse ist selbstverständlich, die Orientierung des Unterrichts am individuellen, auch individuell sprachlichen Kompetenzprofil einer*s Schüler*in, individualisierte Curricula und Binnendifferenzierung im adaptiven Unterricht führen dazu, dass alle Schüler*innen gemäß ihrer persönlichen Kompetenzen am gemeinsamen Gegenstand (Feuser 1998) arbeiten und lernen (Kullmann et al., 2014; Chilla & Vogt, 2016).

Literatur

Amrhein, B., & Reich, K. 2014. Inklusive Fachdidaktik. In B. Amrhein & M. Dziak-Mahler (Hrsg.), *Fachdidaktik inklusiv* (S. 31-44). Münster & New York: Waxmann.
Armon-Lotem, S., Marinis, T., & Meir, N. (Hrsg.). (2015). *Assessing Multilingual Children Disentangling Bilingualism from Language Impairment.* Bristol: Multilingual Matters.
Autorengruppe Bildungsberichterstattung. (2016). *Bildung in Deutschland 2016.* Bielefeld: Bertelsmann.
AWMF online. (o. J.). Leitlinien. http://www.awmf.org/leitlinien/awmfregelwerk.html
Becker-Mrotzek, M., Hentschel, B., Hippmann, K., & Linneman, M. (2012). *Sprachförderung in deutschen Schulen – die Sicht der Lehrerinnen und Lehrer. Ergebnisse einer Umfrage unter Lehrerinnen und Lehrern.* Im Auftrag des Mercator-Instituts für Sprachförderung und Deutsch als Zweitsprache. Köln: Stiftung Mercator.
Chilla, S. (2008). *Erstsprache, Zweitsprache, Spezifische Sprachentwicklungsstörung? Eine Untersuchung des Erwerbs der deutschen Hauptsatzstruktur durch sukzessiv-bilinguale Kinder mit türkischer Erstsprache.* Hamburg: Dr. Kovač.
Chilla, S. (2015). Sprachbehindertenpädagogische Intervention bei mehrsprachigen Kindern und Jugendlichen. *Praxis Sprache, 2,* 95-101.
Chilla, S., & Niebuhr-Siebert, S. (im Druck). *Mehrsprachigkeit in der KiTa.* Stuttgart: Kohlhammer.
Chilla, S., & Vogt, K. (Hrsg.). (2016). *Heterogenität und Diversität im Englischunterricht –fachdidaktische Perspektiven.* Frankfurt/Main: Peter Lang.
Diakonie Deutschland. (2016). *Thema kompakt: Unbegleitete minderjährige Flüchtlinge.* Abgerufen von http://www.diakonie.de/thema-kompakt-unbegleitete-minderjaehrige-fluechtlinge-16189.html 2016-06-17
Diefenbach, H. (2010). *Kinder und Jugendliche aus Migrantenfamilien im deutschen Bildungssystem.* Wiesbaden: Verlag für Sozialwissenschaften.
Dilling, H., Mambour, W., & Schmidt, M. H. (Hrsg.). (1999). *ICD-10, Internationale Klassifikation psychischer Störungen, Klinisch-Diagnostische Leitlinien.* Göttingen et al.: Verlag Hans Huber.
Duarte, J., Gogolin, I., Klinger, T., & Schnoor, B. (2014). Mehrsprachige Kompetenzen in Abhängigkeit von familialen Sprachpraxen. *Zeitschrift für Literaturwissenschaft und Linguistik (LiLi), 44* (174), 66–85.
Egert, F., & Hopf, M. (2016). Zur Wirksamkeit von Sprachförderung in Kindertageseinrichtungen in Deutschland. *Kindheit und Entwicklung, 25* (3), 153-163.
Endres, M., & Biermann, G. (Hrsg.). (1998). *Traumatisierung in Kindheit und Jugend.* München: Ernst Reinhardt Verlag.

Feuser, G. (1998). Aspekte einer Didaktik unter Berücksichtigung tätigkeitstheoretischer und entwicklungspsychologischer Erkenntnisse. In H. Eberwein (Hrsg.), *Behinderte und Nichtbehinderte lernen gemeinsam. Handbuch der Integrationspädagogik* (S. 170-179). Weinheim: Beltz.

Genesee, E., Paradis J., & Crago, M. (2004). *Dual language development and disorders: A handbook on bilingualism and second language learning*. Baltimore: Brookes Publishing.

Gogolin, I. (2008). *Der monolinguale Habitus der multilingualen Schule.* Münster: Waxmann.

Grohnfeldt, M. (Hrsg.). (2015). *Inklusion im Förderschwerpunkt Sprache.* Stuttgart: Kohlhammer.

Gombos, G., Hill, M., Wakounig, V., & Yildiz, H. (Hrsg.). (2015). *Vorsicht Vielfalt. Perspektiven, Bildungschancen und Diskriminierungen.* Klagenfurt/Celovec: Drava Verlag.

Hattie, J. (2008). *Visible Learning.* New York: Routledge.

Heimlich, U., & Kahlert J. (Hrsg.). (2014). *Inklusion in Schule und Unterricht Wege zur Bildung für alle* (2. Aufl.). Stuttgart: Kohlhammer.

Holler-Zittlau, I. (2014). *Der große Spielefundus.* Hamburg: Persen Verlag.

Koch, K. (2016). Ankunft im Alltag – evidenzbasierte Pädagogik in der Sonderpädagogik. In B. Ahrbeck, St. Ellinger O. Hechler, K. Koch & G. Schad (Hrsg.), *Evidenzbasierte Pädagogik. Sonderpädagogische Einwände* (S. 9-41). Stuttgart: Kohlhammer.

Korittko, A., & Pleyer, K. H. (2011). *Traumatischer Stress in der Familie. Systemtherapeutische Lösungswege.* Göttingen: Vandenhoeck & Ruprecht.

Kullmann, H., Lütje-Klose, B., & Textor, A. (2014). Eine Allgemeine Didaktik für Inklusive Lerngruppen – fünf Leitprinzipien als Grundlage eines Bielefelder Ansatzes der inklusiven Didaktik. In B. Amrhein & M. Dziak-Mahler (Hrsg.), *Fachdidaktik inklusiv* (S. 89-107). Münster & New York: Waxmann.

Panagiotopoulou, A. (2016). *Mehrsprachigkeit in der Kindheit: Perspektiven für die frühpädagogische Praxis.* München: WiFF.

Prengel, A. (1995). *Pädagogik der Vielfalt* (2. Aufl.). Opladen: VS Verlag für Sozialwissenschaften.

Ramirez-Rodriguez, R., & Dohmen, D. (2010). Ethnisierung von geringer Bildung. In G. Quenzel & K. Hurrelmann (Hrsg.), *Bildungsverlierer.* Wiesbaden: Verlag für Sozialwissenschaften.

Reich, K. (2014). *Inklusive Didaktik.* Weinheim & Basel: Beltz.

Steinhausen, H.-C. (2006). *Psychische Störungen bei Kindern und Jugendlichen.* Jena: Urban und Fischer.

Tagesschau. (2016). *UNICEF kritisiert Lage der Flüchtlingskinder.* Abgerufen von http://www.tagesschau.de/inland/unicef-fluechtlingskinder-101.html

Tollkühn, S. (2001). *Die sprachlichen Fähigkeiten von Erstklässlern. Eine Untersuchung an den Grund- und Förderschulen im Freistaat Sachsen.* (Dissertation). Universität Leipzig, Deutschland.

van Minnen, S. (2014a). *Sprachförderung in Alltag und Spiel.* (Nicht veröffentlichte Masterarbeit). Universität Giessen, Deutschland.

van Minnen, S. (2014b). SAuS – Sprache in Alltag und Spiel kompetent fördern. In S. Sallat, M. Spreer, & C. W. Glück (Hrsg.), *Sprache professionell fördern* (S. 54-60). Idstein: Schulz-Kirchner Verlag.

Wiesemann, I., Jurleta, R., & Girlich, S. (2016). *Herzlich Willkommen in der Kita!* Abgerufen von https://aktuelles.kita-aktuell.de/fachinfos/themenspezial-fluechtlinge/detail-themenspezial-fluechtlinge/?tx_news_pi1[news]=163&cHash= 226b8f405c70587e8b 2016-06-17

Zurer-Pearson, B. (2010). We can no longer afford a monolingual norm. Commentary. *Applied Psycholinguistics, 31*, 339-343.

Ellen Bastians

Sprachförderung mit Qualitätsanspruch in der Inklusion!? – Konzept und Umsetzung an der 11. Gesamtschule Köln-Mülheim im Rahmen von QuisS (Qualität in sprachheterogenen Schulen)

1 „QuisS" (Qualität in sprachheterogenen Schulen)

QuisS steht für „Qualität in sprachheterogenen Schulen" und ist ein regionales Projekt der Bezirksregierung Köln in Zusammenarbeit mit dem Zentrum für Mehrsprachigkeit und Integration Köln (ZMI). Schulen sollen auf dem Weg zu einer „systematischen" sprachlichen Förderung und Integration von Kindern mit Deutsch als Zweitsprache oder Zuwanderungsgeschichte und aus sozial benachteiligten Schichten unterstützt werden. „Gezielte" Sprachförderung wird als Schlüssel für den Bildungserfolg identifiziert. Die teilnehmenden Schulen wählen innerhalb dreier verpflichtender Handlungsfelder (Unterrichtsentwicklung, Schulentwicklung und Vernetzung in der Kommune) geeignete Maßnahmen zur Sprachförderung aus, entwickeln Konzepte und setzen diese um. Die Implementierung und Institutionalisierung der sprachlichen Förderung im Schulprogramm ist dabei das Ziel.

Schulen des QuisS-Verbundes sollen ihren Schülerinnen und Schülern durch „gezielte" Sprachförderung die Chance auf einen bestmöglichen Bildungsabschluss bieten. Dafür setzt das Programm auf Unterrichtsentwicklung im Sinne eines systematischen und durchgängig sprachsensiblen Unterrichts für alle Schülerinnen und Schüler im Regelunterricht in möglichst allen Fächern.

Bestehende Konzepte wie z. B. die „Sprachförderung im Fach" von Leisen (2010) mit Umsetzungsideen für sprachsensiblen Fachunterricht finden sukzessive Verbreitung und auch Eingang in das QuisS-Programm.

Das Sprachbildungsprogramm „DemeK" (Deutsch in mehrsprachigen Klassen) kommt dabei ebenfalls zur Anwendung. Darin werden Lehrkräfte durch die Bezirksregierung Köln in zweijährigen Kursen fortgebildet. Einbezogen wird auch die konsequente Leseförderung im Deutsch- und Fachunterricht. „DemeK" sieht sich dem Spracherfahrungsansatz verpflichtet und versucht mit Methoden wie z. B. Artikelsensibilisierung, Chunk-Lernen und „generativem Schreiben" (Belke, 2007) die

Sprachkompetenz und Erfahrung mit der Zweitsprache Deutsch nachhaltig zu erweitern.

Unter „Chunken" wird das mündliche Einschleifen typischer Satzbaumuster durch mehrfache Wiederholung mit variablen Satzgliedern verstanden. Das „generative Schreiben" zielt ab auf die Produktion von eigenen Texten durch Austausch von Textelementen vorgegebener Texte oder die Ergänzung bzw. Vervollständigung von Lückentexten. Dadurch erhofft man sich generell einen Transfer auf die Spontansprache und schriftsprachliche Kompetenz.

Zurzeit beschäftigen sich die Verantwortlichen des QuiSS-Verbundes mit der Einbeziehung spezifischer individueller Sprachdiagnostik in die Fortbildungsplanungen der DemeK-Qualifikationskurse, die das Konzept bisher so explizit nicht vorsieht.

Die sprachsensible Unterrichtsentwicklung soll an QuiSS-Schulen in einem weiteren Schwerpunkt mit einer sprachsensiblen Schulentwicklung verzahnt sein. An den Schulen werden QuiSS-Sprachbeauftragte und Steuergruppen eingesetzt, die durch Fortbildungsangebote und Unterrichtsmaterialien der Bezirksregierung Köln unterstützt werden.

Die dritte wichtige Säule im QuiSS-Programm bildet die Vernetzung in der jeweiligen Kommune, damit Projekte realisiert werden können, die über den Fachunterricht hinausgehen. Hierzu zählt die Genehmigungsbehörde unter anderem Ferienschulen, Lesekonzerte oder auch Sprachfeste.

Das Projekt QuiSS zur gezielten Sprachförderung startete im Schuljahr 2011/12 mit 26 teilnehmenden Schulen. Ab dem Schuljahr 2014/15 nehmen nunmehr 111 Schulen im Regierungsbezirk Köln teil. Davon liegen allein 14 Grundschulen und 11 weiterführende Schulen im Stadtgebiet Kölns.

Alle Schulen sind im QuiSS-Verbund vernetzt. In Regionalgruppen finden regelmäßig Treffen zwecks Austausches und Weiterentwicklung statt.

2 Konzeptentwicklung und -umsetzung an der 11. Gesamtschule Köln-Mülheim

2.1 Rahmenbedingungen

Die 11. Kölner Gesamtschule im Bezirk Mülheim ist eine Neugründung zum Schuljahr 2014/15 und hat sich dem Konzept „QuiSS" der Bezirksregierung Köln angeschlossen. Mehrere Kolleg(inn)en haben im Vorfeld die zweijährige DemeK-Qualifikation schon durchlaufen. Jedes Jahr beginnen weitere Kollegiumsmitglieder die Qualifikationsmaßnahme. Eine QuisS-(Sprach-)Beauftragte kümmert sich gemeinsam mit der schulinternen QuisS-Arbeitsgruppe um die Etablierung der sprachsensiblen Unterrichtsentwicklung. Enger Austausch mit der Steuergruppe zur Schulentwicklung und der Didaktischen Leitung ist gegeben. Kollegiumsinterne Fortbildungen für die QuisS-Arbeitsgruppe und verschiedene Jahrgangsstufenteams sowie Fachkonferenzen sind zum Teil schon erfolgt. Das Konzept für das Schulprogramm wird fortlaufend im Rahmen des Aufbaus der neu gegründeten Gesamtschule weiterentwickelt.

Die Schule hat zwei Standorte im Bezirk Köln-Mülheim, einem Sozialraum mit überproportional vielen Familien mit mehrsprachigem Hintergrund sowie eher bildungsfernen Lebensläufen. Die erhobenen Daten zur Sprachkompetenz der Schüler und Schülerinnen bilden die durchgängig schwachen und zum Teil doch extrem niedrigen Kompetenzen in der Bildungssprache Deutsch ab. Darunter befinden sich auch mehrere Schüler(innen), die zusätzlich einen ausgewiesenen sonderpädagogischen Förderbedarf im Bereich Sprache haben bzw. sich dahingehend im förderdiagnostischen Prozess befinden.

In Kooperation mit der an der Schule im Rahmen der Inklusion tätigen Sprachheilpädagogin besteht zusätzlich die Möglichkeit, die Sprachförderung entsprechend der individuellen Diagnostikergebnisse hinsichtlich der erhobenen Sprachkompetenzen der Schüler und Schülerinnen auszurichten. Zu Beginn der Jahrgangsstufe 5 wird durchgängig eine Eingangsdiagnostik durchgeführt. Zum Einsatz kamen bisher folgende Verfahren:
- die Hamburger Schreibprobe 5-9 (May, 2013),
- das Salzburger Lesescreening 5-8 (Auer et al., 2005),
- der in Gesamtschulen als Diagnoseinstrument übliche Duisburger Sprachstandstest,
- selbst entwickelte Screeningverfahren zur qualitativen Spontansprach- und Schriftanalyse hinsichtlich der Grammatikkompetenz.

Zum Schuljahr 2016/17 ist geplant, den ESGRAF-R (Motsch, 2013) als Gruppentest einzuführen und weitere interessierte Kollegen und Kolleginnen in die Durchführung und Auswertung der Diagnostikmaterialien einzuarbeiten.

Aufgrund des offensichtlichen, dringenden Handlungsbedarfs, den die Testergebnisse bislang durchgängig in allen 5. Klassen ausweisen, sind in den Jahrgangsstufen 5/6 wöchentlich zwei Sprachförderstunden im Schulprogramm implementiert und durchgeführt worden. Im Sinne des Anspruchs individueller Förderung von allen Schüler(inne)n wurden die Sprachförderangebote nicht nur im Rahmen sonderpädagogischer Unterstützung im Zuge inklusiver Beschulung durchgeführt.

Evidenzbasierte Sprachförderkonzepte und Bausteine sprachheilpädagogischen Handelns konnten durch die Kooperation des zuständigen Lehrpersonals mit der Sprachheilpädagogin nicht nur Eingang in den Förderunterricht finden, sondern auch in fächerübergreifende Unterrichtsvorhaben sowie in den Fachunterricht Deutsch, Gesellschaftslehre, Mathematik und Biologie.

2.2 Verzahnung mit sprachheilpädagogischem Knowhow im Fach-/Unterricht

In der Jahrgangsstufe 5 konnten den Schülern und Schülerinnen folgende spezifische Sprachförderangebote im Sprachförderunterricht angeboten werden:
- Strategietraining zum gezielten Rechtschreibaufbau,
- Leseförderung/-strategien mit dem Schwerpunkt Lesesinnentnahme,
- Erweiterung der morphologisch-syntaktischen Kompetenzen mit dem Konzept der „Kontextoptimierung" (Motsch, 2010) sowie
- Erweiterung der lexikalisch-semantischen Kompetenzen mittels des Fach-/Wortschatz-Lernstrategie-Trainings (Bastians, 2015), das auf dem Hintergrund des Konzeptes „Wortschatzsammler" (Motsch, 2015) für die Sekundarstufe I modifiziert wurde.

Sprachheilpädagogische Unterrichtsprinzipien flossen in die Teamplanungen zum Sprachförderunterricht mit ein und konnten sukzessive umgesetzt werden wie z. B.:
- bewusstes, korrektes, sprachliches Vorbild,
- kalkulierte sprachliche Überforderung,
- situativ sprach-handlungsbegleitendes Kommunizieren in konkreten, sinnvollen Situationen,
- Anbahnung und Förderung metasprachlicher Fähigkeiten, wie Regel- und Strategiewissen,
- Akzentuierung und Markierung der „Lernstelle" bei mündlichen wie schriftlichen Sprachangeboten,
- explizite phonetische und semantische Erarbeitung des jeweiligen Fachwortschatzes.

Der Transfer erarbeiteter sprachlicher Kompetenzen aus dem Förderunterricht in den Fachunterricht wird vorrangig mit den FachkollegInnen der Fächer Deutsch, Gesellschaftslehre, Mathematik und Biologie angestrebt und abgesprochen. Dazu werden die Unterrichtsplanungen für die genannten Fächer im Jahrgangsstufenteam und im Austausch mit der Sprachheilpädagogin erarbeitet. So können differenzierte Textangebote und Übungseinheiten zum Fach-/Wortschatz-Lernstrategie-Training Eingang in den spezifischen Fachunterricht finden.

Um die Unterrichtsentwicklung auch auf weitere Jahrgangsstufenteams und im Rahmen der Fachkonferenzarbeit auszuweiten und dadurch zunehmend mehr Kolleg(inn)en einzubeziehen, finden kollegiumsinterne Schulungen, Hospitationen im spezifischen Sprachförderunterricht der Sprachheilpädagogin, verschiedene Formen des Teamteachings sowie Einzel-Coaching statt.

Die Materialien und Umsetzungsideen werden untereinander jahrgangsintern wie jahrgangsübergreifend ausgetauscht und weiterentwickelt. Regelmäßige Evaluationen der erreichten Fortschritte in der Sprachkompetenz dienen der Überarbeitung und Weiterentwicklung der eingesetzten Methoden und Materialien.

2.3 Bisherige Erfahrungen

Ansätze „gezielter", spezifischer Sprachförderung aus der Sprachheilpädagogik mit in den QuiSS-Verbund einzubringen, scheint die Chance zu bieten, nachhaltiger die fehlende Sprachkompetenz der Kinder- und Jugendlichen weiterzuentwickeln und der Heterogenität im Zuge inklusiver Beschulung gerechter zu werden.

Der Einbezug eines individuell ausgerichteten Diagnostikinstrumentariums sowie regelmäßiger Evaluation und der Einbezug möglichst evidenzbasierter Methoden der Sprachkompetenzerweiterung unterstützt den Anspruch „gezielte" Sprachförderung zu erreichen.

Erste Erfahrungen lassen die Hoffnung aufkommen, damit auf einem effektiven Weg zur „gezielteren" Sprachförderung im Rahmen inklusiver Settings zu sein. Nicht nur in der Spontansprache und der schriftlichen Mitarbeit während des Unterrichts, sondern auch in den Leistungsüberprüfungen und Klassenarbeiten konnte man eine deutliche Zunahme des jeweilig verlangten Fachwortschatzes sowie die Nutzung von Verbvariationen und komplexerer Syntax verzeichnen.

Die Bewusstheit für die eingesetzten sprachlichen Mittel nahm deutlich zu, ebenso die positiv besetzte Fragehaltung, welches grammatische Phänomen gerade zu nutzen sei und die Neugier, die Bedeutung und Wortvarianten von vielen, wohl eher isoliert erworbenen und bisher unbekannten Wörtern zu erlernen.

Deutlich waren auch die Freude und der Stolz zu merken, sich zu den jeweiligen Themen mit den neu erlernten Begriffen fach- und sachgerecht mündlich wie schriftlich nachhaltig ausdrücken zu können. Dadurch wird die Motivation erhöht, sich komplexeren Sprachstrukturen zuzuwenden. Nicht zuletzt kann man hoffen, dass sich ein fundierterer Schulerfolg einstellen wird, wenn man die Förderung konsequent in den höheren Jahrgangsstufen weiterführt.

3 Fazit

Den Anspruch „gezielter" Sprachförderung können die QuisS-/DemeK-Konzepte allein zurzeit nicht einlösen. Nach bisherigem Entwicklungsstand ist in diesen Konzepten bislang keine individuelle, spezifische Diagnostik und Evaluation etabliert. Ebenso fehlen noch wissenschaftliche Auswertungen der Wirksamkeit der eingesetzten Übungssequenzen. Einzelphänomene grammatischer und semantisch-lexikalischer Auffälligkeiten bilden den Ausgangspunkt für einzelne Übungsangebote für die ganze Gruppe. Einzelne Differenzierungsvarianten und das Prinzip zunehmender grammatischer Komplexität fließen zwar in Übungssequenzen mit ein, können aber aufgrund fehlender Förderdiagnostik nicht gezielt angeboten werden.

Dabei ist zusätzlich kritisch anzumerken, dass zurzeit die diagnostische Kompetenz und fehlende personelle Ressourcen notwendige differentialdiagnostische Erhebungen in ausreichendem Umfang unmöglich machen. Ebenso fraglich ist, ob das von Seiten der Sprachheilpädagogik beizusteuernde Knowhow im notwendigen Ausmaß an den Regelschulen ankommen kann, wenn nicht ausreichend Sonderpädagog(inn)en mit der entsprechenden Kompetenz eingesetzt werden können.

Darüber hinaus ist auch keinesfalls geklärt, ob der Spracherfahrungsansatz allein die geeignetste Methode der Wahl ist für alle mehrsprachig aufwachsenden Kinder und Jugendlichen in unserem Bildungssystem, vor allem, wenn diese Sprachförderangebote nur punktuell einmal pro Woche in einer Unterrichtseinheit erlebt werden können.

Nichtsdestotrotz sind erste Anfänge modellhaft an der Gesamtschule Köln-Mülheim gemacht, effektiv wirksame sprachheilpädagogische Handlungsstrategien in die Regelschule einzubinden und nach Möglichkeit mit bestehenden Konzepten wie DemeK im Rahmen des QuisS-Verbundes zu vernetzen.

Die bisher entwickelten Bausteine müssen kurz- und mittelfristig im Rahmen des Schulprogramms, in der Entwicklung des Curriculums und der Schulentwicklung an der Gesamtschule Köln-Mülheim weiter Beachtung finden. Dies muss als Aufgabe der Kooperation aller Beteiligten verstanden werden.

Die Vernetzung des Wissens in der Region durch die Zusammenarbeit mit dem Arbeitskreis der Bezirksregierung sowie die Erweiterung der DemeK-Qualifkationsausbildung im Hinblick auf spezifische Diagnostik und Einbezug möglichst evidenzbasierter Sprachförderansätze sollten ebenfalls im Fokus bleiben und weiterentwickelt werden.

Literatur

Auer, M., Gruber, G., Wimmer, H., & Mayringer, H. (2005). SLS 5-8 – *Salzburger Lese-Screening für die Klassenstufen 5-8*. Huber: Bern.
Bastians, E. (2015). „Wer weiß was? – Wow! Wortschatz!" Fach-/Wortschatz – Lernstrategie – Training (FWLT). Ein Beispiel zur Adaption des Konzepts „Wortschatzsammler" für die Sekundarstufe I im Rahmen inklusiver Beschulung. *Praxis Sprache, 2015 (3)*, 175–178.
Belke, G. (2007). *Poesie und Grammatik: Kreativer Umgang mit Texten im Deutschunterricht mehrsprachiger Lerngruppen*. Hohengehren: Schneider.
May, P. (2013). *Hamburger Schreibprobe (HSP 1-10)*. Hamburg: Verlag für pädagogische Medien.
Motsch, H.-J., Marks, D.-K., & Ulrich, T. (2015). *Wortschatzsammler. Evidenzbasierte Strategietherapie lexikalischer Störungen im Kindesalter*. München: Reinhardt.
Motsch, H.-J. (2013). *ESGRAF-R. Modularisierte Diagnostik grammatischer Störungen* (2. Aufl.). Göttingen: Hogrefe.
Motsch, H.-J. (2010). *Kontextoptimierung. Evidenzbasierte Intervention bei grammatischen Störungen in Therapie und Unterricht* (6. Aufl.). München: Reinhardt.

Christina Haupt

Inklusion von Roma-Schülerinnen und Schülern: (Wie) Können Sprachtherapie und Sprachheilpädagogik unterstützen?

1 Einleitung und Hintergrund

Roma bilden eine der größten ethnischen Minderheiten in Europa, ihre geschätzte Zahl liegt derzeit bei ca. 11 Millionen Menschen, die aus unterschiedlichen Herkunftsländern kommen und über Gesamt-Europa verstreut leben (Heuss, 2011). Ihnen gemeinsam ist eine (fortgesetzte) Geschichte von Verfolgung und Diskriminierung, unabhängig davon woher bzw. wohin sie migrieren (Brown, Dwyer & Scullion, 2013). Im vergangenen Jahrzehnt wurde in Großbritannien die Zuwanderung zahlreicher Roma-Familien aus Ost-Europa verzeichnet (Brown, Scullion & Martin, 2013). Zeitgleich mit dem kontinuierlichen Anstieg von Roma Schülerinnen und Schülern (RS) in lokalen Schulen zeigten Nationale Bildungs-Statistiken auf, dass RS häufig große Schwierigkeiten mit dem Zugang zum sowie dem Verbleib im britischen Bildungssystem haben (Wilkin et al., 2010). Jedoch sind die Herausforderungen bzw. Hindernisse, die diesen Schwierigkeiten zugrunde liegen, bisher noch wenig erforscht. Im Folgenden wird ein Forschungsprojekt aus England (Haupt, 2013) ausschnittartig vorgestellt, das sich u. a. mit der Suche nach potenziellen Bildungs-Barrieren auseinandersetzte. Zudem werden die Ergebnisse und Implikationen aus der Studie um aktuelle Erfahrungen von RS im deutschsprachigen Raum erweitert. Aus den Ergebnissen wird die mögliche Rolle der Sprachtherapie bzw. Sprachheilpädagogik i. B. auf die Inklusion von RS in der Schule abgeleitet.

2 Forschungsprojekt in englischen Grundschulen

2.1 Design und Materialien
Die Studie folgte einem sequentiellen Mixed Methods Design (Cresswell, 2009), bestehend aus zwei Datenerhebungs-Phasen mit jeweils unterschiedlichen Probanden-Gruppen.

2.1.1 Phase 1: Fragebögen und Interviews mit Lehrkräften
Phase 1 fokussierte die Identifikation potenzieller Barrieren für RS und ihren Lernerfolg im britischen Schulsystem aus der Perspektive der Lehrkräfte. Dazu wurden die Erfahrungen in der Arbeit mit RS und ihren Familien von 17 Lehrkräften aus drei lo-

kalen Grundschulen per Fragebogen erfasst. Der Fragebogen basierte auf systematischer Literatur-Recherche und Analyse und umfasste unterschiedliche Fragen-Formate (offen vs. geschlossen, Rating-Skalen). Die Ergebnisse aus den Fragebögen bildeten die Basis für die Erstellung eines Interview-Leitfadens. An nachfolgenden vertiefenden, semi-strukturierten Follow-Up Interviews nahmen 11 Lehrkräfte aus zwei Grundschulen teil. Die qualitative Auswertung der Daten erfolgte i. A. an die Thematische Analyse nach Braun & Clark (2006).

2.1.2 Phase 2: Interviews und Sprachtests mit Roma Schülerinnen und Schülern
In Phase 2 wurden 18 slowakische RS (5;2 – 11;0 Jahre, Alters-Mittel: 8;6 Jahre) in strukturierten Einzelsitzungen zu ihren Erfahrungen in der englischen Grundschule befragt. Der Bildungshintergrund der teilnehmenden RS war sehr unterschiedlich, z. B. hatten 10 von ihnen bisher keine Schule besucht. Zudem variierten ihre Englisch-Kenntnisse stark, da sich der Zeitpunkt ihrer Migration nach England unterschied. Insofern wurden Fragen zu verschiedenen Aspekten des Erlebens von Schule sowie den Empfindungen bzgl. der Erstsprache (L1) und der Zweitsprache Englisch (L2) mit Hilfe einer visuellen Analogskala (fünf Smileys) und unterliegender Likert-Skalierung gestellt. Die rezeptiven und expressiven Englischkenntnisse der teilnehmenden RS wurden anhand zweier in britischen Grundschulen gängiger Test-Verfahren (Rezeptiver Wortschatz: BPVS-II – British Picture Vocabulary Scale-II, Dunn et al., 1997; Sprach-Produktion: RAPT – Action Picture Test, Renfrew, 2010) erhoben und mit den individuellen Schulleistungen der teilnehmenden RS in Beziehung gesetzt.

2.2 Ergebnisse
Die folgenden zwei Abschnitte fassen Auszüge der Ergebnisse aus den beiden Studien-Phasen zusammen und werden durch Erkenntnisse aus Studien mit RS in Deutschland ergänzt.

2.2.1 Ergebnisse aus Phase 1: Lehrkräfte
Aus den Interviews mit den Lehrkräften konnten die wahrgenommenen Herausforderungen vier Barriere-Clustern zugeordnet werden. Dabei handelte es sich um die folgenden Kern-Bereiche:

1. **Kommunikation:** Eingeschränkte Englischkenntnisse in Sprache bzw. Schriftform von RS und ihren Eltern; gleichzeitig mangelnde Hilfsangebote für Roma-Familien und Lehrkräfte, z. B. durch Dolmetscher bzw. Übersetzungs-Services
2. **Soziokulturelle Barrieren:** Fehlende Vertrautheit von Roma-Familien mit der neuen Umgebung und den einhergehenden Erwartungen; Bedarf an kultureller Sensibilisierung seitens der Lehrkräfte
3. **Institutionelle Hindernisse:** Unangemessene Testung und Lernerfolgserfassung; fehlende Ressourcen und finanzielle Unterstützung

4. **Organisatorische Herausforderungen:** Inkonsistenter Schulbesuch von RS; mangelnde Einbeziehung bzw. Teilhabe der Eltern von RS am Schulalltag

Hier finden sich Parallelen zu den Ergebnissen einer Studie des Zentrums für Antisemitismusforschung (TU Berlin, 2013: Für Roma-Familien in Deutschland ist der Zugang zu Bildung ebenfalls von Chancenungleichheit geprägt, bedingt durch Herausforderungen struktureller und individueller Natur. Zusätzlich erschweren Traumatisierung durch Diskriminierung sowie Fluchterfahrung den Zugang zu sowie die Kontinuität von Bildung für RS. Besonders benachteiligt sind Kinder im Alter zwischen 10 und 14 Jahren, die ohne schulische Vorbildung einreisen und in Deutschland erstmalig beschult werden.

2.2.2 Ergebnisse aus Phase 2: Roma Schülerinnen und Schüler

In Phase 2 nannten die teilnehmenden RS den Erstkontakt mit der englischen Schule als Haupt-Herausforderung. Hier standen gemeinsam mit Verständigungsproblemen negative Emotionen wie Angst, Unsicherheit und Einsamkeit im Vordergrund. Dabei wurde die Schule zur Zeit der Interviews als positiv empfunden und RS brachten insgesamt eine hohe Lernmotivation zum Ausdruck. Zwei Drittel wünschten sich mehr Unterstützung im Bereich Englisch als Fremdsprache durch die Schule, wobei Freunde ebenfalls als wertvolle Ressource identifiziert wurden. Für das Sprechen der Erstsprache (L1) im Schulalltag wurde die Anwesenheit von Familienmitgliedern als positiver Einflussfaktor genannt. Im Vergleich zur L1 schätzten die RS ihre Sprachfähigkeiten – bis auf das Verstehen – im Sprechen, Lesen und Schreiben tendenziell höher für Englisch (L2) ein.

Für die Interpretation der Sprachtest-Ergebnisse wurden die RS in zwei Altersgruppen unterteilt (Gruppe A: 5;2-7;10 Jahre, N = 8; Gruppe B: 8;8-11;0 Jahre, N = 10). Während der BPVS-II (Dunn et al., 1997) auch an einer kleinen Stichprobe von mehrsprachigen Kindern normiert wurde, liegen für den RAPT (Renfrew, 2010) keine multilingualen Normen vor, deshalb sind hier keine Standardwerte angeführt. Im RAPT werden jedoch separate Scores für die Bereiche Inhalt und Grammatik vergeben. Tabelle 1 zeigt die numerischen Ergebnisse aus den Sprachtests im Überblick.

Tab. 1: Sprachtest-Ergebnisse im Überblick

Test	Gruppe	Median	SD	Range
BPVS-II (rezeptiv)	A	RW: 37 (SW: 70)	5.6 (9.7)	30-43 (62-92)
	B	RW: 51.5 (SW: 61)	9.9 (8.3)	35-62 (52-77)
RAPT (produktiv) Inhalts-Score	A	RW: 21.5 (Max: 40)	5.4	16.5-34
	B	RW: 28.75	4.6	18.5-35.5
RAPT (produktiv) Grammatik-Score	A	RW: 16.75 (Max: 38)	3.3	12.5-22
	B	RW: 19.75	4.1	15-26.5

RW = Rohwert, SW = Standardwert; SD = Standardabweichung; Max = Maximum

Beide Gruppen blieben im Mittel weit hinter den jeweiligen Alterserwartungen zurück. Unter Verwendung non-parametrischer statistischer Berechnungen zeigten sich folgende Gruppenunterschiede:

- *Rezeptiver Sprachtest* (BPVS-II): Im Mittel erzielte Gruppe B signifikant höhere Rohwerte (U = 8.0, p = .004, r = -.158). Im Gegensatz dazu zeigte Gruppe A jedoch signifikant höhere Standardwerte (U = 13.0, p = .016, r = -.13). Insofern wiesen die älteren RS nach Umwandlung der Rohwerte in Standardwerte eine deutlich größere Leistungslücke i. Vgl. zu den Alterserwartungen ihrer Peers auf.
- *Produktiver Sprachtest* (RAPT): Gruppe B erzielte in beiden Bereichen höhere Werte, wobei der mittlere Unterschied lediglich für den Inhalts-Score hoch signifikant ausfiel (U = 14.0, p = .021, r = -.55).

Nach Transformation der Rohwerte aller drei Sprachtest-Teile in z-Werte zeigten sich große interindividuelle Differenzen in der Gesamt-Gruppe der RS, welche teilweise durch schulische und sprachliche Vorerfahrungen erklärt werden können. Jedoch sind hier zusätzlich die Erfassung und der Einfluss von grundlegenden kognitiven Verarbeitungsmechanismen zu berücksichtigen, da den Lehrkräften nicht nur das Erkennen möglicher Sprachstörungen, sondern auch deren Abgrenzung zu sonderpädagogischem Förderbedarf schwerfiel. Im Fach Englisch variierten die Noten zwischen den RS deutlich, wobei für die meisten die Bewertungen der Modalitäten Sprechen und Verstehen höher bewertet wurden als Lesen und Schreiben. Anzumerken ist hier, dass etwa ein Drittel aller RS Literacy, Schreiben und Lesen als ihre Lieblingsfächer angab, die Lehrkräfte jedoch insbesondere diese Fertigkeiten häufig als Herausforderung für RS und ihre Familien herausstellten. In diesem Zusammenhang sind folgende Ergebnisse von Strauß (2011) relevant: Er befragte in einer Studie 275 deutsche Sinti und Roma zu ihren schulischen Erfahrungen. Etwa 50 % gaben an innerhalb der Familie keine Hilfe bei Hausaufgaben erhalten zu können, 44 % hatten keinen Schulabschluss, 13 % besuchten gar keine Schule und 11 % eine Förderschule. Die Segregation bzw. Sonderbeschulung von RS stellt in zahlreichen osteuropäischen Herkunftsländern häufig den Regelfall dar, allerdings basiert dies selten auf einer diagnostizierten Lernschwäche, sondern ist vielmals auf diskriminierende Praktiken zurückzuführen (Heuss, 2011).

3 Implikationen

3.1 Implikationen für die Praxis

Es ergeben sich folgende Implikationen für die schulische Arbeit mit RS sowie die Zusammenarbeit zwischen Lehrkräften und sprachtherapeutisch bzw. sprachheilpädagogisch Tätigen: Wie u. a. in dieser Studie gezeigt, schneiden mehrsprachige Kinder in standardisierten Sprachtests grundsätzlich schlechter ab als ihre monolingualen Peers. Insofern sind diese Verfahren ohne multilinguale Normierung ungeeignet, potentielle Sprachstörungen bei RS zuverlässig zu erfassen. Die Kontaktzeit mit der L2 wie auch grundlegende Verarbeitungskapazitäten und edukative Vorerfahrungen, sowie die Unterstützung der Eltern und die Einstellung zum Lernen sind maßgebliche Einflussfaktoren, die (diagnostisch) mit zu erfassen sind. Insofern ist es sinnvoll und notwendig, für mehrsprachige Kinder eine soziokulturell angemessene Sprach-Diagnostik anzubieten (De Lamo White & Jin, 2011). In Deutschland ist hier z. B. der Induktive Ansatz (Scharff Rethfeldt, 2013) zu nennen, der die Sprachbiografie einzelner Kinder mitberücksichtigt.

Wenn basale Sprachkenntnisse i. S. von kontextgebunden-interaktiver Kommunikation (BICS: Basic Interpersonal Communicative Skills; Cummins, 2000) bei RS und mehrsprachigen Kindern in der L2 beobachtbar sind und damit eine hohe Diskrepanz zu den Anforderungen der Unterrichtssprache (CALP: Cognitive/Academic Language Proficiency; ebd.) besteht, sind geringe Schulnoten nicht verwunderlich. Insofern ist eine frühe und durchgehende Unterstützung durch zusätzlichen L2-Unterricht für mehrsprachige Kinder notwendig, um wachsende Leistungslücken zu den Peers mit zunehmendem Alter zu verringern. Im Schulunterricht mit mehrsprachigen Kindern könnten entsprechend die Aufgabenstellungen durch Kontextbezug und Visualisierung unterstützt werden.

Besonders zu Beginn der Beschulung erscheint eine zusätzliche Unterstützung der RS durch L1-Muttersprachler sinnvoll, um neben den sprachlichen auch den emotionalen Herausforderungen der Kinder gerecht zu werden als auch die Lehrkräfte kulturell zu sensibilisieren. Ggf. kann dadurch der Kontakt zu den Eltern erfolgreicher angebahnt und ihre Teilhabe in der Schule, z. B. durch Projektbeteiligung bzw. Bildungsangebote ausgebaut werden. Daneben fungieren angestellte Muttersprachler für RS und ihre Eltern gleichzeitig als Rollenmodell und reduzieren mögliche Hemmschwellen in Bezug zu Kontaktaufnahme und Austausch mit der Bildungseinrichtung. Grundsätzlich ist jedoch eine ganzheitliche Unterstützung von Roma-Familien i. B. auf Gesundheit, Wohnraum und Anstellung notwendig, um die identifizierten Bildungs-Barrieren nachhaltig zu überwinden (Stiftung Erinnerung, Verantwortung und Zukunft – EVZ, 2015).

3.2 Implikationen für die Forschung

Zukünftig ist die Identifikation und Verbreitung von Meilensteinen und klinischen Markern für diverse Muttersprachen anzuregen. Diese können u. a. die Unterscheidung von Sprachdifferenz vs. Störung erleichtern, da viele mehrsprachige Kinder ohne Spracherwerbsstörung (SES), beim L2-Erwerb linguistische Strukturen verwenden, die in der Umgebungssprache als klinische Marker für eine SES gelten (Scharff

Rethfeldt, 2013). Damit wäre eine Reduktion der Über- bzw. Unter-Identifikation sprachauffälliger mehrsprachiger Kinder möglich.
Der kindliche Spracherwerb wie auch die Testung bzw. Einschätzung von Sprachförder- bzw. Therapiebedarfen von Kindern im (Vor)Schulalter gehören zu den Schlüsselkompetenzen von sprachtherapeutisch und sprachheilpädagogisch tätigen Personen. Insofern ist diese Personengruppe fähig, angemessene Trainings für Lehrkräfte und andere Professionen anbieten, um die Unterscheidung von Sprachdifferenz und Sprachstörung auch bei mehrsprachigen Kindern unterstützen. Dazu könnte neben der Entwicklung angemessener(er) Sprachtests auch die Unterstützung der Planung des L2-Unterrichts, unter Berücksichtigung der besonderen Bedürfnisse von RS und Kindern anderer kultureller Herkunft, gehören. Auch Forschungsergebnisse zum strukturierten Einsatz von soziokulturell angemessenen diagnostischen Vorgehensweisen stellen ein wichtiges Potenzial für den Bildungs-Zugang sowie die Inklusion von Kindern mit unterschiedlichen Hintergründen an Migration und/oder Flucht dar.

Literatur

Braun, V., & Clarke, V. (2006). Using thematic analysis in psychology. *Qualitative Research in Psychology, 3*, 77-101.
Brown, P., Scullion, L., & Martin, P. (2013). *Migrant Roma in the United Kingdom – Population size and experiences of local authorities and partners*. Manchester: University of Salford.
Brown, P., Dwyer, P., & Scullion, L. (2013). *The limits of inclusion? Exploring the views of Roma and non Roma in six European Member States*. Manchester: University of Salford – Roma Source.
Cresswell, J. W. (2009). *Research Design: qualitative, quantitative, and mixed methods approaches (3. Aufl.)*. Thousand Oaks: Sage Publications.
Cummins, J. (2000). *Language, Power and Pedagogy – bilingual children in the crossfire*. Clevedon: Multilingual Matters Ltd.
De Lamo White, C., & Jin, L. (2011). Evaluation of speech and language approaches with bilingual children (Review). *International Journal of Language and Communication Disorders, 46 (4)*, 613-627.
Dunn, L. M., Whetton, C., & Burley, J. (1997). *The British Picture Vocabulary Scale-II (2. Aufl.)*. London: Nelson Publishing Company Ltd.
EVZ (2015). *Gemeinsam für eine bessere Bildung – Empfehlungen zur gleichberechtigten Bildungsteilhabe von Sinti und Roma*. Berlin: Stiftung Erinnerung, Verantwortung und Zukunft.

Haupt, C. (2013). *Eastern European Roma Gypsy Pupils: Challenges in Accessing British Primary Education.* (Unpublished MPhil-Thesis). University of Sheffield, England.

Heuss, H. (2011). Roma und Minderheitenrechte in der EU. *Aus Politik und Zeitgeschichte (ApuZ), 22-23,* 21-27.

Renfrew, C. (2010). *The Renfrew Language Scales: Action Picture Test (4. Aufl.).* United Kingdom: Speechmark Publishing Ltd.

Scharff Rethfeldt, W. (2013). *Kindliche Mehrsprachigkeit – Grundlagen und Praxis der sprachtherapeutischen Intervention.* Stuttgart, New York: Thieme.

Strauß, D. (Hrsg.). (2011). *Studie zur aktuellen Bildungssituation deutscher Sinti und Roma. Dokumentation und Forschungsbericht. RomnoKher.* Marburg: I-Verb.

Wilkin, A., Derrington, C., White, R., Foster, B., Kinder, K., & Rutt, S. (2010). *Improving the outcomes for Gypsy, Roma and Traveller pupils: final report – DCSF-RR077.* London: Department for Children, Schools and Families.

Technische Universität Berlin (2013). *Zur Lage von Kindern aus Roma-Familien in Deutschland – Zusammenfassung der Ergebnisse einer Studie des Zentrums für Antisemitismusforschung im Auftrag von UNICEF.* Berlin: TU.

Yvonne Adler

Ergebnisse und Bedingungen früher Förderung des Zweitspracherwerbs nach dem KomMig-Modell

1 Einleitung

Kinder mit Migrationshintergrund werden oft in Bezug auf die Sprache als Problemfälle dargestellt. Insbesondere wenn es sich um ihre Einschulung handelt, treten auf Grund der sprachlichen Schwierigkeiten vermehrt Fragen und Probleme auf. Diese Kinder werden häufiger als Gleichaltrige an Förderschulen verwiesen (Ehrlich, 2005). Dies geschieht meist aus dem Grund, dass sie nicht genügend gute Deutschkenntnisse haben, um erfolgreich am Grundschulunterricht der Regelschule teilnehmen zu können. Deshalb sollten Kinder mit nicht deutscher Muttersprache, die später einmal eine deutschsprachige Schule besuchen werden, vom ersten Tag an, den sie in Kindereinrichtungen verbringen beim Erwerb der Zweitsprache entsprechend gefördert und unterstützt werden. Misserfolgen in der Schule und einer folgenden Ausgrenzung könnte so vorgebeugt werden. Kosten für zusätzliche Fördermaßnahmen oder die Beschulung in einer Förderschule werden reduziert.

Forschungsbasiert wurde ein Konzept zur frühzeitigen sprachlichen Förderung von Kindern mit Migrationshintergrund erarbeitet. Es entstanden neben Hinweisen für die Aus- und Weiterbildung von Erzieherinnen, ein Weiterbildungskonzept sowie eine Handreichung, die es gestattet, wissenschaftlich fundiert und beobachtungsbasiert (Sprachfähigkeitsermittlung) Kinder mit Migrationshintergrund im Alltag der Kindertagesstätte effektiv entsprechend ihrer Fähigkeiten zu fördern und ihnen so den Einstieg in deutsche Sprache zu erleichtern bzw. ihre Sprachfähigkeiten zu vervollkommnen. Mit Hilfe der hier zu referierenden Pilotstudie wurde nachgewiesen, dass die Materialien des Modells anwendbar sind und effektive Ergebnisse liefern.

2 Das KomMig-Modell

Wenn Kinder etwa im 3. Lebensjahr in Kontakt mit dem Deutschen treten, erfolgt der frühe Zweitspracherwerb im Wesentlichen in ähnlichen Abfolgen wie der Erwerb von Deutsch als Muttersprache verläuft (Rothweiler, 2006, 2009, Tracy, 2007). Daher bilden sowohl Erkenntnisse zum Erstspracherwerb des Deutschen eine Grundlage für das vorliegende Phasenmodell als auch Forschungsergebnisse zum Zweitspracherwerb (Paradis, 2004, Rothweiler, 2006, Tracy, 2007, Jeuk, 2007, Genese, Paradis & Cargo, 2008), aus denen ableitbar ist, in welchen Schritten Kinder sich der neuen Sprache nähern. Für das Zweitspracherwerbsmodell wurden auf dieser Grundlage zwei perzeptive und sechs produktive Phasen postuliert. Bisherige Modelle orientierten sich vorwiegend an der Sprachproduktion der Kinder. Grundlegend für einen erfolgreichen Erwerb der Zweitsprache ist jedoch, dass das Kind lernt, die Sprache wahrzunehmen (lautliche Strukturen, Wortgrenzen, Intonation usw.) und entsprechende Bedeutungen zuzuordnen. Die Produktiven Phasen lehnen sich in ihrer Struktur an die Grammatikerwerbsphasen nach Clahsen (1988) an.

Das Modell besteht aus drei wesentlichen Säulen, der Schulung der Erzieherinnen und Erzieher bezüglich des Zweitspracherwerbs und des Umgangs mit den Beobachtungsbögen, der gezielten, kriteriengeleiteten Beobachtung der sprachlichen Fähigkeiten der Kinder sowie der daraus abzuleitenden Förderziele und -methoden.
Das KomMIg Modell bietet ein umfassendes Material zur Gestaltung des Zweitspracherwerbs im Alltag der Kindertagesstätte. Es erhöht durch seine systemische Herangehensweise das Verständnis für die Bedürfnisse und die Lernstrategien der Kinder. Die Beobachtungsbögen geben einen Leitfaden für die Einschätzung der sprachlichen Fähigkeiten und der daraus abzuleitenden nächsten Entwicklungsschritte. Die Erziehenden werden in der methodischen Gestaltung der Sprachförderung im Alltag unterstützt.
Das vorliegende Modell orientiert sich an den Erwerbsreihenfolgen und beachtet dabei die kognitive Entwicklung sowie das Alter der Kinder (Adler, 2011, S. 119 ff).

2.1 Das KomMig-Modell als Grundlage der Sprachstanderhebung
Um eine möglichst objektive Einschätzung der Qualität des Zweitspracherwerbs gewährleisten zu können, wurde für jede Erwerbsphase ein Beobachtungsbogen entwickelt und in der Praxis überprüft (Krause & Krause, 2009) Items zur Sprachwahrnehmung, zum Sprachverständnis, zur Wort- und Satzproduktion, zum Lexikon- und zum Grammatikerwerb sowie zu kommunikativen Fähigkeiten werden jeweils auf einer 6er-Skala von den Bezugspersonen (Erzieherinnen/Erzieher) anhand von Beobachtungen in unterschiedlichen Alltagssituationen eingeschätzt.

2.2 Das KomMig-Modell als Grundlage der Zweitsprachförderung
Entsprechend der Einordnung der Fähigkeiten des Kindes in eine Erwerbsphase werden, orientiert an der jeweils nächsten Phase, entwicklungsadäquate Sprachziele ermittelt. Durch eine wissenschaftlich fundierte Schulung des Fachpersonals, kann dieses das eigene sprachliche Verhalten anpassen und die Förderung im Alltag so gestalten, dass bei den Kindern Sprachlernprozesse initiieren werden.

3 Längschnittliche Entwicklungsbeobachtung der geförderten Kinder

Ziel der längsschnittlichen Untersuchung war es, festzustellen, welche sprachlichen Fortschritte Kinder, die mit zirka drei Jahren in der Kita erstmals intensiv mit der deutschen Sprache in Berührung kommen, unter den Bedingungen der Förderung mit dem KomMig-Modell innerhalb von 9 Monaten erreichen können. Dabei sollten gleichzeitig die Beobachtungsinstrumente nochmals einer kritischen Wertung unterzogen werden.

3.1 Methoden

Es wurden anfangs fünf Kinder beobachtet, die im Alter von 2;9 bis 3;3 erstmals in der Kindereinrichtung mit der deutschen Sprache in Berührung kamen und vorher in ihrer Muttersprache bereits eine altersgerechte Entwicklung vollzogen hatten. Die Erstsprachen der Kinder waren arabisch (1), türkisch (1) und Russisch (3). Alle beobachteten Kinder besuchten die Kindertagesstätte 4-6 Stunden täglich.

Die Kinder wurden im Zeitraum von August/September bis Juni in regelmäßigen Abständen (aller 2 Monate) von der Erzieherin und von einer Expertin mit den Beobachtungsbögen eingeschätzt. Nach dem 7. und dem 10. Monat wurde der SETK 3-5 durchgeführt.

Nach jeder Überprüfung erhielt die jeweilige Erzieherin Hinweise zur zielgerichteten Förderung der Sprache dieser Kinder. Das notwendige sprachliche Verhalten der Erziehenden, Schwerpunkte, Methoden, sowie Möglichkeiten der Implementierung in den Kitaalltag wurden erläutert.

3.2 Ergebnisse

Die Pilotuntersuchung zeigte, dass sich die Beobachtungsbögen als geeignetes Instrument zur Feststellung des sprachlichen Entwicklungsstandes einsetzen ließen. Gleichzeitig lieferten sie durch ihre zeitliche Aufeinanderfolge Hinweise auf die nächsten Entwicklungsziele. Als kritisch erwies sich die Unterteilung in zwei perzeptive Phasen. Da sich die Übergänge hier fließend gestalten, ist es sinnvoller diese zu einer Phase zusammenzufassen. Gleichzeitig zeigte sich, dass die Kinder unterschiedlich lange in den einzelnen Phasen verharrten. Vor allem die Dauer der Perzeptionsphase ist abhängig von den individuellen Voraussetzungen der Kinder. Dabei spielen nicht allein kognitive Fähigkeiten, die Aufmerksamkeit und insbesondere metasprachliche Fähigkeiten eine Rolle. Vielmehr wirken hier sehr stark soziale und Persönlichkeitskomponenten. So zeigte es sich, dass bei gleichen Ausgangsbedingungen (sehr gute Fähigkeiten im Nachsprechen von Wörtern) die Entwicklung der Sprachproduktion unterschiedlich schnell von statten ging. Als ein wesentlicher Motor der Entwicklung stellten sich das Neugierverhalten und eine explorierende Grundhaltung heraus. Darüber hinaus spielte die Wortschatzentwicklung eine große Rolle für den weiteren Erwerb. Dies wird in Abbildung 1 beim Vergleich der beiden Mädchen deutlich. Während Katarina eher zurückhaltend und kontaktscheu agierte, wandte Isra sich den anderen Kindern zu, spielte mit ihnen und versuchte aktiv zu kommunizieren. Katarina dagegen hörte sehr aufmerksam zu, agierte jedoch zunächst selten mit anderen Kindern. Nach anfänglich guten Fortschritten verlangsamte sich das Tempo beim produktiven Erwerb der Sprache. Eyüp konnte seine sprachlichen Fähigkeiten kontinuierlich weiterentwickeln. Der geringfügige Rücklauf zum letzten Untersuchungszeitraum ist auf einen längeren Aufenthalt in der Türkei kurz vor der Untersuchung zurückzuführen.

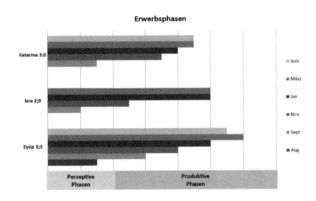

Abb. 1: Erwerbsphasen – Entwicklung der Kinder

Nach zirka 7 Monaten des Kontaktes mit der deutschen Sprache erzielen die Kinder beim SETK 3-5 Ergebnisse in der Nähe der normalen Mittelwerte einsprachig aufwachsender Kinder (s. Abb. 2).

SETK 3-5 (T-Werte)

		VS	ESR	MR	PGN
Eyüp	3;10	37	32	50	29
	4;1	35	35	37	57
Isra	3;5	33	39	21	57
Katarina	3;6	33	35	38	50
	3;9	40	37	46	60

VS – Verstehen von Sätzen
ESR – Enkodierung semantischer Relationen
MR – Morphologische Regelbildung
PGN – Phonologisches Gedächtnis für Nichtwörter

Abb. 2: Ergebnisse des SETK3-5 nach 7 und 10 Monaten

Als für Zweitsprachlerner typisch zeigt sich das Ergebnis im Bereich des phonologischen Gedächtnisses.

Beeindruckend ist, dass Katarina zwar eine langsamere produktivere Entwicklung aufzuweisen hat, ihre sprachstrukturellen Kenntnisse jedoch bereits nach 10 Monaten im Normbereich liegen. Im Bereich der semantischen Enkodierung kann sie sich der Norm annähern, möglicherweise ist der gegenüber Erstsprachlernern eingeschränkte Wortschatz die Ursache für dieses Ergebnis. Für Isra liegen zum zweiten Messzeitpunkt leider keine Daten vor, doch bereits nach 7 Monaten zeigt sich, dass sie sich der Norm der Erstsprachlerner annähert. Deutlich wird hier auch, dass eine erhöhte Sprachproduktion und der damit im Zusammenhang stehende größere aktive Wortschatz Einfluss auf das Enkodieren semantischer Relationen hat. Dieser Fortschritt geht möglicherweise zu Lasten der morphologischen Regelbildung (MR).
Die letzten 3 Phasen des Modells erwiesen sich als nicht immer eindeutig voneinander abgrenzbar, es zeigten sich Gleichzeitigkeiten und Überschneidungen.

4 Fazit

Die Ergebnisse haben gezeigt, dass eine Beobachtung und Förderung nach dem KimMig-Modell zum Erfolg führt. Eine Überarbeitung der Phasen und somit eine Verkürzung trägt zur besseren Handhabbarkeit bei.

Als zentrale Bedingungen für den Zweitspracherwerb sind die soziale Einbindung und der kommunikative Umgang mit Kindern der Bezugsgruppe zu sehen. Als effektiv erwiesen sich ein an die aktuellen Spracherwerbsbedürfnisse angepasstes, kontrolliertes Sprachangebot der Erziehenden und spezifische, in den Alltag integrierte, gut strukturierte Sprachlernsituationen. Damit wurde ein hochfrequentes Angebot der zu erwerbenden Merkmale in kommunikativen Alltagssituationen erreicht.

Es hat sich gezeigt, dass die Auseinandersetzung mit den Beobachtungsbögen den Fokus auf wesentliche Sprachlernziele der Kinder lenken konnte. Flankiert durch eine permanente Beratung und Fortbildung waren die Erziehenden in der Lage, ihr Verhalten und die Gestaltung des Alltags an die Bedürfnisse der Kinder anzupassen.

Bei einer entsprechenden Schulung und Unterstützung des Fachpersonals, gelingt es gut, die Kinder beim Zweitspracherwerb so zu unterstützen, dass diese bereits nach zirka einem Jahr auf einem ähnlichen Niveau wie ihre Altersgenossen kommunizieren.

Literatur

Adler, Y. (2010). Kompetenzentwicklungsmodell zum Zweitspracherwerb Deutsch durch Kinder mit Migrationshintergrund (KomMig). *Sprachheilarbeit, 2010* (3), 121-129.

Adler, Y. (2011). *Kinder lernen Sprache(n).* Stuttgart: Kohlhammer.

Adler, Y., Bergau, M., Krause, M., & Krause, J. (2010). *Längsschnittstudien zum Zweitspracherwerb russischer und vietnamesischer Kinder im Kindergartenalter.* (Nicht veröffentlichtes Material). Universität Leipzig, Institut für Förderpädagogik.

Clahsen, H. (1988). *Normale und gestörte Kindersprache: linguistische Untersuchungen zum Erwerb von Syntax und Morphologie.* Amsterdam, Philadelphia: John Benjamins Publishing Company.

Genese, F., Paradis, J., & Crago, M. B. (2008). *Dual language development & disorders.* Baltimore, London, Sydney: Paul H. Brooks Publishing Co.

Jeuk, S. (2007). ´Zweitspracherwerb im Anfangsunterricht – erste Ergebnisse`. Erwerb. In B. Ahrenholz (Hrsg.), *Kinder mit Migrationshintergrund. Spracherwerb und Fördermöglichkeiten* (S. 186-202). Freiburg im Breisgau: Fillibach.

Krause, J., & Krause, M. (2009). *Analyse des Zweitspracherwerbs Deutsch bei vietnamesischen Kindern unter den Bedingungen des Besuchs einer Kindertagesstätte.* (Nicht veröffentlichte Examensarbeit). Philosophische Fakultät der Universität Rostock, Institut für Sonderpädagogische Entwicklungsförderung und Rehabilitation.

Paradise, M. (2004). *A Neurolinguistic Theory of Bilingualism.* Amsterdam, Philadelphia: John Benjamins Publishing Company.

Rothweiler, M. (2006). Spezifische Sprachentwicklungsstörung und kindlicher Zweitspracherwerb. In R. Bahr & C. Iven (Hrsg.), *Sprache – Emotion – Bewusstheit. Beiträge zur Sprachtherapie in Schule, Praxis, Klinik* (S. 154-162). Idstein: Schulz-Kirchner.

Rothweiler, M. (2009). Über den Zusammenhang von Lexikon, Grammatik und Mehrsprachigkeit: Was kann die Spracherwerbsforschung für die Praxis liefern? *Sprachheilarbeit, 54,* 246-254.

Tracy, R. (2007). *Wie Kinder Sprachen lernen. Und wie wir sie dabei unterstützen können.* Tübingen: Francke Verlag.

Katja Schmidt

Zweitspracherwerb im bilingualen Kindergarten: auch für Kinder mit sprachlichen Beeinträchtigungen?

1 Problemlage

Frühes Fremdsprachenlernen ist in den vergangenen Jahren verstärkt in den Fokus der Bildungsforschung gerückt. Fremdsprachenunterricht beginnt nicht mehr erst in Jahrgangsstufe 5, sondern wird in allen Bundesländern bereits in der Grundschule angeboten. Hinzu kommen vielseitige Angebote in Kindertagesstätten (Kitas), die bereits Vorschulkindern den Kontakt mit einer Fremdsprache ermöglichen. So arbeiten zahlreiche Kitas in Deutschland nach dem sogenannten Immersionsprinzip, d. h. die Betreuung der Kinder erfolgt durchgängig in zwei Sprachen (Deutsch und eine weitere Sprache, zumeist Englisch). Dabei wird die Zweitsprache nicht wie im schulischen Fremdsprachenunterricht systematisch gelehrt, sondern begegnet den Kindern in situativen Kontexten des Kindergartenalltags. So haben die Kinder die Möglichkeit, in die neue Sprache „einzutauchen" und sich die Bedeutung der fremdsprachlichen Lexeme und Strukturen – ähnlich wie beim Erwerb der Muttersprache – eigenständig zu erschließen (u. a. Wode, 1995, Burmeister & Steinlen, 2008). Die Wirksamkeit dieser Art des Sprachenlernens steht mittlerweile außer Frage. Bereits nach wenigen Wochen in einem Immersionsprogramm verfügen die Kinder über ein gut ausgeprägtes Sprachverständnis und auch bei der Sprachproduktion lassen sich im Laufe der Zeit bemerkenswerte Fortschritte beobachten (vgl. z. B. Wode, 2009, Rohde, 2010).

Allerdings beziehen sich die meisten der vorliegenden Untersuchungen ausschließlich auf Kinder, die in ihrer Erstsprache (L1) eine altersgerechte Entwicklung aufweisen. Ob auch Kinder mit sprachlich-kommunikativen Beeinträchtigungen (in der L1) von einem immersiven Setting profitieren, ist bislang kaum untersucht worden. Hier setzt das Projekt „Zweitspracherwerb im Kontext englischer Immersion im Kindergarten unter der Berücksichtigung unterschiedlicher Spracherwerbsverläufe in der Muttersprache" an, welches seit 2014 an der Universität Rostock am Institut für Anglistik/Amerikanistik durchgeführt wird. Im Zentrum des Forschungsvorhabens steht die Frage, wie der Zweitspracherwerb (Englisch) bei Kindern mit einer Sprachentwicklungsverzögerung bzw. Sprachentwicklungsstörung (bezogen auf die Erstsprache Deutsch) im Vergleich zu Kindern mit einer altersgerechten Erstsprachent-

wicklung verläuft. Vor allem die Wortschatzentwicklung ist dabei von Interesse, da sie eine zentrale Komponente des Zweitspracherwerbs darstellt.
In diesem Beitrag werden die ersten Ergebnisse der Longitudinalstudie dargestellt und ein Vergleich der englischen Wortschatzkenntnisse von Kindern mit und ohne sprachliche Beeinträchtigungen vorgenommen.

2 Methode

Studien zum Zweitspracherwerb in bilingualen Kindergärten belegen, dass die Kinder bis zum Schuleintritt vor allem rezeptive Fertigkeiten in der L2 entwickeln (vgl. z. B. Burmeister & Steinlen, 2008, Rohde, 2010). Aus diesem Grund wurde ein Testinstrument gewählt, mit dem sich das Wortschatzverständnis der Kinder überprüfen lässt. Beim *British Picture Vocabulary Scale III* (BPVS III, Dunn & Dunn, 2009) handelt es sich um ein standardisiertes Testverfahren zur Erfassung des rezeptiven Lexikons 3- bis 16-jähriger Kinder, die Englisch als Erst- oder Zweitsprache in Großbritannien lernen. Der Vorteil des Tests liegt darin, dass sich die Test-Items nicht nur auf die Wortschatzbereiche beschränken, die im Kindergartenalltag eine Rolle spielen, sondern ein breites Wortschatzspektrum abdecken, das dem Erfahrungsbereich der jeweiligen Altersgruppe entspricht. Nur so können u. U. verallgemeinerbare und mit anderen Studien vergleichbare Aussagen über die Entwicklung des rezeptiven L2-Wortschatzes getroffen werden (vgl. dazu auch Weitz & Rohde, 2010).

Insgesamt besteht der Test aus 168 Wörtern verschiedener Wortklassen (Adjektive, Substantive und Verben), welche unterschiedlichen semantischen Feldern zugeordnet werden können (z. B. *actions, animals, clothing and accessories, body parts, fruit and vegetable, household items, shapes, etc.*, vgl. Dunn & Dunn, 2009, S. 25). Die Test-Items sind in 14 Sets mit je 12 Wörtern unterteilt, wobei sich der Schwierigkeitsgrad kontinuierlich erhöht. Zu jedem Test-Item wird dem Kind eine Auswahl von vier Bildern präsentiert, zusammen mit der Aufforderung, das passende Bild zum genannten Wort zu finden (z. B. „Please show me *blue.*"). Macht das Kind in einem Set acht oder mehr Fehler, wird der Test abgebrochen. Die Anzahl der richtig gezeigten Bilder entspricht der Anzahl der rezeptiv beherrschten Wörter.

Der Test wurde im Zeitraum Februar bis März 2016 mit 29 Kindern im Alter zwischen 3;2 und 4;8 Jahren durchgeführt. Die Kinder besuchen eine zweisprachige Kita und werden sowohl von einer deutsch- als auch einer englischsprachigen Fachkraft betreut, welche mindestens 6 Stunden täglich anwesend ist. Die Kontaktdauer zur Zweitsprache Englisch betrug zum Testzeitpunkt zwischen 0;6 und 2;7 Jahren.

Vor der Durchführung des BPVS III wurde die allgemeine sprachliche Entwicklung der Kinder in der Erstsprache Deutsch überprüft. Mit Hilfe des *Sprachscreenings für das Vorschulalter* (SSV, Grimm, 2003) wurde festgestellt, ob die Kinder eine altersgerechte muttersprachliche Entwicklung aufweisen oder ob eine Sprachentwicklungsverzögerung vorliegt.

3 Ergebnisse

Bei der Testung mit dem SSV wiesen 13 Kinder eine vollständig altersgerechte L1-Entwicklung auf, d. h. die T-Werte lagen in beiden Subtests mindestens zwischen 40 und 60 (4 der Kinder erreichten sogar T-Werte > 60). Bei 11 Kindern ergaben die beiden Subtests ein uneinheitliches Bild. Während die Kinder in einem der Tests T-Werte zwischen 40 und 60 erreichten (was einer altersgerechten sprachlichen Entwicklung entspricht), lagen sie im anderen mit T-Werten < 40 unter der Altersnorm. Diese Kinder gelten laut Grimm (2003) zwar nicht als Risikokinder, ihre sprachliche Entwicklung sollte aber weiter beobachtet werden. 5 Kinder erreichten in beiden Subtests T-Werte < 40, d. h. „es muss von einer deutlichen Verzögerung der Sprachentwicklung ausgegangen werden" (ebd., S. 37) (s. Abb. 1).

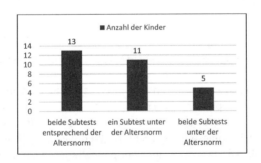

Abb. 1: Testergebnisse des SSV zur L1-Entwicklung

Im rezeptiven Wortschatztest BPVS III erreichten die Kinder (n=29) eine durchschnittliche Rohpunktzahl von 13,4. Die niedrigste erreichte Rohpunktzahl lag bei 4, die höchste bei 36, was zum einen auf hohe individuelle Unterschiede hinweist, zum anderen aber auch auf die unterschiedliche Kontaktdauer zur L2 zurückzuführen ist. Kinder mit einer längeren Kontaktdauer zur L2 erreichten durchschnittlich bessere Ergebnisse als Kinder, die erst seit Kurzem mit der L2 in Kontakt waren.

Betrachtet man die Ergebnisse des BPVS III im Verhältnis zu den Ergebnissen des SSV, so lässt sich Folgendes feststellen: Kinder mit einer vollständig altersgerechten L1-Entwicklung erreichen im BPVS III eine durchschnittliche Rohpunktzahl von 13,5; Kinder, deren L1-Entwicklung zum Teil unter der Altersnorm liegt, erreichen eine durchschnittliche Rohpunktzahl von 14,9; Kinder, die in ihrer erstsprachlichen Entwicklung deutliche Verzögerungen aufweisen, erreichten eine durchschnittliche Rohpunktzahl von 9,6 (s. Abb. 2).

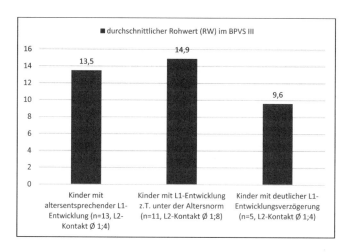

Abb. 2: Zusammenhang zwischen L1-Entwicklung und Wortschatzverständnis in der L2

Diese Ergebnisse sind in zweierlei Hinsicht interessant. Erstens zeigen sie, dass Kinder, die in ihrer muttersprachlichen Entwicklung z. T. unter der Altersnorm liegen, ein geringfügig besseres Wortschatzverständnis in der L2 aufweisen (RW=14,9) als Kinder mit einer vollständig altersgerechten L1-Entwicklung (RW=13,5). Dies lässt sich z. T. damit erklären, dass die Kinder der erstgenannten Gruppe im Durchschnitt 4 Monate länger in Kontakt mit der L2 Englisch waren (L2-Kontakt Ø 1;8) als die Kinder mit einer altersgerechten muttersprachlichen Entwicklung (L2-Kontakt Ø 1;4). Es kann jedoch auch als ein Hinweis darauf gedeutet werden, dass die rezeptive Entwicklung der Zweitsprache bei Kindern, deren L1-Entwicklung z. T. unter der Altersnorm liegt, ähnlich verläuft wie bei Kindern mit einer altersgerechten L1-Entwicklung. Das bedeutet, dass der Zweitspracherwerb offenbar nicht erschwert ist, solange die Defizite in der muttersprachlichen Entwicklung nur einen Teilbereich der Sprache betreffen. Ob sich diese Vermutung bestätigt, muss im weiteren Verlauf der Studie überprüft werden.

Zweitens zeigt sich, dass Kinder mit einer ausgeprägten Verzögerung in der muttersprachlichen Entwicklung ein deutlich schlechteres Ergebnis im englischen Wortschatztest (RW=9,6) erzielen als die übrigen Kinder der Stichprobe. Dies legt die Vermutung nahe, dass Störungen im Erstspracherwerb auch zu Verzögerungen im Zweitspracherwerb führen. Zwar ist der Wortschatzerwerb nur eine von vielen Komponenten des Spracherwerbs, dennoch spielt er gerade in der frühen Phase der Sprachentwicklung eine wesentliche Rolle und kann als Indikator für die allgemeine Sprachentwicklung angenommen werden. In Bezug auf den Erstspracherwerb konnten Grimm und Doil (2000) nachweisen, dass Kinder mit einer Risikodiagnose für eine Sprachentwicklungsstörung wesentlich schlechtere Sprachleistungen im rezeptiven Wortschatz erzielten als sprachunauffällige Kinder (Schulz, 2007, S. 184). Die vorliegende Studie belegt, dass dies auch für den Zweitspracherwerb zutrifft. Daraus lässt sich schließen, dass Störungen im Sprachentwicklungsprozess sowohl die Erst- als auch die Zweitsprache betreffen und sich in ähnlicher Weise zeigen. Diese Annahme wird durch eine der wenigen Studien zum Zweitspracherwerb sprachauffälliger Kinder unterstützt, in der Paradis (2008) zeigen konnte, dass Kinder mit einer Sprachentwicklungsstörung in ihrer Erstsprache Chinesisch beim Erwerb der Zweitsprache Englisch vergleichbare Erwerbsmuster aufweisen. So waren beim Erwerb grammatischer Morpheme in der L2 dieselben Verzögerungen feststellbar wie in der L1 (Paradis, Genesee, & Crago, 2010, S. 206). Interessanterweise konnten die Verzögerungen im Grammatikerwerb sowohl in der L1 als auch in der L2 nach geraumer Zeit aufgeholt werden. Ob sich dies auch auf den Wortschatzerwerb übertragen lässt, muss im Verlauf der Studie überprüft werden.

Zu erwähnen ist auch, dass die Ergebnisse der sprachauffälligen Kinder stark voneinander abweichen. So lagen die Rohwerte zweier gleichaltriger Jungen (3;6) mit derselben Kontaktzeit zur L2 (0;6) bei 4 bzw. 8 Punkten. Dieser auffällige Unterschied weist auf einen sehr individuellen Verlauf des Zweitspracherwerbs hin, der sowohl durch Persönlichkeitsmerkmale als auch durch Umweltfaktoren beeinflusst wird. Hier wird es notwendig sein, Individualprofile zu erstellen, die diese Faktoren berücksichtigen.

4 Zusammenfassung und vorläufiges Fazit

Dieser Beitrag fasst die ersten Ergebnisse einer Longitudinalstudie zum Zweitspracherwerb im Kontext englischer Immersion im Kindergarten zusammen. Ziel der Studie ist es zu untersuchen, wie sich unterschiedliche Spracherwerbsverläufe in der Muttersprache Deutsch auf den Erwerb der Zweitsprache Englisch auswirken. Eine Teilfrage bezieht sich dabei auf den Erwerb des rezeptiven Lexikons in der L2. Mit Hilfe des *British Picture Vocabulary Scale III* konnte nachgewiesen werden, dass Kinder mit einer Sprachentwicklungsstörung in der L1 deutlich schlechtere Sprachleistungen im Bereich des rezeptiven Wortschatzes in der L2 zeigen als Kinder mit einer altersgerechten muttersprachlichen Entwicklung. Es ist demnach davon auszugehen, dass sprachliche Beeinträchtigungen in der Muttersprache auch zu Auffälligkeiten im Zweitspracherwerb führen. Ob diese Auffälligkeiten ausschließlich quantitativer Natur sind oder ob auch qualitative Unterschiede beobachtbar sind, wird im weiteren Verlauf der Studie durch eine Analyse spontansprachlicher Äußerungen untersucht. Zudem müssen auch Individualprofile erstellt werden, die verschiedene Einflussfaktoren, wie z. B. die Kontaktdauer zur L2 oder die emotionale Bindung zur/m englischsprachigen Erzieher/in sichtbar machen. Zu beobachten bleibt weiterhin, wie sich die zweisprachige Umgebung auf die Entwicklung der Muttersprache auswirkt.

Insgesamt deuten die bisherigen Ergebnisse darauf hin, dass auch sprachauffällige Kinder von bilingualen Programmen profitieren. Zwar liegen ihre Sprachleistungen in der L2 unter denen sprachunauffälliger Kinder, dennoch sind sie prinzipiell in der Lage, eine zweite Sprache zu erwerben.

Literatur

Burmeister, P., & Steinlen, A. K. (2008). Sprachstandserhebungen in bilingualen Kindertagesstätten: Das erste Jahr. In G. Blell & R. Kupetz (Hrsg.), *Fremdsprachenlehren und -lernen. Prozesse und Reformen* (S. 129-146). Frankfurt: Lang.

Dunn, L., & Dunn, D. (2009). *The British Picture Vocabulary Scale* (3. Aufl.). London: GL Assessment.

Grimm, H. (2003). *Sprachscreening für das Vorschulalter. Kurzform des SETK 3-5.* Göttingen: Hogrefe.

Grimm, H., & Doil, H. (2000). *ELFRA. Elternfragebogen für die Erkennung von Risikokindern.* Göttingen: Hogrefe.

Paradis, J., Genesee, F., & Crago, M. B. (2010). *Dual Language Development & Disorders. A Handbook on Bilingualism & Second Language Learning (2. Aufl.).* Baltimore: Paul H. Brookes Publishing Co.

Rohde, A. (2010). Receptive L2 Lexical Knowledge in Bilingual Preschool Children. In K. Kersten, A. Rohde, C. Schelletter & A. Steinlen (Hrsg.), *Bilingual Preschools. Learning and Development* (S. 46-68). Trier: Wissenschaftlicher Verlag Trier.

Schulz, P. (2007). Verzögerte Sprachentwicklung: Zum Zusammenhang zwischen *Late Talker, Late Bloomer und Spezifischer Sprachentwicklungsstörung.* In H. Schöler & A. Wellings (Hrsg.), *Sonderpädagogik der Sprache* (S. 178-190). Göttingen: Hogrefe.

Weitz, M., & Rohde, A. (2010). German children's L2 English vocabulary in bilingual kindergarten programmes in Germany: Why do the children's scores differ so strongly from each other? In C. Bongartz & J. Rymarczyk (Hrsg.), *Languages Across the Curriculum. Ein multiperspektivischer Zugang* (S. 51-70). Frankfurt am Main: Lang.

Wode, H. (1995). *Lernen in der Fremdsprache: Grundzüge von Immersion und bilingualem Unterricht.* Ismaning: Hueber.

Wode, H. (2009). *Frühes Fremdsprachenlernen in bilingualen Kindergärten und Grundschulen.* Braunschweig: Westermann.

Ulla Licandro

Die Analyse narrativer Fähigkeiten von ein- und mehrsprachigen Kindern

1 Einleitende Gedanken

Mit mehreren Sprachen aufzuwachsen ist heutzutage keine Besonderheit mehr. In internationalen Kontexten und auch in Deutschland ist die frühkindliche Betreuungs- und Bildungslandschaft von einer stetig wachsenden kulturellen und sprachlichen Diversität geprägt. In Deutschland wachsen zur Zeit ca. 35 % der Kinder unter sechs Jahren mit einem Migrationshintergrund auf, von denen im heimischen Umfeld auch viele mindestens eine andere Sprache als Deutsch sprechen (Bundesministerium für Familie, Senioren, Frauen und Jugend, 2014). Um den linguistischen Anforderungen im Bildungssystem begegnen zu können und erfolgreich am sprachlichen Geschehen im Klassenraum teilnehmen zu können, müssen alle Kinder lernen, mit komplexen und dekontextualisierten sprachlichen Informationen umgehen zu können (vgl. z. B. Dickinson & Porche, 2011; Pearson, 2002). Narrative bzw. Erzählfähigkeiten spiegeln diese Anforderungen akademischen Sprachgebrauchs wieder, wie im folgenden Paragraphen ausgeführt. Während sich der internationale Wissensstand zu den Erzählfähigkeiten monolingualer Kinder relativ gut etabliert zeigt (z. B. Becker, 2011; Berman & Slobin, 1994), ist vergleichsweise wenig über die Erzählfähigkeiten und die Erwerbsmechanismen bei mehrsprachigen Kindern bekannt. An dieser Stelle kann die Analyse der narrativen Fähigkeiten Einblick in typische und abweichende Erwerbsmuster bieten, die wiederum wichtige Informationen für Diagnostik, Förderung und Therapie liefern.

2 Was sind narrative Fähigkeiten?

Zu narrativen Fähigkeiten gehören das Verständnis und die Produktion sozioemotional sowie akademisch bedeutsamer diskursiver Sprachfähigkeiten. Mündliche Erzählungen sind kohärente linguistische Strukturen aus mehreren zusammenhängenden Äußerungen, die auf der Produktion einer fiktiven Geschichte oder realen Erlebnisses beruhen (z. B. Berman & Slobin, 1994). Als grundlegende sprachliche Handlung spielen die Erzählfähigkeiten schon früh im Spracherwerb und weiterhin innerhalb der Sprachvermittlung im Elementar- und Primarbereich eine bedeutende Rolle.

Bereits im Vorschulalter produzieren Kinder eine Vielzahl unterschiedlicher Erzähltypen. Darunter befinden sich nach Hughes und Kollegen (1997):

- **Persönliche Erzählung/ Erlebniserzählung nach Aufforderung** (z. B. „Heute im Kindergarten haben wir Besuch gehabt. Da kam nämlich ...")
- **Spontan produzierte persönliche Erzählung/ Erlebniserzählung** (z. B. „Gestern ist mir etwas Ähnliches passiert. Ich bin in den Park gegangen und ...")
- **Verbalisierung von „Regieanweisungen"** während Spielhandlungen (z. B. „Du bist jetzt die Lehrerin. Zuerst musst du ...")
- **Verbalisierung von Routinen** (z. B. „Wenn ich von der Schule nach Hause komme, gehe ich normalerweise ...")
- **Fiktive Erzählung** (z. B. „Ein Junge und sein Hund saßen im Wohnzimmer. Plötzlich sahen sie ...")

Selbst die simpelste Erzählung ist dabei eingebettet in ein komplexes Gefüge sprachlicher, kognitiver und früher literaler Fähigkeiten. Für die Produktion einer Erzählung muss die Erzählerin oder der Erzähler – über das Beobachtbare hinaus – Bedeutung durch die Koordination, Integration und Enkodierung großer Informationsmengen rein durch Sprache vermitteln. Narrative stellen daher auch eine Form dekontextualisierter sprachlicher Fähigkeiten dar, da die Fähigkeit eine Erzählung zu produzieren die kindliche Fähigkeit wiederspiegelt, über die Welt jenseits des Hier und Jetzt zu sprechen (z. B. Justice, Bowles, Pence, & Gosse, 2010; Snow, Tabors, Nicholson, & Kurland, 1995).

Mit Hilfe von Erzählungen können sich Kinder die Welt erschließen, indem sie Bedeutungen und Beziehungen repräsentieren, ihre Gedanken und Gefühle ausdrücken und Beziehungen etablieren und aufrechterhalten (z. B., Bruner, 1990, 1991). Darüberhinaus ist es aufschlussreich, die sprachliche Komplexität und spezifischen linguistischen Kennzeichen in eigenständigen Erzählungen zu erforschen: Die Konstruktion einer Erzählung baut auf der kindlichen Fähigkeit auf, Ereignisse zeitlich, räumlich und sequentiell zu organisieren (Norbury & Bishop, 2003) und auf das Vorwissen der Zuhörerschaft zuzuschneiden und stellt somit auch eine komplexe kommunikative Aufgabe dar, die unter Zugriff auf kognitive, kulturelle und komplexe linguistische Merkmale geschieht. Insbesondere wenn die Zuhörerschaft nicht über die gleichen Erfahrungen wie die erzählende Person verfügen, die ihr das Verständnis der Erzählung erleichtern könnten, muss der sprachliche Ausdruck umso komplexer sein.

3 Welche Informationen kann die Analyse narrativer Fähigkeiten generieren?

Neben ihrer wichtigen sozialen Funktion wurde die prädiktive Qualität früher Erzählfähigkeiten für späteren schulischen Erfolg durch diverse Studien belegt. So wurden beispielsweise Zusammenhänge zwischen kindlichen Erzählfähigkeiten im Vorschulalter und späteren schriftsprachlichen sowie mathematischen Fähigkeiten bei ein- und mehrsprachigen Kindern festgestellt (z. B. Griffin, Hemphill, Camp, & Wolf, 2004; Dickinson & Snow, 1987; O'Neill, Pearce, & Pick, 2004).

Die Analyse narrativer Fähigkeiten ermöglicht daher, über isolierte Äußerungen hinausgehende kindliche Sprachfähigkeiten in einem natürlichen Setting zu erheben und schafft Einblick in komplexe, sozio-emotional und akademisch bedeutsame, dekontextualisierte Sprachfähigkeiten (z. B., Norbury, Gemmell, & Paul, 2014). Darüberhinaus bietet dieser Blick auf die Sprachentwicklung besonders in der Arbeit mit mehrsprachigen Kindern Vorteile (z. B., Bedore, Peña, Gillam, & Ho, 2010; Fiestas & Peña, 2004; Gagarina et al., 2012, 2015; Peña, Gillam, & Bedore, 2014). Da narrative Praktiken in den meisten Kulturen vorkommen (z. B. Carmiol & Sparks, 2014; Gorman, Fiestas, Peña, & Clark, 2011; Minami, 2005) kann ihre Analyse als ein natürlicheres Sprachstandserhebungs- und Diagnostikinstrument als die reine Anwendung standardisierter Instrumente angesehen werden (z. B., Battle, 2002; Bedore & Peña, 2008; Bedore et al., 2010; Rojas & Iglesias, 2009), die oftmals ohnehin nicht für viele verschiedene Sprachen und Kulturen vorliegen.

4 Zugänge zur Analyse narrativer Fähigkeiten

Für die Analyse kindlicher Erzählfähigkeiten bieten sich zahlreiche Möglichkeiten (vgl. z. B. Gagarina et al., 2012, 2015; Justice et al., 2010).

Zunächst kann die Erzählung mit Blick auf die linguistischen Strukturen, also die Verwendung spezifischer lexikalischer und morpho-syntaktischer Konstruktionen (**Mikrostruktur**) beschrieben werden. Dazu gehören die Produktivität (z. B. die Gesamtanzahl der verwendeten Wörter), die lexikalische Diversität (Gesamtanzahl verschiedener Wörter) sowie die syntaktische Komplexität (durchschnittliche Äußerungslänge). Diese Fähigkeiten hängen also stark mit dem linguistischen Repertoire in der jeweiligen Sprache zusammen.

Des Weiteren kann – über einzelne Wörter bzw. morpho-syntaktische Strukturen hinweg – die logische Struktur einer Erzählung fokussiert werden. Der Blick auf diese sogenannte **Makrostruktur** ermöglicht es, den globalen Sinnzusammenhang einer Geschichte zu analysieren. Dazu gehören narrative Elemente wie das Setting, die Einführung der Hauptcharaktere, das auslösende Ereignis, Pläne, Handlungen und die Konsequenz der Handlungen bzw. die Auflösung der Geschichte. Diese Fähigkeiten können bei mehrsprachigen Kindern sprachübergreifend vorliegen.

Um die Pointe einer Erzählung zu vermitteln, ist es weiterhin wichtig, die Perspektive der Charaktere mit einzubeziehen. Dies geschieht über die Verwendung **evaluativer Marker**, wie z. B. interne Zustandsbeschreibungen (glücklich, traurig, müde, etc.) sowie die Einbindung mündlicher Rede.

Schließlich kann ein Einblick in den Prozess der Sprachproduktion gewonnen werden, indem der Anteil sogenannter **Mazes**, also Wörter, Teile von Wörtern oder alleinstehende Fragmente, die nicht zu der Erzählung beitragen (Wiederholungen, Selbstkorrekturen und Füllwörter), in der Gesamterzählung analysiert wird. Dieser Bereich kann bei mehrsprachigen Kindern wiederum durch die Sprachfähigkeiten in der bzw. den anderen Sprache(n) beeinflusst sein.

Ein vollständiges Analyseinstrument, das auf diesen vier Bestandteilen aufbaut, sowie verschiedene Beispiele finden sich in Licandro (2016).

Die Fähigkeit, vergangene oder fiktive Ereignisse wiederzugeben, ist zwar integraler Bestandteil allgemeiner sprachlicher Fähigkeiten, allerdings ist es auch eine sehr komplexe Fähigkeit, die sich aus zahlreichen sprachspezifischen und sprachübergreifenden Teilfähigkeiten zusammensetzt. Die Analyse der kindlichen Erzählfähigkeiten bietet somit eine umfangreiche Informationsquelle bezüglich alltags- sowie bildungsrelevanter Sprachfähigkeiten auf Diskurs-, Satz- und Wortebene sowie Einblicke in den Sprachproduktionsprozess.

Literatur

Battle, D. (2002). Language development and disorders in culturally and linguistically diverse children. In D. Bernstein & E. Tiegerman-Farber (Hrsg.), *Language and communication disorders in children* (S. 354-386). Boston: Allyn & Bacon.

Becker, T. (2011). *Kinder lernen erzählen. Zur Entwicklung narrativer Fähigkeiten von Kindern unter Berücksichtigung der Erzählform* (3. Aufl.). Baltmannsweiler: Schneider Verlag Hohengehren.

Bedore, L. M., & Peña, E. D. (2008). Assessment of bilingual children for identification of language impairment: Current findings and implications for practice. *International Journal of Bilingual Education and Bilingualism, 11*, 1-29.

Bedore, L. M., Peña, E. D., Gillam, R. B., & Ho, T.-H. (2010). Language sample measures and language ability in Spanish-English bilingual kindergarteners. *Journal of Communication Disorders, 43*, 498-510.

Berman, R., & Slobin, D. (1994). *Relating events in narrative: A crosslinguistic developmental study*. Hillsdale, NJ: Lawrence Erlbaum.

Bundesministerium für Familie, Senioren, Frauen und Jugend. (2014). *Familien mit Migrationshintergrund: Analysen zur Lebenssituation, Erwerbsbeteiligung und Vereinbarkeit von Familie und Beruf*. Berlin: Geschäftsstelle des Zukunftsrats Familie des Bundesministeriums für Familie, Senioren, Frauen und Jugend. Abgerufen von http://www.bmfsfj.de/RedaktionBMFSFJ/Broschuerenstelle

Bruner, J. S. (1990). *Acts of meaning*. Cambridge, MA: Harvard University Press.

Bruner, J. S. (1991). The narrative construction of reality. *Critical Inquiry, 18*, 1-21.

Carmiol, A., & Sparks, A. (2014). Narrative development across cultural contexts: Finding the pragmatic in parent-child reminiscing. In D. Mathews (Hrsg.), *Pragmatic development: Trends in language acquisition research* (S. 279-294). Amsterdam: J. Benjamins.

Dickinson, D. K., & Porche, M. V. (2011). Relation between language experiences in preschool classrooms and children's kindergarten and fourth-grade language and reading abilities. *Child Development, 82*, 870-886.

Dickinson, D. K., & Snow, C. E. (1987). Interrelationships among prereading and oral language skills in kindergartners from two social classes. *Early Childhood Research Quarterly, 2*, 1-25.

Fiestas, C. E., & Peña, E. D. (2004). Narrative discourse in bilingual children: Language and task effects. *Language, Speech, and Hearing Services in Schools, 35*, 155-168.

Gagarina, N., Klop, D., Kunnari, S., Tantele, K., Välimaa, T., Balčiūnienė, I., Bohnacker, U., & Walters, J. (2012). MAIN: Multilingual assessment instrument for narratives. *ZAS Papers in Linguistics, 56*, 1-140.

Gagarina, N., Klop, D., Kunnari, S., Tantele, K., Välimaa, T., Balčiūnienė, I., Bohnacker, U., & Walters, J. (2015). Assessment of Narrative Abilities in Bilingual Children. In S. Armon-Lotem, J. de Jong, & N. Meir (Hrsg.), *Assessing Multilingual Children: Disentangling bilingualism from language impairment* (S. 243-269). Bristol: Multilingual Matters.

Gorman, B. K., Fiestas, C. E., Peña, E. D., & Clark, M. R. (2011). Creative and stylistic devices employed by children during a storybook narrative task: A cross-cultural study. *Language, Speech, and Hearing Services in Schools, 42*, 167-181.

Griffin, T. M., Hemphill, L., Camp, L., & Wolf, D. P. (2004). Oral discourse in the preschool years and later literacy skills. *First Language, 24*, 123-147.

Hughes, D., McGillvray, L., & Schmidek, M. (1997). *Guide to narrative language: Procedures for assessments*. Eau Claire, WI: Thinking Publications.

Justice, L. M., Bowles, R. P., Kaderavek, J. N., Ukrainetz, T. A., Eisenberg, S. L., & Gillam, R. B. (2006). The index of narrative microstructure: A clinical tool for analyzing school-age children's narrative performances. *American Journal of Speech-Language Pathology, 15*, 177-191.

Justice, L. M., Bowles, R. P., Pence, K., & Gosse, C. (2010). A scalable tool for assessing children's language abilities within a narrative context: The NAP (Narrative Assessment Protocol). *Early Childhood Research Quarterly, 25*, 218-234.

Licandro, U. (im Druck). *Narrative Skills of Young Dual Language Learners. Acquisition and Peer-Mediated Support in Early Childhood Education and Care*. Wiesbaden: Springer VS.

Minami, M. (2005). Bilingual narrative development in English and Japanese: A form/function approach. In J. Cohen, K. T. McAlister, K. Rolstad & J. MacSwan (Hrsg.), *ISB4: Proceedings of the 4th International Symposium on Bilingualism* (S. 1618-1629). Somerville, MA: Cascadilla Press.

Norbury, C. F., & Bishop, D. V. M. (2003). Narrative skills in children with communication impairments. *International Journal of Language and Communication Impairments, 38*, 287-313.

Norbury, C. F., Gemmell, T., & Paul, R. (2014). Pragmatics abilities in narrative production: A cross-disorder comparison. *Journal of Child Language, 41*, 485-510.

O'Neill, D. K., Pearce, M. J., & Pick, J. L. (2004) Predictive relations between aspects of preschool children's narratives and performance on the Peabody Individualized Achievement Test – Revised: Evidence of a relation between early narrative and later mathematical ability. *First Language, 24*, 149-183.

Pearson, B. Z. (2002). Narrative competence among monolingual and bilingual school children in Miami. In D. K. Oller & R. E. Eilers (Hrsg.), *Language and literacy in bilingual children* (S. 135-174). Clevedon, UK: Multilingual Matters.

Peña, E. D., Gillam, R. B., & Bedore, L. M. (2014). Dynamic Assessment of Narrative Ability in English Accurately Identifies Language Impairment in English Language Learners. *Journal of Speech, Language, and Hearing Research, 57*, 220-820.

Rojas, R., & Iglesias, A. (2009). Making a case for language sampling: Assessment and intervention with (Spanish–English) second-language learners. *The ASHA Leader, 14*, 10-13.

Snow, C. E., Tabors, P. O., Nicholson, P. A., & Kurland, B. F. (1995). SHELL: Oral language and early literacy skills in kindergarten and first-grade children. *Journal of Research in Childhood Education, 10*, 37-48.

Anja Starke

Selektiver Mutismus bei mehrsprachigen Kindern – Welchen Einfluss haben Deutschkompetenzen, Ängstlichkeit und kulturelle Unterschiede auf die Entwicklung des Schweigens?

1 Einleitung

Unter selektivem Mutismus (SM) wird ein Phänomen der frühen Kindheit verstanden, bei welchem Kinder in spezifischen sozialen Situationen schweigen, obwohl sie grundsätzlich in der Lage sind zu sprechen (American Psychiatric Association, 2013). Mit einer Prävalenzrate von 0,7 % (Bergman, Piacentini & McCracken, 2002) ist der SM relativ selten. Für Kinder mit Migrationshintergrund fanden Elizur und Perednik (2003) eine vierfach erhöhte Prävalenz. Obwohl auch in zahlreichen anderen Studien ein erheblicher Anteil mehrsprachiger Kinder bzw. Kinder mit Migrationshintergrund berichtet wird (Dummit et al., 1997; Starke & Subellok, 2012; Steinhausen & Juzi, 1996), ist bislang nur wenig über mögliche Zusammenhänge zwischen einer Mehrsprachigkeit oder einem Migrationsstatus und der Entwicklung eines SM bekannt. Elizur und Perednik (2003) fanden deutlich erhöhte soziale Ängste bei schweigenden Kindern mit Migrationshintergrund im Vergleich zu schweigenden Kindern ohne Migrationshintergrund. Im Gegensatz dazu zeigten schweigende Kinder ohne Migrationshintergrund eher Auffälligkeiten in ihrer allgemeinen Entwicklung sowie geringere sozialen Kompetenzen. Die Autoren vermuten daher, dass die sich aus der Migration der Familie resultierende Vulnerabilität der Kinder zu Unsicherheiten in sozialen Situationen führt. Kombiniert mit einer Prädisposition für soziale Ängstlichkeit könne dies einen SM auslösen.
Der enge Zusammenhang zwischen SM und Ängstlichkeit bzw. verschiedenen Angststörungen (v. a. Sozialer Ängstlichkeit) ist mittlerweile sehr gut belegt (z. B. Black & Uhde, 1995; Kristensen, 2000). Die intensive Forschung zum Zusammenhang von Ängsten und SM hat zudem gezeigt, dass SM mehr als nur Ängstlichkeit ist. Cohan et al. (2008) konnten etwa in ihrer Studie mit über 100 schweigenden Kindern drei Subgruppen identifizieren, die zwar alle mehr oder weniger starke Ängste zeigten, sich jedoch in ihren zusätzlichen Begleiterscheinungen auf sprachlicher und sozialer Ebene unterschieden.
Für Kinder mit Migrationshintergrund sind sprachliche und soziale Kompetenzen der Umgebungskultur sehr bedeutsam, um aktiv in Kindergarten und Schule zu partizipieren. Entsprechend können geringe Kenntnisse der Umgebungssprache und Unsicherheiten im Sozialverhalten die Kinder maßgeblich beeinträchtigen. Schüchtern-

heit, ein häufig vorkommendes Temperamentsmerkmal bei Kindern mit SM, stellt einen nicht zu vernachlässigenden Risikofaktor im Zweitspracherwerb dar. Vor allem sukzessiv mehrsprachig aufwachsende Kinder erwerben die Umgebungssprache in der Regel nicht im vertrauten familiären Kontext, sondern meist im institutionellen Rahmen in Kita und Schule. Schüchterne Kinder neigen jedoch dazu, gerade in diesen Kontexten nur wenig zu sprechen und kaum selbstinitiativ Interaktionen mit anderen einzugehen (Asendorpf & Meier, 1993). Damit ergeben sich deutlich weniger Lernsituationen, was zu geringeren sprachlichen Kompetenzen der Kinder führen kann. Entsprechend weisen zahlreiche Studien auf einen negativen Zusammenhang zwischen dem Ausmaß der Schüchternheit und den Sprachkompetenzen der Kinder in der Zweitsprache hin (Keller, Troesch & Grob, 2013; Tong, Ting & McBride-Chang, 2011).

Ein weiterer bedeutsamer Faktor in der Entwicklung von Kindern mit Migrationshintergrund ist das Aufwachsen in mehreren Kulturen. Hinweise gibt es darauf, dass der Umgang der Eltern mit Herkunfts- und Umgebungskultur einen maßgeblichen Einfluss auf die Gesamtentwicklung—vor allem aber auf die sozial-emotionale und sprachliche—hat (s. etwa Calzada, Brotman, Huang, Bat-Chava & Kingston, 2009). Das Konstrukt der kulturellen Adaptation beschreibt den Prozess, inwiefern sich Personen im Zuge der Migration an die Umgebungskultur anpassen und ihre Herkunftskultur beibehalten. Je nach Ausmaß von Anpassung und Beibehaltung ergeben sich unterschiedliche Adaptationsstile. Für die kindliche Entwicklung scheint der bikulturelle Adaptationsstil, bei dem Eltern eine Balance zwischen Anpassung an die Umgebungskultur und Beibehaltung der Herkunftskultur erreichen, ein Schutzfaktor zu sein (Calzada et al., 2009). Kinder solcher Eltern zeigten zudem weniger internalisierende Auffälligkeiten. Assimilation, das heißt eine vollständige Anpassung an die Umgebungskultur, wird als positiver Faktor für die Entwicklung von sprachlichen und sozialen Kompetenzen der Umgebungskultur angesehen (Oades-Sese & Li, 2011; Pawliuk et al., 1996). Entsprechend kann eine geringe Anpassung an die Umgebungskultur und ein starres Festhalten an der Herkunftskultur eher zu sprachlichen und sozialen Unsicherheiten führen und somit die Entwicklung eines SM vor allem bei schüchternen Kindern begünstigen.

In der vorliegenden Studie wurde erstmals die Entwicklung eines SM bei mehrsprachigen Kindern im Kindergartenalter näher untersucht. Es wurde der Frage nachgegangen, welchen Einfluss kindliche Ängste, Sprachkompetenzen im Deutschen und die elterliche kulturelle Adaptation auf die Entwicklung des Schweigens haben.

2 Methode

2.1 Studiendesign

Es wurde eine Längsschnittstudie über insgesamt neun Monate mit vier Messzeitpunkten im Abstand von jeweils drei Monaten durchgeführt. Zu Beginn wurden ein- und mehrsprachige schweigende Kinder, welche in den letzten sechs Monaten in die Einrichtung eingetreten sind, sowie entsprechend gleichaltrige und geschlechtsparallele Kontrollen aus Kindertageseinrichtungen rekrutiert. Zu jedem Messzeitpunkt wurde als Outcome-Variable das Ausmaß des Schweigens der Kinder im familiären und öffentlichen Raum durch einen Elternfragebogen sowie im institutionellen Kontext durch eine Pilotversion des Dortmunder Mutismus Screenings Kita erhoben. Zum ersten und letzten Messzeitpunkt wurden die drei Faktoren kindliche Ängste über den Elternfragebogen des Bochumer Angstverfahrens (BAV 3-11; Mackowiak & Lengning, 2010), die Sprachkompetenzen im Deutschen über den Test zur Überprüfung des Grammatikverständnisses (TROG-D; Fox, 2007) sowie die kulturelle Adaptation der Eltern über die Frankfurter Akkulturationsskala (FRAKK20; Bongard, o.J.; Bongard, Kelava, Sabic, Aazami-Gilan & Kim, 2007) erfasst.

2.2 Stichprobe

An der Studie nahmen insgesamt 30 Kinder im Alter von 3;0 bis 5;8 Jahren teil, von denen 18 anfangs schweigende Kinder und 12 sprechende Kontrollkinder waren. Insgesamt 15 Kinder, davon 11 schweigende und 4 sprechende, wuchsen mehrsprachig auf. Es ergaben sich keine Unterschiede zwischen den vier Gruppen (ein-/mehrsprachig + schweigend/sprechend) hinsichtlich Alter und Geschlecht. Für weitere Informationen zur Stichprobe wird auf Starke (2014) verwiesen.

2.3 Auswertung

Aufgrund der insgesamt kleinen Stichprobe und den teilweise sehr kleinen Untergruppen wurden nonparametrische Zusammenhangs- und Unterschiedstest genutzt. Zur Analyse des Einflusses von Sprachkompetenzen und kindlichen Ängsten auf die Entwicklung des Schweigens wurden Mehrebenenmodelle für Längsschnittdaten angepasst. Auch hier wird für das genaue Vorgehen auf Starke (2014) verwiesen.

3 Ergebnisse

Von den 18 anfangs schweigenden Kindern zeigten zum letzten Messzeitpunkt 7 Kinder einen SM nach DSM-IV Kriterien (Saß, Wittchen, Zaudig & Houben, 2003). Die Kinder mit SM zeigten bereits zu Beginn der Studie die höchsten Werte im Angstfragebogen, gefolgt von den Kindern mit positiver Entwicklung und den Kontrollkindern. Weder in den Sprachkompetenzen noch in der kulturellen Adaptation der Eltern ergaben sich signifikante Gruppenunterschiede. Entsprechend erwies sich im Mehrebenenemodell die Angst als bester Prädiktor für die Entwicklung des Schweigens, sowohl in familiären und öffentlichen als auch im institutionellen Kontext der Kita. Für den Faktor Mehrsprachigkeit an sich konnte kein Effekt nachgewiesen werden. Im Kita-Kontext zeigte sich ein zusätzlicher Effekt des sozioökonomischen Hintergrundes. Zusammenhänge zwischen dem Ausmaß der kulturellen Adaptation der Eltern und dem Schweigen der Kinder konnten ebenso nur für den institutionellen Kontext nachgewiesen werden. Hier zeigte sich ein negativer Zusammenhang zwischen der Orientierung der Eltern an der Umgebungskultur und der Entwicklung des Schweigens. Je mehr die Eltern demnach an der Umgebungskultur orientiert waren, desto weniger schwiegen die Kinder.

4 Diskussion

Hauptziel der Studie war es, die Entwicklung eines SM bei mehrsprachigen Kindern zu untersuchen und potenzielle Erklärungsfaktoren für die erhöhte Vulnerabilität dieser Kinder zu identifizieren. Die Mehrsprachigkeit der Kinder an sich konnte die Entwicklung des Schweigens allerdings nicht vorhersagen. Vielmehr bestätigt auch diese Studie den engen Zusammenhang zwischen kindlichen Ängsten und SM (s. dazu etwa Cohan et al., 2008). Unterschiedlich starke Effekte zeigten sich für den familiären und öffentlichen im Vergleich zum Kita-Kontext. In familiären und öffentlichen Situationen war das Ausmaß der Angst der stärkste und einzige Prädiktor für die Entwicklung des Schweigens. Dieser Kontext ist maßgeblich durch soziale Situationen mit wenig vertrauten oder unbekannten Personen gekennzeichnet. Bereits in anderen Studien zeigte sich, dass das Ausmaß des Schweigens bei Kindern mit SM neben der Schule am höchsten in Situationen mit fremden Personen, bei Familientreffen oder in neuen sozialen Situationen ist (Ford, Sladeczeck, Carlson & Kratochwill, 1998). Im Kita-Kontext war der Effekt der Ängstlichkeit hingegen etwas kleiner. Zusätzliche Effekte zeigten sich im sozioökonomischen Hintergrund, welcher durch die Anzahl der Bücher im Haushalt operationalisiert wurde. Im Kita-Kontext gewöhnen sich die Kinder über die Zeit hinweg an die verschiedenen sozialen Situationen und Personen. Der Kontext wird ihnen immer vertrauter. Somit spielen neben der Ängstlichkeit vielmehr andere Variablen wie Sprache oder soziale Fähigkeiten für die Partizipation eine Rolle. Vor diesem Hintergrund lässt sich der erhöhte Einfluss der Bücheranzahl erklären. Hier spiegelt sich ein gewisses Interesse der Familie an literalen Elementen und damit an Auseinandersetzung mit Sprache wider. Im Rahmen dieser Studie konnte der Einfluss der Sprachkompetenzen, vor allem der produktiven, auf die Entwicklung des Schweigens jedoch nicht abschließend geklärt werden. Für den Einfluss der kulturellen Adaptation auf das Schweigen der Kinder konnten ebenso erste Hinweise für differentielle Effekte in den unterschiedlichen Kontexten gefunden werden. Kein Zusammenhang zeigte sich für familiäre und öffentliche Situationen. Ein negativer Zusammenhang zwischen der Orientierung der Eltern an der Umgebungskultur und dem Ausmaß des Schweigens zeigte sich jedoch für den Kita-Kontext. Die beiden Adaptationsstrategien der Assimilation und Bikulturalität, welche sich durch ein hohes Ausmaß der Orientierung an der Umgebungskultur auszeichnen, konnten bereits in vorherigen Studien als fördernde Faktoren für die allgemeine sowie sprachliche und sozial-emotionale Entwicklung von Kindern identifiziert werden (Calzada et al., 2009; Oades-Sese & Li, 2011; Pawliuk et al., 1996).

5 Schlussfolgerung für die Praxis

Gerade bei mehrsprachigen Kindern ist eine frühzeitige Diagnosestellung erschwert, da bei schweigenden Kindern einerseits häufig wenig bis keine Informationen über den Sprachstand der Kinder erhoben werden können. Andererseits ist für Kinder im beginnenden Zweitspracherwerb eine Phase des Schweigens von bis zu sechs Monaten typisch (Tabors, 2008). Die vorliegende Studie konnte zeigen, dass vor allem Kinder mit erhöhten Ängsten ein Risiko für die Entwicklung eines SM haben. Für die Differentialdiagnostik erscheint damit ein Einbezug von Angstparametern gerade bei mehrsprachigen Kindern sehr bedeutsam.

Literatur

American Psychiatric Association. (2013). *Diagnostic and statistical manual of mental disorders* (5. Aufl.). Arlington: American Psychiatric Publication Inc.

Asendorpf, J. B., & Meier, G. H. (1993). Personality effects on children's speech in everyday life: sociability-mediated exposure and shyness-mediated reactivity to social situations. *Journal of Personality and Social Psychology, 64* (6), 1072-1083.

Bergman, L. R., Piacentini, J., & McCracken, J. T. (2002). Prevalence and description of selective mutism in a school-based sample. *Journal of the American Academy of Child & Adolescent Psychiatry, 41,* 938-946.

Black, B., & Uhde, T. W. (1995). Psychiatric characteristics of children with selective mutism: a pilot study. *Journal of the American Academy of Child & Adolescent Psychiatry, 34* (7), 847-856.

Bongard, S. (o.J.). *Frankfurter Akkulturationsskala (FRAKK20).*

Bongard, S., Kelava, A., Sabic, M., Aazami-Gilan, D., & Kim, Y. B. (2007). Akkulturation und gesundheitliche Beschwerden bei drei Migrantenstichproben in Deutschland. In H. Eschenbeck, U. Heim-Dreger & C. W. Kohlmann (Hrsg.), *Beiträge zur Gesundheitspsychologie. Bd. 29* (S. 53). Schwäbisch Gmünd: Gmünder Hochschulreihe.

Calzada, E. J., Brotman, L. M., Huang, K.-Y., Bat-Chava, Y., & Kingston, S. (2009). Parent cultural adaptation and child functioning in culturally diverse, urban families of preschoolers. *Journal of Applied Developmental Psychology, 30* (4), 515-524.

Cohan, S. L., Chavira, D. A., Shipon-Blum, E., Hitchcock, C., Roesch, S. C., & Stein, M. B. (2008). Refining the classification of children with selective mutism: a latent profile analysis. *Journal of Clinical Child & Adolescent Psychiatry, 37* (4), 770-784.

Dummit, S., Klein, R., Tancer, N., Asche, B., Martin, J., & Fairbanks, J. (1997). Systematic assessment of 50 children with selective mutism. *Journal of the American Academy of Child & Adolescent Psychiatry, 36* (5), 653-660.

Elizur, Y., & Perednik, R. (2003). Prevalence and description of selective mutism in immigrant and native families: a controlled study. *Journal of the American Academy of Child & Adolescent Psychiatry, 42* (12), 1451-1459.

Ford, M. A., Sladeczeck, I. E., Carlson, J., & Kratochwill, T. R. (1998). Selective mutism: phenomological characteristics. *School Psychology Quarterly, 13* (3), 192-227.

Fox, A. (2007). *Test zur Überprüfung des Grammatikverständnisses (TROG-D)* (2. Aufl.). Idstein: Schulz-Kirchner Verlag.

Keller, K., Troesch, L. M., & Grob, A. (2013). Shyness as a risk factor for second language acquisition of immigrant preschoolers. *Journal of Applied Developmental Psychology, 34* (6), 328-335.

Kristensen, H. (2000). Selective mutism and comorbidity with developmental disorder/delay, anxiety disorder, and elimination disorder. *Journal of the American Academy of Child & Adolescent Psychiatry, 39* (2), 249-256.

Mackowiak, K., & Lengning, A. (2010). *Das Bochumer Angstverfahren für Kinder im Vorschul- und Grundschulalter (BAV 3-11)*. Bern: Verlag Hans Huber.

Oades-Sese, G. V., & Li, Y. (2011). Attachment relationships as predictors of language skills for at risk bilingual preschool children. *Psychology in the Schools, 48* (7), 707-722.

Pawliuk, N., Grizenko, N., Chan-Yip, A., Gantous, P., Mathew, J., & Nguyen, D. (1996). Acculturation style and psychological functioning in children of immigrants. *American Journal of Orthopsychiatry, 66* (1), 111-121.

Saß, H., Wittchen, H. U., Zaudig, M., & Houben, I. (2003). *Diagnostisches und Statistisches Manual Psychischer Störungen DSM-IV-TR* (1. Aufl.). Göttingen: Hogrefe.

Starke, A. (2014). *Selektiver Mutismus bei mehrsprachigen Kindern. Eine Längsschnittstudie zum Einfluss kindlicher Ängste, Sprachkompetenzen und elterlicher Akkulturation auf die Entwicklung des Schweigens*. (Dissertation). Technische Universität Dortmund, Deutschland. Abgerufen von http://hdl.handle.net/2003/34084

Starke, A., & Subellok, K. (2012). KiMut NRW: Eine Studie zur Identifikation von Kindern mit selektivem Mutismus im schulischen Primarbereich. *Empirische Sonderpädagogik, 4* (1), 63-77.

Steinhausen, H.-C., & Juzi, C. (1996). Elective mutism: an analysis of 100 cases. *Journal of the American Academy of Child & Adolescent Psychiatry, 35* (5), 606-614.

Tabors, P. (2008). *One child, two languages: a guide for preschool educators of children learning English as a second language* (2. Aufl.). Baltimore: Paul H. Brooks Publishing.

Tong, X., Ting, K. T., & McBride-Chang, C. (2011). Shyness and Chinese and English vocabulary skills in Hong Kong kindergarteners. *Early Education and Development, 22* (1), 29-52.

Anke Buschmann

Heidelberger Elterntraining zur Förderung von Mehrsprachigkeit: Alltagsintegrierte Sprachförderung zuhause

1 Einleitung

Mehrsprachigkeit ist mit vielfältigen Möglichkeiten für den persönlichen Lebensweg verbunden und bietet gegenüber einem einsprachigen Aufwachsen deutliche Vorteile in der globalisierten Berufswelt. Doch ist es in Deutschland bisher noch nicht gelungen, Kindern aus Familien mit Migrationshintergrund zu gleichen schulischen und beruflichen Chancen zu verhelfen (Norrenbrock, 2007). Laut Statistik des BAMF (2014) verließen im Jahr 2012 11,4 % der Schüler mit Migrationshintergrund die Schule ohne Abschluss, im Vergleich zu 4,9 % der deutschsprachigen Schulabgänger. Ein Grund dafür ist die ungenügende Beherrschung der deutschen Sprache (Reich, 2003). Als entscheidende Ressource für eine erfolgreiche bi- oder multilinguale Entwicklung wird die familiäre Unterstützung der Kinder und der Umfang sowie die Qualität des Sprachangebots gesehen (Place & Hoff, 2011).

1.1 Beratung mehrsprachiger Familien

Besonders mehrsprachig erziehende Eltern sind häufig unsicher und sorgen sich um die sprachliche Entwicklung ihrer Kinder (Bockmann et al., 2013). Sie erhalten zudem oft nicht genügend Unterstützung durch ihre Umwelt und werden nicht ausreichend in ihren individuellen Möglichkeiten und Kompetenzen bestärkt oder sogar falsch beraten (Place & Hoff, 2011). Sie erhalten Tipps, die weder empirisch fundiert, noch in einem familiären Alltag umsetzbar sind. So wird ihnen z. B. empfohlen, die Umgebungssprache mit ihren Kindern zu sprechen, obwohl dies, im Vergleich zum muttersprachlichen Input, weniger hilfreich für den Spracherwerb ist und darüber hinaus die natürliche Eltern-Kind-Interaktion sowie die kulturell-familiäre Integration negativ beeinflusst. Eine Befragung niedergelassener Kinder- und Jugendmediziner zeigte, dass den Eltern zunehmend zu einer ausschließlichen Nutzung der Muttersprache geraten wird (Bockmann et al., 2013). Dies ist grundsätzlich richtig, birgt jedoch die Gefahr, dass die Eltern dies als absolutes Muss wahrnehmen und sich z. B. im Beisein ihrer Kinder nicht trauen, Deutsch mit anderen Personen zu sprechen. Dies ist für ein erfolgreiches Deutschlernen jedoch sehr wichtig. Eltern sind das Vorbild für ihre Kinder und können diesen so vermitteln, dass Deutsch zur Familie gehört- eine zentrale Voraussetzung für die Motivation der Kinder, selbst Deutsch zu sprechen.

In o. g. Untersuchung zeigte sich zudem, dass sich die meisten Eltern eine Beratung zum Umgang mit den Sprachen in der Familie wünschten, aber nur ein Drittel eine solche erhalten hatte. Diese Beratung war in der Mehrheit von den Kinder- und Jugendmedizinern erfolgt, welche sich nach eigener Auskunft jedoch nicht genügend mit dem Thema auskennen (67 %) und sich einen Beratungsleitfaden wünschen (90 %, Bockmann et al., 2013).

1.2 Sprachförderung mehrsprachiger Kinder

In den vergangenen Jahren wurden bundesweit zahlreiche Initiativen gestartet, um Kinder beim Erwerb der deutschen Sprache zu unterstützen. Daraus sind zunächst Sprachförderprogramme entstanden, mittels derer insbesondere Vorschul- und Schulkinder im Erwerb formalsprachlicher Strukturen unterstützt wurden. Die erwarteten Erfolge dieser Maßnahmen stellten sich jedoch nicht ein. Ein Vergleich sprachwissenschaftlich fundierter Förderkonzepte mit einer üblichen sprachlichen Anregung im Kindergarten erbrachte keinen spezifischen Vorteil der Übungsprogramme bei Kindern mit Förderbedarf (u. a. Hofman et al., 2008; Sachse et al., 2012). Zusätzlich stellten sich praktische Umsetzungsschwierigkeiten ein, z. B. die nicht ausreichende Schulung der Fachkräfte in der Materialnutzung, der Ausfall von Fördereinheiten aufgrund von Personalmangel, die zu geringe individuelle Förderung des Kindes sowie ein fehlendes Aufgreifen der geübten formalen Strukturen im Alltag. Vor diesem Hintergrund und der Idee, dass Sprache überall „drin stecke", wurde auf Bundesebene 2011 das Projekt „Frühe Chancen" initiiert. Im Vordergrund steht seitdem die alltagsintegrierte Sprachbildung und -förderung. Zur Wirksamkeit alltagsintegrierter Sprachförderung auf Basis einer gezielten und systematischen Verbesserung der Fachkraft-Kind-Interaktion gibt es Belege. Mittels des HIT „Heidelberger Interaktionstraining für pädagogische Fachkräfte" (Buschmann et al., 2010) konnte eine Veränderung des Kommunikations- und Interaktionsverhaltens pädagogischer Fachkräfte gegenüber sprachschwachen ein- und mehrsprachigen Kindern erzielt werden (Simon & Sachse, 2011). Dies führte zu einer besseren sprachlichen Entwicklung dieser Kinder gegenüber der Vergleichsgruppe (Buschmann et al., 2010, Krippe) und (Simon & Sachse, 2013, Kindergarten). Einen aktuellen Überblick über die Wirksamkeit von Sprachfördermaßnahmen in der Kita liefert das Review von Egert & Hopf (2016).

1.3 Ungenutztes Potenzial – Elternpartizipation

Eine zentrale Komponente fehlt den meisten Sprachfördermaßnahmen bisher – die intensive und systematische Zusammenarbeit mit Eltern und ihr aktiver Einbezug in die sprachliche Förderung der Kinder. Wenn wir davon ausgehen, dass ein gelingender Spracherwerb sowohl von kindzentrierten als auch von umgebungszentrierten Faktoren abhängt (im Überblick Kauschke 2007), dann sollten en die Eltern jedoch einbezogen werden. Sie sind die wichtigsten Bezugspersonen und Kommunikationspartner ihrer Kinder und als solche zentral für einen erfolgreichen Spracherwerb. Dass eine Zusammenarbeit mit Eltern sehr erfolgreich sein kann, konnte in einer randomisiert kontrollierten Studie zum „Heidelberger Elterntraining zur frühen Sprachförderung" gezeigt werden (Buschmann, 2011). Late Talker, deren Mütter zur Sprachförderung im Rahmen natürlicher Interaktionssituationen angeleitet wurden, entwickelten sich sprachlich bis zum dritten Geburtstag signifikant besser als die Kinder der Vergleichsgruppe. Zudem gelang es mehr Kindern, zu Gleichaltrigen aufzuschließen (Buschmann et al., 2009). Signifikante Unterschiede zwischen den Gruppen fanden sich auch noch zwei Jahre nach Abschluss des Interaktionstrainings (Buschmann et al., 2015).

Dieses Potenzial der Elternbeteiligung bleibt allerdings bisher weitgehend ungenutzt, unabhängig davon, ob es sich um die Sprachförderung von ein- oder mehrsprachigen Kindern handelt. Erfreulicherweise wurde mit dem Start des Bundesprojekts „Sprach-Kitas: Weil Sprache der Schlüssel zur Welt ist" nicht nur der benötigte offizielle Rahmen, sondern auch die Notwendigkeit geschaffen, dieses Potenzial zu erschließen. Die Verbesserung der Zusammenarbeit mit den Eltern ist ein Schwerpunkt, wobei der Fokus aus eingangs genannten Gründen auf mehrsprachigen Familien liegt. Doch mit Eltern mit Migrationshintergrund gelingt die Zusammenarbeit in Kindertagesstätten häufig nicht so gut wie mit deutschen Eltern (Textor, 2016). Neben Verständnisschwierigkeiten und kulturellen Unterschieden sind auf Seiten der pädagogischen Fachpersonen Unsicherheiten und Vorbehalte gegenüber diesen Eltern zu beobachten. Sie kennen unser Bildungssystem nur unzureichend und verhalten sich bei den ersten Kontakten verständlicherweise häufig unsicher und zurückhaltend. Leider wird dies oft als Desinteresse oder gar Ablehnung gedeutet (Textor, 2016), was sich ungünstig auf die Entwicklung einer wirklichen Bildungspartnerschaft auswirkt und die Chance, die Eltern in die Sprachförderung aktiv mit einzubinden, reduziert.

1.4 Entwicklung „Heidelberger Elterntraining zur Förderung von Mehrsprachigkeit"

Es erschien naheliegend, die bewährten Inhalte des Heidelberger Elterntrainings auf die Bedürfnisse von Familien mit Migrationshintergrund anzupassen und zu erweitern. Dieser Aufgabe hat sich unsere Arbeitsgruppe im ZEL-Heidelberg mit Unterstützung der Günter Reimann-Dubbers Stiftung gestellt und ein Konzept für die niedrigschwellige Durchführung des HET in Krippe, Tagespflege oder Kita, Schulen, Familienzentren, Stadtteiltreffs, „Rucksack"- oder „Griffbereitgruppen" und anderen Projekten, in denen Familien mit Migrationshintergrund „abgeholt" werden können, entwickelt. Es handelt sich um ca. 90-minütige Elternworkshops, die, je nach Bedarf und Elternschaft, entweder für sich stehend oder inhaltlich aufeinander aufbauend durchgeführt werden können.

2 Konzeption des HET Mehrsprachigkeit

2.1 Ziele
Hauptanliegen des „Heidelberger Elterntraining zur Förderung von Mehrsprachigkeit" (Buschmann) ist die Befähigung der Eltern zu einer alltäglichen Unterstützung ihrer Kinder in der mehrsprachigen Entwicklung. Denn die Familie spielt als wichtigste Bildungs- und Sozialisationsinstanz eine entscheidende Rolle für eine gelingende Mehrsprachigkeit mit guten Kenntnissen in den Muttersprachen und im Deutschen.

2.2 Organisationsstruktur

2.2.1 Zielgruppe
Primäre Zielgruppe sind Eltern mit Migrationshintergrund sowie andere Bezugspersonen, die in der mehrsprachigen Entwicklung der Kinder eine Rolle spielen. Aufgrund der sehr praktisch ausgerichteten Workshops können diese auch von Personen mit einer geringen schulischen Bildung bzw. geringen Deutschkenntnissen besucht werden. Zudem werden MultiplikatorInnen mit anderen Muttersprachen ausgebildet und das Material in verschiedene Sprachen übersetzt. Damit soll allen interessierten Eltern ein erfolgreiches Lernen ermöglicht werden.
Die Workshops sind sowohl für Eltern von Säuglingen und Kleinkindern, als auch von Kindern im Vorschul- oder Schulalter durchführbar. Selbstverständlich müssen diese an die jeweilige Zielgruppe angepasst werden und nicht jedes Thema ist für jede Elternschaft relevant.

2.2.2 Zeitumfang
Die Elternworkshops sind für eine Dauer von etwa 90 Minuten konzipiert.

2.2.3 Gruppenzusammensetzung
Eine günstige Teilnehmerzahl sind 10 Personen, da ein interaktives Arbeiten mit aktivem Wissenserwerb, gemeinsamem Austausch und dem Erlangen praktischer Handlungskompetenz im Vordergrund steht.

2.2.4 Praktische Organisation
Eine an den Workshops interessierte Kita, Schule oder andere Institution lädt in Frage kommende Eltern persönlich zum Workshop ein und erinnert diese am entsprechenden Tag. Dieses Vorgehen verbunden mit der Wahl einer günstigen Uhrzeit hat bisher stets zu einer ausreichenden Zahl an Interessenten geführt.

2.3 Inhaltliche und methodische Struktur

Die Workshops bauen inhaltlich und methodisch auf dem evaluierten „Heidelberger Elterntraining zur frühen Sprachförderung" (Buschmann, 2011) auf. Wesentliche Elemente, wie das Verstehen der eigenen Rolle für den Spracherwerb des Kindes, das Erlernen einer sprachförderlichen Grundhaltung als Basis für fast jede Interaktionssituation, das Üben einer dialogischen Bilderbuchbetrachtung (nach Buschmann, 2011), wurden für die Zielgruppe adaptiert (Inhalte vereinfacht, Einsatz von Piktogrammen, Bild- und Videomaterial).

Das Besondere ist, dass die einzelnen Workshops prinzipiell inhaltlich aufeinander aufbauen, jedoch auch für sich alleinstehend durchgeführt werden können. In der praktischen Umsetzung hat sich dies als notwendig erwiesen, weil es den Eltern aus der fokussierten Zielgruppe aus unterschiedlichen Gründen nicht so gut gelingt, fortlaufende Termine zu realisieren.

Zu den Inhalten gehören u. a. folgende Themen:
- Erwerb von Wissen über den Spracherwerb,
- Sensibilisierung für ihre wichtige Rolle im Spracherwerb des Kindes,
- Wichtigkeit eines Konzepts der Sprachennutzung in der Familie,
- Erkennen täglich wiederkehrender Sprechanlässe und Nutzung dieser (Frühstück, Begegnung am Nachmittag, Abholsituation in der Kita usw.),
- Erkennen zusätzlicher Sprechanlässe in „stressfreien" gemeinsamen Momenten, z. B. beim Shoppen, Eis essen, Fußball spielen,
- Den Deutscherwerb durch eigenes Vorbild unterstützen,
- Vertraut werden mit Bilderbüchern und Nutzung dieser zum Gespräch,
- Spaß beim Vorlesen und Schulung wichtiger Basiskompetenzen für die Schule.

2.3.1 Ein Beispiel: „Mehrsprachigkeit als Chance"

Im Workshop „Mehrsprachigkeit als Chance" werden mit den Eltern Mythen zum mehrsprachigen Aufwachsen reflektiert, z. B. mehrsprachige Kinder sprechen später als einsprachige Kinder, Eltern sollten unbedingt Deutsch mit ihren Kindern sprechen. Denn für den Erfolg der Mehrsprachigkeit ist ein entsprechender Umgang mit den Sprachen im familiären Kontext unerlässlich (De Houwer, 2009). Dieser Workshop wurde in ähnlicher Form bereits seit 2010 als ELIMAR (Elterninformation zu Mehrsprachigkeit als Ressource; Bockmann, Machmer & Buschmann, 2012) in „Rucksack"- und „Griffbereitgruppen" umgesetzt und evaluiert. Es zeigte sich, dass 90 % der teilnehmenden Eltern mit diesem Format zufrieden oder sehr zufrieden waren. Alle würden diesen Workshop weiterempfehlen. Die Teilnahme führte zu einem signifikanten Anstieg der subjektiven Informiertheit. Ebenfalls erfolgreich fand die Durchführung im Rahmen der MAUS Studie in Hessen statt (Sachse, 2015). Hierbei ergänzte dieser Elternworkshop das Heidelberger Interaktionstraining, an welchem die pädagogischen Fachkräfte teilnahmen.

2.4 Ausblick

Das HET zur Förderung von Mehrsprachigkeit wird im ZEL–Heidelberg als ein von der Günter Reimann-Dubbers Stiftung gefördertes Projekt seit Oktober 2015 in Mannheimer Kitas durchgeführt. Eine erste MultiplikatorInnen-Ausbildung ist in Berlin-Mitte geplant und wird von o. g. Stiftung im Rahmen des Projekts „Mitsprache" (Stiftung Fairchance) unterstützt.

Literatur

BAMF. (2014). *Daten zur schulischen Bildung von Migranten vom 07.04.2014.* Abgerufen von http://www.bamf.de/DE/Infothek/Informationsservice/Integrationsreport/SchulischeBildung/schulische-bildung-node.html

BMFSFJ. (2016). *Bundesprogramm Sprach-Kitas von 2016.* Abgerufen von http://sprach-kitas.fruehe-chancen.de

Bockmann, A., Machmer, A., & Buschmann, A. (2012). *Wie effektiv kann eine Elterninformation zum Thema Mehrsprachigkeit sein?* Poster auf der ISES VII 02.-04.11.2012. Rostock.

Bockmann, A., Machmer, A., Radtke, E., & Buschmann, A. (2013). Beratungspraxis und elterlicher Umgang bei Mehrsprachigkeit. *Sprache-Stimme-Gehör, 37,* 13-19.

Buschmann, A. (2011). *Heidelberger Elterntraining zur frühen Sprachförderung. Trainermanual.* München: Elsevier Urban & Fischer.

Buschmann, A., Degitz, B., & Sachse, S. (2014). Alltagsintegrierte Sprachförderung in der Kita auf Basis eines Trainings zur Optimierung der Interaktion Fachkraft-Kind. In S. Sallat, M. Spreer & C. Glück (Hrsg.), *Sprache professionell fördern: kompetent, vernetzt, innovativ (Sprachheilpädagogik aktuell).* Idstein: Schulz-Kirchner.

Buschmann, A., Jooss, B., Rupp, A., Feldhusen, F., Pietz, J., & Philippi, H. (2009). Parent-based language intervention for two-year-old children with specific expressive language delay: a random-ised controlled trial. *Archives of Disease in Childhood, 94,* 110-116.

Buschmann, A., Jooss, B., Simon, S., & Sachse, S. (2010). Alltagsintegrierte Sprachförderung in Krippe und Kindergarten: Das „Heidelberger Trainingsprogramm". *L.O.G.O.S. interdisziplinär, 18* (2), 84-95.

Buschmann, A., Multhauf, B., Hasselhorn, M., & Pietz, J. (2015). Long-term effects of an early parent-based intervention for late talking toddlers. *Journal of Early Intervention, 3,* 175-189.

De Houwer, A. (2009). *Bilingugal First Language Acquisition.* Bristol: Channel View Publications.

Egert, F., & Hopf, M. (2016). Zur Wirksamkeit von Sprachförderung in Kindertageseinrichtungen in Deutschland. Ein narratives Review. *Kindheit und Entwicklung, 25*, 153-163. doi: 10.1026/0942-5403/a000199

Hofmann, N., Polotzek, S., Roos, J., & Schöler, H. (2008). Sprachförderung im Vorschulalter – Evaluation dreier Sprachförderkonzepte. *Diskurs Kindheits- und Jugendforschung, 3*, 291-300.

Kauschke, C. (2007). Sprache im Spannungsfeld von Erbe und Umwelt. *Die Sprachheilarbeit, 52*, 4-16.

Norrenbrock, P. (2007). *Defizite im deutschen Schulsystem für Schülerinnen und Schüler mit Migrationshintergrund.* Schriftenreihe des Interdisziplinären Zentrums für Bildung und Kommunikation in Migrationsprozessen (IBKM) an der Carl von Ossietzky Universität Oldenburg. Oldenburg: BIS-Verlag.

Place, S., & Hoff, E. (2011). Properties of dual language exposure that influence 2-years-olds' bilingual proficiency. *Child Development, 82* (6), 1834-1849.

Reich, H. (2003). Tests und Sprachstandsmessungen bei Schülerinnen und Schülern, die nicht Deutsch als Muttersprache haben. In U. Bredel, H. Günther, P. Klotz, J. Ossner & G. Siebert-Ott (Hrsg.), *Didaktik der deutschen Sprache 2. Teilband.* Paderborn: Schöningh.

Sachse, S., Budde, N., Rinker, T., & Groth, K. (2012). Evaluation einer Sprachfördermaßnahme für Vorschulkinder. *Frühe Bildung, 1* (4), 194-201.

Sachse, S., Budde, N., & Schuler, S. (2015). *Wirksamkeit alltagsintegrierter Sprachförderung bei mehrsprachigen Kindern.* 22. Fachgruppentagung Entwicklungspsychologie der DGPs (EPSY) 01.-03.09.2015. Frankfurt (Main).

Simon, S., & Sachse, S. (2011). Sprachförderung in der Kindertagesstätte – Verbessert ein Interaktionstraining das sprachförderliche Verhalten von Erzieherinnen? In S. Roux & G. Kammermeyer (Hrsg.), *Sprachförderung im Blickpunkt. Themenheft. Empirische Pädagogik, 25* (4), 462-480.

Simon, S., & Sachse, S. (2013). Anregung der Sprachentwicklung durch ein Interaktionstraining für Erzieherinnen. *Diskurs Kindheits- und Jugendforschung, 4*, 379-397.

Textor, M. R. (2016). *Elternarbeit mit Migrant/innen.* Abgerufen von http://www.kindertenpaedagogik.de

Diagnostik sprachlich-kommunikativer Entwicklungsbereiche für inklusive Settings

Kathrin Mahlau

„Screening grammatischer Fähigkeiten für die 2. Klasse (SGF 2)" – ein Gruppenverfahren zur Feststellung der sprachlichen Fähigkeiten für Kinder zweiter Klassen

1 Einleitung: Was sind Sinn und Ziel des SGF 2?

Im inklusiven Unterricht stellt die sprachliche Heterogenität der Schülerinnen und Schüler eine besondere Herausforderung für die Lehrkräfte dar. Dabei ist die Feststellung der sprachlichen Leistungsfähigkeit im Anfangsunterricht von zentraler Bedeutung, da eine große Anzahl von schulischen Kompetenzen von der Sprachentwicklung beeinflusst wird (Klicpera & Gasteiger-Klicpera, 1993). Besonders problematisch ist, dass die sprachlichen Fähigkeiten der Kinder häufig nur durch Individualverfahren festgestellt werden können, für welche die zeitlichen, räumlichen und personell-fachlichen Voraussetzungen oft nicht ausreichen. Die Entwicklung von Screeningverfahren, die zeitökonomisch die Feststellung der sprachlichen Fähigkeiten ganzer Klassen ermöglichen und von der Lehrkraft schnell durchführ- und auswertbar sind, ist somit eine wichtige Aufgabe für Wissenschaft und Praxis. Kinder, die sich im Screening als potentiell sprachentwicklungsauffällig gezeigt haben, können anschließend mittels Individualverfahren gezielt differenzierter überprüft werden.
Es wird deutlich, dass in den unterschiedlichen Aufgabenbereichen des inklusiven Unterrichts verschiedene Formen diagnostischer Verfahren Einsatz finden. Nach einer Sichtung der aktuell vorliegenden Tests (Spreer, 2013) gibt es für Kinder im Schulalter eine zunehmende Anzahl von qualitativ guten Individualverfahren (z. B. Berg, 2015; Fox, 2011; Petermann, 2010), aber sehr wenige Gruppenverfahren, die die Beurteilung der sprachlichen Leistungen ermöglichen. Normierte Gruppenverfahren, die den im Grundschulalter zentralen Bereich der grammatischen Fähigkeiten erfassen, gibt es bisher nicht. Das „Screening grammatischer Fähigkeiten für die 2. Klasse (SGF 2)" stellt eine Möglichkeit dar, diese Lücke zu schließen. Ziel des SGF 2 ist es somit, das Leistungsniveau beim Erwerb grammatischer Fähigkeiten festzustellen.

2 Testbeschreibung: Was überprüft das SGF 2 und wie ist es aufgebaut?

Die wichtigen Qualitätsstandards der Entwicklungsorientierung und der Ökonomie (Motsch, 2010) wurden bei der Entwicklung des SGF 2 berücksichtigt. Entwicklungsorientiert ist das Screening, da es die kindlichen grammatischen Leistungen im Vergleich zu einer empirisch belegten Erwerbsreihenfolge abbildet, die nach Motsch (2010) im Schwerpunkt die Genus-, Plural- und Kasusmarkierung sowie die Subjekt-Verb-Kongruenz umfassen. Weil finanzielle und zeitliche Ressourcen im Schulalltag häufig begrenzt sind, wurde das Verfahren möglichst ökonomisch konzipiert. Die Erlangung der Durchführungskompetenz, die Durchführung an sich und die Auswertung erfordern einen geringen zeitlichen und materiellen Aufwand, da es mit einer ganzen Klasse in einer Schulstunde durchgeführt werden kann und ein Prozentrangrechner zur einfachen und schnellen Auswertung bereitsteht.

Im SGF 2 werden in fünf Subtests unterschiedliche grammatische Phänomene erhoben, die durch Beispielaufgaben inhaltlich eingeführt werden, um das Aufgabenverständnis sicher zu stellen.
Im Subtest 1 (Genus) sollen die Schülerinnen und Schüler 30 Nomen (Bilder) den richtigen Artikel zuordnen. Es werden jeweils zehn maskuline, feminine und sächliche Wörter überprüft.
Im Subtest 2 (Plural) werden den Kindern zwölf Aufgaben präsentiert, zu denen sie die Mehrzahlform bilden sollen. Dabei sollen die Kinder die Pluralformen verbal erkennbar schriftlich umsetzen.
Die Subtests 3 (Akkusativ) und 4 (Dativ) enthalten jeweils zwölf Aufgaben, in denen die maskulinen, femininen oder sächlichen Akkusativ- bzw. Dativformen eingesetzt werden sollen. Bei Kindern, die Unsicherheiten in der Schreibung zeigen, muss verbal überprüft werden, welchen Laut (nicht welches Graphem) sie einsetzen wollten (s. Abb. 1).

Abb. 1: Ausschnitt aus dem Subtest 3 Akkusativ

Im Subtest 5 (Subjekt-Verb-Kongruenz) tragen die Kinder bei zwölf Aufgaben die Endungen gebeugter Verben ein. Der Wortstamm der Wörter ist bereits vorgegeben.

3 Der Einsatz in der Klasse: Wie wird das SGF 2 durchgeführt, ausgewertet und interpretiert?

3.1 Durchführung

Die Durchführung erfolgt innerhalb der ersten acht Schulwochen der zweiten Klasse in einer Schulstunde (45 Minuten). Das Screening wird im Klassenraum durchgeführt, die Aufmerksamkeit der Kinder muss sichergestellt sein und die Durchführung sollte möglichst in den ersten Schulstunden erfolgen. Grundsätzlich ist eine Testung auch in einer Kleingruppe oder in einer Einzelsituation möglich.
Es werden folgende Materialien benötigt:
- ein Testheft für jeden Schüler bzw. jede Schülerin
- ein Stift, ggf. ein Ersatzstift für jeden Schüler bzw. jede Schülerin
- das Manual (s. Abb. 2) mit Durchführungsanleitung für die Lehrkraft
- Tafel oder Testheft zur Demonstration der Beispielaufgaben

Die Bearbeitung der Aufgaben erfolgt nicht unter einer Zeitvorgabe. Jedes Kind erhält ein Testheft, in dem es ohne weitere Hilfestellungen arbeitet.

Abb. 2: Manual des SGF 2

3.2 Auswertung

Nach der Durchführung werden die Testhefte eingesammelt und von der Lehrkraft mit Hilfe der Auswertungsfolien (Subtest 1) und der Auswertungsblätter (Subtests 2 bis 5) ausgewertet. Die Auswertung erfolgt rein quantitativ durch die Beurteilung, ob die Aufgabe richtig oder falsch gelöst wurde. In den Subtests 1, 3, 4 und 5 ist die Antwortqualität immer eindeutig; die Antwort ist entweder richtig oder falsch. Im Subtest 2 (Plural) gibt es Ausnahmen. Fehler, die durch eine unzureichende Rechtschreibung hervorgerufen wurden, werden nicht als falsch erachtet, wenn erkennbar ist, dass verbalsprachlich die Pluralmarkierung richtig ist. Beispiele für richtige und falsche Verschriftungen finden sich im Anhang des Manuals.

Für jeden Subtest entspricht die Summe der richtigen Antworten der Rohwertsumme. Die Rohwerte werden im Testheft in die entsprechende Auswertungszeile eingetragen und können auch im online zugänglichen Prozentrangrechner vermerkt werden.

3.3 Aufsuchen des Normwertes und Interpretation

Um einen Altersgruppenvergleich zu ermöglichen und damit die Leistungsfähigkeit eines Kindes entsprechend einzuordnen, werden die Rohwerte in Prozentränge umgewandelt und diese wiederum Risikopunkten zugeordnet. Dazu dienen die Normtabellen im Anhang des Manuals. Dabei muss das Geschlecht des Kindes beachtet werden, da sich bei Mädchen eine signifikant höhere Leistungsfähigkeit in den sprachlichen Leistungen des SGF 2 gezeigt hat.

Der Prozentrang gibt an, wie viele altersvergleichbare Kinder genauso viele oder weniger Aufgaben korrekt bearbeitet haben als das zu beurteilende Kind. Je höher der Prozentrang ist, desto besser ist die Leistungsfähigkeit im Vergleich zur Altersgruppe (Normierungsstichprobe). Zur einfacheren Interpretation werden den Leistungen in den Subtests Risikopunkte zugeordnet. Einer Leistung, die zu den geringsten 10 % zählt, werden zwei Risikopunkte zugeordnet, einer Leistung, die im Bereich der unteren 25 % liegt, wird ein Risikopunkt zugewiesen. Die nachfolgende Übersicht hilft, die Leistung einzuordnen. Nach diesem Vorgehen können die einzelnen Subtests entsprechend interpretiert werden (s. Tab. 1).

Tab. 1: Interpretation der Schülerleistung

Schülerleistungen gelten als	weit überdurchschnittlich	bei einem Prozentrang	≥ 90.	Das entspricht 0 Risikopunkten.
	überdurchschnittlich		≥ 75.	Das entspricht 0 Risikopunkten.
	durchschnittlich		< 75 und > 25.	Das entspricht 0 Risikopunkten.
	unterdurchschnittlich		≤ 25.	Das entspricht 1 Risikopunkt.
	weit unterdurchschnittlich		≤ 10.	Das entspricht 2 Risikopunkten.

Anschließend wird die Summe der Risikopunkte gebildet. Ein Kind zeigt eine Sprachentwicklungsauffälligkeit im morphologischen Bereich, wenn die Summe der Risikopunkte größer als zwei ist. Sollte dieses Kriterium zutreffen, wird empfohlen, das betreffende Kind mit spezifischen Verfahren zur Sprachentwicklungsdiagnostik, wie beispielsweise dem Sprachstanderhebungstest für Fünf- bis Zehnjährige (SET 5-10, Petermann, 2010), dem TROG-D (Fox, 2011) oder der ESGRAF-R (Motsch, 2013) weiter zu untersuchen.

Zur Vereinfachung der Interpretation kann unter www.reinhardt-verlag.de ein Prozentrang- und Risikopunktrechner aufgerufen werden. In diesem lassen sich für jedes Kind die Rohwerte eingeben. Die Zuweisung der Prozentränge und der Risikopunkte erfolgt automatisch und wird entsprechend farbig hinterlegt.

4 Was ist über die Testgüte bekannt und welche Rückmeldungen gibt es aus der Praxis?

Um festzustellen, welche Güte das Verfahren hat, werden Objektivität, Reliabilität und Validität eingeschätzt. Die Untersuchung und die Berechnungen zur Validität und Reliabilität werden auf einer vom Reinhardt-Verlag zur Verfügung gestellten Onlineplattform näher beschrieben. In dieser Stelle kann lediglich eine kurze Zusammenfassung erfolgen.

Die Durchführungsobjektivität des SGF 2 ist dadurch gegeben, dass die Testinstruktionen an die Kinder wortwörtlich vom Testleiter vorgesprochen werden. Eine hohe

Auswertungsobjektivität wird durch die oben beschriebene eindeutige Testauswertung erreicht.

Die Reliabilität wurde im SGF 2 u. a. durch die Berechnung der internen Konsistenzen (Cronbachs Alpha) bestimmt. Ein Test sollte eine interne Konsistenz von mindestens Cronbachs Alpha = .70 aufweisen, um ausreichend homogen zu sein. Für die fünf Subtests zeigen Werte zwischen Cronbachs Alpha = .743 und Cronbachs Alpha = .757, dass die interne Konsistenz im ausreichenden Bereich liegt. Weitere Analysen zur Korrelation der Subtests und zur Testhalbierungsreliabilität verweisen darauf, dass von einer guten bis zufriedenstellenden Reliabilität des Testverfahrens ausgegangen werden kann.

Die Validität eines Tests gibt an, wie exakt der Test das beabsichtigte Kriterium misst. Um dies herauszufinden, wurden mit sprachentwicklungsnormalen und sprachentwicklungsauffälligen Kindern sowohl das SGF 2 als auch bereits etablierte standardisierte Tests zur Sprachentwicklung durchgeführt.
Dazu wurden die Leistungen einer größeren Kindergruppe, die 78 sprachentwicklungsnormale und 18 sprachentwicklungsauffällige Kinder enthält, und einer weiteren Gruppe von 27 Kindern mit Sprachentwicklungsstörungen betrachtet.
Die Vergleiche mit anderen standardisierten Sprachdiagnostikverfahren wurden u. a. mit dem Marburger Sprachentwicklungstest für Kinder (MSVK, Elben & Lohaus, 2000) und dem Münsteraner Screening (MÜSC, Mannhaupt, 2006) als Referenzverfahren durchgeführt. Für die Kinder mit Sprachentwicklungsauffälligkeiten konnten zudem Daten des Sprachstandserhebungstests für Kinder im Alter zwischen 5 bis 10 Jahren (SET 5-10, Petermann, 2010) erhoben werden.
Es zeigt sich, dass alle Untertests des SGF 2 mit dem MSVK und dem MÜSC hochsignifikant ($p < .001$) korrelieren und deutliche Zusammenhänge bestehen.
Für die Gruppe der sprachentwicklungsauffälligen Kinder ergeben sich im SET 5-10 (Petermann, 2010) zwischen dem Subtest Handlungssequenzen und den Subtests Plural und Akkusativ deutliche, zwischen den Subtests Genus, Dativ und Subjekt-Verb-Kongruenz eher mäßige Zusammenhänge.

Unter den Lehrkräften, die das Verfahren zur Evaluation oder mit dem Ziel der Erfassung von Kindern mit Sprachentwicklungsauffälligkeiten einsetzten, fand das SGF 2 große Zustimmung. Es wurde berichtet, dass die Kinder mit Freude die Aufgaben bearbeiteten und das Erkennen der Objekte auf den Bildern keine Schwierigkeiten bereitete. Die Einarbeitung in die Durchführung und Auswertung mit Hilfe der zur Verfügung gestellten Materialien empfanden die Lehrkräfte als unkompliziert und zeitlich angemessen. Besonders der „Prozentrangrechner", der die Ergebnisse der Subtests sofort farbig interpretiert darstellt, fand großen Anklang.

Literatur

Berg, M. (2015). *MuSE-Pro – Überprüfung grammatischer Fähigkeiten bei 5- bis 8-jährigen Kindern.* München: Reinhardt.

Elben, C. E., & Lohaus, A. (2000). *Marburger Sprachverständnistest (MSVK).* Göttingen: Hogrefe.

Fox, A. (2011). *TROG-D. Test zur Überprüfung des Grammatikverständnisses* (5. Aufl.). Idstein: Schulz-Kirchner.

Klicpera, C., & Gasteiger-Klicpera, B. (1993). *Lesen und Schreiben. Entwicklung und Schwierigkeiten.* Bern: Huber. [unter Mitarb. von A. Schabmann]

Mannhaupt, G. (2006). *Münsteraner Screening zur Früherkennung von Lese-Rechtschreibschwierigkeiten (MÜSC).* Berlin: Cornelsen.

Motsch, H.-J. (2010). *Kontextoptimierung. Evidenzbasierte Intervention bei grammatischen Störungen in Therapie und Unterricht* (3. Aufl.). München: Reinhardt.

Motsch, H.-J. (2013). *ESGRAF-R. Modularisierte Diagnostik grammatischer Störungen – Testmanual* (2. Aufl.). München: Reinhardt.

Petermann, F. (2010). *Sprachstandserhebungstest für Fünf- bis Zehnjährige (SET 5–10).* Göttingen: Hogrefe.

Spreer, M. (2013). Erfassung sprachlicher Fähigkeiten in inklusiven schulischen Settings – Beobachtungsmaterialien und Diagnoseverfahren im Überblick. *Praxis Sprache 4,* 241–246.

Hans-Joachim Motsch

ESGRAF 4-8: Grammatiktest für 4-8jährige Kinder. Diagnostik als unverzichtbare Voraussetzung vor Interventionen

1 Ausgangslage

Gesichertes Wissen über den normalen Grammatikerwerb ist unverzichtbare Grundlage vor Entscheidungen über Sprachförderung und Sprachtherapie spracherwerbsgestörter Kinder. Aktuelle Forschungsergebnisse belegen, dass nicht nur spracherwerbsgestörte oder mehrsprachige Kinder, sondern auch viele bisher sprachunauffällige Kinder eingeschult werden, ohne alle wichtigen grammatischen Regeln des Deutschen erworben zu haben (Ulrich et al., 2016). Diese grammatische Regelkompetenz benötigen die Schüler aber nicht nur für grammatisch korrektes Sprechen und Schreiben, sondern auch zum sinnentnehmenden Verstehen der Lehrersprache und der Texte in allen Schulfächern. Vor diesem Hintergrund muss die Grenze zwischen einer grammatischen Störung und Regelverstößen innerhalb der Varianz des normalen Grammatikerwerbs neu gezogen werden.

Grammatikerwerb präsentiert sich heute als gradueller Prozess der Ablösung erster formelhafter Ganzheiten durch regelgeleitete Konstruktionen. Abstrakte grammatische Kategorien im Sinne einer Erwachsenen-Grammatik werden erst im Laufe des Vorschul- und Schulalters entwickelt. Der Erwerbsweg führt stufenweise über die ersten abweichenden Versuche von Markierungen oder Satzstellungsversuchen zu gelegentlich korrekten Bildungen, die dann zunehmend häufiger werden, bis sie das prozentuale Übergewicht aller Bildungen darstellen. Der Erwerb einer Regel geschieht nicht plötzlich, wie beim Umlegen eines Schalters. Bis eine abstrakte Regel vollständig erworben ist, vergehen teilweise Jahre, in denen sich das Kind in der Sprachproduktion einem Korrektheitsniveau von 90–100 % annähert (Motsch, 2013a). Der Erwerb grammatischer Strukturen wird entgegen früherer Annahmen erst im Schulalter abgeschlossen.

2 Problematik aktuell vorhandener Testinstrumente

Die Feststellung von grammatischem Förderbedarf oder eine Therapieindikation können nur mit einem standardisierten und gut normierten Testverfahren getroffen werden. Als Grundlage dieser anspruchsvollen diagnostischen Aufgabe bedarf es eines Instruments, das durch die Überprüfung möglichst vieler Items bezogen auf jede einzelne grammatische Regel eine verlässliche Basis für die Entscheidungsfindung liefert. Der Test ermöglicht dann, den von einem Kind erreichten Korrektheitswert mit den Werten seiner Altersgruppe zu vergleichen. Die Überprüfung muss mit ausreichend vielen Items geschehen, damit die Irrtumswahrscheinlichkeit eines Items begrenzt wird (Ulrich et al., 2016).

Die in den letzten Jahren publizierten Sprachentwicklungstests PDSS (Kauschke & Siegmüller, 2010), P-ITPA (Esser & Wyschkon, 2010), SET 5-10 (Petermann, 2010) und ETS 4-8 (Angermaier, 2007) überprüfen den Erwerbsstand grammatischer Regeln des Kindes lediglich stichprobenmäßig anhand ausgewählter „grammatischer Marker". Beliebt ist die effiziente Überprüfung der Pluralformen des Deutschen. Dies erscheint bereits theoretisch fragwürdig, da die Pluralmorphologie nicht regelgeleitet erworben wird. Einige Testverfahren überprüfen lediglich morphologische, aber nicht syntaktische Fähigkeiten (ETS 4-8) oder aggregieren Aussagen über unterschiedliche grammatische Strukturen in einem Subtest (P-ITPA: Präteritum, Perfekt, Komparationsformen und Kasus) zu einem einzigen Rohpunktwert. Verfahren, die Kasus getrennt überprüfen, verwenden eine zu geringe Itemzahl (PDSS: Akkusativ 4, Dativ 5). Somit erhält der Diagnostiker durch die Ergebnisse grammatischer Subtests nicht die therapieplanungsrelevante Frage beantwortet, auf welchem Erwerbsstand das getestete Kind bezüglich der einzelnen wichtigen Regeln des Deutschen steht (Rietz & Motsch, 2014).

3   ESGRAF 4-8: Testaufbau und psychometrische Güte

ESGRAF 4-8 (Motsch & Rietz, 2016) kann als Weiterentwicklung des bereits seit 2009 existierenden Screenings ESGRAF-R betrachtet werden. ESGRAF-R (Motsch, 2013b) wurde im Zuge dieser Weiterentwicklung zur ESGRAF 4-8 standardisiert und normiert. Sowohl das Material, als auch die Äußerungen des Diagnostikers, die erlaubten Beispiele und Hilfen sind durch die Durchführungsanleitung standardisiert und auch erweitert worden. Durch die Auswertungsanleitung wird zudem sichergestellt, dass bei jedem Kind die gleiche Anzahl Items beurteilt wird.

Die Spielsituationen aus der ESGRAF-R wurden mit Ausnahme der Überprüfung der Nebensatzregel mit Schriftsprache (Satzstreifen) übernommen. Erweitert wurde das Verfahren mit dem Subtest 6, der im Schulalter die Überprüfung formal komplexerer und kognitiv anspruchsvollerer Strukturen (Passivsätze, Genitiv) erlaubt.

Tab. 1: 6 Subtests der ESGRAF 4-8 (Motsch & Rietz 2016, 14)

		Items	Rohwertpunkte
Subtest 1	Verbzweitstellungsregel im Hauptsatz	36	45
	Subjekt-Verb-Kontrollregel		42
Subtest 2	Verbendstellungsregel im subordinierten Nebensatz	20	20
Subtest 3	Genus	20	20
Subtest 4	Akkusativ in Nominal- und Präpositionalphrasen	40	24
	Dativ in Nominal- und Präpositionalphrasen		24
Subtest 5	Plural	9	9
Subtest 6	Späte grammatische Fähigkeiten		
	Passivsätze	5	10
	Genitiv	8	16
Total		138	210

Aufgrund des Formates „Zirkus" hat ESGRAF 4-8 für die Kinder immer noch den Spielcharakter beibehalten, so dass sich die Kinder nicht „getestet" fühlen. Dies wird bewusst durch den Verzicht auf eine gleichzeitige Auswertung unterstützt.

ESGRAF 4-8 wurde anhand einer Stichprobe von 968 monolingual deutschsprachigen Kindern zwischen 4;0 und 8;11 Jahren normiert (Motsch & Rietz, 2016).

Tab. 2: Daten der Normierungsstichprobe quotiert nach Alter und Geschlecht, Erhebung in drei Bundesländern (Motsch & Rietz 2016, 55)

		Alter (Monate)									
		48-53	53-59	60-65	66-71	72-77	78-83	84-89	90-95	96-101	102-107	
NRW	m	18	27	31	28	21	24	25	30	22	29	255
	w	22	32	34	31	22	32	32	29	29	31	294
	total	40	59	65	59	43	56	57	59	51	60	549
NDS	m	11	11	9	11	12	8	11	12	11	10	106
	w	7	10	7	16	7	10	10	8	10	9	94
	total	18	21	16	27	19	18	21	20	21	19	200
BW	m	10	8	19	7	15	7	9	10	12	12	109
	w	13	11	12	13	10	8	9	14	10	10	110
	total	23	19	31	20	25	15	18	24	22	22	219
total	m	39	46	59	46	48	39	45	52	45	51	470
	w	42	53	53	60	39	50	51	51	49	50	498
	total	81	99	112	106	87	89	96	103	94	101	968

Legenda: m = männlich, w = weiblich, NRW = Nordrhein-Westfalen, NDS = Niedersachsen, BW = Baden-Württemberg

Die Ergebnisse der testtheoretischen Absicherung belegen, dass die ESGRAF 4-8 den Testgütekriterien Objektivität, Reliabilität und Validität genügt (Rietz & Motsch, 2014). Mit der ESGRAF 4-8 liegt ein unter testtheoretischen Aspekten sehr gut abgesichertes und fundiert normiertes Instrument vor.

4 Psychometrischer Test oder Screening?

Das Testmanual der ESGRAF 4-8 enthält Kopiervorlagen für die Überprüfung aller wesentlichen grammatischen Regeln im Klassenverband (Klassenscreenings). Auch wenn die Ergebnisse dieser effizient durchführbaren Screenings nun normorientiert interpretiert werden dürfen und somit einen schnellen Überblick über den Erwerbsstand der einzelnen Schüler liefern, ersetzen sie nicht die wesentlich validere Testung im Einzelfall. Dies gilt ebenso für die in den letzten Jahren publizierten Grammatikscreenings für die Einzelüberprüfung: MuSE-Pro (Berg, 2015) und GraSpGS (König, 2016) (Einzelüberprüfung) und das Klassenscreening für die 2. Klasse SGF 2 (Mahlau, 2016).

Literatur

Angermaier, M. (2007). *ETS 4-8*. Frankfurt a. M.: Harcourt Test Services.
Berg, M. (2015). *MuSE-Pro- Überprüfung grammatischer Fähigkeiten bei 5-8jährigen Kindern*. München: E. Reinhardt.
Esser, G., & Wyschkon, A. (2010). *P-ITPA. Potsdam-Illinois Test für Psycholinguistische Fähigkeiten*. Göttingen: Hogrefe.
Kauschke, C., & Siegmüller, J. (2010). *Patholinguistische Diagnostik bei Sprachentwicklungsstörungen (2. Aufl.)*. München: Urban & Fischer.
König, S. (2016). *GraSpGS- Grammatikanalyse der Sprachproduktion bei Kindern im Grundschulalter*. Ravensburg: Verlag am Sprachheilzentrum.
Mahlau, K. (2016). *Screening grammatischer Fähigkeiten für die 2. Klasse (SGF 2)*. München: E. Reinhardt.
Motsch, H.-J., & Rietz, C. (2016). *ESGRAF 4-8*. München: E. Reinhardt.
Motsch, H.-J. (2013a). Grammatische Störungen – Basisartikel. *Sprachförderung und Sprachtherapie, 2 (1)*, 2-8.
Motsch, H.-J. (2013b). *ESGRAF-R. Modularisierte Diagnostik grammatischer Störungen (2. Aufl.)*. München: E. Reinhardt.
Petermann, F. (2010). *SET 5-10. Sprachstandserhebungstest für Kinder im Alter zwischen 5 und 10 Jahren*. Göttingen: Hogrefe.

Rietz, C., & Motsch, H.-J. (2014). Testtheoretische Absicherung der ESGRAF 4-9. *Empirische Sonderpädagogik, 6 (4),* 300-312.

Szagun, G. (2007). Grammatikentwicklung. In H. Schöler & A. Welling (Hrsg.), *Sonderpädagogik der Sprache (S. 29–42).* Göttingen: Hogrefe.

Ulrich, T., Penke, M., Berg, M., Lüdtke, U., & Motsch, H.-J. (im Druck). Der Dativerwerb – Forschungsergebnisse und ihre therapeutischen Konsequenzen. *L.O.G.O.S. interdisziplinär, 24 (3).*

Katja Johanssen, Jens Kramer, Julia Lukaschyk

Deutscher Mutismus Test (DMT-KoMut) – aus der Praxis, für die Praxis

1 Einführung

So genannte selektiv mutistische Kinder werden meist wenig beachtet: Zu Hause sprechen sie häufig normal und in der Schule oder im Kindergarten stören sie kaum. Für jugendliche und erwachsene Betroffene und deren Bezugsystem ergeben sich andere Probleme, z. B. bezogen auf den beruflichen und privaten Werdegang. Die Symptomatik des Störungsbildes „ist ein dauerhaftes, wiederkehrendes Schweigen in bestimmten Situationen, z. B. im Kindergarten oder in der Schule, und gegenüber bestimmten Personen, z. B. gegenüber allen Personen, die nicht zum engsten Familienkreis gehören. Dieses Schweigen tritt auf, obwohl die Sprechfähigkeit vorhanden ist. Ebenso ist die Redebereitschaft gegenüber einigen wenigen vertrauten Personen in sicherem Umfeld gegeben" (Bahr, 2002, S: 14). Betroffene Kinder sind in ihrer sprachlichen Handlungsfähigkeit jedoch soweit eingeschränkt, dass ihre Persönlichkeitsentwicklung gefährdet ist bzw. sie von Behinderung bedroht sind (Kramer, 2004).

Wichtig ist, dass sich der Mutismus nicht nur auf das Sprechen im engeren Sinne, sondern meistens auch auf die nonverbale Kommunikation auswirkt (Kramer, 2007). Erkennbar ist dies beispielsweise in einem unbeweglichen und starren Gesichtsausdruck, fehlendem Blickkontakt, dem Ausbleiben der Lächelreaktion, aber auch einer möglichen fixierten Körperhaltung. „Der selektive Mustimus ist in der Regel kein isoliertes Störungsbild. Er kann mit anderen sprachlichen und nicht-sprachlichen Beeinträchtigungen einhergehen. Es bestehen keine linearkausalen Zusammenhänge zwischen den Sekundärmerkmalen und den Kardinalsymptomen, jedoch ist von einem sich gegenseitig bedingenden Wirkungsgeflecht auszugehen" (Feldmann et al., 2012, S. 14).

Die betroffenen Kommunikationspartner, also sowohl das selektiv mutistische Kind, der Jugendliche oder Erwachsene, als auch deren Gegenüber, können unter ungünstigen Bedingungen keinen oder nur einen sehr reduzierten Kontakt aufbauen. Es ist ihnen oft nicht möglich, sich in ihrer kommunikativen Bewegung wechselseitig aufeinander zu beziehen und folglich wird ein Dialog nicht hergestellt bzw. abgebrochen. Insofern stellt der selektive Mutismus immer auch eine Störung des gesamten

Kommunikationskontextes oder Umfeldes dar und sollte als solches auch beachtet werden (Kramer, 2004). Dies bedeutet, dass tradierte Behandlungskonzepte erweitert werden, um eine explizite Ressourcenorientierung im therapeutischen Vorgehen zu erreichen. So wird entsprechend nicht nur das Kind mit seiner Lebenswirklichkeit, sondern auch das gesamte relevante Familiensystem (Wichtmann, 2011) sowie auch die Peers u. a. mitberücksichtigt. „So gelingt ein symptom-gerechtes Verständnis und die Auflösung des kindlichen Mutismus besser, wenn der systemische Kontext eine angemessene Beachtung und Anleitung erfährt: Die systemische Einbeziehung der Eltern bzw. des Familiensystems schafft häufig erst die Bedingungen, um dem mutistischen Kind neue Entwicklungsperspektiven in die Sprachlichkeit zu eröffnen" (Wichtmann, 2011, S. 7).

2 Anliegen der Initiative StillLeben e.V.

Bereits vor etwa 12 Jahren gründete sich in Hannover unsere Intiative, die es sich zur Aufgabe gesetzt hat, die Öffentlichkeit über das Störungsbild selektiver Mutismus zu sensibilisieren und zu informieren. Die Mitglieder sind LogopädInnen, FörderschullehrerInnen, akademische SprachtherapeutInnen und Atem-, Sprech- und StimmlehrerInnen, die aus ihren Arbeitsfeldern entsprechende Erfahrungen mitbringen.

Zunächst konzentrierten wir unsere Arbeit auf die Region Hannover. Wir verteilten z. B. Faltblätter an alle GrundschullehrerInnen, um auf den selektiven Mutismus aufmerksam zu machen. Parallel entstand eine erste Webseite, die zugleich auch eine entsprechende Nachfrage eröffnete (www.selektiver-mutismus.de). Da nun vielfältige und vermehrte Anliegen auf uns zukamen, haben wir uns jeweils der Themen angenommen, die immer wieder in ähnlicher Form auftraten. So entwickelten wir z. B. Hilfestellungen zu den Themen „mündliche Noten" (Kramer, 2007) und „Abgrenzung zum Autismus" (Kramer, 2006; Kutscher, 2013) sowie eine Reihe weiterer Faltblätter zur Information von Eltern, ErzieherInnen und ÄrztInnen, die auf unserer Webseite zum Download bereitstehen, welche wir aber auch postalisch zusenden. Derzeit entwickeln wir Faltblätter auch in weiteren Sprachen. Darüberhinaus stehen in unsere Mediathek Videos von Fachpersonen zur Verfügung, die weitere Aufklärungsarbeit leisten.

Auch bieten wir Inhouseschulungen zu ausgewählten Fragestellungen rund um das Thema „selektiver Mutismus" an. Zudem organisieren wir Tagungen und vernetzen uns z. B. im IMF (Interdisziplinäres Mutismus Forum) mit den Sprachheilzentren Meisenheim und Werscherberg sowie der Universität Dortmund und haben die erste Tagung des IMF in Bad Nenndorf organisiert. Auch mit der „Mutismus Selbsthilfe" und Boris Hartmann besteht ein reger Austausch (www.mutismus.de).

Vor 5 Jahren haben wir unsere Forschungsergebnisse und Erfahrungen in Pädagogik und Therapie in ein eigenes Konzept fließen lassen: die „Kooperative Mutismustherapie (KoMut)" (Feldmann et al., 2011). In dieses Konzept fließen Elemente der Kooperativen Pädagogik und der Systemtheorie bezogen auf das Handlungsfeld des Mutismus ein. Wir entwickelten handlungsleitende Bausteine für die Therapie, die auf einer professionellen Diagnostik basieren. Für diese Diagnostik wurden von uns der Deutsche Mutismus Test (DMT-KoMut) für eine onlinebasierte, gratis verfügbare Eingangsdiagnostik (Johanssen et al., 2016) und die DiFraMut – Diagnostische Fragebögen zum selektiven Mutismus entwickelt (Kopf, 2015).

2.1 Grundlagen der Kooperativen Mutismustherapie (KoMut)

Die Kooperative Mutismustherapie geht u. a. von der Annahme aus, dass sich die betroffene Person als Teil eines familiären Systems erlebt. Das Schweigen könnte eine Möglichkeit sein, seinen Bindungswünschen Ausdruck zu verleihen und wäre demnach Mittel und Grenzstein am Übergang von „privater Welt" in eine „fremde Welt". Mit dem Schweigen würden es damit sein „Ich bin anders als Du!" postulieren. Das Symptom würde damit die Grenze zwischen kindlicher Familienbindung und einer, diese Bindung bedrohenden, Außenwelt markieren.

Die Kooperative Mutismustherapie basiert auf der kooperativen Grundhaltung, die das Schweigen als einen Teil der kindlichen Identitätsbestrebungen respektiert, und ist bemüht um eine Erweiterung der systemischen Perspektive, die über das betroffene Kind hinausgeht. Aus Perspektive der KoMut wird nach Bedingungen gesucht, die eine nachhaltige Veränderung des kindlichen Schweigeverhaltens ermöglichen. Das Schweigen manifestiert sich im familiären Bindungsgefüge des Kindes und wird damit Bestandteil kindlich-persönlicher Integrität. Damit ein Kind Autonomie entwickeln kann, braucht es Kontakte in die „fremde Welt". Mit diesen Kontakten entwickelt es die Fähigkeit die Welt zu entdecken und in dieser „Fremde" zu bestehen. Diese Erfahrung eröffnet dem Kind eigene Gestaltungsmöglichkeiten und sichert Möglichkeiten zur Teilhabe. Durch die Kooperative Mutismustherapie sollen über die Grenzen von „privater Welt" und „fremder Welt" hinweg Brücken gebaut werden. Die Therapeuten verstehen sich als Vermittler zwischen diesen Welten.

Das Schweigen aufzugeben bedeutet für den Betroffenen einen Teil seiner bisher entwickelten Identität aufzugeben. Aus unserer Sichtweise möchten wir diese Identität bewahren und das Selbstvertrauen fördern. Für die Herangehensweise aus dem Blickwinkel der Kooperativen Mutismustherapie bedeutet dies in erster Konsequenz das Schweigen für den Betroffenen wahrnehmbar zu machen, als einen Teil seiner Persönlichkeit zu respektieren und nach anderen Kompetenzen der Kommunikationsfähigkeit innerhalb des Aktionsradius zu forschen. Die KoMut baut auf die Förderung des Selbstbewusstseins und der Identität des Kindes, des Jugendlichen bzw. Erwachsenen auf, indem der Betroffene unterstützt wird, eigene Emotionen und Bedürfnisse wahrzunehmen und diese darzustellen. Humor und Leichtigkeit bieten ihm beste Voraussetzungen, um aus einer starren und verfestigten Haltung herauszufinden.

Darüberhinaus bietet die KoMut eine therapeutische Umgebung voller Vertrauen und Geborgenheit. Hier finden die Polaritäten und Lebensthemen des Kindes Beachtung, in einem fließenden Wechselspiel zwischen „Bewegung" versus „Unbeweglichkeit/Starre", „Führen" und „Geführt-werden", und dies alles in einem geschützten Rahmen, dem Safe Place.

Kinder sind – wie alle Menschen – „unterwegs zu sich Selbst". Die KoMut-Therapie setzt an, bevor die Handlungsfähigkeit des selektiv mutistischen Kindes endet und will das Kind auf seinem Weg zu sich unterstützen. Das Ziel ist es, Spielräume zu erweitern und Neuorientierungen anzubieten. In der Folge erschließen wir mit dem Kind seine sprachlichen Zwischenräume. Hierfür beginnt die KoMut bei Grundlagen und Vorläufern der gesprochenen Sprache, im somatischen Dialog.

Auf somatischer Ebene wird zusätzlicher Raum geschaffen, bis gesprochene Sprache ausreichend Platz finden kann. Eine zu hohe Erwartungshaltung an das Sprechen, die sich zuvor für die Gesamtentwicklung des Kindes i.d.R. bereits nachteilig ausgewirkt hat, wird dadurch abgebaut, dass das Sprechen nicht im Zentrum der Förderung steht. Die Kooperative Mutismustherapie beachtet vielmehr den Aufbau der nonverbalen Kontaktaufnahme hin zum Sprechen über das Entwickeln von Körpersprache bzw. vielmehr Körperausdruck mit z. B. psychomotorischen Angeboten.

Aus Sicht der KoMut wird also keine gesprochene Sprache erwartet, sondern Kontakt angeboten. Dieser Kontakt wird gemeinsam gestaltet und ist eingebettet in produktive Spiele mit Rollen von Führen, Folgen und Leiten. Dem Kind wird Verantwortung übertragen, damit es Möglichkeiten findet, eigene Bedürfnisse aktiv an ein Gegenüber zu richten und ihm seine Selbstwirksamkeit vor Augen zu führen. Die Kontaktaufnahme über Gegenstände und den ganzen Körper laden ein, erste Schritte aus der Innenwelt hinaus zu wagen auf ein weites Meer voller Erfahrungen, hin zu unentdeckten Inseln des Kontaktes mit einem unterstützenden Gegenüber. So wird das kindliche Bestreben bedient, die eigene Identität zu entwickeln.

Um in der Therapie diesen Grundsätzen und Bausteinen zu folgen, wurde ein Vier-Phasen-Modell von der nonverbalen Kontaktaufnahme zum Sprechen entwickelt:

- Phase 1: In dieser ersten Phase der Therapie steht also der Aufbau der nonverbalen Kontaktaufnahme im Vordergrund. Hilfreich dabei kann wiederum der Safe-Place oder aber auch der Einsatz spezifischer, d.h. besonders „leiser" und „schüchterner" Stoffpuppen wie etwa Schildkröten oder Schnecken, aber auch besonders „lauter" und „gefährlicher" Figuren wie Löwen oder Haie sein;
- Phase 2: Im Weiteren gilt es, mit Lärm und Lautstärke aus sich herauszugehen. Dies kann mithilfe von Instrumenten aber auch mit Tierlauten o.ä. geschehen. Eine mögliche sinnvolle Reihenfolge wäre: Nonverbal-nonvokal (nicht-sprachlich und stimmlos, z. B. Kopfnicken/- Schütteln);
- Nonverbal-vokal (nicht-sprachlich, aber stimmhaft, z. B. Tiergeräusche);
- Verbal-nonvokal (sprachlich, aber ohne Stimme, z. B. flüstern, schreiben oder andere Symbolsysteme);
- Verbal-vokal (sprachlich und mit Stimme: Sprechen);
- Phase 3: Nach dem erste Sprechäußerungen möglich sind, werden diese Kompetenzen in dem geschützten Rahmen der Therapie erprobt, gefestigt und ausdifferenziert;
- Phase 4: Die schwierigste Phase stellt der Transfer in die reale Lebenssituation bzw. verschiedene situativ-räumliche oder personelle Kontexte des Kindes dar" (Feldmann et al. 2012, 18f).

Indem individuell im laufenden Prozess die Inhalte dieser Bausteine genutzt werden, kann es gelingen dem Betroffenen Hilfestellungen auf dem Weg in die Kommunikation zu geben. Vorab bedarf es dazu einer Überweisung eines Arztes, i.d.R. Des Kinderarztes und der Initiative der Eltern, ErzieherInnen und/ oder LehrerInnen. Das Störungsbild ist mittlerweile bekannter, doch ist es aufgrund der fehlenden (standardisierten und validierten) Diagnostik noch immer schwierig, im Vorfeld eine Differentialdiagnostik durchzuführen um eine für die Therapieindikation ausreichende Diagnose stellen zu können.

2.2 Der Deutsche Mutismus Test (DMT-KoMut)

Da das zu Grunde liegende Anliegen des StillLeben e.V. darin besteht, über den selektiven Mutismus zu informieren und niederschwellige Angebote zu konzipieren, wurde 2016 der DMT-KoMut entwickelt. Ziel dabei ist, dass Fachleute, die noch nicht umfassende Kompetenzen im Bereich Mutismus erworben haben, eine Hilfestellung an die Hand bekommen, die frei verfügbar ist. Für den Testzugang wurde die online-Basierung gewählt unter www.selektiver-mutismus.de/deutscher-mutismus-test/. Zudem ist der Test kostenfrei und in einer Zeit von 5-7 Minuten durchführbar.
Zur Erstellung des Testverfahrens wurden verschiedene Phasen durchlaufen, in denen relevante Fragen aus der Praxis und anerkannter Fachliteratur gesammelt, die

durch zwei Kohorten von geschulten MutismustherapeutInnen nach dem Konzept KoMut in zwei Pretest-Phasen gesichtet, ergänzt und verändert wurden.
Der finale Fragebogen besteht aus 24 Items und enthält drei Fragetypen bzw. Antwortmodi:

- Soziodemographische Fragen: Hier werden Fragen zur Person gestellt.
- Geschlossene Fragen, die mit Ja/Nein oder weiß nicht beantwortet werden: Beispielsweise die Frage nach der Eingewöhnungsphase in Kindergarten oder Schule dient bei negativer Beantwortung als Abbruchfrage, mit dem Verweis, dass die Eingewöhnung abgewartet werden soll, bis weitere Schritte eingeleitet werden. Die Frage danach, ob das Kind/ der Jugendliche zu Hause spricht, dient ebenfalls bei Verneinung als Abbruch des Fragebogens, da dies kein Symptom des selektiven Mutismus sondern ein Ausschlusskriterium darstellt.
- Fragen, die anhand einer 4-stufigen Likert-Skala beantwortet werden: In diesem Block kann bei der Beantwortung zwischen den Abstufungen ‚Nie' – ‚selten' – ‚manchmal' – ‚immer' gewählt werden.

Liegt eine Kontraindikation oder nicht ausreichend viele Informationen vor, so wird der Fragebogen automatisch abgebrochen. Der Sonderfall einer noch nicht abgeschlossenen Eingewöhnungsphase in den Kindergarten oder anderen pädagogischen Einrichtung führt ebenfalls zum Abbruch des Tests.
Die Auswertung des Fragebogens erfolgt anhand eines Berichtes, welcher am Ende als pdf-Datei zur Verfügung steht, wenn alle Items vollständig beantwortet wurden. Der Bericht wird aufgrund jedes beantworteten Items individuell zusammengestellt. Die generierten Antwortsätze geben Aufschluss über typische Symptome für das Störungsbild des selektiven Mutismus sind und/oder Hinweise für weitere Vorgehensweisen. Sie geben zudem Zusatzinformationen, beispielsweise falls einige Verhaltensweisen auf Autismus hinweisen, dass dieser durch PsychologenIn weiter abgeklärt wird. Auf Wunsch kann der Name des Kindes zu Beginn eingegeben werden, so dass der Bericht gut lesbar und weniger automatisiert wirkt. Die Daten werden anonymisiert gespeichert und dienen als Grundlage für weitere Forschungen in diesem Bereich. Durch die anonyme Speicherung sind keine Rückschlüsse auf beschriebene Personen möglich.

Falls in dem Test Hinweise für Mutismus aufgezeigt werden, sollten für folgende Untersuchungen weitere diagnostische Instrumentarien herangezogen werden wie z. B. die „Diagnostischen Fragebögen zum selektiven Mutismus (DiFraMut) (Kopf, 2015). Sie sind ein förderdiagnostischer Fragebogenkomplex, der Fragebögen für Sprach- oder PsychotherapeutInnen enthält, die diese an Eltern, ErzieherInnen, LehrerInnen, andere professionelle Helfer und die Betroffenen weitergeben können. Sie dienen zur Unterstützung bei der Reflexion und zur hierarchischen Ableitung von konkreten Konsequenzen für die Förderung, Therapie und Beratung. Weiter enthält die DiFraMut auch ein Differentialdiagnostisches Instrumentarium, die DiffInMut. Die Fragebögen bieten zusätzlich zur direkten Beobachtung eine Möglichkeit des systemischen, aber auch systematischen Herangehens an das komplexe Phänomen des selektiven Mutismus (Johanssen et al. 2016). Im deutschsprachigen Raum stehen aktuell noch keine validierten und standardisierten Verfahren zur Verfügung.

Literatur

Bahr, R. (2002). *Wenn Kinder schweigen – Redehemmungen verstehen und behandeln – Ein Praxisbuch.* Düsseldorf: Walter Verlag.

Feldmann, D., Kopf, A., & Kramer, J. (2011). KoMut – Kooperative Mutismustherapie – Konzept einer handlungsorientierten Therapie für Kinder mit selektivem Mutismus. *Die Sprachheilarbeit, 3*, 150-156.

Feldmann, D., Kopf, A., & Kramer, J. (2012). Das Konzept der Kooperativen Mutismustherapie (KoMut) – Eine systemisch-handlungsorientierte Therapie für Kinder mit selektivem Mutismus. *Forum Logopädie, 26* (1), 14-20.

Johanssen, K., Kramer, J., & Lukaschyk, J. (2016). Deutscher Mutismus Test (DMT-KoMut) – Onlinebasiertes Hilfsmittel zur Diagnostik von selektivem Mutismus. *Forum Logopädie, 30* (1), 6-10.

Kopf, A. (2015). *DiFraMut – Diagnostische Fragebögen zum selektiven Mutismus.* Köln: Prolog.

Kramer, J. (2004). Das Nicht-Sprechen verstehen – Diagnostische Anknüpfungspunkte einer bewegungsorientierten Sprachförderung für ein Kind mit elektivem Mutismus. *Motorik, 27* (1), 49-54.

Kramer, J. (2006). Vergleich des selektiven Mutismus mit dem frühkindlichen Autismus. *L.O.G.O.S. interdisziplinär, 14* (4), 281-282.

Kramer, J. (2007). Mündliche Zensuren für Schülerinnen und Schülern, die unter bestimmten Bedingungen nicht sprechen – Hilfestellungen für Eltern und LehrerInnen. *L.O.G.O.S. interdisziplinär, 15* (3), 217-218.

Still Leben e.V. Hannover. (2013). *Vergleich des selektiven Mutismus mit dem frühkindlichen Autismus.* Abgerufen von http://www.selektiver-mutismus.de/informationen/mutismus-vs-autismus/

Technische Universität Dortmund. (2016). *Selektiver Mutismus bei mehrsprachigen Kindern – Eine Längsschnittstudie zum Zusammenhang von Sprache, Ängstlichkeit, Akkulturation und selektivem Mutismus.* Abgerufen von http://www.sk.tu-dortmund.de/cms/de/forschung/muti/Mut_u_Mehr/index.html

Wichtmann, A. (2011). Mutismus im System – System im Mutismus? *Forum Logopädie, 25* (1), 28-33.

Anja Starke, Katja Subellok

Schüchtern oder selektiv mutistisch? DortMuS-Schule – ein Fragebogen für Lehrkräfte im Primarbereich

1 Einleitung: Selektiven Mutismus erkennen

Selektiver Mutismus (SM) ist eine Kommunikationsstörung der frühen Kindheit, welche durch ein konsequentes Schweigen in spezifischen sozialen Situationen bei gleichzeitigem Sprechen in anderen Situationen gekennzeichnet ist (American Psychiatric Association, 2013). Mit einer Prävalenzrate von etwa 0,7 % (Bergman, Piacentini & McCracken, 2002; Elizur & Perednik, 2003) ist das Phänomen eher selten, wobei jedoch aufgrund der Unscheinbarkeit der Symptomatik von einer deutlich erhöhten Dunkelziffer ausgegangen wird (Starke & Subellok, 2012). Häufig wird das Verhalten der Kinder als extreme Form der Schüchternheit interpretiert (Kopp & Gilberg, 1997), so dass in vielen Fällen eine Diagnosestellung erst relativ spät im Schulalter erfolgt (Black & Uhde, 1995; Ford, Sladeczeck, Carlson & Kratochwill, 1998) und auch eine spezifische Therapie erst entsprechend spät beginnen kann (Remschmidt, Poller, Herpertz-Dahlmann, Henninghausen & Gutenbrunner, 2001). Bei einem längerfristigen Andauern der Symptomatik ist jedoch von beträchtlichen Folgen für die gesamte Entwicklung auszugehen (Chavira, Shipon-Blum, Hitchcock, Cohan & Murray, 2007; Remschmidt et al., 2001; Steinhausen, Wachter, Laimbock & Metzke, 2006).

Die Kernsymptomatik des Schweigens tritt am häufigsten in den Bildungsinstitutionen Kindergarten und Schule auf (Bergman et al., 2002; Ford et al., 1998), so dass Lehrkräften und pädagogischen Fachpersonen eine bedeutsame Rolle in der Erkennung des Phänomens zukommt. Charakteristisch für den SM ist gerade die große Diskrepanz zwischen einem unbefangenen Sprechen in häuslichen und familiären Situationen und einem konsequenten Schweigen in anderen, hier vor allem den institutionellen Kontexten. Somit ist es Eltern nicht zu verdenken, wenn ihnen das Ausmaß des Schweigens ihres Kindes nicht bewusst ist. Eine sichere Identifikation eines SM ist in der pädagogischen Alltagspraxis jedoch nur schwer möglich, da fließende Übergänge zwischen Schüchternheit, Schweigsamkeit und SM bestehen. Bislang stehen pädagogischen Fachkräften in Schule und Kindergarten zudem so gut wie keine Instrumente oder Vorgehensweisen zur Verfügung, die sie bei der Identifikation eines SM unterstützen. Der Fragebogen zur Erfassung des elektiven Mutismus (FEM; Steinhausen, 2010) ist die deutsche Übersetzung des reliablen und validen

Instrumentes Selective Mutism Questionnaire (SMQ; Bergman, Keller, Piacentini & Bergman, 2008) aus den USA. Mithilfe dieses Instrumentes kann man den Schweregrad und den Grad der Beeinträchtigung der akademischen und sozialen Funktionsfähigkeiten im schulischen und häuslichen Kontext bestimmen. Im deutschsprachigen Raum wird dieser Bogen unseres Wissens jedoch nur selten eingesetzt. Zudem bietet das Instrument keine Empfehlungen, inwiefern mit den Ergebnissen weiter verfahren werden soll. Damit bleibt die Interpretation der Daten allein der pädagogischen Fachperson überlassen.

Mit dem Dortmunder Mutismus Screening (DortMuS) möchten wir pädagogischen Fachpersonen—hier im Kontext des schulischen Primarbereichs—ein reliables und valides Instrument an die Hand geben, welches sie in der Identifizierung selektiv mutistischer Kinder unterstützt und ihnen je nach Ergebnis weiterführende Handlungsmöglichkeiten aufzeigt. Dazu wurde bereits in einer ersten Studie anhand einer Stichprobe von insgesamt 187 Kindern (87 schweigende, 100 sprechende Kontrollkinder) ein Fragebogen mit insgesamt 94 Items auf die Pilotversion des DortMuS-Schule mit nun 18 Items reduziert (Starke, Subellok & Käppler, 2014). Ziel der aktuellen Evaluationsstudie war es, diese Pilotversion auf ihre Reliabilität und Validität hin zu überprüfen.

2   Methode

2.1   Studiendesign

Es wurden bundesweit Lehrkräfte im Primarbereich der Allgemeinen Schule und der Förderschule Sprache aufgefordert, einen Online-Fragebogen—bestehend aus der 18-Item-Pilotversion von DortMuS-Schule und des FEM (Steinhausen, 2010)—für ein schweigendes sowie mindestens ein sprechendes Kontrollkind auszufüllen. Dabei wurde für die Kontrollkinder zufällig zugewiesen, ob die Lehrkraft Angaben zu einem eher schüchternen oder eher sprechfreudigen Kontrollkind machen soll. Zur externen Validierung der Diagnose SM wurden für eine Teilstichprobe zusätzlich von einer unabhängigen Expertin Telefoninterviews mit den Lehrkräften durchgeführt.

2.2   Stichprobe

Es nahmen 51 Lehrkräfte (23,5 % von einer Förderschule Sprache, 76,5 % von einer allgemeinen Grundschule) an der Befragung teil. Diese machten Angaben zu insgesamt 118 Kindern (51 schweigende und 67 sprechende Kinder) der Klassenstufen 1 bis 4. Angaben zur Zusammensetzung der Stichprobe hinsichtlich Alter, Geschlecht und Mehrsprachigkeit finden sich in Tabelle 1.

Tab. 1: Mittleres Alter, Geschlechterverteilung und Häufigkeit von Mehrsprachigkeit für die drei betrachteten Gruppen

	schweigend (n = 51)	sprechend (n = 67) schüchtern (n = 35)	sprechfreudig (n = 32)
Alter	8,34 (SD = 1,33)	8,23 (SD = 1,42)	8,13 (SD = 1,42)
Geschlecht	w 34 (66,7 %)	w 24 (68,6 %)	w = 20 (62,5 %)
	m 17 (33,3 %)	m 11 (31,4 %)	m = 12 (37,5 %)
mehrsprachig	18 (35,3 %)	13 (37,1 %)	12 (37,5 %)

2.3 Material
DortMuS-Schule
Die Pilotversion von DortMuS-Schule besteht aktuell aus 18 Items auf den beiden Subskalen „Schweigen im Unterricht" sowie „Unterstützung und Hilfe einfordern". Die Items beinhalten Verhaltensweisen des Kindes wie etwa „Bei Fragen der Lehrperson an das Kind schweigt es". Auf einer fünfstufigen Ratingskala von „trifft gar nicht zu" bis „trifft genau zu" schätzen die Lehrkräfte jeweils ein, inwieweit das beschriebene Verhalten für das jeweilige Kind zutrifft. Hohe Werte weisen dabei auf ein großes Ausmaß des Schweigens hin.

FEM
Die Lehrerversion des FEM (FEM-L-R) besteht aus insgesamt 7 Items, wobei 6 Items das Sprechverhalten der Kinder fokussieren und das verbleibende Item den Grad der Beeinträchtigung des Schulbesuches. Auf einer vierstufigen Ratingskala wird für die ersten 6 Items eingeschätzt, wie häufig („nie" bis „immer") das Kind in der jeweiligen Situation spricht. Hohe Werte deuten entsprechend auf ein großes Ausmaß des Sprechens hin. Der Grad der Beeinträchtigung wird ebenfalls vierstufig von „überhaupt nicht" bis „sehr stark" erfasst.

2.4 Auswertung
Zur Überprüfung der Reliabilität wurde der Cronbachs α für die beiden in der ersten Studie ermittelten Subskalen sowie die Gesamtskala von DortMuS-Schule berechnet. Zur Einschätzung der Validität des Verfahrens wurden die Korrelationen zwischen den Werten auf den einzelnen Subskalen sowie der Gesamtskala von DortMuS-Schule mit dem Gesamtwert des FEM betrachtet.

3 Ergebnisse

Die einzelnen Subskalen sowie der Gesamtfragebogen weisen mit Cronbachs α zwischen .896 und .970 gute bis exzellente Reliabiliätswerte auf. Es zeigen sich zudem signifikant hohe negative Korrelationen von -.827 bis -.958 zwischen dem FEM und den einzelnen Subskalen sowie dem Gesamtwert von DortMuS-Schule.

4 Diskussion

Die Ergebnisse weisen klar auf eine sehr gute Reliabilität und Validität der 18-Itemversion von DortMuS-Schule hin. Damit liegt mit DortMuS-Schule ein reliables, valides und zeitökonomisches Screening-Instrument zur Identifizierung potenziell selektiv mutistischer Kinder im schulischen Primarbereich vor. Weitere Analysen werden zeigen, inwieweit das Instrument zwischen lediglich schüchternen und tatsächlich selektiv mutistischen Kindern differenzieren kann. Ebenso werden aktuell noch Cut-Off-Werte berechnet, um zwischen potenziell selektiv mutistischen Kindern und eindeutig nicht-mutistischen Kindern unterscheiden zu können.

5 Schlussfolgerungen für die Praxis

Eine sichere Beurteilung, inwieweit ein Kind lediglich schüchtern ist oder sich hinter dem schweigsamen Verhalten tatsächlich ein SM verbirgt, ist für viele Lehrkräfte der allgemeinen Schule aufgrund einer vagen Expertise und der Unscheinbarkeit des seltenen Phänomens SM kaum zu leisten. Mithilfe von DortMuS-Schule können Lehrkräfte nun zukünftig sehr zeitökonomisch für ein Kind einordnen, inwieweit ein Risiko für das Vorliegen eines SM besteht. Da das Verfahren auf Einschätzungen der Lehrkraft zu beobachtbaren Verhaltensweisen des Kindes beruht, ist die Erhebung für das Kind selbst nicht belastend wie etwa ein Test. Mit den jeweiligen Ergebnissen von DortMuS-Schule werden dann differentielle Handlungsempfehlungen für die pädagogische Praxis aufgezeigt. Für den Fall, dass sich der Verdacht auf SM bei einem Kind bestätigen sollte, ist immer eine diagnostische Abklärung durch medizinische und (sprach-)therapeutische Fachpersonen indiziert. Über dieses Vorgehen würden betroffene Kinder dann wesentlich früher als bisher einer mutismusspezifischen Behandlung (Sprachtherapie oder Psychotherapie) zugeführt werden können.

6 Ausblick

Die Entwicklung von DortMuS-Schule war motiviert durch das Anliegen, schweigende Kinder im Schulkontext möglichst frühzeitig zu erkennen und allen Lehrkräften dafür eine niederschwellige, zeitökonomische und kostenneutrale Hilfestellung anzubieten. Deshalb wird DortMuS-Schule einschließlich der pädagogischen Handlungsempfehlungen nach Abschluss der rechnerischen Analysen allen Interessierten auf der Homepage des Fachgebietes Sprache und Kommunikation der TU Dortmund als Download zur Verfügung gestellt werden (www.sk.tu-dortmund.de).
Schweigende Kinder resp. Risikokinder für SM bereits frühzeitiger als im Schulalter zu erkennen bietet noch größere Chancen, präventiv auf Entwicklungsverläufe einzuwirken. Vor diesem Hintergrund wurde parallel ein Screeningverfahren für den Elementarbereich entwickelt. Die Pilotversion von DortMuS-Kita wird derzeit deutschlandweit evaluiert. Erste Analysen sind vielversprechend.

Literatur

American Psychiatric Association (2013). *Diagnostic and statistical manual of mental disorders* (5 Aufl.). Arlington: American Psychiatric Publication Inc.

Bergman, L. R., Piacentini, J., & McCracken, J. T. (2002). Prevalence and description of selective mutism in a school-based sample. *Journal of the American Academy of Child & Adolescent Psychiatry, 41,* 938-946.

Bergman, R. L., Keller, M. L., Piacentini, J., & Bergman, A. J. (2008). The development and psychometric properties of the selective mutism questionnaire. *Journal of Clinical Child & Adolescent Psychology, 37* (2), 456-464.

Black, B., & Uhde, T. W. (1995). Psychiatric characteristics of children with selective mutism: a pilot study. *Journal of the American Academy of Child & Adolescent Psychiatry, 34* (7), 847-856.

Chavira, D. A., Shipon-Blum, E., Hitchcock, C., Cohan, S., & Murray, B. (2007). Selective mutism and social anxiety disorder: all in the family? *Journal of the American Academy of Child & Adolescent Psychiatry, 46* (11), 1464-1472.

Elizur, Y., & Perednik, R. (2003). Prevalence and description of selective mutism in immigrant and native families: a controlled study. *Journal of the American Academy of Child & Adolescent Psychiatry, 42* (12), 1451-1459.

Ford, M. A., Sladeczeck, I. E., Carlson, J., & Kratochwill, T. R. (1998). Selective mutism: phenomological characteristics. *School Psychology Quarterly, 13* (3), 192-227.

Kopp, S., & Gilberg, C. (1997). Selective mutism: a population-based study: a research note. *Journal of Child Psychology and Psychiatry, and allied Disciplines, 38* (2), 257-262.

Remschmidt, H., Poller, M., Herpertz-Dahlmann, B., Henninghausen, K., & Gutenbrunner, C. (2001). A follow-up study of 45 patients with elective mutism. *European Archives of Psychiatry and Clinical Neuroscience, 251,* 284-296.

Starke, A., & Subellok, K. (2012). KiMut NRW: Eine Studie zur Identifikation von Kindern mit selektivem Mutismus im schulischen Primarbereich. *Empirische Sonderpädagogik, 4* (1), 63-77.

Starke, A., Subellok, K., & Käppler, C. (2014). *Evaluation des Dortmunder Mutismus Screening für den schulischen Primarbereich.* Poster auf der Tagung Lernen, Lehren, Forschen – Fachtagung zum 30-jährigen Jubiläum des Sprachtherapeutischen Ambulatoriums am 26. Juni 2014. Technische Universität Dortmund, Deutschland.

Steinhausen, H.-C. (2010). Fragebogen zur Erfassung des Elektiven Mutismus (FEM). In H.-C. Steinhausen (Hrsg.), *Psychische Störungen bei Kindern und Jugendlichen* (7. Aufl.) (S. 558–560). München: Elsevier.

Steinhausen, H.-C., Wachter, M., Laimbock, K., & Metzke, C. W. (2006). A long-term outcome study of selective mutism in childhood. *Journal of Child Psychology and Psychiatry, and allied Disciplines, 47* (7), 751-756.

Lilli Wagner

Sprachstandsdiagnostik bei ein- und mehrsprachigen Kindern im inklusiven Kontext mit dem Screening der kindlichen Sprachentwicklung – SCREENIKS

1   Was ist SCREENIKS?

Das Screening der kindlichen Sprachentwicklung – SCREENIKS testet im Rahmen eines kindgerechten und amüsanten Computerspiels die einzelnen Bereiche der kindlichen Sprachentwicklung – Aussprache, Grammatik und Wortschatz ab. Es ist ein wissenschaftlich fundiertes computergestütztes Verfahren, das gleichzeitig eine sehr zeitökonomische Erfassung des Sprachentwicklungsstandes bei ein- und mehrsprachigen (ab 24 Sprachkontaktmonaten mit der deutschen Sprache) 4-7-jährigen Kindern ermöglicht. Die Testdauer beträgt max. 20-25 Minuten inklusive Auswertung.

Testet man mit dem Verfahren mehrsprachige Kinder mit einer kürzeren Sprachkontaktdauer zur deutschen Sprache (unter 24 Sprachkontaktmonaten), erfolgt die automatisierte Auswertung qualitativ-deskriptiv und nicht anhand von Normen, so wie das auch bei Testungen von jüngeren oder älteren Kindern als in der Normierungsstichprobe (4;0-7;11 Jahre) der Fall ist.

Im automatisch erstellten Bericht werden die Fähigkeiten sowie auch die förderrelevanten Bereiche des jeweiligen Kindes differenziert aufgeführt, die ggf. in der anschließenden sprachtherapeutischen Intervention bei Risikokindern direkt aufgegriffen werden können.

Insbesondere auf Grund der Zeitökonomie und Einfachheit in der Handhabung kann SCREENIKS insbesondere in Einrichtungen, an denen Kinder häufig oder mehrfach getestet werden, wertvolle Dienste erweisen. Das Screening eignet sich damit besonders gut für den Einsatz in inklusiven Kontexten, z. B. in Schulen mit dem Profil „Inklusion". Die Spezifizierung des Förderschwerpunktes kann damit sehr schnell und zuverlässig erfolgen. Des Weiteren findet SCREENIKS seit 2014 regen Einsatz an Förderzentren, Sprachheilschulen, schulvorbereitenden Einrichtungen, Kindergärten etc.

2 Durchführung

Nach dem Eintragen von Personaldaten (Name, Vorname, Geschlecht, Geburtsdatum, einsprachig / mehrsprachig) werden die Aufgaben automatisch entsprechend dem Alter des Kindes vom Computer ausgewählt. Nach dem Bestätigen der eingetragenen Daten mit „OK" kann man mit der Durchführung des Screenings beginnen. Die Abbildung 1 zeigt die Oberfläche des Programms.

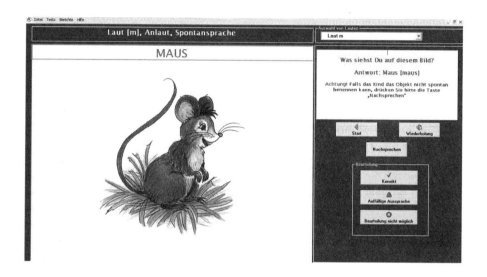

Abb. 1: Oberfläche des Programms

Im linken Fenster werden für Kinder die Bilder gezeigt. Über diesen steht auch, was gerade überprüft wird. In diesem Beispiel wird der Laut [m] im Anlaut spontansprachlich überprüft. Im Fenster oben rechts befindet sich die aktuelle Aufgabenbeschreibung für den Tester. Nach dem Betätigen der Taste „Start" stellt der Computer dem Kind eine Frage, die das Kind beantworten soll. Je nach Antwort des Kindes beurteilt der Tester die Richtigkeit der Antwort mit dem Drücken der Taste „Korrekt" oder „Auffällige Aussprache" (in der Aufgabe „Lautüberprüfung") bzw. „Korrekt" oder „Nicht korrekt" (in allen anderen Aufgaben). In dieser Weise führt der Test automatisch durch alle Aufgaben des Programms.

3 Aufgaben des SCREENIKS

SCREENIKS beinhaltet Aufgaben zur Überprüfung der kindlichen Aussprache („Lautüberprüfung" und „Phonematische Differenzierung"), der Grammatik („Subjekt-Verb-Kongruenz", „Pluralbildung", „Präpositionalstruktur im Akkusativ- und Dativkontext", „Verstehen morpho-syntaktischer Strukturen") sowie des Wortschatzes („Passiver Wortschatz", „Verständnis von Präpositionen", „Oberbegriffe finden"). Die Abbildung 2 zeigt exemplarisch ein Testitem zur Überprüfung der Subjekt-Verb-Kongruenz (3. Person Singular Neutrum).

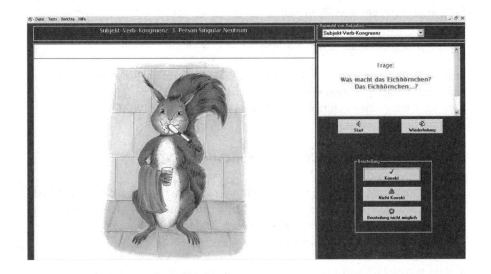

Abb. 2: Überprüfung der Subjekt-Verb-Kongruenz

4 SCREENIKS-Bericht: automatisierte Auswertung der Testergebnisse

Nach der Durchführung des Screenings lassen sich die Ergebnisse in Form eines Berichtes als Word- oder OpenOffice-Dokument öffnen, drucken bzw. auf der Festplatte speichern. Die individuellen Ergebnisse des jeweiligen Kindes liegen für jede durchgeführte Aufgabe vor. Außerdem wird eine Gesamtinterpretation der Ergebnisse für die Subtests Aussprache, Grammatik und Wortschatz erstellt.

Zunächst wird im Bericht im Rahmen einer qualitativen Auswertung genau aufgezeigt, bei welchen Items in jeder Aufgabe im Einzelnen Schwierigkeiten aufgetreten sind. Dies sind detaillierte Informationen für den Praktiker, die ggf. in der anschließenden sprachtherapeutischen Förderung direkt aufgegriffen werden können.

Des Weiteren wird im Rahmen einer quantitativen Auswertung für jede Aufgabe der Subtests „Grammatik" und „Wortschatz" sowie für die Aufgabe „Phonematische Differenzierung" des Subtests „Aussprache" aufgeführt, wie viele Punkte (Rohwerte) von dem getesteten Kind erzielt wurden und ob damit der für die jeweilige Aufgabe statistisch festgelegte kritische Wert erreicht werden konnte. Sobald das Kind den kritischen Wert erreicht, erzielt es eine durchschnittliche Leistung und gilt als unauffällig in dem mit der jeweiligen Aufgabe überprüften Teilbereich. Die kritischen Werte werden dabei je nach Alter (4-5-jährige und 6-7-jährige Kinder) und separat für ein- und mehrsprachige Kinder automatisch vom Computer errechnet.

Zusätzlich zeigt der erreichte Prozentrang, wie viel Prozent der gleichaltrigen ein- oder mehrsprachigen Kinder der Normierungsstichprobe in der jeweiligen Aufgabe denselben oder einen niedrigeren Testwert erzielten als die betreffende Person.

5 Auszüge aus dem SCREENIKS-Bericht

Um dies zu veranschaulichen, folgen unten zwei Auszüge aus dem SCREENIKS-Bericht. Der Auszug 1 verdeutlicht die Auswertung der Aufgabe „Subjekt-Verb-Kongruenz". In ähnlicher Weise werden auch andere Aufgaben in den Bereichen Grammatik und Wortschatz ausgewertet.

In dem Beispiel unten ist die Leistung eines mehrsprachigen Kindes im Bereich der Subjekt-Verb-Kongruenz als unterdurchschnittlich zu interpretieren. Der Prozentrang von 4,9 % zeigt an, dass nur 4,9 % der gleichaltrigen mehrsprachigen Kinder der Normierungsstichprobe genauso oder schlechter abgeschnitten haben.

Grammatik

Aufgabe 1: Subjekt-Verb-Kongruenz

Folgende Kongruenzfälle wurden überprüft: 3. Person Singular Maskulinum, 3. Person Singular Femininum, 3. Person Singular Neutrum, 3. Person Plural, 1. Person Singular, 2. Person Singular. Fehler der Subjekt-Verb-Kongruenz traten bei der 3. Person Singular Neutrum, 3. Person Plural, 1. Person Singular, 2. Person Singular auf.

In der Aufgabe „Überprüfung der Subjekt-Verb-Kongruenz" wurde(n) 2 Punkt(e) von maximal 8 möglichen erzielt.
Der kritische Wert von 5 Punkten wurde verpasst. In der Aufgabe „Überprüfung der Subjekt-Verb-Kongruenz" wurde damit eine unterdurchschnittliche Leistung erzielt. Die individuelle Leistung entspricht einem Prozentrang von 4,9 %, d. h. 4,9 % der gleichaltrigen Kinder der Normierungsstichprobe hatten in der Aufgabe „Überprüfung der Subjekt-Verb-Kongruenz" die gleiche oder eine schlechtere Leistung gezeigt.

Auszug 1: „Sujekt-Verb-Kongruenz"

Nach der Auswertung der einzelnen Aufgaben erfolgt vom Computer eine Interpretation der Gesamtergebnisse für den jeweiligen Subtest. Der Auszug 2 zeigt die Interpretation der Ergebnisse eines förderbedürftigen Kindes im Subtest „Grammatik".

Interpretation der Ergebnisse im Subtest „Grammatik":

In der Aufgabe „Pluralbildung" wurde eine durchschnittliche Leistung erzielt. In allen anderen Aufgaben des Subtests „Grammatik" lag die Leistung im unterdurchschnittlichen Bereich. Im Subtest „Grammatik" ist die Gesamtleistung des Kindes damit als unterdurchschnittlich zu interpretieren. Es wird eine Risikodiagnose im Bereich Grammatik gestellt.

Auszug 2: Interpretation der Ergebnisse eines förderbedürftigen Kindes im Subtest „Grammatik"

6 SCREENIKS-Vergleichsbericht

SCREENIKS erstellt –wenn gewünscht- zusätzlich einen Vergleichs-Bericht für Kinder aus Sprachheileinrichtungen, Förderzentren etc., der nach Ablauf einer therapeutischen Intervention die Leistungsentwicklung des jeweiligen Kindes in einer bestimmten Zeitspanne in den Bereichen Aussprache, Grammatik und Wortschatz zeigt. Die Leistung des jeweiligen Kindes kann damit zu zwei verschiedenen Testzeitpunkten in einem automatisierten Vergleichsbericht miteinander verglichen werden. Die Therapiefortschritte lassen sich damit sehr genau und ohne zusätzlichen Aufwand dokumentieren.

7 Testgütekriterien

Im Rahmen der wissenschaftlichen Untersuchungen zum Testverfahren SCREENIKS wurden insgesamt 1.552 Kinder im Alter von 4;0 bis 7;11 Jahren aus unterschiedlichen Bundesländern Deutschlands untersucht. Dabei wurden für Vergleichsstudien zusätzlich 390 Kinder aus Sprachheileinrichtungen getestet. In die Normierung bzw. Standardisierung flossen die Daten von insgesamt 1.162 Kindern (832 ein- und 330 mehrsprachigen Kindern) ein. Im Einzelnen fanden Testungen in folgenden Bundesländern statt: Hamburg, Nordrhein-Westfalen, Hessen, Bayern, Rheinland-Pfalz, Sachsen, Niedersachsen, Baden-Württemberg, Schleswig-Holstein. Es fand eine Zusammenarbeit mit der Philipps-Universität Marburg und der Universität Hamburg statt, wobei zahlreiche Studierende sich an der umfassenden Datenerfassung beteiligten und SCREENIKS praktisch erprobt hatten. Die Evaluation der Testgütekriterien zum Testverfahren SCREENIKS wurde von externen Statistik-Spezialisten Herrn Prof Dr. Rost und Herrn Stephan Kühn durchgeführt. Es liegen Untersuchungen zu Objektivität, Reliabilität, Validität, Sensitivität und Spezifität, explorativer Faktorenanalyse sowie Gruppenvergleichen vor.

SCREENIKS ist sprachtheoretisch fundiert. Es geht von den Entwicklungsstufen der kindlichen Sprachentwicklung aus und orientiert sich an gesprochener Sprache. Der zugrundeliegende Sprachbegriff ist auf Kommunikations- und sprachliche Handlungsfähigkeit ausgerichtet und orientiert sich am aktuellen Theoriestand der Erst- und Zweitspracherwerbsforschung. Die bedeutsamen Einflussfaktoren im Zweitspracherwerb wie Kontaktdauer und Kontaktqualität werden berücksichtigt, indem eine Mindestsprachkontaktdauer von 24 Monaten zur deutschen Sprache als Einschlusskriterium für die mehrsprachigen Kinder festgelegt wurde.

8 Zusammenfassung

SCREENIKS beruht auf aktuellen wissenschaftlichen Erkenntnissen. Wie die wissenschaftlichen Untersuchungen zu Objektivität, Reliabilität und Validität sowie die Ergebnisse der explorativen Faktorenanalyse belegen, kann der Sprachstand der 4- bis 7-jährigen ein- und mehrsprachigen Kinder mit dem Verfahren differenziert und aussagekräftig abgeklärt werden. Insbesondere für Schulen und Einrichtungen mit inklusivem Schwerpunkt, an denen regelmäßig zahlreiche sprachliche Testungen von Kindern durchgeführt werden, ist der zeitökonomische Aspekt des Screeningverfahrens (kaum Einarbeitungszeit, kurze Testdauer, automatisierte Auswertung, Vergleichsbericht) besonders hervorzuheben. Interessenten finden vertiefende Informationen sowie einen Kurzfilm zum Verfahren unter www.screeniks.de.

Literatur

Wagner, L. (2014). *SCREENIKS. Screening der kindlichen Sprachentwicklung. Computergestütztes Verfahren zur Feststellung des Sprachstandes im Deutschen bei ein- und mehrsprachigen Kindern. Manual und CD-Rom.* München: Eugen Wagner Verlag.

Von der Praxis für die Praxis in der Perspektive sprachlicher und kultureller Vielfalt

Sabine Hirler

„Tanz durch das Tor der Sinne" – Wahrnehmungs- und Sprachförderung durch Rhythmik und Musik

Abb. 1: Kinder spielen Instrumente, beobachten und lauschen

1 Rhythmik und Musik – ein „Toröffner"

Rhythmus, Melodie, Harmonie – das sind schöne Worte, die Musik umschreiben und die in der Musik laut oder leise, schnell oder langsam zum Zusammenspiel finden. Diese Bestandteile der Musik finden seit über 100 Jahren in der musikpädagogischen Disziplin der Rhythmisch-musikalischen Erziehung – oder Rhythmik – in Musik, Bewegung und Sprache ihren Ausdruck.

Was ist das Faszinierende an der sogenannten Rhythmik? Ihre Offenheit den Kindern gegenüber? Dass die Rhythmik mit den Handlungsmedien Musik, Bewegung und Sprache agiert, zu denen Kinder einen elementaren freudigen Zugang haben? Mimi Scheiblauer (1891 – 1968), die Begründerin der Heilpädagogischen Rhythmik, zeigt dies in ihrer kompromisslosen Offenheit den Kindern gegenüber. Ob es Kinder mit körperlichen und geistigen Behinderungen wie sie es bei Mimi Scheiblauer waren, oder es sich um normal entwickelte Kinder handelte, das spielt heute keine Rolle mehr. Die Quintessenz aus der Arbeit von Scheiblauer, aber auch von Elfriede Feudel und Charlotte Pfeffer, haben sich unwiderruflich in der Methodik und Didaktik der Rhythmik verankert: Das Kind reagiert je nach Standpunkt und Können und wird von da abgeholt, wo es momentan steht.

Das Spielerische im Menschen und natürlich vor allem im Kind, wird in der Rhythmik durch die situative Offenheit der pädagogischen oder therapeutischen Fachkraft prozesshaft initiiert. Die Kinder agieren durch das Eintauchen in Geschichten, Lieder und weitere Spielformen auf einer spielerischen Ebene. Diese pädagogische Haltung mutet heute modern an, doch es gibt sie in der Rhythmik seit über 100 Jahren.

2 Sprach- und Wahrnehmungsförderung durch Rhythmik und Musik

2.1 Rhythmikmethoden und ihre sprachfördernde Wirkung

Rhythmisch-musikalische Sprach- und Förderangebote sprechen unterschiedliche Entwicklungsbereiche an. Durch die Handlungsmedien Musik, Sprache, Bewegung und den Einsatz von Materialien in Form von Instrumenten, Spielmaterial und Medien wie Bilderbücher, kann eine Sprachförderung durch Rhythmik besonders ganzheitlich, da multisensorisch und multimedial, die Kinder erreichen.

- Mehrsprachig aufwachsende Kinder bringen sich mit ihren körperlichen Fähigkeiten ein, entdecken neue Zusammenhänge durch körperliche Aktivitäten und können diese als Sprechanlässe zum Ausbau eines differenzierten Wortschatzes nutzen.
- Das improvisatorische Spielen auf Instrumenten ermöglicht den Kindern jenseits von Sprache Musik als einzigartiges kommunikatives Mittel zu erleben. Die sich daraus entwickelnde Hördiskriminierung ist ebenso für den Spracherwerb (phonologische Bewusstheit) von grundlegender Bedeutung.
- Das spielerische Lernen von Liedtexten, Liedrhythmus, Betonung und Melodie erleichtert allen Kindern, aber insbesondere mehrsprachigen Kindern, das Erfassen der charakteristischen Sprechweise (z. B. Semantik, Syntax, Prosodie,) der deutschen Sprache.
- Die Einbettung eines Angebotes in eine Geschichte ermöglicht den Kindern, sich aktiv in Rollenspielen zu erleben und sich dazu sprachlich zu artikulieren. Das Vorlesen, Betrachten und darüber Austauschen von Illustrationen zur Geschichte und das dialogisches Vorlesen fördert basale Fähigkeit zum Lese- und Schrifterwerb durch Literacy.
- Improvisations- und Experimentierphasen mit Instrumenten und Materialien fördern die Körperwahrnehmung, den Bewegungssinn und Kreativität.
- Durch das Vernetzen mit den Fernsinnen Hören und Sehen wird die Entwicklung der Sensorischen Integration und die phonetische Bewusstheit unterstützt. Dafür geeignete Rhythmikangebote sind immer mit auditiven Signalen in Form von Klängen, Melodien und Geräuschen verbunden. Gleichzeitig wird in elementarer Form die auditive Wahrnehmung und die phonologische Bewusstheit gefördert (Hirler, 2009b, S. 31-38).

- Bei Kindern mit unzureichenden Deutschkenntnissen wird über Handlungslieder den Zugang zur deutschen Sprache sehr erleichtert und Lieder und rhythmisch-musikalische Spielformen fördern das Handlungsverständnis.
- Beim selektiven Mutismus steht die soziale Komponente des Einsatzes von Instrumenten und Musik in unterschiedlichen Sozialformen im Vordergrund, um den betroffenen Kindern eine Hilfestellung zu geben, sich aus bisherigen Verhaltensmustern zu lösen und neue zu entwickeln.

2.1.1 Spezifische Sprachentwicklungsstörungen (SSES) und Lese- Rechtschreibschwäche (LRS)

Bei Kindern mit SSES und LRS wird unter anderem die Entwicklung der Hördiskriminierung gefördert, sowie die Impulse zur Entwicklung der sensorischen Integration und Körperwahrnehmung (auch bei Down-Syndrom). Die pallästhetische Wahrnehmung von Schallwellen und ihren Schwingungen ist für Kinder mit Hörbeeinträchtigungen ein möglicher Zugang zur Umwelt. Oftmals entwickeln Kinder im pragma-kommunikativen Störungsfeld durch ungünstige Interaktionserfahrungen in ihrem sozialen Umfeld nicht nur Verhaltensstörungen, sondern auch andere sprachlich-kommunikative Auffälligkeiten, wie LRS oder SSES.

Tab. 1: Die Rhythmikmethoden im Wirkungsfeld Sprache (Hirler, 2014)

Spiellieder und Spielreime - als Finger- und Handgestenspiele - mit Körperklanggesten - mit interpretatorischer und harmonischer Instrumentalbegleitung - rhythmische Begleitung des Sprach- und Liedrhythmus' - als Bewegungsform (Kreisspiel, Regelspiel, pantomimisch, charakteristische Bewegungen, als Tanz) - Verklanglichung phänomenologischer Bestandteile - als Partner- und Gruppenspiel	- phonetische und phonologische Bewusstheit durch rhythmisches Sprechen, Syllabierung und Reimendungen fördern Sprachsicherheit und Artikulation - Wortschatzerweiterung - Prosodie, Grammatik, Syntax (Satzmuster), Semantik (Inhalt) - auditive Differenzierung - Förderung des Zusammenspiels der Hirnhälften und der Motorik der Sprechwerkzeuge in Kombination mit der Feinmotorik der Fingerbewegungen oder in Grobmotorik - phonologisches Gedächtnis durch serielles Denkvermögen (welcher Text, Silben, Rhythmen kommen an welcher Stelle) - sensorische Integration (auditiv, taktilkinästhetisch, visuell)
Fortbewegungsarten - instrumental - sprachlich - rhythmische Begleitung - als Bewegungsform (Kreisspiel, Regelspiel, pantomimisch,	- phonetische und phonologische Bewusstheit durch rhythmisches Sprechen, Syllabierung und Reimendungen fördern Sprachsicherheit und Hördifferenzierung - Wortschatz - Prosodie, Grammatik, Syntax

charakteristische Bewegungen) - als Partner- und Gruppenspiel	- auditive Differenzierung - Phrasierungen der musikalischen Teile entsprechen Satzphrasierungen der Sprache - sensorische Integration
Tänze - instrumental - als Bewegungsform (Kreisspiel, pantomimisch, charakteristische Bewegungen	- Phrasierung der musikalischen Teile in Bewegungsformen umsetzen - sensorische Integration - phonologisches Gedächtnis in Kombination mit dem seriellen Denkvermögen
Wahrnehmungsspiele - als Partner- und Gruppenspiele - als Bewegungsspiele - als Regelspiele - in Kombination mit Fortbewegungsarten - Fokussierung einzelner Sinneswahrnehmungen - Sensomotorische Umsetzung von Hören und Bewegen, Sehen und Bewegen, Spüren/Tasten und Bewegen	- sensorische Integration - auditive und taktile Lokalisierungsfähigkeit - phonologisches Gedächtnis in Kombination mit dem seriellen Denkvermögen
Rollenspiele - im Spiellied - im Spielreim - in Bewegungsspielen - Umsetzungsmodalitäten: sprachlich, gesanglich, motorisch und pantomimisch - als Partner- und Gruppenspiel	- Einsätze sprachlicher oder motorischer Art ausführen - Sprach- und Bewegungsfreude - Gedächtnis und serielles Denkvermögen - Symbolspiel fördert das Verknüpfen vorhandener Wörter mit neuen - phonetische und phonologische Bewusstheit durch rhythmisches Sprechen - Syllabierung und Reimendungen fördern Sprachsicherheit, Hördifferenzierung
Impulsgespräche und Geschichten - Geschichten als Rahmenhandlung - Impulsgespräche als Wissensvermittlung	- Wortschatz, Sprachverständnis und Merkfähigkeit erweitern - kommunikative, nachahmende, kreative, und improvisierende Sprechanlässe initiieren - phonetische und phonologische Bewusstheit, Hördifferenzierung und Artikulation - Prosodie, Grammatik, Syntax (Satzmuster), Semantik (Inhalt) - Emotionale Ansprache
Improvisation und Gestaltung von Sprache/Stimme, Bewegung und Instrumentalmusik - Improvisation/Gestaltungdurch Bewegung / Tanz zu Musik, Klängen, Liedern, Geräuschen, Rhythmen - Musikalische/sprachlich-stimmliche Improvisation oder Gestaltung zu Bewegung/ Tanz,	- phonetische und phonologische Bewusstheit durch Erfinden von Fantasiesprache - phonologisches Gedächtnis (Was kommt an welcher Stelle?) - Sprachfreude entwickeln - Merkfähigkeit und serielles Denkvermögen - Vorgegebene Texte sprechen, singen, bewegen

phänomenologischen Vorgängen Fortbewegungsarten - Interaktionsformen, wie Spiele zu zweit	- Wortschatz erweitern - Prosodie, Grammatik, Syntax (Satzmuster), Semantik (Inhalt) - auditive Reflexion intuitiven und interpretativen Musizierens (Audiation) - Prosodie durch bewussten Stimmeinsatz (geheimnisvoll/fröhlich, laut – leise) - nonverbale Ausdrucksmöglichkeit beim Instrumentalspiel (besonders geeignet für DaZ-Kinder)
- Experimentierphasen mit Materialien - Kreatives Gestalten mit Materialien - zu Musik / Liedern / Geschichten / Reime mit Materialien - in Interaktionsformen in Kleingruppen, Spiele zu zweit Instrumentalspiel - als Klanggeschichte zur Verklanglichung von Geschichten, Liedern, Reimen - zur rhythmischen Begleitung eines Liedes oder Reimes - zur harmonischen Begleitung eines Liedes - als Partner- und Gruppenspie	- fein- und grobmotorische Förderung - sprachliche Kommentierung der entstandenen Gestaltung - Wortfindung fördern - sensorische Integration - Auge-Hand-Koordination - Nonverbale Kommunikation - Hördifferenzierung - sensorische Integration - Auge-Hand-Koordination - nonverbale Ausdrucksmöglichkeit beim Instrumentalspiel (besonders geeignet für DaZ-Kinder) - auditive Reflexion des Musizierens (Audiation) - Merkfähigkeit und serielles Denkvermögen
Ruhephasen - als Entspannungsphase - als Fantasiegeschichte	- sprachlicher Ausdruck von Sinneseindrücken und Emotionen
Übergänge - zum Austeilen von Instrumenten und Materialien in Kombination mit sensorischen Spielformen und mit Ruhephasen - kindgerechte und pädagogisch sinnvolle sprachliche Übergänge	- sensorische oder sprachliche Kommunikation - Prosodie, Semantik (Inhalt)

2.2 Wahrnehmungsförderung durch Rhythmik und Musik

Rhythmische Spiel- und Förderangebote können einerseits als eine sensomotorische Förderung zur sensorischen Integration und andererseits als eine Wahrnehmungs- und Konzentrationsförderung angesehen werden. Die Angebote sollten jedoch den Kindern Freude bereiten, denn dann verankern sich Inhalte besser im Gedächtnis. Beim Experimentieren mit Material erhalten die Kinder durch das spielerische Handhaben, wie werfen, klopfen, tasten, die Möglichkeit, einen Einblick oder besser gesagt Eindruck in das „Wesen" des jeweiligen Materials. Mit unserem Tast-, Spür-, Gleichgewichts-, Bewegungs-, Raum/-Lage-, Temperatursinn und unserer Tiefenwahrnehmung (propriozeptive Wahrnehmung) sind sie in der Lage herauszufinden, welche Eigenschaften das jeweilige Material hat und wie sie es entsprechend einsetzen können. Bei Instrumenten kommt noch hinzu, dass es uns durch die Klang- oder Geräuscherzeugung ermöglicht, etwas über die Struktur des Instrumentes zu erfahren (z. B. ist es aus Metall, aus Holz, klingt es selbst oder muss man es zum klingen bringen). In der Rhythmik wird die bewusste Umsetzung und Reaktion von Sinneserfahrungen in Bewegung, also die Sensomotorik, gefördert.

Die Wahrnehmungsspiele in der Rhythmik fördern das Wechselspiel von:
- Hören und Bewegen: „Bewege was du hörst." oder „Spiele auf dem Instrument, das was du siehst." (z. B. das stapfen der Störche durch den Sumpf wird von Kindern im Gehrhythmus der bewegenden Kinder mit Handtrommeln oder Klanghölzchen begleitet);
- Sehen und Bewegen: „Bewege was du siehst." (z. B. Imitation von Bewegungen anderer Kinder);
- Tasten und Bewegen: „Welches Instrument fühlst du? Eine Trommel? Prima, jetzt darfst du die Augen öffnen und darauf spielen."
- Spüren und Bewegen: „Wirst du berührt, dann darfst du auf dem Instrument spielen." Oder „..., dann darfst du dich bewegen." (z. B. als ein Tier).

Tab. 2: Ausgewählte Rhythmikmethoden im Wirkungsfeld Wahrnehmung (Hirler 2014)

Spiellieder und Spielreime - als Finger- und Handgestenspiele - mit Körperklanggesten - mit interpretatorischer und harmonischer Instrumentalbegleitung - rhythmische Begleitung des Sprach- und Liedrhythmus' - als Bewegungsform (Kreisspiel, Regelspiel, pantomimisch, charakteristische Bewegungen, als Tanz) - Verklanglichung phänomenologischer Bestandteile - als Partner- und Gruppenspiel	- Syllabierung und Reimendungen entwickeln Hörsensibilisierung – und differenzierung - Verknüpfung verschiedener Modalitäten wie Singen, Sprechen und Bewegen und Raumwahrnehmung, Auge-Hand-Koordination - Förderung des Zusammenspiels der Hirnhälften und der Motorik der Sprechwerkzeuge in Kombination mit der Feinmotorik der Fingerbewegungen oder in Grobmotorik - sensorische Integration (auditiv, taktil- kinästhetisch, visuell)
Wahrnehmungsspiele - als Partner- und Gruppenspiele - als Bewegungsspiele - als Regelspiele - in Kombination mit Fortbewegungsarten - Sensomotorische Umsetzung von Hören und Bewegen, Sehen und Bewegen, Spüren/Tasten und Bewegen	- sensorische Integration - auditive und taktile Lokalisierungsfähigkeit - Entwicklung der taktil-kinästhetischen Wahrnehmung - Fokussierung einzelner Sinneswahrnehmungen

Rollenspiele - im Spiellied - im Spielreim - in Bewegungsspielen - Umsetzungsmodalitäten: sprachlich, gesanglich, motorisch und pantomimisch - als Partner- und Gruppenspiel	- Einsätze sprachlicher oder motorischer Art ausführen - Verknüpfung verschiedener Modalitäten wie Singen, Sprechen und Bewegen und Raumwahrnehmung, Auge-Hand-Koordination - Sprach- und Bewegungsfreude - Syllabierung und Reimendungen entwickeln Hörsensibilisierung – und differenzierung
Impulsgespräche und Geschichten - Geschichten als Rahmenhandlung - Impulsgespräche als Wissensvermittlung	- kommunikative, nachahmende, kreative, und improvisierende Sprechanlässe entwickeln phonetische und phonologische Bewusstheit, Hördifferenzierung und Gelegenheit zum Einsatz der Mundmotorik - Konzentration auf die Kommunikation
Improvisation und Gestaltung von Sprache/Stimme, Bewegung und Instrumentalmusik - Improvisation/Gestaltungdurch Bewegung / Tanz zu Musik, Klängen, Liedern, Geräuschen, Rhythmen - Musikalische/sprachlich-stimmliche Improvisation oder Gestaltung zu Bewegung/ Tanz, phänomenologischen Vorgängen Fortbewegungsarten - Interaktionsformen, wie Spiele zu zweit	- Verknüpfung verschiedener Modalitäten wie Singen, Sprechen und Bewegen und Raumwahrnehmung, Auge-Hand-Koordination - auditive Reflexion intuitiven und interpretativen Musizierens (Audiation) - Synästhetische Wahrnehmung
- Experimentierphasen mit Materialien - Kreatives Gestalten mit Materialien - zu Musik / Liedern / Geschichten / Reime mit Materialien - in Interaktionsformen in Kleingruppen, Spiele zu zweit	- fein- und grobmotorische Förderung - sprachliche Kommentierung der entstandenen Gestaltung - Wortfindung fördern - sensorische Integration - Auge-Hand-Koordination - taktil-kinästhetische Wahrnehmung - Teil des ganzheitlichen Prozess: Erfahren – Erkennen – Benennen - Entwicklung von Konzentration
Instrumentalspiel - als Klanggeschichte zur Verklanglichung von Geschichten, Liedern, Reimen - zur rhythmischen Begleitung eines Liedes oder Reimes - zur harmonischen Begleitung eines Liedes - als Partner- und Gruppenspiel	- differenzierte auditive Klangwahrnehmung - sensorische Integration - Auge-Hand-Koordination - auditive Reflexion des Musizierens (Audiation)

2.2.1 Stimme und Sprache in Rhythmikangeboten
Der Einsatz von Stimme und Sprache in der Rhythmisch-musikalischen Erziehung ist vielschichtig.
In folgenden Methoden wird sie in der Rhythmik eingesetzt:
- Spiele mit der Stimme, bei der Geräusche, Lautmalerei, Rufe zu einem bestimmten Thema (Urwald, Natur, Wasser, Wind etc.) eingesetzt werden;
- Verse und Reime, die durch entsprechend rhythmisiertes Sprechen des Versmaßes und den variablen Einsatz von Sprachmelodie und Lautstärke zum Einsatz kommen;
- Liedtexte;
- Sprachspiele, z. B. eine Fantasiesprache erfinden;
- Darstellendes Spiel/Rollenspiele;
- verbale Kommunikation in interaktiven Gruppenprozessen.

3 Praxisteil

Der Workshop ist in drei inhaltliche Schwerpunkte aufgeteilt.
1. Schwerpunkt DaZ, Interkulturalität, Impulse zur Sprachbildung
2. Schwerpunkt: Sensorische Integration
3. Schwerpunkt: Phonologische Bewusstheit, soziale Kompetenzen durch musikalische Interaktionsspiele

Da ist nicht möglich ist, alle Praxisinhalte aufzuführen, wird das Lied „Tanz durch das Tor der Sinne" (Hirler, 2012) ausführlich vorgestellt. Zu den anderen Schwerpunkten werden die Inhalte kurz beschrieben.

zu 1. Schwerpunkt DaZ, Interkulturalität, Impulse zur Sprachbildung
Im ersten Teil des Workshops stehen ressourcen- und prozessorientierte Sprach- und Wahrnehmungsspiele für sprachheterogene KITA-Gruppen, Klassen und DaZ-Kinder im Mittelpunkt.

zu 2. Schwerpunkt: Sensorische Integration
Das nachfolgende Lied kann auch in einem 1:1-Setting durchgeführt werden, indem zwei große Tücher oder eine Hängematte an der Decke aufgehängt wird und die Enden jeweils über eine Stuhllehne gehängt werden, sodass eine Art „Zelt-Tor" entsteht. Kinder im Rollstuhl können dann durch das Tor rollen und das Lied wird wie unten beschrieben angeboten.

Das Lied „Tanz durch das Tor der Sinne" wird gemeinsam durchgeführt und in seinen Einsatzbereichen gemeinsam reflektiert.

Abb. 2: Lied „Tanz durch das Tor der Sinne", Strophe Farben

Zwei Kinder stehen sich gegenüber und bilden mit den Armen ein Tor. Die anderen Kinder laufen hintereinander im Kreis und dabei immer durch das Tor hindurch. Ist der Refrain zu Ende, schließen die beiden Kinder das Tor über einem Kind (d.h. die Arme gehen nach unten und umschließen das Kind, das gerade dazwischen ist). Die Torkinder achten darauf, dass nur Kinder „gefangen" werden, die noch nicht an der Reihe waren.

Refrain: ‖: Tanz durch das Tor, durch das Tor der Sinne. Tanz durch das Tor, durch das Tor hindurch. :‖	Die Kinder laufen durch das Tor. Nach der Wiederholung schließt es sich.
1. Tom steht im Tor und schließt die Augen und ist gespannt, was er gleich spürt. Spitz oder rund, weich oder Hartes. Sag uns, was * hast du denn gespürt?	Die „Torkinder" berühren das Kind mit einem beliebigen Gegenstand, Material, einem kleinen Instrument. Das Kind im Tor rät und/oder beschreibt das Gespürte.
Refr.: Tanz durch das Tor ...	Wie oben.
2. Philipp steht im Tor und schließt die Augen und ist gespannt, was er gleich sieht. Rot, gelb, grün, blau und andre Farben. Sag uns jetzt bitte, was du siehst?	Die „Torkinder" legen ein farbiges Tuch über den Kopf des Kindes. Das Kind im Tor öffnet die Augen und nennt die Farbe.
Refr.: Tanz durch das Tor ...	Wie oben.
3. Mara steht im Tor und schließt die Augen und ist gespannt, was sie gleich hört. Tief, hoch, lang, kurze, schrille Töne. Sag uns, was ** hast du denn gehört?	Die „Torkinder" spielen ein beliebiges Instrument an. Das Kind im Tor rät und/oder beschreibt den Klang.
Refr.: Tanz durch das Tor ...	Wie oben.
4. Katrin steht im Tor und schließt die Augen und ist gespannt, was sie gleich schmeckt. Süß oder sauer, scharf oder bitter. Sag uns, was hast du denn geschmeckt?	Die „Torkinder" legen dem Kind ein Stück Obst/Gemüse o. Ä. in den Mund. Das Kind im Tor rät und/oder beschreibt den Geschmack.
Refr.: Tanz durch das Tor ...	Wie oben.
5. Ulli steht im Tor und schließt die Augen und ist gespannt, was er gleich riecht. Blütendüfte oder gar Müffe. Sag uns, was du grade riechst?	Die „Torkinder" halten dem Kind eine Blume, Duftöl oder Sonstiges unter die Nase. Das Kind im Tor rät und/oder beschreibt den Geruch.

* oder *wo*, als zusätzliche oder alternative Frage.
** oder *von wo* hast du das gehört?

Nach jeder Strophe wird das „gefangene" Kind zu einem Torkind. Eines der Torkinder darf nun beim nächsten gefangenen Kind z. B. ein Instrument aussuchen und zum Klingen bringen und das Kind rät. Diese Rollenverteilung schafft eine längere Konzentrationsfähigkeit für die gesamte Gruppe.

Tipps
Es ist günstig die Sinneswahrnehmung einer oder zwei Strophen mit wechselnder Rollenverteilung durchzuführen.
Die Strophen vier und fünf eignen sich besonders gut für ein Projekt zum Thema gesundes Essen.
Die Pädagogin kann je nach Sinneserfahrung andere Adjektive singen. Zum Beispiel: glitschig oder klebrig, spitzig oder schwabbelig.

Des Weiteren werden noch taktil-kinästhetische Wahrnehmungsspiele aus der Heilpädagogischen Rhythmik angesprochen.

zu 3. Schwerpunkt: Phonologische Bewusstheit, soziale Kompetenzen durch musikalische Interaktionsspiele

Mit den auf den Fotos abgebildeten Instrumenten, sind alle Kinder in der Lage inuitiv zu spielen und sich an musikalischen Interaktionsprozessen zu beteiligen (vgl. dazu die Spielformen aus Hirler, 2012).

Dadurch werden gleichzeitig mehrere Förderbereiche angeregt:
- auditive Wahrnehmung inklusive Hördiskriminierung und serielle Hören/ Gedächtnis;
- präsprachlich-kommunikative Kompetenzen durch nonverbale Kommunikation;
- Handhabung/ taktil-kinästhetische Erfahrungen mit Instrumenten und Vibrationserfahrungen;
- Selbstwirksamkeitserleben durch das Erzeugen von Klängen und Geräuschen;
- Gemeinschaftserlebnis.

Abb. 3: Intuitiv spielbare und pentatonische Instrumente, geräuschhaft

Abb. 4: Intuitiv spielbare und pentatonische Instrumente, pentatonisch

Literatur

Hirler, S. (2015a). *Sprachförderung durch Rhythmik und Musik.* Freiburg: Herder.
Hirler, S. (2014). *Handbuch Rhythmik und Musik: Theorie und Praxis für die Arbeit in der Kita.* Freiburg: Herder.
Hirler, S. (2012). *Wahrnehmungsförderung durch Rhythmik und Musik.* Freiburg: Herder.

Weiterführende Literatur

Bossen, A. (2010). *Das BeLesen-Training. Ein Förderkonzept zur rhythmisch-musikalischen Unterstützung des Schriftspracherwerbs in multilingualen Lerngruppen.* Essen: Die blaue Eule.

Hirler, S. (2015b). *Klang-Kätzchen & Trommel-Specht. 7 Mini-Musik-Projekte für Krippenkinder mit Bilderbuch-Geschichten, Liedern & Spielangeboten.* Münster: Ökotopia.

Hirler, S. (2012). *Musik und Spiel für Kleinkinder.* Berlin: Cornelsen.

Hirler, S. (2010). *Wie tanzt der Mond?* Braunschweig: Schubi Verlag.

Kessler-Kakoulidis, L. (2016). *Rhythmik und Autismus: Der integrative Ansatz Amélie Hoellerings in Theorie und Praxis.* Gießen: Psychosozial-Verlag.

Jäncke, L. (2008). *Macht Musik schlau?* Bern: Huber.

Jungmann, T. (2012). *Praxis der Sprach- und Kommunikationsförderung.* Dortmund: Borgmann Media.

Stadler Elmer, S. (2014). *Kind und Musik – Entwicklungspotenziale nutzen.* Heidelberg: Springer.

Steinmann, B., & Pollicino, K. (2010). *Musikhören mit dem Körper: Rhythmik in der Entwicklungsförderung von Kindern und Jugendlichen mit Hörbeeinträchtigungen.* Wiesbaden: Reichert.

Michèle Lorang, Marc Schmidt

Kontrastoptimierung – Sprachtherapie mit mehrsprachigen Kindern

1 Förderung und Therapie der Erstsprache

„Ein mehrsprachiges Kind mit einer Sprachentwicklungsstörung benötigt eine Sprachtherapie und die sollte sich, wenn irgend möglich, auf beide Sprachen des Kindes beziehen." (Chilla, Rothweilter & Babur, 2010, S.117).

In der Praxis sieht allerdings die Sprachtherapie im mono- und multilingualen Kontext sehr ähnlich aus und bezieht sich fast ausschließlich auf die deutsche Sprache (Triarchi-Hermann, 2005). Dies liegt auch daran, dass bis zum heutigen Zeitpunkt praktisch keine sprachtherapeutischen Konzepte vorliegen, auf die man sich als Sprachtherapeut bzw. Sprachtherapeutin berufen könnte und die konsequent die mehrsprachigen Ressourcen der Kinder einbeziehen.

Eine Konsequenz dieser monolinguistischen Herangehensweise, nach der der Therapiefokus auf einer einzigen Sprache liegt, besteht darin, dass der Therapieerfolg dementsprechend geringer ausfällt. Dies konnte zumindest in statistischen Erhebungen festgestellt werden (Triarchi-Hermann, 2005). Umso erstaunlicher ist daher das Fehlen von mehrsprachig ausgerichteten Konzepten, v.a., wenn man bedenkt, wie hoch die Anzahl der Kinder ist, die in einem mehrsprachigen Umfeld aufwachsen und Spracherwerbsstörungen aufweisen, und somit von einem solchen Konzept profitieren könnten.

Aus vielen Gründen drängt sich eine parallele Therapie in der Erstsprache des Kindes und in der offiziellen Landes- und Schulsprache Deutsch auf:

- Die Erstsprache spielt eine wichtige Funktion in der emotionalen Entwicklung des Kindes. Nach den langjährigen Erfahrungen der Autoren blühen Kinder, die zumindest zeitweise in der Schule und in der Therapie auf ihre Erstsprache zurückgreifen können, regelrecht auf. Aus ängstlichen und verschlossenen Kindern werden sehr schnell lebhafte Sprecher, die stolz ihr gesamtes „sprachliches Repertoire" zeigen wollen und somit den Spracherwerbsprozess selbst aktiv und nachhaltig positiv mit beeinflussen.
- Die Erstsprache sollte mindestens so lange als Motor für die kognitive Entwicklung genutzt werden und in der Therapie zumindest so lange eine wichtige Rolle spielen, „bis die Zweitsprache das Niveau der Erstsprache erreicht hat und deren

Funktion übernehmen kann" (Hoppenstedt, 2010, S.88). Parallel zur Therapie sollten Eltern mit Migrationshintergrund dazu angeregt werden, zuhause in der Erstsprache mit den Kindern zu reden und ihren Kindern in dieser Sprache einen angemessenen Input anzubieten (Tracy, 2008).
- Sprachen beeinflussen sich gegenseitig, wie dies Cummins bereits vor vielen Jahrzehnten postuliert hat. Greift der Therapeut bzw. die Therapeutin in crosslinguistischen, reflexiven Phasen auf sprachliche Fähigkeiten zurück, die bereits in der Erstsprache erworben wurden, so können schnellere Fortschritte in der Therapiesprache Deutsch erwartet werden.
- Auch in der Erstsprache sind durch das Erfassen von grammatischen Regeln in der Therapiesprache rückwirkende Effekte zu erwarten, v.a. in den Bereichen, in denen strukturelle Gemeinsamkeiten erkennbar sind.
- Die frühe Unterstützung des Erstspracherwerbs in den vorschulischen und schulischen Einrichtungen führt zu einer frühen Mehrsprachigkeit des Kindes. Den Kindern kommen damit die Vorteile einer frühen mehrsprachigen Bildung, die eigentlich nicht mehr hervorgehoben werden müssten, zugute: u. a. nachhaltige Verknüpfung der Sprachen, flexibles Denken, ausgeprägte metasprachliche Fähigkeiten, leichterer Zugang zur Berufswelt. Daraus ergibt sich, dass heutzutage davon ausgegangen wird, dass Kinder mit einer Sprachentwicklungsstörung möglichst früh in einem bilingualen Umfeld aufwachsen sollten, und dass der Erwerb einer zweiten Sprache den Erwerb der Erstsprache nicht zusätzlich negativ beeinflusst.

2 Kontrastoptimierung – Therapie bei Mehrsprachigkeit

Aus den erwähnten Gründen wurde mit der „Kontrastoptimierung" ein zweigleisiges Therapiekonzept ausgearbeitet. Dieses basiert auf den elementaren Prinzipien der „Kontextoptimierung" von Prof. H.-J. Motsch. Die Kontextoptimierung (Motsch, 2010) zeichnet sich durch einen hochqualitativen Sprachinput aus: Kurze, einfache, eindeutige, betonte, aber kontrastreiche Zielstrukturen vereinfachen das Erfassen grammatischer Regeln. Die Verbzweitstellung im Deutschen wird bspw. anhand der Gegenüberstellung von einfachen Hauptsätzen und W-Fragen verdeutlicht: „Was machst du?" „Ich male das Haus."
Die „Kontrastoptimierung" (Schmidt, 2014) versucht zusätzlich systematisch auf die erstsprachlichen Kompetenzen des Kindes zurückzugreifen. Basis der Sprachtherapie mehrsprachiger Kinder bildet in diesem Konzept eine crosslinguistische Betrachtungsweise: Die Zielstrukturen in der Zweitsprache Deutsch werden konsequent mit den entsprechenden Strukturen in der Erstsprache verglichen. Neben der Kontrastierung der Zielstrukturen innerhalb einer Zielsprache werden dieselben somit auch

crosslinguistisch mit der Erstsprache des Kindes verglichen. Die Aufmerksamkeit des Kindes wird auf die Gemeinsamkeiten und Unterschiede, die zwischen den jeweiligen Sprachen bestehen, gelenkt, mit dem Ziel, die zugrundeliegenden grammatischen Regeln in beiden Sprachen schneller zu erfassen. Ausgangspunkt der Therapie sind die elementaren grammatischen Regeln der Zweitsprache Deutsch, die so genannten Essentials, die den vergleichbaren Regeln der Erstsprache anhand „hoch qualitativer Sprachstrukturen" (nähere Erläuterungen dazu weiter unten) gegenübergestellt werden.

„Weil die Erstsprache beim Gebrauch der Zweitsprache immer aktiviert wird, sollten die Sprachen immer aufeinander bezogen und Vergleiche zwischen beiden Sprachen angeregt werden." (Apeltauer, 2010, S.87)

Diese crosslinguistische Kontrastierung beruht auf den zentralen grammatischen Regeln in Bezug zur Subjekt-Verb-Kongruenz, Verbstellung und zum Kasus. Diese Regeln zeigen in vielen Sprachen eine erhöhte Komplexität auf, stellen dadurch besondere Stolpersteine im Spracherwerb dar und führen häufig zu Stagnationen im Spracherwerbsprozess.

Zusammenfassend und ergänzend zur Kontextoptimierung, die signifikante Fortschritte auf allen Sprachentwicklungsebenen garantiert (Motsch, 2010), soll die Effektivität der Therapie mehrsprachiger Kinder dadurch erhöht werden, dass:

- die Therapie in der deutschen Sprache als Therapie in einer Zweitsprache verstanden wird,
- die Erstsprachen der Kinder systematisch in reflexiven Phasen eingebunden werden,
- in „zwischengelagerten" Sequenzen die Erstsprache im Vordergrund steht,
- Erst- und Zweitsprache konsequent kontrastiert werden: Gemeinsamkeiten und Unterschiede werden bewusst wahrgenommen.

Der regelmäßige simultane Gebrauch beider Sprachen in reflexiven und zwischengelagerten Sequenzen „begünstigt die zeitnahe Generalisierung von Informationen und Regelableitungen in beiden Sprachen" (Scharff, 2013, S.173). In der Publikation „Sprachtherapie mit mehrsprachigen Kindern" (Schmidt, 2014) wird neben der Darstellung der Grundkenntnisse und der Erarbeitung des Konzeptes „Kontrastoptimierung" anhand von vielen Beispielen, die auf unterschiedliche Erstsprachen bezogen sind, gezeigt, wie der zeitnahe Gebrauch der Zielstrukturen konkret aussehen kann.

3 Planung der mehrsprachigen Therapie

In den therapeutischen Einheiten steht grundsätzlich die Zweitsprache Deutsch im Vordergrund. Das jeweilige Therapieziel wird in der Zweitsprache Deutsch bestimmt und mit den entsprechenden Strukturen in der Erstsprache der Kinder verglichen (Gemeinsamkeiten und Unterschiede werden reflektiert). Auf diese Weise wird die Therapie in der Zweitsprache optimiert und eine parallele Therapie in beiden Sprachen ermöglicht.

Die Publikation (Schmidt, 2014) zeigt in 45 Therapieeinheiten, wie eine solche bilinguale Therapie umgesetzt werden kann, dies in chronologischer Reihenfolge, vom Erwerb erster sprachlicher Fähigkeiten bis hin zum Erwerb komplexer Strukturen, und unter Einbezug unterschiedlicher Erstsprachen: Französisch und Portugiesisch, stellvertretend für die romanischen Sprachen, Russisch und Polnisch, stellvertretend für die slawischen Sprachen und Türkisch als nicht-indoeuropäische Sprache.

Kenntnisse über Sprachstruktur und Spracherwerbsverlauf in den jeweiligen Erstsprachen sind eine Voraussetzung, um die Therapie umzusetzen. Diese sind in Bezug auf die erwähnten Erstsprachen in der Publikation übersichtlich dargestellt und mit dem Deutschen kontrastiert.

4 Bestimmung der Zielstrukturen auf Basis von evozierten Sprachanalysen

Anhand von evozierten Sprachanalysen kann der Sprachentwicklungsstand eines Kindes bestimmt und die Therapieziele abgeleitet werden. Auch die Feinabstimmung der Therapie, die nach jeder fünf- bis sechswöchigen Therapiephase vorgenommen werden sollte, ist anhand von evozierten Sprachanalysen möglich. Dies war bereits mit den so genannten „Ergänzungstests" (Motsch, 2010) möglich, eine vollständiges Skript ermöglicht die ESGRAF-R (Motsch, 2013).

Am Beispiel der portugiesischen Sprache als Erst- und der deutschen Sprache als Zweitsprache wird im Folgenden die Erstellung eines mehrsprachigen Sprachprofils dargestellt:

- Anhand einer evozierten Sprachanalyse wird zuerst der Spracherwerbsstand im Deutschen bestimmt und der Schwerpunkt der Therapie mit den entsprechenden Zielstrukturen abgeleitet. Der Therapieschwerpunkt Subjekt-Verb-Kongruenz (SVK) und Verbzweitstellung (V2) sieht in chronologischer Reihenfolge folgende Satzstrukturen als Zielstrukturen vor: Ich esse einen Apfel. (Subjekt – Verb – Objekt) Was isst du? (W-Fragewort – Verb – Subjekt). Eine Birne isst du (Objekt – Verb – Subjekt). Morgen esse ich eine Banane (Adverb – Verb – Subjekt – Objekt). Gestern habe ich eine Nuss gegessen. (idem, aber zusätzlich mit Verbklammer)

- Die entsprechenden Regeln in der Erstsprache des Kindes werden bestimmt und crosslinguistisch reflektiert (Lorang, 2014 im Detail, Schmidt, 2014 im Résumé): Wie die deutsche Sprache erfordert auch die portugiesische die Kongruenz zwischen von Subjekt und Verb. Im Portugiesischen sind alle Verbmarkierungen unik. Es handelt es sich um eine Prodrop-Sprache, in der die Personalpronomen nicht obligatorisch gebraucht werden. Die Syntax ist im Portugiesischen sehr regelhaft. Das Subjekt steht bspw. fast immer vor dem Verb (die Syntax wird durch den zentralen Block Subjekt-Verb bestimmt): „Eu como uma maçã. O que é que tu comes?"
  Demnach kann sowohl die SVK-Regel (Parallelen zwischen beiden Sprachen) als auch die Verbposition (unterschiedliche Satzstrukturen hervorheben) parallel und zeitnah in reflexiven Phasen erarbeitet werden.
- Zudem sollten die sprachlichen Fähigkeiten in der Erstsprache überprüft werden. Die ESGRAF-MK (computergestütztes Verfahren; in der geplanten Neuauflage wird auch die portugiesische Sprache einbezogen) bspw. ermöglicht die Überprüfung der grammatischen Fähigkeiten anhand mehrerer Items, wobei die entsprechenden Trigger im Manual hervorgehoben werden (man weiß genau, worauf man achten muss: eu como, tu comes).

5 Beispielhafte Umsetzung der Therapie anhand des Therapieziels Subjekt-Verb-Kongruenz und Verbzweitstellung

In den germanischen, romanischen und slawischen Sprachen besteht eine Kongruenzregel zwischen Subjekt und Verbmarkierung: Die Verben werden flektiert. In einigen Sprachen sind die Verbmarkierungen in allen Personen unterschiedlich (z. B. im Portugiesischen oder Türkischen), in anderen sind sie oft identisch (z. B. im Französischen oder Englischen). Demnach liegt es auf der Hand, die Subjekt-Verb-Kongruenzregel in der Therapie zeitnah in der Erstsprache des Kindes und in der Zweitsprache Deutsch als Input anzubieten und bewusst zu kontrastieren. Dies ermöglicht nicht nur schnellere Fortschritte in der Therapiesprache, falls die entsprechende Regel bereits in der Erstsprache des Kindes erfasst und umgesetzt wird. Auch das gleichzeitige Erfassen der Regel in beiden Sprachen wird durch crosslinguistische Vergleiche erleichtert, v.a. wenn die Kontexte identisch sind, dies durch zwischengelagerte Sequenzen innerhalb desselben Rahmenthemas.

Im Folgenden eine exemplarische Therapieeinheit: *Der kleine Weihnachtsmann*

A., ein mehrsprachiges, spezifisch sprachentwicklungsgestörtes Kind mit Erstsprache Französisch, zeigt im Deutschen Schwierigkeiten mit der Verbflexion und der Verbzweitstellung. Eine evozierte Sprachanalyse ergibt, dass die Subjekt-Verb-Kongruenz-Regel noch nicht erfasst wurde und v.a. Infinitivformen übergeneralisiert werden. Die Verbstellung im Deutschen entspricht der Verbstellung im Französischen: starre Reihenfolge mit dem Zentralkomplex Subjekt-Verb im Zentrum des Satzes: „Was du machen? Morgen ich spiele Fußball."

Die Analyse der Erstsprache ergibt folgendes: Die SVK-Regel wird auch im Französischen nicht angewendet (das Partizip Perfekt wird übergeneralisiert: „je mangé" (anstatt: „je mange"). Die Syntax hingegen bereitet A. im Französischen keine Schwierigkeiten (die Reihenfolge Subjekt-Verb-Objekt wird auch von Kindern mit Spracherwerbsschwierigkeiten bereits früh erworben).

Ausgangspunkt der Therapie innerhalb des Rahmenthemas „Weihnachten" ist das Buch von Stohner und Wilsen: „Der kleine Weihnachtsmann".

In dem auch bei ganz kleinen Kindern überaus beliebten Buch bastelt der kleine Weihnachtsmann die Geschenke mit viel Begeisterung selbst und backt auch selbst die Plätzchen für die Kinder. Allerdings darf er aufgrund seiner geringen Größe nicht mit den großen Weihnachtsmännern zu den Kindern fahren. Schlussendlich beschenkt er die Tiere im Wald, die unzufrieden darüber waren, dass sie keine Geschenke bekommen und wird zum Weihnachtsmann der Tiere.

Als Therapieziele werden bspw. folgende Satzstrukturen in beiden Sprachen bestimmt: Kontrastierung der SVK 1.P.S./2.P.S. und Kontrastierung SVX-/XVS-Sätze anhand von W-Fragen.

- Was bekommst du vom Weihnachtsmann? (2.P.E.; V2 nach W-Fragewort)
  Qu'est-ce que tu reçois du Père Noël?
- Ich bekomme einen Ball. (1.P.E.; V2 nach Subjekt)
  Je reçois une balle.
- Was bekomme ich? (1.P.E.; V2 nach W-Fragewort)
  Qu'est-ce que je reçois?
- Du bekommst einen Ball. (2.P.E.; V2 nach Subjekt)
  Tu reçois une balle.

Das im Französischen unregelmäßige Verb verdeutlicht dem Kind, dass auch die Verben im Französischen flektiert werden müssen: Infinitiv (recevoir) und Partizip Perfekt (reçu) grenzen sich deutlich von der korrekten Bildung im Präsens ab (je reçois). Regelmäßige Verben bieten im Französischen nur wenige Kontraste an: je mange, tu manges, il mange, on mange, ils mangent (die Markierung wird jeweils als [ə] ausgesprochen).

Die Verbstellung wird innerhalb der deutschen Sprache anhand der W-Fragen und der „einfachen" Subjekt-Verb-Objekt-Anordnung kontrastiert. Die crosslinguistische

Kontrastierung wird anhand der W-Fragen möglich: Was bekommst du? (Verbzweitstellung) Qu'est-ce que tu reçois? (Subjekt-Verb-Komplex).

Genau wie in der Kontextoptimierung werden die erwähnten Regeln innerhalb von so genannten Kick-offs erarbeitet (in beiden Sprachen!) und verglichen. Parallel werden diese visuell fixiert (anhand von Verbzweitstellungsmodellen oder Subjekt-Verb-Kongruenz-Plakaten), so dass in den reflexiven Phasen und je nach Ausrichtung die einen oder anderen Zielstrukturen im Fokus stehen.

Die Zielstrukturen stehen innerhalb bestimmter zentraler Handlungen im Mittelpunkt. Im Buch vom kleinen Weihnachtsmann ist dies beispielsweise in den folgenden zwei Szenen:

1. Szene: Die Tiere sind unzufrieden, weil sie keine Geschenke bekommen: „Was bekommst du (vom Weihnachtsmann)?" „Ich bekomme nichts!"
2. Szene: Der kleine Weihnachtsmann teilt seine Geschenke unter den Tieren aus: „Was bekomme ich?" „Du bekommst einen Ball."

Die Sätze sind kurz (dreigliedrig), die Kontrastierung erfolgt durch unterschiedliche Personalpronomina („ich" und „du") und Satzstrukturen: einfache Hauptsätze im Kontrast zu W-Fragen: „Was bekomme ich?" „Du bekommst einen Ball."

Das Buch wird in einer ersten Phase auf Deutsch erzählt, wobei während den erwähnten zentralen Szenen konsequent auf hoch qualitative Zielstrukturen geachtet wird. Progressiv wird das Kind durch entsprechende Fragen und Impulse dazu bewegt, die Rolle des Erzählers zu übernehmen: „Was fragt der Fuchs? Was antwortet die Eule? Und das Wildschwein? Der Weihnachtsmann hat noch ein Geschenk!"

Die Zielstrukturen werden dann auch in der Erstsprache des Kindes erarbeitet. Beispielsweise kommt die Möwe aus Paris angeflogen und möchte auch ein Geschenk bekommen:
„Saint Nicolas! Qu'est-ce que je reçois?" Glücklicherweise spricht der Weihnachtsmann alle Sprachen dieser Erde und versteht die Möwe: „Tu reçois une auto." Die Zielstrukturen werden auch im Französischen (anhand von Symbolkarten) visuell fixiert und mit den deutschen Strukturen kontrastiert: „Schau! Im Französischen sieht das doch viel einfacher aus! Die Karten sind immer in derselben Reihenfolge! Ist doch kinderleicht! Im Deutschen müssen wir aufpassen: Was bekomme ich? Und nicht wie im Französischen: Was ich bekomme?" Diese zeitnahe Erarbeitung der Zielstrukturen im gleichen Kontext und in beiden Sprachen ermöglicht das schnelle Erfassen wichtiger Regeln in den zwei Sprachen.

Die Geschichte wird in der Einzeltherapie mit Plüschtieren oder Spielfiguren gespielt. Innerhalb der erwähnten 2 Schlüsselszenen wird auf die korrekte Produktion der

Zielsätze geachtet. In diesen Szenen wird das V2-Modell und das SVK-Plakat (Schmidt, 2014) einbezogen, nicht nur, wenn das Kind Schwierigkeiten aufzeigt, sondern v.a. auch, wenn das Kind einen besonders „schönen" Satz bildet: „Super! Passt genau auf die Schaukel (= V2-Modell)! Was / bekomme / ich?"
Innerhalb von „zwischengelagerten" Therapiesequenzen steht einzig und allein die Erstsprache Französisch im Vordergrund. Das Kind als „Experte" erzählt das Buch in „seiner" Sprache. Auch dabei wird geachtet, dass die Zielstrukturen korrekt produziert werden.

In Schmidt (2014, s. Kap. 5) werden anhand von unterschiedlichen Rahmenthemen die wichtigen Zielstrukturen in den oben erwähnten Erstsprachen der Kinder dargestellt, so dass der Therapeut bzw. die Therapeutin praktisch über keine Vorkenntnisse in der jeweiligen Erstsprache verfügen muss. Die eigene Erfahrung zeigt, dass die Kinder stolz sind, wenn sie in ihrer Sprache die „Fachleute" sind und bspw. dem Therapeuten bzw. der Therapeutin bei der Aussprache helfen. Dieser kann dies gezielt ausnutzen, indem er durch die nicht-zielsprachliche Aussprache die Aufmerksamkeit auf bestimmte Endungen fokussiert.
Im Anschluss an die Geschichte mit dem abgeleiteten Rollenspiel werden einige Sprachspiele gemeinsam mit dem Kind erstellt, in denen vergleichbare Zielstrukturen im Fokus stehen. Besonders beliebte Sprachspiele, an die verschiedenen Therapieziele angepasst, werden auf in der beiliegenden CD (Schmidt, 2014) anhand vieler Fotos erläutert.

Parallelspiel:
Im Wald wohnen jeweils Tierpaare. Der Weihnachtsmann versucht einen Streit unter den Tieren zu vermeiden, indem er jeweils den beiden Tieren das gleiche Geschenk gibt.
In der Einzeltherapie befinden sich auf beiden Seiten einer visuellen Abtrennung (z. B. eines großen Buches) jeweils dieselben Tiere und dieselben Geschenke. Ein Teilnehmer spielt die Szene des „Beschenkens", der zweite hört dem Gespräch zu:
„Zuerst fragt das Reh: Was bekomme ich? Du bekommst eine Schaukel. Dann kommt der Fuchs: Was bekomme ich? Ich habe noch kein Geschenk. Du bekommst eine Rutschbahn."
In einer ersten Phase spielt der zweite Teilnehmer mit dem Erzähler mit. Er versucht, seinen Tieren dieselben Geschenke zu geben, um dadurch einen Streit zu verhindern. Haben die Tierpaare auch tatsächlich dieselben Geschenke erhalten (visuelle Abtrennung entfernen)?
Um die parallele Verteilung schwieriger zu gestalten, wartet der zweite Teilnehmer in einer zweiten Phase, bis alle Spielsachen verteilt wurden, wobei die Anzahl an Tieren und Spielsachen kontinuierlich erhöht werden kann. Noch schwieriger wird es, wenn der „Zuhörer" sich mit geschlossenen Augen die Anweisungen anhört.

Nehmen mehrere Kinder am Spiel teil, so sind sie selbst die Tiere, die beschenkt werden, ähnlich wie im oben beschriebenen Rollenspiel.

Viele weitere, kontext- und kontrastoptimierte Spiele können die Therapiephase je nach Lernfortschritten des Kindes abrunden (Schmidt, 2014).

Literatur

Apeltauer, E. (2010). *Meine Sprache als Chance.* Troisdorf: Bildungsverlag EINS.
Chilla, S., Rothweilter, M., & Babur, E. (2010). *Kindliche Mehrsprachigkeit.* München: Reinhardt.
Hoppenstedt, G. (2010). *Meine Sprache als Chance.* Troisdorf: Bildungsverlag EINS.
Lorang, M. (2014). *Erwerb grammatischer Fähigkeiten von Kindern mit Portugiesisch als Erstsprache im Alter zwischen zwei und vier Jahren.* (Inauguraldissertation). Universität zu Köln, Deutschland.
Motsch, H.-J. (2010). *Kontextoptimierung.* München: Reinhardt.
Motsch, H.-J. (2013). *ESGRAF-R. Modularisierte Diagnostik grammatischer Störungen.* München: Reinhardt.
Scharff, W. (2013). *Kindliche Mehrsprachigkeit.* Stuttgart: Georg Thieme.
Schmidt, M. (2014). *Sprachtherapie mit mehrsprachigen Kindern.* München: Reinhardt.
Stohner, A., & Wilsen, H. (2002). *Der kleine Weihnachtsmann.* München: Hanser.
Tracy, R. (2008). *Wie Kinder Sprachen lernen.* Tübingen: Francke.
Triarchi-Hermann, V. (2005). Sprachförderung mehrsprachiger Kinder auf sprachheilpädagogischer Basis. In M. Grohnfeldt, V. Triarchi-Hermann & L. Wagner (Hrsg.), *Mehrsprachigkeit als sprachheilpädagogische Aufgabenstellung* (S. 27-48). Würzburg: Edition von freisleben.

Marianne Wiedenmann

Ein Sprachprojekt für neu zugewanderte Jugendliche in dem ScienceCenter FrankfurtRheinMain EXPERIMINTA

1 Herausforderungen durch Seiteneinsteiger im Bildungssystem

Sprachheillehrerinnen und Sprachheillehrer, Logopädinnen und Logopäden, Regelschullehrkräfte und Sozialpädagogen stehen im Schnittpunkt vielschichtiger Interventionen im Kontext von Mehrsprachigkeit, Interkulturalität und Elternpartizipation. Der monolinguale Habitus, wie ihn Gogolin (2003) im deutschen Bildungswesen analysiert hat, ändert sich – langsam. So weigerte sich vor nicht allzu langer Zeit ein Leiter einer Sprachheilschule, die Erstsprachen der Schulanfänger zu erfragen, weil auf dem Formular kein Platz mehr sei. In den Schulen und Kindertagesstätten kommen jetzt zu den Kindern mit Migrationshintergrund auch neu zugewanderte Kinder und Jugendliche mit Fluchterfahrungen. In den Bundesländern und Kommunen gibt es eine große Bandbreite von Modellen zur Integration in die Bildungseinrichtungen z. B. in Willkommens- oder Deutschlernklassen. In Hessen werden neu zugewanderte Kinder und Jugendliche in Intensivklassen in maximal zwei Jahren auf den Übergang in Regelklassen vorbereitet.

Abb. 1: Willkommenswand mit Fotos und mehrsprachigen Texten in der EXPERIMINTA

2 Sprachförderprojekt für Flüchtlingskinder und Seiteneinsteiger

Praktische Lösungsansätze zeigt ein Kooperationsprojekt von universitärer Lehrerbildung mit Sponsoren und dem ScienceCenter FrankfurtRheinMain EXPERIMINTA. Dort begegnen Studierende geflüchteten Jugendlichen, begleiten sie beim Start ins Deutsche und erproben ihre eigenen kommunikativen und methodischen Fähigkeiten in meinem Seminar „Diagnose bildungssprachlicher Kompetenzen und Fördermöglichkeiten in einem sprachsensiblen Unterricht".

2.1 Förderung von Deutsch als Zweitsprache in der EXPERIMINTA
Der Name beinhaltet MINT: Mathematik, Informatik, Naturwissenschaften, Technik. Die Dauerausstellung hat mehr als 120 frei zugängliche Experimentierstationen, die von Schulklassen, Familien und Freizeitgruppen intensiv genutzt werden. Mit der Förderung von Deutsch als Zweitsprache kann die interkulturelle Öffnung des Museums sichtbar werden, was mit einer Willkommenswand mit Fotos und Texten von Jugendlichen gestaltet worden ist. Sponsoren unterstützten 2014/2015 das Projekt, was 2016 weitergeführt werden kann mit folgenden Förderzielen:
- Sprechaktivierung durch Neugier an Experimentiersituationen,
- Schülerinnen und Schüler durch Handlungssituationen zum Sprechen motivieren,
- Nonverbale Gesten handlungsbegleitend mit der Sprache verbinden,
- Feedback zur Artikulation und Aufbau grammatischer Strukturen,
- Aufbau und Erweiterung des Wortschatzes mit Begriffsbildung,
- Verbesserung des Sprachverständnisses für fachliche Erklärungen,
- Situationsangemessene Sprachmuster in der Kommunikation.

Mehr dazu: www.experiminta.de

2.2 Sprachförderprojekt „experimentieren – begreifen – sprechen in der Sekundarstufe"
Interessierte Lehrkräfte mit Intensivklassen an 30 Schulen mit 42 Klassen konnten sich 2014 bewerben. Es gab drei Module mit Unterstützung durch Studierende.
Erstes Modul: ein Vormittag in der EXPERIMINTA mit Entdeckertour und Sprach-Workshop
Zweites Modul: Vertiefung im Unterricht
Drittes Modul: Präsentation in der EXPERIMINTA
Zu 10 Exponaten wurden Fachinformationen aus der Broschüre „die kleinen MINT-Forscher" in leichte Sprache übersetzt z. B. Schwebespiegel, Kaleidoskop, Pendeltisch, Spiegellöffel, Laufwippe, Schattentheater und Riesenseifenhaut. Diese Basistexte übersetzten studentische Mitarbeiter in die türkische, rumänische, bulgarische, französische, englische, spanische, griechische, persische und kurdische Spra-

che. Es entstand eine Lehrerhandreichung „Handlungsorientierte Sprachförderung im Museum".
Mehr dazu: www.vielfalt-bewegt.de. Die Mitarbeiter wurden für Entdeckertouren geschult, s. auch www.bmas.de „ratgeber-leichte-Sprache"

3 Lern- und Arbeitstechniken zum Aufbau von Basiskompetenzen beim Hörverstehen und Sprechen

3.1 Empfehlungen für die Kommunikation mit Sprachanfängern

Diese Anregungen orientieren sich an folgender Quelle und wurden mit eigenen Beispielen ergänzt: Ministerium für Bildung und Frauen des Landes Schleswig-Holstein. Konkretisierungen zu den Curricularen Grundlagen für Deutsch als Zweitsprache. S. 5 – 12.

- Der kürzeste Weg zwischen Menschen ist ein Lächeln – Blickkontakt suchen;
- Auf außersprachliche Signale achten; mit Gestik, Mimik und Pantomimen etwas verdeutlichen;
- Signale für Nichtverstehen verabreden, z. B. mit Handzeichen „v" bedeutet „verstehe es nicht";
- Fehlende Wörter mit einem Satzmuster erfragen: „Wie heißt das auf Deutsch?";
- Umschreiben vormachen, um etwas zu erzählen, beschreiben, erklären, begründen oder zu informieren;
- Langsam und mit deutlichen Mundbewegungen sprechen und Pausen vor schwierigen Wörtern machen;
- Wortgrenzen in Lautfolgen durch Handzeichen markieren;
- Piktogramme, Signets, Bilder und Icons nutzen;
- Internationale Wörter als Verstehenshilfen nutzen;
- Betonte Silben markieren mit einem Handzeichen z. B. Faust oder mit einem dicken Punkt unter der Silbe;
- Zeichen für betonte und unbetonte Wörter einführen und nutzen;
- Minimalpaare im Deutschen abhören und mit eigener Sprache vergleichen;
- Unterschiede bewusst machen z. B. für unterschiedliche Wortpaare (Wind-Wand) die Finger der Hand gespreizt und für gleiche Lautfolgen (Wind-Wind) die Finger der Hand geschlossen zeigen lassen;
- Hörerwartung aufbauen durch Vorinformationen z. B. durch Bildmaterial;
- Satzmelodie durch Heben und Senken der Stimme hervorheben, rhythmisch sprechen mit Stimm-Modulation;
- wie ein Dirigent die Satzmelodie mit Handbewegungen oder Pfeilen kennzeichnen;
- Floskeln oder Redewendungen mit gestischen „Gänsefüßchen" hervorheben;

- Satzstarter bei Spielen visualisieren z. B. Ich packe meinen Koffer ..., Ich sehe etwas, was du nicht siehst;
- Redemittel in Gesprächen einüben: Ich finde, dass; ich glaube nicht, dass;
- Wichtige häufig wiederkehrende Anweisungen als Sprechblasen schreiben und darauf deuten;
- Redeteile in schriftlichen Anweisungen farblich hervorheben, z. B. bitte;
- Beim Hören Notizen z. B. an der Tafel machen und zur Vergewisserung nachfragen;
- Typische Redemittel zur Eröffnung und Beendigung eines Gesprächs am Telefon auswendig lernen;
- Schlüsselwörter und Schlüsselbegriffe durch Gesten und Wiederholungen markieren;
- Fehlende Wörter als „Joker" mit „hmhm" signalisieren, nachfragen lernen: „Was haben Sie gesagt?";
- Schriftliches Material als Verstehenshilfe nutzen und dabei folgende Gestaltungsmerkmale beachten:

3.2 Für selbstgestaltete, lese-freundliche Texte gelten folgende Merkmale:

kurze Zeilen	einfache Sprache	lesetechnisch schwierige Wörter durch Bilder ersetzen
Schriftart (z. B. Times Roman oder Garamond)	kurze Sätze	unvertraute Wörter durch bekannte ersetzen
Schriftgröße (18 pt.)	pro Satz eine Aussage	lieber Präsens als Imperfekt
Buchstaben-Abstand	Übersichtlichkeit	Pronomen nur spärlich verwenden
Zeilen-Abstand (24 pt.)	Beispiele verwenden	lieber direkte Rede als indirekte einsetzen
Wörter-Abstand	Illustrationen verwenden	lieber Aktiv-Konstruktion statt Passiv-Konstruktion
linksbündiger, sinnbezogener Flattersatz	Abkürzungen erklären	wenn Relativ-Sätze, dann dort das Subjekt beibehalten
Papier-Farbe	Einsetzen von Silbenbögen	
Papier-Dicke		

4 Durchführung des Sprachförderprojekts „experimentieren – begreifen – sprechen in der Sekundarstufe"

Im Schuljahr 2014/2015 haben 224 Jugendliche und etwa 30 Familienangehörige mit 55 Sprachen teilgenommen: Äthiopisch Afghanisch Albanisch Amerikanisch Amharisch Arabisch Armenisch Bangladeschi Berberisch Bosnisch Bulgarisch Chinesisch Dari Englisch Eritreisch Farsi Französisch Ghanaisch Griechisch Hindi Iranisch Italienisch Ivrit Japanisch Katalanisch Koreanisch Kroatisch Kurdisch Lettisch Mandarin Mandinka Mazedonisch Moldawisch Oroma Panjabi Pashto Persisch Polnisch Portugiesisch Romanes Rumänisch Russisch Serbisch Slowakisch Somalisch Spanisch Thailändisch Tigrinya Tunesisch Türkisch Twi Ukrainisch Ungarisch Urdu Vietnamnesisch.

4.1 Erstes Modul: Entdeckertour und Sprach-Workshop

Jede Klasse wird drei Zeitstunden betreut, hat aber danach noch Zeit zum Schnuppern ohne Begleitung. Die Lehrkräfte teilen ihre Klasse in zwei Gruppen auf für eine Entdeckertour und einen Sprachworkshop. Nach 90 Minuten wird gewechselt. Folgende vier Exponate eignen sich für Gruppenaktivitäten und Sprachphänomene für eine begleitete Entdeckertour besonders:

- begehbare Brücke: Präpositionen: unter, über, auf, neben, nach
- Energie-Gokart: Substantive mit Artikeln. Wenn mehrere Personen in die Pedale treten, wird ein Fön oder eine Bohrmaschine eingeschaltet.
- ein Schwebespiegel fordert zu Tätigkeiten heraus z. B. schwimmen oder boxen.
- eine Kugelrennbahn hat fünf verschieden steile Bahnen. Man kann beobachten, auf welcher Bahn die Kugeln am schnellsten rollen und Adjektive üben.

Der Sprach-Workshop dient der Vor- oder Nachbereitung der Entdeckertour mit Textentlastung und Erklärung des Wortschatzes. Hier können sprachheilpädagogische Methoden des Modellierens (Wiedenmann & Holler-Zittlau, 2007, S. 101 f.), Frage- und Feedbacktechniken (Wiedenmann, 2012a, S. 360 f.) für die interkulturelle Kommunikation modifiziert angewendet werden. Besonders hilfreich sind Dialog-Tandems von Schülern und Studierenden.

Nach einer Vorstellungsrunde werden die ausgewählte Exponate mit Hilfe von Experimentiergegenständen, Modellen, Skizzen, Fotos und Wortkarten erklärt. So können z. B. bewegliche Holzfiguren über eine Brücke gehen mit handlungsbegleitender Versprachlichung. Auf einem Arbeitsbogen mit Fotos der Exponate tragen die Jugendlichen die Präpositionen auf Skizzen ein.

5 Zweites Modul: Vertiefung im Unterricht

Nach dem Sprach-Workshop arbeitet jeder Jugendliche in der Schule an seinem ausgewählten Exponat weiter. Mit Unterstützung von Studierenden an einem Schulvormittag wird die eigene Präsentation vorbereitet, schriftlich festgehalten und für ein zweites Treffen in der EXPERIMINTA geübt.

5.1 Eindrücke vom Besuch einer Intensivklasse an einer Gesamtschule

Nach einer Fahrt an den Stadtrand von Frankfurt durch ein Multi-Kulti-Viertel erreiche ich die Gesamtschule in Hörweite neben der Stadtautobahn. Als ich einen Jugendlichen nach dem Weg frage: „Hinter Reifen(erneuerungsladen) rechts, dann nicht Schul – Kindergarten – dann halb offen Tür – Gesamtschul".

Die Intensivklasse ist kein traditioneller Klassenraum für 17 Jugendliche, sondern eher eine Lernwerkstatt mit Regalen und vier Gruppentischen, denen vier Erwachsene zuordnen.

A. aus Serbien ist mit 12 Jahren schon 1.80 groß. Er interessiert sich für das Kaleidoskop und hat zu Hause am PC schon einen Text vorbereitet, den wir in Fragen umgestalten z. B. „Wer weiß, was das Wort Kaleidoskop bedeutet?" B. ist vor 8 Monaten aus Syrien gekommen, kann arabisch und englisch sprechen und schreiben. Er interessiert sich für eine Walze mit Doppelkegeln, die auf speziellen Schienen bergauf-bergab rollt. Er hat die Idee, das Objekt zu Hause aus 2 Trichtern und einer Walze nachzubauen. K. ist mit 11 Jahren die Jüngste, kommt aus Äthiopien, kann amharisch und englisch sprechen und schreiben. Sie nützt das englisch-deutsche Wörterbuch, um herauszufinden, dass „cone" Kegel heißt. Das Mädchen interessiert sich für den Seifenhauttisch mit Draht-Kanten-Modellen als Würfel oder Pyramide in einer Seifenlauge. K. fragt, warum es keine pyramidenförmigen Seifenblasen, sondern immer Kugeln gibt, wenn man Seifenlauge durch den Drahtbogen bläst.

5.2 Beispiele für individuelle interkulturelle Kommunikationssituationen

Folgende Szene zeigt, wie durch eine gegenstandsbezogene Interaktion eine sehr persönliche Kommunikationssituation entstehen kann.

Für Pyramiden interessiert sich C. (13), dessen Eltern Ägypter sind. Wie Pyramiden konstruiert sind, möchte er an einem Modell erklären, was er aus Papier bauen möchte. Dazu holt K. ein großes Geodreieck, A. Karton und B. ein langes Lineal, um gemeinsam aus Dreiecken auf einer quadratischen Schachtel eine Pyramide zu bauen. Nebenbei sprechen die Schüler über sprachliche Unterschiede und religiöse Gemeinsamkeiten. So erklärt B. den serbischen und äthiopischen Mitschülern, dass es „Hoch und Niedrig-Arabisch" gibt, was so ähnlich wie Hochdeutsch und Straßendeutsch sei. B. nennt als Beispiel: „Es ist wie 10:15h oder viertel nach 10." Nicht jeder „Arabischländer" habe den gleichen Dialekt z. B. jemand aus Damaskus oder Saudi-Arabien. – Die beiden Jungen erzählen stolz, dass sie den ersten Tag des Ramadan fasten und tagsüber weder essen noch trinken. Der Prophet habe das gesagt, damit alle Menschen merken, wie es ist, wenn arme Leute nichts zum Essen und Trinken haben. Die Jungen betonen, dass sie es freiwillig machen und finden es gut, auch weil sie dann weniger Kilos haben.

5.3 Beobachtungen in Intensivklassen zum Vergleich von Sprachen

Das Wort „Lokomotive" identifizierten Jugendliche mit kroatischer, portugiesischer und rumänischer Sprache sofort als bekannt. Ein Junge aus Albanien kannte „Zykloidenbahn" und freute sich darüber. „Pedal" klinge ähnlich wie ein arabisches Schimpfwort für homosexuelle Menschen. Im Polnischen gäbe es kein Wort für

„Ohrläppchen", nur für das ganze Ohr. Ein syrisches Mädchen sagte: „Wir haben alle die Heimat gewechselt."

6 Drittes Modul: Präsentation in der EXPERIMINTA

Das ausgewählte Objekt wird an einem zweiten Nachmittag in der EXPERIMINTA präsentiert. Nach einer „Generalprobe" in Kleingruppen erhalten die Jugendlichen ein individuelles Feedback und starten dann zu ihrer Präsentation, die phasenweise mit Video aufgenommen wird.

6.1 Sprachhandlungstypen bei einer Präsentation am Beispiel eines „begehbaren Auges"

Folgende Sprachhandlungstypen sind hier systematisch zusammengestellt. Sie waren zu beobachten und zu evozieren, als D. aus Kroatien und S. aus Polen dieses Exponat bearbeitet und mit studentischer Hilfe eine Präsentation vorbereitet haben:

- Zu Aufmerksamkeit auffordern: Schaut mal her!
- Benennen: Das Auge hat eine Pupille.
- Beschreiben: Hinter der Pupille ist eine Linse.
- Bestätigen: Das Auge heißt begehbares Auge, weil man reingehen kann.
- Direktiven aussprechen: Ja, drücke den Knopf rechts an der Linse. Damit kannst du die Öffnung der Iris kleiner oder größer machen.
- Offene Fragen: Warum siehst du das Bild anders herum – seitenverkehrt?
- Quizz-Fragen: Was ist das? (die Pupille, der Glaskörper, die Linse, die Netzhaut).
- Ja/nein-Fragen: Steht das Bild auf dem Kopf?
- Refrain-Fragen: Was kann man tun? Was sollte geschehen? Warum ist das so?
- Korrektur: Richtig, Öffnung kommt von offen, aber trotzdem heißt das Wort nicht Offnung, sondern Öffnung. – Hier kann man mit einer Handgeste zeigen, wie sich die Zunge im Mund nach oben geht und wie sich der Lautklang verändert.
- Modellkommunikation: Der Lernbegleiter oder die Lehrerin kündigt an: Sara erklärt jetzt das begehbare Auge. Sara kann das Satzmuster übernehmen: Ich erkläre euch jetzt das begehbare Auge.
- Wiederholung von Satzanfängen: Wenn viel Licht durch die Öffnung kommt, verkleinert sich die Pupille. Wenn wenig Licht durch die Öffnung kommt, vergrößert sich die Pupille.
- Aufforderungen: Gehe in das begehbare Auge! Schaue auf das Bild von der Bühne! Überlege, warum das Bild auf dem Kopf steht! Überlege, warum das Bild seitenverkehrt ist.

Am Ende sagte S.: „Ich kenne noch ein Wort mit /be/ am Anfang – betreuen, das macht meine Mama mit alten Leuten."

6.2 Rückmeldungen von Schülern und Einschätzungen ihres Lernprozesses

In verschiedenen Feedback-Runden kamen Äußerungen, die alle Sprachstrukturebenen und pragmatische Aspekte der Kommunikation reflektieren.

Sprechmotivation und Überwindung geschlechtsspezifischer Sprechangst: Ich habe gelernt, dass ich nicht muss Angst haben, zu anderen was erklären. Studenten sind so nett, hören auch Mädchen zu, auch nicht so gut Deutsch sprechen. – Heute war ich das vierte Mal in der Experiminta. Beim ersten und zweiten Mal haben mir die Menschen gefallen – und er deutete auf die Studentinnen – und dann die Sachen – die Spiegel und so.

Wortschatz: Ich habe 3 neue Wörter gelernt – Kraft, Dynamo und Ohrläppchen. – Für ‚Seifenhaut geht kaputt' kann ich auch kürzer sagen ‚Seifenhaut platzt'.

Semantik: Der Strom kann ein Fluss sein, kann auch elektrische Energie sein.

Fachbegriffe: Das Mikroskop hat ein Okular.

Grammatik: Wenn ich sage ‚mit der Schnur ziehe ich den Reifen bei der Seifenhaut hoch' ist das Dativ. Akkusativ ist, wenn ich sage ‚die Schnur ziehe muss ich hochziehen'.

Syntax: Mir gefällt, dass wir in Gruppen gearbeitet haben und viele neue Wörter gelernt haben.

Sinnverständnis: Ein Mädchen verwechselte Wörter „Gesicht und Gewicht" und brachte alle zum Lachen.

Sprachmischungen und code-switching kamen oft vor: Habe viel memoriert, finde es super, dass alle respect und patience haben.

Diese Beispiele zeigen Ansatzpunkte zur Förderung und die Notwendigkeit einer Weiterentwicklung von sprach(heil)pädagogischen Methoden für interkulturelle Kommunikation.

7 Reflexion einer Studentin zur Verbindung von Seminar und Praxisphase

„In die Diagnostik des Sprachstandes … wurde mit der Profilanalyse nach Prof. Grießhaber eingeführt. Es wurde deutlich, dass die Überprüfung des Sprachstandes mehr ist als eine reine Beobachtung der Sprache. Die Kontaktaufnahme, der Blickkontakt, Ermutigung und Anerkennung sowie die Auswahl geeigneter Gegenstände sind in gleichem Maße wichtig wie die eigentliche Analyse der Sprache, welche vor allem eine Analyse von spontanen Äußerungen sein muss.

Im Hinblick auf einen Unterricht mit sprachschwachen Schülerinnen und Schülern (SuS) wurde die Relevanz von Fragestrategien und Feedback-Techniken aufgezeigt. Ihre Grundlagen wurden dargelegt und es wurde deutlich, dass sie eine bedeutende

Rolle in der Interaktion mit sprachschwachen SuS spielen. Das Beachten der nächstmöglichen Entwicklungsstufe und nicht nur des potentiellen Entwicklungsstandes zeigte das Referat zum Scaffolding. Das Referat zum „content based language learning" zeigt die Effizienz eines Fremdsprachenlernens, das sich an der Lebenswirklichkeit der Schüler d.h. am Inhalt, ausrichtet. Die Textentlastungen, die für die Experimentierstationen der EXPERIMINTA angefertigt wurden, haben gezeigt, dass vor allem zu einem Unterricht mit sprachschwachen SuS ein verständliches Formulieren, Visualisierung und ein anschauliches Erzählen gehören. Ein aktives Zuhören, eine intensive Zuwendung mit Blickkontakt, Feinfühligkeit, Ermutigung und Anerkennung sind in gleichem Maße und nicht nur im Unterricht mit sprachschwachen SuS von hoher Relevanz. Das Seminar hat mir die Möglichkeit gegeben an meinen Erfahrungen als Nachhilfelehrerin von geflüchteten jungen Erwachsenen anzuknüpfen."

Eine Studentin aus dem Iran brachte ins Seminar ein Gedicht mit von Zafer Senocaks aus dem 1985 erschienenen Buch „Flammentropfen":

Gedicht eines geflüchteten Menschen

Ich habe meine Füße auf zwei Planeten
wenn sie sich in Bewegung setzen
zerren sie mich mit
ich falle

ich trage zwei Welten in mir
aber keine ist ganz
sie bluten ständig

die Grenze verläuft
mitten durch meine Zunge

ich rüttele daran wie ein Häftling
das Spiel an einer Wunde

Literatur

Gogolin, M. (2003). *Fähigkeitsstufen der Interkulturellen Bildung.* Hamburg: Mimeo.

Wiedenmann, M. (2006). Sprachdiagnostik bei Kindern mit Migrationshintergrund. *Grundschulzeitschrift, 198,* 14-23.

Wiedenmann, M., & Holler-Zittlau, I. (Hrsg.). (2007). *Handbuch Sprachförderung.* Weinheim: Beltz.

Wiedenmann, M. (2012a). Ansätze zu einer Diagnostik von Sprachleistungen bei Kindern mit Migrationshintergrund. In W. Ulrich (Hrsg.), *Deutschunterricht in Theorie und Praxis (DTP)* (S. 355-389). Hohengehren: Schneider Verlag.

Wiedenmann, M. (2012b). Auf dem Weg zu einer inklusiven Sprachförderung. In S. Seitz, N. Finnern, N. Korff & K. Scheidt (Hrsg.), *Inklusiv gleich gerecht? Inklusion und Bildungsgerechtigkeit* (S. 197-203). Kempten: Klinkhardt.

Matthias Jöde

Akustische Optimierung im Klassenzimmer

1 Hintergrund

Personen mit einer auditiven Verarbeitungs- und Wahrnehmungsstörung (AVWS) und Hörgeräte- oder CI-Träger benötigen Informationen eines Sprechers in einer sehr hohen Qualität, um Sprachbarrieren in geräuschvoller Umgebung oder auf Distanz besser zu überbrücken. Diese Menschen haben durch die Roger-Technologie einen besseren Zugang zu Informationen und mehr Sprachverstehen in akustisch schwierigen Situationen.

2 Roger Dynamic SoundField

2.1 Ein System von dem alle gleichermaßen profitieren
2.1.1 Warum Soundfield wichtig ist
Für bestmögliche Lernerfolge müssen Kinder die Stimme der Lehrkraft deutlich im Klassenzimmer hören können. Dies ist aber leider nicht immer möglich. Faktoren wie Lärm im Klassenzimmer, die Distanz zwischen der Lehrkraft und den Schülern und eine schlechte Raumakustik können es schon normalhörenden Schülern schwer machen, die Stimme der Lehrkraft zu verstehen. Noch schwieriger ist das für Kinder mit AVWS oder ADHS. Das Soundfield Beschallungssystem für Klassenzimmer, das die Stimme der Lehrkraft verstärkt und über Lautsprecher für alle Schüler deutlich hörbar macht, verbessert nachweislich die Hör- und Lernleistungen von Schülern (The MARRS Project). Die Lehrkräfte müssen dank Soundfield nicht mehr laut sprechen, um gehört zu werden, sodass sie ihre Stimme schonen und Heiserkeit und – im Extremfall – Arbeitsausfall vermeiden. Die Lehrerstimme wird im Berufsalltag überfordert. Über fünfzig Prozent der Lehrer klagen über beruflich bedingte stimmliche Probleme (Erhard, o.J.). Wöchentlich fallen in Deutschland eine Million Unterrichtsstunden ersatzlos aus (Spiegel Online, 2012).

Diese Gründe führten zur Entwicklung von SoundField. Ein SoundField-System besteht aus einem kabellosen Mikrofon und einem oder mehreren Lautsprechern, die die Stimme der Lehrkraft im ganzen Raum verstärken. Daraus ergibt sich, dass die Schüler die Anweisungen der Lehrkraft besser verstehen. Dies wiederum führt zu verbesserten Lernergebnissen und zu einer zufriedenen Lehrkraft mit starker Stimme.

2.1.2 Maximale Leistung
Die neueste Mikrochip-Technologie der Roger Systeme enthält einen einzigartigen Algorithmus für das Verstehen im Störgeräusch. Dieser ermöglicht einen viel besseren Signal-Rausch-Abstand als bisherige Soundfield-Systeme.

2.1.3 Einfache Handhabung
Roger Dynamic SoundField überträgt die Klänge digital und mit Hilfe des automatischen Frequenzspringens, sodass Empfangsstörungen durch vorhandene WiFi- oder Bluetooth-Netzwerke verhindert werden. Die Lehrkräfte oder das technische Personal müssen weder die Frequenzeinstellungen noch die Lautstärke überprüfen und anpassen. Das System analysiert kontinuierlich den Lärmpegel im Raum und passt die Konfiguration optimal an, um sicherzustellen, dass die Sprache im Raum stets deutlich und laut hörbar bleibt. Anschließen, einschalten, unterrichten.

2.1.4 Volle Kompatibilität
Roger Dynamic SoundField ist das einzige digitale Beschallungssystem für Klassenräume und kann mit mehreren Mikrofonen und Empfängern verwendet werden.

2.2 Vorteile für Kinder
- Verbesserte Möglichkeiten der Satzerkennung
- Verbesserte Aufmerksamkeit, Interaktion und Teilnahme der Schüler
- Schnelleres Erlernen des Lesens, Schreibens und der rechnerischen Fähigkeiten
- Keine Höranstrengung beim Verstehen der Sprache (wichtig gerade in den ersten Schuljahren)
- Besseres Verstehen der Lehrkraft für Fremdsprachler
- Mehr Sitzmöglichkeiten für Kinder mit Aufmerksamkeitsdefizitproblemen

2.3 Vorteile für Lehrkräfte
- Verringerte stimmliche Anstrengung und Ermüdung
- Unterstützt Klasseninstruktionen und -führung
- Dank einer Verringerung der Stimmprobleme der Lehrkraft weniger Disziplinprobleme bei den Schülern
- Weniger Stress
- Verbesserte Bewegungsfreiheit im Klassenzimmer
- Ein einziges, einfach zu handhabendes System für normal hörende und schwerhörige Schüler

2.4 Roger Dynamic SoundField Lösungen

2.4.1 Für kleinere Räume bis 100m²

Der Roger DigiMaster 5000 ist optimal geeignet für mittlere Raumgrößen. Das System besteht aus einem mobilen Roger DigiMaster Lautsprecher (mit Bodenstativ oder Wandhalterung erhältlich) und einem Roger Touchscreen Mic (Mikrofon) für bestmögliche Beschallung und Klangqualität.

2.4.2 Für größere Räume bis 300 m²

Das Phonak Roger DigiMaster 7000 System mit zwei Lautsprechern ist optimal für große Räume geeignet, denn es deckt mehr als den doppelten Bereich eines DigiMaster 5000 ab. (Die DigiMaster 7000 Lautsprecher sind mit Wandhalterungen oder Bodenstativen erhältlich.)

Insgesamt können bis zu 34 weitere Roger Mikrofone in das Netzwerk mit aufgenommen werden.

2.5 Wie verwende ich Roger Dynamic SoundField

Anschließen – Einschalten – und Loslegen
1. Montieren Sie die Anlage, wie in der Bedienungsanleitung beschrieben, mit dem Stativ oder der Wandhalterung
2. Verbinden Sie das Netzkabel mit dem Netzadapter. Stecken Sie das Netzkabel in die Steckdose und den 19 Volt Stecker in die Buchse am unteren Teil des DigiMaster 5000

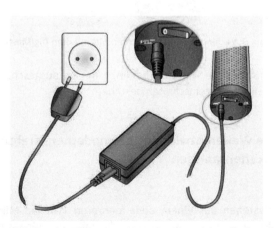

Abb. 1: Anschließen des DigiMaster, 2010-12 – Phonak Installationsanweisung

3. Schalten Sie den DigiMaster ein. Der DigiMaster kann nun mit dem Touchscreen Mic gekoppelt werden. Tippen Sie am Touchscreen Mic auf Connect, um das Gerät mit dem DigiMaster zu verbinden. Das Touchscreen Mic muss sich in einem Abstand von 10 cm zum DigiMaster befinden.

Abb. 2: Einschalten des DigiMaster, 2010-12 – Phonak Installationsanweisung

Abb. 3: Verbinden des Touchscreen Mic mit dem DigiMaster

Solange Sie nicht mit dem System arbeiten, kann es ausgeschaltet werden. Die Kopplung bleibt beim Weitereinschalten bestehen.

3 Technische Weiterentwicklung bei modernen, drahtlosen Kommunikationsanlagen

3.1 Ziel
Roger-Systeme bestehen aus einem oder mehreren Wireless-Mikrofonen für die Sprecher und diskreten Roger-Empfängern, die mit den Hörsystemen verbunden sind.

3.2 Methode

Die Roger-Lösungen für Schule und Studium bieten verschiedene intuitive und einfach zu bedienende Produkte, die für jede Unterrichtssituation geeignet sind. Das Roger Touchscreen Mic überträgt die Stimme der Lehrkraft drahtlos über die Roger-Empfänger an die Hörsysteme. Ergänzt durch eine Statusanzeige wird der Lehrkraft sowie den Schülern visuell angezeigt, ob das Mikrofon ein- oder ausgeschaltet ist. Dies und weitere Funktionen führen zu mehr Sicherheit im Umgang mit den Systemen. Das neue Roger Pass-around Handmikrofon ermöglicht zusätzlich, dass nicht nur die Lehrkraft, sondern auch Mitschüler bei z. B. Gruppendiskussionen klar und deutlich hörbar sind. Zusätzlich ermöglicht die neue Mixing-Funktion ein gleichzeitiges Übertragen von Lehrer- und Schülerstimme.

3.3 Ergebnisse

Das Roger Touchscreen Mic ist ideal für die Anwendung in einem modernen interaktiven Klassenzimmer geeignet. Es steigert die Sprachverständlichkeit und ermöglicht ein besseres Verstehen der Lehrkraft und der Mitschüler sowie die uneingeschränkte Teilnahme an sämtlichen Gruppenaktivitäten.
Studien belegen, dass die Sprachverständlichkeit mit Roger eine signifikante Verbesserung von 15 % mehr Sprachverstehen bei einem Störschall von 70 dB (A) und 35 % bei einem Störschall von 75 dB (A) gegenüber Dynamic FM erreicht werden (Linda Thibodeau, 2013).

3.4 Ausblick

Durch die aktuelle Hilfsmittelrichtlinie ergeben sich darüber hinaus gute Chancen in der Kostenerstattung dieser drahtlosen Übertragungsanlagen.

3.5 Die Produkte

3.5.1 Roger Touchscreen Mic

Das Roger Touchscreen Mic wird über einen neuen, benutzerfreundlichen Bildschirm gesteuert. Mit einer automatischen Mikrofonfunktion wechselt es vom Einzelsprecher-Modus zum Gesprächsmodus für eine kleine Gruppe, je nachdem, wie es platziert ist.

Abb. 4: Roger Touchscreen Mic

3.5.2 Roger Pass-around

Das Roger Handmikrofon wurde für den Einsatz in Gruppendiskussionen entwickelt, sodass nicht nur die Lehrkraft sondern auch die Mitschüler klar und deutlich hörbar sind. Durch sein attraktives Design und seine kleine Größe ist es optimal für Kinder und Jugendliche geeignet.

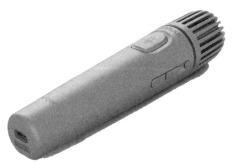

Abb. 5: Roger Pass-around

3.5.3 Roger Multimedia Hub

Ein vielseitiger Sender, der in einem Roger Netzwerk genutzt wird und eine simultane Übertragung eines Audiosignals und der Stimme der Lehrkraft ermöglicht. Außerhalb des Netzwerks kann es für das individuelle Hören z. B. einer Audiodatei auf einem Tablet genutzt werden.

Abb. 6: Roger Multimedia Hub

4 Die Hörlösung für fokussiertes Hören

4.1 Fokussiert Hören – eine Herausforderung

4.1.1 Kinder mit AVWS

Kinder mit Auditiver Verarbeitungs- und Wahrnehmungsstörung (AVWS) haben große Schwierigkeiten, sich auf eine Stimme zu konzentrieren. Ihr Gehirn nimmt Sprachlaute schlecht wahr, sodass es für sie nicht leicht ist, Sprache zu hören und darauf zu reagieren. Das führt dazu, dass sie sehr leicht abgelenkt werden können. Wenn noch Hintergrundgeräusche hinzukommen, die oft im Klassenzimmer vorhanden sind, ist es besonders schwierig, das Gehör auf eine bestimmte Stimme zu richten. Das wiederum ist sehr frustrierend, denn dadurch wird das Lernen extrem beeinträchtigt. Es gibt jedoch ein System, das Kindern mit AVWS hilft, sich besser auf die wichtigen Informationen zu konzentrieren.

4.1.2 Kinder mit ASS

Eine Autismus-Spektrum-Störung (ASS) kann das Leben, die Entwicklung und insbesondere die Kommunikationsfähigkeit eines Kindes stark beeinträchtigen. Das verursacht nicht nur im Kreis der Familie große Probleme, sondern auch in der Schule. Es ist wissenschaftlich belegt, dass Kinder mit ASS besonders in lauten Umgebungen, wie in Klassenzimmern, große Schwierigkeiten haben. Häufig reagieren sie nicht auf Anweisungen und es fällt ihnen sehr schwer, akustische Reize, wie die Stimme der Lehrkraft, wahrzunehmen. Dies ist jedoch eine wichtige Voraussetzung für den schulischen Erfolg.

4.1.3 Kinder mit einseitigem Hörverlust
Für Kinder mit einseitigem Hörverlust ist das Hören in einer lauten Umgebung, z. B. im Klassenzimmer, eine große Herausforderung. Um eine Schallquelle zu lokalisieren oder in lauten Umgebungen gut hören zu können, benötigen Menschen zwei normal hörende Ohren. Kinder mit einseitigem Hörverlust haben nur ein normal hörendes Ohr und dadurch oft große Schwierigkeiten, ihre Lehrer im Klassenzimmer zu hören und zu verstehen. Das beeinträchtigt ihre Lernfähigkeit enorm. In einer wissenschaftlichen Studie wurde belegt, dass bis zu 40 % der Kinder mit einseitigem Hörverlust öfter eine Klasse wiederholen müssen oder zusätzliche Hilfe im Unterricht benötigen, obwohl sie eigentlich die gleichen Fähigkeiten haben, wie ihre Mitschüler (Bess).

4.1 Roger Focus-Empfänger
Bei Roger Focus handelt es sich nicht um eine Therapie, sondern um eine ergänzende Technologie, mit der Ihr Kind die Stimme des Lehrers deutlich hört und eine Konzentrationsschwäche überwunden werden kann, egal, wo es im Klassenzimmer sitzt.

Roger Focus ist ein leicht zu bedienendes Gerät, das die Stimme der Lehrkraft direkt an die Ohren Ihres Kindes überträgt. Ablenkende Geräusche, die z. B. durch Gespräche der Mitschüler, Stühlerücken oder Blättern in Büchern und Heften entstehen, werden reduziert, damit Ihr Kind die Lehrkraft besser verstehen kann. Ergebnisse aus wissenschaftlichen Studien zeigen, dass Kinder, die Roger Focus nutzen, im Schnitt eine um 53 % bessere Sprachverständlichkeit aufweisen, als Kinder, die eine andere Technologie verwenden (Parc-SEDOL).

Abb. 7: Roger Focus

Literatur

Bess, F. H., & Tharpe, A. M. (1984). Unilateral hearing impairment in children. *Pediatrics, 74 (2)*, 206-216.

Erhard, C. (o.J.). Lehrerstimme und Lehrergesundheit. Starke Stimme. Abgerufen von http://starke-stimme.de/lehrerstimme/

Parc-SEDOL Experimental Roger Laboratory. (2014). *Roger Focus Validation, Phonak Field Study News*.

Spiegel Online, Schulspiegel (2012). Unterrichtsausfall: Gymnasiasten verpassen ein ganzes Schuljahr. Abgerufen von http://www.spiegel.de/schulspiegel/unterrichtsausfall-gymnasiasten-verpassen-ein-ganzes-schuljahr-a-812028.html

The MARRS Project. (o. J.). *Mainstream Amplification Resource Room Study*. Abgerufen von http://www.classroomhearing.org/research/marrsStudy.html

Thibodeau, L. (2013). Comparison of speech recognition with adaptive digital and FM wireless technology by listeners who use hearing aids. *University of Texas, Dallas, USA. International Journal of Audiology*.

Abbildungsverzeichnis

Abb. 1: © Phonak, Installationsanweisung Roger Dynamic SoundField, V3.00/2010-12/FO

Abb. 2: © Phonak, Installationsanweisung Roger Dynamic SoundField, V3.00/2010-12/FO

Abb. 3: Phonak, Packshot Roger Touchscreen Mic Front with Icons, Connectzeichen

Abb. 4: Phonak, Packshot Roger Touchscreen Mic Front with Icons

Abb. 5: Phonak, Packshot Roger Pass-around Lying Perspective, 052-3261-P5

Abb. 6: Phonak, Packshot Roger Multimedia Hub Lying Perspektive, 052-3299-P5

Abb. 7: Phonak, Roger Focus SlimTube, 052-3272D02-P1

Index

Akkusativ 150, 186-189, 195f, 374f, 378, 382f, 403, 442
Akzentuierung interaktiver Strukturen 248
Analyseinstrument 352
Arbeitsgedächtnis 194, 241-244, 257, 271f, 274, 281, 293, 296
Argumentieren 37ff, 131, 246, 256, 264
Arithmetik 269
auditive Verarbeitungs- und Wahrnehmungsstörung (AVWS) 445, 451
Ausbildung 64, 89, 269, 368
   Berufs- 127
Aussprache 41, 120, 147, 160f, 165, 227, 401, 402-405, 432
Bedarfe 89, 91, 100, 128, 306
   Förder- 87, 105, 145
   Interventions- 119
   Therapie- 330
Bedeutung 40ff, 73, 155, 162f, 172, 175, 281, 321, 334, 341, 350
belief-desire 178
Beruf 62, 125
Berufsorientierung 120, 126f
Berufsvorbereitung 120, 123, 126
Bildung 70, 96, 97, 106, 120, 155, 193, 215, 217, 256, 287, 293ff, 303, 306f, 309f, 312, 327, 366, 426, 437
   inklusive 23, 61, 106
   Sprach- 215, 364, 418
Bildungsbenachteiligung 304
Bildungserfolg 131, 303, 317
Bildungssprache 18f, 39, 41, 169, 250, 255, 257, 287f, 312, 319, 436
Bildungsstandard 38, 120, 122, 255f, 258, 263, 287, 289f
bilinguale Therapie 428
Binnendifferenzierung 171, 312
Chancenungleichheit 327
Coaching 217-220, 294, 296, 298, 321
   Individual- 216f, 220, 294, 296, 298
   pädagogisches 215f
Cochlear-Implantat (CI) 104, 445
code-mixing 48
code-switching 48, 442
content based language learning 443
Co-Teaching 87-90
Darstellung
   sprachliche 41
   symbolische 41

Dativ 150, 186-189, 195f, 374, 378, 382f, 442
desire-belief 178, 180
Deutscher Mutismus Test (DMT-KoMut) 389, 391
Diagnostik 88, 116, 119f, 185, 187, 189, 196, 322, 349, 371, 381, 389, 391, 442
   Differential- 322, 359, 391f
   Eingangs- 96, 235, 319, 389
   Förder- 202, 319, 322, 392
   Sprach- 120, 197, 318, 329
   Sprachentwicklungs- 377
   Sprachstands- 401
Diagnostische Fragebögen zum selektiven Mutismus (DiFraMut) 389
dialogische Unterstützungsprozesse 134
Dialogisches Lesen 223, 226f
Diskurserwerb 247
Disposition 294
DO-BINE 131f, 136ff, 142
DO-FINE 131f, 138f, 142
Doing Identity 72f
Dortmunder Mutismus Screening (DortMuS) 357, 396
e-Book 223, 226ff
Elaboration 156, 157, 167, 283
   phonologische 157f, 160, 282
   semantische 157f, 160, 282
Elternarbeit 108
Emergent Literacy 223, 228
entwicklungsadäquate Sprachziele 334
Erlebniserzählung 134-137, 350
Erstsprache 45f, 48, 50, 53ff, 158, 304, 326f, 335, 341, 343, 345, 425-432, 435
Erstsprachförderprogramm MOLLY 45, 54
Erwerb diskursiver Strukturen 248
Erwerbskriterium 188
Erzählen 131-135, 137, 139f, 223, 443
Erzählerwerb 131, 133ff
Erzählfähigkeiten 72, 131, 133, 136, 138, 349, 351f
Erzählformen 133
Erzählkompetenz 131-134, 142, 217, 219
ethnische Minderheit 325
Evidenzbasierung 70f, 169, 282f, 309, 311, 321f
evozierte Sprachanalysen 428
exekutive Funktionen 50, 52
Fach-/Wortschatz-Lernstrategie-Training 169-173, 320
Fächerübergreifende Unterrichtsplanung 145

Fachsprache 18ff, 39, 41, 257, 259, 261, 263, 287ff, 312
  mathematische 39ff
fachsprachliche Anforderungen 257
Fähigkeiten
  frühe literale 220, 350
  pragmatisch-kommunikative 119f, 122, 126
Feedback-Techniken 442
Fluchterfahrung 303ff, 307f, 311f, 327, 435
Förderbedarf, sprachlicher 17, 262
Förderplanung 107f, 111, 185
  systemisch-ressourcenorientierte 110
Förderschule Sprache 103, 139, 166, 396
Förderschwerpunkt Lernen 71, 259, 310
Förderschwerpunkt Sprache 69, 71, 77, 79, 87ff, 91, 95, 126, 255, 259, 303, 312
Förderung 62, 70, 72, 75, 84f, 88, 96, 97, 101, 103-109, 111, 113-116, 119-128, 131f, 138, 141, 145f, 157f, 169, 185, 189, 201, 215f, 223f, 226, 232, 234f, 246ff, 259ff, 265, 282f, 293f, 303ff, 309f, 317, 319ff, 333ff, 337, 349, 363-366, 368, 389f, 392, 404, 413, 415ff, 425, 436, 442
  mehrdimensionale und interdisziplinäre 106
  unterrichtsintegrierte 155, 157
Fragebogen zur Erfassung des elektiven Mutismus 395
Fremdsprache 18, 21f, 40, 155, 158f, 204ff, 288, 327, 341
Gegenstandsorientierung 24
Gemeinschaftsschule 95
Gesprächsführung 120ff, 128
Grammatik 120, 146, 149, 194f, 197, 257, 327, 381, 401, 403ff, 413ff, 442
Grammatikerwerb 185, 189, 334, 345, 381
Grammatikproduktion 194f
Grammatikverständnis 195f, 357
Grundschule 40, 42, 70, 73, 77, 84-88, 95f, 104f, 113-116, 120, 169, 193f, 224, 247, 258, 288f, 318, 325f, 341, 396
gruppenbezogene inklusive Lösung 96
handlungsbegleitende Versprachlichung 439
Handlungsfeld 97, 311, 317, 389
Hör- und Sprachheilberatung 99ff
Hörbeispiele 150f
Hörgerät 445
Immersion 341, 345
Impuls 76, 133, 138, 141, 151, 234, 296, 413, 418, 431
inhalts- und prozessbezogenen Anforderungen 247
Initiative StillLeben e.V. 388

Inklusion 59-64, 69, 72, 76, 79, 99, 169, 215, 312, 317, 319, 325, 330, 401
Inklusive Beschulung 72, 83, 193
Input 74, 160, 250, 310, 363, 426, 429
  hochfrequenter 159
Instrument 416, 420
Instrumente 146f, 149, 390, 412f, 415f, 421
Interaktion 122, 134, 139, 162, 177, 181, 217, 224-227, 236, 241, 246f, 250ff, 293, 309, 356, 363f, 440, 443, 446
  Peer- 72
Interaktionsqualität 293
Interdependenzhypothese 53
Interdisziplinäres Mutismus Forum 388
Interferenzen 40
Interkulturalität 301, 418, 435
intuitive elterliche Didaktik 224
Kasus 196, 382, 427
Kasuserwerb 185f, 187ff
Kasusmarkierung 186, 188, 196, 374
Kindergarten 104f, 110, 247, 305, 341, 345, 350, 355, 364, 387, 391f, 395, 440
Kleinkindalter 223-226
kognitive Entwicklung 45, 51, 225, 279, 334, 425
kognitiver Vorteil 51f, 54
kognitives Aktivierungsniveau 294
Ko-Konstruktivismus 293
Kommunikationsverhalten 120ff, 126, 128, 228
Kommunizieren 38, 39, 123, 155, 246, 248, 256, 287, 290, 309, 320, 336, 338
Kompetenzen, mathematische 39, 241, 243, 256f, 273, 296f
  semantisch-lexikalische 170
  sozial-kognitive 177
  Sprachhandlungs- 263f
Kompetenzorientierung 169, 255
Kompetenzraster 172
Komplexleistung 100, 106f
Kontext 37, 40f, 121f, 128, 139, 145, 188, 429, 431
Kontextoptimierung 170, 320, 426f, 431
Kontingenz 250
Kontrastoptimierung 425ff
Kooperation 61f, 64, 70, 73, 75, 86, 88-91, 95f, 123, 125, 187, 234, 319f, 322
  interdisziplinäre 17, 24, 29
Kooperative Mutismustherapie (KoMut) 389f
Lehrer-Schüler-Interaktion 251
Lehrkraft 43, 62, 69, 70, 75, 77ff, 88-91, 95, 114f, 124, 148, 157-163, 165f, 250, 252f, 260, 290, 311, 317, 325f, 328ff, 373, 375f, 378, 395-399, 436, 439, 445f, 448-452

Index

Lernbarrieren 23, 30, 76, 145, 148f, 151, 269, 279f, 283
Lernerautonomie 158, 161
Lernprozesse 37f, 74, 171, 247, 280-284, 288, 442
   mathematische 37
   sprachliche 283, 334
Lernstrategien 166, 280, 334
Lesekompetenz 217, 219, 258
Lese-Rechtschreibstörung 201, 232, 413
Lexikalische Störung 156, 158
Mathematik, Informatik, Naturwissenschaften, Technik (MINT) 436
mathematikförderliche Alltagssituationen 293
Mathematikunterricht 37-41, 247, 250, 252, 255-258, 260, 265, 280, 284, 288f
   sprachsensibler 42
mathematisches Faktenwissen 270, 275
mathematisches Gespräch 247f
Medien 126, 223, 412
   digitale 75, 223, 225, 227
Mehrheitssprache 45
Mehrsprachigkeit 19, 22, 45f, 227, 255, 301, 304, 310f, 317, 355, 358, 363, 365-368, 396f, 426, 435
   simultane 22, 46f
   sukzessive 22, 46f
Mehrsprachigkeitsdidaktik 303
Mehrsprachigkeitsforschung 45, 53
mentale Begriffe 177f, 180
mentale Zustände 177, 179f
Methodentraining 172
Migrationshintergrund 41f, 45, 52f, 113, 250, 303, 333, 349, 355f, 363, 365f, 426, 435
Mimi Scheiblauer 411
Minderheitensprache 45f, 304, 309
Mitgestaltung 139, 247
Modellieren 77, 283, 439
   kognitives 224
Monitoring 70f, 122, 280, 282
Morphematische Bewusstheit 201f, 204ff
Motherese 224
   multimodales 224, 227
Musik 145-149, 151, 210, 411-417
Mutismus 387ff, 391f, 395
   selektiver 355, 387ff, 391f, 395, 413
neuronale Plastizität 51f
numerische Kognition 269, 272
Oppositionsmerkmal 210
Orthografie 204, 206
Orthographiekenntnisse 212
PädagogIn 108, 421

Grundschul- 95, 97f
Sonder- 83, 95
Sprachheil- 85, 95-98, 114, 197, 319ff
pallästhetische Wahrnehmung 413
Partizipation 42, 74, 119, 358
   Eltern- 364, 435
Performanz 217, 294, 295
Phonem-Graphem-Verhältnis 77, 204ff, 211
Phonologische Bewusstheit 77, 201, 223, 243, 412ff, 417f, 421
phonologische Schleife 242ff
phonotaktische Regeln 209
Praktikum 124, 127
Prävention 70, 114, 309
   Mehrebenen- 70
Primarbereich 76f, 169, 269, 349, 395f, 398
Professionalisierung 215, 217, 219, 294, 298
professionelle Responsivität 294
Profilanalyse 442
Prototypische Unterrichtskontexte 145
Rahmenbedingungen 62f, 78f, 83-86, 88f, 91, 95, 97, 102, 170, 235, 312, 318
Realisierungsregeln 211
Rechtschreibleistung 202, 204ff, 234
Rechtschreibprobleme 203
Rechtschreibstrategie 201, 205
Rechtschreibtraining 97, 203
Redeanteile 217f
Relationale Didaktik 25
Response-to-Intervention (RTI) 70
Ressourcen 63, 84, 86, 88, 98, 108, 110, 311, 322, 326f, 363, 367, 374, 425
Rhythmik 411-416, 418, 421
Risikokinder 217, 219, 343, 399, 401
Roger 445-452
Roma 325-329
Rügener Inklusionsmodell 70, 72
Scaffolding 250f, 294, 443
Schriftsprache 18, 21, 23, 145, 201, 382
Schriftspracherwerb 161, 199, 201, 209, 212f, 269
Schulalter 99, 120, 194, 197, 220, 275, 298, 309, 330, 366, 373, 381f, 395, 399
Schuleingangsuntersuchung 104
Schwellenniveauhypothese 53
SCREENIKS 401, 403-406
Screening-Instrument 398
Sekundarstufe I 76, 169, 170f, 173, 320
Selbstgesteuerte Lerndokumentation 170
sensorische Integration 413-418

457

Setting
 inklusives 74, 84f, 87, 113, 169ff, 321, 371
 sprachheterogenes 169f
Signal-Rausch-Abstand 446
Silbe 147f, 161, 201, 203, 211ff, 437
 Sprech- 211
Silbenschwingen 212
SoundField 445ff
sprach- und kommunikationssensibler
 Fachunterricht 255
Sprachangebot 320, 338, 363
Sprachauffälligkeiten 102, 105, 178, 187, 309f
Sprachbarrieren 76, 261, 445
sprachbezogenes Wissen 216f
Sprachdiagnostik 378
Sprachentwicklungsstörung 72, 77, 102, 104,
 106, 179, 196, 217, 219, 258, 280, 305, 341,
 345, 378, 413, 425f
 spezifische 50, 72f, 83, 85, 155, 160, 177-181,
 193-198, 293, 305, 310, 413
 umschriebene 72f, 243
Spracherfahrungsansatz 317, 322
Spracherwerbsstörung 131, 136, 155, 158f, 242f,
 247, 269, 329, 425
Sprachfähigkeiten 83, 258, 327, 333, 349, 351f
Sprachförderkonzepte 113, 116, 311
 evidenzbasierte 320
sprachförderliche Verhaltensweisen 218f
Sprachförderung 21, 24, 26, 28f, 76f, 90, 97,
 105f, 113, 146, 215, 224, 234, 250, 310f, 317ff,
 321f, 334, 363ff, 367, 381, 411f, 437
 alltagsintegrierte 216, 311
Sprachhandeln 74, 119ff, 123
Sprachhandlungstypen 441
Sprachheilpädagogik 59, 62, 99, 119, 145, 147,
 161, 185, 321f, 325, 461ff, 464
sprachheilpädagogische Rhythmik 147
Sprachheilschule 62, 83-86, 105, 155, 258, 271,
 401, 435
Sprachlernsituation 338
Sprachmischungen 48, 442
Sprachproduktion 37, 74, 334f, 337, 341, 352,
 381
Sprachrezeption 37, 42
Sprachstand 309, 359, 406
Sprachstandsfeststellung 99ff
Sprachstandsüberprüfung 442
Sprachtherapie 20f, 23f, 26, 28f, 63, 65, 84f, 97,
 119, 121, 310, 325, 381, 398, 425ff
Sprechvers 146ff
Störgeräusch 446

Störung
 grammatische 194, 197, 280
 Kommunikations- 102, 395
 lexikalische 155
Strategien 170
 Abruf- 170, 172, 283
 Einspeicher- 172, 283
 Sicherungs- 172, 283
 Wortlern- 157f, 161ff, 166f
Strategietherapie 157, 282f
Strukturen, grammatikalische 40
Subjekt-Verb-Kongruenz 195ff, 374f, 378, 403ff,
 427-431
Symbolspiel 177-181, 414
Tanz durch das Tor der Sinne 411, 418f
Teilhabe 69f, 83, 97, 119, 128, 135, 255, 303,
 311, 327, 329, 389
Testgütekriterien 384, 406
Textoptimierung 255, 261f
Theory of Mind 177f, 182
Therapie, mehrdimensionale und interdisziplinäre
 106
Transfer 73, 121, 215f, 220, 294, 298, 309, 318,
 320, 391
Traumastörungen 306
Traumatisierung 306, 327
Triple Code Modell 270
Umgebungssprache 46f, 312, 329, 355f, 363
Unterricht 84
 Englisch- 155
 gemeinsamer 79, 87f, 97f
 inklusiver 19, 69, 74, 77, 255, 265, 373
 sprachsensibler 43, 170, 197, 256, 317ff, 436
Unterstützungsprofil Sprache und
 Kommunikation 22, 28, 74ff
Untersuchung
 Schuleingangs- 103, 104
 sozialmedizinische 103
Verbstellung 427, 430
Verbzweitstellung 186, 189, 195ff, 383, 426,
 428f, 430f
verständnisorientiertes mathematisches Lernen
 246
Video-Interaktionsanalyse 226
Vokal 204, 210, 390
Vorschulalter 99, 102, 105f, 114, 135, 217, 225f,
 275, 293, 343, 350f
Vorschulkinder 114, 177, 179, 244, 275, 341
Wahrnehmungsförderung 412, 415
Willkommensklassen 307
Wireless 448

Wortschatz 39, 72, 119f, 139, 146, 149f, 155ff, 162, 169-172, 174, 204, 257f, 271f, 274, 282, 326, 337, 342, 345, 401, 403ff, 412-415, 436, 439, 442
Wortschatzentwicklung 166, 336, 342
Wortschatzverständnis 342, 344
Wortstruktur 172
Zahlverarbeitung 269f, 272ff
Zufriedenheit 90, 235
Zuhörer-Impulse 132
Zuwanderung 309, 317, 325
Zweitsprache 304, 306, 309f, 317f, 326, 333, 334, 341f, 344f, 356, 425-429, 436f
Zweitspracherwerb 223, 310, 333f, 337f, 341f, 344f, 356, 359, 406
Zweitspracherwerbsmodell 334

Autorenverzeichnis

Adler, Yvonne (Graal-Müritz)
Universität Rostock
Frühe Bildung Sprache

Bajus, Anselm (Oldenburg)
Niedersächsisches Landesamt für Soziales, Jugend und Familie, Fachberatung Hören und Sprache

Bastians, Ellen (Bergisch Gladbach)
Gesamtschule Köln-Mülheim

Berg, Margit (Heidelberg)
Pädagogische Hochschule Heidelberg
Institut für Sonderpädagogik
Fachrichtung Sprachheilpädagogik

Böhm, Julia (Rostock)
Universität Rostock
Institut für Sonderpädagogische
Entwicklungsförderung und Rehabilitation

Brors, Stefanie (Karlsruhe)
Erich-Kästner-Schule

Buschmann, Anke (Heidelberg)
ZEL – Zentrum für Entwicklung und Lernen

Chilla, Solveigh (Heidelberg)
Pädagogische Hochschule Heidelberg
Institut für Sonderpädagogik
Abteilung Sprachheilpädagogik

Diehl, Kirsten (Flensburg)
Europa-Universität Flensburg
Institut für Sonderpädagogik
Abteilung Inklusion und pädagogische
Entwicklungsförderung

Ehnert, Nicole (Wennigsen)
Sprachheilkindergarten Degersen

Elstrodt, Nadine (Dortmund)
Technische Universität Dortmund
Fakultät Rehabilitationswissenschaften
Sprache und Kommunikation

Engel de Abreu, Pascale (Luxembourg)
Universié du Luxembourg
Fakultät für Sprachwissenschaften
und Literatur, Geisteswissenschaften,
Kunst und Erziehungswissenschaften

Fengler, Anja (Leipzig)
Universität Leipzig
Erziehungswissenschaftliche Fakultät
Pädagogik im Förderschwerpunkt Sprache
und Kommunikation

Franke, Grit (Leipzig)
Berufsbildungswerk Leipzig für Hör- und
Sprachgeschädigte gGmbH

Gäbel, Annegret (Hannover)
Albert-Liebmann-Schule
Förderschule Schwerpunkt Sprache

Glück, Christian W. (Leipzig)
Universität Leipzig
Erziehungswissenschaftliche Fakultät
Pädagogik im Förderschwerpunkt Sprache
und Kommunikation

Grohnfeldt, Manfred (München)
Ludwig-Maximilians-Universität München
Sprachheilpädagogik

Hagge, Gudrun (Rendsburg)
Sternschule
Förderzentrum Sprache

Hatz, Hubertus (Heidelberg)
Pädagogische Hochschule Heidelberg
Institut für Sonderpädagogik
Abteilung Sprachheilpädagogik

Haupt, Christina (Osnabrück)
Hochschule Osnabrück
Abteilung Logopädie

Hirler, Sabine (Hadamar)
Rhythmik in Pädagogik und Therapie

Holler-Zittlau, Inge (Gießen)
Justus-Liebig Universität Gießen
Institut für Heil- und Sonderpädagogik
Abteilung Sprachheilpädagogik

Janke, Bettina (Heidelberg)
Pädagogische Hochschule Heidelberg
Institut für Psychologie

Jester, Melanie (Landau)
Universität Koblenz-Landau
Institut für Sonderpädagogik
Abteilung Pädagogik bei Sprach- und Kommunikationsstörungen

Jöde, Matthias (Fellbach)
Phonak GmbH
Roger und Comfort Audio

Johanssen, Katja (Hannover)
StillLeben e.V.

Jungmann, Tanja (Rostock)
Universität Rostock
Institut für sonderpädagogische
Entwicklungsförderung und Rehabilitation

Kalmár, Michael (Wien)
Wiener Spracheilschule

Kargl, Reinhard (Graz)
Lese-Rechtschreib-Institut

Katz-Bernstein, Nitza (Dortmund)
Technische Universität Dortmund
Fakultät Rehabilitationswissenschaften
Sprache und Kommunikation

Klose, Rebecca (Gießen)
Justus-Liebig-Universität Gießen
Institut für Didaktik der Mathematik

Koch, Katja (Rostock)
Universität Rostock
Institut für sonderpädagogische
Entwicklungsförderung und Rehabilitation

Kohl, Barbara (Karlsruhe)
Erich-Kästner-Schule

Kopp, Ulrike (Hannover)
Albert-Liebmann-Schule
Förderschule Schwerpunkt Sprache

Kramer, Jens (Hannover)
StillLeben e.V.

Lengning, Anke (Dortmund)
Technische Universität Dortmund
Fakultät Rehabilitationswissenschaften

Licandro, Ulla (Hannover)
Leibniz Universität Hannover
Institut für Sonderpädagogik
Abteilung Sprach-Pädagogik und -Therapie

London, Monika (Dortmund)
Technische Universität Dortmund
Institut für Entwicklung und Erforschung
des Mathematikunterrichts

Lorang, Michèle (Strassen, Luxemburg)
Centre de Logopédie

Lüdtke, Ulrike (Hannover)
Leibniz Universität Hannover
Institut für Sonderpädagogik
Abteilung Sprach-Pädagogik und -Therapie

Lukaschyk, Julia (Hannover)
StillLeben e.V.

Mahlau, Kathrin (Rostock)
Universität Rostock
Institut für Sonderpädagogische
Entwicklungsförderung und Rehabilitation

Mayer, Andreas (Köln)
Ludwig-Maximilians-Universität München
Lehrstuhl für Sprachheilpädagogik

Miosga, Christiane (Hannover)
Universität Hannover
Institut für Sonderpädagogik
Abteilung Sprach-Pädagogik und -Therapie

Morawiak, Ulrike (Rostock)
Universität Rostock
Institut für sonderpädagogische
Entwicklungsförderung und Rehabilitation

Motsch, Hans-Joachim (Köln)
Universität zu Köln
Sprachbehindertenpädagogik in schulischen
und außerschulischen Bereichen

Multhauf, Bettina (Erfurt)
Universität Erfurt
Fachgebiet Psychologie

Nolte, Marianne (Hamburg)
Universität Hamburg
Didaktik der gesellschaftswissenschaftlichen
und mathematisch-naturwissenschaftlichen
Fächer

Oberesch, Ulrike (Wennigsen)
Sprachheilkindergarten Degersen

Petzold, Henrike (Leipzig)
Universität Leipzig
Erziehungswissenschaftliche Fakultät
Pädagogik im Förderschwerpunkt Sprache
und Kommunikation

Polke, Laura (Dortmund)
Technische Universität Dortmund
Fakultät Rehabilitationswissenschaften
Sprache und Kommunikation

Purgstaller, Christian (Graz)
Lese-Rechtschreib-Institut

Quasthoff, Uta (Dortmund)
Technische Universität Dortmund
Institut für Deutsche Sprache und Literatur

Reber, Karin (Unterschleißheim)
Rupert-Egenberger-Schule
Sonderpädagogisches Förderzentrum

Röhm, Alexander (Dortmund)
Technische Universität Dortmund
Fakultät Rehabilitationswissenschaften
Sprache und Kommunikation

Sack, Carla (Marburg)
Sprachheilpädagogin

Sallat, Stephan (Erfurt)
Universität Erfurt
Erziehungswissenschaftlichen Fakultät
Pädagogik des Spracherwerbs unter
besonderen Bedingungen

Schick, Kim (Köln)
Universität zu Köln
Englisches Seminar II

Schlamp-Diekmann, Franziska (München)
Anni-Braun-Schule

Schmidt, Katja (Rostock)
Universität Rostock
Institut für Anglistik/Amerikanistik

Schmidt, Marc (Strassen, Luxemburg)
Centre de Logopédie

Schönauer-Schneider, Wilma (München)
Ludwig-Maximilians-Universität München
Lehrstuhl für Sprachheilpädagogik

Schröder, Anja (Dortmund)
Technische Universität Dortmund
Fakultät Rehabilitationswissenschaften
Sprache und Kommunikation

Schulz, Andrea (Rostock)
Universität Rostock
Institut für sonderpädagogische
Entwicklungsförderung und Rehabilitation

Seiffert, Heiko (Köln)
Elisabeth-von-Thüringen Gymnasium
Inklusionsbeauftragter

Spreer, Markus (Leipzig)
Universität Leipzig
Erziehungswissenschaftliche Fakultät
Pädagogische Prävention von Entwicklungs-
beeinträchtigungen und Frühförderung

Starke, Anja (Dortmund)
Technische Universität Dortmund
Fakultät Rehabilitationswissenschaften
Sprache und Kommunikation

Stitzinger, Ulrich (Hannover)
Leibniz Universität Hannover
Institut für Sonderpädagogik
Abteilung Sprach-Pädagogik und -Therapie

Stude, Juliane (Münster)
Westfälische Wilhelms-Universität Münster
Germanistisches Institut
Abteilung Sprachdidaktik

Subellok, Katja (Dortmund)
Technische Universität Dortmund
Fakultät Rehabilitationswissenschaften
Sprache und Kommunikation

Theisel, Anja (Heilbronn)
Lindenparkschule Heilbronn

Ullrich, Susanne (Hamburg)
Regionales Bildungs- und Beratungszentrum

Ulrich, Tanja (Köln)
Universität zu Köln
Sprachbehindertenpädagogik in schulischen
und außerschulischen Bereichen

van Minnen, Susanne (Gießen)
Justus-Liebig Universität Gießen
Institut für Heil- und Sonderpädagogik
Abteilung Sprachheilpädagogik

Wagner, Lilli (München)
Diakoniewerk München
Abteilung Logopädie/Sprachheilpädagogik

Weitz, Martina (Köln)
Gemeinschaftsgrundschule Mülheimer Freiheit

Werner, Birgit (Heidelberg)
Pädagogische Hochschule Heidelberg
Institut für Sonderpädagogik
Fachrichtung Pädagogik der Lernförderung

Wiedenmann, Marianne (Frankfurt a.M.)
Goethe Universität
Fachbereich Erziehungswissenschaften

Witte, Susanne (Hannover)
Region Hannover
Team Sozialmedizin und Behindertenberatung